스펄전
구약 인물 설교

스펄전 구약 인물 설교

찰스 스펄전 지음
모수환 옮김

CH북스
크리스천 다이제스트

차례

제1부 구약의 남성들

제2부 구약의 여성들

제1부

구약의 남성들

1

아담

하나님께서 인간에게 어떻게 오시나?

"그들이 그날 바람이 불 때 동산에 거니시는 여호와 하나님의 소리를 듣고 아담과 그의 아내가 여호와 하나님의 낯을 피하여 동산 나무 사이에 숨은지라. 여호와 하나님이 아담을 부르시며 그에게 이르시되 네가 어디 있느냐?"(창 3:8, 9).

"우리가 하나님을 거역하였을 때 하나님께서 우리에게 어떻게 오실까?" 이는 틀림없이 우리의 최초의 조상들을 크게 당황하게 하였던 질문입니다. 추측해 보건대 우리의 최초의 조상들은 서로에게 이렇게 말했을 것입니다. "아마도 하나님께서 우리를 다시는 찾지 않으시겠지. 그러면 우리는 정말로 고아가 되겠군. 설령 목숨이 붙어 있다 할지라도 앞으로 우리는 계속해서 하나님 없이 살게 될 것이고, 세상에서 소망 없이 살게 되겠지."

하나님께서 이 지구를 제멋대로 하도록 내버려 두셨다면, 그리고 그 지구 위에 있는 사람들에 대하여 "그들이 우상들에게 빠져 있기 때문에 내가 그들을 멋대로 하도록 내버려 두리라"고 말씀하셨다면 우리 인류에게 최악의 사태가 벌어졌을 것입니다.

그러나 만일 하나님께서 우리의 최초의 조상들에게 오신다면 어떤 모습으로 오실까요? 분명히 아담과 하와는 하나님께서 보복의 천사들을 수행하고 오셔서 곧장 자기들을 멸하시거나 혹은 쇠사슬과 족쇄로 영원히 묶어두시지 않을까 두려워했을 것입니다. 자기들이 범한 그 큰 죄에 대하여 하나님께서 내리실 형벌을 기다리고 있는 동안 그들의 마음은 몹시 요동하였을 것이 뻔합니다. 제가 보기에 그들은 하나님께서 자기들을 찾으실 것이라는 생각을 했으리라고 봅니다. 그들은 하나님의 인자하심을 잘 알고 있었으며, 따라서 과거의 경험으로 볼 때 하나님께서 자기들을 찾아주실 것이 분명하다고 느꼈을 것입니다. 그런데 그런 느낌과 함께 죄에 대한 하나님의 거룩한 진노를 너무나 잘 이해하고 있었기 때문에 그들은 하나님의 오심을 두려워했던 것입니다. 이에 그들은 동산 나무 사이에 숨었습니다. 물론 모든 나무는 그들의 불순종을 신랄하게 꾸짖었을 것이 틀림없습니다.

모든 나무가 그들에게 이렇게 말하는 것 같았을 것입니다. "너희는 왜 여기에 있니? 하나님께서 먹지 말라고 금하신 나무의 실과를 너희가 먹었구나. 조물주의 명령을 어기다니. 이미 사형선고가 너희에게 내려졌어. 하나님께서 오시면 그의 신실하신 말씀대로 너희를 심판하실 거야. 그럼 너희는 앞으로 어떻게 되는 거니?"

"그날 바람이 불 때," 또는 히브리 원문으로 "저녁 바람이 불 때," 곧 저녁의 산들바람이 에덴동산에 불고 있을 때 하나님께서 오셨습니다. 하나님께서 우리의 최초의 조상들에게 자신을 계시하신 그 모습을 우리는 상상조차 하기 힘듭니다. 그들이 동산에서 들은 것은 바로 "하나님의 소리"였으며, 그리고 그것은 인간의 몸을 입으시고 우리에게 자신을 보여 주시기를 기뻐하신 바로 그 하나님의 말씀(the Word of God)이십니다.

그들은 그날 바람이 불 때 동산에서 거닐면서 말씀하시는 하나님의 소리를 들었습니다. 그리고 그때에 하나님께서 아담을 부르셨을 때 비록 그 목소리는 의로운 분노가 섞인 음조였지만, 그의 말씀은 차분하고 위엄이 있었으며, 부드럽기까지 하였습니다. "네가 어디 있느냐?"라는 말씀을 읽을 때 여러분은 "불쌍한 아담아, 네가 어디 있느냐, 네가 어디 있느냐?"라고 읽어도 될 것입니다. 이 말씀 속에 연민의 감정을 집어넣어 읽어도 괜찮을 것입니다. 이처럼 주님은 그날 바람이 불 때 친절하게 찾아오시고, 그들의 설명을 요구하시며, 그리고 끝까지 그들의 악한 변명을 들으신 다음에 그들에게 형벌을 내리십니다.

뱀, 그리고 여인의 놀라운 후손(the woman's wondrous Seed)으로 말미암아 구원받지 못하는 모든 사람들에게 무거운 형벌이 내려졌습니다. 그러나 여인의 후손이 사탄의 머리를 상하게 할 것이라는 언약 속에는 큰 자비가 포함되어 있었습니다. 캄캄한 한밤중에 별빛이 유난히 밝게 빛나듯이 이 언약이 그들의 슬프고 죄악된 영혼들 속에 빛을 비추었을 것이 틀림없습니다.

저는 이 일로부터 하나님께서 죄인들을 조만간 찾으신다는 사실을 배우게 됩니다. 또한 하나님께서 우리의 최초의 조상들에게 오신 그 모습을 통해 그분이 얼마나 우리를 찾으시는지 알 수 있을 것입니다. 주님의 오심은 사람들과 다릅니다. 우리는 여기서 하나님께서는 비록 그날 바람이 불 때까지 기다릴 수는 있어도 반드시 죄인들을 찾아오신다는 사실을 알 수 있습니다. 또한 궁극적으로는 하나님께서 모든 사람들에게 찾아오시는 그 모습에 대해 조금은 이해할 수 있습니다.

죄인이여, 이 사실을 명심하십시오. 여러분이 하나님으로부터 아무리 멀리 있을지라도 언젠가는 하나님 앞에 나오고야 말 것입니다. 지금 여기에 살아 있는 한 하나님과 여러분은 만나야만 합니다. 여호와 하나님께서 아담에게 "네가 어디 있느냐?"고 말씀하신 것처럼 언젠가는 여러분 각자가 여호와 하나님께서 여러분에게 말씀하시는 소리를 들어야만 합니다.

이제 하나님과 타락한 인간 사이의 이와 같은 만남을 통해 저는 몇 가지 교훈을 얻습니다. 저는 성령께서 주시는 능력으로 이러한 교훈들을 여러분에게 전하고자 합니다.

첫 번째는 이것입니다. 하나님께서 타락한 인간을 만나셨을 때 그날 바람이 불 때까지 기다리셨다는 사실입니다. 여기서 저는 죄인에 대한 하나님의 오래 참으심을 발견합니다.

아마도 여호와께서 인간의 죄와 형벌 사이에 시간적인 간격을 두셨던 것 같습니다. 하나님께서는 죄인들에게 서둘러 오지 않으셨습니다. 왜냐하면 오직 진노 가운데 인간의 죄를 그대로 갚기 위해서 오실 수는 없었기 때문입니다. 여러분도 아시다시피 사람들은 성미가 얼마나 급합니까. 사람들은 한 번 화가 났다 하면 그대로 폭발하고 맙니다. 왜냐하면 그들에게 참을성이 없기 때문입니다. 바로 우리의 옹졸함 때문에 우리는 참을성이 없는 것입니다.

그러나 위대하신 하나님은 우리보다 훨씬 더 오래 참으실 수 있습니다. 우리의 최초의 조상들이 하나님을 크게 진노하게 만들었건만 — 하나님께서 죄악을 보실 때 진노하셔야 할 만큼 거룩하심은 그의 영광입니다 — 하나님은 스스로 이렇게 말씀하셨던 것 같습니다. "내가 가서 나의 두 피조물에게 그들의 죄를 설명해 보라고 해야지. 그러나 심판은 내게 어울리지 않는 일이야. 내가 기뻐하는 것은 자비야." 하나님께서 격렬하게 화를 내어 하시는 일은 전혀 없을 것입니다. 하나님께서 하시는 모든 일은 신중하고 차분하며 위엄 있고 성스럽습니다.

그날 바람이 불 때까지는 하나님께서 죄인들을 심문하러 오지 않았다는 사실을 통해 우리는 하나님의 오래 참으심을 배워야 하며, 또한 우리도 다른 사람들에게 오래 참아야 한다는 교훈을 얻어야 합니다. 하나님은 여러분에게 얼마나 오래 동안 참아오셨나요! 여러분은 지금까지 하나님의 자비를 받으며 살아왔는데도 하나님을 거의 생각하지 않습니다. 분명히 여러분은 하나님께 마음을 드리지 못하였습니다. 그런데도 하나님은 여전히 여러분을 심판하려고 오시지 않았습니다.

청년들에게 이십여 년을 참아오셨고, 중년들에게는 삼사십 년을 참아오셨습니다. 그리고 장년들에게는 오륙십 년을 참아오셨습니다. 노년들에게는 칠십 년, 길면 팔십 년을 참아오셨습니다. 왜냐하면 하나님은 "인애를 기뻐하시고"(미 7:18) 심판을 기뻐하시지 않기 때문입니다. 칠십 년은 인간의 수명입니다. 그러나 많은 사람들은 늘 새로운 죄를 저지르느라 그 모든 시간을 허비하고 있습니다. 회개하라는 부르심을 받으면서도 그들은 자비의 부르심을 거절함으로써 더욱더 완고해질 뿐입니다. 바닷가의 모래알처럼 많은 복을 받았으면서도 그들은 그러한 모든 복에 감사하지 않음으로써 더욱더 배은망덕함을 보일 뿐입니다. 그런데 칠십 또는 팔십 년이나 되는 오랜 생명의 바람이 불 때까지 하나님께서 기꺼이 기다려 주신다는 사실이 참으로 놀랍습니다. 그러므로 우리도 서로 오래 참아주어야 합니다.

부모 여러분, 고의로 또는 의도적으로 여러분을 화나게 하는 여러분의 어린 자녀들에게 언제나 오래 참아줍니까? 참으로 여러분은 자녀들에게 마땅히 오래오래 참아 주셔야 합니다! 또한 거친 말을 하고 여러분을 화나게 하는 친구나 형제에게도 그와 같이 오래 참고 있습니까? 여러분은 마땅히 오래 참아야 합니다.

그날 바람이 불 때 여호와께서 아담과 하와에게 찾아오신 사실에서 발견하는 두 번째 사실은 하나님께서 죄인에게 거룩한 관심을 가지신다는 것입니다. 하나님께서 오래 참으심을 보이시면서 그날 바람이 불기까지 기다리셨지만, 이후 자신에게 범죄한 자들에게 찾아오셔서 그들에 대한 관심을 나타내 보이셨습니다. 그들이 하나님께서 금지한 일을 저지르고 만 이후에 하나님은 그들로 하여금 온 밤을 하나님 없이 지새도록 내버려 두실 수도 있었습니다. 그랬다면 그 긴긴밤은 잠 못 이루는 밤이요, 두려운 밤이요, 수많은 공포에 시달렸을 밤이요, 아슬아슬한 처지에 놓인 채 큰 싸움을 하는 밤이 되었을 것이요, 아직 해결되지 않은 형벌의 큰 문제를 안고 고민하는 밤이요, 그들 앞에 있는 미래에 대한 막연한 공포에 시달릴 밤이 되었을 것입니다.

시련이 끝나지 않고 긴장이 계속되는 상태(suspense)야말로 세상에서 가장 괴로운 일이라는 것을 여러분은 알 것입니다. 만일 사람이 자기가 참수되어야 한다는 사실을 안다면, 자신의 목을 받침대 위에 올려놓고 그 머리 위에 번쩍이는 도끼가 언제 떨어질지 모르는 채 기다리기보다는 차라리 즉시 죽는 편이 더 나을 것입니다. 계속되는 긴장(서스펜스)은 죽음보다 더 나쁩니다. 우리는 긴장이 계속되는 동안 수많은 죽음을 체험하는 듯합니다. 이처럼 하나님은 아담과 하와가 죄를 범한 이후 그 긴긴밤의 긴장 속에 그들을 버려 두지 않으시고, 그날 바람이 불 때 찾아오셨습니다.

하나님께서 그들에게 오신 더 큰 이유가 있었습니다. 그들이 하나님께 불순종하였고 이에 형벌을 받아 마땅하였음에도 불구하고 그들은 여전히 자신의 피조물들임을 하나님은 기억하셨던 것입니다. 하나님은 속으로 스스로에게 이렇게 말씀하셨던 것 같습니다. "내가 그들을 어떻게 하랴? 그들을 완전히 멸망시키는 일은 있을 수 없는 일이야. 그들을 어떻게 구원한담? 물론 내 말의 진실성 때문에 나의 공의를 수행해야만 하지. 그렇지만 나는 또한 그들을 용서해야만 해. 왜냐하면 나는 은혜로우며, 또한 그들에게 은혜를 베풀어 주어야 큰 영광을 받을 수 있기 때문이지."

여호와는 그들을 자신의 선민(選民)의 원조로 바라보셨으며, 아담과 하와도 역시 그들이 범한 죄에도 불구하고 친히 그가 사랑하신 자신의 선민으로 여기셨습니다. 따라서 하나님은 다음과 같이 말씀하셨던 것 같습니다.

“그들의 암흑을 밝혀줄 언약도 없이 그들이 온 밤을 지새도록 내버려 두지 않을 거야.” 그것은 하나의 언약이었습니다. 아마도 아담과 하와는 그 언약을 충분히 이해하지 못했을 것입니다. 비록 그 언약이 사탄에게 다음과 같이 선포되었지만 그것은 여전히 하나님의 언약이었습니다. “내가 너로 여자와 원수가 되게 하고 네 후손도 여자의 후손과 원수가 되게 하리니 여자의 후손은 네 머리를 상하게 할 것이요 너는 그의 발꿈치를 상하게 할 것이니라.”

이와 같이 하나님에게 속한 타락한 자들은 단 하나의 별도 없는 캄캄한 상태에 단 하룻밤도 내팽개쳐지지 않았습니다. 하나님은 노하기를 더디 하시지만 또한 언제든 용서할 마음이 있으시며, 범죄자에게 형벌을 내려야만 하는 상황에서도 매우 부드럽고 인정이 많으십니다. “(그는) 자주 경책하지 아니하시며 노를 영원히 품지 아니하시리로다”(시 103:9).

우리 같이 무가치한 자들에게도 하나님은 관심과 사랑을 베푸신다는 사실을 여러분은 알 수 있습니다. 우리를 죄 가운데 내버려 두지 않으신 것이 바로 그 증거입니다. 하나님의 은혜로 우리가 누리고 있는 의복과 양식도 그의 선하심에 대한 증표입니다. 하나님의 은혜는 그것을 받을 자격이 없는 자들에게도 내리며, 아울러 철저한 진노의 담즙과 인진 쑥으로 영원히 채워져야 마땅한 자들에게도 내립니다.

세 번째, 제가 여러분에게 보여드리고 싶은 것은 이런 것입니다. 여호와께서 찾아오셨을 때 하나님의 성령께서 사람들의 양심을 어떻게 일깨워 주시는지 그 모형을 우리에게 보여 주셨습니다.

첫째, 하나님은 시의적절하게 찾아오십니다. “그날 바람이 불 때.” 아담은 이미 일을 마쳤고, 하와는 다음 날까지 할 일이 없었습니다. 그 시간에, 곧 여유로운 시간에, 그들은 앉아서 쉬는 습관이 있었습니다. 바로 그때 하나님께서 그들에게 오셨습니다. 이와 같이 하나님의 성령께서 사람들을 각성하게 하려고 찾아오실 때는 일반적으로 그들이 묵상을 할 수 있는 한가한 때입니다. 말하자면 이렇습니다. 여러분이 예배당에 들어와 설교를 들었습니다. 그 내용의 대부분이 여러분의 기억에서 사라졌지만 여러분의 마음을 감동시킨 몇 개의 단어들은 잊을 수 없었습니다. 하긴 그래도 여러분은 그 메시지에 대해 더 이상 생각하지는 못했을 것입니다. 어떤 다른 것이 들어와 여러분의 주의를 흩어 버렸을 테니까요. 그러나 잠시 후, 여러분은 병든 친구의 침대 곁에서 온 밤을 지내며 간호해야 했습니다. 바로 그때 하나님께서 여러분에게 찾아오셔서 여러분이 새까맣게 잊고 있던 말씀을 기억나게 하셨습니다. 혹은, 여러분이 어린아이였을 때 배웠던 성경 말씀이 그날 밤 자지 않고 간호하면서 여러분 마음에 떠올랐을 수도 있습니다. 여러분이 인적이 드문 시골길을 걷다가 그러한 기억이 나거나, 혹은 한밤중에 바닷가에 나갔다가 큰 물결이 심하게 밀려와 도저히 잠을 이루지 못했을 때, 또한 성난 바다가 삼켜 버리지나 않을까 두려워하고 있을 때 그런 기억이 났을 수도 있습니다. 그런데 그때 — 바로 그때에 그 소리는 여러분에게 개인적으로 말씀하시는 여호와 하나님의 소리였던 것입니다.

여호와께서 아담과 하와에게 시의적절하게 찾아오셨을 뿐 아니라 아담에게 직접 말씀하셨습니다. "네가 어디 있느냐?" 설교와 관련된 한 가지 큰 잘못은 많은 청중들이 자기의 귀를 다른 사람에게 빌려주고 있다는 점입니다. 그들은 충실한 복음적 설교를 들을 때 이렇게 말합니다. "저 말씀은 이웃집의 아무개에게 딱 맞는 말이야. 불쌍한 아무개 아줌마, 저런 좋은 말씀을 못 듣다니! 저 말씀은 바로 그 여자를 위해 준비된 말씀이었는데." 그렇습니다. 하나님께서 아담과 하와에게 찾아오셨던 것처럼 여러분에게 찾아오시면, 그때에 여러분에게 전해 주시는 그 설교는 다른 사람이 아닌 바로 여러분 자신을 위한 말씀이 될 것입니다.

하나님은 '아담아,' 또는 '길동아,' '숙자야,' 또는 그 이름이 무엇이든 그 이름을 부르며 "네가 어디 있느냐?"라고 말씀하실 것입니다. 그때에 이 질문은 여러분 자신에게만 하시는 말씀이 될 것입니다. 즉, 이 질문은 여러분의 이웃의 어느 누구와도 상관이 없으며, 오로지 여러분 자신에게만 주어지는 것입니다. 이 질문은 다음과 같은 방식으로도 표현될 수 있습니다. "어디에 있니? 너 지금 무엇을 하고 있니? 지금 너의 상태가 어떠하니? 너 지금 회개할래 아니면 앞으로도 계속 죄를 지을래?" 청년이여, 이와 같은 체험을 많이 해보지 않았나요? 여러분은 극장에 갔다 왔습니다. 그리고 집에 돌아왔을 때 여러분은 즐겁지 않았노라고 말하면서 '차라리 가지 말 것을' 하고 후회하였습니다.

잠을 청하였으나 잠을 잘 수가 없었습니다. 마치 하나님께서 여러분과 씨름하고, 여러분의 과거의 생활에 대하여 따져 물으시며, 여러분이 하나님께 범한 죄를 잇따라서 꺼내시는 듯한 느낌이었습니다. 여하튼 이것이 바로 하나님께서 많은 사람을 다루시는 방식입니다. 만일 하나님께서 여러분을 이렇게 다루시거든 이를 감사하십시오. 그리고 하나님께 복종하고 하나님과 맞서지 마십시오. 저는 사람들이 세상에서 행복하지 못할 때 언제나 기쁘답니다. 왜냐하면 사람들이 세상에서 행복해 하는 한 그들은 세상에 머물려고 할 것이기 때문입니다.

여러분이 정말로 복을 받을 때는 다름 아니라 여호와께서 여러분 앞에서 직접 여러분의 참모습을 그의 시각으로 말씀해 주시고, 이로 인하여 여러분이 자신의 참모습을 진지하게 성찰하며, 여러분의 모든 생각을 거기에 집중할 수 있을 때입니다. 이때에 여러분이 하나님과의 관계에서 진정 어떠한 상태에 있는지 알기 위해서 할 수 없이 여러분 자신을 점검해야 하기 때문에 다른 일들은 생각조차 할 수 없습니다.

이와 같이 여호와께서 사람들에게 찾아오셔서 개인적으로 말씀하실 때 그들의 상실한 상태를 깨닫게 하십니다. "네가 어디 있느냐?"는 질문 속에 이러한 의미가 내포되어 있습니다. 아담은 상실하였습니다. 하나님을 상실하였고, 거룩을 상실하였으며, 행복을 상실하였습니다. 하나님께서는 친히 "네가 어디 있느냐?"고 말씀하십니다. 성령 하나님께서 회개하지 못한 모든 사람으로 하여금 자신이 상실한 상태에 있음을 깨닫게 해 주시기를 기원합니다. 그들은 자기 자신을 상실하였고, 천국을 상실하였으며, 거룩과 행복을 상실하였을 뿐만 아니라 하나님까지도 상실하였습니다. 그리스도께서는 하나님의 잃어버린 자들에 대해 자주 말씀하셨습니다.

그리스도는 선한 목자로서 그의 친구들과 이웃들을 함께 불러모으고 말씀하시기를, "나와 함께 즐기자. 나의 잃은 양을 찾아내었노라"(눅 15:6)고 하셨습니다. 그리고 그리스도는 돌아온 탕자에게 한 아버지의 말씀을 소개하셨습니다. "이 내 아들은 죽었다가 다시 살아났으며, 내가 잃었다가 다시 얻었노라"(눅 15:24). 하나님 앞에서 영혼의 가치, 각 개인의 심령에 대한 하나님의 상실감은 곰곰 생각해 볼 가치가 충분하며, 그것이 측정이 가능하다면 측정해 볼 만한 가치가 있습니다.

또한 여호와께서 아담에게 찾아오셔서 개인적으로 그에게 질문하셨을 뿐 아니라 아담에게 대답을 하게 하셨습니다. 여호와께서 그날 바람이 불 때 여러분에게 찾아와 말씀하시고, 여러분의 상실한 상태에 대하여 질문하시는 이런 식으로 여러분을 붙잡아 주셨다면, 이제는 여러분의 죄를 고백하게 하실 것이며, 그 죄가 바로 여러분 자신의 짓이라고 인정하게 하실 것입니다. 하나님께서는 아담의 죄의 전가, 말하자면 자신의 불순종에 대한 책임을 하와에게 돌린 잘못을 여러분에게는 허락하지 않으실 것입니다. 그리고 또한 하와의 죄의 전가, 곧 자신의 책임을 마귀에게 돌린 잘못을 여러분에게는 허락하지 않으실 것입니다.

여호와께서 여러분에게 역사하시기 전에 먼저 여러분을 이곳으로 인도하실 것이며, 그리하여 죄에 대한 책임이 여러분 자신에게 있으며, 그에 대한 형벌은 여러분 자신이 받아야 한다는 사실을 느끼고 고백하며 인정하게 하실 것입니다. 하나님께서 여러분을 이곳까지 인도하시고 여러분이 자신에 대하여 어떠한 변명도 하지 않을 때, 그때에 비로소 하나님께서 여러분을 용서하실 것입니다. 여호와께서 저를 이런 식으로 무릎 꿇게 하시고, 제 자신의 모든 의와 신뢰를 비우게 하셨던 그때의 기억이 지금도 생생합니다.

그때에 저는 지옥의 가장 뜨거운 곳이 바로 저 자신의 정당한 공적(功績)이었다는 사실을 깨달았습니다. 그리고 설령 다른 모든 사람은 구원을 받고 나만 구원받지 못한다 할지라도 여전히 하나님은 공정하시고 의로우시다고 믿었습니다. 왜냐하면 저는 구원 받을 자격이 없었기 때문입니다. 구원은 하나님의 전적인 은혜이며, 그 외에는 저에게 구원이 있을 수 없다는 사실을 깨닫게 되었을 때, 그때에 비로소 하나님은 제게 부드럽고 친절하게 말씀하셨습니다. 그러나 처음에는 제 영혼이 친절이나 동정을 조금도 받지 못하는 것 같았습니다. 여호와께서 제게 찾아오셔서 저의 죄를 드러내셨으며, 저의 상실한 상태를 들춰 보여 주셨으며, 저를 떨고 요동하게 만드셨습니다.

그때에 여호와께서 제게 "저주를 받은 자야, 나를 떠나 영원한 불에 들어가라"고 말씀하시지 않을까 하여 저는 심히 두려워하였습니다. 그러나 주님은 그런 두려운 말씀 대신에 제게 놀라운 사랑과 은혜의 어조로 "내가 영원한 사랑으로 너를 사랑하기에 인자함으로 너를 이끌었다"(렘 31:3)고 말씀하셨습니다. 여호와의 이름을 영원토록 송축할지어다. 왜냐하면 이처럼 놀라운 은혜를 여호와께서 죄인과 상실한 자에게 베푸셨기 때문입니다.

이제 네 번째는 매우 엄숙한 내용이 되겠습니다. 여호와께서 아담과 하와에게 오신 사건은 깨닫게 하시는 영을 거절하는 자들에게는 그가 심판의 영으로 오실 것임을 예고하고 있습니다.

제가 이미 회개하지 않은 자들에게 상기시켰던 바대로, 여러분은 우리들처럼 반드시 하나님 앞에 나오고야 말 것입니다. 조만간 여러분은 하나님을 알게 될 것이며, 또한 하나님께서 여러분을 알고 계시다는 사실도 알게 될 것입니다. 그때에 여러분은 그 면담이 가장 심각하고 가장 끔찍한 면담이 되지 않도록 해야 할 것입니다. 이 면담은 "그날 바람이 불 때" 이루어질 것입니다. 저는 그때가 언제가 될지 모릅니다.

저는 이 면담을 돕기 위해 한 젊은 여성을 방문한 적이 있습니다. 이 여인의 나이는 25세 내지 30세 정도 되어 보였는데 바로 그때가 "그날 바람이 불 때"였습니다. 이 여인은 폐병으로 비교적 젊은 나이에 죽게 되었습니다. 그러나 하나님을 찬송합시다. 하나님의 은혜로 말미암아 그녀의 짧은 인생은 행복한 인생으로 바뀌었습니다. 이 여인은 "그날 바람이 불 때" 두려움 없이 여호와 하나님께서 자기를 영원한 집으로 부르시는 소리를 들었습니다. 이 여인이 두려워하지 않게 된 것은 참으로 잘된 일이었습니다. 그러나 여러분은 어떻습니까? 예수님을 믿지 않는 여러분도 여러분의 생명이 끝나는 그날 바람이 불 때 이 여인이 들었던 것과 똑같은 하나님의 소리를 듣게 될 텐데요. 그런데 여러분은 아무런 준비도 없이 늙어가고 있군요. 젊음과 성년의 힘은 소진될 것이며, 여러분은 지팡이에 의지하기 시작할 것이며, 정력이 전과 다르다는 것을 느끼게 될 것입니다. 전에는 언덕을 뛰어올라 갔지만 이제는 그럴 엄두조차 내지 못합니다. 그때가 바로 "그날 바람이 불 때"입니다.

그때에 여호와 하나님께서 여러분에게 오셔서 "네가 곧 죽고 살지 못할 테니 네 집을 정리하라"고 말씀하실 것입니다.

때로는 그날 바람이 부는 시간이, 열기가 한창 뜨거울 때 불현듯 닥치기도 합니다. 한 남자가 돈을 벌고 있고, 자녀들을 여럿 낳아 기르고 있습니다. 그러므로 당연히 이 남자는 조금 더 세상에서 살기를 원합니다. 그러나 현실은 그렇지 않습니다. 그는 침상에 누워야 하고, 수많은 날 동안 거기에 누워 있어야 합니다. 그리고 여호와 하나님의 소리를 들어야 합니다. 그때에 하나님은 그에게 이렇게 질문하십니다.

"나와의 관계에서 너의 위치는 어디냐? 너는 마음을 다하고 성품을 다하고 목숨을 다하고 힘을 다하여 나를 사랑하였느냐? 너는 나를 섬겼느냐? 내 아들의 죽음으로 말미암아 너는 나와 화목을 이루었느냐?" 하나님께서 우리를 지으신 만큼 이러한 질문은 반드시 우리에게 제시되고야 말 것이며, 이에 우리는 우리 몸의 행실을 보고드려야 할 것입니다. 과연 우리의 행실이 선한 것이었는지 악한 것이었는지 하나님 앞에서 회계(會計)해야 할 것입니다. 여러분이 이러한 사실을 명심하고 "아, 지금 당장 그 일이 일어나지는 않을 거야"라고 말하지 않기를 저는 기도합니다. 사실은 그때가 생각 이상으로 빨리 옵니다. 아무리 장수한다 해도 인생은 짧다는 것을 명심하십시오. 생명이 짧든 길든 여러분의 인생은 곧 끝날 것이며, 여러분은 부르심을 받고 침상에 두 발을 모으고 잠들 것이며, 그때에 아버지 하나님을 만나게 될 것입니다.

엄숙하고 결정적인 시간이 닥칠 때 하나님과 여러분의 면담은 일 대 일이 될 것입니다. 임종의 순간에 후원자들은 아무런 도움이 되지 않을 것입니다. 신앙의 친구들을 불러 여러분의 짐을 그들과 나누는 것도 아무 소용이 없을 것입니다. 신앙의 친구들이라도 자기 자신과 여러분을 위한 은혜가 충분하지 못하기 때문에 자기들의 기름을 여러분에게 나눠 줄 수 없을 것입니다. 여러분이 하나님과 인간 사이의 유일한 중보자의 도움을 받지 못하고 살다가 죽는다면, 여러분 자신과 조물주 사이에 어느 누구도 개입하지 못한 채 오로지 여러분의 영혼은 하나님 앞에서 일 대 일로 심문을 받게 될 것입니다. 그리고 이 모든 일이 한순간에 벌어질 것입니다. 하나님과 여러분 사이에 일 대 일의 대화가 여러분의 생명이 끝나는 날에 이루어질 것이며, 그때가 바로 오늘 밤이 될 수도 있습니다.

저는 선발주자로서 보내심을 받고 지금 이 경고를 여러분에게 하고 있습니다. 저의 목적은 여러분이 불시에 하나님을 만나지 않고, 어쨌든 그 큰 면담을 잘 준비하라고 간곡히 권고하는 것입니다.

이 면담이 이루어질 때 하나님은 매우 엄중하게 여러분을 대하실 것입니다. 하나님께서 직접 여러분이 지은 죄를 여러분 앞에 내어놓을 것입니다. 여러분은 면담이 진행되는 동안 내내 부인하지 못할 것입니다. 왜냐하면 거기에 계신 하나님께서 바로 그 모든 것을 보셨기 때문이며, 또한 여러분의 영혼의 상태를 판단하기 위해 매우 날카로운 질문들이 쏟아질 것이기 때문입니다. 그때에 하나님께서 여러분의 공적인 생활에 대해서 뿐만 아니라 여러분의 사적인 생활에 대해서도 심문하실 것입니다. 그리고 여러분의 행위에 대해서 뿐만 아니라 여러분의 말, 여러분의 의지, 여러분의 생각에 대해서도 심문하실 것이며, 또한 하나님께서 아담에게 "네가 어디 있느냐?"고 질문하셨던 것처럼 하나님과 관련된 여러분의 총괄적인 위치에 대해서도 심문하실 것입니다.

저는 상상 속에서 — 오직 상상이기를 저는 기도합니다 — 여러분 중 일부가 구원받지 못하고 죽는 모습을 보며, 용서받지 못한 채 오는 세상 속으로 빠져 들어가는 모습을 봅니다. 처음에 여러분의 심령은 우리 구세주께서 말씀하신 바 그 부자의 체험, 곧 "그가 음부에서 고통 중에 눈을 들어" 바라본 것을 마치 잠꼬대하는 것인 양 생각하였으나 이제 막 그것이 그의 현실이라는 것을 깨닫게 되었습니다. "그가 음부에서 고통 중에 눈을 들어" 그 주변을 구석구석 뚫어지게 살펴보았으나 오직 그를 놀라게 하고 소름끼치게 할 것 외에는 아무것도 발견할 수 없었습니다. 거기엔 기쁨이나 소망, 편함이나 화평의 자취조차 없었습니다. 그 후 그 무시무시한 암흑 속에서 다음과 같은 질문을 하는 소리가 들렸습니다. "너 죄인은 어디 있느냐? 너는 몇 주 전에 기도의 집에 있었고, 설교자가 여호와를 찾으라고 너에게 권고했다만 너는 늑장을 부렸도다. 지금 너는 어디 있느냐? 지옥 같은 것은 없다고 너는 말했는데 과연 지금도 그렇게 말하려느냐? 너는 어디 있느냐? 너는 천국을 멸시했고, 그리스도를 거절했도다. 너는 지금 어디에 있느냐?" 자비의 주님께서 여러분 모두를 이 지옥에서 건져 주시기를 바랍니다!

하나님과 아담의 만남에서 가장 두려운 일들 중 하나가 아담이 여호와의 질문에 대하여 대답을 해야 했다는 사실입니다. 여호와께서 "내가 네게 먹지 말라 명한 그 나무 열매를 네가 먹었느냐?" 하고 아담에게 물으셨습니다. 인간 법정에서는 고발하는 질문들에 대하여 대답하지 않아도 됩니다. 그러나 하나님 앞에서는 대답해야 합니다. 최후 심판의 날에 불경건한 자들은 자신의 죄를 직고하고 이에 따라 형벌을 받을 것입니다. 이 세상에 있는 동안에 그들은 놋쇠와 같이 단단한 얼굴을 들이대며 아무한테도 나쁜 짓을 하지 않았다고 단언하며, 심지어 하나님 앞에서조차 그런 거짓말을 합니다. 그들은 아무에게도 빚지지 않았고, 이웃보다 더 착하다고 주장합니다. 그러나 심판 날에 그들의 모든 허풍과 허세가 걷힐 것이며, 그들은 하나님 앞에서 아무 말도 못하고 서 있을 것입니다. 그리고 그들의 묵묵부답으로 하나님 앞에 자신들의 죄를 인정하고 맙니다. 혹 그들이 말을 한다 할지라도 그들의 헛된 변명과 핑계는 오로지 자기들의 죄를 드러낼 뿐입니다. 바깥 어두움으로 쫓겨나 슬피 울며 이를 가는 악하고 게으른 자들처럼 그들은 자신의 입으로 자기를 정죄할 것입니다. 하나님, 이 말씀이 의미하는 실제 상황을 직접 체험하지 않도록 해 주십시오!

이제 마지막으로 하나님과 아담의 만남을 통해 그리스도를 믿는 우리들은 매우 친밀한 관계에서 하나님을 만나기를 기대합니다. 하나님께서 범죄한 아담에게 찾아오셔서 심문하시고 그에게 형벌을 내리셨을 때조차도 하나님은 친절하게 말씀하셨고, 그의 우레와 같은 진노 속에는 잔잔한 이슬비와 같은 은혜가 섞여 있었으며, "여자의 후손"이 사탄의 머리를 상하게 할 것이라고 약속하셨습니다. 이것이 사실이며, 또한 우리가 여자의 후손 안에 있고, 또 하나님의 아들 예수 그리스도로 말미암아 구원을 받았을진대 머지않아 하나님께서 우리를 매우 친밀한 관계에서 만나 주시리라고 우리가 기대하는 것이 무리일까요?

형제, 자매여, 하나님은 일을 다 마친 저녁에 오실 것입니다. 그러므로 그날의 무거운 짐과 뜨거운 열기에 대해 초조해 하지 마십시오. 가장 길고 가장 뜨거운 그날이 끝날 것이며, 여기서 영원히 살지 않을 것입니다. 여러분이 어려운 생계를 꾸려나가기 위해 뼈빠지게 일만 해야 하고, 또 자녀들을 돌보며 그들을 먹이기 위해 빵이 있는 곳을 찾아다녀야 하는 상황이 언제까지나 계속되지는 않을 것입니다. 분명 그렇지 않습니다. 지구의 수명은 영원할 수가 없습니다. 여러분 가운데 많은 사람들의 경우에 해가 이미 언덕 너머 저편으로 기울기 시작하였습니다. 그러므로 "그날 바람이 불 때"가 속히 올 것입니다.

여러분 가운데 의로운 많은 사람들이 이미 그 영원한 세대에 다다른 것을 저는 볼 수 있습니다. 여러분은 현역에서 은퇴하였고, 사업에 대한 많은 근심도 떨쳐 버렸으며, 이제는 여러분에게 찾아오실 우리 주님을 기다리고 있습니다. 부활하신 주님께서 다시 오시리라고 약속하셨기 때문에 주님의 무덤은 주님이 여러분을 잊지 않으신다는 사실을 보증하는 것입니다. 여러분은 머지않아 그의 음성을 들을 것입니다. 그때에 주님은 정원을 걸어가시며 여러분에게 가고 있다고 말씀하실 것입니다. 착한 로울랜드 힐(Rowland Hill) 옹께서는 기운이 다 소진한 것을 깨달으시고는 "저 높은 곳에서 가련하고 늙은 로울리를 잊지 않았기를 바랄 뿐이네"라고 말했습니다. 사실 그는 자신이 잊혀지지 않았다는 사실을 알고 있었습니다. 그리고 사랑하는 자들이여, 여러분도 그곳에서 잊혀지지 않을 것입니다.

머지않아 여러분은 여호와의 소리를 들을 것입니다. 그리고 여러분이 그 소리를 들을 때 그것이 자비라는 사실을 알게 될 것입니다. 방금 전까지 여러분은 여호와의 소리를 자주 듣지 않았나요? 여러 번 이 집에서 여러분은 하나님의 소리를 듣고 기뻐하였습니다. 많은 날 저녁 바람이 불 때에(서늘할 때에), 여러분은 조용히 앉아서 하나님과 교제하였습니다. 저는 나이가 많은 여 성도를 보는 것이 즐겁습니다. 이 여 성도는 정한 시간에 함께 모여 커다란 성경책을 펼쳐놓고 그 손가락으로 주님의 귀한 말씀을 짚어가며 그 말씀을 먹고 소화하며 그 말씀대로 살았습니다. 그리고 그 말씀들이 뚝뚝 떨어지는 꿀송이보다 그 영혼에 더 달다는 것을 체험합니다.

여러분은 여호와의 소리를 듣고 그 어조를 잘 익혀 두었으며, 그 소리를 듣는데 익숙하였던 만큼 여러분이 생애의 마지막 순간에 그 소리를 들어도 결코 깜짝 놀라지 않을 것입니다. 아담과 하와처럼 여러분은 몸을 숨기지 않을 것입니다. 여러분은 그리스도의 의의 예복을 입었으므로 벌거벗음을 염려할 필요가 없습니다. 그리고 주님 앞에 이렇게 대답할 수 있습니다. "나의 주님, '네가 어디 있느냐' 고 물으셨습니까? 저는 대답합니다. '당신께서 저를 부르셨기에 저는 여기에 있습니다.' 제가 어디에 있느냐고 물으셨나요? 저는 지금 당신의 아들 안에 숨어 있으며 '사랑하시는 자 안에' (엡 1:6) 있나이다. '네가 어디에 있느냐' 고 말씀하셨나요? 당신의 아들이 계신 곳에 나도 있고 이에 그의 영광을 보리라고 한 언약의 말씀을 따라 저는 주님께서 저를 취해 주시기를 기다리며 여기에 있나이다."

사랑하는 여러분이여, 이와 같이 하나님의 음성을 듣게 될 그날 저녁을 간절히 열망합시다. 그때에 여러분은 이 그늘지고 차가운 밤이슬에 젖어 있는 이 땅에서 들어올려져서 영광의 불이 영원히 타오르는 최상의 곳으로 들어갈 것입니다. 그리고 그곳에서는 어린양께서 빛을 비추실 것이며, 여러분의 슬픔의 날들이 영원히 끝날 것입니다.

2

에녹

하나님과 동행

"에녹은 육십오 세에 므두셀라를 낳았고 므두셀라를 낳은 후 삼백 년을 하나님과 동행하며 자녀들을 낳았으며 그는 삼백육십오 세를 살았더라. 에녹이 하나님과 동행하더니 하나님이 그를 데려가시므로 세상에 있지 아니하였더라"(창 5:21 - 24).

"믿음으로 에녹은 죽음을 보지 않고 옮겨졌으니 하나님이 그를 옮기심으로 다시 보이지 아니하였느니라. 그는 옮겨지기 전에 하나님을 기쁘시게 하는 자라 하는 증거를 받았느니라. 믿음이 없이는 하나님을 기쁘시게 하지 못하나니 하나님께 나아가는 자는 반드시 그가 계신 것과 또한 그가 자기를 찾는 자들에게 상 주시는 이심을 믿어야 할지니라"(히 11:5, 6).

"아담의 칠대 손 에녹이 이 사람들에 대하여도 예언하여 이르되 보라, 주께서 그 수만의 거룩한 자와 함께 임하셨나니 이는 뭇 사람을 심판하사 모든 경건하지 않은 자가 경건하지 않게 행한 모든 경건하지 않은 일과 또 경건하지 않은 죄인들이 주를 거슬러 한 모든 완악한 말로 말미암아 그들을 정죄하려 하심이라 하였느니라"(유 1:14, 15).

제가 방금 읽은 세 구절들이 에녹에 대하여 알 수 있는 믿을 만한 자료이며, 그 밖에 고대의 주석가들이 지어낸 이야기들을 여기에 소개하는 것은 근거 없는 일이 될 것입니다. 에녹은 아담의 칠대 손이며, 가인의 후손이자 아담의 삼대 손인 에녹과는 다른 사람입니다. 최초의 족장시대에 하나님은 참된 신앙과 관련된 진리를 사람들에게 나타내시기를 기뻐하셨습니다. 이 고대의 사람들은 하나님에 대하여 계시를 받았을 뿐 아니라 그 시대의 선생들이자 진리를 드러내 보인 모형들(types)이었습니다. 아벨은 희생제사로 여호와께 나아갈 것과 피로 말미암아 구속을 받아야 할 것을 증거하였습니다. 그는 제단에 어린양을 바쳤으며, 친히 자신의 피를 흘림으로써 그의 증거를 확증하였습니다.

에녹은 우리 사람이 하나님과 교제할 수 있다는 위대한 진리를 사람들에게 보여 주었습니다. 그는 지존하신 하나님과 신자의 관계를 자신의 삶으로 표현하였으며, 살아 계신 하나님께서 자기 백성들과 함께 하기 위하여 얼마나 자신을 낮추시는지 보여 주었습니다.

아마도 우리가 이 거룩한 족장의 삶을 생각해 볼 때 그를 본받게 될 것입니다. 에녹이 어떤 존재였는지, 그가 어떤 상황 하에서 그렇게 될 수 있었는지 생각해 보고자 할 때, 에녹이 이르렀던 그 지점에 우리가 이를 수 있도록 성령께서 도와주시기를 바랍니다. 이 지점은 경건한 모든 사람의 열망입니다. 성도들이라면 누구나 성부 하나님, 성자 예수 그리스도와의 교제를 열망합니다. 우리의 영혼이 계속하여 주님께 부르짖는 소리는 "나와 함께 하옵소서"입니다. 어제 저는 이 땅의 존귀한 백성 한 분을 장사지냈습니다. 그 분은 우리보다 훨씬 더 하나님을 사랑하고 경외하며 섬겼습니다. 그는 매우 경건한 형제였으며, 죽어가면서도 죽음에 대하여는 거의 생각하지 않고 다만 자신의 마지막 소원을 친구에게 보내는 편지에 이렇게 남겼습니다. "나는 에녹의 삶을 실현하기를 갈망했다네. 하나님과 동행하는 삶 말일세." 사실 그의 유언은 저나 여러분 모두가 가지고 있는 소원입니다.

첫 번째, 에녹이 하나님과 동행하였다는 것은 무엇을 의미합니까? 이에 대하여 우리는 바울이 기록한 히브리서에서 도움을 받을 수 있습니다.

첫째, 에녹이 하나님과 동행하였다는 것은 그가 하나님께 기쁨이 되었다는 증거입니다. "그는 옮겨지기 전에 하나님을 기쁘시게 하는 자라 하는 증거를 받았느니라." 이 구절은 분명히 에녹의 하나님과 동행에 대한 사도의 해석입니다. 그것은 아주 정확한 해석입니다. 왜냐하면 주님께서는 기뻐하지 않는 자와 동행하지 않으실 것이기 때문입니다. 두 사람의 뜻이 일치하지 않는데 동행할 수 있나요?

사람들이 하나님과 반대로 걷는다면 하나님은 그들과 함께 걸으실 수 없고 그들과 반대로 걸어가실 것입니다. 동행이란 말은 친교, 우정, 친밀, 사랑을 의미하며, 사람이 여호와의 마음에 들지 않는 한 하나님과 그 사람의 영혼 사이에 이런 것들이 있을 수 없습니다. 의심할 여지 없이 엘리야처럼 에녹은 우리와 똑같은 성정을 가진 사람이었습니다. 그는 아담의 죄 안에서 다른 사람들과 똑같이 타락했습니다. 우리에게 죄의 본성이 있는 것처럼 그에게도 죄의 본성이 있었으며, 우리가 다 양 같아서 그릇 행하였던 것처럼 그 또한 그러했습니다. 그러므로 우리에게 사죄와 씻음이 필요한 만큼 그에게도 그런 것이 필요했습니다. 그러므로 하나님을 기쁘시게 하기 위하여 용서받고 의롭다 함을 받는 것이 우리에게 절대적인 만큼 그에게도 그것은 절대적이었습니다. 죄를 용서받고 의롭다 함을 입기 전까지는 어느 인간도 하나님을 기쁘시게 할 수 없기 때문입니다. 이 때문에 우리는 믿어야 합니다. 왜냐하면 믿음이 없이는 의롭다 함을 얻을 수 없기 때문입니다. 다시 말하지만, 우리들이 의롭다함을 받지 않고는 하나님을 기쁘시게 할 수 없습니다. 그러므로 사도는 다음과 같이 말합니다. "믿음이 없이는 하나님을 기쁘시게 하지 못하나니." 믿음으로 에녹은 하나님을 기쁘시게 할 수 있었고, 오늘날 우리도 마찬가지입니다.

형제들이여, 이 믿음은 우리가 진심으로 주목해야 합니다. 왜냐하면 우리에게 이 믿음의 길이 활짝 열려 있기 때문입니다. 에녹의 어떤 비상한 재능이나 재주 때문에, 또는 놀라운 업적이나 신비한 일 때문에 그가 하나님을 기쁘시게 하였다면, 우리는 실망할 수밖에 없을 것입니다. 그러나 믿음, 곧 죽어가는 강도를 구원한 그 믿음, 저와 여러분 안에 있는 그 믿음으로 말미암아 에녹이 하나님을 기쁘시게 하였다면, 사람들이 하나님과 동행하는 그 길의 입구가 우리에게도 열려 있는 것입니다. 믿음을 가지면 우리는 주님과 교제할 수 있습니다. 이러므로 우리가 믿음을 얼마나 갈망해야 하는지요! 여러분이 하나님의 사람으로서 하나님과 동행하기를 원한다면, 먼저 주 예수 그리스도를 믿고 은혜의 아기로 태어나야 합니다. 가장 높은 성도의 지위는 우리 죄를 고백하고 십자가에 못 박히신 그리스도를 붙잡음으로써 시작됩니다. 그렇지 않다면 가장 강한 신자도 가장 연약한 신자와 다를 바 없습니다. 여러분이 성장하여 주님의 강한 용사들 가운데 있고자 한다면 여러분은 거룩한 힘을 붙잡는 믿음을 가져야만 합니다. 성령으로 시작하여 육체로 마쳐서는 안 될 것입니다. 그리스도를 믿은 후 어떤 거리가 생겨서는 안 되며 믿음으로 살려고 힘써야 합니다. 처음 믿었을 때처럼 여러분의 동행은 지속되어야 합니다. "그러므로 너희가 그리스도 예수를 주로 받았으니 그 안에서 행하되"(골 2:6). 에녹은 항상 하나님을 기쁘시게 하였습니다. 그것은 그가 항상 믿었기 때문이요, 믿음의 능력으로 살았기 때문입니다.

둘째, 에녹이 하나님과 동행하였다는 것은 그가 하나님의 임재를 사실로서 의식하였다는 것을 의미합니다. 여러분은 모르는 사람과 동행할 수 없습니다. 우리가 어떤 사람과 동행할 때 그 사람이 거기 있는 것을 알며, 그의 얼굴은 볼 수 없을지라도 그의 발자국 소리는 듣습니다. 즉, 우리 옆에 그런 사람이 있다는 것을 분명하게 의식합니다. 다시 히브리서로 돌아가 보면 바울은 "하나님께 나아가는 자는 반드시 그가 계신 것과 또한 그가 자기를 찾는 자들에게 상 주시는 이심을 믿어야 할지니라"고 우리에게 말씀합니다. 이와 같이 에녹의 믿음은 사실로서 의식하는 믿음(a realizing faith)이었습니다.

에녹은 너무나 많은 사람들이 그러하듯이, 신앙 고백할 때만 믿다가 그 믿음을 선반 위에다 두고 사용하지 않는 식으로 믿지 않았습니다. 머리로는 정통 신앙을 알았지만 또한 그 믿음이 마음속 깊이 스며들었습니다. 그가 믿은 것은 그에게 사실 그대로였습니다. 실제로 사실이었고, 일상생활에서 겪는 사실처럼 그는 믿었습니다. 그는 하나님과 동행하였습니다. 단순히 하나님을 생각한 것이 아니며, 단순히 하나님에 대해 사색한 것도 아니며, 단순히 하나님에 대해 논의한 것도 아니며, 단순히 하나님에 대해 읽은 것도 아니며, 단순히 하나님에 대해 말한 것도 아닙니다. 그는 하나님과 동행하였습니다. 즉, 에녹의 믿음은 실천과 체험이 있는 참된 경건이었습니다.

일상생활에서 에녹은 하나님께서 자신과 함께하신다는 것을 진짜로 의식하였으며, 하나님을 살아 있는 친구처럼 생각했으며, 하나님을 신뢰하였고,

하나님의 사랑을 느꼈습니다. 오, 사랑하는 성도들이여, 여러분이 그리스도인의 삶의 가장 고상한 상태에 도달하려면 여러분이 믿음으로 받은 사실들을 사실 그대로 의식해야 한다고 생각하지 않습니까? 여러분은 보이지 않는 하나님을 보아야 하고, 아직까지 갖고 있지 못한 것을 이미 소유한 것으로 의식해야 합니다. 하나님은 진짜로 존재하시고, 진짜로 인간의 행위를 살피시고, 진짜로 판단하시고 진짜로 보상하십니다. 진짜로 우리와 함께 하시는 진짜 하나님, 우리는 이 사실을 알아야 하며, 그렇지 않다면 여러분은 지금 하나님과 동행하고 있는 것이 아닙니다.

셋째, 에녹이 하나님과 동행했다는 말씀은 그가 지존하신 하나님과 매우 친밀한 교제를 하였다는 것을 의미합니다. 제가 알기에 가장 자유롭고 즐겁고 진심 어린 교제는 친구와 오래도록 함께 걸을 때 생깁니다. 가장 친한 친구가 누구냐 하면 틀림없이 매일 함께 걸은 친구일 것입니다. "저는 가끔 친구의 집에 들어가 앉아 있습니다"라고 말할 수 있는 교제는 "저는 매일 친구와 함께 들판을 거닐며 언덕을 올랐습니다"라고 말할 수 있는 교제에 비교될 수 없습니다. 걷는 가운데 친구들은 더욱 가까워집니다. 걷는 가운데 한 친구가 자기의 고민거리를 털어놓습니다. 그리고 다른 친구가 함께 고민하며 그를 위로하려고 애씁니다. 그러고는 이번에는 자신의 비밀도 친구에게 털어놓습니다. 사람들이 좋아서 늘 함께 걷게 되면 그들 가운데 많은 교감이 생기며, 이에 낯선 사람이 그들 사이에 끼어 들지 못하게 될 정도가 됩니다.

하나님께서도 실제로 이처럼 사람들과 함께 걸으실까요? 그렇습니다. 하나님은 에녹과 함께 걸으셨습니다. 그리고 그 이후 수많은 자기 백성들과 함께 걸으셨습니다. 하나님께서 우리에게 당신의 비밀을 말씀해 주십니다. 이 비밀은 오직 그를 경외하는 자들에게만 계시하시는 것입니다. 그리고 이번에는 우리도 찬양으로써 우리의 기쁨을 하나님께 표현하며, 기도로써 우리의 슬픔을 아뢰며, 고백으로써 우리의 죄를 고합니다. 우리를 돌보아주시는 주님 앞에 우리의 마음의 모든 근심을 내려놓습니다. 그러면 주님께서는 우리를 향한 당신의 영원한 사랑을 알게 하시며, 동시에 의를 홍수같이 쏟아부어 주십니다. 이것이 바로 기독교 체험의 꽃이요 아름다움이며, 백합과 장미며, 창포와 몰약입니다.

넷째, "동행"이라는 말은 하나님과의 교제가 지속적이었다는 의미입니다. 옛 성직자께서 말씀하신 대로, 에녹은 한두 번 하나님과 동행하다가 나중에 그만둔 것이 아니었습니다. 그는 수백 년 동안 하나님과 동행하였습니다. 본문은 그의 수명인 365년 전체에 걸쳐 하나님과 동행하였다는 사실을 암시하고 있습니다! 사람이 다른 어느 누구와 동행할 때 교제의 변화를 원할 수 있습니다. 그러나 하나님과 3백 년 동안 동행했다는 것은 그만큼 그 교제가 즐거웠다는 것입니다. 그럴 정도로 에녹은 하나님과 계속 즐겁게 함께 걷다가 시공간마저 초월하여 천국까지 함께 걸었으며, 또한 천국에서도 변함 없이 거룩한 교제를 나누며 지금도 계속하여 하나님과 함께 걷고 있는 중입니다. 에녹은 지상에서 하늘을 체험하였으나 땅에서부터 하늘로 아주 쉽게 날아올라갈 정도로 그렇게 굉장한 것은 아니었습니다. 그는 일시적인 흥분으로 하나님과 교제하지 않았으며, 참으로 하나님의 사랑을 의식하며 그 안에 거하였습니다. 그는 가끔씩 고결한 경건의 산에 올라갔다가 냉랭함의 축축한 골짜기로 하강하지 않았습니다. 그는 하나님과 기쁨의 교제를 매일 평온하게, 행복하게, 한결같이 지속하였습니다.

다섯째, 이 구절은 그의 삶이 진보하였다는 것을 의미합니다. 사람이 혼자 걷거나 어느 누구와 함께 걸을 때, 그는 앞으로 나아가며 전진합니다. 에녹은 동행 2백 년 말에 그가 출발했던 자리에 있지 않았으며, 변함 없이 교제하는 가운데 바른 길로 전진해 나갔습니다. 동행 3백 년 말에 에녹은 더 많은 기쁨을 누렸고, 더 많이 깨달았고, 더 많이 사랑했고, 더 많은 것을 받았고, 더 많이 나누었습니다. 왜냐하면 그가 모든 면에서 성장하였기 때문입니다. 하나님과 동행하는 사람은 은혜에서, 하나님을 아는 지식에서, 그리스도를 닮는 데에 반드시 성장할 것입니다. 은혜를 입은 사람이 힘을 얻고, 성화되며, 교훈을 받고, 하나님께 더 큰 영광을 돌릴 수 있게 되지 못한다면 그 사람이 매년 하나님과 지속적으로 동행한다고 말할 수 없을 것입니다.

에녹의 동행에 대하여 조금만 더 살펴보겠습니다. 그가 하나님과 동행한 것을 보아 그의 삶이 거룩한 삶이었을 것은 틀림없는 사실입니다. 하나님께서는 결코 거룩한 길에서 벗어나지 않으시기 때문입니다. 우리가 하나님과 동행한다면 우리는 진리, 정의, 그리고 사랑을 따라 걸어야만 합니다. 주님께서는 불의하고 반역하는 자와 교제하지 않으십니다. 그러므로 하나님과 동행한 에녹은 틀림없이 의롭고 거룩한 사람이었다는 것을 우리는 알 수 있습니다.

더욱이 에녹의 삶은 행복한 삶이었습니다. 그러한 교제를 누리는 사람이 어떻게 불행할 수 있겠습니까! 하나님께서 우리와 함께 하시면 결단코 침울할 수 없습니다. "내가 사망의 음침한 골짜기로 다닐지라도 해를 두려워하지 않을 것은 주께서 나와 함께 하심이라." 하나님께서 여러분의 친구라고 믿으신다면, 여러분이 가는 그 길은 틀림없이 즐겁고 평화로운 길이 될 것입니다.

에녹은 하나님과 동행하였습니다. 그러므로 그의 길은 분명히 안전하였습니다. 위대하신 여호와는 얼마나 든든한 보호자이신지요! 그는 해와 방패이시며, 은혜와 영광을 베푸십니다. 지존자의 은밀한 곳에 거하는 자는 전능하신 자의 그늘 아래 거할 것입니다. 주 하나님께서 그 우편에서 함께 동행하시는 자는 아무 해도 당하지 않습니다.

그리고 오, 영원하신 분과 동행한다는 것이 그 얼마나 영광스러운 일인가요! 많은 사람이 왕과 동행하기를 갈망합니다. 왕이 미소만 지어 주어도 기쁨에 도취될 정도로 수많은 사람은 존엄을 숭배합니다. 그렇다면 만왕의 왕과 동행하는 일은 얼마나 큰 영광인가요! 복되시며 유일하신 주권자와 일생동안 동행할 수 있다는 것이 이 얼마나 고귀한 특권인가요! 왕의 짝이 되어 그분과 단 둘이 동행하며 그의 절친한 친구가 될 수 있는 은혜를 받은 그가 누구입니까? 여호와는 하늘과 땅, 그리고 지옥을 통치하시며, 그와 동행할 모든 이들의 주인이십니다. 정말이지 그분과 동행할 수 있는 영광만 누릴 수 있다면 우리가 무엇을 부러워하겠습니까!

오 그리스도인들이여, 여러분은 하나님과 동행하기를 얼마나 사모해야 합니까! 에녹은 하나님과의 동행이 안전하고 행복하며 거룩하고 영광스러운 것임을 깨달았습니다. 이제 저는 하나님과 동행하는 가치를 너무나 잘 알고 있습니다. 분명히 이것은 황금의 생활이었습니다. 그와 같은 것을 우리가 어디에서 찾겠습니까?

두 번째, 에녹은 어떠한 환경에서 하나님과 동행하였습니까? 성경에는 그의 삶에 대한 자세한 기록이 거의 없습니다. 우리는 에녹에 대하여 많은 것을 알지 못합니다. 그리고 이것이 그의 장점입니다. 역사가 없는 나라는 행복합니다. 왜냐하면 역사를 가지고 있는 나라는 전쟁과 대변혁, 그리고 유혈참사를 겪었기 때문입니다. 그러나 항상 행복하고 평화롭고 번성한 나라는 흥분을 좋아하는 사람을 매료시킬 만한 연대기가 없습니다. 이와 같이 우리가 에녹에 대하여 긴 자서전을 기록할 수 없기에 그는 행복합니다. 그저 간단하게 "에녹이 하나님과 동행하더니 하나님이 그를 데려가시므로 세상에 있지 아니하였더라"는 말씀이 그의 전 이력을 서술하고 있을 뿐입니다.

여러분이 농부의 들녘을 바라보고 돌아와서는 이렇게 말합니다. "황금 옷을 입은 것처럼 노란 꽃들이 온통 들녘에 뒤덮여 있는 것을 보았는데 자세히 보니까 황금 옷에 달린 은단추 같은 흰 꽃들, 그리고 아름다운 눈처럼 보이는 푸른 수레국화들이 여기저기서 발견되었어요. 그것도 들녘 전체에 퍼져 있었어요." 여러분이 어린아이라면 매우 아름다운 광경이라고 생각하겠지요. 그러나 농부는 머리를 흔듭니다. 왜냐하면 잡초가 퍼져서 땅이 안 좋은 상태임을 알기 때문입니다. 반면, 여러분은 돌아와서 간단히 이렇게 말합니다. "좋은 품종의 곡식들이 자랐습니다. 아주 좋습니다." 여러분의 표현은 간단하지만 아주 만족스럽습니다.

휘황찬란한 일들과 인상적인 사건들과 세상을 깜짝 놀라게 하는 진기한 경험들이 자서전을 흥미 있게 만들며 주목을 끌게 할지는 몰라도 그의 삶의 진정한 가치를 나타내는 것은 아닙니다. 하나님의 섭리를 따라 맡은 자리에서 조용히 하나님을 계속적으로 섬길 수 있는 사람의 삶보다 더 나은 인생은 없습니다. 천사들과 죄 없는 순수한 자들이 판단하기에 가장 큰 감동을 주는 여인의 삶은 간단하게 이렇게 표현됩니다. "여인이 힘을 다하여 행하였도다"(막 14:8). 그리고 가장 주목받을 만한 남자의 삶은 이렇게 표현될 수 있습니다. "그는 여호와를 온전히 순종하였도다"(신 1:36). 에녹의 삶은 진기한 경험들이 없었습니다. 그러나 사람이 하나님과 동행하는 것이야말로 진정 진기한 일이 아닐까요? 존귀한 자가 영원하신 하나님과의 교제 가운데 거하는 것 외에 무슨 야망을 품을 수 있으리요?

그러나 혹자는 이렇게 말할 것입니다. "에녹은 틀림없이 특별한 환경 가운데 있었을 것이오. 매우 유리한 환경 속에서 경건을 실천하였던 것이 분명하오." 자, 사실은 그렇지 않다는 것을 말씀드리겠습니다.

먼저 에녹은 공인(a public man)이었습니다. 그는 "아담의 칠대 손"이라고 합니다. 그는 주목할 만한 인물이었고 그 시대의 어른들(fathers) 중 한 분으로 존경받았습니다. 당시 족장은 영향력 있는 사람으로서 존경과 아울러 책임 있는 사람이었음에 틀림없습니다. 고대의 관습을 보면 그 가족의 우두머리가 선지자와 제사장 역할을 하였으며, 그 가계의 왕이었습니다. 그리고 그가 명사였거나 재력가였다면 대외적으로 그는 고문이나 행정가 또는 통치자였습니다. 에녹은 그 당시에 저명인사였으며, 그 시대에 아주 중요한 인물이었습니다. 그러므로 그가 시련을 당했으며, 경건을 핍박한 세력 있는 불경건당(ungodly party)으로부터 심한 공격을 당했으리라고 우리는 확신할 수 있습니다. 에녹은 귀족의 명단에 올라 있었습니다. 혹자는 지혜롭지 못하게 다음과 같이 생각하였습니다. "제가 시골집에 살거나 조용한 마을에 살았다면, 하나님과 동행할 수 있을 것입니다. 그러나 여러분도 알다시피 저는 공인이며, 신뢰받는 자리에 있고, 동료들과 어울려야 합니다. 그런 제가 어떻게 하나님과 동행해야 할지 모르겠습니다." 아, 나의 사랑하는 친구여, 에녹은 그런 자리에서도 하나님과 동행하였습니다. 당시에 그는 노출된 사람이었고 공적인 업무에 시달렸지만 하늘나라와 교통하는 성스러운 교제의 끈을 놓지 않았으며, 수세기에 걸쳐 거룩한 길로 매진하였습니다.

또한 에녹은 가정적인 사람이었습니다. 에녹은 하나님과 동행하며 자녀들을 낳았습니다. 혹자는 다음과 같이 말하였습니다. "아, 자녀들이 많으면 당신 마음대로 살 수 없지요. 당신이 아이들이 많은 대가족을 거느리고 있다면 기도 시간과 성경 묵상을 지속할 수 있는 것처럼 내게 말하지 마십시오. 여러분은 어지러울 것이며, 가사 일이 많아서 화가 날 것이며 침착성을 잃고 말거예요. 숲 속으로 도망치십시오. 그러면 은둔자의 암자를 발견할 것이요, 거기서 갈색 물병과 빵 조각으로 연명하면서 당신은 비로소 하나님과 동행할 수 있을 거예요. 그러나 부인은 항상 상냥하지 않으며, 많은 자식들은 밤낮을 가리지 않고 절대로 얌전하지 않습니다. 그러니 어떻게 하나님과 동행하기를 기대할 수 있겠어요?" 한편, 부인은 이렇게 고함칩니다. "제가 독신으로 있다면 저도 하나님과 동행할 수 있을 거라고 믿습니다. 저도 소녀 시절엔 온전히 헌신하였습니다. 그러나 지금은 그럴 수 없어요. 제 남편은 기분이 엉망이며, 아이들의 요구는 끝이 없는 것 같아요. 그래서 그들의 요구를 다 들어줄 수가 없어요. 그러니 제가 하나님과 동행하는 것이 가능하겠습니까?" 다시금 에녹에게로 돌아갑시다. 그러면 그 일이 가능하리라고 우리는 확신합니다. "에녹은 육십오 세에 므두셀라를 낳았고 므두셀라를 낳은 후 삼백 년을 하나님과 동행하며 자녀들을 낳았으며 그는 삼백육십오 세를 살았더라." 여러분도 아시다시피 이처럼 그는 공인이었고 가정적인 사람이었습니다. 그러면서도 그는 3백 년 이상을 하나님과 동행하였습니다. 하나님과 동행하기 위해서는 암자가 필요 없으며, 결혼생활을 거부할 필요가 없습니다.

게다가 에녹은 악한 시대에 살았습니다. 그가 훌륭한 신앙생활을 하던 때는 죄가 지면을 뒤덮기 시작할 시점이었습니다. 세상이 타락하여 하나님께서 그 죄악을 보시고 온 인류를 지면에서 쓸어버리기로 결정하기 얼마 전이었습니다. 에녹은 경건을 기롱하는 자들과 멸시하는 자들의 시대에 살았습니다. 유다서에 기록된 그의 예언으로 우리는 이 같은 사실을 알 수 있습니다.

에녹은 다음과 같이 예언하였습니다. "주께서 그 수만의 거룩한 자와 함께 임하셨나니 이는 뭇 사람을 심판하사 모든 경건하지 않은 자가 경건하지 않게 행한 모든 경건하지 않은 일과 또 경건하지 않은 죄인들이 주를 거슬러 한 모든 완악한 말로 말미암아 그들을 정죄하려 하심이라." 에녹이 살던 시대는 하나님을 사랑하는 사람이 거의 없었습니다. 하나님을 사랑한다고 고백하던 사람도 사람의 딸들의 아양에 미혹당하던 때였습니다. 그때에 교회와 국가는 결연(結緣)을 도모하였고, 유행과 쾌락이 그 시대를 풍미하였으며, 신성을 모독하는 결합이 그 시대의 대세였습니다. 죄인들은 양산되었고, 그 큰 죄인들이 하나님을 진노케 했던 태고 말에 에녹이 살았습니다. 그러므로 여러분의 시대에 대하여, 여러분의 이웃과 환경에 대하여 불평하지 마십시오. 그런 가운데서도 여러분 모두는 하나님과 동행할 수 있습니다.

에녹이 하나님과 동행한 결과 그는 하나님을 증거하였습니다. "아담의 칠대 손 에녹이 이 사람들에 대하여도 예언하여." 그는 잠잠할 수 없었고, 그 영혼 속에서 불이 타올라 억제할 수 없었습니다. 에녹이 하나님을 증거하자 핍박을 받았던 것이 분명합니다. 유다서에서 저는 그 같은 사실을 확신할 수 있습니다. 유다서에 보면, "이 사람들은 원망하는 자며 불만을 토하는 자며 그 정욕대로 행하는 자라. 그 입으로 자랑하는 말을 하며 이익을 위하여 아첨하느니라"(유 1:16)고 기록되어 있기 때문입니다. 에녹은 그런 원망하는 사람들 앞에 끌려갔습니다. 에녹의 설교를 살펴보면, 원망하는 자들이 퍼붓는 신성모독과 비난 속에서도 그가 확고부동한 사람이었다는 것을 알 수 있습니다. 에녹은 하나님의 진리에 관한 위대한 논증을 펼치며 악한 자들의 삶과 그 시대의 조롱하는 자들의 방자한 혀를 책망하였습니다.

그는 이렇게 외쳤습니다. "보라, 주께서 그 수만의 거룩한 자와 함께 임하셨나니 이는 뭇 사람을 심판하사 모든 경건하지 않은 자가 경건하지 않게 행한 모든 경건하지 않은 일과 또 경건하지 않은 죄인들이 주를 거슬러 한 모든 완악한 말로 말미암아 그들을 정죄하려 하심이라." 분명히 그들은 에녹을 비난하였고, 그의 증거를 거절하였으며, 그의 정신을 괴로워하였습니다. 에녹은 그들이 이런 식으로 하나님을 비난하는 것을 한탄하였습니다. "경건하지 않은 죄인들이 주를 거슬러 한 모든 완악한 말로 말미암아"라는 말씀이 바로 이런 사실을 보여 줍니다. 에녹은 경건하지 않은 사람들의 경건하지 않은 삶을 목격하고 그들에게 증거하였습니다.

에녹의 증거의 위대한 주제가 재림이었다는 것은 놀랄 만합니다. 그리고 에녹 외에 하나님과 가깝게 지내던 사람들이라고 누군가 뽑은 두 사람, 말하자면 다니엘과 요한이 모두 주님의 재림과 최후 심판에 대하여 많은 증거를 하였다는 것은 더욱더 주목할 만합니다. 저는 여기서 다니엘의 말씀을 인용하지는 않겠습니다. 다만 말씀드릴 것은, 다니엘이 예정되어 있는 심판에 대하여, 그리고 자신의 보좌에 임하실 신(神, the Ancient of Days)에 대하여 증거하였다는 것입니다. 또한 저는 주님의 재림에 대한 사도 요한의 충실한 증거를 되풀이하지는 않겠습니다. 다만 말씀드릴 것은 요한이 뜨겁게 절규하며 다음과 같이 외쳤다는 것입니다. "아멘 주 예수여 오시옵소서."

세 번째 대지이며 결론 부분으로서 에녹이 하나님과 동행한 결과는 무엇이었습니까?

첫째, 에녹은 일을 일찍 마쳤습니다. 에녹이 하나님과 동행한 결과 일을 훌륭하고 확실하게 하였고 또 발전시켰습니다. 그러므로 에녹은 어떤 때는 하나님과 동행하다가 어떤 때는 세상과 짝을 하던 사람들보다 더 빨리 여정을 마치고 영원한 집으로 돌아갔습니다. 삼백육십오 세라는 나이는 우리가 볼 때에는 장수한 것이겠지만 여러 족장들이 천 세 가까이 살았던 당시에는 비교적 단명한 것이었습니다. 에녹의 수명은 당시의 평균 수명에 비교해 보면 지금 세대의 단명하는 삼, 사십 세 나이와 비슷하며, 사실상 우리 주님의 생애와 아주 비슷합니다. 당시 사람들의 긴 수명과 오늘날의 수명을 고려해 볼 때 에녹이 떠났을 때의 나이는 예수님께서 죽으신 나이와 거의 같습니다. 그러므로 그는 비교적 젊은 나이에 떠났던 것입니다. 하나님과 가까운 관계를 유지하므로 이 사람은 일을 아주 잘 하였고 그 일을 정오에 마쳤습니다. 그러므로 주님께서는 이렇게 말씀하셨습니다. "에녹아, 집에 오너라. 네가 더 이상 세상에 있을 필요가 없구나. 네 증거를 다 마쳤으니 네 수명을 다하였도다. 모든 연령의 남성들이 너를 모범적인 사람으로 여길 터이니 그러므로 집에 돌아오려무나."

하나님은 절대로 필요 이상으로 오랫동안 밭에 곡식을 놔두지 않으시며, 그것이 무르익었을 때 즉시 거두십니다. 자기 백성이 귀가할 준비가 되어 있으면 하나님은 그를 집으로 데리고 가실 것입니다. 의인이 젊어서 죽었다고 섭섭하게 생각하지 마십시오. 세상에서 지금도 일찍 무르익는 곡식이 더러 있는 것처럼 어떤 성도들은 속히 성화 되는구나 생각하고 그의 죽음에 대하여 도리어 하나님께 감사하십시오.

그런데 에녹이 떠날 때에 무슨 일이 일어났습니까? 죽음의 요단 강물을 건너지 않고 하늘에 있는 가나안에 들어간 사람들은 모든 인류를 통틀어 오직 에녹과 다른 한 사람뿐입니다. 우리는 여기서 "있지 아니하였더라"는 말씀을 보게 됩니다. 만일 "있지 아니하였더라"는 본문의 말씀이 죽은 모든 사람들에게 적용된다면 '죽는다'는 말이 곧 멸망을 뜻한다고 믿는 사람들은 죽음은 곧 멸망이라는 그들의 생각을 더욱더 굳히고 말았을 것입니다. 왜냐하면 어떠한 표현을 사용하든 그들은 죽음을 멸망으로 해석할 것이기 때문입니다. 그러나 이는 한 가지 해석에 불과합니다. 여기서 "있지 아니하였더라"는 말씀은 그가 멸망당했다는 뜻이 아닙니다. 죽었다는 말보다 아주 약한 표현인 이 용어는 전혀 그런 뜻을 포함하고 있지 않습니다. "있지 아니하였더라," 말하자면 이 말씀은 글자 그대로 여기에 있지 않았다는 뜻입니다.

그는 세상에서 나가서 그곳에 있었습니다. 하나님께서 그를 그곳으로 옮기셨던 것입니다. 에녹은 전에도 하나님과 함께 있었고, 지금도 함께 있는데 다만 죽음을 맛보지 않고 옮겨졌던 것입니다. 에녹이 죽음을 피한 것을 시샘하지 마십시오. 왜냐하면 그것은 은혜였을 뿐, 누군가 생각하는 것처럼 결코 특별한 것이 아니었기 때문입니다. 죽음을 보지 않는 사람들은 누구나 반드시 변화를 경험해야 하며, 에녹이 바로 그런 변화를 경험하였던 것입니다. 사도 바울은 "우리가 다 잠 잘 것이 아니요…홀연히 다 변화되리니"(고전 15:51)라고 하였습니다.

에녹의 육과 혈은 하나님의 나라를 기업으로 얻을 수 없었습니다. 에녹이 한 순간에 변화를 경험하였던 것처럼 저와 여러분도 부활의 날에 그 변화를 경험하게 될 것입니다. 그러므로 에녹이 세상에 있지 않았다는 말씀은 이 땅의 정원으로부터 하늘에 있는 낙원으로 옮겨졌다는 뜻입니다. 자, 이처럼 세상에 죽지 아니할 사람이 있다면, 그는 하나님과 동행하는 사람일 것입니다. 죽음이 별 것 아닌 사람이 있다면, 그는 그리스도의 재림과 그 영광을 고대하는 사람일 것입니다. 죽음의 철문을 통과하면서도 무서운 원수의 공포를 조금도 느끼지 않는 사람이 있다면, 그는 이 땅에서 하나님과 지속적인 교제를 나눈 사람일 것입니다. 죽음의 고통을 피할 다른 길은 없습니다. 오직 하나님과 동행하십시오. 그리하면 여러분은 "사망아, 너의 승리가 어디 있느냐? 사망아, 네가 쏘는 것이 어디 있느냐?"(고전 15:55)고 소리칠 수 있을 것입니다.

또한 "하나님이 그를 데려가시므로"라고 말씀하고 있습니다. 이 말씀은 매우 주목할 만한 표현입니다. 아마도 하나님께서는 볼 수 있는 모습으로 에녹을 데리고 가셨을 것입니다. 주님께서 승천하셨을 때 사도들이 그 자리에 있었던 것처럼 아마도 에녹이 떠나는 것을 모든 족장들이 보았을 것입니다. 그 어떠한 상황이든 거기엔 사람들의 특별한 환희가 있었을 것이며, 지존하신 하나님의 보좌로 이 특별한 사람을 데리고 가는 것이 뚜렷하게 보였을 것입니다. "하나님이 그를 데려가시므로 세상에 있지 아니하였더라."

"사람들이 에녹의 사라짐을 아쉬워하였다"는 사실을 유념하십시오. 저는 이 사실을 간과할 수 없습니다. 사도 바울은 에녹이 다시 보이지 아니하였다고 말씀하고 있습니다. 자, 어떤 사람이 다시 보이지 않았다면 이는 누군가 그 사람을 찾았다는 것을 의미할 것입니다. 엘리야가 하늘로 올라갔을 때 선지자의 생도 오십 인이 가서 엘리야를 찾았다는 말씀을 여러분은 기억할 것입니다. 분명히 그들은 엘리야를 매일 찾았으나 만나지 못하였습니다. 엘리야의 몸과 모든 것이 떠났을 때 그들이 엘리야를 찾는 것은 당연한 일이었습니다. 에녹이 다시 보이지 아니하자 사람들은 에녹을 찾았습니다. 의로운 사람이 보이지 않기 때문입니다. 이처럼 교회 안에 있는 하나님의 진실한 자녀는 5천 명의 성도들 가운데 묻혀서 주님을 위해 일하고 섬깁니다. 하지만 그가 하나님과 동행한 사람이었다면 성도들은 그의 죽음을 진심으로 애도할 것입니다. 땅에 있든지 없든지 아무도 상관하지 않을 정도로 우리는 그렇게 살다가 죽기를 원치 않습니다. 에녹이 떠났을 때 사람들은 무척 아쉬워했습니다. 하나님과 동행하는 자들은 이와 같이 사람들에게 아쉬움을 남기고 떠날 것입니다.

마지막으로, 에녹의 옮겨짐은 하나의 증거가 되었습니다. "하나님이 그를 데려 가시므로 세상에 있지 아니하였더라"는 사실이 무엇을 증거할까요? 그것은 내세의 존재를 분명히 증거하는 것입니다. 당시 사람들은 이 사실을 의심하기 시작했습니다. 그러나 "에녹이 어디에 있지?"라고 사람들이 말했을 때 에녹의 옮겨짐을 목격한 자들은 "하나님께서 데려가셨어"라고 대답하였습니다. 이러한 대답은 당시의 사람들에게 하나님의 존재와 또 다른 세상을 증거하는 것이었습니다. "에녹의 몸은 어디에 있지?"라고 사람들이 말했을 때 또 다른 교훈이 그 안에 들어 있었습니다.

에녹 이전에 두 사람이 죽었습니다. 물론 여기서 두 사람이란 기록된 사람들을 뜻합니다. 먼저 아벨이 죽임을 당하였습니다. 그의 죽음은 뱀의 후손이 여자의 후손을 미워한다는 것을 증거하였습니다. 아담은 에녹이 옮겨지기 약 50년 전에 죽었습니다. 아담의 죽음은 비록 죄의 형벌이 지체된다 할지라도 범죄한 자들은 반드시 죽고 만다는 사실을 증거하였습니다. 이제 에녹의 경우를 생각해 봅시다. 에녹은 육체가 불멸할 수 있다는 사실을 증거하였습니다. 물론 에녹이 죽지 않았기 때문에 부활에 대한 증거는 할 수 없었습니다. 부활에 대한 증거는 그리스도 안에서 할 수 있을 뿐입니다. 그리스도께서 죽은 자들 가운데 첫 열매가 되셨기 때문입니다. 그러나 에녹의 옮겨짐은 부활에 이르는 합당한 길로 그가 걸어갔음을 증거합니다. 그 몸이 죽지 아니하고 하늘의 상태에서 살 수 있는 가능성을 그가 보여 준 것입니다. "하나님이 그를 데려가시므로 세상에 있지 아니하였더라."

또한 에녹의 떠남은 의로운 자에게 상이 있다는 진리를 인간들에게 증거한 것이었습니다. 하나님은 악한 자들의 죄나 성도들의 덕에 아무런 관심도 없이 그저 목석 같이 물끄러미 바라만 보고 계시지 않습니다. 그와 반대로 하나님은 자신과 동행하는 백성을 알아보고 기뻐하시며, 당장에라도 죽음의 고통을 면하게 하실 수 있습니다. 이처럼 하나님은 자기 백성들에게 혹은 이런 모습으로 혹은 저런 모습으로 분명하게 상을 베푸실 것입니다. 지금까지 여러분은 당대의 증인이었던 에녹의 삶과 죽음, 아니 삶과 옮겨짐을 보았습니다. 이제 여러분 모두를 위해 기도하건대, 살든지 죽든지 우리 모두가 하나님의 증인들이 되시기를 간절히 바랍니다.

3

아브라함

하나님의 부르심에 대한 즉각적인 순종

"믿음으로 아브라함은 부르심을 받았을 때에 순종하여 장래의 유업으로 받을 땅에 나아갈새 갈 바를 알지 못하고 나아갔으며"(히 11:8).

누구나 이 구절이 보여 주고 있는 실제 상황을 연상하며 충격을 받습니다. 아브라함은 부르심을 받고 그대로 순종하였습니다. 그때에 아브라함이 주저하였거나 하나님과 협상을 벌였거나 또는 지체하는 모습이 조금도 보이지 않습니다. 아브라함은 떠나라는 부르심을 받고 그대로 떠났습니다. 이러한 순종이 우리 모두에게도 일어나기를 하나님께 소원해 봅니다. 그러나 현실은 그렇지 못합니다. 부르심을 받고 그대로 순종하지 못하고 있는 실정입니다. "청함을 받은 자는 많되 택함을 입은 자는 적으니라"(마 22:14). 주님의 서운함은 "내가 불렀으나 너희가 듣기 싫어하였다"(잠 1:24) 입니다. 주님은 지금도 계속하여 많은 사람들을 부르고 계십니다. 그러나 소귀에 경 읽기일 뿐입니다. 그들은 말씀을 듣는 자로 끝날 뿐 행하는 자가 되지 않습니다.

오늘날에는 더 심하여져서 더러는 스가랴 선지자가 "등을 돌리며 듣지 아니하려고 귀를 막으며"(슥 7:11)라고 말했을 정도로 악한 사람들입니다. 심지어 말씀을 주의 깊게 듣는 사람들 가운데서도 실제로 그 말씀을 순종하는 사람들이 얼마나 되는지요. 사람들은 어찌나 미련한지 죄에 죄를 더하고, 마음은 갈수록 완악해지며, 그 심령은 그리스도에게서 점점 더 멀어집니다. 그러면서도 어리석게 요행을 바라듯이 어느 순간에 하나님의 부르심을 받고 그대로 순종하며 죄를 끊어버릴 수 있기를 꿈꿉니다. 여러분은 언제까지 이렇게 하시겠습니까? 하나님의 오래 참으시는 자비를 이용하여 죄를 더해야 할까요? 여러분은 언제까지 성령을 대적하시렵니까? 내일 구원받겠다는 허울 좋은 핑계로 언제까지 성령을 피하시렵니까? 하나님의 사랑과 자비가 이와 같이 영원히 멸시받아야 하나요?

복음의 부름에 대한 불순종이 애처로운 까닭은 사람들이 황금의 기회를 놓치고 있기 때문입니다. 그것은 선택받은 자가 될 기회이며, 선택받은 자들과 함께 복을 받을 수 있는 기회입니다. 아브라함은 이 기회를 얻었을 때 그 기회를 붙잡는 은혜를 입었습니다. 오늘날까지 전 인류를 통틀어 "믿는 자의 조상"이라는 이름보다 더 존귀한 이름은 존재하지 않습니다. 아브라함은 참으로 훌륭하고 의로운 사람들 가운데서도 최고의 지위를 얻었습니다. 그는 의인으로서 전쟁에서 피로 물든 정복자나 자줏빛 의복을 입은 황제보다도 훨씬 더 많은 존경을 받습니다. 그는 최고의 권위를 가진 사람이었고, 그의 동료들보다 뛰어났습니다.

그의 마음은 천국에 있었고, 하나님의 빛이 그의 이마를 비추었으며, 그의 영혼은 거룩한 감동으로 충만하므로 주 예수의 날을 보고 기뻐할 수 있었습니다. 그는 하늘과 땅을 만드신 주님의 복을 받았으며, 온 나라에 복의 근원이 되었습니다. 여러분 중 더러는 그러한 영광을 조금도 얻지 못한 채 살다가 수치스럽게 죽고 말 것입니다. 그 이유는 여러분이 최고의 부르심을 따르지 않기 때문입니다. 그러나 여러분이 하나님을 믿고 오직 믿음으로 산다면 여러분 앞에는 영원한 영광에 이르는 산 소망의 길이 펼쳐질 것입니다. 그러나 불신앙의 길을 택하고 부르심을 멸시하며 지체한다면, 두렵건대 여러분은 언젠가 부끄러움과 영원한 멸시를 받게 될 것이며, 여러분이 얼마나 찬란한 면류관을 놓쳐버렸는지 알고는 영원히 당황할 것입니다.

아브라함이 훌륭한 성도가 될 수 있게 한 그의 특별한 체험이 무엇이었습니까? 세 가지 비밀이 숨어 있습니다. 첫째, 그는 부르심을 받았고, 둘째, 그 부르심을 순종하였으며, 셋째, 믿음 때문에 순종하였습니다.

첫째, 아브라함은 부르심을 받았습니다. 그 부르심을 어떻게 받았는지 성경에서 알 수 없습니다. 그 부르심이 꿈을 통해 왔는지, 하늘로부터 소리가 들렸는지, 어떤 익명의 선지자가 그에게 왔는지 우리는 말할 수 없습니다. 아마도 아브라함이 하늘로부터 "너는 너의 고향과 친척과 아버지의 집을 떠나 내가 네게 보여 줄 땅으로 가라"는 말씀을 직접 듣지 않았을까 하고 대부분의 학자들이 추측합니다. 우리도 역시 많은 부르심을 받았으나 그때마다 우리는 이렇게 대답했습니다. "제가 하늘로부터 임한 음성을 듣는다면 그때 순종하겠습니다."

사실상 여러분은 더 나은 부르심을 받았습니다. 왜냐하면 베드로후서에서 베드로는 거룩한 산에서 우리 주님과 함께 있었을 때 지극히 큰 영광 중에서 나는 소리를 직접 들었다고 말하면서 또한 우리에게 말하기를, "또 우리에게는 더 확실한 예언이 있어"(벧후 1:19)라고 증거하였기 때문입니다. 즉, 하나님의 말씀에서 발하여 어두운 데를 비추는 등불과 같은 기록된 말씀이야말로 하늘로부터 베드로가 들은 소리보다 훨씬 더 확실한 것이었다는 사실입니다. 저는 그 이유를 여러분에게 보여드리겠습니다. 만일 제가 하나의 음성을 듣는다면 그것이 하나님의 음성인지 어찌 알겠습니까? 설령 그 음성이 하나님의 음성이라 할지라도 제게는 그렇게 하나님의 음성으로 들리지 않을 것 같습니다. 첫째는 제가 여러 가지 이유로 착각할 수 있기 때문이요, 둘째는 하나님께서 한 사람에게 말씀하셔야 할 이유가 전혀 없을 것 같기 때문이요, 셋째는 하나님께서 지금도 제게 음성으로 말씀하셔야 할 이유가 없을 것 같기 때문입니다. 수많은 역경과 의심들로 말미암아 과연 하나님께서 내게 말씀하셨는지 저는 의심하지 않을 수 없을 것 같습니다.

그러나 여러분 대부분이, 성경은 하나님의 영으로 감동을 입었으며, 성경이 바로 하나님의 음성이라는 진리를 믿습니다. 자, 이 성경책에서 여러분은 부르심을 받습니다. "그러므로 너희는 그들 중에서 나와서 따로 있고 부정한 것을 만지지 말라. 내가 너희를 영접하여 너희에게 아버지가 되고 너희는 내게 자녀가 되리라"(고후 6:17,18). 이처럼 기록된 말씀보다 음성으로 들려준다면 그 부르심을 받아들이겠다고 그렇게 말하지 마십시오. 하나님의 직접적인 음성이 매일의 삶에서 들려지지 않는다는 것을 여러분은 알고 있습니다. 누군가 아버지나 친구로부터 기록된 편지를 받는다면, 그가 소리로 들은 사실보다 그 편지에 쓰여진 사실을 덜 중요하다고 여길까요? 절대로 그렇지 않습니다. 사업하시는 분들은 기록된 물품계약서를 받아들고 만족할 것입니다. 그 계약서만 있으면 구입자더러 직접 자기에게 주문해 달라고 요구하지 않을 것입니다. 여러분은 흰 종이에 검은 글자가 적힌 계약서를 갖는 것이 기분 좋다고 공공연히 말할 것입니다. 그렇지 않습니까? 자, 그러므로 여러분은 바라는 바를 소유하고 있으며, 여기에 명백한 부르심이 있습니다. 저는 오직 상식을 따라 말할 뿐입니다. 여러분에 대한 주님의 부르심이 성경에 기록되어 있고, 그것이 확실하다면, "음성으로 부르시지, 그랬다면 내가 따랐을 텐데 왜 하필이면 기록으로 남기셔서 따를 수 없게 하셨을까 … "라는 말은 진실을 말하고 있는 것이 아닙니다. 오히려 감동된 성경책을 통해 주어진 이 부르심이 여러분의 심령을 사로잡아야 마땅할 것입니다. 여러분의 심령이 하나님 앞에서 올바르다면 성령의 감동으로 된 성경 말씀에 여러분은 즉시 순종할 것입니다.

더욱이 결신하지 못한 청중들이여, 지금까지 여러분은 말씀의 사자들 곁에서 부르심을 받아 왔습니다. 현존하는 성직자를 통하여 부르심이 여러분에게 임하였으며, 그때에 그 성직자는 마치 선지자처럼 여러분을 날카롭게 지적하였습니다. 주님께서 그를 통해 말씀하신 것을 여러분이 아는 것은, 성직자가 여러분의 상황을 낱낱이 보여 주었고, 여러분의 상태를 그대로 드러내 주었으며, 그의 입을 통해 말씀이 떨어졌을 때 그 말씀이 여러분의 정체를 간파하므로 여러분이 깜짝 놀라서 자신의 죄를 고백할 수밖에 없었기 때문입니다. 그 메시지는 어머니의 부드러운 사랑과 아버지의 진지한 권고로 여러분에게 전해졌던 것입니다. 또한 여러분은 질병과 고통스러운 아픔을 통해 부르심을 받았습니다.

잠을 이룰 수 없는 고요한 밤중에, 양심이 소리쳤고, 성령의 내적인 각성이 여러분을 깨우쳤으며, 여러분의 마음을 두드리는 소리가 계속되었습니다. 이런 경험을 못해 본 사람이 우리 가운데 있습니까? 그러나, 아아, 주님께서는 계속 부르셨건만 거절당하셨으며, 주님은 손을 내미셨건만 무시당하셨습니다. 여러분이 그렇지 않습니까? 여러분은 사무엘 같이 "당신이 나를 부르셨기로 내가 여기 있나이다"(삼상 3:6)라고 말씀드리지 못하였으며, 계산적인 사람처럼 매혹적인 음성에 귀를 닫아 버렸습니다.

그러나 아브라함은 부르심을 받았을 때 달랐습니다. 아브라함은 순종하였습니다. 바울은 "그러나 그들이 다 복음을 순종하지 아니하였도다"(롬 10:16)라고 말씀합니다. 왜냐하면 많은 사람들이 일반적인 부르심(common call)을 받지만 그 일반적인 부르심이 닫힌 귀에 임하므로 그들이 듣지 못하기 때문입니다. 그러나 아브라함이나 은혜로 말미암아 아브라함의 자녀가 된 자들, 은혜로운 복을 받은 자들의 경우에는 하나님께서 그들과 연합하시고 언약하시며, 그들을 특별한 부르심으로 부르십니다. 이 특별한 부르심에는 거룩한 능력이 함께하여 그들의 뜻을 억제하고 하나님의 뜻을 순종하게 만듭니다. 이러한 부르심을 받은 아브라함은 하나님의 어떤 명령에도 순종할 각오가 되어 있었습니다. 하나님은 떠날 것을 명하셨고 이에 아브라함은 떠났습니다. 즉, 고향을 떠나라는 명령을 받고 그는 그곳을 떠났으며, 친구들을 떠나라는 명령을 받고 모든 친구들 곁을 떠났습니다. 그리하여 그는 여기저기 떠돌며 하나님과 동행하는 나그네가 되었으며, 지금보다 여행이 훨씬 더 힘들었던 그 시대에 그렇게 떠돌아 다녔습니다. 아브라함은 어떤 길로 가야 할지도 몰랐으며, 목적지도 몰랐습니다. 다만 하나님께서 그에게 주시는 말씀으로 충분했습니다. 좋은 군사처럼 그는 행군명령을 순종하였으며, 아무런 이의도 제기하지 않았습니다. 하나님께 무조건 순종하는 것은 참된 지혜입니다. 아브라함은 그렇게 느꼈기에 하나님께서 매일매일 그에게 지시하신 길을 따라갔으며, 날마다 인도함을 받는 것으로 충분하다고 느꼈습니다. 이렇게 아브라함은 순종하였습니다!

그런데 아아, 우리가 지금까지 수년 동안 전한 말씀을 들었으나 순종하지 아니한 사람들이 여기에 있습니다. 오, 성도들이여, 여러분 중에는 더 이상의 지식이 필요하지 않으며, 정말로 필요한 것은 아는 것을 실천에 옮기는 것입니다. 제가 여러분에게 구원의 도를 더 이상 말하기가 짜증이 난다고 말한다면 여러분은 놀라시겠습니까? 반복해서 저는 복음의 요구사항을 설명드렸고, 복음의 복을 설명하였습니다. 그러나 어찌된 일인지 그 복음의 요구가 무시되고 그 복음의 복이 거절당하고 있는 것을 봅니다. 아, 성도님들이여, 머지않아 이러한 현상이 어떻게든 끝나고 말 것입니다. 오, 여러분이 지혜로워서 진리에 순종하게 되기를 바라마지 않습니다! 복음은 하나님의 권세가 있으며 따라서 그것을 가지고 장난을 해서는 안 됩니다. 복음의 가장 큰 특징이 은혜지만 복음은 모든 것을 명령할 수 있는 권세를 가지고 있습니다. 복음의 명령을 불순종함으로 말미암아 그 복음이 생명이 있는 자들에게 생명이 되지 못하고 죽은 자들에게 죽음의 맛이 된다는 것은 정말 끔찍한 일입니다. 그리고 불순종으로 말미암아 복음이 요긴한 모퉁이 돌이 되지 못하고 부딪히는 돌과 거치는 반석이 된다는 것은 정말 무시무시한 일입니다.

그러나 제가 이미 말씀드린 대로 아브라함에게 핵심은 이것입니다. 아브라함이 하나님을 믿었기 때문에 그의 부르심을 순종하였던 것입니다. 믿음이 그의 순종의 행위의 비결이었습니다. 우리는 성경에서 "들은 바 그 말씀이 그들에게 유익하지 못한 것은 듣는 자가 믿음과 결부시키지 아니함이라"(히 4:2)는 말씀과 "듣고 격노하시게 하던 자가 누구냐"(히 3:16)는 말씀을 읽습니다. 그러나 아브라함의 경우에는 불신앙도 격노케 함도 없었습니다. 그는 어린아이와 같은 믿음으로 하나님을 믿었습니다. 추측해 보건대, 아브라함의 믿음을 다음과 같은 말로 정리할 수 있을 것입니다. 주님께서 말씀하셨을 때 아브라함은 자기에게 말씀하시는 분이 살아 계신 하나님이라고 믿었습니다. 하나님께서 말씀하신다고 믿으므로 그는 하나님의 말씀을 온 힘을 기울여 들어야겠다고 판단했으며, 명령을 받았을 때 순종하는 것은 그에게 가장 시급한 일이라고 느꼈습니다. 이처럼 확고한 상태에서 그는 말씀 외에 아무것도 자신이 가는 길에 영향을 주지 않기를 간절히 바랐습니다.

아브라함은 하나님의 뜻이 틀림없이 옳다고 느꼈으며, 자신의 가장 큰 지혜는 하나님의 뜻에 순종하는 것이라고 느꼈습니다. 그는 갈 바를 알지 못했지만, 하나님께서 그 길을 아신다고 확신하였습니다. 그는 자기에게 약속된 상급을 거의 이해할 수 없었지만, 풍성하신 하나님께서 결단코 그의 종들에게 거짓된 선물을 주어 놀리지 않으시리라고 확신하였습니다. 아브라함은 가나안 땅을 알지 못했습니다. 그러나 하나님께서 친히 부르신 종에게 특별한 선물로 약속하신 땅이었던 만큼 그곳은 틀림없이 보통 땅이 아닐 것이라고 확신하였습니다. 아브라함은 그러한 문제들을 그의 하늘 친구(heavenly Friend)에게 모두 맡겼으며, 그분이 약속하신 것은 다 이루시리라고 확신하였습니다.

믿음이 한 사람을 얼마나 강력하게 지배하며, 그 사람을 얼마나 강하게 만드는가! 바로 믿음이 아브라함으로 하여금 낯선 여행을 떠나게 하였던 근거였습니다. 마찬가지로 바로 믿음이 아브라함으로 하여금 세상의 지혜, 세상의 어리석음과 조롱을 무시할 수 있게 만들었던 근거였습니다. 세상 사람들은 아마도 아브라함에게 "아브라함아, 어찌하여 친족을 버리느냐?" 말했을 것입니다. 그때에 아브라함은 대답했습니다. "하나님께서 내게 말씀하셨기 때문이죠." 아브라함에게는 이것만으로 충분한 근거가 되었습니다. 그는 더 이상의 증명을 바라지 않았습니다. 또한 하나님의 말씀이 그의 발걸음을 인도하는 안내자가 되었습니다. 누군가 "하지만 이상한 노인이여, 모르는 길을 어찌 가려고 하십니까?"라고 물었다면 그는 이렇게 대답했습니다. "저는 주님께서 지시하시는 곳으로 갑니다."

믿음은 하나님 안에서 지도, 나침반, 북극성을 발견하였습니다. 믿음 하나로 모든 것을 활용한 것입니다. 주님의 말씀은 또한 그의 여행길에 양식이 되었습니다. 누군가 "그 거친 땅에서 어떻게 매일의 양식을 공급받으며 어디서 그 양식을 찾을 수 있겠소?"라고 물었다면, 그는 이렇게 대답했습니다. "하나님께서 나더러 가라고 지시하셨는데 그 하나님께서 나를 버리실 리가 없습니다. 그분은 광야에서도 내게 밥상을 차려 주실 수 있고, 양식이 부족하더라도 그 입에서 나오는 말씀으로 나를 살게 하실 것입니다."

이제 두 번째 대지로 들어갑니다. 아브라함의 순종에서 특별한 것이 무엇이었습니까? 아브라함에게 중요한 것이라면 분명히 우리에게도 똑같이 중요합니다. 왜냐하면 우리는 믿음의 조상의 자녀들이기 때문입니다. 아브라함에게서 눈에 띄는 요소들은 다섯 가지입니다.

첫째는 이것입니다. 아브라함은 일가친척으로부터 구별되었습니다. 마음이 따뜻한 사람이 사랑하던 사람들과 오랜 친분을 끊고 멀리 떨어져 있다는 것은 힘든 일입니다. 그러나 형제들이여, 우리는 구원을 받기 위하여 이 패역한 세대로부터 구별되어야만 합니다. 물론 우리가 먼 나라로 가야 한다거나 친척을 버려야 한다는 말은 아닙니다. 차라리 우리가 그렇게 할 수만 있다면 하나님과 동행하는 것이 더 쉬워질지 모릅니다. 그러나 우리의 부르심은 죄로부터 구별되는 것이며, 죄로부터 구별된 상태로 세상 사람들 가운데서 살아가는 것입니다. 그럴 때 우리는 그들의 도시와 가정에서 거류민과 나그네같이 될 것입니다. 우리와 함께 방앗간에서 곡식을 빻고 우리와 함께 침대에서 자는 그런 사람들로부터 우리는 구별되어야 합니다. 단언하건대 아브라함의 길을 따른다는 것은 결단코 쉬운 일이 아닙니다. 만일 신자들이 유혹하는 자가 전혀 침입할 수 없는 외딴 정착촌을 형성한다면 아마도 구별된 삶을 살기가 훨씬 쉬울지 모릅니다. 하지만 저는 이에 대하여도 확신을 가지지 못합니다. 왜냐하면 이러한 모든 시도들이 지금까지 실패로 끝났기 때문입니다. 우리에게 '성벽으로 둘러싸인 정원' 이나 '성도들만을 위한 외딴 섬,' 그리고 유토피아는 존재하지 않습니다. 우리는 불경건한 자들이 살고 있고 그래서 자주 우리를 슬프게 만드는 그런 곳에서 체류해야 합니다. 주 예수께서 이럴 줄을 아시고 다음과 같이 말씀하셨습니다. "보라, 내가 너희를 보냄이 양을 이리 가운데로 보냄과 같도다"(마 10:16).

자, 성도들이여, 구별된 자가 되기를 원하십니까? 다시 말해서 자신의 신앙을 성찰해 보시겠습니까? 여러분은 안락의자와 오래된 도자기와 함께 할머니의 신앙을 가보로 물려받았습니다. 그리고 언제나 가족이 함께 예배드리기 때문에 여러분도 정해진 장소에 앉아 예배드립니다. 가문(家紋)이 새겨져 있는 식기들을 대대로 전시해 놓은 것처럼 여러분은 조상으로부터 신앙을 물려받았습니다. 자, 젊은이여, 자신의 신앙을 성찰해 보겠습니까? 아니면 자신을 위한 성찰의 시간을 빨래를 미루듯이 미루겠습니까?

그리스도인이 정신적인 기능을 활용하여 자신을 위해 성경을 연구하는 것은 반드시 필요하다고 저는 믿습니다. 왜냐하면 신앙생활이란 본래 타인의 머리를 따르는 것이 아니기 때문입니다. 오히려 하나님께서는 우리 각자에게 양심과 총명을 주시고 우리가 그것들을 잘 활용하기를 기대하고 계십니다. 친구여, 이와 같이 정신을 잘 활용하여 자신을 성찰해 보십시오. 자, 여러분이 하나님의 은혜를 받고 자신을 올바르게 성찰한다면 여러분의 불경건한 친구들과는 다르게 판단할 것입니다. 여러분의 가치관과 의지도 다를 것이요, 여러분의 동기도 다를 것이며, 여러분이 추구하는 대상도 다를 것입니다. 그들이 습관처럼 하는 어떤 일들은 여러분이 참지 못할 것입니다. 그리고 여러분은 곧 그들 가운데서 따돌림을 받게 될 것입니다.

우리는 이 허영의 시장(Vanity Fair, 허영으로 가득한 세상)에서 안주하는 상인들이 아니며, 다만 우리가 향하여 가고 있는 고향 길에 있기 때문에 통과하는 것이며, 그 안에서 우리의 마음은 편치 않습니다. 우리는 이 세상의 모든 장막에서는 편히 쉴 수 없습니다. 오, 이 소란스러운 시장의 상인들이여, 우리는 여러분의 큰 거래와 상술을 그다지 존경하지 않습니다. 우리는 로마의 거리나 프랑스의 거리에서 사지 않으며, 오히려 여러분의 오염된 거리를 떠나기 위해 우리가 가지고 있는 모든 것을 다 줄 것이며, 더 이상 이 시장의 주인인 바알세불에게 괴롭힘을 당하지 않을 것입니다. 그리고 하늘에 있는 도성을 향해 순례하며, 땅의 아들들이 우리에게 "너희는 무엇을 사느냐?"라고 소리칠 때, 우리는 "진리를 산다"고 대답합니다. 오 젊은이여, 그대가 그 큰 상점에서 그리스도인의 지위를 살 수 있습니까? 착한 부인이여, 남편과 아이들이 당신을 조롱할지라도 와서 주님을 섬겨 보지 않겠습니까? 장사하는 사람이여, 비록 주변의 여러 가지 상술로 인해 당신이 정직을 고수하기가 만만치는 않지만 그래도 올바르게 사업을 하며 그 가운데서 그리스도인의 역할을 한 번 해 보지 않겠습니까? 예수님을 믿는 모든 신자는 당연히 세상 사람들과 달라야 하는 것입니다.

아브라함의 순종에서 두 번째 특징은 **모든 손실과 위험을 감수하면서 하나님의 부르심에 순종하였다는** 것입니다. 이미 말씀드린 대로 아브라함은 고향을 떠나야 했습니다. 우리에게도 그것은 따르기 힘든 일이며, 분명히 아브라함에게도 힘든 일이었을 것이라고 저는 믿습니다. 내 집 굴뚝의 연기가 다른 집 벽난로의 불보다 더 낫습니다. 어디를 가 보아도 내 집만한 곳은 없습니다. 우리와 마찬가지로 아브라함도 고향에 대한 향수가 강했을 것입니다. 그러나 그는 더 이상 땅에 있는 고향으로 결단코 돌아가지 않았습니다. 다만 훗날 모세가 "주여, 주는 대대에 우리의 거처가 되셨나이다"(시 90:1)라고 노래한 그대로 하나님을 그의 유일한 고향으로 삼았습니다. 그에겐 지붕도 없었고 아버지로부터 물려받은 땅도 없었습니다. 그가 체류했던 땅에서는 한 평의 땅도 소유하지 못했으며, 그의 유일한 거처는 허술한 천막이었으며, 그것도 양떼에게 필요한 목초지를 따라 매일 옮겨다녀야 했습니다. 그래서 그는 "나는 당신들 중에 나그네요 거류하는 자"(창 23:4)라고 말할 수 있습니다. 아브라함은 사랑하는 친척들을 떠나야 했습니다. 어느 정도까지는 그들이 아브라함을 따라주었지만 그 이상은 따라주지 않았기 때문입니다. 주님을 온전히 따르려면 혼자서라도 가야 합니다. 아브라함은 갈 바를 모른 채 무조건 순종하였으며, 모든 친척을 남기고 하나님께서 가라고 명령하신 가나안으로 갔습니다.

의심할 여지 없이 그는 여행하던 중에 그리고 가나안 땅에 들어가서도 많은 위험을 당하였습니다. 그 땅에는 가나안 족속들이 자리잡고 있었으며, 그들은 사납고 잔인한 이방민족들이었습니다. 만일 여호와께서 그들에게 재앙을 내리지 않았더라면, 그리고 "나의 기름 부은 자를 손대지 말며 나의 선지자들을 해하지 말라"(시 105:15)고 말씀하시지 않았더라면, 그들은 이 나그네를 죽이고 말았을 것입니다. 가나안은 소수민족들로 빽빽이 들어찬 곳이어서, 민족들끼리 계속적으로 전쟁을 벌였던 곳입니다. 아브라함은 평화를 사랑하는 자였으나 롯을 구출하기 위하여 어쩔 수 없이 칼을 차고 싸우러 나갔습니다. 가나안 땅에 온 이후 모든 불안과 위험들, 재산의 손실과 친구들과의 결별을 겪어야 했지만 아브라함은 이 모든 것을 대수롭지 않게 여겼습니다. 하나님께서 그곳으로 가라고 명령하셔서 그곳에 왔기 때문입니다.

자, 형제들이여, 여러분도 아브라함처럼 순종할 수 있습니까? 다시 묻습니다. 오, 구원받기 원하는 여러분이여, 아브라함처럼 순종할 수 있습니까? 그 순종의 대가를 따져보고 그 대가를 지불할 결심을 하였나요? 여러분은 천국 가는 동안 내내 은 슬리퍼를 신고 푸른 잔디 위를 걸어가기를 기대해서는 안 됩니다. 여러분의 주님께서 가신 그 길은 험한 길이었습니다. 여러분이 주님을 따른다면 여러분 역시 그 험한 길을 가야 할 것입니다. 여러분은 예수님을 위해 세상의 모든 것을 버릴 수 있습니까? 여러분은 조롱과 냉대, 뼈아픈 희롱과 빈정거림과 비꼼, 그리고 비웃음을 참아낼 수 있습니까? 더 나아가 재산의 손실과 궁핍함을 참아낼 수 있겠습니까? 그런 일이 일어나지 않으리라고 말하지 마십시오. 많은 신자들이 전에 생계를 꾸려나가기 위해 종사했던 잘못된 직업을 기꺼이 포기함으로써 지금 많은 어려움을 겪고 있기 때문입니다. 여러분은 예수님을 위해 자신의 뜻을 다 포기해야 하며, 예수님께 모든 것을 내어놓아야 합니다. 자기 십자가를 지지 않는 한 예수님의 제자가 될 수 없습니다. 여러분이 예수님을 위해 모든 것을 드리지 않는 한 감히 예수님을 따른다고 말하지 마십시오.

> 예수님, 저의 십자가를 지고
> 모든 것을 버리고 당신을 따르나이다
> 궁핍과 멸시와 버림을 받을지라도
> 지금부터 당신만이 저의 모든 것이 되나이다

나의 형제여, 참으로 옳은 말씀입니다. 여러분이 철저하게 신실한 아브라함과 같이 순종의 길을 가리라고 믿습니다. 그리하면 여러분은 구별된 삶 속에서 많은 복을 체험하게 될 것입니다.

세 번째, 아브라함의 순종의 특징은 미래를 위해 현재를 포기하였다는 것입니다. 아브라함은 장차 기업으로 받을 땅으로 나아갔습니다. 그는 앞으로 있을 기업을 얻기 위해 현재 가지고 있었던 기업을 버렸습니다. 이것이 세상과 다른 모습이었습니다. 속담에 이르기를, "손에 잡은 새 한 마리가 수풀 속에 있는 새 두 마리의 가치가 있다"고 하였습니다. 아브라함이 바라보았던 수풀은 더욱 불안했습니다. 아브라함은 앞으로 가나안 땅을 차지하지 못할 것처럼 보였습니다. 그럼에도 불구하고 아브라함은 손에 있는 새를 날려보내고, 하나님의 때에 반드시 잡으리라고 확신하고 수풀 속에 있는 새를 좇아갔습니다. 이에 대하여 존 번연은 정욕과 인내라는 두 아이들의 모습으로 설명하였습니다. 정욕이라는 아이는 당장 좋은 것을 전부 가졌고, 장난감과 즐거움 가운데 앉아서 웃고 즐겼습니다. 인내라는 아이는 자기 형제 정욕이 희희낙락하며 자기를 비웃는 것을 참아야 했습니다. 그러나 그 다음에, 존 번연이 멋지게 표현한 것처럼, "인내는 자기 몫을 얻기 위하여 끈기 있게 참았고, 최후에는 아무것도 없기 때문에 영원히 견뎌냈습니다." 이처럼 우리가 장차 얻을 하늘나라는 영원할 것이며, 구름도 훼손하지 못하고, 재앙도 파멸시키지 못합니다. 하나님께서는 현재에 익숙해지라고 우리에게 은혜를 주시는 것이 아니라 미래를 위해 살라고 은혜를 주십니다.

오 불경건한 사람들이여, 여러분이 미래에 대하여 관심이 없는 까닭은 죽음과 심판을 조금도 이해하지 못했기 때문입니다. 여러분은 이 짧은 생애의 마지막을 살펴보려고 하지 않습니다. 다른 무엇보다도 죽음을 이야기하면 여러분은 소스라치게 놀랍니다. 설교자가 여러분에게 지옥에서 벗어나라고 경고하면, 여러분은 진실을 말해 준데 대하여 감사하기는커녕 도리어 그를 향하여 즉각 '지옥 불' 같은 설교자라고 하거나 아니면 다른 이름으로 욕할 것입니다. 아아, 그런 소름끼치는 주제를 여러분에게 말하기가 설교자로서 얼마나 힘든 일인지 여러분은 잘 모르는군요! 그 설교자가 얼마나 끔찍하게 여러분의 영혼을 사랑하는지 여러분은 꿈에도 생각하지 못할 것입니다. 그렇지 않다면 그는 다가올 진노에 대하여 여러분에게 경고하지 않았을 것입니다. 여러분은 아첨꾼들을 원합니까? 그렇다면 그런 사람들은 넘쳐날 것입니다. 여러분은 천국에 대해서도 관심이 없는 것 같습니다. 하여튼 거룩한 것에 대하여 관심을 가져야 장자의 명분이 설 텐데 여러분은 그렇지 못합니다. 여러분이 장자의 명분을 갖고자 한다면 현재의 팥죽을 멀리해야 하며, 오늘이라는 덧없고 하찮은 것보다 영원한 미래를 가까이 해야 합니다. 보이는 것들은 수면 아래 가라앉게 하며, 아직 보이지 않는 그 비길 데 없는 웅장함과 실체를 여러분의 눈앞에 떠오르게 해야 합니다.

네 번째 특징은 아주 중요한데, 아브라함이 믿음으로 자신을 하나님께 맡겼다는 것입니다. 그 이후부터 아브라함은 오직 하나님만을 자기의 기업으로 삼았고, 오직 하나님만을 자기의 보호자로 여겼습니다. 많은 군사들이 이 의인의 행군을 따르지 않았지만, "아브람아, 두려워하지 말라. 나는 네 방패요 너의 지극히 큰 상급이니라"(창 15:1)고 말씀하신 하나님께서 그의 보호자가 되셨습니다. 아브라함은 한 치 앞도 내다볼 수 없는 길을 행진했기 때문에 매일의 양식과 인도를 받기 위해 주님을 신뢰해야 했습니다. 그는 언제 멈춰야 하고 또 언제 떠나야 하는지 몰랐으나, 오직 주 하나님께서 시간시간마다 그를 인도해 주셨습니다. 그는 가난한 연금수령자처럼 하나님으로부터 매일의 양식을 공급받았다고 말하고 싶지 않습니다. 그보다 더 나은 표현으로서, 왕의 신하처럼 하늘에 계신 왕의 하사품을 받았다고 표현하겠습니다.

아브라함의 기업은 이 땅에서 무엇을 가지는 것이 아니라 하늘과 땅의 상속자가 되는 것이었습니다. 이와 같이 여러분은 믿음으로 걸을 수 있습니까? 머뭇거리는 여러분에게 하나님의 은혜가 임하였습니까? 그렇다면 하나님을 믿고 신뢰하기로 결심하십시오. 여러분이 구원을 받는데 믿음이 결정적인 역할을 합니다. 하나님의 존재를 깨닫고 신뢰하며, 특히 예수 그리스도로 말미암은 하나님의 자비를 신뢰하는 것이야말로 구원에 가장 중요한 요소입니다. 믿음으로 산다는 것은 세상에서 매우 희귀한 일입니다. 저는 공기처럼 가벼우면서 화강암처럼 단단한 신비의 계단을 올라가는 듯한 느낌이었습니다. 저는 그 계단을 하나도 볼 수 없으며, 다음의 발걸음을 위한 발판 같은 것도 전혀 볼 수 없습니다. 다만 아래를 내려다보면서 "내가 어떻게 여기에 와 있지"라고 놀라면서 계속 올라갑니다. 그리고 저를 지금까지 인도하신 하나님께서 앞길에 대하여 제게 확신을 주십니다. 하늘의 사닥다리가 보이지 않는 세계 속으로 저를 높이 이끌었으며, 그 발판이 계속해서 영광으로 나아가게 할 것입니다. 눈에 보이는 것은 저를 자주 실망시켰으나 눈에 보이지 않는 것, 제가 믿는 것은 언제나 저를 확실하게 붙들어 주었습니다. 하나님의 자녀들이여, 아직 이런 체험을 해 보지 못했나요? 다른 이들도 오늘 믿음의 생활을 시작함으로써 우리와 똑같이 신비의 발걸음으로 올라갈 수 있게 해 달라고 주님께 기도합시다.

아브라함의 순종에서 마지막 특징은 즉시 순종하였다는 것입니다. 아브라함에게는 조건을 따지거나 생각해 보거나 지체하는 일이 없었습니다. 하나님은 아브라함을 강제로 몰아세울 필요가 없었습니다.

> 하나님께서 앞서 이끌고 그는 뒤따랐다
> 하나님의 음성 듣기를 기쁘게 생각하며

다시 말씀하건대, 즉시 아브라함은 갔습니다. 민첩함은 믿음의 행실에서 가장 빛나는 덕목의 하나입니다. 반면 지체는 모든 것을 망칩니다. 누군가 알렉산더에게 많은 나라들을 정복할 수 있었던 비결이 무엇이냐고 묻자 그는 이렇게 말했습니다. "나는 지체하지 않았기 때문에 정복하였소." 적들이 준비하는 동안 그는 전쟁을 시작하였으며, 어디에 있는지 알기도 전에 그들은 패배하였습니다. 그런 식으로 믿음은 시험을 이깁니다. 믿음은 순종의 길로 달려가거나 혹은 독수리의 날개로 올라가며, 자신의 길을 서둘러 갑니다. 하나님의 일에서는 처음 가진 생각이 최선입니다. 어려움을 생각하다 보면 우리는 혼란에 빠지게 됩니다.

좋은 일을 해야겠다는 감동이 느껴지면 과연 그 일을 해야 하는지 말아야 하는지 어느 누구에게도 물어보지 마십시오. 선한 일을 하고 후회할 사람은 아무도 없습니다. 그 일을 하기 전에 친구와 의논하지 말고 차라리 일을 해 놓고 그 다음에 의논하십시오. 왜냐하면 우리의 분명한 사명을 앞두고 혈과 육에 의논하는 것은 좋지 않기 때문입니다. 하나님께서 여러분에게 물질을 주셨고, 그리고 하나님의 뜻에 따라 다른 사람에게 아낌없이 베풀어주고 싶은 감동이 오거든 일일이 계산하지 말고, 또한 내가 안 베풀면 다른 사람이 주겠지라고 생각하지 마십시오. 그래도 계산은 해야되겠다고 하면 일단 베풀고 계산하십시오. 그러나 오른 손이 하는 일을 왼 손이 알게 하는 것은 바람직하지 않을 것입니다. 옳은 일을 즉시 한다고 잘못될 리 없습니다. 오히려 해야 할 일을 지체하고 하지 않는 것이 죄입니다. 그러므로 우리는 아브라함을 본받아야 합니다. 성령께서 아브라함을 닮게 해 주시기를 바랍니다.

이제 우리는 아브라함의 순종의 결과가 무엇이었는가에 대하여 몇 마디 말씀을 하고 마쳐야겠습니다. 많은 사람들이 아브라함이 과연 순종에 대한 보상을 받았느냐고 물을 것입니다. 이는 대부분의 사람들이 궁금해 하는 것이요, 또 어떤 면에서 잘못된 질문이 아닙니다. 순종함으로 아브라함은 보상을 받았나요? 우리의 대답은 아주 훌륭하게 보상받았다는 것입니다. 아브라함은 순종하므로 고난의 세상 속으로 들어갔으며 의심하지 않았습니다. 아브라함과 같이 고귀한 순종의 길을 간다는 것이 쉬운 일은 아닐 것입니다. 지금까지 위대한 인생이 편안했던 경우가 있었나요? 누가 어린아이처럼 쉬운 일을 하려고 하나요? 그런데 우리는 아브라함이 숱한 고난을 겪은 이후에 복을 받았다는 말씀을 읽을 수 있습니다. "아브라함이 나이가 많아 늙었고 여호와께서 그에게 범사에 복을 주셨더라"(창 24:1). 이는 멋진 결말입니다. 하나님께서 아브라함에게 범사에 복을 주셨습니다. 어떤 일이 있어도 아브라함은 언제나 거룩한 미소를 지었고, 모든 것이 합력하여 선을 이루었습니다. 그는 친구들과 헤어졌으나 하나님과 달콤한 교제를 나누었으며, 지존하신 하나님의 벗으로 대우받았고, 다른 사람들을 위해 중보할 수 있는 권한을 부여받았습니다.

저는 하마터면 아브라함을 질투할 뻔하였습니다. 온 성도들이 아브라함과 같은 권한을 누릴 수 있다는 사실을 제가 몰랐다면 저는 정말로 질투할 것입니다. 아브라함이 "하나님의 벗"이라 칭함을 받았으니 이 얼마나 영광스러운 지위인가요! 세상의 우정을 상실한 데 대한 충분한 보상을 아브라함이 받지 않았나요? 또한 그 당시 사람들 가운데서 얼마나 놀라운 명예를 얻었나요? 그는 위대한 사람이었고, 존경을 받는 사람이었습니다. 그는 얼마나 멋지게 행동하였나요! 어떠한 왕도 그보다 멋지게 행세하지는 못했습니다. 비열한 소돔 왕이 아브라함과의 거래를 제안하자 이 위엄 있는 노인은 이렇게 대답하였습니다. "네 말이 내가 아브람으로 치부하게 하였다 할까 하여 네게 속한 것은 실 한 오라기나 들메끈 한 가닥도 내가 가지지 아니하리라" (창 14:23).

헷 족속 사람들이 막벨라 동굴 주변의 땅 조각을 아브라함에게 선물로 주려고 하였습니다만 그는 가나안 사람들로부터 선물 받기를 원치 아니하며 "아니다. 나는 너희가 요구하는 대로 너희에게 값을 쳐 줄 것이다" 하였습니다. 고상한 자립이라는 점에서 어떤 사람도 믿음의 조상을 능가하지 못했습니다. 그 시대의 사람들은 그 앞에서 작아 보이며, 멜기세덱을 제외하고는 어느 누구도 그와 견줄 수 없습니다. 아브라함의 전반적인 생애는 단순한 인간의 영을 받은 사람의 모습이 아니라 초자연적인 세계의 영을 받은 사람의 모습을 나타냅니다. 그는 매우 철저하면서도 어린아이처럼 순수하였으며, 이런 것들이 합하여져서 영웅적인 모습을 나타냈습니다. 그는 하나님 안에서(in), 하나님을 신뢰하며(on), 하나님과 함께(with) 살았습니다. 그러므로 하나님께서 아브라함이 치러야 했던 모든 희생에 대하여 이러한 숭고한 삶으로 천 배나 보상해 주셨습니다.

아브라함이 행복한 삶을 누리지 않았나요? "아브라함처럼 살게 하소서"라고 기도하는 것이 현명한 일입니다. 땅의 것으로도 주님께서 아브라함을 부유하게 하셨지만 영적인 것으로는 더욱더 부유하게 하셨습니다. 아브라함은 물질보다 마음이 더 풍부하였으며, 이러한 점에서 아브라함이 위대한 것입니다. 지금 아브라함은 믿음의 조상이요, 믿는 모든 식구들의 족장이며, 인간 중 오직 유일하게 그에게만 하나님께서 "땅의 모든 족속이 너로 말미암아 복을 얻을 것이라"(창 12:3)고 말씀하셨습니다. 바로 이날, 그의 비길 데 없는 씨, 곧 영원한 영광 가운데 계시며 아브라함의 씨이신 예수 그리스도로 말미암아 모든 민족이 복을 받은 것이었습니다. 아브라함의 삶은 이 땅에서나 영원한 세상에서나 위대한 성공을 이룬 삶이었습니다. 일시적인 것이나 영적인 것 모두를 위해서 믿음의 길은 아브라함이 따를 수 있는 최선의 길이었습니다.

이제 우리는 아브라함을 본받기 위해 그의 뒤를 따라야 할 것입니다. 아직 아브라함의 길을 따르지 못했다면, 오늘 아침 하나님의 주권을 신뢰하고 그리스도의 보혈을 의지하며 하나님의 성령께 우리 자신을 맡기고 아브라함의 뒤를 따르도록 합시다. 그렇게 하시겠습니까? 잠시 대답할 시간을 드리겠습니다. 아브라함을 부른 그 부르심이 다시금 여러분을 부르십니다. 그 부르심에 순종하겠습니까? 이 자리에서 아무도 순종하지 않겠노라고 선언할 사람은 없을 것입니다. 그러나 많은 사람들은 앞으로 순종하게 되기를 바란다고 대답할 것입니다. 아아! 그렇게 말한다면 저의 설교는 실패입니다. 여러분이 그렇게 대답하신다면 저는 또다시 실패한 것입니다.

나폴레옹이 애굽 사람들을 공격하였을 때 강력한 포병부대를 거느렸지만 적군에게 접근할 수 없었습니다. 왜냐하면 애굽 사람들이 진흙으로 된 요새 가운데 숨어 있었기 때문입니다. 이것이 나폴레옹을 몹시 화나게 만들었습니다. 만일 화강암으로 된 요새였다면 그는 그것을 쳐부수었을 것입니다. 그러나 애굽 사람들의 토루(土壘)는 부서뜨릴 수가 없었습니다. 아무리 포탄을 쏟아 부어도 진흙에 박혀 성을 더욱 강하게 하였을 뿐입니다. 여러분의 소망과 지체도 이런 진흙 벽입니다. "우리가 앞으로 믿겠습니다", "언젠가는 믿을 것입니다," 이러한 진흙 벽 뒤에 영원히 숨어 있기 보다는 차라리 "지금 우리는 하나님이나 그리스도를 믿지 못하겠습니다"라고 솔직하게 말하는 게 훨씬 낫습니다.

앞으로 믿겠다는 말은 사실 주님께 결코 순종하지 않겠다는 뜻입니다. 앞으로 믿겠다고 생각한다면 여러분은 자신을 속이고 있는 것입니다. 하나님께서 내일의 하나님이시라면 오늘의 하나님도 되셔야 할 것입니다. 다음 주에 그리스도를 소중하게 모실 것이라면 오늘도 소중하게 모셔야 할 것입니다. 이왕에 믿을 것이라면 바로 지금 굴복하고 그 계명에 순종해야 할 것입니다. 그러나 그것이 거짓이라고 생각되거든 그렇다고 말하십시오. 그러면 최소한 우리는 여러분의 입장을 알게 될 것입니다. 바알이 하나님이라면 바알을 섬기십시오. 그러나 하나님이 하나님이시라면 예수 그리스도의 이름으로 명령하노니, 하나님께서 부르실 때 그에게 달려가십시오. 그리고 세상 죄에서 벗어나 구별되고 하나님 안에서 믿음으로 걸어가십시오.

4

야곱

지팡이에 의지하여 경배함

"믿음으로 야곱은 죽을 때에 요셉의 각 아들에게 축복하고 그 지팡이 머리에 의지하여 경배하였으며"(히 11:21).

"야곱은 죽을 때에." 죽음은 믿음을 철저하게 점검합니다. 피골이 상접하여 죽음을 눈앞에 둘 때면, 참으로 그것이 환상이 아니라 죽음이라면, 거짓은 공기 속으로 사라지고 오직 진실만이 남게 됩니다. 그때에 자기 죄악 가운데 죽어 가는 뻔뻔스러운 죄인의 애처로운 광경은 천사가 보고 슬피 울 정도입니다. 마지막 엄숙한 의식 앞에서 거짓을 지속하기란 참으로 힘든 일입니다. 대개 마지막 순간을 맞이할 때 사람들은 거짓을 버립니다.

흉내만 내는 신앙, 거짓된 믿음이 살아 있는 동안에 받는 시련의 불 속에서는 그대로 버틸지 몰라도 죽음의 불이 그것을 둘러싸면 거짓은 증발하고 맙니다. 어떤 사람은 그 양심이 평안하고 고요하며, 죄의식을 억누르고, 자기 성찰과 같은 것을 허락하지 않으며, 정직한 자기 점검을 마귀의 유혹으로 여기고, 마음의 계속적인 편안함을 자랑하며, 완전한 확신을 가지고 매일 살아갑니다. 그러나 우리는 그들에게 동조할 수 없습니다. 그들의 눈은 닫혀서 보지 못하고, 그들의 귀는 막혀서 듣지 못하며, 그들의 마음은 점점 거칠어졌습니다. 매혹적인 노래가 그들을 유혹하지만 결국 파멸로 유인할 뿐입니다. 그러다가 누워서 죽음을 기다릴 때 자신의 진실에 눈뜨게 되면 그들은 처참해질 것입니다. 거짓된 평안은 꿈처럼 사라질 것이며, 대신 엄청난 공포가 그들에게 찾아올 것입니다.

"야곱은 죽을 때에"라는 말씀에서 많은 임종이 생각납니다. 그러나 지금 그런 말씀을 드리지 않겠습니다. 왜냐하면 여러분 각자가 자신의 죽음의 장면을 미리 연습해 보기를 원하기 때문이며, 또한 후손들이 "아버님이 돌아가실 때"라고 말하면서 조상의 임종에 대하여 터무니없는 말을 하게 될 것이기 때문입니다. 자리에 누워 유언을 말하고 죽어야 할 그때를 각자 마음속에 미리 투영해 보기 바랍니다. 여러분이 비명횡사를 하지 않는 한, 실제로 죽기까지 약간의 여유 시간을 허락 받을 수도 있습니다. 죽기 몇 주 전에몸은 아직 살아 있는데 영혼은 이미 죽음의 문을 넘어 영광 가운데 들어간 것 같은 체험을 하는 것은 아마도 바람직할 것입니다. 그러나 우리가 경험해 보지 못한 일이므로 판단할 일은 분명히 아닙니다.

본문을 보면, 야곱이 죽을 때에 믿음이 확고하여 요셉의 두 아들을 축복할 때 낮은 목소리로 중얼거리지 않고 풍성한 축복을 빌었다는 사실을 우리는 알 수 있습니다. 저와 여러분도 죽을 때에 믿음으로 말미암아 하나님의 은혜에 감사할 수 있는 위대한 일을 행할 정도로 확고한 믿음이 되기를 기원합니다. 본문에서 바울은 야곱의 삶에 대해서는 조금도 말씀하지 않고 다만 그의 임종의 순간만을 다룹니다. 야곱의 생애에서 간증할 일들이 많이 있었지만 한 가지만 다룬 것은 히브리서의 특성상 그리된 것입니다. 바울은 전체 역사를 훑으며 여기서 한 송이 저기서 한 송이 꽃을 꺾습니다. 믿음의 정원에는 꽃들이 만발하였지만 그 모든 것을 다루기에는 시간이 모자라기 때문이라고 바울은 호소합니다. 어쨌든 저는 바울이 각각의 자서전에서 가장 좋은 부분만을 발췌하였다고 믿어 의심치 않습니다. 아마도 야곱의 생애에서 가장 훌륭한 부분이 바로 임종의 순간이었습니다. 야곱은 장막 입구에 있었을 때보다 임종의 침실에 드리워진 커튼 안에서 더욱 훌륭하였으며, 힘이 있었을 때보다 약해졌을 때에 더욱 위대하였습니다.

147세의 노인은 쇠약한 상태에서 기꺼이 죽음을 맞고자 하였습니다. 하지만 그에게는 가능한 한 더 오래 살고 싶은 조건이 많았습니다. 힘든 세월을 보낸 후에 야곱은 17년 동안 큰 위로를 받았습니다. 아마도 우리가 그만큼 큰 위로를 받았다면 고센 땅에 뿌리를 내리고도 남을 것이며, 떠난다는 생각만 해도 겁이 났을 것입니다. 그러나 존경할 만한 족장은 손에 지팡이를 잡고 앉아서 지체할 생각도 없이 떠날 준비를 하며 도리어 하나님의 구원을 고대하였습니다. 오랜 세월 동안 순례의 길을 걸어온 야곱은 온갖 고초를 겪은 후에 이제 막 기름진 땅에서 아들, 손자, 증손자들과 함께 정착하여 살며, 또한 그 온 나라의 우두머리 — 애굽의 총리 — 인 요셉이 모든 것을 부족함 없이 공급해 주며, 그 늙으신 아버지를 공양하며, 가족 중 아무도 부족한 것이 없도록 돌봐준 것이야말로 참으로 즐거운 일이었을 것입니다.

지금까지 야곱이 살면서 가졌던 잔치 중 이 마지막 잔치가 가장 맛있었으며, 따라서 이렇게 맛있는 밥상을 물리는 것이 몹시 싫었을지도 모릅니다. 이스라엘 자녀들은 그 땅에서 귀족이었으며, 명성 있는 요셉의 눈치를 살피느라 개 한 마리도 그들에게 감히 악한 혀를 놀릴 수 없었습니다. 그 17년 간은 이 노인에게 분명 영광스러운 나날이자 푹 쉴 수 있는 기간이었습니다. 하지만 그런 느낌이 야곱의 믿음을 약하게 하지는 못했으며, 사치가 그의 영성을 훼손하지는 못했습니다. 여전히 그의 마음은 하나님과 함께 나그네로 지내던 장막 안에 있었습니다. 야곱이 심령의 작은 뿌리 하나라도 애굽에 내리지 않았다는 것을 여러분은 알 수 있습니다. 무엇보다 그의 첫 번째 열망은 자기의 뼈가 애굽 땅에 묻히지 않고 그 나라 밖에 묻히는 것이었습니다. 이러한 야곱의 열망은 이스라엘 자손이 애굽 사람들이 아니고, 그들은 바로의 신하가 될 수 없으며, 장차 들어가게 될 가나안이 그들의 기업이 된다는 소신에서 비롯되었습니다.

야곱이 자기를 막벨라 굴에 묻어달라고 유언한 목적은 이스라엘 자손들이 고센에서 차지한 모든 좋은 땅을 떠나야 한다는 교훈을 그 후손들에게 남기는 것이었습니다. 왜냐하면 그들의 기업은 나일 강변이 아니라 광야를 지나 가나안 땅이며, 따라서 그들은 그곳에 가기를 학수고대 해야 하기 때문이었습니다. 야곱이 요셉의 두 아들에게 빈 축복은 그와 그의 후손에게 주리라고 약속하신 언약에 대한 그의 확고한 믿음의 표현이었을 뿐입니다. 그들을 축복한 야곱의 믿음은 현재의 일을 버리고 장래의 것을 붙잡으며, 일시적인 것을 버리고 영원한 것을 붙잡으며, 애굽의 보화를 거절하고 하나님의 언약을 붙잡는 것이었습니다.

첫 번째, 그의 축복의 의미를 알아봅시다. 그는 요셉의 두 아들을 축복하였습니다. 이제 저는 야곱이 요셉의 두 아들을 축복한 것은 그의 믿음의 행위였다는 것을 여러분에게 보여드리려고 합니다. 그 근거로서 첫째, 그 노인은 사실상 오직 믿음으로만 축복을 베풀 수 있었습니다. 생각해 보십시오. 그는 너무나 쇠약하여 침대를 벗어날 수 없었습니다. 그는 침대 머리맡에서 베개를 의지하고 앉아서 의지할 지팡이를 달라고 하고 몸을 조금 일으켜서는 손을 내밀어 축복할 준비를 합니다. 그의 힘은 소진하고 눈은 희미하여 에브라임이 어디에 있는지 므낫세가 어디에 있는지 보지 못합니다. 그의 대부분의 기능은 작동하지 않습니다. 그는 기력이 쇠하여서 사랑하는 자녀들을 위해 아무것도 할 수 없는 노인이라는 것을 여러분은 알 수 있습니다.

만일 그가 축복을 할 수 있다면 그것은 자연적인 그의 힘이 아닙니다. 그런데 그는 그들을 축복합니다. 그러므로 우리는 그 소진한 노인 야곱 안에 틀림없이 속사람이 존재한다는 사실을 확신할 수 있습니다. 그 안에 틀림없이 영적인 이스라엘이 숨겨져 있었습니다. 곧 하나님과 씨름하여 이겨서 복을 받고 또 다른 사람들에게 그 복을 베풀 수 있는 이스라엘이 그 속에 존재한 것입니다. 그렇습니다. 우리는 첫눈에 그것을 알 수 있습니다. 그는 왕, 선지자, 제사장의 위엄으로 두 손자들에게 복을 선포하기 시작한 것입니다.

야곱은 하나님께서 자기를 통해 말씀하신다고 믿었습니다. 그리고 자기가 전하는 모든 말을 하나님께서 보증하시리라고 믿었습니다. 야곱은 하나님께서 기도를 들어주신다고 믿었으며, 그의 축복은 하나의 기도였습니다. 그가 손자들에게 복을 선포했을 때 자기가 선포한 모든 말은 곧 하나님께서 응답해 주실 간구였다고 믿었습니다. 손자들은 축복 받았고 또 받는 것이 마땅하다고 그는 믿음으로 알았습니다. 이처럼 우리가 보듯이 야곱은 믿음으로 기도하고 믿음으로 축복하므로 그의 믿음을 나타내 보였습니다.

살든지 죽든지 하나님을 믿읍시다. 우리가 복음을 전하거나 가르칠 때 믿음을 가집시다. 믿음이 없이는 우리의 수고가 헛될 것이기 때문입니다. 전도지를 돌리거나 병자를 방문할 때 믿음으로 합시다. 믿음은 우리의 모든 봉사의 활력소이기 때문입니다. 믿음으로 죽어 가던 야곱이 후손들을 축복할 수 있다면 우리 또한 믿음으로 사람들을 축복할 수 있습니다. 하나님을 믿으십시오. 그리하면 여러분이 베푸는 교훈이 덕을 끼칠 것이며, 자녀들을 위한 여러분의 수고에 효과가 있을 것입니다. 하나님은 믿음으로 하는 일에 복을 베푸십니다. 우리가 믿지 않는다면 우리의 일은 이루어지지 못할 것입니다. 믿음은 그리스도인이 선을 행할 수 있는 능력의 근간이요 핵심입니다. 우리가 믿음으로 하나님과 연합되기 전에는 물처럼 연약하지만 믿음으로 하나님과 연합되면 우리는 무엇이든지 다 할 수 있습니다. 눈에 보이는 것을 따라 행한다면 우리는 우리 이웃들에게 영적이며 영원한 관심을 조금도 고취시킬 수 없습니다. 그러나 우리가 하나님의 능력에 사로잡혀 담대한 믿음으로 그의 언약을 붙잡으면 그때에 비로소 축복할 능력을 얻게 되는 것입니다.

둘째, 축복할 수 있는 힘이 믿음으로 그에게 임하였을 뿐만 아니라 아울러 그가 손자들에게 베푼 복은 다름 아닌 그가 소유한 것이었다는 점을 여러분은 알아야 합니다. 야곱이 물려주는 유산은 그가 오직 믿음으로 얻은 모든 복이었습니다. 야곱은 에브라임과 므낫세에게 각각의 몫을 주었습니다. 그러나 그 몫이 어디에 있고 그것이 무엇이란 말입니까? 야곱이 철 금고에서 가방을 가지고 와서 "나의 손자들아, 여기 내가 너희에게 주려고 준비한 돈을 주노라"고 말하였습니까? 아닙니다. 그때에 단 한 개의 은전도 없었습니다. 그러면 야곱이 가족의 부동산이 표시되어 있는 지도를 가져와 "나의 손자들아, 그 지역에 있는 내 땅의 소유권과 그 장원 안에 있는 내 농장의 소유권을 너희에게 넘기노라"고 말했나요? 아닙니다. 야곱은 고센 지역에 있는 것을 그들에게 준 것이 아닙니다. 그들이 각자 받은 것은 가나안에 있는 그들의 기업이었습니다.

그 기업이 야곱의 소유였습니까? 어떤 면에서는 그렇고 또 다른 면에서는 그렇지 않습니다. 하나님께서 야곱에게 그 땅을 주리라고 약속하셨으나 그는 아직 그 땅의 귀퉁이도 소유하지 못했습니다. 가나안 족속이 그 땅에 우글거렸고, 그들이 하늘 높이 벽을 쌓아올린 성들 안에 거하였으며, 그 땅의 소유권을 가지고 있었습니다. 그러나 이 의로운 노인은 마치 그 땅이 전부 자기 것인 양 말하며, 이스라엘 지파들이 성장하여 나라들이 되어서 실제로 그 땅을 이미 차지한 것처럼 예견합니다. 사실상 야곱은 팔레스타인 지역에 집도 땅도 전혀 없었습니다. 그러나 신실하신 하나님께서 자기 조상들에게 약속하셨기 때문에 야곱은 그 땅을 전부 자기 것으로 여겼습니다. 하나님께서 아브라함에게 "너는 눈을 들어 너 있는 곳에서 북쪽과 남쪽 그리고 동쪽과 서쪽을 바라보라. 보이는 땅을 내가 너와 네 자손에게 주리니 영원히 이르리라"(창 13:4, 5)고 말씀하셨습니다. 야곱은 하나님의 언약을 계약서나 권리증서로 생각하고 이에 근거하여 "이 땅은 에브라임이 가지고 이 땅은 므낫세가 가지라"고 말하였습니다. 물론 옆에서 대기하고 있던 불신자는 "이 노인이 망령이 들어서 횡설수설하며 자기가 갖고 있지도 않은 것을 거저 준다고 말하는 소리를 들어 보라"고 하며 코웃음쳤을 것입니다. 그러나 믿음은 바라는 것들의 실상입니다. 눈먼 이성은 믿음을 조롱하겠지만 모든 믿음의 자녀들에게 믿음은 마땅한 것입니다.

사랑하는 성도들이여, 신자들은 이런 식으로, 말하자면 믿음으로 사람들을 축복합니다. 우리는 그들을 위해 기도하며, 장차 있을 좋은 일에 대해 말해 줍니다. 그것은 지금은 눈에 보이지 않고 느낄 수도 없지만 상상할 수도 없이 좋은 것이며, 하나님께서 자기를 사랑하는 자들을 위해 예비하신 것입니다. 우리의 자녀들과 친구들이 살아 계신 하나님을 믿는다면 그 좋은 것이 그들의 기업이 될 것입니다. 믿음으로 우리는 보이지 않는 것들을 믿습니다. 우리는 아브라함, 이삭, 야곱처럼 비록 이 땅에서 나그네들이지만 하나님께서 우리에게 말씀하신 저곳, 곧 "하나님이 계획하시고 지으실 터가 있는 성"(히 11:10)을 향해 순례하고 있다고 고백합니다. 주님께서 우리를 위해 준비하셨고, 우리만 아니라 그의 나타나심을 바라는 모든 자들을 위해 준비하신 면류관에 관해 이야기하라고 우리는 배웠습니다. 따라서 우리는 이 면류관을 얻는 방법을 다른 사람에게 기쁘게 말해 줍니다.

우리는 그들이 볼 수 없는 좁은 문과 협착한 길을 가리키며, 그 좁은 길의 끝, 곧 주님의 순례자들이 영원히 거하고 영원한 상급을 누릴 저 높은 하늘의 도성을 가리킵니다. 믿음으로 우리는 보이지 않고 영원한 것을 사람들에게 가리킵니다. 이렇게 할 수 없다면 과연 우리가 그들을 어떻게 축복할 수 있겠습니까? 우리는 사랑하는 자들을 위해 믿어야 하며, 그들을 위해 소망을 가져야 합니다. 그렇게 하면 우리는 하나님의 능력으로 그들을 축복할 수 있습니다. 오, 세속적인 아버지들이여, 여러분은 아들들에게 유산을 물려줄 수 있고, 딸들에게 재물을 나눠 줄 수 있을지는 모릅니다. 그러나 우리는 우리의 자녀들과 그 자녀들의 자녀들이 위로부터 오는 보화로 풍성해지기를 소망합니다. 그들이 아직은 보이지 않는 요단 저편의 땅을 얻고 또 지금 그리스도 예수 안에서 몫을 가진다면 우리는 기뻐할 것입니다. 그들이 이 세상에서 가장 큰 부자가 되는 것보다 훨씬 더 기뻐할 것입니다. 우리가 아들들에게 물려줄 유산은 은혜의 축복이며, 우리가 딸들에게 물려줄 결혼 지참금은 주님의 언약입니다.

셋째, 우리가 주목해야 할 것은 존경할 만한 족장 야곱이 축복할 때에 특별히 언약을 언급했다는 것입니다. 대부분의 하나님의 사람들의 믿음처럼 야곱의 믿음도 언약을 그 믿음이 즐겁게 거하는 처소로 삼았으며, 또한 전쟁을 하기 위한 병기로 삼았습니다. 야곱에게 언약보다 더 달콤한 말은 없었으며, 그의 마음을 충분히 위로해 주는 것도 없었습니다. 야곱은 요셉에게 이르되, "이전에 가나안 땅 루스에서 전능하신 하나님이 내게 나타나사 복을 주시며 내게 이르시되, '내가 너로 생육하고 번성하게 하여 네게서 많은 백성이 나게 하고 내가 이 땅을 네 후손에게 주어 영원한 소유가 되게 하리라' 하셨느니라"(창 48:3,4)고 하였습니다. 야곱은 주님의 언약을 확신하였으며, 하나님의 신실하심을 믿었습니다. 언약은 야곱의 믿음을 받쳐 준 근본적인 진리였으며, 야곱은 그것으로부터 영감을 받아 자기의 손자들을 축복하였던 것입니다. 또한 주지하다시피 야곱은 그의 할아버지 아브라함, 그의 아버지 이삭의 이름을 크게 강조합니다(창 48:16). 왜냐하면 이전에 언약이 그들의 이름으로 체결되었기 때문입니다. 언약에 대한 기억은 소중합니다. 그리고 확실한 모든 증거물은 소중히 간수되며 사람은 그것을 깊이 유의합니다.

죽음을 눈앞에 둔 사람은 무의미한 말을 하지 않습니다. 그들은 확실한 것을 말합니다. 죽음을 눈앞에 둔 성도들은 한결같이 조상들과 맺어지고 또 친히 그들의 인격 안에서 확증된 영원한 언약에 자신들의 영혼을 맡겼습니다. 다윗이 마지막 순간에 "내 집이 하나님 앞에 이같지 아니하냐. 하나님이 나와 더불어 영원한 언약을 세우사 만사에 구비하고 견고하게 하셨으니 나의 모든 구원과 나의 모든 소원을 어찌 이루지 아니하시랴"(삼하 23:5) 말한 사실을 주목하십시오. 우리는 여기 앉아서 이 문제에 대하여 냉정하게 말하지만 죽음의 이슬이 이마에 싸늘하게 맺히고 맥박이 희미해지며 숨이 막힐 때의 사정은 다릅니다. 그러한 때에 신실하신 언약의 하나님께 시선을 집중하며 죽음의 고통도 방해할 수 없는 영혼의 평안을 느끼는 것은 축복일 것입니다. 왜냐하면 그때에 우리는 큰 소리로 이렇게 외칠 수 있기 때문입니다. "내가 믿는 자를 내가 알고 또한 내가 의탁한 것을 그날까지 그가 능히 지키실 줄을 확신함이라"(딤후 1:12).

야곱의 신앙을 설명하기 위하여 특별히 한 가지 사실에 주목하기를 원합니다. 두 손자들의 장래를 축복할 때에 야곱은 요셉으로부터 그들을 곧바로 넘겨받고 이렇게 말합니다. "네가 낳은 두 아들 에브라임과 므낫세는 내 것이라. 르우벤과 시므온처럼 내 것이 될 것이요"(창 48:5). 이 두 젊은 신사들이 어떤 사람들이었는지 여러분은 아십니까? 잠시 생각해 보십시오. 그러면 여러분은 그들이 신분, 지위, 태생, 그리고 장래성에서 야곱의 어떤 아들과도 크게 다르다는 것을 알 것입니다. 야곱의 아들들은 어려서부터 일을 하며 자라왔고, 상류사회의 지식이나 학문과는 거리가 멀었습니다. 그들은 시골사람이며, 유목민이요 떠도는 목자들이었으며, 그 밖에 아무것도 아니었습니다. 반면, 이 두 젊은 신사들은 공주의 태생이었고, 당연히 많은 교육을 받았습니다. 바로는 요셉에게 온 제사장 보디베라의 딸을 주었으며, 애굽의 제사장들은 최상류층이요, 그 땅의 귀족이었습니다. 요셉 자신도 총리였고, 이들은 요셉 밑에서 일하였습니다.

르우벤과 시므온은 애굽의 상류사회에서 보잘것없는 사람들이었습니다. 그들은 꽤나 유복하고 남 보기 흉하지 않은 농부이자 목축업자들이었지만 백작 므낫세와 에브라임 경의 상류층에는 조금도 속하지 못했습니다. 실제로 애굽 사람들은 목자들을 몹시 싫어하였습니다. 그러므로 야곱의 아들들은 애굽의 귀족사회에서 승인 받을 수 없었습니다. 그러나 므낫세와 에브라임은 최고의 계급에 속하였으며, 지위와 부를 가진 신사들이었습니다. 하지만 야곱은 자기 손자들의 세상의 장점을 무시함으로써 그의 믿음을 보여 주었습니다. 야곱은 요셉에게 이렇게 말합니다.

"이들은 네 자식들이 아니니라. 나는 이들을 애굽 사람으로 보지 않는다.

그 어머니의 신분과 가계에 대해 나는 잊어버릴 것이다. 이 젊은 아들들이 전도가 유망하고 우상 신전의 제사장들이 되고 애굽 사회에서 고위인사들이 될 수도 있겠지. 그러나 우리는 빛나는 모든 것을 그들을 위해 거부한다. 그 증표로서 나는 이들을 내 아들로 입양하노라. 이들은 내 아들들이니라. 시므온과 르우벤처럼 그들은 내 아들들이 될 것이니라. 네가 애굽의 보화를 위하여 이들 중 하나라도 우상을 숭배하게 하지 않을 줄 믿는다. 내가 알기에 너는 아버지의 하나님과 아버지의 믿음에 충실하기 때문이다."

이렇게 야곱은 이 젊은이들의 빛나는 미래를 지체 없이 빼앗고, 육신의 생각으로는 꿈나라에나 있어 보이는 것, 스페인의 샤토(chateau, 프랑스의 성을 의미함, 그러므로 스페인에는 존재하지 아니함), 실체가 없는 것과 매매할 수 없는 것을 그들에게 물려줍니다. 이것은 믿음의 행위였습니다. 애굽의 모든 보화보다 그리스도를 위하여 받는 수모를 택하며, 이렇게 할 수 있는 사람들은 복된 사람들입니다. 기뻐할 것은 이 젊은이들이 이 교환에 응하였으며, 이후 모세처럼 애굽의 보화를 버렸다는 점입니다. 우리의 후손들도 이와 같은 마음을 품기를 바라며, 주님께서 그들에게 "애굽으로부터 내 아들을 불렀다"(마 2:15), "에브라임이 어렸을 때에 내가 사랑하여 내 아들을 애굽에서 불러냈다"(호 11:1)고 말씀해 주시기를 기원합니다.

이러한 모습으로 믿음 있는 신자들은 자기의 자녀들을 축복합니다. 이러한 면에서 우리는 야곱과 같은 마음입니다. 우리의 자녀들이 부유하고 유명한 사람들과 어울려 지내면서 그들의 아버지의 하나님을 알지 못하고 섬기지 않느니보다 차라리 그들을 파묻어 버리는 것이 낫습니다. 그런 자녀들은 우리 그리스도인 형제들이 세례 받지 못한 아기들을 묻기 위해 마련한 묘지에 조용히 묻어 버리는 것이 차라리 더 나을 것입니다. 그들이 자라서 방탕에 빠지거나 혹 거짓 교리를 따르며 그리스도를 떠나 망하느니 차라리 하나님 우편에서 편히 잠드는 것이 더 나을 것입니다.

또한 우리가 주목해야 할 것은 야곱이 하나님의 명령대로 요셉의 아들들을 축복함으로써 그의 믿음을 보여 주었다는 사실입니다. 야곱은 에브라임을 므낫세보다 앞세웠습니다. 이는 자연의 법칙에 위배되는 것이었습니다. 그러나 야곱은 자기에게 임한 감동을 느꼈으며, 믿음으로 그는 하나님의 인도를 거절하지 아니했습니다. 그는 눈이 멀었다고 아들의 지시에 끌려가지 아니하고, 하나님의 지시에 순종하여 손을 엇바꾸어 손자들의 머리 위에 얹었습니다. 믿음이란 옳은 일을 올바른 방법으로 행하는 것입니다.

어떤 사람들은 옳은 일을 잘못된 방법으로 행합니다. 하지만 성숙한 믿음은 하나님께서 지시하시는 명령을 따라갑니다. 하나님께서 에브라임을 앞세우라고 하시면 믿음은 그 뜻에 반항하지 않습니다. 우리는 내 마음에 드는 아이가 다른 아이보다 더 많은 복을 받기를 원할 수는 있습니다. 그러나 하나님께서는 자신의 뜻대로 행하시기 때문에 우리의 선택보다 하나님의 뜻이 앞서야 합니다. 믿음은 재능보다 은혜를, 영리함보다 경건을 더 우선합니다. 믿음이 그 오른 손을 얹는 곳은 하나님께서 원하시는 곳이며, 인격의 아름다움이나 지식의 출중함이 보이는 곳이 아닙니다. 우리의 제일의 자녀는 하나님께서 제일 먼저 부르시는 자녀입니다. 믿음은 이성을 바로잡고 하나님의 평결을 받아들입니다.

야곱은 구속을 특별히 말함으로써 그의 믿음을 나타내 보여 주었습니다. 믿음을 가진 자만이 자녀들의 구속(救贖)을 위해 기도할 것입니다. 특히 그들이 속박될 것이라는 조짐을 보이지 않고 오히려 장래가 촉망될 때 더더욱 그들의 구속을 위해 기도할 것입니다. 이 의로운 노인은 "나를 모든 환난에서(악으로부터, KJV) 건지신 여호와의 사자께서 이 아이들에게 복을 주시오며" (창 48:16)라고 기도했습니다. 여러분의 믿음으로 자녀들이 구속의 복에 참여할 수 있도록 하십시오. 다른 사람들처럼 그들도 구속이 필요하기 때문입니다. 여러분의 자녀들이 예수님의 보혈로 깨끗이 씻는다면, 그들이 하나님의 아들의 보혈로 하나님과 화목한다면, 그들이 구속의 보혈로 하나님께 가까이 나아간다면, 여러분은 만족하고 죽을 수 있을 것입니다. 전에 여러분을 구속한 그 여호와의 사자가 또한 자녀들을 구속하였는데 그 무엇이 그들을 해할 수 있겠습니까? 죄로부터, 사탄으로부터, 죽음으로부터, 지옥으로부터, 자아로부터, 곧 "모든 악으로부터" 우리 구세주께서 우리를 자유케 하셨습니다. 이것이 바로 우리가 우리의 가장 사랑하는 자녀들에게 선포할 수 있는 모든 축복 중에 가장 큰 축복입니다.

야곱은 하나님께서 자기의 후손과 함께하실 것을 확신함으로써 그의 믿음을 보여 주었습니다. 노인이 죽어가면서 손자들뿐만 아니라 그의 온 가족에게 건네는 말은 매우 기운이 넘쳤습니다. "나는 죽으나 하나님이 너희와 함께 계시사 … "(창 48:21)라고 야곱은 말하였습니다.

그것은 늙은 성직자들이 죽어가면서 늘어놓았던 푸념과는 완전히 다릅니다. 그들은 다음과 같이 푸념을 늘어놓는 듯합니다. "내가 죽으면 이스라엘의 불이 꺼지고 말 거야. 내가 죽으면 백성들은 진리를 버리겠지. 내가 떠나면 기수도 죽을 테고, 성벽을 지키는 파수꾼도 죽을 텐데." 많은 분들이 죽어가면서 이스라엘의 병거와 마병들을 걱정합니다. 그리고 우리가 건강할 때에도 마치 우리가 하나님의 뜻을 이루는데 없어서는 안 되는 존재인 양 그렇게 말을 합니다. 저는 우리 교회 성도들이 이렇게 말하는 것을 들었습니다. "아무개 씨가 죽는다면 우리는 어떻게 하지? 목사님이 돌아가시면 우리 교회는 어떻게 되는 거지?" 우리가 없으면 여러분이 어떻게 될지 제가 말하지요. 제가 지금 죽는 것을 가정하여 다음과 같이 말합니다. "지금 저는 죽습니다. 그러나 하나님께서 여러분과 함께하실 것입니다." 누가 사라지든 주님은 자기 백성과 함께하실 것이요, 그러므로 교회는 안전할 것입니다. 이 위대한 노인은 우리 중 한 사람이나 두 사람에게 의지하지 않습니다. 하나님께서 그것을 허락하지 않습니다!

지금 살아 있는 위대한 사람이 태어나기도 전에 진리는 이 땅에 존재하였으며, 또한 그 진리는 그 위대한 사람과 함께 묻히지 않을 것이며, 오히려 영원한 젊음으로 더 강해질 것입니다. 그리고 새로운 지도자들이 우리보다 더욱 충만한 생명과 활기를 일으킬 것이며, 큰 승리를 거둘 것입니다. 야곱과 같이 "나는 죽으나 하나님이 너희와 함께 계신다"고 말하는 것이 옳습니다. 이 말은 하나님을 영화롭게 합니다. 그리고 이 말은 그 사람이 신뢰할 만한 생각을 하고 있다는 증거이며, 또한 자신이 하나님의 뜻을 이루는데 대단히 중요하다고 착각하는 허영심으로부터 그가 완전히 구원받았다는 증거가 되기도 합니다.

두 번째, 본문에서 우리는 이 노인이 "경배하였다"는 사실을 알 수 있습니다. 즉, 야곱은 믿음으로 경배하였습니다. 그가 어떠한 경배를 드렸는지 간단하게 말씀드리겠습니다.

첫째, 그는 죽어가면서 감사의 경배를 드렸습니다. 창세기 48장 10절과 11절에 기록된 일이 야곱에게 얼마나 기분 좋은 일이었겠습니까! "이스라엘의 눈이 나이로 말미암아 어두워서 보지 못하더라. 요셉이 두 아들을 이끌어 아버지 앞으로 나아가니 이스라엘이 그들에게 입맞추고 그들을 안고 요셉에게 이르되 내가 네 얼굴을 보리라고는 생각하지 못하였더니 하나님이 내게 네 자손까지도 보게 하셨도다." 아, 정말 우리는 자주 이렇게 말해야 할 것입니다. "오 주님, 당신께서 이처럼 행하실 줄 미처 생각하지 못했습니다. 당신께서는 제가 바라고 생각하는 것 이상으로 행하셨나이다."

우리의 유언과 마지막 고백이 다음과 같이 되기를 바랍니다. "주님께서 하신 말씀보다 훨씬 더 우리가 축복을 받았고, 우리의 선하신 주님께서 마지막까지 최고의 포도주를 간직하셨으며, 이 땅에서 마지막 잔치이자 하늘나라에서 영원한 잔치의 시작인 이 죽음이 모든 생애 중에 최고였습니다." 우리가 안식에 들어갈 때까지 주님은 언제나 내 생각보다 더 위대하신 분이었다고 선포합시다. 주님은 첫째, 우리의 두려움보다 더 위대하신 분이시며, 둘째, 우리의 소망보다 더 위대하신 분이시며, 마지막으로 우리의 열망보다 더 위대하신 분이십니다.

둘째, 야곱이 평생에 자기에게 베푸신 하나님의 선을 인정하였으니 증거의 경배를 드린 것이 아닌가요? 그는 하나님께서 언제나 자신의 의지가 되셨으며 언제나 자신에게 필요한 것을 공급해 주셨다고 인정하면서 "나의 출생으로부터 지금까지 나를 기르신 하나님"(창 48:15)이라고 증거합니다. 하나님은 야곱의 목자셨습니다. 여기서 "나를 기르신 하나님"이란 말은 "나를 돌보신 하나님, 곧 평생에 나의 목자가 되신 하나님"이란 뜻입니다. 그러므로 이 말씀은 여호와의 돌보심과 인자하심에 대한 야곱의 증거였습니다. 이 말씀처럼 우리도 하나님을 다음과 같이 증거합시다. "하나님께서 출생으로부터 지금까지 저를 기르셨습니다. 저는 때때로 궁핍했으며, 어디서 양식을 구해야 할지 몰랐습니다. 그러나 하나님은 비록 제게 까마귀를 보내 주시거나 과부를 준비해 주시지는 않았지만 어떻게 해서든지 저의 평생에 저의 먹을 것을 공급해 주셨습니다. 하나님께서 지혜로운 방법으로 역사하셨으며, 이에 저는 결코 부족함이 없었습니다. 저의 평생에 하나님께서 저의 목자가 되어 주셨기 때문입니다."

셋째, 야곱이 사모하는 사랑으로 언약의 사자를 얼마나 공손하게 경배하였는지 주목합시다. 야곱은 "나를 모든 환난(악)에서 건지신 여호와의 사자"라고 말합니다. 이 여호와의 사자는 야곱과 씨름한 천사요, 야곱이 벧엘에서 쓰러져 잠이 들었을 때 그에게 나타나신 천사입니다. 그러므로 이분은 보통 천사가 아니라 천사를 부리는 천사장(the true archangel), 곧 예수 그리스도, 우리의 기뻐하는 언약의 사자이십니다. 바로 그분이 그의 구속의 피로써 우리를 모든 환난(악)에서 건지셨던 것입니다. 그 외에 다른 어떠한 존재도 이토록 완벽하게 구속을 이루지는 못하였습니다. 그분이 여러분에게 인격적으로 찾아오셔서 여러분과 씨름하시며 여러분의 자기 의를 벗겨 버리시고 여러분의 다리를 절뚝거리게 만드셨다는 것을 여러분은 기억하십니까? 이때에 여러분이 그분을 처음 대하였을지도 모릅니다. 여러분은 그분을 밤중에 뵈었기 때문에, 처음에는 친구가 아니라 적이라고 생각했습니다. 그분이 여러분에게서 힘을 빼앗으셨을 때를 기억하십니까? 그때에 비로소 그분이 여러분을 구원하셨습니다. 그때에 여러분은 철저한 약함 속에서 땅바닥에 엎어질 지경이었고, 여러분은 그분을 붙잡고 이렇게 말했습니다. "당신이 내게 축복하지 아니하면 가게 하지 아니하겠나이다"(창 32:26).

그리하여 여러분은 결국 그분으로부터 축복을 받아냈습니다. 전에는 여러분 자신이 강하다고 생각했습니다. 그러나 이제는 여러분이 참으로 연약하고, 여러분이 의식적으로 약하게 되었을 때만이 진정 강하게 된다는 것을 깨달았습니다. 여러분은 자신을 보지 않고 그분을 보는 비결을 깨달았습니다. 그렇다면 여러분에게 그러한 비결을 가르쳐 주신 그분을 송축하지 않겠습니까? 여러분이 죽게 되었을 때 그분께서 여러분을 위해 평생에 행하신 일에 대하여 송축하지 않으시겠습니까? 나의 형제들이여, 모든 것이 우리를 구속하신 그 언약의 사자의 은혜입니다. 그분께서 우리로부터 떨쳐버리신 악들은 상상을 초월할 만큼 끔찍한 것이었으며, 또한 그분께서 우리에게 베푸신 축복들은 상상을 초월할 만큼 부유합니다.

지금까지 여러분은 믿음으로 축복하고, 믿음으로 경배하는 이 노인의 모습을 보았습니다. 믿음은 이 두 가지 행동의 동기이자 요체이며, 정신이며 면류관이었습니다.

마지막으로 야곱의 태도에 대해 말씀드리겠습니다. 야곱은 "그 지팡이 머리에 의지하여 경배하였"습니다. 가톨릭 교회는 이 본문에서 큰 오류를 범하였습니다. 그들은 본문을 이렇게 번역하였습니다. "그가 그의 지팡이 머리를 경배하였다." 추측하건대, 이 지팡이 머리에 아주 작은 신상이 새겨져 있었다고 그들이 생각했던 것 같습니다. 성도의 형상이나 십자가 형상, 또는 다른 어떤 상징물 같은 것 말입니다. 그리고 야곱이 그런 상징물을 붙잡고 그 지팡이 머리를 경배하였다고 그들은 생각했다는 말씀입니다. 물론 야곱이 그런 짓을 하였을 리 만무합니다. 왜냐하면 아브라함, 이삭 또는 야곱에게서 그런 형상을 숭배했다는 아무런 흔적도 발견할 수 없기 때문입니다. 드라빔 숭배가 그 가족들 가운데 남아있기는 하였지만, 그것은 그들의 승낙 없이 된 일이었습니다. 그들은 완전한 사람들은 아니었지만 결코 우상숭배를 하지 않았고, 어떠한 형상도 숭배하지 않았습니다.

그들은 오직 하나님 한 분만을 경배하였습니다. 야곱은 지팡이 머리에 의지하여, 곧 지팡이에 몸을 의지하여 경배하였던 것입니다. 창세기에 "이스라엘이 침상 머리에서 하나님께 경배하니라"(창 47:31)는 말씀이 나옵니다. 흥미로운 것은 히브리어에서 침상이라는 단어와 지팡이라는 단어가 너무나 비슷하다는 사실입니다. 만일 작은 점들을 찍지 않는다면, 제 생각에 아마도 고대에는 점을 전혀 사용하지 않았을 텐데, 그 단어가 '침상'을 뜻하는지 '지팡이'를 뜻하는지 말하기 힘들 것입니다. 하지만 저는 모세나 바울이 성경을 기록하는데 오류를 범하였으리라고는 생각하지 않습니다. 야곱은 힘을 내어 침상에 앉았고 또한 지팡이에 의지하였습니다. 야곱의 자세를 상상해 보면 이 두 기록 모두 옳다는 것을 쉽게 깨달을 것입니다. 야곱은 침상에 앉은 동시에 지팡이 머리에 의지하였던 것입니다.

그런데 야곱은 왜 지팡이에 의지하였을까요? 무엇 때문이었을까요? 야곱이 늙었기 때문에 자연히 지팡이에 의지하였겠지만 이것 외에 또 한 가지, 그가 상징적으로 이런 행동을 하였을 것이라고 생각합니다. 야곱이 "내가 내 지팡이만 가지고 이 요단을 건넜더니"(창 32:10)라고 한 말을 여러분은 기억하십니까? 야곱은 평생 동안 기념품으로서 그 지팡이를 몸에 지니고 다

넜다고 믿어집니다. 그가 첫 번째 여행을 떠났을 때에 가지고 갔던 것이 바로 그의 애장품인 이 지팡이였으며, 또한 마지막 여행을 할 때도 이 지팡이에 의지하였습니다. 전에 "내가 내 지팡이만 가지고 이 요단을 건넜더니"라고 말했던 야곱이 지금 이 지팡이를 가지고 영적인 요단을 건너고 있습니다. 이 지팡이는 그의 평생의 동반자였으며, 주님의 인자하심에 대한 증거물이었습니다. 마치 우리가 잊지 못할 사건들을 기념하기 위해 낡은 성경이나 칼, 또는 의자를 소장하고 있는 것처럼 야곱도 이 지팡이를 기념품으로 가지고 있었던 것입니다.

그렇다면 이 지팡이가 무엇을 상징했습니까? 야곱이 또 다른 때에 했던 말을 들어보십시오. 그가 바로 앞에 섰을 때 이렇게 큰 소리로 말했습니다. "내 나이가 얼마 못 되니 우리 조상의 나그네 길의 연조에 미치지 못하나 짧고 험악한 세월을 보내었나이다"(창 47:9). 다윗은 여기서 무슨 이유로 "나그네 길"이라는 단어를 사용했을까요? 그 이유는, 그의 마음속에는 언제나 자신이 나그네라는 생각을 하고 있었기 때문입니다. 그는 아주 좋은 시절에도 문자 그대로 나그네로서 사방팔방으로 다녔습니다. 그리고 지금 고센에서 17년을 살아왔지만 그 낡은 지팡이를 손에 잡고 기댐으로써 자신이 그의 조상들처럼 언제나 나그네요 행인이었으며, 지금도 여전히 그렇다는 사실을 보여 주고 있는 것입니다. 야곱은 지팡이에 의지하고 요셉에게 이렇게 말합니다. "나의 뼈를 이곳에 묻지 마라. 나는 하나님의 섭리 가운데 이곳에 왔으나 이곳에 속한 사람이 아니다. 나는 이곳에서 나그네에 불과하며, 떠나기를 원한다는 사실을 이 지팡이가 말해 주고 있지 않느냐. 나는 애굽에 있지만 애굽에 속한 사람은 아니다. 나의 뼈를 이곳에서 가지고 나가거라. 나의 뼈를 결코 이 땅에 묻지 마라. 만일 그렇게 된다면, 나의 아들 딸들이 애굽 사람들과 섞일 것인데 그렇게 되면 절대로 안 된다. 우리는 구별된 나라이기 때문이다. 하나님께서 우리를 택하셨고 그렇기 때문에 우리는 구별되어야 한다. 나의 자녀들에게 이러한 사실을 깨닫게 하려고 나는 죽을 때까지 이 지팡이를 손에 잡고 있는 것이다."

자, 형제들이여, 저는 여러분이 이와 같은 마음으로 살기를 바라며, 이 땅이 여러분의 안식처나 고향이 아니라는 것을 깨닫기 원합니다. 이 땅에는 소중한 것이 없습니다. 여러분의 고향은 저 너머, 곧 광야 저편에 있으며, 그곳에 하나님께서 여러분의 기업을 예비 놓으셨습니다. 그리스도께서 여러분의 처소를 예비하려고 이미 그곳에 들어가셨습니다. 그러므로 여러분이 그곳을 갈망하지 않는 것은 옳지 않습니다. 여러분이 살면 살수록 이런 생각이 커질 것입니다. "내게 지팡이를 달라. 나는 떠나야만 한다. 보잘것없는 세상아, 너는 나의 안식처가 아니야. 나는 이 땅의 자녀가 아니라 외국인이요 나그네로다. 나의 시민권은 저 하늘에 있도다. 나의 기업은 애굽의 정치, 애굽에서의 수고, 애굽에서의 슬픔으로 얻어지는 것이 아닐세. 아무렴 그렇고 말고. 나는 애굽 사람이 아니요 다만 다른 땅으로 향하는 나그네일세." 여러분의 지팡이 머리에 의지하여 경배하며 이렇게 노래하십시오.

> 나의 등에는 증명서를 붙이고, 손에는 지팡이를 잡고
> 대적의 땅을 성급히 지나가네
> 이 땅에 있는 아무것도 내게 머므르라 유혹할 수 없네
> 나의 지팡이는 '위로 그리고 멀리' 간다는 상징일세

놀랍게도 야곱의 후손들은 마침내 각자 자기의 지팡이 머리에 의지하고 경배하였습니다. 그들은 유월절 만찬이 있던 날 밤에 어린양의 피를 문 인방과 좌우 설주에 바르고 각자 허리에 띠를 띠고 손에 지팡이를 잡고 어린양의 고기를 먹었던 것입니다. 만찬은 경배를 드리는 축제였으며, 그들은 광야를 지나는 순례를 위해 집을 황급히 떠나야 하는 나그네들이었던 만큼 각자 자기의 지팡이에 의지하여 만찬을 먹었습니다.

사랑하는 청중들이여, 이 말씀이 여러분 모두에게 적용되지는 않습니다. 여러분 모두가 야곱의 후손은 아니며, 여러분 모두가 믿는 자손이 아니기 때문입니다. 저는 여러분에게 각자 자기의 지팡이를 취하라고 명령할 수 없습니다. 여러분이 지팡이를 잡고 출발한다면 도대체 어디로 간단 말입니까? 여러분은 오는 세상의 기업도, 약속된 땅도, 젖과 꿀이 흐르는 가나안도 없지 않습니까! 그러니 여러분이 어디로 가겠습니까? 여러분은 틀림없이 주님 앞에서, 주님의 능력의 영광으로부터 쫓겨나고 말 텐데요. 아아 가엾도다!

여러분은 하나님을 모르기 때문에 그분을 경배할 수 없습니다. 여러분은 축복을 받지 못했기 때문에 다른 사람을 축복할 수 없습니다. 아무쪼록 주 하나님께서 여러분을 그의 아들 예수 그리스도 앞으로 인도해 주셔서 그분을 믿도록 역사해 주시기를 간절히 기원합니다. 그러면 저는 구원받은 여러분이 믿음으로 야곱을 본받아 사람들을 축복하고 하나님을 경배하기를 소망할 것이요 또한 여러분의 손에 지팡이를 잡고 영원한 안식처로 순례하기를 소망할 것입니다.

5

요셉

축소된 초상화

"여호와께서 요셉과 함께 하시므로"(창 39:2)

성경에는 한 문장으로 한 사람의 생애를 요약하는 경우가 자주 나옵니다. 본문은 영감으로 그린 요셉의 자서전입니다. "여호와께서 요셉과 함께 하시므로." 사도행전 7:9에 기록된 스데반의 유명한 설교에서 스데반은 이와 같이 증거하였던 것입니다. 성경은 이처럼 전신이 담긴 축소된 초상화를 그리는 실력이 탁월합니다. 미켈란젤로는 일필(一筆)로 초상화를 그렸다고 전해지는데 하나님의 성령께서는 단 한 문장으로 한 사람의 생애를 그리십니다. "여호와께서 요셉과 함께 하시므로."

그런데 주목해야 할 것은 성경의 그림들은 사람의 외면뿐 아니라 내적인 삶까지도 보여 준다는 사실입니다. 사람은 외모를 보지만 주 하나님은 중심을 보십니다. 이와 같이 성경은 사람의 보이는 부분만을 묘사하지 않고 도리어 영적인 삶을 묘사합니다. 여기서 우리가 보는 요셉의 모습은 바로 하나님께서 보신 실제 요셉의 모습입니다. 하나님께서 요셉과 함께 하셨던 사실이 외부적으로 항상 나타나 보이지는 않았습니다. 왜냐하면 요셉이 항상 형통한 사람인 것처럼 보이지는 않았으니까요. 그러나 여러분이 이 하나님의 종의 속에 있는 영혼을 들여다보게 되면, 그의 참모습을 보게 됩니다. 곧 지존하신 하나님과 교제하므로 하나님의 축복을 받은 그의 참모습입니다. "여호와께서 요셉과 함께 하시므로 그가 형통한 자가 되어." 사람의 생애를 저술할 때에 어떤 문제들은 감추는 것이 지혜롭게 여겨집니다. 그 사람의 명성에 누를 끼치지 않으려면 이렇게 하는 것이 현명합니다. 그러나 그것이 진실은 아닙니다. 하나님의 성령은 우리가 크게 존경하는 사람의 허물이라도 감추지 않으시며 있는 그대로 다 기록하십니다. 그분은 진리의 영이시기 때문입니다. 이와 같이 여기서도 성령은 요셉을 총애 받는 자녀나 애굽의 총리로 바라보지 않고 요셉의 속사정과 참모습을 바라보며 이렇게 묘사합니다. "여호와께서 요셉과 함께 하시므로."

이와 같이 인상적인 요셉의 모습을 보면 우리는 우리의 조물주이신 주님이 강하게 생각납니다. 주님은 요셉보다 더 나은 요셉(greater Joseph)으로서 이스라엘을 위하여 온 세상을 통치하고 계십니다. 베드로가 고넬료의 집에서 설교하였을 때 우리 주님에 대하여 이렇게 증거하였습니다. "그가 두루 다니시며 선한 일을 행하시고 마귀에게 눌린 모든 사람을 고치셨으니 이는 하나님이 함께 하셨음이라"(행 10:38). 요셉에 대하여 하신 말씀과 정확히 일치합니다. 놀라운 것은 예수님과 요셉, 곧 완전하신 구세주와 불완전한 족장이 똑같은 말씀으로 묘사되었다는 사실입니다. 이처럼 저와 여러분이 은혜 안에서 온전해지면 우리는 그리스도의 형상을 입게 될 것이며, 그리스도를 묘사하는 말씀이 또한 우리를 묘사할 것입니다. 예수님과 함께 사는 사람들은 예수님과 같이 될 때까지 그 교제로 말미암아 변화를 받을 것입니다. 제 생각에 맏아들과 나머지 식구가 닮는 것은 보기가 매우 아름다우며, 마찬가지로 위대하신 인류의 대표자, 곧 둘째 아담과 그의 생명 가운데로 소생하여 그와 하나된 모든 사람이 닮는 것은 보기가 매우 아름답습니다.

주님과 함께 하는 것이야말로 모든 성도들의 기업입니다. 서신서에서 사도가 베푼 축원은 오직 삼위 하나님께서 우리와 함께 해 달라는 간절한 소원이었습니다. 로마 교회에게 바울은 "평강의 하나님께서 너희 모든 사람과 함께 계실지어다"(롬 15:33)라고 축원하였습니다. 고린도 교회에는 "주 예수 그리스도의 은혜와 하나님의 사랑과 성령의 교통하심이 너희 무리와 함께 있을지어다. 아멘"(고후 13:13)이라고 축원하였습니다. 데살로니가 성도들에게는 "주께서 너희 모든 사람과 함께 하시기를 원하노라"(살후 3:16) 축원하였습니다. 우리의 영광스러우신 주님께서 "내가 세상 끝날 까지 너희와 항상 함께 있으리라"고 말씀하시지 않았습니까? 이삭을 베는 사람들에게 보아스가 "여호와께서 너희와 함께 하시기를 원하노라"(룻 2:4)고 인사했는데 제가 오늘 아침 여러분에게 이 말씀보다 더 어떻게 잘 인사할 수 있겠습니까? "여호와께서 당신을 축복하십니다"라는 말보다 여러분이 제게 할 수 있는 더 친절한 말이 어디 있겠습니까?

첫 번째, 우리는 요셉의 생애를 대충 훑어 볼 텐데 그때에 여러분은 여호와께서 요셉과 함께 하신 사실을 주목하십시오. 요셉의 아버지는 늙어서 낳은 아들이었기 때문에, 그리고 그에게서 은혜로운 소질을 발견하였기 때문에 그를 무척 사랑하였습니다. 요셉이 열일곱 살이 되기 전, 하나님께서는 밤중에 꿈과 환상 중에 그에게 말씀하셨습니다. 성경은 이에 대하여 "그의 형들은 시기하되 그의 아버지는 그 말을 간직해 두었더라"(창 37:11)고 기록하였습니다. 사랑하는 어린이들이여, 하나님께서 그대들에게 꿈속에서 나타나지 아니하시고 다른 방법으로 어린 사무엘에게 말씀하셨던 것처럼 또 다른 사무엘인 여러분에게 말씀하실 수도 있습니다. 하나님께서 "사무엘아, 사무엘아"라고 부르셨을 때 사랑스런 그 아이가 "말씀하옵소서. 주의 종이 듣겠나이다"라고 대답한 사실을 여러분은 기억하실 것입니다. 여러분도 하나님께서 부르실 때에 사무엘과 같이 대답하기 바랍니다.

우리가 소년 소녀 시절에 하나님으로부터 은혜로우신 말씀을 받은 것은 정말로 행복한 특권이었습니다. 하나님은 우리를 회개하게 하셨고, 그리스도를 믿게 하셨으며, 교실과 놀이터를 떠나기 전에 우리의 마음 가운데 사랑을 계시해 주셨습니다. 어려서부터 그리스도와 함께 한 사람들은 형통할 것입니다. 우리가 처음부터 그리스도와 함께 한다면 그리스도께서 마지막까지 우리와 함께 하실 것입니다. 요셉이 경건한 아이가 아니었다면 그는 결코 은혜의 사람이 되지 못했을 것입니다. 요셉이 어려서부터 형들과 다를 수 있었던 것은 바로 은혜 때문이었으며, 이 은혜 때문에 그가 형들보다 평생 뛰어날 수 있었던 것입니다. 어릴 적에 은혜를 받으면 주님께서 우리에게 은혜를 베푸시므로 장수하게 될 것이며, 자녀들의 자녀들을 보게 될 것입니다. 이와 같이 초기의 경건은 끝까지 훌륭한 경건이 될 것입니다.

요셉이 집에 있었을 때에도 여호와는 요셉과 함께 하셨고, 사랑하는 아버지와 사랑하는 집에서 멀리 떨어지고 노예로 팔렸을 때에도 여호와는 그를 버리지 않으셨습니다. 어느 나라에서건 노예의 운명은 비참합니다. 그것도 어린 시절에 노예가 되었으니 최악의 상태였습니다. 스데반은 여러 조상이 요셉을 시기하여 애굽에 팔았으나 하나님께서 그와 함께 계셨다고 증거하였습니다(행 7:9). 요셉이 팔렸을 때에도 하나님께서 요셉과 함께 하셨다는 말씀입니다. 광야를 지나는 이 여행은 틀림없이 요셉에게 두려운 여행이었을 것입니다. 아마도 무리로 떼지어 다녔던 이스마엘 사람들이 요셉을 몰아쳤을 것입니다. 자상한 아버지 밑에서 자란 이 나약한 아이는 지금까지는 왕자 대우를 받으며 채색옷을 입었으나 이제는 노예 옷을 입어야만 했고, 뜨거운 태양 빛 아래에서 이글거리는 모래밭을 지나야 했습니다. 그러나 그는 결코 잔인한 형벌 앞에 복종하는 포로가 아니었습니다. 요셉은 무적의 하나님을 바라봄으로써 인내하였습니다.

"여호와께서 요셉과 함께 하시므로." 그의 마음은 그의 아버지의 하나님을 깊이 신뢰함으로써 견딜 수 있었습니다. 그는 노예 시장에서 팔리게 되었습니다. 노예를 사려고 나온 자들의 얼굴을 그가 얼마나 불안한 마음으로 쳐다보았을까요. 과연 자기를 사 갈 사람은 자기를 사람처럼 대우해 줄 사람일까 아니면 짐승보다 더 악랄하게 부려먹을 사람일까? 그가 팔리기 위해 시장에 서 있을 때에도 "여호와께서 요셉과 함께 하시므로" 선한 사람의 수중에 들어갔습니다. 요셉이 주인의 집에 끌려가고 거기서 많은 일들을 해야 할 때에도 "여호와께서 요셉과 함께 하셨습니다." 전에 이 애굽 주인의 집은 깨끗하지도 정직하지도 명예롭지도 못했습니다. 그러나 요셉이 책임을 맡은 이후 그 집은 속으로는 요셉이 헌신하는 성전이었으며, 겉으로는 위로하고 신뢰하는 집이 되었습니다. 이 히브리 노예에게는 명성을 얻을 만한 영광이 있었고, 이를 모든 사람이 알았고, 특히 그의 주인이 알았습니다. 이에 대하여 성경은 이렇게 말씀하고 있습니다. "그의 주인이 여호와께서 그와 함께 하심을 보며 또 여호와께서 그의 범사에 형통하게 하심을 보았더라. 요셉이 그의 주인에게 은혜를 입어 섬기매 그가 요셉을 가정 총무로 삼고 자기의 소유를 다 그의 손에 위탁하니 그가 요셉에게 자기의 집과 그의 모든 소유물을 주관하게 한 때부터 여호와께서 요셉을 위하여 그 애굽 사람의 집에 복을 내리시므로 여호와의 복이 그의 집과 밭에 있는 모든 소유에 미친지라"(창 39:3 – 5). 요셉의 근면, 성실, 온유함이 주인의 마음을 사로잡아 버렸습니다. 그리스도인으로서 종들인 모든 분들이 이러한 면에서 요셉을 본받기를 바라며, 요셉처럼 주께서 여러분과 함께 하시는 것을 여러분 주변의 모든 사람들이 볼 수 있도록 행하기를 바랍니다.

그때에 요셉의 일생에 위기, 곧 시험의 때가 닥쳐왔습니다. 우리는 창세기에서 유혹을 받는 요셉의 모습을 볼 수 있습니다. 아아, 불행하게도 너무도 많은 사람들이 이 유혹에 넘어집니다. 그는 젊은이들에게 특별히 취약한 부분의 공격을 당하였습니다. 그의 잘생긴 얼굴 때문에 부정한 유혹을 받게 되었던 것입니다. 요셉을 유혹한 여인은 평소에 요셉에게 호의를 베풀고 위로해 주던 집 주인이었습니다. 만일 주님께서 요셉과 함께 하지 않으셨다면 그도 틀림없이 넘어졌을 것입니다. 요셉이 죄를 범하였을지라도 남성 대부분은 그를 비난하지 않을 것입니다. 그들은 그 죄의 책임을 유혹하는 여자에게 넘겨버릴 것이며, 젊기 때문에 그런 것이라고 변호할 것입니다. 그러나 저는 그렇게 말할 수 없습니다. 하나님께서 제가 그렇게 말하는 것을 허락하지 않으십니다. 죄인의 부정한 행위는 변호 받을 수 없기 때문입니다.

하나님께서 요셉과 함께 하시므로 그는 미끄러운 곳에서 실족하지 않았습니다. 이렇게 하여 요셉은 하나님을 멀리한 사람들이 떨어지는 깊은 수렁에서 벗어났습니다. 그는 솔로몬이 언급한 이방 계집의 올무에서 벗어났습니다. 솔로몬은 이 이방 계집에 대하여 "대저 그가 많은 사람을 상하여 엎드러지게 하였나니 그에게 죽은 자가 허다하니라. 그의 집은 스올의 길이라. 사망의 방으로 내려가느니라"(잠 7:26, 27)고 하였습니다. 만일 어린 요셉이 악한 정욕에 사로잡혔다면 노예가 된 것은 아무것도 아닐 정도로 크나큰 불행을 당하고 말았을 것입니다. 다행히도 여호와께서 요셉과 함께 하셨기에 "내가 어찌 이 큰 악을 행하여 하나님께 죄를 지으리이까?"(창 39:9)라고 반문하고 유혹하는 여인을 물리칠 수 있었습니다.

요셉은 도망쳤습니다. 도망친 것은 용기를 가장 진실하게 표현한 것이었습니다. 도망치는 것만이 육체의 죄를 이길 수 있는 유일한 방법입니다. 사도 바울은 "너는 청년의 정욕을 피하라"(딤후 2:22)고 명령합니다.

다시금 장면이 바뀝니다. 집에서 사랑 받는 아이였던 요셉은 후에 노예가 되었다가 또 유혹을 받았으며, 이제는 죄수가 되었습니다. 고대에는 모든 곳의 죄수들이 다 그랬지만 애굽의 죄수들 또한 의심할 여지 없이 무서운 처벌을 받았습니다. 요셉은 악취가 나는 지하감옥에 갇히게 되었습니다. "그의 발은 차꼬를 차고 그의 몸은 쇠사슬에 매였으니"(시 105:18)라는 시편의 말씀으로 보아 요셉은 투옥되는 아픔을 절감하였을 것입니다. 요셉은 이러한 중상모략을 당하고 죄가 없는데도 억울하게 고통당한다는 것이 얼마나 비참한 일인지 처절하게 체험하였을 것입니다. 이토록 순수하고 순결한 청년이 억울하게 고소당한다는 것은 갈고리가 달린 채찍에 맞는 것보다 틀림없이 더 고통스러운 일이었을 것입니다. 그러나 요셉이 캄캄한 독방에 앉아 있을 때에도 여호와께서는 그와 함께 계셨습니다.

감옥에 갇히는 불행도 그에게서 거룩한 교제를 빼앗지 못했습니다. 여호와의 이름을 찬양합시다. 그는 자기 백성이 치욕을 당할 때 그들을 버리시지 않습니다. 아니, 오히려 평소보다도 거짓으로 억울한 일을 당할 때 하나님은 자기 백성을 더 기뻐하시며, 낮은 자리에 있을 때 더욱 격려하십니다. 하나님께서 요셉과 함께 계시므로 요셉은 감옥에서도 친절하고, 온유하며, 민첩하고, 성실하며, 부지런할 수 있었으며, 결국 간수장의 마음을 사로잡았습니다. 그리하여 요셉은 다시금 감옥에서 제일 높은 자리인 감독관이 되었습니다. 밀어 넣어도 다시금 떠오르는 코르크 마개처럼 요셉은 낮아지면 다시금 높은 자리에 올랐습니다. 요셉이 물 속에 빠져도 익사할 수 없었던 것은 여호와께서 그와 함께 계셨기 때문입니다. "여호와께서 그와 함께 계셨으므로" 요셉은 감옥이라는 작은 왕국에서 통치하였습니다.

하지만 그에게 예언의 능력을 발휘할 기회가 오면 요셉은 이보다 훨씬 더 높은 자리로 올라갈 것입니다. 하루는 요셉이 있는 그 감옥에 들어온 두 사람이 낙담한 모습을 하고 있었습니다. 요셉은 평소 하던 대로 친절하게 그들에게 물었습니다. "어찌하여 오늘 당신들의 얼굴에 근심의 빛이 있나이까?"(창 40:7) 요셉은 항상 친절하고 인정이 많았습니다. 그러자 그들은 자기들의 꿈을 요셉에게 말했고, 요셉은 그 꿈의 실제 내용이 무엇인지 해몽해 주었습니다. 어떻게 요셉이 꿈을 해몽해 줄 수 있었느냐구요? 그야 하나님께서 그와 함께 계셨기 때문이지요. 요셉은 그 자리에서 "해석은 하나님께 있지 아니하니이까?"(창 40:8)라고 그들에게 말하였습니다. 그에게 신비스러운 지식이 있었거나 또는 영리하게 추측하는 솜씨가 있었던 것이 아닙니다. 그에게 하나님의 성령께서 임하셔서 꿈에 감추어져 있는 비밀을 알게 하셨던 것입니다. 이로 말미암아 그는 성공할 수 있었습니다. 17세부터 30세까지 연단 받은 후, 즉 13년 동안 고난을 통해 훈련받은 후 비로소 그는 바로 앞에 서게 되었습니다. 그리고 하나님께서 거기서도 요셉과 함께 계셨습니다. 그의 마음이 담대하였다는 것을 여러분은 볼 수 있습니다. 왜냐하면 히브리 청년이 왕 앞에 담대하게 나아가 우상을 숭배하는 궁전에서 하나님을 이야기하고 있기 때문입니다.

바로는 많은 신들을 신봉하였습니다. 악어, 따오기(고대 이집트의 영조[靈鳥]), 황소, 그리고 모든 종류의 물건들, 심지어 부추와 양파까지도 신봉하였습니다. 고대인들은 애굽 사람들을 가리켜 "그들의 신들이 채소밭에서 자라나는 행복한 사람들"이라고 칭했다고 합니다. 하지만 요셉은 그런 애굽의 궁전에서 하나님을 유일하신 참하나님이라고 말하는데 부끄러워하지 않았습니다. 요셉은 "하나님이 그가 하실 일을 바로에게 보이신다 함이 이것이라"(창 41:28)고 담대하게 말하였습니다. 조용히, 그러면서도 위엄 있는 자세로 요셉은 꿈을 이야기하고 그 모든 뜻을 바로에게 설명합니다. 그 순간에 바로는 자신의 왕권을 잠시 내려놓고 하늘의 지혜만을 전적으로 신뢰하였습니다. 요셉은 "내가 아니라 하나님께서 바로에게 편안한 대답을 하시리이다"(창 41:16)라고 말하였습니다. 참으로 하나님께서 요셉과 함께 계셨습니다.

요셉은 온 애굽의 통치자가 되었습니다. 그때에도 하나님께서 요셉과 함께 계셨습니다. 바로는 그의 신하들에게 "이와 같이 하나님의 영에 감동된 사람을 우리가 어찌 찾을 수 있으리요?"(창 41:38)라고 하였습니다. 풍년이 들던 해에 곡식을 저장해 두는 요셉의 정책은 대성공을 거두었습니다. 사실상 하나님께서 기근으로 인한 전 인류의 멸망을 막기 위하여 요셉을 들어 사용하셨던 것입니다. 요셉의 모든 정책 체계가 바로를 위하여 진행되는 것처럼 보였지만 굉장히 현명하고 성공적이었습니다. 요셉은 애굽 사람들의 종이 아니었습니다. 바로가 요셉을 총리 자리에 앉혔을 때 요셉은 바로를 부자가 되게 한 것과 동시에 한 나라를 기근으로부터 구원하였습니다.

요셉이 그의 아버지와 가족을 애굽으로 데리고 와서 고센에 정착하게 하는데도 하나님께서 그와 함께 계셨으며, 그리고 죽는 순간에도 함께 계셨습니다. 요셉은 죽을 때에 "이스라엘 자손에게 맹세시켜 이르기를, 하나님이 반드시 당신들을 돌보시리니 당신들은 여기서 내 해골을 메고 올라가겠다 하라"(창 50:25)고 말하였습니다. 여호와께서 요셉과 함께 계시므로 그는 백십 세로 장수하고 죽을 때까지 하나님의 언약과 언약 백성에게 충성할 수 있었습니다. 요셉은 마지막까지 조상들의 하나님께 충성하며 죽었습니다. 왜냐하면 요셉은 애굽의 모든 학식과 모든 재물에도 불구하고 애굽에 귀화하지 않았기 때문입니다. 오히려 그는 이스라엘 사람으로 자처하였으며 비록 가진 것이 없는 족속이라도 그 택하신 족속과 함께 하기로 결심하였습니다. 요셉은 족장들의 죽음처럼 약속된 기업을 바라보며, 그리고 그 기업 때문에 세상의 부귀와 영화를 버리고 믿음 안에서 죽었습니다. 이는 여호와께서 그와 함께 계셨기 때문입니다.

두 번째, 하나님께서 요셉과 함께 하신 사실에 대한 증거를 고찰해 보겠습니다. 하나님께서 요셉과 함께 하신 증거가 무엇입니까? 첫 번째 증거는 이것입니다. 요셉은 항상 하나님이 임재하여 계신다는 감동을 느꼈습니다. 그리고 그 감동을 만끽하며 살았습니다. 저는 이에 대한 실례를 보여 줄 필요가 없을 것입니다. 요셉의 삶 전체가 바로 이에 대한 실례들이기 때문입니다. 요셉이 자신의 생각을 말할 때마다 하나님께서 자기와 함께 하심을 의식하였음을 우리는 알 수 있습니다. 특별히 유혹을 받고 있는 요셉의 모습을 보십시오. 그는 참으로 놀라운 은혜를 입고 하나님을 두려워하는 사람이었습니다. 요셉이 "내가 어찌 이 큰 악을 행하여 보디발에게 죄를 지으리이까?"라고 말하였습니까? 물론 그가 유혹에 넘어갔다면 그의 친절한 주인이었던 보디발에게 죄를 범하였을 것입니다. 그러나 그는 그렇게 말하지 않았습니다. 또한 요셉이 "내가 어찌 이 큰 악을 행하여 이 여인에게 죄를 지으리이까"라고 말하였습니까? 물론 그 여인과 함께 죄를 짓는 것입니다. 그러나 요셉은 그렇게 말하지 않았습니다. 다윗이 "내가 주께만 범죄하여 주의 목전에 악을 행하였사오니"(시 51:4)라고 고백한 것처럼, 요셉에게 중요한 것은 사람들이 아니라 하나님께 죄를 범한다는 사실이었고 또 그런 의식이었습니다. 바로 그런 생각 때문에 요셉은 유혹하는 여인으로부터 도망쳐 나왔던 것이며, 그래서 "내가 어찌 이 큰 악을 행하여 하나님께 죄를 지으리이까?"라고 말했던 것입니다.

오, 참으로 여러분과 제가 하나님께서 가까이 계시며 또 나를 항상 보고 계신다고 언제나 느낄 수 있다면, 우리는 감히 죄를 범하지 못할 것입니다. 윗사람이 있다는 것을 느낄 때 이상한 행동을 감히 하지 못할 것입니다. 마찬가지로 하나님의 임재를 깨닫는다면 그 깨달음이 유혹을 막아주는 영구적인 장벽이 될 것이며, 우리를 거룩하게 지켜 줄 것입니다. 요셉이 훗날 언제나 하나님에 관하여 고백하였을 때, 그리고 하나님께서 그를 도와주셔서 유혹을 능히 물리칠 뿐 아니라 일을 성공적으로 하였을 때, 그가 언제나 하나님께 그 영광을 돌려드리는 것을 여러분이 볼 것입니다. 요셉은 "내가 아니라 하나님께서 바로에게 편안한 대답을 하시리이다"라는 말을 하지 않고는 바로의 꿈을 해몽하지 않을 것입니다. 그는 죄 많은 여인의 유혹을 거절하였을 때처럼 큰 군주 앞에 섰을 때에도 하나님의 임재를 의식하였습니다.

그의 가정 생활에서도 마찬가지였습니다. 요셉의 가정생활기록부를 읽어봅시다. "흉년이 들기 전에 요셉에게 두 아들이 나되 곧 온의 제사장 보디베라의 딸 아스낫이 그에게서 낳은지라. 요셉이 그의 장남의 이름을 므낫세라 하였으니 하나님이 내게 내 모든 고난과 내 아버지의 온 집 일을 잊어버리게 하셨다 함이요, 차남의 이름을 에브라임이라 하였으니 하나님이 나를 내가 수고한 땅에서 번성하게 하셨다 함이었더라"(창 41:50-52). 그의 늙으신 아버지가 "이들은 누구냐?"고 묻자 요셉은 매우 훌륭하게 대답하였습니다. "이는 하나님이 여기서 내게 주신 아들들이니이다"(창 48:9).

우리가 이렇게 늘 버릇처럼 하나님을 고백하지 않는 것은 유감입니다. 요셉은 버릇처럼 늘 하나님을 고백하였습니다. 요셉은 조금도 가식 없이 하나님의 임재와 역사를 의식하며 마음으로부터 하나님을 고백하였습니다. 요셉의 이러한 모습은 우리의 거룩하신 주님을 꼭 닮지 않았습니까! 저는 이런 말을 하지 않을 수 없습니다. 무엇보다도 요셉에게서 우리 주 예수님의 모습을 찾는다면 그것은 다름 아니라 그가 예수님처럼 하나님의 임재를 늘 의식하였다는 것입니다. 예수님께서 어렸을 적에 "내 아버지 집에 있어야 될 줄을 알지 못하셨나이까?"(눅 2:49)라고 그 부모에게 하신 말씀을 여러분은 잘 아실 것입니다. 그리고 주님은 "내가 혼자 있는 것이 아니라 아버지께서 나와 함께 계시느니라"(요 16:32), "항상 내 말을 들으시는 줄을 내가 알았나이다"(요 11:42) 말씀하셨습니다. 무엇보다도 예수님의 지상생활의 마지막 순간에 하신 말씀을 보면 여러분은 이러한 사실을 인정하지 않을 수 없을 것입니다. 그때에 예수님은 너무나도 고통이 심한 나머지 "나의 하나님, 나의 하나님, 어찌하여 나를 버리셨나이까?"라고 절규하셨습니다. 요셉의 경우와 마찬가지로 하나님의 임재는 그리스도에게 전부였습니다. 저와 여러분이 주님을 항상 우리 앞에 모신다면, 우리의 심령이 하나님 안에 거한다면 그에 따라 하나님께서 우리와 함께 계실 것입니다. 이는 틀림없는 사실입니다.

두 번째 증거는 이것입니다. 하나님께서 요셉과 함께 계신 것은 요셉의 마음이 청결하였기 때문입니다. "마음이 청결한 자는 복이 있나니 그들이 하나님을 볼 것임이요"(마 5:8). 마음이 청결하지 못한 사람은 하나님을 볼 수 없습니다. 하나님은 마음이 더러운 자들에게는 자신을 보이지 않으실 것입니다. 어찌 빛이 어두움과 사귀며 어찌 그리스도께서 벨리알과 함께 하실 수 있겠습니까? 요셉의 청결함은 삼위이신 성령께서 언제나 그와 함께 계셨다는 증거입니다. 요셉에게 임재하신 성령께서 요셉의 마음 주위에 거룩한 향기를 발하셨습니다.

하나님께서 요셉과 함께 하신 세 번째 증거는 요셉이 있는 곳에서 성실하였다는 것입니다. 하나님께서 요셉과 함께 계시므로 이 하나님의 사람은 자기가 처한 외부적인 환경과는 상관없이 즉시 선한 일을 하기 시작하였습니다. 요셉은 구덩이에 빠졌습니다. 그렇습니다. 하지만 여호와께서 요셉과 함께 계시므로 구덩이가 더 이상 무섭지 않았습니다. 요셉은 형들에게 탄원하였고, 비록 형들이 듣지 않았지만 그들의 죄를 경고하는 자신의 사명을 다하였습니다. 요셉은 이스라엘 사람들의 포로로 잡혀갔습니다. 그러나 대상들과 함께 있는 동안에도 그는 안전하였습니다. 여호와께서 그와 함께 계셨기 때문입니다. 보디발의 집에서 종이 되었을 때에도 여호와께서 그와 함께 계시므로 그는 형통한 사람이 되었습니다.

상황의 변화에 따라 그의 가장 소중한 교제는 바뀌지 않았습니다. 뽐내는 태도를 보이지 않았고 자신의 숭고한 의도를 과시하지도 않았으며, 다만 있는 곳에서 최선을 다해 일하였으며 일상적인 업무를 성실히 감당하였습니다. 이는 여호와께서 요셉과 함께 계셨기 때문입니다. 다른 사람들이었다면 이렇게 말하였을 것입니다. "나는 부당하게 노예로 팔려왔습니다. 나는 여기에 있으면 안 됩니다. 나는 보디발에게 봉사할 의무가 없습니다. 나는 보디발처럼 자유인입니다. 그러므로 나는 까닭 없이 그를 위해 일하지 않을 것입니다." 그러나 요셉은 그렇지 않았습니다. 여호와께서 요셉과 함께 계시므로 그는 주어진 환경에 적응하였으며, 의욕적으로 일하였습니다.

요셉이 감옥에 던져졌을 때에도 여호와께서 그와 함께 계셨습니다. 그는 하나님께서 자기와 함께 감옥 안에 계시다는 것을 알았습니다. 그러기에 그는 슬픔 속에서 부루퉁하여 앉아 있지 않고 자신의 고통스러운 환경을 최대한 이용하려고 노력하였습니다. 그는 슬퍼하지도 끙끙거리지도 않았으며, 보디발에게 진정서를 쓰거나 호소하느라 시간을 낭비하지도 않았습니다. 그는 동료 죄수들과 간수들을 섬기기로 결심하였고, 그리고 얼마 안 있어 감옥에서 우두머리가 되었습니다. 왜냐하면 여호와께서 요셉과 함께 계셨기 때문입니다. 그가 높아졌을 때, 즉 바로가 애굽의 통치자로 그를 세웠을 때 그가 보여 준 행동을 주목하십시오. 그는 뽐내지 않았고, 궁전에서 편히 쉬지 않았습니다. 요셉은 편안히 자신의 특권을 즐기기 위해 일을 멈추지 않았고, 다른 사람들에게 그 일을 맡기지 않았습니다. 오히려 그는 직접 그리고 즉시 자신의 일을 하였습니다.

창세기 41:45 말씀을 읽어봅시다. "요셉이 나가 애굽 온 땅을 순찰하니라." 요셉은 일을 시작하기가 무섭게 그 일에 열중하였으며, 자신이 직접 온 나라를 순찰하였습니다. 한 곳을 순찰하는데도 많은 사람들이 지칠 정도로 수고하였고, 젖 먹던 힘까지 동원하여 업무를 완수했습니다. 너무 정력적으로 일하면 노동의 가치가 떨어진다는 이론에 근거하여 사람들은 적게 일하고 돈을 많이 받으려고 합니다. 그러나 요셉은 그런 사람이 아니었습니다.

그는 애굽의 최고 책임자가 되기가 무섭게 곡식창고를 짓는 일과 그곳에 곡식을 모아 저장하는 일에 전념하였습니다. 그의 놀라운 경제정책으로 말미암아 기근 시에 백성들에게 양식을 공급하였으며, 그러는 동안에 바로의 권세는 크게 강화되었습니다. 여호와께서 요셉과 함께 계시므로 그는 자신의 명예보다도 자신에게 주어진 책임을 생각할 수 있었고, 자신의 위대한 사명에 온전히 열중할 수 있었습니다.

하나님께서 요셉과 함께 계신 네 번째 증거는 그의 온유하고 인정 많은 성품입니다. 일을 신속하게 처리하는 사람들 중에 일부는 성격이 거칠고 야비하고 까다롭습니다. 그러나 요셉은 그렇지 않았습니다. 온유함은 요셉의 특징입니다. 그는 애정 어린 동정심으로 충만합니다. 그가 죄수들을 감독하게 되었을 때 그들을 거칠게 다루지 않았으며, 많은 배려를 베풀어 주었습니다. 그는 죄수들의 안색을 살폈고, 어려움이 없는지 물었으며, 힘닿는 대로 그들을 도우려고 하였습니다. 이것이 그의 성공의 비결 중 하나였습니다. 곧 그는 모든 사람들의 친구였습니다. 모든 사람들의 종이 되는 자는 또한 모든 사람들의 머리가 될 것입니다.

아마도 여러분은 이에 반박할지 모르겠습니다. 요셉이 잠시나마 형제들을 괴롭게 하고 애타게 한 것처럼 보였다는 것이지요. 결코 그렇지 않습니다. 그는 형제들의 유익을 구하였던 것입니다. 요셉이 형제들에게 품었던 사랑은 지혜롭고 신중하였습니다. 요셉보다 훨씬 더 사랑하시는 하나님께서도 자주 우리를 괴롭게 하시므로 회개에 이르도록 하시며, 많은 악을 고치게 하십니다. 요셉은 형제들을 바른 마음가짐으로 이끌기를 소원하였고, 또 그 소원을 이루었습니다. 그 소원을 이루는 과정에서 형들보다 더 괴로웠던 사람은 바로 요셉이었습니다. 마침내 감정을 억누르지 못하고 모든 형제들 앞에서 울음을 터뜨리고 말았습니다. 왜냐하면 요셉이 입고 있었던 애굽의 의상 속에 그들을 향한 큰 애정을 감추어 왔기 때문입니다. 그는 온 마음으로 형들을 사랑했던 것입니다. 하나님께서 함께 계시는 사람마다 형제들을 이처럼 사랑할 것입니다. 왜냐하면 "하나님은 사랑"이시기 때문입니다. 만일 여러분이 사랑하지 않는다면 하나님께서는 여러분과 함께 계시지 않습니다. 여러분이 이기적이고 까다롭고 모질고 의심하고 고집스럽고 무정하게 세상을 살아간다면, 하나님께서 함께 계시는 것이 아니라 마귀가 여러분과 함께 있을 것입니다. 하나님께서는 그가 계시는 곳에서 사랑의 정신이 퍼져나가게 하시며, 우리로 하여금 박애정신을 가지고 온 인류를 사랑하게 하십니다. 그리고 선택받은 형제들 간에 사랑을 나누므로 흡족한 만족을 느끼게 하시며, 이로써 믿음의 식구가 된 모든 성도들에게 특별히 기쁜 마음으로 선을 베풀게 하십니다.

하나님께서 요셉과 함께 계신 또 다른 증거는 그의 탁월한 지혜입니다. 그는 모든 일을 바르게 행하였습니다. 요셉의 삶에서 바로 잡아야 할 것은 아무것도 없습니다. 굳이 요셉의 지혜 한 가지만 꼽으라고 한다면 그것은 그의 놀라운 침묵일 것입니다. 말하기는 쉽고, 또 말을 잘 하는 것도 비교적 쉽습니다만 침묵하기는 어렵습니다. 그는 보디발의 아내에 대하여 결코 한마디도 하지 않았습니다. 제가 배워야 할 부분입니다. 자기를 변호하기 위해 보디발의 아내를 언급할 필요가 있었지만 그는 그 여인을 고소하지 않았습니다. 그는 재판에서 아무런 대응도 하지 않았으며, 그 여인의 문제는 그녀 자신의 양심과 그녀 남편의 냉정한 판단에 맡겼습니다. 이것은 위대한 능력이었습니다. 사람이 자신의 인격이 걸려 있는 상태에서 아무 말도 하지 않고 입술을 굳게 다물고 있다는 것은 무척 힘든 일입니다.

요셉의 침묵은 감동적이었습니다. 그는 평생에 단 한 번도 불평하지 않았던 것입니다. 성경에 기록된 성도들 모두가 요셉처럼 침묵했다고 말할 수는 없습니다. 왜냐하면 그들 중 많은 사람들이 몹시 불평했던 것은 사실이며, 또 애가로만 이루어진 성경책들도 있으니까요. 우리가 불평했던 사람들을 비난하는 것은 아니지만 그러나 털 깎는 자들 앞에 있는 양처럼 말이 없는 분들을 우리는 크게 존경합니다. 그의 몸은 쇠사슬에 매였어도 그는 그 고통을 우리에게 말하지 않았습니다. 우리는 시편에서 이에 대한 자료를 볼 수 있습니다. 그는 묵묵히 체념한 가운데 위대하신 아버지의 모든 뜻을 순종할 뿐이었습니다(시 105:19). 형제들이, 곧 자기를 팔아먹은 잔인한 사람들이 자기 앞에 섰을 때 그는 그들을 비난하지 않고 도리어 위로하기를, "당신들이 나를 이곳에 팔았다고 해서 근심하지 마소서. 한탄하지 마소서. 하나님이 생명을 구원하시려고 나를 당신들보다 먼저 보내셨나이다"(창 45:5)라고 말하였습니다. 또한 그들을 멋있게 용서하면서 이렇게 말하였습니다. "하나님이 큰 구원으로 당신들의 생명을 보존하고 당신들의 후손을 세상에 두시려고 나를 당신들보다 먼저 보내셨나니"(창 45:7).

남의 허물이나 밝히고 잘못이나 들추어내는 그런 인간들의 정신과 얼마나 다른지요! 다른 사람의 결점이 드러났을 때 그들은 이렇게 큰 소리로 떠들어 댑니다. "여러분 보이십니까? 제가 그럴 것이라고 말했잖아요. 이 사람들은 본래 그런 사람들입니다." 그렇습니다. 태양에도 점이 있는 것이 사실입니다. 그러나 여러분의 눈에는 더 큰 점이 있으며, 그런데도 여러분은 그런 눈을 가지고 빛을 볼 것입니다. 남의 허물을 쉽게 보는 사람들은 자신에게도 허물이 많은 사람들입니다. 스라소니의 눈을 가지고 사람들의 흠을 발견하고 독특한 능력으로 사람들에게 해를 입히느니 차라리 사람들의 결점에 대하여 우리의 눈이 멀기를 하나님께 기도합니다. 저는 요셉처럼 지혜롭게 침묵하기를 바랍니다. 우리는 자주 후회할 말을 하며, 침묵하는 경우는 거의 없습니다. 여러분은 불평할 수 있고 또 그 불평하는 것이 정당할지도 모릅니다. 그러나 여러분이 불평하지 않는다면 더 큰 영광을 얻을 것입니다.

하나님께서 요셉과 함께 하신 마지막 증거는 이것입니다. 그는 끝까지 언약에 충실하였고, 이스라엘과 이스라엘의 하나님께 충실하였다는 것입니다. 바로는 제사장의 딸을 요셉에게 아내로 주었습니다. 당시 제사장들은 애굽 사회에서 최상류층이었습니다. 그러므로 요셉은 총리라는 직책으로 귀족들의 우두머리가 되었을 뿐 아니라 아울러 결혼을 통해서도 귀족이 되었던 것입니다. 귀족들이 요셉 앞에서 "무릎을 꿇읍시다"라고 소리쳤고, 애굽의 모든 사람들이 그를 존경하였습니다. 그러나 그는 애굽 사람이 되려고 하지 않았습니다. 그는 여전히 이스라엘 사람으로 남았습니다. 그의 늙은 아버지가 애굽에 들어왔을 때 이 아들의 마음과 영혼이 자기 가족과 하나였음을 발견하였습니다. 요셉은 아버지의 축복을 소중하게 여기고, 자신과 아들을 위해 아버지의 축복을 받았습니다.

신앙 고백자이면서 세상에서 잘 되는 사람들이 하나님을 멀리하는 모습을 볼 때 저는 몹시 괴롭습니다. 그들이 애굽 사람들이 되어 버렸기 때문입니다. 그들은 하나님의 백성들이 드리는 이처럼 순수한 예배에는 이제 관심이 없습니다. 그들은 눈에 그럴 듯하게 보이고 점잔 빼는 것을 동경합니다. 그들은 사교를 원하고, 그래서 상류층 인사들이 다니는 교회를 찾으며, 자신들의 신앙을 버립니다. 그들은 자기 자녀들에게도 이 모든 것을 권합니다. 하기야 젊은 신사 숙녀들이 서민들이나 다니는 초라한 예배당에 다닐 것이라고 누가 기대하겠습니까? 이 젊은이들을 위하여 그들은 상류사회와 어울려야 하며, 자기들의 신조, 신우들, 그리고 하나님까지도 떠납니다. 많은 사람들이 애굽으로 떠나가 버립니다. 저는 그것을 보아왔고 또 앞으로도 볼 것입니다. 여러분이 부자가 된다면 아마 여러분도 똑같이 그럴 것입니다. 그것이 사람들의 속성인 것 같습니다.

신앙 고백자가 세상에서 잘 되는 순간 그는 자기가 사랑했던 진리를 부끄러워합니다. 진실로 제가 말하건대, 그들이 우리를 부끄럽게 생각할 것이 아니라 우리가 부끄럽게 생각해야 마땅합니다. 그들이 하나님의 택하신 백성들과 연합하지 못하는 것은 그들이 영적으로 갑자기 초라해지고 아마도 무식해져서 그런 것이기 때문에 우리의 수치가 아니라 그들의 수치인 것입니다. 요셉은 끝까지 자기 백성들과 함께 하였고 자기 하나님과 함께 하였습니다. 그는 애굽에서 살아야 했지만 애굽 사람이 되려고 하지 않았습니다. 그는 심지어 자기 시체도 애굽 사람들의 피라미드에 두려고 하지 않았습니다. 애굽 사람들은 요셉을 위하여 호사스러운 무덤을 건설하였습니다. 그것이 오늘날까지 존재합니다만 그의 시체는 그곳에 없습니다. 그는 이렇게 말하였습니다. "당신들은 여기서 내 해골을 메고 올라가겠다 하시오. 나는 애굽에 속한 사람이 아니요 내가 있어야 할 곳은 약속의 땅입니다." 그는 자기 해골에 대하여 명령을 내렸습니다. 요셉의 해골처럼 우리의 해골도 약속의 땅에 묻읍시다. 저로 말하자면, 저의 해골은 주님을 온전히 따르는 분들과 함께 묻힐 것입니다.

세 번째, 하나님께서 요셉과 함께 계신 결과를 고찰해 봅시다. 그 결과 요셉이 형통한 사람이 되었다는 것입니다. 그러나 우리가 주목해야 할 것은 여호와께서 요셉과 함께 하셨지만 그것 때문에 요셉이 미움을 피할 수는 없었다는 것입니다. 여호와께서 요셉과 함께 하셨지만 그의 형들은 그를 미워하였습니다. 이것이 당연한 일입니다. 여호와께서 한 사람을 사랑하시면 세상이 그를 미워할 것입니다. 하나님의 원수들이 우리의 원수들이 되는 것을 보아 우리가 하나님의 자녀임을 알 수 있는 것입니다. 더욱이 여호와께서 요셉과 함께 계셨지만, 그것 때문에 그가 악한 유혹을 피할 수는 없었습니다. 그것 때문에 그에게 추파를 던지는 여주인의 유혹을 요셉이 피할 수는 없었던 것입니다. 사람의 가장 고귀한 것이 가장 악한 죄의 유혹을 받을 수 있습니다. 또한 하나님의 임재 때문에 요셉이 중상모략을 피할 수는 없었습니다. 그 천한 여자가 악독한 짓을 저질렀다고 요셉을 고발하였습니다. 그때에 하나님은 보디발로 하여금 자기 부인의 말을 믿도록 내버려 두셨습니다.

저와 여러분은 이렇게 항의할 것입니다. "주님께서 우리와 함께 계시면 어떻게 이런 고약한 일이 우리에게 일어날 수 있습니까?" 보십시오. 주님께서 요셉과 함께 계셨는데도 그는 중상모략을 당하지 않았습니까! 하나님의 임재 때문에 요셉이 고난을 피할 수는 없었습니다. 그의 발은 차꼬를 차고 그의 몸은 쇠사슬에 매여 감옥에 앉아 있었습니다. 그때에도 물론 "여호와께서 요셉과 함께 계셨습니다." 또한 하나님의 임재 때문에 요셉이 실망을 안 할 수는 없었습니다. 그는 술 맡은 관원에게 "당신이 잘 되시거든 나를 생각해 달라"고 말하였습니다. 그러나 술 맡은 관원은 잘 되었지만 요셉을 까맣게 잊어버렸습니다. 모든 상황이 여러분에게 안 좋게 돌아가는 것같이 생각될 수도 있지만 그때에도 하나님은 여러분과 함께 계십니다. 주님께서는 여러분에게 잘 되는 것처럼 보여 주겠다고 약속하지 않으셨고, 정말로 여러분이 잘 되게 하겠다고 약속하셨습니다.

자, 하나님께서 요셉과 함께 계시므로 그에게 무슨 유익이 있었나요? 첫째, 그로 말미암아 요셉은 큰 죄로부터 구원받았습니다. 요셉은 귀를 막고 도망칩니다. 그는 도망쳐서 승리합니다. 왜냐하면 하나님께서 그와 함께 계셨기 때문입니다. 오 젊은 친구여, 하나님께서 유혹의 시간에 여러분과 함께 하시면, 정욕에 물들지 않은 옷을 입고 온전히 순결을 지키게 될 것입니다.

하나님께서 요셉과 함께 계신 결과는 그가 당당하게 행동할 수 있었다는 것입니다. 요셉은 어디에 있든지 일을 바르게 하였으며 또 멋지게 해냈습니다. 그가 노예로 있을 때, 주인은 그를 보자 일찍이 그와 같은 하인은 한 번도 없었음을 깨달았습니다. 그가 감옥에 갇힐 때, 그 지하 감옥은 일찍이 그런 구원의 천사에게 매료되어 본 적이 한 번도 없었습니다. 요셉이 바로와 함께 있을 때, 바로는 일찍이 애굽에서 그런 재무장관을 만나본 적이 한 번도 없었습니다. 일찍이 애굽의 재정이 이토록 풍성했던 적은 한 번도 없었습니다.

이렇게 하나님께서 요셉을 도우시므로 그는 영광스러운 하나님의 뜻을 이룰 수 있었습니다. 요셉의 선견으로 말미암아 칠 년이라는 풍년 기간 동안에 농산물을 곡식창고에 저장해 두지 않았더라면 인류는 기근으로 굶어죽었을 것입니다. 당시 기근이 온 땅에 미쳤기 때문입니다. 젊은 히브리인이 온 세상에 식량을 보급하는 일을 도모하고 관리한다는 것은 만만찮은 일이었습니다. 하나님께서 우리와 함께 하신다면 우리도 거룩한 뜻을 이룰 것입니다. 그 일이 세상에 널리 알려지지 않을 수도 있고, 또 사람들의 눈에 띄지 않을 수도 있지만, 삶은 언제나 하나님의 임재로 말미암아 고귀해지는 것입니다.

또한 하나님께서 요셉과 함께 계신 결과 그는 행복한 삶을 누렸습니다. 요셉은 부러운 생애를 살았습니다. 아무도 요셉을 불행한 사람이라고 여기지 않을 것입니다. 우리가 불행한 사람들을 선발해야 한다면 분명히 요셉은 생각지도 않을 것입니다. 그렇습니다. 요셉의 생애는 위대하고 행복한 생애였습니다. 하나님께서 여러분과 함께 계신다면 여러분도 그와 같은 삶을 누릴 것입니다.

마지막으로, 하나님께서는 요셉과 그의 가족에게 두 배의 축복을 주셨습니다. 야곱의 열두 아들 중에 어느 누구도 두 배를 받지는 못했습니다. 야곱은 "내가 애굽으로 와서 네게 이르기 전에 애굽에서 네가 낳은 두 아들 에브라임과 므낫세는 내 것이라. 르우벤과 시므온처럼 내 것이 될 것이요"(창 48:5)라고 말했습니다. 그의 말대로 에브라임과 므낫세는 각각 하나의 지파가 되었습니다. 에브라임과 므낫세는 실제로 야곱의 아들들인 양 한 지파의 조상이 되었습니다. 레위는 열두 지파에서 제외되었고, 레위 지파는 하나님을 섬기는 자들이 되었습니다. 그리고 에브라임과 므낫세가 그 자리에 들어갔습니다. 그러므로 요셉의 집이 열두 지파 중에 두 지파를 차지하게 됩니다. 일찍이 하나님과 함께 시작하고 어려울 때나 형통할 때나 하나님을 끝까지 붙잡는 사람들은 그 자녀들이 주님 앞에 나아가 두 배의 축복을 받을 것입니다. 그렇습니다. 주님의 이름을 위하여 멸시를 받는 자들에게 주님께서 두 배의 축복을 주실 것입니다.

이 사람들과 함께 고난을 받고 이 사람들과 함께 다스릴 사람 여기에 안 계십니까? 애굽의 보화를 기꺼이 등 뒤로 던져 버리고 젖과 꿀이 흐르는 약속의 땅에서 두 배의 축복을 받을 사람 여기에 안 계십니까? 저는 여러분이 이렇게 대답하리라고 생각합니다. "목사님, 저 여기 있습니다. 제가 하나님의 사람들과 함께 기쁘게 고난을 받겠습니다. 제가 그렇게 하겠습니다." 그리스도의 십자가를 지십시오. 그리하면 여러분은 그리스도의 면류관을 쓰게 될 것입니다.

6

모세

그의 고귀한 결단

"믿음으로 모세는 장성하여 바로의 공주의 아들이라 칭함 받기를 거절하고 도리어 하나님의 백성과 함께 고난 받기를 잠시 죄악의 낙을 누리는 것보다 더 좋아하고 그리스도를 위하여 받는 수모를 애굽의 모든 보화보다 더 큰 재물로 여겼으니 이는 상 주심을 바라봄이라"(히 11:24-26).

모세는 가장 높은 계층에 속한 사람이었으나 그 또한 오직 믿음, 곧 라합을 구원한 바로 그 믿음으로 구원을 받았습니다. 이 믿음으로 말미암아 모세는 하나님께 충성하고, 더할 나위 없이 자신을 부인할 수 있었습니다. 저의 간절한 기도는 품행이 단정하고 마음씨 곱고 교양 있는 여러분이 모세의 행실을 본받게 해 달라는 것입니다. 더 이상 하나님을 믿는 삶을 멸시하지 마십시오. 이것이 바로 여러분에게 부족한 한 가지, 곧 다른 무엇보다도 꼭 필요한 한 가지입니다. 여러분이 높은 지위에 있는 젊은 사람입니까? 모세도 그런 사람이었습니다. 흠 잡을 데 없는 인품을 가진 사람입니까? 모세 또한 그런 사람이었습니다. 철저하게 바른 양심으로 행하는 것이 성공의 지름길이라는 입장을 가지고 계십니까? 모세는 보이지 않는 자를 보는 것 같이 하여 참았으며, 잠시 잃어버림으로써 영원히 얻는 자가 되었습니다. 하나님의 성령께서 감동하사 여러분이 믿음, 덕, 그리고 영광의 길로 나아갈 수 있기를 축원합니다. 그 길로 가면 앞장서 가는 모세를 보게 될 것입니다.

첫 번째, 모세의 결연한 행동을 고찰해 봅시다. "믿음으로 모세는 장성하여 바로의 공주의 아들이라 칭함 받기를 거절하고." 모세의 초기 시절에 대하여 요세푸스나 다른 고대의 작가들이 기록한 이야기들, 말하자면 모세가 바로의 왕관을 받고는 그것을 짓밟았다는 그런 이야기를 여기서 할 필요는 없습니다. 이런 이야기들이 사실일 수도 있지만 순전히 꾸며낸 이야기일 수도 있으니까요.

하나님의 성령께서 성경에 그런 이야기들을 분명히 기록해 놓지 않으셨습니다. 성령께서 기록할 가치가 없다고 생각하신 것을 우리는 숙고할 가치가 있다고 생각할 필요는 없습니다. 어찌하여 모세는 무려 40년 간이나 바로의 궁궐에서 지냈는지, 그리고 그 기간 동안에 "바로의 공주의 아들"이라고 불렸는지, 그리고 그가 죄악의 낙을 누리려고 하지 않았다면 좌우간 그 기간 동안에 애굽의 보화의 한 몫을 차지했는지 그 이유가 뭘까, 저는 이에 대하여 분명하게 답변할 수 없고 다만 추측할 뿐입니다. 아마도 사십 세가 될 때까지 모세는 회심하지 않았을 것입니다. 인생 초기에 모세는 사실상 애굽 사람이었고, 열심히 공부하는 학생이었으며, 애굽의 학문에 능통한 사람이었습니다. 또한 스데반이 사도행전에서 말한 것처럼 "말과 하는 일들이 능"(행 7:22)한 사람이었습니다. 인생 초기에 그는 철학자들과 전사들과 친하였으며, 아마도 일에 집중하느라 자기 민족을 잊었을 것입니다. 그러나 바로의 궁궐에서 지낸 모세의 40년 세월 가운데서 우리는 하나님의 손길을 발견합니다. 그곳에서 악이나 우유부단이 아무리 모세를 붙잡고 있었을지라도 결과적으로 하나님께서는 그를 그곳에서 이끌어내셨습니다. 그리고 궁궐에서의 경험과 학문으로 말미암아 그는 나라를 더 잘 다스릴 수 있는 지도자가 되었으며, 이스라엘 나라를 예정된 형태로 만들어 가는데에 더 나은 하나님의 도구가 될 수 있었습니다.

아마도 40년 동안 모세는 지금 많은 사람들이 따라가고 있는 것을 그 역시 따라갔을 것이며, 하나님을 섬기지 못하고 그냥 바로의 공주의 아들로 남을 것인지 아닌지 시험받았습니다. 아마도 그는 애굽의 보화를 차지하면서 동시에 이스라엘을 대변할 수 있을 것이라고 생각했을 것입니다. 그는 40년 동안 이시스(고대 이집트의 풍요의 여신)와 오시리스(이시스의 남편)의 제사장들과 친분을 유지하면서 동시에 여호와를 성실하게 증거하려고 하였을 것입니다. 설령 모세가 이러한 불가능한 일을 시도하지 않았더라도 모든 시대에 또 다른 사람들이 그러한 일을 시도했을 것입니다. 모세는 애굽 사회에서 활동할 수 있는 자신의 편리한 기회를 살리기 위해 그 시대와 상반되는 이스라엘의 정체성을 밝힐 수 없었다고 변명하므로 스스로 안위하였을 것입니다. 모세가 자신의 개인적인 감정을 공공연히 고백하게 된다면 그는 상류사회, 특히 그의 영향력이 컸던 궁궐에서 쫓겨날 것입니다. 악한 곳에서 의로운 많은 백성을 지금까지 지키고 있다는 그런 생각이 40세 될 때까지 모세에게 작용하였을 것입니다. 그러나 인생의 전성기에 이르고 믿음으로 행할 수 있는 때가 되자 그는 덫에 걸리게 하는 유혹으로부터 도망쳤습니다. 우리의 훌륭한 형제들이 머지않아 이처럼 행할 수 있으리라고 저는 믿습니다. 모세가 어린아이였을 때 어린아이처럼 말했고, 어린아이처럼 생각했다가 성인이 되었을 때는 유치한 타협을 벗어 던졌습니다. 모세가 어렸을 때 진리를 숨기고 자기의 지위를 지킬 수 있다고 생각했다가 진리가 무엇인지 충분히 알 수 있는 성년이 되었을 때는 모든 타협을 거절하고 담대히 살아 계신 하나님의 종으로 나타났습니다.

하나님의 성령의 인도함을 받아 모세가 성년이 되었던 때, 말하자면 모세의 첫 40년이 끝나는 시기를 조명해 보고자 합니다. 그때에 모세는 조금도 주저하지 않고 바로의 공주의 아들이라 칭함 받기를 거절하였으며, 멸시받는 하나님의 백성과 함께 하였습니다.

첫째, 이렇게 했던 모세는 어떤 사람이었는지 살펴봅시다. 모세는 애굽의 모든 학문을 배운 지식인이었습니다. 어떤 사람은 모세가 애굽의 학문을 그리 대단하게 평가하지 않았노라고 말합니다. 사실 그렇습니다. 영국의 학문도 그리 대단한 것은 아닙니다. 오늘날 우리가 애굽의 모든 학문을 비웃듯이 미래에 사람들은 영국의 학문을 크게 비웃을 것입니다. 한 시대의 인간의 지혜는 다음 시대에는 어리석음이 됩니다. 소위 철학이라고 하는 것은 이해하기 어려운 이름 속에 무지를 숨기는 것이요, 또한 단순한 추측을 복잡한 이론으로 정돈하는 것이 아니고 또 무엇이겠습니까? 하나님의 말씀의 영원한 빛에 비하면 인간의 모든 지식은 "빛이 아니라 오직 어두움을 드러내는 것"뿐입니다. 지식인들은 대개 살아 계신 하나님을 인정하려고 하지 않습니다.

철학은 허영심에 무한하신 하나님의 전혀 오류가 없는 계시를 멸시하며, 그런 철학이 꾸짖음을 받을까봐 빛으로 나오지 못합니다. 어느 시대이건 자기를 지혜롭다고 생각하는 사람은 거의 반드시 무한한 지혜를 경멸해 왔습니다. 참으로 지혜로운 자라면 그는 모든 이의 주님 앞에 겸손히 엎드리겠지만, 오직 명목상으로만 "누가 주님이지?"라고 말할 뿐입니다. 육체를 따라 위대한 사람들, 힘 있는 사람들이 많이 선택받지 못했습니다. 우리 주님께서 이미 말씀하시지 않았습니까? 주님의 말씀은 모든 시대에 적용되는 말씀입니다. "천지의 주재이신 아버지여 이것을 지혜롭고 슬기 있는 자들에게는 숨기시고 어린 아이들에게는 나타내심을 감사하나이다"(눅 10:21). 그러나 때로는 모세와 같은 지식인이 하늘의 복을 받고 진리 편, 의인의 편에 섭니다. 그러므로 주님께서 찬양을 받으실지로다!

지식인일 뿐만 아니라 모세는 고위층 인사였습니다. 모세는 바로의 공주 델무디스(Thermuthis)의 양자였습니다. 확실하지는 않지만, 그는 애굽의 왕위를 계승할 후계자였을 가능성이 있습니다. 전해지는 바에 의하면, 당시 애굽의 왕에게 아들이 없었고, 그 공주에게도 다른 아들이 없었다고 합니다. 그것이 사실이라면 모세는 애굽의 왕이 되었을 것입니다. 그러나 지위가 높고 궁궐에서 힘있는 사람이었지만 모세는 고난 받는 하나님의 백성들과 함께 하였습니다. 하나님이여, 높은 사람들이 하나님과 하나님의 진리를 위하여 용감하게 일어나 사람들의 신조를 거절하는 모습을 많이 보게 하옵소서. 만일 높은 사람이 그렇게 한다면 그것은 참으로 은혜로 말미암은 기적일 것입니다. 왜냐하면 지위가 높은 사람들은 거의 그렇게 하지 않기 때문입니다. 천국에 한 사람 정도 왕이 있을 수 있고, 교회 안에 한 사람 정도 보관(寶冠)을 쓰고 기도하는 사람이 발견될 수 있을 것입니다. 그러나 부자가 천국에 들어가기가 얼마나 힘든지요? 부자가 천국에 들어간다면 정말 하나님께 감사해야 할 것입니다.

둘째, 모세는 재능이 많은 사람이었다는 점을 기억합시다. 그는 광야에서 이스라엘의 국사를 처리하는 행정 능력을 보여 주었습니다. 하나님으로부터 영감을 받아 일을 처리하기도 하였지만 또한 그의 타고난 재능을 그대로 발휘하였던 것입니다. 그리고 그는 시인이었습니다. "이때에 모세와 이스라엘 자손이 이 노래로 여호와께 노래하니"(출 15:1). 홍해 앞에서 지은 이 뜻깊은 시는 명작이며, 작가로서 놀라운 재능을 보여 줍니다. 또한 모세는 선지자, 제사장, 이스라엘의 왕이었습니다. 인간이 되신 예수님을 빼고는 어느 인간에게도 뒤지지 않는 사람이었습니다.

모세만큼 그리스도의 인격을 닮은 사람을 저는 보지 못하였습니다. 그러므로 "하나님의 종 모세의 노래, 어린 양의 노래"(계 15:3)라는 천국의 찬송에서 우리는 두 이름이 함께 연결되어 있는 것을 볼 수 있습니다. 이처럼 모세는 참으로 난사람이었으나 하나님의 백성과 운명을 같이하였습니다. 이런 경우는 흔치 않습니다. 왜냐하면 주님께서는 일반적으로 약한 자를 택하사 강한 자를 부끄럽게 하시며, 미련한 것들을 택하사 지혜로운 것들을 부끄럽게 하시며, 이로써 아무 육체라도 주님 앞에서 자랑하지 못하게 하시기 때문입니다. 그러나 여기서는 은혜 베푸실 자에게 은혜를 베푸시는 하나님께서 이 위대한 사람, 이 지혜로운 사람을 택하시고 그에게 하나님을 섬기기로 결단할 수 있는 은혜를 베푸셨습니다. 만일 이처럼 재능이 많은 사람을 내가 알게 된다면, 저는 그가 놀라운 영광의 음성을 듣고 모세와 같이 분명한 진로를 정할 수 있도록 그를 위하여 간절히 기도할 것입니다.

셋째, 모세가 무엇을 버려야 했는지 생각해 봅시다. 바로의 궁궐에서 나온 모세는 모든 신하들과 고위층 인사들과 결별해야만 했습니다. 그들 중에는 정말 존경할 만한 사람들도 있었을 테지만 모세는 그들과도 결별해야 했습니다. 훌륭한 사람과 교제를 한다는 것은 언제나 매력이 있지만 모세는 결연한 마음으로 그 모든 인연을 끊어 버렸습니다. 애굽의 모든 학문을 배운 모세 같은 사람이 여러 학문 집단에서 언제나 환영받았을 것이 틀림없습니다. 하지만 모세는 지식층 사회에서 자신의 모든 명예를 버리고 그리스도를 위하여 수모를 받았습니다. 모세가 한 번 그 길을 정하였을 때 위대한 사람들이나 지식 있는 사람들이 그를 붙잡을 수 없었습니다. 또한 모세는 많은 친구들과 석별해야 했습니다. 40년 간 모세가 매우 소중하고 다정다감한 사귐을 가졌으리라고 우리는 추측할 수 있을 것입니다. 그러나 많은 친구들의 섭섭함을 뒤로한 채 그는 바로 왕이 말살하려고 했던 그 인기 없는 백성과 하나가 되었습니다. 그러므로 어떠한 신하도 그를 인정할 수 없었습니다. 이후 40년 동안 모세는 광야의 쓸쓸한 곳에서 지냈으며, 다시금 애굽으로 돌아왔을 때는 애굽 땅을 재앙으로 쳤으며, 이에 모세는 이전 친구들과 완전히 결별하고야 말았습니다. 오 충성된 심령이여, 다정한 관계가 깨지고, 사랑하는 자들과 헤어져야 할지라도 하나님께서 그것을 요구하신다면 즉시 그렇게 하도록 하십시오. 믿음으로 바라보았을 때 여러분의 현재 지위가 과실이나 죄와 연루되어 있다면, 더 이상 타협하지 말고 하나님의 도움으로 그 자리를 떠나십시오. 예수님은 여러분을 위해서 천사들과 헤어지셨습니다. 여러분은 주님을 위하여 가장 좋은 친구를 떠날 수 없을까요?

넷째, 모세가 어떤 사람이었다는 것, 그리고 친구들과 헤어졌다는 것을 생각할 때에만 제가 모세에게 크게 놀라는 것은 아닙니다. 아울러 그가 하나가 되어야 했던 백성들을 생각할 때 저는 크게 놀라지 않을 수 없습니다. 왜냐하면 사실상 당시 참되신 하나님을 따르는 백성들 자신이 사랑을 받을 만한 사람들이 아니었기 때문입니다. 모세가 그리스도의 수모를 받고, 하나님의 백성과 함께 고난 받기를 좋아하였을 때 다시 말씀드리지만, 그 백성들에게는 사랑을 받을 만한 아무런 매력이 없었습니다. 그들은 너무나도 비참하였습니다. 그들은 단순노동자들로서 애굽 전역에 흩어져서 벽돌 굽는 일을 하였으며, 이 벽돌 굽는 일은 그들의 민족성을 파괴할 목적으로 애굽 당국이 그들에게 정책적으로 강요한 일이었습니다. 그들은 완전히 풀이 죽어 있었고, 지도자도 없었습니다. 설령 지도자가 생긴다 할지라도 그를 따를 준비가 되어 있지 않았습니다. 모세가 그들의 입장을 지지하면서 하나님께서 자기를 보내셨다고 알렸을 때 그들은 처음에는 받아들였습니다. 하지만 그 선지자가 바로 왕 앞에서 "내 백성을 보내라"고 처음으로 요구하자 바로는 자극을 받고 짚을 공급하지 말라는 법령을 공포하였으며, 이에 백성들은 그들의 노역이 배나 힘들게 되자 즉시 모세를 비난하였습니다.

이전에 나이 40세였을 때 모세가 자기 백성들의 다툼에 끼어 들자 그 중 한 사람이 "네가 애굽 사람을 죽인 것처럼 나도 죽이려느냐"고 말했던 것처럼 그들은 모세를 비난하였습니다. 그들은 문자 그대로 고통받고 억압받는 노예 떼였습니다. 노예제도의 가장 큰 폐해 중 하나가 바로 사람의 인권을 말살하고 여러 세대에 걸쳐 완전한 자유를 누리지 못하게 만들어 버린다는 것입니다. 설령 노예들이 자유를 얻는다 할지라도 그들은 자유롭게 출생한 사람들처럼 행동하지 못합니다. 왜냐하면 노예로 생활하면서 그 영혼은 차꼬를 차고 그의 정신은 쇠사슬에 매여 버렸기 때문입니다. 따라서 이스라엘 백성은 최고의 교육을 받은 모세가 하나가 되기에 합당한 친구는 아니었던 것이 분명합니다. 모세는 왕자였지만 비참한 사람들과 연합했습니다. 모세는 자유인이었지만 노예들과 함께 어울렸습니다. 모세는 지식인이었지만 무식한 백성과 어울렸습니다. 모세는 민족의 자부심을 가진 사람이었지만 민족정신을 잃어버린 노예들과 하나가 되었습니다.

너무나 많은 사람들이 다음과 같이 말하곤 합니다. "안 돼요. 나는 그럴 수 없어요. 성경을 완전히 따르고, 주님의 뜻을 순종하려면 어떤 교회에 속해야 하는지 저는 알아요. 그런데 그들은 너무나 형편없고 너무나 무식해요. 그들의 예배 장소는 건축물로서 전혀 멋이 없어요. 그들의 설교자는 평범하고 감각이 떨어지는 사람이며, 그 교인들은 세련되지 못해요. 그 전체 교인 중에 한 다스의 사람들도 마차를 갖고 있지 못할 거예요. 내가 그런 사람들과 하나가 된다면 상류사회에서 쫓겨나고 말 것입니다." 우리가 신물이 날 정도로 이런 저질스러운 논리를 들어오지 않았습니까? 그리고 아직도 이 무식하고 무정한 세대에 이런 논리가 크게 작용하고 있습니다. 아무런 꾸밈도 없이 순수하게 진리를 사랑하는 자가 아무도 없습니까? 겉치레나 외모보다 복음을 더 사랑하는 자가 없습니까? 하나님께서 모세라는 사람을 세우셨을 때 그는 자기 형제들의 비참한 현실에 얼마나 큰 관심을 가지는지요? 그는 이렇게 말합니다. "그들은 하나님의 백성이며, 그들이 비록 비참할지라도 저는 그들을 더욱 편견 없이 도와야 합니다. 그들이 고통당하고 억압당한다면 그만큼 저는 그들을 도와야 합니다. 그들이 하나님과 그의 진리를 사랑한다면 저는 그들과 같이 전우가 되어 그들 편에서 싸울 것입니다." 모세는 생각에 그치지 않고 결심하였고 또 즉시 자신의 자리를 찾았습니다.

다른 문제와 아울러, 이스라엘에 대하여 말할 때 한 가지 애처로운 사실은 그들이 모세에게 너무나 많은 고통을 주었다는 것입니다. 하나님의 백성 중에 하나님께 영광을 돌리지 못하고 신앙이 매우 연약한 사람들이 있었다는 사실을 모세는 깨달았습니다. 그러나 모세는 백성 중 일부의 과실로써 이스라엘 전체를 판단하지 않았으며, 그들을 표준과 전체로서 판단하였습니다. 이스라엘 백성은 아무리 과실이 있어도 하나님의 백성이며, 애굽 사람들은 아무리 미덕이 많아도 하나님의 백성이 아니라는 사실을 그는 깨달았습니다. 이처럼 하나님의 말씀으로 자기의 심령을 훈련시키고 두려움 없이 확신을 따르는 것이 우리를 위해 좋은 일입니다. 그리스도를 교회의 머리로 인정하는 곳이 어디인가요? 성경을 믿음의 기준으로 받아들이는 곳이 어디인가요? 은혜의 교리를 확실히 믿는 곳이 어디인가요? 주님께서 명령하신 대로 성례를 행하는 곳이 어디인가요? 그런 사람들과 함께 저는 갈 것이며, 그들의 주장이 저의 주장이 될 것이며, 그들의 하나님께서 저의 하나님이 되실 것입니다.

다섯째, 모세가 이스라엘과 함께 하므로 버렸던 것이 무엇인지 생각해 보겠습니다. 그는 명예를 버렸습니다. "바로의 공주의 아들이라 칭함 받기를 거절하고." 그는 쾌락을 버렸습니다. 그는 "잠시 죄악의 낙을 누리는 것"을 거절하였으니까요. 그리고 사도 바울에 따르면, 또한 모세는 재물을 버렸습니다. 그는 "그리스도를 위하여 받는 수모를 애굽의 모든 보화보다 더 큰 재물로 여겼"기 때문입니다. 사실이 이렇다면, 즉, 하나님을 따르고 순종하기 위해 내가 세상에서 나의 직장을 버려야 하고 그래서 최하층민이 되어야 한다면, 수많은 쾌락을 버려야 한다면, 그리고 의무들을 행해야 한다면 … 순교자들은 생명을 바쳤는데 생명을 바칠 사람이 지금도 있나요? 만일 마음속에 참된 신앙이 있다면 그는 거지가 되느냐 아니면 죄와 타협하느냐 하는 두 가지 사이에서 무엇을 택해야 할지 고민하지 않을 것입니다. 그는 그리스도를 위하여 받는 수모를 애굽의 모든 보화보다 더 큰 재물로 여길 것입니다.

여섯째, 모세가 궁궐을 떠났을 때 취했던 것(espoused, '처로 삼다', '장가들다' 라는 뜻)이 무엇인지 생각해 봅시다. 그는 많은 고난을 취했습니다(처로 삼았습니다). "도리어 하나님의 백성과 함께 고난 받기를." 그리고 수모를 취했습니다. "그리스도를 위하여 받는 수모를 애굽의 모든 보화보다 더 큰 재물로 여겼으니." 여러분이 이스라엘과 함께 한다 할지라도 여러분이 얻을 수 있는 것은 없습니다. 얻을 것은 하나도 없고 전부 잃어버려야 할 것들입니다. 그러므로 순수한 신앙으로, 하나님에 대한 사랑으로, 진리에 대한 확신으로 하나님의 백성과 함께 해야 합니다. 그 지파들 스스로가 여러분에게 줄 명예나 재물을 가지고 있지 않기 때문입니다. 여러분은 고난을 받을 것이며, 그게 전부입니다. 여러분은 어리석은 자라 일컬어질 것이며, 백성들은 그것을 당연하다고 생각할 것입니다. 오늘날도 똑같습니다. 오늘날 누군가 거처 없이 지내며 그리스도를 따르고자 한다면, 성문 밖으로 그리스도께 나아가고자 한다면, 그는 하나님과 그리스도를 사랑하는 마음으로 그렇게 해야 하며, 다른 동기는 있을 수 없습니다.

열렬한 신자가 우리 주님께 "선생님이여, 어디로 가시든지 저는 따르리이다"라고 말하자 주님께서는 "여우도 굴이 있고 공중의 새도 거처가 있으되 인자는 머리 둘 곳이 없다"(마 8:20)고 대답하셨습니다. 이 시간까지 진리는 자기를 취하는 자(처로 삼는 자)들에게 어떠한 결혼지참금도 지불하지 아니하고 오직 자기 자신만을 줄 뿐입니다. 능욕, 경멸, 힘든 일, 조롱, 항의, 이런 것들은 진리를 따르기 위해 늘 치러야 할 대가입니다. 좀 더 나은 상황을 기대해서는 안 됩니다. 누군가 진리를 위하여 진리를 사랑하고, 하나님을 위하여 하나님을 사랑하고, 그리스도를 위하여 그리스도를 사랑하는 고상한 정신을 소유하고 있다면 그를 같은 마음을 가진 사람들과 짝지어 주십시오. 그러나 누군가 그 이상의 무언가를 찾고, 유명해지기를 바라고, 권력 잡기를 열망하고, 또는 많은 성직록(聖職祿, 성직자의 수입) 받기를 원한다면, 우리 주변에 들끓고 있는 땅엣 것을 찾는 사람들(dirteaters) 가운데 그의 자리를 붙들어 두는 것이 나을 것입니다. 하나님의 교회는 사람을 매수하지 않습니다. 교회는 돈으로 상을 주지 않으며, 교회가 가진 것이 돈뿐이라도 그렇게 하는 것을 경멸할 것입니다. 주님을 섬기는 자체가 충분한 상급이 되지 못한다면 그 이상의 것을 바라는 자들이 자기 길로 가도록 내버려 두십시오. 천국이 충분한 상급이 되지 못한다면 천국을 멸시하는 자들로 땅엣 것을 찾도록 내버려 두십시오.

두 번째, 모세의 결단의 근거가 무엇이었나요? 성경은 믿음이었다고 말씀합니다. 어떤 자들은 그것이 혈통의 힘이었다고 주장합니다. 모세는 이스라엘 혈통이었고, 그러므로 본능적으로 그렇게 결단하였던 것이라고 그들은 말합니다. 그러나 본문은 아주 다른 이유를 우리에게 말해 주고 있습니다. 경건한 부모의 자녀들이 단지 그들의 출생 때문에 참되신 하나님을 경배하게 되는 것이 아니라고 우리는 익히 알고 있습니다. 은혜는 혈통으로 말미암지 않습니다. 죄는 혈통과 관계가 있을지 몰라도 의는 아무런 관계가 없습니다.

모세로 하여금 진리의 길을 가도록 한 것은 혈통이 아니라 믿음이었습니다. 모세가 억압당하는 자의 편에 서게 된 것은 그가 별났기 때문이 아닙니다. 모세의 생애에서 우리는 별난 흔적을 찾아볼 수 없습니다. 그는 정상적이고 착실하고 선량한 사람이었습니다. 그가 중심이 확고한(concentric) 사람이었다고 제가 말한다면 어떨까요? 왜냐하면 그는 중심이 올바른 사람이었고, 빈틈없는 지시에 따라 움직였기 때문입니다. 그러므로 그의 결단을 별난 행동이었다고 여겨서는 안 됩니다. 그를 가만 내버려두지 않고 뜨겁게 달구었던 맹렬한 애국의 불이 그의 영혼 안에서 타올랐을 때 어떤 갑작스런 충동에 의해 허둥지둥하였던 것이 아닙니다. 모세가 첫 번째 사건 때 애굽 사람을 죽이는데 성급했을지는 모르겠습니다만, 그 이후 그는 40년 간이나 자신의 결단을 곰곰이 생각했으며, 결코 자신의 결단을 후회하지 않았으며, 하나님의 억압당하는 백성에게 매달렸으며, 한결같이 자신을 바로의 공주의 아들로 생각하기를 거절하였던 것입니다.

모세는 어떤 믿음을 가졌습니까? 첫째, 그는 여호와를 믿었습니다. 모세는 애굽에서 여러 우상들을 목격하였을 것입니다. 즉, 우리가 신전이나 피라미드에 새겨진 그림에서 보는 것과 같은 그런 우상들 말입니다. 우리는 거기서 고양이 신, 따오기 신, 악어 신을 발견하며, 그 밖에 모든 피조물들이 신으로 숭배되었다는 사실을 발견합니다. 아울러 거기에는 인간, 짐승, 새가 혼합되어 있는 이상한 우상들이 수없이 있었으며, 그런 우상들이 오늘날까지 우리의 박물관에 소장되어 있습니다. 그런 것들이 예전에는 애굽 사람들이 숭배하는 우상들이었습니다. 모세는 이런 모든 우상들에게 넌더리가 나 있었습니다. 모세는 하나님은 오직 한 분뿐이며 따라서 자신은 아문(Amun; 애굽의 왕 Tut-Ankh-Amun), 피타(Pithah; 인도의 신전)와 아무런 관계가 없다는 사실을 그는 마음속 깊이 알고 있었습니다. 하나님께서 사람들에게 믿음을 주셔서 하나님이 오직 한 분뿐이시며, 또한 사람이 정한 의식과 예식으로 하나님을 경배할 수 없다는 사실을 알게 해 주시기를 바랍니다. "하나님은 영이시니 예배하는 자가 영과 진리로 예배할지니라"(요 4:24).

또한 모세의 믿음은 그리스도를 신뢰하는 믿음이었습니다. "그때엔 그리스도가 오지 않으셨는데요"라고 사람들은 말합니다. 물론 그때엔 그리스도께서 오지 않았습니다. 그러나 그리스도는 오실 분이었고, 모세는 그 오실 그리스도를 바라보았던 것입니다. 모세는 중간에 있는 시대를 뛰어넘어 미래를 내다보았고, 야곱이 죽어가면서 노래하였던 실로(Shiloh, 창 49:10)를 자기 앞에서 보았던 것입니다. 모세는 조상들에게 임했던 고대의 언약, 곧 아브라함의 씨 안에서 땅에 있는 모든 나라들이 복을 받으리라는 언약을 알고 있었습니다. 그리하여 그 복에 참여하기 위하여 그는 그리스도께서 받으실 수모를 기꺼이 받고자 하였던 것입니다. 우리가 예수 그리스도를 믿지 않는다면 우리는 결코 하나님을 믿는 것이 아닐 것입니다. 사람들은 성자와 별개로 성부를 경배하려고 오랫동안 힘써 왔습니다. 하지만 진리는 분명히 말씀합니다. "나로 말미암지 않고는 아버지께로 올 자가 없느니라"(요 14:4). 하나님의 아들의 중보와 구속으로 말미암지 않고는 여러분은 아버지를 결코 경배할 수 없습니다. 모세가 지금 우리에게 계시된 것만큼 그리스도에 관하여 전부 알지는 못하였지만, 그는 오실 메시아를 믿었으며, 그 믿음으로 말미암아 그의 심령이 힘을 얻었습니다. 주 예수 그리스도를 영접한 사람들은 고난을 참을 수 있습니다. 무엇이 계약 당사자들을 이처럼 영웅들로 만들었느냐, 무엇이 청교도 선조들을 적 앞에서 담대하게 만들었느냐, 무엇이 개혁자들로 항거하게 하였고, 무엇이 순교자들로 죽음을 택하게 하였느냐라고 누군가 묻는다면, 저는 그것이 보이지 않는 하나님을 믿는 믿음이었으며, 동시에 성육신하신 하나님, 하나님의 아들을 믿는 믿음이었다고 대답할 것입니다. 하나님의 아들을 믿음으로 그들은 가슴으로 주님의 사랑을 느꼈으며, 주님의 사랑 때문에 천 번이라도 죽을 수 있다고 느꼈던 것입니다.

아울러 모세는 하나님의 백성에 대한 믿음을 가졌습니다. 이에 대하여 저는 이미 말씀드렸습니다. 모세는 이스라엘 백성이 하나님의 선민이며, 여호와께서 그들과 언약을 맺으셨으며, 모든 허물에도 불구하고 하나님께서 자기 백성과의 언약을 파기하지 않으실 것임을 알았으며, 그러므로 하나님께서 그들의 생존의 이유이시며 의와 진리의 근본이시라는 사실을 알았습니다. 훌륭한 믿음을 가진 사람은 다음과 같이 말할 것입니다. "다른 사람이 어떻게 행동하느냐, 어떻게 생각하느냐, 어떻게 믿느냐 하는 것은 내게 중요하지 않습니다. 나는 하나님께서 나를 주장하시는 대로 행할 것입니다. 신앙의 문제에 한해서 나의 동료들, 상류사회, 부모님이라도 나더러 이래라 저래라 명령할 수 없습니다. 진리가 하나님의 별이며, 나는 그 별이 인도하는 대로 따라갈 것입니다. 그 별이 나를 고독한 사람이 되도록 이끈다 할지라도, 지금껏 다른 아무도 믿지 않은 것을 믿고 따라야 할지라도, 내가 완전히 진 밖으로 쫓겨나고 모든 관계를 끊어야 할지라도, 이 모든 것은 제게 일고의 가치도 없을 것입니다. 그러나 진리가 있다면 저는 그 진리를 믿고 따를 것이며, 그것을 전하기 위하여 고난도 감수할 것입니다. 하지만 다른 어떤 교리가 거짓이라면 저는 그것을 따르지 않을 것입니다. 단 한 순간도 거짓을 따르지 않을 것입니다. 저는 거짓말과 사귀지 않을 것입니다. 예, 단 한 시간도 사귀지 않을 것입니다. 그러나 의롭고 참된 길이라면, 홍수와 불 속이라도 예수님께서 저를 인도하신다면 그 길을 따르겠습니다."

제가 보기에 이것이 올바른 정신인 것 같습니다. 그러나 오늘날 이러한 정신을 어디서 찾을 수 있을까요? 현대인들은 "우리는 잘 하고 있어, 우리 모두 다"라고 중얼거립니다. 그들은 '예'라고 말하는 사람도 옳고 '아니오'라고 말하는 사람도 옳다고 합니다. 또 어떤 사람은 기독교의 자비를 몹시 감상적으로 말합니다. 이 시대의 대화와 말투가 이런 식이며 그 안에는 진리가 없다고 저는 분명히 말합니다. 그리고 하나님의 모든 자녀들에게 그런 현대의 정신을 물리칠 것을 부탁합니다. 진리는 어딘가 있을 터인데 그 진리를 찾아냅시다. 거짓은 진리에 속한 것이 아니므로 거짓을 증오합시다. 분명히 사람들에게는 아주 귀중한 진리가 있고, 꽉 붙잡고 그것을 위해 싸우고, 그것을 위해 죽어야 할 만큼 가치 있는 것이 틀림없이 있습니다. 그러나 오늘날 사람들은 그렇게 생각하지 않는 것 같습니다. 그런 면에서 세상 속에서 사도의 말씀과 교리를 지키는 하나님의 참된 교회를 우리가 존경할 수 있기를 바랍니다. 그런 교회를 찾아내고 그 교회에 등록하여 그 교회 안에서 하나님과 그의 진리를 위하여 싸웁시다!

또한 모세는 "상 주심"을 믿었습니다. 그는 속으로 이렇게 말했습니다. "나는 많은 것을 포기해야 하며, 신분, 지위, 그리고 재물을 잃을 것으로 판단된다. 하지만 그럼에도 불구하고 나는 결국 이득을 보는 사람이 될 것이라고 기대한다. 왜냐하면 하나님께서 사람들을 심판하실 날이 이를 것이기 때문이다. 나는 공정한 심판을 기다리며, 그때에 하나님을 섬기는 사람들이 지혜롭고 의로운 사람들이었다는 사실이 밝혀질 것이다. 반면, 현재의 안락을 얻기 위해 굽실굽실하고 굴종하였던 자들은 정신 없이 시간만 보내다가 영원을 잃어버렸으며, 하늘나라를 하찮은 팥죽 한 그릇에 팔았다는 사실을 뒤늦게 깨닫게 될 것이다."

마음속에 이러한 생각을 가진 모세를 어느 누구도 회유할 수는 없었습니다. 즉, 애굽 사람들과 타협해야 하며 그들에게 몰인정해서는 안 된다느니, 또한 애굽의 착한 사람들을 심판하지 말고 도리어 마음을 크게 가져야 한다느니, 바로의 공주가 그를 얼마나 애지중지하며 키웠는지 기억해야 한다느니, 그의 자리가 얼마나 좋은 기회를 잡은 자리인지, 곧 그의 불쌍한 형제들을 도울 수 있고, 바로에게 영향력을 끼칠 수 있으며, 애굽의 방백들과 사람들을 바른 길로 인도할 수 있는 수단도 될 수 있는 그런 자리라느니, 하나님께서 그런 목적으로 그를 애굽에서 자라나게 하셨다느니 하는 등의 말로 모세를 돌이킬 수 없었습니다. 여러분은 이런 악한 말을 잘 압니다. 불의를 합법적이라고 속이는 그럴듯한 논리, 곧 나쁜 짓을 해서라도 결과만 좋으면 된다는 그런 논리를 여러분 모두가 읽거나 들었습니다. 그러나 모세는 이런 말에 전혀 흔들리지 않았습니다. 그는 오직 자신의 의무를 알았고 결과가 어떻게 되든 자신의 의무를 실행하였을 뿐입니다. 그리스도인의 의무는 오직 진리를 믿고, 진리를 따르는 것이며, 결과는 하나님께 맡기는 것입니다.

세 번째, 모세가 어떠한 논리로 하나님을 따르기로 결심하였는지 대충 훑어보려고 합니다.

첫째 논리는 이러합니다. 그는 하나님은 하나님이시며 따라서 그의 말씀에 순종해야 하며, 애굽에서 그의 백성을 인도하여 그들에게 기업을 물려주어야 한다고 분명하게 깨달았습니다. 그는 속으로 이렇게 말했습니다. "나는 옳은 편에 있기를 갈망한다. 하나님은 전능하시며 믿을 수 있는 분이시며, 완전히 의로우신 분이시다. 나는 하나님 편이다. 그러므로 하나님 편에 서서 다른 편을 완전히 떠남으로써 나의 충성을 보여드리리라."

둘째 논리는 본문에 나와 있습니다. 모세는 죄악의 낙을 누리는 것이 잠시뿐이라고 생각하였습니다. 그는 속으로 이렇게 말했습니다. "내가 살 날이 얼마 안 되며, 아무리 오래 산다해도 그날은 여전히 짧은데, 내가 인생을 마감할 때 죄악의 낙을 누렸다는 것이 얼마나 부끄러운 일이 되겠는가. 모든 낙은 끝이 나고 그러면 나는 애굽의 쾌락을 즐기기 위해 장자권을 팔아 버린 반역한 이스라엘인으로 하나님 앞에 나타나겠지." 아무쪼록 사람들이 영원의 차원에서 모든 것을 생각하기를 바랍니다!

우리는 머지않아 하나님의 심판대 앞에 서게 될 텐데 그때에 우리의 느낌이 어떨지 여러분은 생각해 보았습니까? 그때에 심판대 앞에서 어떤 사람은 "나는 신앙에 대해 전혀 생각해 본 적이 없습니다"라고 말할 것이며, 또 어떤 사람은 "신앙에 대해 생각은 해 보았지만 결단을 내릴 만큼 깊이 생각하지는 않았고, 그저 물 흘러가는 대로 살았습니다"라고 말할 것입니다. 또 다른 사람은 "나는 진리를 알기는 잘 알았지만 진리로 인해 받는 부끄러움을 참을 수 없었으며, 내가 만일 진리를 완수했다면 저들이 나를 광신적이라고 생각했을 것입니다"라고 말할 것입니다. 그리고 또 다른 사람은 "나는 두 가지 생각 사이에서 머뭇거렸습니다. 나의 자녀들까지 희생시키며 철저하게 진리를 따르는 것이 의로운 것인지 미처 생각하지 못했습니다" 그때에 유다처럼 구세주를 팔아먹은 사람들은 얼마나 부끄럽겠습니까! 양심을 속이고 하나님을 속인 그들의 죽음은 얼마나 비참하겠습니까!

오! 그러나 신자는 얼마나 침착하게 저세상을 내다볼까요! 그는 이렇게 말할 것입니다. "저는 은혜로 구원받았습니다. 제가 조롱받고 비웃음 당할 수 있었다는 것이 오히려 하나님께 감사합니다. 일터를 잃기도 하고, 농장에서 쫓겨나기도 하며, 바보라는 소리를 들었지만 그런 것 때문에 저는 괴로워하지 않았습니다. 저는 그리스도와 교제하는 가운데 위로를 받았고, 그 모든 문제를 안고 그리스도께로 갔습니다. 저는 그리스도를 위하여 수모를 당하는 것이 애굽의 모든 보화를 소유하는 것보다 더 달콤하다는 사실을 깨달았습니다. 그리스도의 이름을 찬송하리로다! 저는 세상의 쾌락을 누리지 못했으나 조금도 아쉬워하지 않았습니다. 저는 오히려 세상의 쾌락을 멀리하기를 기뻐하였습니다. 왜냐하면 주님과의 교제 가운데서 더 즐거운 쾌락을 체험하였고, 또한 결코 끝나지 아니할 앞으로의 쾌락을 내다보기 때문입니다." 오, 형제들이여, 철저하게 그리스도께 헌신하고 끝까지 그와 함께 행하는 것은 비록 모든 것을 잃는다 할지라도 오래도록 상 받을 일입니다. 이로 인하여 여러분이 당장에는 수모를 당할지라도 그 수모는 곧 끝날 것이며 이후에는 영원한 상이 있을 것입니다.

또한 모세는 속으로, 쾌락은 잠시 뿐이며 그 잠시 누리는 쾌락의 순간이라도 그리스도를 위하여 수모를 당하는 기쁨에 비교될 수 없다고 생각하였습니다. 이에 우리는 힘을 내어야 합니다. 즉, 그리스도 안에서의 최악이 세상에서의 최선보다 더 낫고, 악인의 죄로 말미암는 쾌락보다 그리스도인으로서 누리는 기쁨이 더 낫다는 이 사실에 우리는 힘을 내어야 합니다.

우리 모두는 그리스도를 위하여 모든 것을 버릴 각오를 해야 합니다. 만일 그렇지 않다면 우리는 그리스도의 제자가 아닐 것입니다. "선생님, 너무 힘든 일을 요구하시네요"라고 누군가 말씀하시겠지요. 하지만 저는 같은 말을 반복할 수밖에 없습니다. 왜냐하면 저보다 더 위대하신 선생님께서 "아들이나 딸을 나보다 더 사랑하는 자도 내게 합당하지 아니하며"(마 10:37), "이와 같이 너희 중의 누구든지 자기의 모든 소유를 버리지 아니하면 능히 내 제자가 되지 못하리라"(눅 14:33)고 말씀하셨기 때문입니다. 예수님께서 실제로 여러분에게 무엇을 버리라고 요구하지 않으실 수도 있지만 여러분은 예수님께서 요구하실 때 모든 것을 버릴 각오를 하고 있어야만 합니다.

우리는 우리의 믿음을 감추거나 세상과 타협함으로써 이 세상에서 명예를 얻을 생각을 아예 하지 말아야 합니다. 우리가 말을 하지 아니하므로 높은 평가를 받을 기회가 있다면 즉시 말하십시오. 그래서 그런 수치스러운 명예를 얻을 위험을 피해야 합니다.

우리는 하나님과 성경을 진실로 따르는 사람들과 함께 해야 합니다. 물론 그들이 완전하지 못하다 할지라도 우리는 그리해야 합니다. 이스라엘 사람이 있어야 할 곳은 이스라엘 사람들이 있는 곳이요, 그리스도인이 있어야 할 자리는 그리스도인들이 있는 자리입니다. 성경과 그리스도를 철저하게 따르는 제자들이 있어야 할 자리는 그와 같은 사람들이 있는 곳입니다. 비록 그들이 이 땅에서 가장 비천하고, 가장 가난하고, 또 가장 무식하고 못 배운 사람들일지라도 하나님께서 그들을 사랑하시고 그들이 하나님을 사랑한다면 그 따위 조건들이 무슨 의미가 있겠습니까? 진리의 척도로 보면 그들 중에 가장 작은 자가 힘있는 불경건한 사람들 만 명보다 더 가치가 있습니다.

나는 하늘로 옮겨져야 하리
꽃으로 장식된 편안한 침대에 누운 채로
그동안 다른 이들은 상을 얻기 위해 싸우고
피로 물든 바다를 항해하네

내가 주권을 잡으려면 싸워야 하네
주여, 내게 용기를 더하소서
그리하면 말씀에 의지하여
수고를 아끼지 않고 고통을 참으리이다

7

바로

재앙 속에서 듣는 질문

"네가 어느 때까지 내 앞에 겸비하지 아니하겠느냐?"(출 10:3)

바로는 교만한 자의 전형이며 표상입니다. 하나님께서 그의 마음을 본래대로 강퍅하게 내버려 두셨습니다. 그리하여 그는 여호와를 크게 거역하였습니다. 애굽의 고대 역사를 연구한 사람들, 특히 왕의 거대한 신상의 유적과 아마도 왕들의 무덤이었을 굉장한 피라미드를 본 사람들이라면, 애굽의 고대 왕국에서 인간 숭배가 많이 이루어졌다는 사실을 알 것입니다. 현대문명은 전에 왕들을 둘러싸고 있었던 존엄을 박탈하였습니다. 이에 우리는 놀랍게도 그들이 좌정했던 가장 높은 자리에서 마치 우리의 동료들을 대하는 것처럼 그들을 친숙하게 대하게 되었습니다. 하지만 왕이 절대권력을 휘둘렀던 고대의 군주 정치에서 군주의 바람은 — 그것이 광적인 것이라도 — 곧 백성을 다스리는 법이었습니다.

개 한 마리라도 전제군주에게 감히 이의를 제기할 수 없었으며, 왕이 신으로 여겨졌으며, 왕은 신하들 위에 철저하게 군림하였습니다. 의심할 여지 없이 그들은 신하들이 기꺼이 바친 아첨의 향연에 도취되었고, 다소 모자라기는 하지만 자신들이 신성하다고 생각하기에 이르렀고, 제멋대로 하나님의 자리와 영광을 차지하였습니다. 그러므로 히브리인들의 하나님을 그가 단순히 자신과 같은 부류의 한 존재로, 곧 그와 전쟁할 수도 있고 심지어 물리쳐

이길 수도 있는 그런 존재로 여기고 대하였다는 것은 그리 놀랄 만한 일이 아닙니다. 그는 다음과 같이 속으로 말하였습니다. "도대체 히브리인들이 누구냐? 그 조상들이 목자들이며 애굽에 와서 정착하였고, 또한 나의 노예들이 아니냐. 내가 그들을 부려서 성을 건설하였고, 앞으로도 그들을 잡아둘 작정이다. 그런데 그들이 자기 하나님, 자기들의 '여호와'를 말하고 있으니 도대체 여호와가 누구기에 내가 그에게 순종해야 한단 말인가? 나 바로는 여호와와 끝까지 싸울 것이다. 내가 히브리인들, 그들의 선지자들, 그들의 하나님과 아무런 상관도 없다는 것을 보여 주고 말 테다."

바로의 마음속에서 점점 커진 이와 같은 교만이 오늘날에도 사람들의 마음속에 자리잡고 있습니다. 오늘날 사람들은 바로의 모습처럼 거만하고 스스로 굉장한 듯한 태도를 취하지는 않습니다. 그러나 그런 상황이 갖추어지면 사람과 조물주 사이에, 죄인과 심판자 사이에 대결이 벌어질 것입니다. 지금도 여러분과 하나님 사이에 싸움이 벌어지고 있습니다. 이 문제를 똑바로 생각하시기 바랍니다. 냉정하고 차분하면서도 합리적인 사고를 가지고 이 문제를 바라보십시오. 그렇게 하면 제 생각에 여러분은 즉시 무기를 던져 버리고 복음에 근거하여 평화를 구할 것입니다. 그리고 이때가 여러분이 지금까지 살아온 생애 중에 가장 행복한 시간이 될 것입니다! 하나님, 그렇게 되게 하옵소서! 저는 본문을 강론하면서 그때그때 적용할 것입니다. 성령께서 친히 이 말씀을 듣는 모든 이들에게 직접 적용해 주시기를 기도드립니다.

첫 번째로 말씀드릴 것은, 이 질문은 깜짝 놀라며 던졌다는 사실입니다. "네가 어느 때까지 내 앞에 겸비하지 아니하겠느냐?" 모세와 아론이 이 질문을 하였을 때 그들은 의심할 여지 없이 놀라움을 금치 못하는 어조로 그리 했을 것입니다. "교만한 바로여, 그대가 살아 계시고 참되신 유일한 하나님 앞에서 언제까지 겸손하기를 거절하겠느냐?"

틀림없이 이 놀라움은 하나님께서 이미 바로에게 엄청난 타격을 가하셨다는 판단에서 나온 것이었습니다. 여러분도 아시다시피 여호와께서 이미 재앙을 내리셨습니다. 여호와께서 하수를 피로 변하게 하셨고, 물고기를 멸하셨으며, 개구리가 왕의 침실에까지 들어오게 하셨습니다. 수없이 많은 이와 파리를 온 땅에 퍼지게 하셨으며, 가축들이 심한 돌림병에 걸리게 하셨으며, 사람과 짐승에게 악성 종기가 나게 하셨고, 우박과 비와 우렛소리로 치셨습니다. 잠시 쉴 틈도 없이 여호와께서 교만한 왕을 연속적으로 치셨습니다. 그러나 일곱 번째 재앙을 받은 이후에도 바로는 전과 똑같이 교만하고 완고하였습니다. 그러기에 주님께서는 그에게 본문의 말씀대로 "네가 어느 때까지 내 앞에 겸비하지 아니하겠느냐?"라고 질문하셨던 것입니다.

저는 바로의 교만과 거의 흡사한 몇 가지 사례를 알고 있습니다. 매우 거만하고 교만하다가 그 많던 재산을 다 잃고 가난하게 된 한 사람이 있었습니다. 그는 머리 둘 곳이 없을 정도로 궁핍하였지만 그래도 여전히 하나님께 돌아오지 않았습니다. 그는 질병으로 얻어맞았습니다. 그것도 한두 번이 아니라 여러 번 얻어맞았습니다. 어떤 날에는 열병에 걸리고 어떤 날에는 치명적인 질병에 걸리며, 잇따라 얻어맞았습니다. 그러나 다시금 거동할 수 있고 예배를 드릴 수 있을 만큼 회복되었는데도 그의 마음은 이전처럼 여전히 완악하였습니다. 친구여, 어느 때까지 하나님 앞에서 겸비하지 않겠습니까? 선지자 이사야의 질문을 그대에게 던지는 것이 마땅할 것입니다.

"너희가 어찌하여 매를 더 맞으려고 패역을 거듭하느냐?"(사 1:5) 매질도 그에게는 소용없는 것 같습니다. "하도 맞아서 온 머리는 병들었고 온 마음은 피곤하였습니다"(사 1:5). "상한 것과 터진 것과 새로 맞은 흔적뿐이거늘"(사 1:6), 그래도 그대는 하나님께로 돌아오지 않고 하나님의 모든 징계와 심판에도 불구하고 점점 더 교만해집니다. 하나님께서 다음에 그대를 어떻게 징계하실까요? 다음 화살은 어디에 꽂힐까요? 눈, 손, 발, 이런 것들에 맞아야 그대가 정신을 차릴까요? 아니면 주님께서 차가운 죽음의 손을 그대 심장 위에 덮으셔야 할까요? 혹은 "은 줄이 풀리고 금 그릇이 깨지고 항아리가 샘 곁에서 깨지고 바퀴가 우물 위에서 깨져야 할까요?"(전 12:6). 저는 언제 어떻게 그대를 부르실지 말할 수 없습니다. 그러나 하나님의 징계와 심판을 받은 여러분 누구에게나 간절히 드릴 말씀은 "네가 어느 때까지 내 앞에 겸비하지 아니하겠느냐?"는 말씀입니다.

본문의 질문은 또 다른 관점에서 놀라움을 표시하였습니다. 말하자면, 바로가 여러 번 거짓으로 겸손한 척 하였기 때문에 놀라며 질문을 하였던 것입니다. 바로는 얻어맞을 때마다 모세와 아론에게 사람을 보내어 "내가 범죄하였으니 나를 위해 기도해 주시오. 이번만 용서해 주시오"라고 빌었습니다. 그러면 그의 기도가 응답되었고 재앙은 그쳤으며, 또다시 바로는 이전처럼 완강하여졌고, "그 백성은 나가지 못하리라"고 하였습니다. 그러므로 주님께서 바로에게 "네가 어느 때까지 내 앞에 겸비하지 아니하겠느냐?" 질문하셨던 것입니다. 성도들이여, 여러분도 이와 같지 않습니까? 여러분의 마음과 양심에다 대고 말하고 싶습니다. 여러분도 아플 적에 형편이 좀 나아지면 완전히 다른 삶을 살겠노라고 하나님께 약속하셨지요? 하지만 주님께서 여러분을 살려 주셨건만 여러분은 진실로 변화되지 못했습니다.

"하나님, 제발 이번만 살려 주십시오. 그러면 모든 면에서 더 나은 사람이 되겠습니다"라고 여러분은 말하지 않았습니까? 하지만 여러분은 조금도 나아진 게 없습니다. 여러분의 그런 결심들이 천국에 있는 하나님의 서류철에 모두 보관되어 있다는 사실을 기억하십시오. 여러분의 기억 속에는 결심한 증거들이 남아 있으며, 또한 그 결심한 사실들이 저 하늘에 있는 만왕의 왕의 궁전에 기록으로 보관되어 있습니다. 언젠가 여러분은 그곳에서 여러분의 깨진 결심들을 보게 될 것입니다. 그리고 그 기록된 내용을 들을 때 여러분은 전능하신 하나님을 속인 데 대하여 책임을 져야 할 것입니다.

이처럼 하나님을 비웃는 큰 죄로부터 하나님은 여러분을 건지시길 원하십니다! 반면, 이 질문을 꼭 적용해야 할 사람들에게는 그 양심과 마음에 호소합니다. "어느 때까지 주님 앞에서 겸비하지 않겠습니까?" 평생 동안 회개하는 흉내만 내고 믿는 체만 하다 말겠습니까? 언제까지나 하나님을 농락할 작정입니까? 진정 이런 부끄러운 연기를 떨쳐 버리고 하나님 앞에서 철저하게 회개하지 않겠습니까? 장난하다가 지옥에 떨어지겠습니까? 마치 어린아이가 노는 것처럼 영원한 실체를 가지고 계속 놀 작정입니까? 정말 그렇게 해서는 안 됩니다! 주님의 이 질문이 천둥처럼 여러분과 양심을 울리게 하십시오. "네가 어느 때까지 내 앞에 겸비하지 아니하겠느냐?"

모세는 하나님께서 바로에게 많은 자비를 베푸셨다는 사실을 회상하였을 때 놀라움으로 이 질문을 하지 않을 수 없었습니다. 하나님께서는 바로를 위한 모세의 기도들을 응답해 주셨습니다. 교만한 왕은 이를 대수롭지 않게 여겼습니다. 그러나 그를 위해 기도하고 응답을 받았던 모세에게는 그것이 적은 일이 아니었습니다. 개구리가 전부 땅으로 기어 나왔을 때 모세의 기도로 사라지게 되었습니다. 파리 떼가 득실거리며 온 나라를 더럽혔을 때 한 마리도 남기지 않을 정도로 그 재앙을 그치게 한 것은 바로 모세의 기도였습니다. 바로에게는 그 일이 적은 일일지 모릅니다. 은혜를 받는 사람들은 종종 그 은혜를 대수롭지 않게 여깁니다. 그러나 기도로 말미암아 하나님의 은혜를 베푸는 자들은 언제나 그 은혜를 최고로 여깁니다. 그러므로 모세는 놀라며 다음과 같이 바로에게 말했을 것입니다. "하나님께서 당신을 위해 이 모든 일을 행하지 않으셨는가? 하나님께서 당신에게서 그의 채찍을 거두지 않으셨는가? 하나님께서 집행인에게 '도끼를 거두라' 고 말씀하지 않으셨는가? 하나님께서 심판의 감옥에서 당신을 나오게 하지 않으셨고, 당신의 손목에서 수갑을 풀어주지 않으셨으며, 당신을 해방시키지 않으셨는가? 그런데 어찌하여 당신은 아직도 하나님을 대적하는가? 당신은 어느 때까지 하나님 앞에 겸비하지 아니하겠는가?"

여기에 계신 여러분에게도 이 질문을 던집니다. 하나님께서 은혜로 많은 사고와 질병으로부터 여러분을 건져 주셨기에 머리가 백발이 되기까지 여러분은 살아 있는 것입니다. 그렇지 않았다면 여러분의 삶은 분명히 오래 전에 끝났을 것이지만 하나님의 자비로 지금까지 살아 있는 것입니다. 전에 여러분이 거지가 될 것이라고 생각했지만 그러나 지금 여러분은 거지가 아닙니다. 여러분은 지금 편안한 환경 속에서 살아가며, 한때 먹구름처럼 여러분의 삶을 어둡게 했던 큰 환난도 지나갔습니다. 그러나 이제는 크게 낙심했고 위기에 처했던 시절을 즐거운 표정으로 회고할 수 있습니다. 그렇다면 이 자비와 이 큰 사랑을 받은 여러분이 하나님 앞에서 겸비하지 아니하겠습니까? 하나님께서 이보다 얼마나 더 여러분에게 잘해 줄 수 있나요? 하나님께서 여러분을 얼마나 특별한 존재로 돌보아 주셨는지 생각해 보십시오. 여러분의 일기장을 보십시오. 그리고 하나님께서 얼마나 다정하고 친절하고 은혜롭게 여러분을 그 많은 세월 동안 돌보아 주셨는지 회상해 보십시오. 두려움 앞에서는 도망치지 않더라도 사랑 앞에서는 굴복하십시오! 참으로 하나님의 은혜로 여러분이 심령 속에서 은밀한 샘을 발견하기를 바라며, 그리하여 바로 지금 여러분이 주님 앞에서 겸비하여지기를 간절히 소망합니다.

첫째, 이 질문에는 놀라는 기색이 역력하다고 말할 수 있습니다. 왜냐하면 "네가 어느 때까지 내 앞에 겸비하지 아니하겠느냐?"라는 질문 속에는 심판도 소용이 없고, 약속도 효과가 없으며, 자비도 무시당한다는 의미가 담겨져 있기 때문입니다.

둘째, 약간만 긴장을 풀기 위해 제가 덧붙이고자 하는 말씀은 이 질문 가운데는 자비의 정신이 숨쉬고 있다는 것입니다.

여러분도 아시다시피, 사람이 선한 의도가 조금이라도 없다면 경고 한마디 없이 막바로 치명적인 타격을 가할 것입니다. 그러나 아버지는 채찍을 사용해야 하는 경우에도, 여러 번 말하고, 부탁하고, 경고하며, 때리기 전에 설득합니다. 바로 이러한 의도로 하나님께서 그의 종 모세와 아론을 통해 바로에게 말씀하셨던 것입니다. "네가 어느 때까지 내 앞에 겸비하지 아니하겠느냐?"

하나님께서는 바로에게 마땅히 요구할 것을 요구하셨습니다. 바로에게 이스라엘 백성을 종으로 부릴 권리가 있습니까? 아닙니다. 이스라엘 백성은 그의 백성이 아니었습니다. 이스라엘은 오래 전부터 존귀한 손님으로서 애굽나라에서 거주해 왔습니다. 히브리 민족 하나로 말미암아 기근 시에 그 나라가 구원을 받았습니다. 요셉이 애굽을 살렸고, 그 백성들 앞에서 왕권을 강화시켜 주었습니다. 요셉에 대한 감사로 인하여 이스라엘 백성이 특별한 대우를 받았습니다. 여하튼, 바로가 이스라엘 백성이 애굽에 있는 것을 원하지 않았다면, 적어도 그들을 평화롭게 나갈 수 있도록 보장해 주었어야 했으며, 결코 그들을 노예로 붙들어 두어서는 안 되었던 것입니다. 하나님께서 바로에게 요구하신 것이 바로 이것이었습니다. "내 백성을 보내라. 그들은 너의 백성이 아니라 나의 백성이니라. 그들로 가게 하라. 그들이 나를 섬길 것이니라."

형제들이여, 하나님께서는 마땅히 요구할 것을 죄인에게 요구하십니다. 하나님께서는 죄를 떠나라고 말씀하십니다. 그것이 마땅하지 않습니까? 하나님께서는 의로써 죄를 끊어버리라고 말씀하십니다. 그것이 마땅하지 않습니까? 하나님께서는 그의 아들 예수 그리스도의 구속으로 말미암아 구원의 방법을 마련해 주신 후 그 방법을 받아들이라고 말씀하십니다. 그것이 마땅하지 않습니까? 하나님께서 당신에게 요구하시는 것은 오직 당신의 죄를 자백하고 버리라는 것입니다. 그것이 마땅하지 않습니까? 여러분이 여러분의 죄를 되돌릴 수는 없다 할지라도 최소한 죄를 인정할 수는 있습니다. 하나님께서 여러분에게 요구하시는 것은 바로 이것입니다. 하나님께서는 그의 사랑하는 아들을 믿으라고 말씀하십니다. 그것이 어려운 일이며, 터무니없는 일입니까? 하나님께서는 구세주를 약속하셨고, 그로 하여금 구원을 완성케 하셨으며, 이제 구원이 필요한 여러분에게 그를 믿고 구원을 받으라고 말씀하셨습니다. 그리고 자력 구원을 일체 생각하지 말고, 오직 구원의 시작이자 마지막이 되시는 예수 그리스도를 영접하라고 말씀하셨습니다. 그렇다면 이것이 마땅하지 않습니까? 그런데도 여러분은 어느 때까지 하나님 앞에 겸비하지 아니하겠습니까?

이 질문 속에는 친절의 정신이 숨어 있습니다. 아직 주님께 굴복하지 않은 여러분에게 저는 아주 친절하게 이 사실을 설명하고자 합니다. "네가 어느 때까지 내 앞에 겸비하지 아니하겠느냐?" 여러분은 언젠가는 하나님의 강한 손 아래서 겸비해질 작정이라고 말합니다. 여러분이 시간을 끌면 겸비해지는 일이 더 쉬워지리라고 생각하십니까? 지금 주님 앞에 굴복하는 것이 어렵습니까? 그러나 일년이 지나면 더 어려워질 것입니다. 그때까지 여러분이 살아있을지도 모르지만 말입니다. 왜냐하면 사람의 습관이 그의 일상생활을 더욱 무감각하게 만들기 때문입니다. 사람들은 새로운 거미줄을 뽑아내 불쌍한 파리처럼 자기를 꽁꽁 묶어 버립니다. 그리하여 그들은 매 시간 묶여서 살아갑니다. 주님 앞에 굴복하는 것이 쉬운 일이라면, 내일보다는 바로 지금 이 순간이 더 쉬울 것입니다. 그러므로 "더 좋은 시기를 기다린다"고 말하지 마십시오. 왜냐하면 가장 좋은 시기는 바로 지금이기 때문입니다.

오늘 밤보다 내일은 더 힘들어질 것입니다. 나중에는 너무너무 힘들어질 것입니다. 여러분이 속박으로부터 풀려나기를 원한다면 즉시 벗어나십시오. 이미 여러분은 너무나 오래 기다려 왔습니다. 그리고 매일매일 더 쉽지 않다는 것을 깨닫습니다. 여러분이 주님께 굴복하기를 지체한다면 결국 굴복하지 않게 될 것입니다. 그러므로 지금 즉시 주님께 굴복하십시오.

하나님께서 여러분을 구원하시기로 작정하신다면 여러분이 지금까지 겪었던 것보다 훨씬 더 중한 재앙을 내리실 것이라는 사실을 여러분은 정녕 모르십니까? 여러분이 한 번 맞고 주님께 돌아오지 않는다면 여러분은 두 번 맞게 될 것입니다. 두 번으로도 충분하지 않다면 여러분은 스무 번을 맞을 것입니다. 왜냐하면 하나님께서 여러분을 소유하셔야 하기 때문입니다. 그러므로 즉시 굴복하는 것이 낫습니다. "너희는 내 얼굴을 찾으라 하실 때에," "여호와여 내가 주의 얼굴을 찾으리이다"(시 27:8)라고 응답하는 것이 가장 지혜롭습니다. "너희는 무지한 말이나 노새 같이 되지 말지어다. 그것들은 재갈과 굴레로 단속하지 아니하면 너희에게 가까이 가지 아니하리로다"(시 32:9). 그리스도께 나오는 사람들 중에는 마치 항구로 견인당하는 배처럼 나오는 사람들이 있습니다. 그 배는 거의 난파 직전이며, 돛은 찢어졌으며, 들보는 부러졌습니다. 이보다는 부드러운 사랑의 남풍을 받아 하늘나라로 둥실 둥실 떠오르거나, 혹은 순조로운 미풍에 여러분의 범포(帆布)를 펼쳐서 그리스도께서 보장하신 구원의 아름다운 항구로 날아가는 것이 훨씬 낫습니다. 사랑하는 친구여, 당신의 의견을 구하겠습니다. 당신은 정녕 매맞고 터지고 절단 나며 상처 입기를 원합니까? 그렇지 않다면 이렇게 말씀해 보십시오.

내 모습 그대로 — 한마디 변명도 하지 않고
오직 나를 위해 보혈을 흘려주셨고,
또한 나를 오라고 말씀하신 그 사실만으로,
오 하나님의 어린양이여, 내가 당신께 갑니다.

제가 여러분에게 말씀드리고 싶은 한 가지는 결단의 시간이 정해져야 한다는 것입니다. 저는 "네가 어느 때까지 내 앞에 겸비하지 아니하겠느냐?"는 본문의 말씀을 강조하고 싶습니다. 제가 기억하고 있는 하나님의 사람이 있습니다. 그는 젊은 아가씨와 대화를 하고 있었습니다. 그는 전에도 그녀의 영혼에 대하여 여러 번 말한 적이 있었는데 그날 마침내 그녀의 결단을 촉구했습니다.

"한나 양, 언젠가는 그리스도 앞으로 나오겠지요?"

"그럼요. 목사님!"

"자, 그러면 언제 그리스도께 나올 것인지 그 날짜를 지금 알려주시오. 지금 스무 살이니까 서른 살이면 주 예수 그리스도께 나오겠지요? 지금 명확하게 약속을 해 주겠소?"

"목사님, 서른 살에 믿겠다고 약속하기 싫어요. 그 전에 죽을지도 모르잖아요. 십 년이면 너무 깁니다. 제가 그 전에 죽고 없을지도 모르잖아요. 저는 그 전에 주님을 알고 싶어요."

"그렇다면 구 년은 어떨까요? 그때가 되면 당신이 하나님의 자비 앞에 굴복할 수 있을 것 같으니 그렇게 정합시다."

"목사님, 저는 그 전에 믿고 싶어요."

"안 돼요. 아가씨는 구 년 동안 어려움에 부닥쳐야 하겠지만 구 년 안에 그리스도께로 나오기로 약속하였으니 그때까지 버텨내야 해요. 당신은 구 년간 기다리는 어려움을 감수해야 합니다."

"목사님! 제가 구 년 동안 기다려야 한다는 것은 대단히 무섭고 두려운 일이네요. 그동안 제가 죽을지도 모르잖아요."

"그렇다면 열두 달 안에 당신이 주님을 섬기기로 하는 것은 어떻겠소? 올 한해만 지나면 되잖아요. 물론 그동안은 사탄을 섬겨야 하겠지만 그렇게 즐거운 시간을 보내다가 그리스도께 마음을 드리면 되지 않겠소?"

하지만 그 젊은 아가씨는 열두 달도 너무 길고 매우 위험스러운 기간이라고 느끼고 이렇게 대답했습니다.

"무서운 공백이 있다는 건 싫어요. 누군가 '일 년이 지난 후에야 내가 너의 발을 반석 위에 세워줄게'라고 말해 주는 건 싫어요. 저는 지금 당장 안전하고 싶거든요."

그녀는 기다려야 한다는 생각을 참을 수 없었습니다. 그리고 그녀의 목사님이 시간을 정하라고 강요하자 점점 그 기간이 줄어들었으며, 마침내 아가씨가 말했습니다. "목사님, 오늘 밤이 좋겠네요. 오늘 밤이 좋겠어요. 제가 주 예수 그리스도께 마음을 드릴 수 있도록 하나님께 기도해 주십시오. 생각해 보니 구세주 없이 지낸다는 것은 너무나 무서운 일이네요. 저는 바로 오늘 밤 그리스도를 제 구주로 모시겠어요."

이처럼 저 또한 여러분에게 강요합니다. 즉시 그리스도께 굴복하십시오. 그리고 "머지않아 저는 하나님의 자녀가 되고 싶습니다"라는 말을 되풀이하지 마십시오.

본문의 말씀은 놀라는 기색뿐만 아니라 커다란 친절로써 질문한 것입니다. 저는 그런 친절한 정신으로 부탁하건대 여러분이 다음과 같이 상상해 보았으면 좋겠습니다. 즉, 제가 이 강단 앞에서 걸어다니면서 아직 회개하지 않은 모든 사람과 악수를 나누며 "언제 예수님을 믿으시겠습니까"라고 질문하며, 또 위층에 계신 분들을 만나기 위해 위층으로 올라가 같은 질문을 합니다. 그리고 건물 구석구석을 돌아다니며, 최대한 사람들로 꽉 들어찬 통로라도 요리조리 헤치고 다니면서 각자에게 진심 어린 설득을 하며 "언제 믿겠습니까?", "지금이 낫지 않습니까?"라고 말합니다. 바로 지금 여러분이 예수님을 위하여 주님 앞에서 겸비해지기를 간절히 소원합니다!

세 번째, 저는 다소 다른 방법으로 본문을 다룰 것이며, 논리의 전개는 바꾸지만 목적은 그대로 유지할 것입니다. 이 질문은 권세 있는 어조로 던져졌습니다.

여호와께서 그의 종 모세를 통해 말씀하신 것처럼 제가 말한다면 이럴 것입니다. "히브리인들의 하나님 여호와께서 이제 말씀하시느니라. 네가 어느 때까지 내 앞에 겸비하지 아니하겠느냐? 내 백성으로 가게 하라. 그들이 나를 섬길 것이니라." 그리고 하나님께서 직접 바로에게 말씀하신 것처럼 말한다면 이럴 것입니다. "네가 아무리 나를 대적하여도 소용없어. 마치 나방이 풀무와 싸우는 것 같다. 너의 작은 손을 들어 나를 대적하는 것은 무모한 짓이야. 나의 권세가 얼마나 큰지 너는 몰라. 내가 너에게 그 권세를 조금 맛보게 해 주었지만, 내가 앞으로 내릴 재앙은 훨씬 더 끔찍한 것이 될 거야. 그러니 너는 내 앞에 굴복해야 해."

형제들이여, 여러분도 아시다시피 바로는 여호와 앞에 결국 굴복하고 말았습니다. 그의 권세를 이어받을 장자가 밤중에 사망하였고, 궁궐과 애굽 전역에서 통곡소리가 들렸습니다. 그래도 바로는 깨닫지 못하고 "내가 뒤쫓아 따라잡아 탈취물을 나누리라, 내가 그들로 말미암아 내 욕망을 채우리라, 내가 내 칼을 빼리니 내 손이 그들을 멸하리라"(출 15:9) 하였습니다. 그리고 그는 여호와의 군대를 추격하였고, 여러분도 아시다시피 다음과 같은 일이 벌어졌습니다. "바로의 말과 병거와 마병이 함께 바다에 들어가매 여호와께서 바닷물을 그들 위에 되돌려 흐르게 하셨으나"(출 15:19). 그때에 미리암이 노래하였습니다. "너희는 여호와를 찬송하라 그는 높고 영화로우심이요 말과 그 탄 자를 바다에 던지셨음이로다"(출 15:21). 급한 물결이 그를 삼켰을 때에야 비로소 교만한 바로는 전능하신 하나님의 무한한 위엄에 도전하는 것이 얼마나 어리석은 짓인지 뒤늦게 깨달았습니다.

하나님을 대적하는 여러분에게 말씀드립니다. 여러분은 무릎을 꿇어야 합니다. 그렇지 않으면 여러분이 깨집니다. 하나님께서 살아 계시는 한 여러분은 하나님 앞에 무릎 꿇고 회개해야 합니다. 그렇지 않으면 하나님의 진노의 날에 하나님 앞에서 박살날 것입니다. 다만 제가 지금 하나님의 자비를 말씀드리는 것은, 여러분과 동등한 사람으로서 여러분 앞에 나아가 여러분을 염려하는 하나님의 마음으로 여러분을 설득시키기 위함입니다. 여러분에게 힘이 있습니까? 하나님은 전능하신 분입니다. 여러분의 호흡은 코에 있습니다. 주님은 여러분을 단 한 번에 죽이실 수 있습니다. 지금까지 이미 많은 사람들이 엎드러져 죽었습니다! 당신이 굴복하지 않는다 할지라도 주님은 당신 없이도 무한히 영광스러우십니다. 여러분이 하나님을 대적한다 할지라도 하나님 나라의 주권에 어떤 식으로 영향을 끼칠 수 있겠습니까? 한 방울의 물이 앨비언(Great Britain, England의 옛 이름)의 낭떠러지를 뒤흔들기를 헛되이 소망하듯이 여러분은 하나님의 위엄에 쓸데없이 도전하고 있는 것입니다.

하나님과 다투지 마십시오! 이 대적으로 여러분에게 무슨 유익이 있단 말입니까? 이미 여러분은 대적하는 것이 아무 유익이 없다는 것을 체험하였습니다. 그러므로 정신병자처럼 하나님께 대적하기를 고집하지 마십시오. "오라 우리가 서로 변론하자. 너희의 죄가 주홍 같을지라도 눈과 같이 희어질 것이요 진홍 같이 붉을지라도 양털 같이 희게 되리라"(사 1:18). 하나님은 용서할 준비가 되어 있습니다. "하나님은 인애를 기뻐하십니다"(미 7:18). 하나님은 한 사람도 죽기를 원하지 않으시며, 다만 그에게로 돌아오기만 하면 삽니다. 여전히 여러분이 하나님을 대적하기를 고집한다면, 여러분의 종말이 어찌될지 아십시오. "이런 자들은 주의 얼굴과 그의 힘의 영광을 떠나 영원한 멸망의 형벌을 받으리로다"(살후 1:9).

결론적으로 본문의 질문을 폭넓게 적용하고자 합니다.

이 질문을 여러분에게 적용합니다. 바로는 잊어버리고 오직 여러분 자신만을 생각하십시오. 머리에 가시관을 쓰시고 손에 못 박히신 주 예수 그리스도께서 친히 여러분의 의자 곁에 서서 여러분의 영혼을 물끄러미 바라보시며, 비길 데 없는 노래 — 사랑의 마음으로 부르는 노래 — 로 이렇게 말씀하십니다. "네가 어느 때까지 내 앞에 겸비하지 아니하겠느냐?"

여러분이 겸비하기 곤란한 점이 무엇입니까? 여러분이 주님과 다투어야 하는 이유가 무엇입니까? 신앙을 생각하는 것조차 거절하시렵니까? 많은 사람들이 그리하고 있는 것을 저는 알고 있습니다. 그들은 주일 아침에 늦게 일어나 온종일 집 주변에서 어슬렁어슬렁 걸으며, 교회를 '설교하는 가게'라고 부르며 교회에 나올 생각을 하지 않습니다. 그들은 산보 하기를 더 좋아하고, 성경은 절대로 읽지 않습니다. 그들은 성경을 따분한 책이라고 말합니다. 한 번도 신앙의 타당성을 제대로 점검하지 않았으면서도 그들은 신앙을 단순히 제사장들의 분장(扮裝) 용구 정도로 생각합니다. 자, 복음을 비난하기 전에 먼저 복음의 소리에 귀를 기울여 보지 않으시겠습니까? 하나님의 구원의 메시지에 귀를 기울이므로 그에 관한 바른 판단을 가져보지 않으시겠습니까?

어쨌든 여러분이 지금까지 멸시한 성경책을 한 번 읽어보고, 과연 그것이 하나님의 책인지 아닌지 알아보지 않으시렵니까? 여러분은 아는 게 너무 많아서 성경을 읽을 수 없고, 너무나 세련되어서 우리 같은 천한 사람들의 진부한 설교를 들을 수 없다고 합니다. 그러나 여러분은 그렇게 말하는 것이 부끄럽지 않습니까? 사람이 모든 것을 알고 있다고 생각한다면 그는 사실상 아는 것이 거의 없는 사람이며, 자기가 매우 훌륭한 사람이라고 가장한다면 그는 그의 생각만큼 그다지 뛰어나거나 능력 있는 사람이 아니라는 것을 여러분도 알고 있지 않습니까? 지혜롭기 위해서 최소한 자신을 낮추십시오. 자신을 낮추어 니고데모의 질문에 귀를 기울여 보십시오. "우리 율법은 사람의 말을 듣고 그 행한 것을 알기 전에 심판하느냐?"(요 7:51) 그리스도의 이야기를 들어보십시오. 그러면 그에게 과연 메시아의 자격이 있는지 알 수 있으며 그 증거를 확인할 수 있을 것입니다. 그리스도의 주장을 곰곰이 생각해 보십시오. 그러면 여러분은 지금껏 그런 말씀을 들어본 적이 없었노라고 자백하게 될 것이며, 구원의 도를 깨달으려고 온 마음과 온 영혼을 드리게 될 것입니다.

신앙에 대해 생각해 보았다는 가정 하에, 여러분이 신앙을 갖지 못할 문제가 무엇입니까? "나 자신이 죄인이라고 자백해야만 구원받을 수 있다"고 여러분이 이해하고 있다면 여러분은 잘 이해하고 있는 것입니다. 그렇습니다. 여러분이 죄인이 아니라면 구원받을 필요가 있겠습니까? 여러분이 부족함이 없는 것처럼 주장한다면 저는 마땅히 여러분의 주장을 거절할 수 있습니다. 제가 만일 의사로서 병원을 개원하고, 아주 건강한 사람들에게는 약이나 물약을 주지 않겠다는 내용의 고지서를 창문에 공표한다 할지라도 그런 일로 아무도 저를 인간성이 결여되어 있다고 비난하지 않을 것입니다. 참으로 건강한 사람들에게는 의사가 필요 없습니다. 따라서 여러분이 구원받을 자격을 갖추기 위해서는 먼저 구원받을 필요가 있다고 자백해야 합니다.

이봐요, 당신이 지금까지 항상 완전했나요? 저는 여러분을 회중 한가운데 세워놓고 위 아래로 찬찬히 훑어보고 싶습니다. 그래서 여러분이 얼굴을 붉히지 않아도 저는 여러분이 완전하지 못했다고 알 것이며, 만일 여러분이 얼굴을 붉혔다면 그것이 바로 여러분의 완전하지 못함에 대한 증거가 될 것입니다. 우리 모두는 하나님의 계명을 범하였습니다. 어떤 사람은 이 계명을, 어떤 사람은 저 계명을 범하였으며, 결국 "모든 사람이 죄를 범하였으매 하나님의 영광에 이르지 못하는 것입니다"(롬 3:23). 그러므로 우리는 그런 사실을 자백해야 합니다. 우리가 자백하는 순간 다음과 같은 옛 언약이 우리에게 성취될 것입니다. "죄를 자복하고 버리는 자는 불쌍히 여김을 받으리라"(잠 28:13).

여러분이 죄를 자백한다면 더 이상 여러분에게 무슨 문제가 있겠습니까? "왜 제가 은혜로 구원을 받아야 한다는 겁니까?"라고 여러분은 말합니다. 그렇습니다. 은혜 외에 여러분이 어떻게 구원받을 수 있겠습니까? 여러분 자신의 공로로 구원받기를 바라십니까? 여러분에게는 아무런 공로가 없습니다.

여러분은 자신의 약간의 공로를 늘어놓으려고 하겠지만 어찌하여 거짓을 늘어놓으려 하십니까? 하나님은 진리의 하나님이시며, 거짓된 것을 참지 못하십니다. 누군가 하늘나라에 들어간다면, 그것은 하나님의 거저 주시는 무조건적인 은혜로 말미암는 것입니다. 그런데 어찌하여 우리는 값을 놓고 흥정하려고 하나요? 거저 받을 수 있다는데 굳이 값으로 따진다면 제가 마지막으로 따져보겠습니다. 가장 부유한 사람도 '거저' 라는 값으로 가질 수 있으며, 또한 '거저' 라는 값은 가장 가난한 사람의 형편에 딱 어울리는 값입니다. 이제 처음부터 마지막까지 오직 은혜로만 구원을 받게 하시는 하나님을 찬송합시다! "돈 없이 값없이" 구원을 받기 위해 겸비해집시다.

어떤 사람은 이렇게 말합니다. "오직 그리스도를 믿음으로써 구원을 받을 수 있다고 하는데 저는 그런 구원의 도를 좋아하지 않습니다." 도대체 좋아하지 않는 이유가 무엇입니까? 그리스도의 속죄의 희생으로 말미암아, 그리고 죄인이 오직 그리스도를 믿기만 함으로써 구원을 받으므로 그리스도께서 크게 높임을 받을 것입니다. 이로 말미암아 저는 자도, 눈먼 자도, 귀머거리도 구원의 길로 나아갈 수 있으며, 죄로 떳떳치 못한 가련한 영혼들도 다른 방법으로는 결코 알 수 없는 완전한 의를 이젠 깨달아 알 수 있습니다. 그러므로 겸비하여서 하나님의 구원의 계획에 굴복하십시오. 사실, 누군가 무언가를 주고자 할 때 자기 방식대로 줄 권리가 있다고 저는 생각합니다. 하나님께서 구원을 베푸실 때, 분명히 하나님 자신의 방법으로 베푸실 권리가 있는 것입니다. 하나님께서 구원이 필요하다고 자백하는 모든 사람에게 구원을 베푸시는데, 그리고 그리스도께서 그 구원을 가지고 오셨기 때문에 와서 거저 받기만 하면 되는데, 누가 값을 가지고 흥정한단 말입니까?

저는 아직 구원을 받지 못한 모든 사람들에게 이 구절을 애정을 가지고 크게 강조하려고 합니다. 주님께서 여러분에게 다음과 같이 엄숙한 질문을 하시므로 귀를 기울여 보십시오. "네가 어느 때까지 내 앞에 겸비하지 아니하겠느냐?" 오래 전 우리는 예수님께 나와 그 앞에서 겸비하였을 때, 그것을 조금도 좌천이라고 생각하지 않았습니다. 저는 다른 사람들로부터 최고의 말을 듣기보다는 차라리 사람들의 발에 목이 밟히는 게 나을 것입니다. 누군가에게 모욕을 당한다 할지라도 "그런 사람들에게 주목을 받는 것도 기쁨입니다"라고 말할 것입니다. 반면, 여러분은 어떻습니까? 누군가 여러분을 칭송한다면 여러분은 옛 철학자처럼 이렇게 요구할 것입니다. "이 몹쓸 놈이 내게 유리하게 말할 텐데 내가 무엇을 잘못했다는 말인가?" 아, 불쌍한 죄인이여! 여러분이 주 예수 그리스도를 한 번만이라도 바라보고 그가 누구이며, 어떠한 존재이신지 알고, 믿음으로 그의 매력을 깨닫는다면, 여러분은 이렇게 말할 것입니다. "그의 발 앞에 엎드리는 것은 최고의 특권이로다. 나사렛 예수 그리스도와 같은 분에게 복종한다는 것은 세상 권세로부터 작위를 받는 것보다 더 나은 영광이로다." 그러므로 그리스도 앞으로 우리 함께 갑시다. 여러분은 한 번도 가 보지 못했지만 우리는 자주 보았습니다. 그리스도 앞에 가서 부르짖읍시다. "주여, 우리를 받아 주옵소서. 우리는 죗덩어리, 불행덩어리에 불과합니다. 제발 불쌍히 여기셔서 우리를 구원하소서. 당신의 이름에 영원한 영광이 있으리로다!"

8

여호수아

하나님의 종들을 위한 보약

"내가 너를 떠나지 아니하며 버리지 아니하리니"(수 1:5)

의심의 여지 없이 하나님께서는 여호수아에게 이전부터 말씀해 오셨습니다. 그는 오랜 세월 동안 믿음을 지켜온 사람이었습니다. 믿음으로 말미암아 여호수아는 성실한 성품과 주님의 뜻에 순종하는 사람이 될 수 있었으며, 이로 말미암아 애굽에서 나온 전 세대 중에 오직 그와 또 다른 한 사람(갈렙)만이 살아남을 수 있었습니다. 그는 "믿음이 없는 세대 가운데 믿는 자가 되었고," 다른 모든 사람들이 죽은 곳에서 살아남았습니다. 원기 왕성한 가운데 꿋꿋이 서 있는 그는 도끼에 잘려지지 않고 푸릇푸릇한 가지들을 뻗은 외로운 나무에 비유됩니다. 그리고 여호수아에게 이제 막 새로운 사명이 주어졌습니다. 그는 마침내 모세를 계승하여 여수룬에서 왕이 되었습니다. 그는 종에서 일약 통치자가 되었으며, 이스라엘 백성을 요단 저편으로 인도하고, 약속의 땅을 정복하기 위해 군사들을 지휘할 권세를 얻게 되었습니다. 바야흐로 이 고귀한 역사를 시작하려는 마당에 주님께서 그의 종에게 임하셨고, "내가 모세와 함께 있었던 것 같이 너와 함께 있을 것임이니라. 내가 너를 떠나지 아니하며 버리지 아니하리니"라고 그에게 말씀하셨습니다.

하나님의 사람이 새로운 직책을 시작할 때 하나님의 사랑의 새 계시를 받을 것입니다. 새로운 위험 앞에서 새로운 보호를 받을 것이며, 새로운 어려움 앞에서 새로운 도움을 받을 것이며, 새로운 실망 앞에서 새로운 위로를 받을 것입니다. 그리하여 우리는 환난 중에도 기뻐할 수 있습니다. 왜냐하면 환난은 우리에게 하나님의 자비가 들어오는 새롭게 열린 문이기 때문입니다. 우리는 우리에게 닥치는 극도의 곤경을 기뻐할 것입니다. 왜냐하면 그 곤경이란 거룩한 기회가 되기 때문입니다. 주께서 여호수아에게 말씀하셨을 때 특별히 격려하셨으며, 주님의 격려는 아주 시의적절한 것이었습니다. 여호수아 앞에 닥친 위험이 큰 만큼 만군의 주 하나님께서 주시는 위로의 말씀 또한 컸습니다. "내가 네게 명령한 것이 아니냐? 강하고 담대하라. 두려워하지 말며 놀라지 말라. 네가 어디로 가든지 네 하나님 여호와가 너와 함께 하느니라"(수 1:9).

첫 번째, "내가 너를 떠나지 아니하며 버리지 아니하리니," 이 말씀이 여호수아에게 얼마나 시의적절하였는지 살펴보겠습니다.

이 말씀이 여호수아를 직접 언급하였다는 점에서 그에게 큰 격려가 되었을 것이 틀림없습니다. 여호수아는 모세를 알았고, 모세를 크게 존경했습니다. 모세는 위대한 사람이었고 불세출의 영웅이었습니다. 여인이 낳은 자들 중에 모세만큼 위대한 인물은 거의 없습니다. 여호수아는 그의 종이었고, 분명히 그 위대한 율법 수여자에 비해 자신이 턱없이 부족하다고 생각했습니다. 사람이 자기보다 훌륭한 정신을 가진 사람과 관련시켜 생각할 때 자신이 부족하다는 느낌을 더 많이 받게 됩니다. 만일 여러분이 자신보다 못한 사람들과 어울린다면 뽐내기 쉽습니다. 그러나 훌륭한 정신을 가진 사람들과 친밀한 교제를 나눈다면 여러분이 의기소침해질 가능성이 훨씬 많으며, 겸손이 지나쳐서 자신을 하찮게 여길 수 있습니다. 결국 겸손이란 자신의 능력에 대한 올바른 평가입니다.

여호수아는 자신의 부족함을 절감하고 다소 의기소침하였을 것입니다. 그때에 하나님께서 주신 이 기분 좋은 보장의 말씀 곧, "내가 너를 떠나지 아니하리라. 네가 모세보다 지혜롭거나 온유하거나 용기 있는 것은 아니지만 나는 너를 떠나지 아니하며 버리지 아니하리라"는 하나님의 말씀은 그에게 힘이 되었습니다. 하나님께서 우리의 연약함을 붙들어 주신다면 그 연약함이 강함으로 바뀔 것입니다. 하나님께서 우리의 어리석음을 붙들어 주신다면 그 어리석음이 지혜로 바뀔 것입니다. 하나님께서 우리의 소심함을 붙들어 주신다면 그 소심함이 용기로 바뀔 것입니다. 사람이 하나님의 임재를 깨닫고 자신에게 임한 하나님의 능력으로 말미암아 자신의 연약함까지 기뻐한다면, 자신이 아무것도 아니라는 사실을 아무리 깊이 의식한다 할지라도 문제될 것이 없습니다. 주께서 아무리 연약한 남자나 여자라도 "내가 너를 떠나지 아니하며 버리지 아니하리라" 말씀하신다면, 어떠한 패배의식도 그 고상한 영혼을 방해하지 못할 것입니다. 이 말씀이 떨고 있는 자에게 어떤 대적도 꺾을 수 없는 사자 같은 용기를 북돋워 줄 것입니다.

여호수아가 받은 위로는 대적 앞에서 큰 힘이 되었을 것입니다. 여호수아는 일찍이 대적의 땅을 정탐하였으며, 그곳에 신장과 힘으로 명성을 떨치던 거인 족이 거주하고 있다는 것을 알고 있었습니다. 소위 아낙 자손들이 거기에 있었고, 또한 "강하고 많고 키가 큰" 족속들이 거기에 있었습니다. 그는 그 거인들이 호전적이며, 사람들의 간담을 서늘하게 할 정도로 파괴적인 무기들을 능수 능란하게 사용하였으며, 그들에게 철병거가 있다는 것을 알고 있었습니다. 또한 그들의 성읍이 어마어마하게 크다는 사실도 알고 있었습니다. 지금도 그곳을 여행한 관광객들은 그 많은 바위들을 무슨 수로 그 높은 곳까지 들어올렸을까 의심할 정도로 놀라고 있습니다. 다른 정탐꾼은 가나안 사람들이 사는 성읍의 성곽은 하늘에 닿았다고 보고하였습니다. 여호수아가 그런 과장된 말을 인정하지는 않았지만 아무튼 정복해야 할 성읍들이 크고 강한 요새들이었으며, 진멸해야 할 사람들은 사납고 용맹스럽고 힘있는 자들이라는 것을 여호수아는 알고 있었습니다. 그러므로 주님께서 "내가 너를 떠나지 아니하며 버리지 아니하리니"라고 말씀하셨던 것입니다.

이보다 더 필요한 말씀이 어디 있습니까? 분명히 하나님 앞에서 아낙 자손은 난쟁이에 불과하며, 요새는 오이 농장에 있는 오두막에 불과하며, 철병거들은 폭풍 앞에 날리는 엉겅퀴의 관모 같습니다. 지존하신 하나님을 대적할 힘이 있는 자가 어디 있습니까? 여호와를 거역할 자가 어디 있습니까? "만일 하나님이 우리를 위하시면 누가 우리를 대적하리요?" 일단 한 번 하나님께서 우리의 편이 되시기만 한다면 우리와 함께 하는 자들이 우리를 대적하는 자들보다 더 많습니다. "그러므로 땅이 변하든지 산이 흔들려 바다

가운데에 빠지든지 바닷물이 솟아나고 뛰놀든지 그것이 넘침으로 산이 흔들릴지라도 우리는 두려워하지 아니하리로다"(시 46:2, 3). "군대가 나를 대적하여 진칠지라도 내 마음이 두렵지 아니하며 전쟁이 일어나 나를 치려 할지라도 나는 여전히 태연하리로다 그 중에서 안연하리로다"(시 27:3).

이 위로는 또한 모든 것을 공급해 주시겠다는 확실한 약속이었습니다. 아마도 여호수아는 만나가 더 이상 내리지 않으리라는 사실을 알았을 것입니다. 광야에서는 하늘의 양식이 계속 공급되었지만 요단을 건넜을 때 이스라엘은 적지에서 야영을 해야 했습니다. 그리고 여호수아의 지휘 아래 있는 수많은 사람들에게 양식을 공급하는 문제는 분명히 보통 일이 아니었을 것입니다. 어떤 계산에 의하면 거의 삼백만 명이 애굽에서 나왔다고 합니다. 저는 이런 계산이 정확하다고 믿지는 않습니다. 구약에서 숫자의 문제는 아직 완전하게 해결되지 않았으며, 히브리어를 연구할수록 숫자에 대한 오류가 많다는 사실이 밝혀지고 있습니다. 그러나 어쨌든 수많은 사람들이 여호수아와 함께 광야 끝에 이르렀고, 요단 강을 건너 가나안 땅에 들어갔습니다. 이 배고픈 무리를 누가 먹일 수 있겠습니까? 여호수아는 이렇게 말했을 것입니다. "만나가 그쳤으니 이 큰 무리를 위해 가축 떼를 모조리 도살해야 하나요? 바다가 물고기를 토해 주나요? 어떻게 이 많은 사람들을 먹여야 합니까?" 바로 그때에 "내가 너를 떠나지 아니하며 버리지 아니하리라"는 하나님의 말씀은 식량을 보급해 달라는 모든 요구에 대한 확실한 응답이었습니다.

하나님께서 이스라엘 백성들에게 양식을 찾을 수 있게 하시므로 그들은 배불리 먹을 수 있을 것입니다. 광야의 기적이 그친 지금 그들의 옷이 낡았지만, 대적들의 옷장에서 새로운 옷을 얻게 될 것입니다. 주님께서 당신의 곡물 창고를 여실 때 아무도 부족함이 없을 것입니다. 주님께서 당신의 옷장을 여실 때 아무도 헐벗고 다니지 않을 것입니다.

사람들이 자기 곁을 떠나는 것을 보았을 때 눈의 아들 여호수아의 마음에 이 말씀이 틀림없이 큰 위로가 되었을 것입니다. 여호수아가 40년 동안 광활하고 혹독한 광야를 함께 걸어왔던 친구들 중에 지금 남아있는 사람은 존경할 만한 갈렙밖에 없었습니다. 갈렙과 여호수아는 모두 마지막으로 남은 곡식 다발이었으며, 완전히 무르익어 수확하게 된 곡식 단과 같았습니다. 노인들은 점점 외로워집니다. 그들이 외로워하는 것은 별로 이상한 일이 아닙니다. 하나하나 늙은 친구들이 떠나고 그들만 남아 있습니다. 그들은 모두 따뜻한 기후를 찾아 떠나고 홀로 남아 있는 가을 제비와 같습니다. 그러나 주님께서는 말씀하십니다. "내가 너를 떠나지 아니하리라. 나는 죽지 아니하느니라. 내가 언제나 너와 함께 하리라. 하늘에 있는 너의 친구는 네가 살아 있는 동안 언제나 너와 함께 하느니라."

여호수아 때에 태어난 이스라엘 백성들은 그들의 선조들보다 조금도 나을 것이 없었습니다. 그들의 선조들은 싸워야 할 때에 뒤돌아 섰고, 진노 받을 죄에 너무나 쉽게 빠졌습니다. 모세가 그런 이스라엘 백성들을 다룰 때 힘들었던 것만큼 여호수아도 그들을 다루기가 여간 힘들지 않았습니다. 모세가 이 백성들을 인도할 때 그 마음이 얼마나 상했는지 모릅니다. 그래서 주님께서는 백성들을 믿지 말고, 그들이 설령 거짓되고 배반하더라도 좌절하지 말라는 의미에서 여호수아에게 이 말씀을 하신 것으로 보입니다. "내가 너를 떠나지 아니하리라. 그들은 너를 떠날지라도 나는 너를 떠나지 아니하고 버리지 아니하리라. 결국 그들은 겁쟁이요 너를 배신할 것이지만 나는 너를 버리지 아니하리라." 형제보다 더 친밀하게 언제까지나 함께 하시는 친구가 곁에 계시며, 더구나 그분이 신실하시며 또한 많은 물로도 지울 수 없는 확실한 사랑의 증거를 우리에게 주신다는 사실을 안다는 것은 이 거짓되고 변하기 쉬운 세상, 곧 우리와 함께 떡을 먹은 자가 우리에게 뒷발질하고, 다정하게 상담해 주던 자가 아히도벨처럼 그 지혜로 악한 꾀를 내어 해를 끼치는 이런 세상에서 얼마나 다행한 일인지요.

두 번째, 우리는 이 약속의 말씀을 언제 우리 자신에게 적용할 수 있을까요? 하나님께서 여호수아에게 하신 이 말씀을 경청하는 것은 지극히 당연한 일입니다. 그러나 오 하나님, 당신께서 이처럼 우리에게도 말씀하신다면 우리에게 얼마나 큰 위로가 되겠습니까! 그렇게 하고 계시다고요? 정말 당신께서 우리를 위로하신다고 우리가 믿어도 되겠습니까? 사랑하는 성도 여러분, 성경의 모든 내용은 여호수아와 같은 믿음을 가진 사람들에게 똑같은 효력을 나타냅니다. 성경은 개인을 위한 말씀이 아닙니다. 어떠한 말씀도 처음에 받은 한 사람만을 위한 말씀이 아닙니다. 하나님의 위로는 혼자서 다 마실 수 없는 샘물과 같습니다. 아무리 갈증이 심한 사람이라도 하나님의 위로의 샘물을 혼자서 다 마실 수는 없습니다. 오늘 주신 말씀의 샘물은 처음에는 여호수아를 시원하게 해 주기 위해 솟아 나왔지만, 아울러 우리도 여호수아의 입장이 되고, 또 그와 같은 인격을 소유하게 되면 우리도 우리의 물 항아리를 가지고 샘가에서 물을 길을 수 있는 것입니다.

하나님께서 "내가 너를 떠나지 아니하며 버리지 아니하리라"고 언제 분명하게 위로의 말씀을 하시는지 말씀드리고자 합니다. 우리가 하나님의 일을 하도록 부르심을 받았을 때 하나님은 확실하게 우리에게 위로의 말씀을 하십니다. 여호수아의 일은 곧 주님의 일이었습니다. 이스라엘 백성에게 그 땅을 주시며, "내가 네 앞에서 가나안 사람을 쫓아내리라"고 약속하신 분은 하나님이셨습니다. 여호수아는 하나님의 계획을 실행하는 자였으며, 저주받은 족속들을 쫓아내기 위해 주님께서 사용하신 칼이었습니다. 여호수아는 무모하게 자기가 결정하고 자기가 계획하여 가나안 땅에 들어간 것이 아니었습니다. 여호수아가 스스로 자기의 일을 선택한 것이 아니라 하나님께서 그를 불러 그에게 그 직무를 주시고 그 일을 하라고 명령하셨으며, 그러므로 하나님께서 그에게 "내가 너를 떠나지 아니하며 버리지 아니하리라" 말씀하셨던 것입니다.

형제여, 여러분도 하나님을 섬기고 있나요? 여러분도 영혼을 구원하는 목적을 가지고 살고 있나요? 하나님께 쓰임 받는 도구가 되어 타락한 사람들에게 하나님의 은혜로운 뜻을 성취하는 것이 여러분의 주된 목적인가요? 하나님께서 지금 있는 자리에 여러분을 세우셨고, 생명을 바쳐 하나님의 일을 하라고 여러분을 부르신 줄로 알고 있나요? 그렇다면 하나님의 이름으로 행하십시오. 왜냐하면 하나님께서 그의 일을 하라고 여러분을 부르신 것이 확실한 이상, 하나님께서 그의 모든 종들에게 말씀하신 것처럼 여러분에게도 "내가 너를 떠나지 아니하며 버리지 아니하리라" 말씀하시는 것이 분명하기 때문입니다.

그런데 제가 듣기로 여러분 중에 일부는 "우리가 정확히 하나님을 위한 일이라고 말할 수 있을 만큼 그렇게 큰 일을 하고 있지는 않습니다"라고 말합니다. 자, 형제들이여, 하나님의 영광을 나타내기 위해 애쓰고 있습니까? 여러분이 평상시에 늘 하는 일이 합법적입니까? 여러분은 정직하게 돈을 벌고 있다고 장담할 수 있습니까? 여러분은 올바른 원칙을 따라 일을 하십니까? 여러분은 가게에서 하나님을 영화롭게 하려고 노력하십니까? 여러분은 말을 타고 다니며 주님의 거룩하심을 나타내고 있습니까?

우리 모두가 설교자가 된다는 것은 불가능합니다. 왜냐하면 어디에나 듣는 자들이 있어야 할 것이기 때문입니다. 자신의 생업을 떠나서는 안 되는 많은 사람들이 '성역(聖役)'이라는 비성경적인 명분에 빠져듭니다. 사실, 가장 진실한 신앙의 삶은 그리스도인의 정신으로 일상생활에서 부르심을 따르는 것입니다. 지금 여러분은 그렇게 하고 있습니까? 그렇다면 여호수아가 히위 족속, 여부스 족속, 헷 족속을 죽인 일만큼 여러분이 천을 재어 잘라 주는 일이나 차의 무게를 저울에 다는 일 또한 하나님 앞에서 성역을 감당하고 있는 것입니다. 부르심을 받아 만군의 주 하나님을 위해 싸우는 군대를 인도하는 것만큼 여러분이 자녀들을 돌보고, 그들로 하나님을 경외하도록 양육하며, 집을 지키며, 여러분의 가정을 하나님을 섬기는 교회로 만드는 일 또한 하나님을 크게 섬기는 일입니다. 그러므로 이 약속의 말씀을 여러분에게 적용하십시오. 자신의 임무를 잘 감당하는 사람들은 이 약속의 말씀을 받을 자격이 있습니다. "내가 너를 떠나지 아니하며 버리지 아니하리라."

자, 이제 여러분 자신을 점검하십시오. 여러분이 자신을 위해 살고 있는지, 이익을 위해 살고 있는지, 자기 본위가 삶의 목적인지, 혹은, 더러운 부름을 좇아가고 있는지, 여러분이 행하는 일 가운데 하나님의 마음과 뜻, 그리고 바른 교리에 위배되는 것이 조금이라도 있는지 자신을 점검하십시오. 만일 그렇다면 하나님께서 죄 가운데 있는 여러분을 도와주시리라고 기대할 수 없으며, 또 하나님께서 그렇게 하지도 않으실 것입니다. 여러분은 자신의 욕심을 이루게 해 달라고 하나님께 요구할 수 없으며, 자신의 이기심을 채워 달라고 기도할 수 없습니다.

점검해야 할 또 하나의 문제가 있습니다. 이 약속을 내 것으로 삼고자 한다면, 우리는 하나님을 우리의 계산에 포함시켜야 합니다. 많은 사람들이 하나님에 관해 생각하지 않고 자신의 필생의 사업을 시작합니다. 자칭 그리스도인이라고 하는 많은 사람들이 일상생활에서 하나님을 잊고 있다는 사실을 저는 우려합니다. 형제 자매들이여, 여러분은 하나님을 여러분의 계산에 늘 포함시키고 있습니까? 여러분은 전지하신 인도와 전능하신 도움을 의지하십니까? 저는 어느 사령관의 이야기를 들어본 적이 있습니다. 그는 자신의 군대를 잘못 지휘하여 아주 어려운 상황에 빠지게 하였습니다. 그는 다음날 군인들이 사기 충천해 주기를 바랐습니다. 그래서 그는 변장을 하고 해 질 녘에 군인들의 막사를 돌다가 군인들끼리 이야기하는 것을 들었습니다. 그 중 한 명이 이렇게 말하였습니다. "우리 대장은 아주 훌륭한 전사야. 많은 승리를 거두었지. 하지만 이번만큼은 실수하셨어. 적의 숫자는 너무 많아. 보병대, 기병대, 포병대가 엄청 나."

그 군인은 계산서를 이미 다 작성하였고, 어설프게 대세를 판단하였습니다. 지휘관은 더 이상 참지 못하고 막사 안으로 들어가 이렇게 말했습니다. "나를 네 계산 속에 포함시켰느냐?" 이 말은 "나는 수많은 전쟁을 승리로 이끌었어. 그러니 너희는 내 솜씨로 대대 병력을 지휘하면 전투력이 크게 증가될 수 있다는 사실을 알아야 해"라는 말입니다. 이와 같이 주님께서는 자신의 종들이 하는 말을 들으십니다. 그들은 자신들에게 아무런 힘이 없으며, 할 수 있는 것이 거의 없고, 도울 자도 없다고 말합니다. 그런 자들에게 다음과 같이 책망하시는 주님의 음성이 들려옵니다.

"너희는 하나님을 계산에 포함시켰느냐? 너희의 평가 속에 하나님께서 계시지 않지 않느냐? 너희는 준비(providing)를 의논하면서 섭리(providence)의 하나님을 잘도 잊는구나. 너희는 일(working)에 대하여 의논하면서 너희 안에서 소원을 두고 일하시는(worketh) 하나님, 자신의 기쁘신 뜻대로 일하시는 하나님을 잘도 잊는구나."

우리가 사역을 감당할 때 믿는 사람들조차 얼마나 종종 우리의 소매를 붙잡고 우리가 너무 무모한 것이 아니냐고 말했는지 모릅니다. 우리가 맡은 일을 해낼 수 있다고 자신할 수 있을까요? 아닙니다. 우리는 자신할 수 없습니다. 다만 우리가 자신할 수 있는 것은 하나님을 믿는 것뿐이요, 하나님께는 모든 일이 가능하다는 사실뿐입니다.

여러분이 하나님의 사역을 한다면, 얕은 물가에서 과감히 거룩한 믿음의 깊은 물 속으로 들어가도 상관없습니다. 왜냐하면 우리의 믿음을 축복하시는 하나님께서 머지않아 우리의 사역을 형통하게 하실 것이기 때문입니다. 오, 그리스인이여, 여러분이 감히 그렇게 한다면, 그리고 그것이 결코 모험이 아니라고 생각한다면, 다음의 약속을 여러분의 것으로 삼을 수 있습니다. "내가 너를 떠나지 아니하며 버리지 아니하리라."

이제 우리가 하나님의 일을 할 때, 또는 우리의 생업을 하나님의 일로 여길 때, 그리고 참으로 믿음으로 하나님을 우리의 계산에 포함시킬 때 이 약속이 우리의 것이 된다는 사실을 기억하십시오. 그러나 우리는 또한 조심스럽게 하나님의 길로 나아가야 합니다. 본문 다음 구절을 살펴봅시다. 6절에서는, "강하고 담대하라" 말씀하고 있고, 7절에서는 독특하게 "오직 강하고 극히 담대하여 나의 종 모세가 네게 명령한 그 율법을 다 지켜 행하고 우로나 좌로나 치우치지 말라 그리하면 어디로 가든지 형통하리니"라고 말씀하고 있습니다.

"강하고 담대하라." 무엇을 위해 강하고 담대하라는 것입니까? 바로 순종을 위해서입니다! 강하고 담대하게 순종하기를 원하십니까? 저, 요즘에는 하나님의 계명에 얽매이지 않는 사람을 담대하다고 생각하고, 계시의 말씀을 비웃는 사람을 강하다고 생각한답니다. 하지만 안심하십시오. 바보라는 소리를 들어도 개의치 않고, 예전의 바른 진리를 고수하며 예전의 바른 길로 계속 걸어가는 그런 사람이 참으로 강한 마음과 정신을 소유한 사람입니다. 저는 새롭고 가벼운 사조(思潮)를 좇아가기보다 예전의 것을 지키는 데 더 많은 용기와 힘이 필요하다고 믿습니다.

여러분이 어떻게 살아야 할지 조심하십시오. 우리의 발걸음을 내딛을 때마다 조심해야 합니다. 정확히 거룩한 규례를 따르고, 사람의 생각은 염두에 두지 마십시오. 사람의 잘못된 생각은 무시해도 좋습니다. 그러나 하나님의 계명에는 충실하며 그 앞에 굴복하십시오. 여러분의 존재를 다 드려 지존하신 하나님의 모든 명령을 기쁘게 복종하십시오. 이 약속은 바른 길로 나아가는 자의 것입니다. "내가 너를 떠나지 아니하며 버리지 아니하리라."

이제 세 번째, 이 약속이 의도하지 않는 사실을 생각해 봅시다. "내가 너를 떠나지 아니하며 버리지 아니하리라." 우리는 이 은혜로운 말씀을 오해하지 말아야 합니다. 그래서 우리의 예상과 반대의 일이 벌어지더라도 우리는 실망하지 말아야 합니다.

이 약속은 우리의 노력을 배제하지 않습니다. 하나님의 약속에 대한 오해들이 많습니다. 어떤 이들은 하나님께서 자기와 함께 하시면 자기가 할 일은 전혀 없다고 생각합니다. 여호수아는 그렇지 않다는 것을 체험했습니다. 그와 그의 군대는 아모리 족속, 헷 족속, 히위 족속을 죽여야 했습니다. 여호수아는 싸워야 했고, 마치 하나님께서 전혀 도와주시지 않는 것처럼 그의 오른팔을 열심히 휘둘러 대적을 물리쳐야 했습니다. 세상에서 가장 지혜로운 것은 자신에게 모든 것이 달려 있는 양 최선을 다해 일하고, 그 다음에 모든 것이 하나님께 달려 있는 줄 알고 하나님을 신뢰하는 것입니다. 하나님은 우리를 버리지 않지만, 그렇다고 우리가 팔짱을 끼고 앉아 있으면 안 됩니다. 하나님은 우리를 버리지 않지만, 그렇다고 잠이나 자면서 매일의 양식이 우리의 입에 떨어지기만을 기다려서는 안 됩니다.

제가 아는 게으른 사람은 "여호와 이레"를 외치면서 앉아서 펜더(fender, 난로 주위에 두르는) 위에 발을 올려놓고 팔짱을 낀 채 게으르고 방종하였습니다. 대체로 그런 사람들의 뻔뻔스러움은 비참한 종말로 끝이 났습니다. 하나님은 그들에게 넝마와 천 조각을 주셨으며, 머지않아 교도소에 자리를 마련해 주셨습니다. 제 생각에는 이것이 게으른 사람들에게 지급될 최대의 보급품이며, 그들이 이것을 빨리 받으면 받을수록 사회는 좋아집니다. 하나님은 우리의 게으름을 용납하지 않으십니다. 이 세상에서 일하지 않고 좋은 것을 얻고자 하는 사람은 바보입니다. 하나님을 섬기는 일에 여러분의 생명을 바치십시오. 그리하면 여러분이 하나님을 의지하는 한 반드시 하나님의 복을 받을 것입니다. 올리버 크롬웰 역시 이 진리와 공통된 의식을 가졌습니다. 군인들이 싸우러 나갈 때, 그는 "하나님을 신뢰하라, 그러나 만반의 준비를 갖추라" 했습니다. 우리도 그리해야 합니다.

이 약속은 느닷없이 닥치는 재난을 막아 주지는 않습니다. 여호수아가 이 약속을 받은 후 아이 성으로 올라갔고 거기서 처절한 패배를 당해야 했습니다. 이스라엘 백성이 전쟁의 규례를 어겼기 때문입니다. 즉, 이스라엘이 주님을 속이고 여리고 성의 전리품 중에서 일부를 빼돌려 아간의 장막 가운데 숨겼던 것입니다. 바로 이 때문에 이스라엘이 뼈아픈 패배를 당해야 했습니다. 그렇습니다. 계명을 조금도 어기지 않는 철저한 사람이라도 아주 성공적으로 사업을 경영하는 가운데서도 크게 낙심할 때가 있음을 예상해야 합니다. 바다를 보십시오. 출렁거리는 바다는 곧 만조가 되지만, 밀려오는 파도는 해변에서 모두 소멸됩니다. 해변을 삼킬 듯 큰 파도가 두세 번 밀려온 후에는 해변을 핥는 잔잔한 파도가 밀려옵니다. 그러나 어쨌든 바다는 기필코 만조가 될 것입니다. 이와 같이 하나님을 위한 선한 모든 일에는 때때로 역류하는 파도가 존재합니다. 실제로 하나님은 그의 종들을 뒤로 물러서게 하십니다. 이로써 그들은 제자리에서 뛰는 것보다 더 멀리 도약할 수 있게 됩니다. 믿음 안에서 당하는 패배는 승리를 위한 준비일 뿐입니다. 우리가 잠시 두들겨 맞는다면, 그 순간 우리는 칼을 더 예리하게 갈고 있는 것이며, 다음 순간에 우리의 대적들은 우리의 칼이 얼마나 예리해져 있는지 알게 될 것입니다.

또한 이 약속은 믿음의 환난과 시련을 막아 주지 않습니다. 하나님의 도우심으로 할레(Halle)의 고아원을 설립하고 운영하였던 유명한 할레의 프랑케(August H. Francke)는 자서전에서 이런 말을 하였습니다. "내가 믿음으로 하나님께 나 자신과 나의 일을 맡겼을 때 필요한 것을 구하기만 하면 즉시 공급이 되는 줄 생각했습니다. 그러나 때때로 나는 오랫동안 기다리며 기도해야 한다는 것을 깨달았습니다." 공급이 오기는 하였지만 즉시 오지는 않았습니다. 한 번도 절대 빈곤에 이를 만큼 곤란하지는 않았지만 혹독한 고난의 과정이 있었으며, 여유는 없었습니다. 밑바닥에 깔려 있는 한 스푼의 양식까지 긁어모아야 했으며, 마지막 남은 한 방울의 기름까지 쥐어 짜내야 했습니다. 하지만 결코 그것이 마지막 기름은 아니었으며, 언제나 약간의 양식은 남아 있었습니다. 우리에게 빵이 공급될 것이지만 항상 4파운드 짜리 빵은 아니며, 우리에게 물이 공급될 것이지만 항상 시내가 넘치지는 않으며, 불과 작은 컵에 따를 정도의 물만 공급될 수도 있습니다.

하나님은 어느 누구에게도 믿음의 시련이 없이 하늘나라에 이를 것이라고 약속하지 않으셨습니다. 하나님은 여러분을 떠나지 않으시지만 여러분을 매우 낮추실 것입니다. 하나님은 여러분을 버리지 않으시지만 여러분을 시험하시고 연단하실 것입니다. 여러분은 심령을 지키기 위해 자주 믿음을 사용해야 할 것입니다. 하나님께서 여러분의 믿음을 흔들리지 않게 붙들어 주시지 않는다면 여러분은 극도로 불안하게 될 것입니다.

한 가지 더 말씀드리고자 하는 것은 이 약속이 우리의 최대의 고난(죽음)을 막아 주지 않는다는 것입니다. 사람들이 매우 슬프고 끔찍하게 생각하는 죽음을 이 약속은 막아 주지 않습니다. 하나님께서는 한 번도 바울을 떠나지 않으셨지만 저는 바울의 머리가 사형집행인에 의해 잘려 나간 장소를 보았습니다. 주님은 한 번도 베드로를 떠나지 않으셨지만 베드로 또한 그의 선생님처럼 십자가에 달려 죽어야 했습니다. 주님은 순교자들을 한 번도 떠나지 않으셨지만 순교자들은 불병거(화형을 의미함)를 타고 하늘로 올라가야 했습니다. 주님은 한 번도 교회를 떠나지 않으셨지만 교회는 종종 거름더미 위에 밟히는 볏짚처럼 밟혔습니다. 교회는 온 세상에서 피를 흘렸고, 그래서 교회가 완전히 없어지는 것 같았습니다. 아시다시피 지금도 교회의 역사는 본문 말씀을 입증하는 실례일 뿐입니다. 하나님은 교회를 떠나지 아니하셨고 버리지 아니하셨습니다. 우리는 성도들의 죽음을 패배가 아니라 승리로 이해합니다. 성도들이 차례로 죽을 때 그들이 아래에서 볼 수 없었던 별빛을 저 높은 하늘에서 열 배나 밝게 볼 수 있었습니다. 별빛을 가리고 있던 구름을 지나 그들이 천국에 이르렀기 때문입니다. 사랑하는 성도들이여, 우리는 겟세마네 동산 같은 곳에서 신음할 수도 있지만 하나님은 우리를 떠나지 않으실 것입니다. 골고다 언덕 같은 곳에서 탄식할 수도 있지만 하나님은 우리를 버리지 않으실 것입니다. 우리는 다시금 일어설 것이며, 주님께서 죽음을 이기셨던 것처럼 우리도 최대의 고통과 가장 끔찍한 패배(죽음을 의미함)를 이기고 마침내 주님의 보좌에 이르고야 말 것입니다.

이제 저는 네 번째 대지를 잠시 말씀드리겠습니다. 우리에게 이 모든 시련이 일어날 수 있다면 도대체 본문의 의도는 무엇입니까? 본문의 말씀에 해당되는 여러분에게 이 말씀은 첫째, 여러분의 일이 실패하지 않는다는 것이요 둘째, 여러분은 버림을 당하지 않는다는 것입니다.

"내가 너를 떠나지 아니하리라"(will not fail). 곧 여러분의 수고가 주 안에서 헛되지 않을 것입니다. 무엇이 헛되지 않다는 말씀입니까? 수많은 사람들에게 복음을 전하게 된다는 말일까요? 하나님은 복음을 전하는 여러분을 떠나지 아니하실 것입니다. 제 기억에 20년 전에 저는 단순한 마음으로 복음을 전하였습니다. 약간의 감동은 있었으나 지혜로운 사람들은 저의 설교를 경시하였고 여섯 달 안에 그 모든 감동은 사라졌습니다. 우리는 계속 설교했습니다. 이윽고 많은 사람들이 우리의 설교를 들었지만, 그들의 감동은 "일시적인 흥분이요 일종의 종교적인 발작"이었습니다. 그것은 냄비처럼 순간적으로 끓다가 금방 식어지곤 하였습니다. 저와 같은 선지자들이 지금 어디에 계시는지 저는 알고 싶습니다. 만일 여기에 그런 분이 계시다면 예언이 성취되지 않았다고 슬퍼하지 마시기 바랍니다. 이로 인하여 자족하는 법을 배우기 바랍니다.

땅과 하늘에 있는 것들도 수없이 하나님께서 행하신 일을 말할 수 있습니다. 여러분이 힘써야 할 일은 그런 것이 아니지 않습니까? 매우 조용하면서도 주제넘지 않고, 은밀한 수고에 힘써야 하지 않을까요? 적지만 누군가 그런 수고를 비웃는다는 것을 저는 의심하지 않을 것입니다. 다윗이 엘리압에게 비웃음을 당한 것처럼 이 세상에서 주의 일을 힘쓰며 비웃음을 당하지 않은 사람은 거의 없습니다. 형제여! 힘을 내시고 주의 일에 충성하십시오. 꾸준히 그리고 열심히 일하시고 여러분의 하나님을 신뢰하십시오. 그리하면 여러분의 일이 실패하지 않을 것입니다(will not fail). 오랜 세월 동안 열심히 목회하였지만 오직 한 사람만을 교회에 등록시킨 어느 목회자의 이야기를 저는 들었습니다. 한 사람만 등록시켰다는 것은 그에게 슬픈 일이었습니다. 그런데 우연찮게도 그 등록된 한 사람은 바로 로버트 모펏(Robert Moffatt)이었습니다. 그는 우리 같은 사람 천명의 가치가 있습니다. 그러므로 계속 충성하십시오. 여러분이 오직 한 사람만 그리스도께로 인도하더라도 그 한 사람의 가치를 누가 평가할까요?

여러분의 반은 규모가 매우 적습니다. 하나님께서 역사하지 않는 것같이 느껴지기도 합니다. 그것을 놓고 기도하십시오. 더 많은 학생들을 불러모으고 더 잘 가르치십시오. 그렇게 했는데도 즉각적인 성공을 눈으로 볼 수 없다 할지라도 그것을 실패라고 믿지 마십시오. 믿음과 기도로 전파된 복음은 한 번도 실패한 경우가 없었습니다. 그리스도 우리 주님께서 최초로 복음을 전파한 날부터 오늘날까지, 저는 감히 말하건대, 참된 기도가 실패한 적은 한 번도 없었으며, 올바른 정신으로 전한 복음의 참된 선포가 주님이 기뻐하시는 성공을 거두지 못하고 그대로 땅에 떨어지고 만 적은 한 번도 없었습니다.

그리고 여러분은 버림을 당하지 않을 것입니다. 왜냐하면 하늘에 계신 친구분이 "내가 너를 버리지 아니하리라" 말씀하셨기 때문입니다. 여러분은 돕는 자 없이 혼자 외롭게 버려지지 않을 것입니다. 여러분은 늙어서 무엇을 할까 염려하고 있지만 그런 염려는 버리십시오. 다만 늙어서 하나님께서 여러분을 어떻게 도와주실까 그런 생각을 하십시오. 하지만 여러분은 너무 곤궁하고 오랫동안 병을 앓아왔기 때문에 친구들을 질리게 만들 것이라고요? 여러분의 친구들은 질릴 수 있지만 하나님은 질리지 않으시며, 오랜 친구들은 여러분을 버린다 할지라도 하나님은 여러분에게 새로운 돕는 자들을 보내실 것입니다. 하지만 여러분이 질병이 너무 많아서 곧 쓰러지고 말 것이며, 그런 상태에서 오래 살지 못할 것이라고요? 그래요. 알았어요. 그러면 여러분은 천국에 들어갈 것이며, 그건 정말 좋은 일이지요. 하지만 계속 아플까봐 두렵다고요? 꼭 그렇지는 않습니다. 설령 그럴지라도 그에 따르는 하나님의 약속을 기억하십시오. "내가 결코 너희를 버리지 아니하고 너희를 떠나지 아니하리라"(히 13:5).

마지막으로 제가 말씀드리고자 하는 것은 이 약속이 우리에게 이루어질 줄 어떻게 확신할 수 있느냐 하는 것입니다.

저는 대답합니다. 첫째, 그것은 하나님의 약속이기 때문에 우리는 확신할 수 있습니다. 지금까지 하나님의 약속 중 어느 것 하나라도 그냥 땅에 떨어진 적이 있습니까? 세상에는 우리의 믿음을 계속해서 흔드는 사람들이 있습니다. 그들은 "너의 하나님이 어디 있느냐?"고 말합니다. 그들은 기도의 효력을 부인하고, 하나님의 간섭을 부인합니다. 저는 그들이 그렇게 부인하는 것에 그다지 놀라지 않습니다. 대부분의 그리스도인들도 기도 응답이나 하나님의 간섭을 믿지 못하는 걸요. 이 때문에 그들은 하나님의 도움을 받지 못하고 믿음으로 살지 못하는 것입니다. 하지만 믿음으로 행하는 사람은 하나님의 간섭을 주시하며, 하나님의 간섭은 틀림없이 완전하다고 말할 것입니다. 그리고 그는 기도에 대한 응답을 주시하며, 기도하면 반드시 응답 받는다고 말할 것입니다. 다른 사람들에게 기적 같은 일들이 그리스도를 믿는 신자들에게는 평범한 일상생활이 됩니다.

하나님의 일을 하라는 부르심을 받은 사람을 하나님께서 떠나지 않으신다는 사실을 확신하십시오. 왜냐하면 자기 종들을 버리는 것은 주님의 뜻이 아니기 때문입니다. 다윗에게도 죄를 저질렀던 어두운 시절이 있었습니다. 그때에 다윗은 요압에게 명령하여 헷 사람 우리아를 전투의 선봉에 서게 하였습니다. 그리고는 우리아만 남기고 모두 퇴각하게 하여 암몬 사람들에게 죽게 만들었습니다. 너무나 잔인하지 않습니까? 극도로 비열하고 이해할 수 없는 범죄였습니다. 혹시 주님께서도 그런 비열한 행동을 하시지 않을까 여러분이 의심하나요? 하나님은 절대로 그런 일이 없으십니다. 저는 다음과 같이 하나님께 간구했던 기억이 납니다. "주여, 당신께서 저를 어려운 자리에 처하게 하셨나이다. 제 힘으로는 도저히 감당할 수 없나이다. 저는 한 번도 이렇게 중요한 자리를 탐내 본 적이 없습니다. 그런데 당신께서 지금 저를 도와주시지 않는다면 저를 이곳에 두신 이유가 도대체 무엇입니까?" 이처럼 저는 하나님을 움직일 수 있는 그런 논리를 언제나 찾았습니다.

또한 대적이 주님 앞에서 의기양양해 하며 큰소리칠 때 하나님은 자기의 종들을 떠나지 않으신다는 사실을 기억하십시오. 얼마 후 여호수아는 바로 이런 사실에 초점을 맞추고 이렇게 기도하였습니다. "가나안 사람과 이 땅의 모든 사람들이 듣고 우리를 둘러싸고 우리 이름을 세상에서 끊으리니 주의 크신 이름을 위하여 어떻게 하시려 하나이까"(수 7:9).

또한 하나님께서 여러분을 통해 목적을 이루려고 여러분을 세우셨는데 어찌하여 하나님께서 패배하실 것이라고 생각하십니까? 하나님께서 세우신 계획 중 어느 하나라도 수포로 돌아간 것이 있습니까? 나의 하나님은 계획하신 것을 반드시 이루시는 하나님이십니다. 하나님은 전능하신 분이시며 아무도 그를 거역할 수 없습니다. 성경은 하나님에 관하여 "그는 자기 뜻대로 행하시나니 그의 손을 금하든지 혹시 이르기를 네가 무엇을 하느냐고 할 자가 아무도 없도다"(단 4:35)라고 말씀합니다.

게다가 나의 형제들이여, 우리가 하나님을 신뢰하고 하나님을 위해 산다면, 하나님께서 우리를 너무나 사랑하시기에 우리를 버리지 않으실 것입니다. 하나님은 그의 모든 종들 안에서 당신 자신의 모습을 발견하십니다. 하나님은 그들 안에서 그의 사랑하는 아들의 몸 된 지체들을 발견하십니다. 그들 가운데 아무리 적은 자라도 주님에게는 자신의 눈동자처럼 소중하며, 하나님은 그를 자신의 생명처럼 사랑하십니다. 하나님께서 그의 자녀들에게 감당할 수 있는 힘도 주시지 않고 그들의 어깨 위에 짐을 얹어놓는다거나 혹은, 그들에게 일할 재료도 주시지 않고 일만 시킨다는 것은 상상조차 할 수 없는 일입니다. 오, 믿는 여러분이여, 주님을 신뢰하십시오.

저는 지금까지 말씀을 통해 골수와 기름진 양식을 전하면서 이 좋은 것을 먹을 수 없고 나눌 수 없는 가련한 영혼들을 생각했습니다. 저는 여러분을 여기서 뵙게 되어 기쁩니다만 여러분은 이 좋은 것들을 갈망해야 합니다. 그렇지 않으면 여러분은 성도들 가운데 들지 못할 것입니다. 여러분의 입이 언약의 좋은 양식을 보고 침을 흘리시기 바랍니다. 바라건대, 식탁 위에 놓인 하나님의 약속을 보고 그것이 얼마나 풍요로운지 깨달을 때 여러분이 속으로 "하나님이여, 저것을 내가 먹게 해 주소서"라고 말하기 바랍니다.

자 가련한 영혼이여, 하나님께서 여러분에게 식욕을 주신다면, 저는 분명히 말하는데 그 양식은 여러분에게 공짜입니다. 하나님께서 도와주시기를 원한다면 — 참으로 여러분이 그리스도로 말미암아 구원 받기를 원한다면 — 지금 나오십시오. 대환영입니다. 하나님은 당신의 영혼에 복 주시기를 간절히 원하시기 때문입니다. 아직 여러분의 소원이 하나님을 향하여 간절하지 않다면, 하나님은 여러분을 간절히 기다리실 것입니다. 하나님을 간절히 원하신다면, 하나님을 주장하려고 하지 마시고 오히려 하나님의 주장에 자신을 맡기십시오. 하나님은 오래 전에부터 여러분을 기다리셨습니다. 그 앞에 나와서 그를 믿고 그의 아드님께서 베푸시는 구속을 받으십시오. 그리고 진심으로 믿음의 삶을 시작하십시오. 그리하면 여러분은 내가 한 말이 전부 진실이며, 조금도 부족함이 없는 완전한 진리라는 사실을 깨달을 것입니다. 그때에 여러분은 솔로몬의 영광을 보았던 스바의 여왕처럼 "내가 그 말들을 믿지 아니하였더니 이제 와서 친히 본즉 내게 말한 것은 절반도 못되도다"(왕상 10:7)라고 말할 것입니다.

9

기드온

또 다른 전쟁의 시작

"기드온이 그가 여호와의 사자인 줄을 알고 이르되, 슬프도소이다, 주 여호와여! 내가 여호와의 사자를 대면하여 보았나이다 하니 여호와께서 그에게 이르시되, 너는 안심하라, 두려워하지 말라, 죽지 아니하리라 하시니라. 기드온이 여호와를 위하여 거기서 제단을 쌓고 그것을 여호와 살롬이라 하였더라" (삿 6:22 -24).

미디안 사람들은 아라비아, 그리고 성지 동편 지역에서 온 베두인 족 곧 유목민들이었습니다. 그들은 약탈하는 기술의 달인들이었으며, 동정심이라곤 조금도 없는 사람들이었습니다. 대체로 미디안 사람들은 고된 삶을 살았고, 다른 사람들에게서 빼앗은 약탈물을 가지고 잔치를 베풀 때에는 조금도 남김없이 소모하였고, 그 후에는 굶주렸습니다. 성경은 아주 적절하게 그들을 메뚜기 떼에 비유하였습니다. 그들의 숫자나 파괴력이 마치 식물을 모조리 먹어치우는 메뚜기 떼와 비슷하였기 때문입니다. 하나님은 그들을 보내어 이스라엘 나라를 채찍질하였습니다. 왜냐하면 이스라엘이 너무나 어리석고 배은망덕하게도 이방의 신상들을 세우고, 그들의 은혜로우신 후원자시며 보호자이신 능력의 하나님을 잊어버렸기 때문입니다. 그들은 이 약탈자들에게 약탈을 당하고 극심한 억압을 당하였습니다. 이 약탈자들은 사람이나 짐승이 먹을 양식을 조금도 남김없이 다 약탈하였습니다.

불쌍한 이스라엘 사람들은 밀실이나 동굴에서 몰래 걸어나와 경작을 하고 땅에다 씨를 뿌렸습니다. 하지만 추수할 때가 되면 이 약탈자들이 다시금 와서 추수한 곡식을 빼앗고 땅을 파괴하였습니다. 그러면 이스라엘은 여느 때처럼 여호와께 부르짖었고 하나님은 그들의 신음소리를 들으셨습니다. 그들은 고난으로 말미암아 우상에게 넌더리가 나며, 급기야 "지금보다 그때가 좋았으니 우리의 첫 남편에게로 돌아가리라"하였습니다. 하나님은 크신 자비로 그들을 위하여 구원자 기드온을 세우셨습니다. 기드온은 미디안과 여러 번 작은 접전을 벌인 것으로 널리 알려진 큰 용사였습니다. 그의 이름은 이미 미디안에게 공포의 대상이었습니다. 보리떡 한 덩어리가 장막을 쳐서 무너뜨리는 꿈을 꾼 미디안 군사가 그의 친구에게 말하자 그 친구는 "이는 다른 것이 아니라 이스라엘 사람 요아스의 아들 기드온의 칼이라"고 말할 정도였습니다.

그의 인물됨은 아무리 감탄해도 모자랄 정도였습니다. 성경이 소개한 그의 이름, "큰 용사"는 그의 전체적인 활약상에 비하면 매우 약한 표현입니다. 그는 더 나은 대접을 받을 자격이 있습니다. 그는 부드러우면서도 강하고, 신중하면서도 대담한 사람이었습니다. 그리고 철저하게 따져 묻는 자이면서도 또한 열정적으로 믿는 신자였습니다. 그는 이후로는 다윗의 모델이 되었고, 이전으로는 여호수아를 꼭 닮았습니다. 말년에 중대한 신앙적인 실수와 도덕적인 오류를 범하므로 그의 명성이 가려지기는 했지만 그는 참으로 위대한 사람이었습니다. 그의 실수에도 불구하고 그는 신앙의 영웅들 중에서 최고에 속하는 사람이었습니다. 그는 성급하게 전쟁을 서둘지 않고 자기의 때를 기다렸습니다. 그리고 때가 왔을 때 뜻밖의 갑작스런 공격으로 적군 전체를 급습하였습니다. 이에 미디안 군사들은 모두 다 정신 없이 도망쳤으며 마치 한 사람처럼 두들겨 맞았습니다.

지휘관들이 먼저 도망쳤습니다. 소장급인 오렙과 스엡, 곧 갈가마귀와 이리(그들의 이름의 뜻임)가 제일 먼저 잡혔고, 이어서 제일 먼저 도망쳤던 왕들도 승리군에게 사로잡혔습니다. 미디안의 지도자들이 다른 군사들보다 먼저 도망쳤으므로 훗날 그 지도자들의 몰락이 저주스러운 속담이 되었습니다. "그들의 귀인들이 오렙과 스엡 같게 하시며 그들의 모든 고관들은 세바와 살문나와 같게 하소서"(시 83:11).

기드온을 조금이라도 닮기 위해서 잠시 그에 대해 생각해 보도록 합시다. 우리는 기드온처럼 유목민을 공격해야 하는 것은 아니지만 하나님께서는 우리를 영적인 싸움으로 불러내셨습니다. 하나님께서 우리를 사용하여 승리를 얻고자 뜻하시지만 지금 이 순간 우리는 두려움에 떨고 있습니다. 우리는 지금 기드온을 훈련시킨 것과 같은 정신적인 훈련과정을 거치고 있으며, 미래의 전투와 정복을 위해 준비되어 가고 있는 중입니다.

잠시 평화를 위한 기드온의 열망을 설명하고자 합니다. 기드온은 전쟁을 좋아하지 않았고 평화를 열망하였습니다. 그는 제단의 이름을 "여호와 살롬"이라고 하였는데 난외주에 "주께서 평화를 보내신다"고 해석되어 있습니다. 그러므로 그의 심령 속에는 전쟁에 대한 열망보다는 평화에 대한 열망이 더 깊이 자리잡고 있었던 것이 분명합니다. 그는 왕들의 전리품을 바라지 아니했습니다. 그가 바라는 것은 오로지 평화롭게 땅을 갈고 씨를 뿌리고 수확하는 것이었습니다.

전쟁의 참상이 도처에 깔려 있을 때 여러분의 마음은 어떻겠습니까? 기드온은 오랫동안 그의 친구들과 이웃에게서 전쟁의 처참한 결과들을 보았습니다. 그들은 재산을 빼앗겼고, 양식도 강탈당하였으며, 자녀들은 살육 당하였고, 자신들은 깊은 산 속이나 동굴 속에서 숨어 지내야 했습니다. 이렇듯 다 빼앗기고 위험스럽게 살아간다는 것은 견딜 수 없는 일이었습니다. 전에는 이스라엘의 모든 사람들이 포도나무와 무화과나무 아래에서 안전하게 거하였는데 이제는 산에 사는 자고새처럼 쫓겨다니는 신세가 된 것을 보며 기드온의 마음은 슬픔과 분노로 가득 찼습니다.

베두인 족은 이스르엘 골짜기를 "하나님의 초원"이라고 불렀습니다. 그런데 이 비옥한 초원이 침략자들에게 짓밟혔으니 이 모습을 바라본다는 것이 그 얼마나 비통한 일이었겠습니까! 저와 여러분은 전쟁의 공포를 상상조차 할 수 없습니다. 전쟁에 대한 기록을 읽고 다만 동정심만 느낄 뿐이지 엄청난 살육, 고통스러운 상처, 황폐화시키는 약탈, 군대가 지나가면서 남기는 잔인한 범죄들을 잘 알지 못합니다. 만약 우리의 눈으로 전쟁의 참상을 목격한다면 우리는 "선하신 주님, 우리에게 평화를 주옵소서"라고 뜨겁게 부르짖지 않을 수 없을 것입니다.

더욱이 기드온은 자신이 직접 전쟁의 고통을 체험하고 있었기 때문에 평화를 열망하였습니다. 전쟁의 공포가 기드온의 고향인 아비에셀에 있는 그의 농장에도 미쳤습니다. 거기서 기드온은 포도주 틀에 숨어 밀을 타작하고 있었습니다. 포도주 틀은 밀을 타작하기가 불편한 곳이었지만 겨울에 먹을 약간의 곡식을 숨기기 위해서는 어쩔 수 없는 일이었습니다. 미디안 족속이 그마저도 빼앗으려고 하였으니까요. 대학살이 여러분의 문 앞에서 벌어지고, 약탈이 여러분의 성문 앞에서 행해지며, 자신이 두려워 숨어 지내고 있다면, 심령 깊은 데서부터 "오, 하나님 억압당하는데 지쳤사오니 우리에게 평화를 주소서, 이 갈가마귀들과 이리들이 우리를 완전히 삼키나이다"라고 부르짖을 수밖에 없을 것입니다.

기드온은 평화를 회복하는 방법을 잘 알고 있었습니다. 그때에 주의 선지자가 이스라엘 백성에게 이르러 여호와 하나님께 돌아오는 것만이 평화를 회복하는 유일한 길이라고 알려 주었습니다. 살아 계신 영광의 하나님을 떠난 큰 죄가 그들 앞에 있었던 것입니다. 그러므로 이스라엘이 대적으로부터 평화를 되찾기 위해서는 무엇보다 먼저 하나님과 평화를 이루어야 한다는 사실을 그들은 쉽게 알 수 있었습니다. 그들은 주권자이신 하나님께 굴복하고 다시금 충성해야 합니다. 그때에 비로소 하나님께서 그들의 땅에서 대적을 몰아내 주실 것입니다. 그들은 자신들의 죄를 자백하고 언약을 갱신해야 합니다. 그때에 비로소 그들은 구원을 얻을 것입니다. 그때에 비로소 "하나가 천을 쫓으며 둘이 만을 도망하게 하리라"(신 32:30)는 옛 언약이 성취될 것입니다. 아마도 기드온은 선지자가 나타나기 전부터 이 사실을 알았을 것입니다. 기드온은 이 진리의 말씀을 마음속 깊이 새겨두었으며, 하나님을 믿는 자로서 이스라엘이 여호와께 돌아오면 평화는 자연히 따라올 것이라고 확신하였습니다.

기드온이 이러한 생각을 하며 일하고 있을 때 천사가 그에게 나타나 하나님께서 그와 함께 계신다는 보증을 합니다. 이 약속의 천사는 기드온에게 "큰 용사여, 여호와께서 너와 함께 계시도다"(삿 6:12)라고 말해 주었습니다. 제 생각에 기드온의 심령은 이 보증의 말씀을 듣고 틀림없이 크게 기뻐했을 것입니다. 사실 인생이 이런 확실한 보증을 받는 것보다 더 좋은 것이 어디 있겠습니까? 하나님께서 우리를 위하신다면 누가 우리를 대적할 수 있겠습니까? 믿음으로 의롭다함을 받은 우리는 하나님과 평화를 이루고 있다는 이 보증이야말로 얼마나 감미로운 사실인지 알고 있습니다. 주님께서 영원히 우리와 함께 계시고, 우리를 돕는 자, 우리의 방패, 우리의 기업이 되신다는 보증을 받는 것은 너무나 좋은 일입니다.

그러나 기드온의 마음속에 심각한 근심이 생겼습니다. 기드온의 마음은 매우 조심스러웠고, 깊은 생각에 잠겼습니다. 그는 신중하고 도량이 크며, 멀리 내다보고, 냉철하고 침착하게 사물을 관찰하는 사람이었기 때문입니다. 그의 마음속에 한 가지 심각하고 중요한 의문이 생겼습니다. "이것이 과연 하나님의 음성인가, 아니면 내가 무언가에 홀리고 있는 것은 아닌가? 하나님께서 정말 나와 함께 하시는 것인가, 아니면 다른 사람들처럼 살아 계신 하나님을 대적하는 무서운 전쟁에 빠져있는 것은 아닌가?" 그래서 그는 질문을 하고, 자기가 어떠한 존재인지 확인할 수 있도록 증표를 요구합니다.

형제들이여, 여러분과 제가 가진 영적인 문제는 확인할 필요가 있습니다. 우리의 심령 안에 평화가 있을지라도 그것이 과연 하나님이 주시는 평화인지 확인해야 합니다. 왜냐하면 "평강하다, 평강하다"(렘 6:14) 하나 평강이 없는 경우가 있기 때문입니다. 유혹의 말은 사람들을 파멸시키기 위해 감미로운 음색으로 매료시킵니다. 죽음의 강물은 큰 폭포에 다다를 때까지 아주 부드럽게 흘러갑니다. 그러므로 주님의 말씀을 유의하십시오. "그들이 평안하다, 안전하다 할 그때에 임신한 여자에게 해산의 고통이 이름과 같이 멸망이 갑자기 그들에게 이르리니 결코 피하지 못하리라"(살전 5:3).

강한 착각에 빠진 불경건한 사람만큼 태평한 사람도 없습니다. 시편 저자는 그들에 대하여 이렇게 말합니다. "그들은 죽을 때에도 고통이 없고 그 힘이 강건하며 사람들이 당하는 고난이 그들에게는 없고 사람들이 당하는 재앙도 그들에게는 없나니"(시 73:4, 5). 기드온은 평화롭지 못했습니다. 근심하는 기색이 역력하였습니다. 그는 어두움을 감추지 못했습니다. 그는 본질을 추구하였습니다. 평화를 가지더라도 하나님으로부터 온 평화를 가져야만 했습니다. 그는 구원을 받더라도 확실하고 영구적인 승리를 얻기 원하였습니다. 기드온은 근심에 시달렸기 때문에 은혜를 구하였고, 두 번이나 확실한 보증을 얻고자 하였습니다. 기드온은 자신의 사역이 정말로 근거가 있는 것인지, 성공은 보장되어 있는 것인지 하나님으로부터 확인 받기를 원하였습니다.

우리 가운데 많은 사람이 기드온과 같은 처지였으며 아마도 지금도 그러하리라고 저는 믿습니다. 물론 우리가 기드온의 사명을 가진 것은 아니며, 우리에게는 우리의 사명이 있고, 개인적으로 자신의 평화에 대해 확신이 없기 때문에 근심하는 것입니다. 우리는 과거의 죄와 그 결과들로 인해 슬퍼합니다. 이것이 많은 사람들의 공통적인 운명입니다. 첫째, "양심의 가책으로 말미암아 우리는 모두 소심해집니다." 그리고 하나님의 강력한 성령께서 우리의 죄를 깨닫게 하시며, 이로써 우리는 또다시 슬퍼하게 됩니다. 아니 오히려 슬픔보다 더 큰 고통을 당합니다. 왜냐하면 슬픔은 채찍으로써 우리를 징계한다면, 죄는 전갈로써 징계하기 때문입니다. 우리는 하나님의 노여움으로 말미암아 소멸되며, 하나님의 진노로 말미암아 괴로워합니다. 우리의 마음은 이래저래 시달리며 혼란스럽습니다. 그런 혼란 속에서도 우리의 마음은 참된 평안을 찾으며, 하나님 안에서 평화를 누리기를 갈망합니다.

컴퍼스의 바늘처럼 우리의 마음은 흔들리며 산란하지만 중심을 알고 있으며, 그 중심을 잡기 위해 근심하고 있는 것입니다. 마음은 쉴 수 있는 장소에 이르기까지는 결코 평안하지 못할 것입니다. 여러분도 그런 마음의 상태를 경험해 보았는지요? 제가 알기로, 주님께서 여러분을 사랑하시고 주님의 일을 하라고 여러분을 세우셨다면, 여러분은 그런 경험을 해 보았을 것입니다. 그때에 하나님께서 여러분에게 자비의 메시지를 보내 주셨나요? 여러분은 성경을 살피고 고귀한 약속의 말씀을 찾으셨나요? 성령의 기름 부음을 받은 하나님의 신실한 종이 전하는 설교를 듣고 위로를 받아보셨나요? 심지어 그러한 때에라도 어두운 생각이 구름처럼 일어나 "정녕 이것이 나를 위한 위로입니까? 내가 이 위로를 받아도 되는 겁니까? 그것이 착각입니까 확신입니까?"라고 질문한다 할지라도 저는 이상하게 여기지 않을 것입니다. 착각과 확신 사이에는 분명한 선이 있고, 면도날처럼 예리한 구분이 있습니다. 그것을 분간하지 못하는 사람에게는 화가 있을 것입니다.

오 하나님, 우리를 육적인 안일로부터 구원하여 주소서. 평강이 없는 곳에서 "평강하다 평강하다" 외치지 말게 하소서. 우리가 자화자찬하고 우쭐해져서 멸망당하기보다는, 진실하게 우리 자신에 대하여 있는 그대로 쓰디쓴 말을 듣는 것이 더 낫습니다. 그러므로 여러분이 확실한 증표를 보여 달라고 주님께 요구할지라도 저는 이상하게 여기지 않을 것입니다. 여러분은 하나님께 기도하되 이렇게 말하십시오. "당신의 위로 외에 저는 아무런 위로도 받지 않겠나이다. 당신의 비둘기는 진실한 노아의 방주 외에는 발 둘 곳을 찾을 수 없나이다. 오직 노아의 방주에만 쉼이 있나이다." 저는 예수님께서 구멍난 손으로 제게 주시는 위로의 잔 외에는 그 어떠한 위로의 잔도 받지 않을 것입니다. 깨끗하려면 예수님의 피로 깨끗해질 것이며, 옷을 입는다면 예수님의 의의 옷을 입을 것입니다.

하나님으로부터 오는 참된 평화 얻기를 소원하고 이로써 자기의 나라에 평화가 회복되기를 소원한 기드온의 열망을 살펴본 지금, 그 평화를 얻는 과정에서 겪었던 기드온의 두려움에 대해 잠시 살펴보려고 합니다. 흠정역(Authorized Version)에는 "한 천사"가 나타났다고 번역되었지만 사실은 "여호와의 사자"가 옳은 번역입니다. 우리도 하나님의 사자를 만나면 위로를 받는 것처럼 기드온도 이 장면에서 위로를 받았을 것입니다. 하지만 기드온이 천사의 모습을 하고 오신 하나님의 뵈었을 때 기뻐 날뛰었을 것이라고 사람들은 생각하겠지만, 사실은 그때문에 죽음의 그림자가 그를 덮쳤습니다. 여기에 있는 이 사람은 평화를 갈망하며 평화의 길로 확고하게 나아갔지만 아울러 엄청난 두려움에 휩싸였습니다. 평화는 하나님께 가까이 가지 않고는 얻을 수 없으며, 또한 주님께서 우리에게 가까이 오시지 않고는 가질 수 없는 것입니다. 그러나 정작 이러한 만남이 이루어졌을 때 가련한 인생은 면접 때부터 주눅이 들고 두려움에 녹아 버리고 말았습니다.

"기드온이 그가 여호와의 사자인 줄을 알고 이르되 슬프도소이다, 주 여호와여! 내가 여호와의 사자를 대면하여 보았나이다 하니"(삿 6:22). 하나님께서 사람들과 평화를 이루려 하실 때 흔히 이런 일이 벌어집니다. 그것은 완전하고 올바른 과정이지만 영혼은 심하게 떨립니다. 떨림이 없는 회개를 저는 신뢰하지 않습니다. "지금부터는 아버지의 아들이라 일컬음을 감당하지 못하겠나이다"(눅 15:21). 탕자의 부르짖음을 보십시오. 베드로의 애절한 통곡을 보십시오. 다소의 사울이 삼일 동안 어두움 속에 있었던 것을 보십시오. 신자들에게도 하나님의 임재는 두려울 수밖에 없습니다. 야곱은 "두렵도다, 이곳이여"(창 28:17)라고 소리쳤습니다. 욥은 소름이 끼쳤으며, 모세는 크게 두려워하고 떨었으며, 이사야는 "화로다 나여"라고 외쳤습니다.

어찌하여 기드온이 두려워했을까요? 그가 겁쟁이였기 때문이 아닙니다. 여러분은 이 요아스의 아들만큼 용기 있는 사람을 성경에서 찾아보기 힘들 것입니다. 그 이유는 아무리 용기 있는 사람이라도 초자연적인 존재 앞에서는 놀라지 않을 수 없기 때문입니다. 기드온은 전에 한 번도 보지 못했던 광경을 보았습니다. 하나님의 임재는 사람들이 흔히 볼 수 없는 신비로운 광경이었습니다. 그러므로 하나님을 경외한 만큼 기드온은 두려워하였습니다. 살아 계신 하나님께서 한 영혼에게 가까이 오실 때, 비록 그리스도 예수의 인격 안에서 오신다 할지라도, 그 심령은 두려워 위압당하게 되며 주님 앞에서 떨게 될 것입니다. 그것은 그럴 수밖에 없습니다. 주님의 사랑을 받은 요한에게 어떤 일이 있었는지 생각해 보십시오. 주님의 품에 머리를 기댈 정도로 사랑을 받았던 주님의 제자 요한도 "내가 볼 때에 그의 발 앞에 엎드러져 죽은 자 같이 되었다"(계 1:17)하였습니다. 그러므로 예수님께서 가까이 오실 때 가련한 영혼이 의심과 근심으로 가득 차고, 죄의식으로 괴로워하며, 크게 고통스러워하며, 몹시 두려워한다 할지라도 저는 이상하게 여기지 않습니다. 주님은 오직 사랑하고 자비를 베풀며 용서할 마음으로 오실지라도 사람들의 마음은 그 놀라운 광경에 놀라자빠지고 맙니다.

안타깝게도 여러분 가운데 어떤 분들은 주께서 심령들에게 임하실 때 어떤 현상이 벌어지는지 잘 알지 못합니다. 여러분이 주의 임재를 체험한다면, 영적으로 깨어난 사람들이 특이하게 행동하는 것을 이상하게 생각하지 않을 것입니다. 그들은 일시적으로 먹는 것조차 잊을 수 있습니다. 다니엘은 "나만 홀로 있어서 이 큰 환상을 볼 때에 내 몸에 힘이 빠졌고 나의 아름다운 빛이 변하여 썩은 듯하였고 나의 힘이 다 없어졌으나"(단 10:8)라고 하였습니다. 심령에게 가까이 오시는 영광스러운 하나님의 임재는 엄숙한 방문이며, 그 심령은 하나님의 임재 앞에서 엎드러질 수밖에 없습니다.

게다가 기드온은 구전(口傳) 때문에 오해하고 있었습니다. 그때에 진실에서 유래된 구전이 널리 퍼져 있었으나 그것은 거짓이었습니다. 그 구전이란 이를테면, 하늘로부터 온 존재를 보고는 아무도 살 수 없다는 것이었습니다. 주님께서 그의 종 모세에게 당신의 얼굴을 보고 아무도 살 수 없다고 분명하게 말씀하신 것은 사실입니다. 그러나 주님은 "천사를 보고 아무도 살 수 없다"고 말씀하지 않았으며, 또한 "나의 가려진 존재를 보고 아무도 살 수 없다"고 말씀하지 않으셨습니다. 이 구전은 진실을 부풀린 것이며, 또 왜곡시킨 것입니다. 우리는 하나님의 얼굴은 볼 수 없지만 예수님은 볼 수 있습니다. 실제로, 우리는 예수님을 보기 때문에 사는 것입니다. 그러므로 진실에 붙어 있는 이끼를 경계하십시오. 하나님에 대한 불완전한 사상으로 인하여 많은 심령들이 상처를 입고 피를 흘립니다.

하나님께서 임재하실 때, 곧 전능하신 하나님께서 심령에게 임하실 때, 쓸데없는 비열한 공포가 존재합니다. "나는 죽으리라, 나는 죽으리라"고 그는 말합니다. 그는 자신의 죄를 깨닫고는, 하나님께서 진노하여 자기를 형벌하려고 오셨다고 생각합니다. 그는 자신의 무기력을 절감하고 "나는 죽으리라"고 신음합니다. 그러나 그것은 진실이 아닙니다. 하나님께서 여러분을 죽이기로 작정하신다면 여러분을 혼자 내버려두실 것입니다. 하나님께서 멸하시는 자를 처음에는 자기가 최고라는 착각 속에 빠지게 하십니다. 하나님께서 누군가를 용서하시고 구원하시기로 뜻하실 때에야 비로소 그에게 그의 죄를 보여 주시는 수고를 아끼지 않으십니다. 주님께서 여러분을 벌거벗기신다면 다시금 입혀 주실 것이며, 주님께서 여러분의 의를 추풍낙엽처럼 사라지게 하신다면 그것은 영광스러운 예복으로 여러분을 차려 입게 하기 위함입니다. 그러므로 두려워 마십시오.

더욱이 당시 기드온의 심령은 쉽게 낙심할 수밖에 없는 상태였습니다. 기드온은 용기 있는 사람이었지만 오랜 고난으로 인하여 그의 얼굴에 슬픈 기색이 역력하였습니다. 기드온의 평소 행동은 하나님께서 기드온에게 주신 두 가지 표징으로 그려볼 수 있습니다. 기드온 주변의 모든 사람들은 타작마당처럼 쉽게 흥분하고 열을 받고 노골적이었던 반면, 기드온은 양털처럼 냉정하고 침착하였습니다. 그리고 또다시, 기드온 주변의 사람들은 젖은 마당처럼 기가 죽은 채 실망하였지만 기드온 혼자서는 평소의 상태를 유지하였고 그 마음속에 한 방울의 비겁함도 젖어들지 못하였습니다. 이러한 사람은 차분하고 조용하며 결단력과 용기가 있습니다. 그러나 본문에 기록된 상황에서 기드온은 잔인한 억압 하에서 가슴아파하고 있었으며, 이스라엘에 대한 하나님의 진노를 의식하고 있었으며, 하나님의 임재 앞에서 어두워져 있었습니다. 그러므로 가뜩이나 두려워하고 있던 그의 마음이 더 큰 두려움으로 가중되었던 것입니다. 다만 여기서 우리가 볼 수 있는 미덕은 그가 한결같이 하나님에 대한 두려움을 말하고 있으며, 위로를 받기 위해 한결같이 하나님께 나아가며, 그러므로 한결같이 도움을 얻고 있다는 사실입니다. 이와 같이 용기 있는 사람은 두려움을 모른 체하는 자가 아닙니다. 오히려 그는 위험을 알면서도 그 위험을 뛰어넘는 사람입니다. 이 용기 있는 사람은 이런저런 두려움에 시달리기는 하였지만, 결단코 그의 하나님으로부터 버림을 받지 않았으며 반드시 자신의 명예를 회복하고야 말았습니다.

한 가지 주목할 만한 것은 기드온이 직접 간청한 표징으로 인해 기드온이 가장 크게 두려워하게 되었다는 사실입니다. 기드온은 "표징을 내게 보이소서"라고 말하였고 그가 그 표징을 보았을 때, 말하자면 하나님께서 그에게 임하셨을 그때에 그는 가장 크게 두려워하였습니다. 표징을 구하는 것을 조심하십시오. 왜냐하면 그 표징으로 인하여 위로 받기보다 도리어 낙심할 수도 있기 때문입니다. 제가 아는 어떤 사람은 "죄의식을 깊이 느끼지 못하는 한 내가 하나님의 자녀라는 것을 믿지 않을 거야"라고 늘 말하였습니다. 그러나 정작 죄의식에 빠지게 되자 그들은 "절대로 이런 기도를 다시는 하지 않겠어"라고 소리쳤습니다.

또 어떤 사람들은 자기들이 천천히 인도를 받으면 그리스도께 나올 수 있을 것이라고 생각하였습니다. 그러나 정작 주님께서 그들을 완만하게 인도하시자 그들은 많은 고통과 시련을 당하더라도 극적인 인도 받기를 원하였습니다. 그들은 자기들의 절망이 크면 클수록 보다 더 잘 믿을 수 있을 것이라고 상상하는 것입니다. 분명히 잘못된 생각입니다. 우리는 새로운 의심을 만들어 내느라 무척 바쁩니다. 그리고 이런 잘못된 생각을 위해 지금까지 표징들을 주님께 간청해 왔습니다. 우리는 "확실한 표징을 내게 보이소서"라고 크게 부르짖습니다. 그리고 정작 표징이 보이면 그 응답에 놀라며 이전보다 더 심각한 두려움에 빠지게 됩니다. 그러므로 그러한 은혜를 구하시려거든 숨을 죽이고 구하십시오. 그런 것을 구한 후에는 한 번 더 "그러나 나의 뜻대로 마옵시고 주님 뜻대로 하옵소서"라고 주님께 말씀드리십시오.

그러는 동안 기드온은 모든 두려움을 물리칠 수 있는 한 가지 진리를 얻었습니다. 주님께서 그에게 이렇게 말씀하셨습니다. "너는 가서 이 너의 힘으로 이스라엘을 미디안의 손에서 구원하라. 내가 너를 보낸 것이 아니냐?"(삿 6:14) 보십시오, 그는 자기가 죽을 것이라고 두려움을 가지고 집으로 갑니다. 그러나 그는 죽을 수 없었습니다. 이스라엘을 구원해야 할 사람이 어찌 죽는다는 말입니까? 그는 이 사명을 감당하기 위해 살아 있어야 합니다. 그러나 여러분도 아시다시피 그는 편안해야 할 당위성을 잊고 두려워할 명분을 찾습니다. 저는 이런 성도들을 너무나도 많이 보아왔습니다. 그리고 저도 가끔은 이런 생각에 빠질 때가 있습니다. 믿음을 강하게 할 수 있는 근거를 활용하지 못하고 오히려 불신앙을 부추기는 잘못된 이유를 생각합니다. 이것은 어리석고 악한 일이 아닐까요? 우리는 불안을 조성하는데 너무나 부지런하며, 기쁨을 찾는데는 너무나도 게으릅니다. 이것은 어리석은 행동이며, 우리보다 훌륭한 사람들도 늘 이런 실수를 범합니다.

주님께서는 우리를 이런 어리석은 행동으로부터 구원해 주십니다. 하나님께 가까이 나아갈 때 우리는 평안을 얻습니다. 그리고 하나님께 가까이 나아가다가 하나님의 임재를 의식하므로 이전보다 더욱 낙담하며 더 큰 슬픔에 빠진다 할지라도, 하나님께 나아가기를 주저하지 말며, 있는 힘을 다해 하나님께 가까이 나아가십시오. 우리의 안전이 하나님께 나아가는데 있으므로 우리는 모든 위험을 무릅쓰고라도 앞으로 나아가야만 합니다. 설령 하나님께서 칼을 빼들고 서 계시는 것처럼 보일지라도 우리 모두 하나님 앞에서 만납시다. 하나님께서 소멸하는 불일지라도 우리는 하나님께 다가갑시다. 왜냐하면 이것이야말로 성도들의 최고의 특권이기 때문입니다. "우리 하나님," 곧 그리스도 예수 안에 계신 우리의 하나님께서는 "소멸하는 불"이십니다. 그렇다면 성도 외에 누가 그 맹렬한 불과 함께 살겠습니까?

이제 잠시 시간을 할애하여 하나님의 종들에게 베푸시는 그의 위로를 생각해 보겠습니다. "여호와께서 그에게 이르시되 너는 안심하라. 두려워하지 말라. 죽지 아니하리라 하시니라" (삿 6:23). 주님께서는 기드온과 같은 당신의 종들의 마음을 불안하게 하지 않으십니다. 우리가 대적을 불안하게 할지언정 우리 자신은 불안해 해서는 안 됩니다. 형제들이여, 진리의 핵심을 찌르는 하나님의 크신 능력을 주목하십시오. 제가 여러분에게, "형제들이여, 안심하십시오"라고 인사드린다고 생각해 봅시다. 이는 듣기 좋은 말일 것입니다. 하지만 주님께서 똑같은 말씀을 하실 때 여러분은 안심이라는 사실 자체를 느끼도록 해 보십시오. 베드로가 갈릴리 호수의 흔들리는 배 위에서 파도를 향하여 "고요하라" 명령했다고 생각해 봅시다. 폭풍은 베드로를 우습게 여겼을 것입니다. 그러나 예수님께서 "잠잠하라, 고요하라" 명령하셨을 때 사자가 뒷발로 일어선 모습을 했던 바다는 예수님의 발 앞에 쪼그리고 앉아 고요해졌습니다.

"안심하라"는 단어는 살롬입니다. 기드온은 주님의 명령에 순종하여 쌓은 제단의 이름에 이 단어를 사용하였습니다(삿 6:24). 살롬은 고요뿐만 아니라 번영, 성공, 그리고 대중들이 말하는 "행운"을 의미합니다. 하나님께서 사랑하는 종의 마음속에 이 단어를 꼭 집어 말씀하셨을 때, 큰 전쟁을 준비하던 기드온의 중심에서는 큰 기쁨이 솟아났습니다. 주님은 또한 기드온에게 "두려워하지 말라"고 격려하셨습니다. 오, 참으로 매력적인 말씀입니다. "두려워하지 말라," 이 말씀은 짧지만 충만한 말씀입니다. 도대체 여러분이 두려워할 이유가 어디에 있습니까? 하나님께서 함께 하시면 누가 여러분을 두렵게 할 수 있겠습니까? 기드온은 스스로 두려워하였고, 자신의 부족함과 무능함을 우려하였으며, 하나님의 장엄한 임재 앞에서 떨었으나, 이제 주님께서 "두려워하지 말라"고 명령하시니 기드온의 마음이 고요해졌던 것입니다.

그리고 주님은 "죽지 아니하리라"는 말씀을 더해 주셨습니다. 이는 기드온이 두려워했던 구체적인 원인을 해소시켜 주신 말씀이었습니다. 이는 사력을 다해 믿음으로 주님을 붙잡고 떨고 있는 가련한 자들에게 주님께서 전해 주시는 위로의 말씀입니다. 오늘날 이 말씀의 뜻은 이러합니다. "너희는 죽지 아니하리라. 너희는 두 번째 죽음을 당치 아니하리라. 이제 너희에게는 죽을 죄가 없으니 이는 내가 나의 독생자에게 너희 모든 죄를 담당시켰기 때문이니라. 예수가 죽었기 때문에 너희는 죽지 아니하리라. 너희의 영적인 생명은 고갈되지 아니하리니 이는 '너희 생명이 그리스도와 함께 하나님 안에 감추어졌음이라(골 3:3).' 그리고 예수께서 살아 계시기 때문에 너희 또한 살 것이니라."

이제 기드온의 기억을 생각해 봅시다. 두려움을 떨쳐버리고 온전한 평안을 회복한 기드온은 비로소 일하러 갑니다. 혹시 여러분 중에 누군가 자신이 구원받았는지 못 받았는지 의심이 납니까? 그런 사람은 설교하지 마십시오. 다른 사람들까지도 가두어 버릴 수 있기 때문입니다. 혹시 여러분 중에 누군가 하나님과 화평하지 못한 것을 염려하십니까? 여러분의 행위를 주의하십시오! 여러분 자신이 여러분의 증거를 약화시키지 않도록 먼저 평화를 얻으려고 힘쓰십시오. 저는 주일학교 교사로서 겪었던 일을 지금도 기억하고 있습니다. 그때에 저는 아이들을 가르친 것이 아니라 오히려 아이들로부터 배웠습니다. 저는 비교적 젊은 나이에 아이들에게 복음을 가르쳤습니다. 저는 아이들에게 이렇게 말했습니다. "믿고 세례 받는 자는 구원을 받아요." 아이들 중에 한 명이 다소 진지한 표정으로 질문하였습니다.

"선생님, 선생님은 구원 받으셨나요?" 저는 "그렇기를 바란다"라고 대답했습니다. 그러자 아이는 "선생님이 그런 것도 몰라요?"라고 응수했습니다. 마치 이 문제를 따지기 위해 파견된 것처럼 그는 계속 질문하였습니다.

"선생님은 믿으셨나요?"

"그럼."

"그럼 세례도 받으셨나요?"

"그럼"

"그럼 선생님은 구원받았네요."

"그래, 내가 구원받았구나."

그런데 문제는 제가 이전에 이같이 확실하게 말한 적이 거의 없었다는 점입니다. 저는 그때에 내가 다른 사람에게 복음을 가르치려면 먼저 나부터 구원받은 복된 사실을 알고 믿어야 한다는 것을 깨달았습니다. 여러분이 직접 하나님으로부터 위로를 받지 않고는 다른 사람을 위로할 수 없다고 저는 믿습니다. 하나님은 자기 백성들과 화목을 도모하시며, 또한 그들이 이미 하나님과 화목한 관계에 있음을 알려 주십니다. 생각해 보십시오. 하나님과의 관계에서 속으로 안달하고 걱정하고 있다면 어찌 그들이 삶의 전쟁을 수행할 수 있겠습니까?

기드온이 온전히 안심하였을 때 하나님을 위해 시작한 일이 무엇입니까? 하나님께서 여러분을 사랑하신다면 하나님은 여러분으로 하여금 고난을 받거나 섬기게 하실 것입니다. 이상하게 생각하실지 모르지만, 우리 주님께서 우리에게 평화를 주신 목적은 우리로 하여금 전쟁을 수행하도록 하기 위함이라고 저는 감히 말씀드립니다. 기드온이 제일 먼저 한 일은 집에 가서 산성 꼭대기에 있던 자기 아버지의 신상 숲을 찍고 바알의 제단을 폐쇄시킨 일이었습니다. 기드온은 낮에 이 일을 할 수 없었습니다. 왜냐하면 어리석은 우상숭배자들이 말 못하는 우상을 지키기 위해 모두 집합하여 개혁자 기드온을 눌러버릴 것이 뻔하였기 때문이었습니다. 그래서 기드온은 밤에 열 명의 종들을 데리고 가서 시행하였습니다.

기드온과 그의 종들을 마음속에 그려보건대, 희미한 어둠 속에서 도끼와 톱을 가지고 최대한 소리가 나지 않도록 조심스럽게 모든 나무를 베어 넘어뜨립니다. "자, 이 꼴도 보기 싫은 바알의 제단을 요절냅시다"라고 기드온은 외칩니다. 어떤 종은 "골동품으로 남겨둡시다"라고 말했을 것입니다. 그러나 저는 말씀드립니다. 그것을 베어 버리십시오. 그것을 남겨두면 그것이 더 큰 죄를 유발할 것이며, 틀림없이 또다시 숭배의 대상이 될 것입니다. 저는 가끔 종교개혁자들이 더욱 철저하게 우상들과 천주교의 허식을 파괴했더라면 하는 아쉬움을 가집니다. 이 땅의 많은 교구 교회들에서 로마 가톨릭의 우상숭배를 복구하려고 만반의 준비를 하고 있습니다.

그러나 보십시오. 주님의 명령을 따라 기드온은 새로운 제단을 땅에, 또는 다듬지 않은 돌 위에 쌓습니다. 그리고 제단을 다 쌓은 후 자기 아버지의 수소를 잡아서 희생제물로 바쳤습니다. 이들이 순수한 신앙을 얼마나 착실하게 재건하였는지요! 보십시오. 그들은 신상의 나무를 희생제물을 태워 드리는 데 땔감으로 사용하며, 하늘은 불꽃으로 붉게 물듭니다. 제 생각 속에서 용감한 지도자의 소리가 이처럼 들려옵니다. "이제 저들을 깨웁시다. 저들은 지존하신 하나님에 대한 경배를 막을 수 없고, 또한 이 신상을 도로 자라게 할 수도 없습니다. 저 봉화로 말미암아 이스라엘은 미디안에 대항하기 위해 모일 것이며, 승리는 우리의 것이 될 것입니다." 사랑하는 성도들이여, 하나님께서 여러분에게 안심하는 마음을 주셨다면 돌아가서 개혁을 시작하십시오. 저는 모든 죄를 뒤엎어 버리는 것을 칭찬할 것입니다. 모든 우상을 베어 버리십시오. 아직 하나가 남았습니까? 그마저도 요절내십시오. 그리고 하나님께 희생제사를 드리십시오.

헐어버리는 것만으로는 부족합니다. 많은 사람이 그렇게 할 수 있습니다. 우리가 본 대로 기드온은 여호와께 제단을 쌓았습니다. 여러분이 하나님과 온전히 화목한다면, 하나님을 위해 할 수 있는 일을 생각해 보십시오. 새로운 일을 계획하거나 혹은 오래된 일을 어떻게 개선할 수 있는지 연구해 보십시오. 그동안 잊혀졌던 거룩한 진리, 소홀히 했던 의식, 세우지 못했던 덕을 실행하십시오. 특히 하나님께서 귀히 여기시는 그리스도 예수의 제단과 희생을 선전하십시오.

기드온이 제단을 쌓고 그것을 "여호와 살롬"이라고 불렀습니다. 이는 자기에게 평화를 주신 하나님께 감사를 표현한 것이었습니다. 이 제단의 비문에는 "여호와는 우리의 평화로다"라고 새겨졌습니다. 오늘날도 여호와의 이름을 찬송합시다. 우리는 이미 평화의 전쟁을 시작하였습니다. 주 하나님께서 우리와 함께 하시며, 그의 백성들은 하나님께서 약속하신 평화를 얻기 위하여 나아갈 것입니다. "여호와 살롬," "주는 우리의 평화로다," 그것은 두 단어로 된 하나의 시였고, 한 구절로 된 무한히 달콤한 노래였습니다.

더욱이 난외주에서 설명한 대로, 그것은 하나의 기도였습니다. "여호와여, 평화를 내려주소서." 여러분이 하나님과 화목하다면 다음과 같이 기도하십시오. "주여, 당신의 모든 백성들에게 평화를 내려주소서." 예루살렘의 평화를 위해 기도 드립시다. 오 거룩한 평화의 성령이시여, 이루어 주소서! 그리고 최초의 크리스마스 캐롤이 다시금 울려 퍼질 때까지 예수님을 위하여 불경건한 세상을 정복해 달라고, 이로써 평화가 이루어지게 해 달라고 기도합시다. "지극히 높은 곳에서는 하나님께 영광이요 땅에서는 하나님이 기뻐하신 사람들 중에 평화로다"(눅 2:14).

형제들이여, 이제 결론을 내리고자 합니다. 오늘 아침에 한 젊은이가 하나님께서 자신을 만드실 것이라는 사실을 모른 채 여기에 앉아 있을 수 있습니다. 하나님께서 한 사람에게 베풀 수 있는 섬김의 용량은 믿기 어려운 정도입니다. 지금 여러분의 생각은 혼란스럽고 마음이 괴롭고 편치 않습니다. 여러분에게 온전한 평화가 필요하지만 아직 여러분은 그것을 찾지 못했습니다. 조금도 쉬지 말고 평화를 찾으십시오. 예수님께서 죽으신 하나님의 제단, 오직 그곳에서만 여러분이 평화를 찾을 것입니다. 예수님의 피로써 하나님과 화목할 때 여러분은 평화를 얻을 것입니다. 쉬지 말고 확실하게 만군의 주 하나님과 화목하십시오. 그리하면 여러분의 심령은 푸른 초장에 누일 것이며, 잔잔한 물가로 인도될 것입니다.

10

사무엘

중보 기도의 모범

"나는 너희를 위하여 기도하기를 쉬는 죄를 여호와 앞에 결단코 범하지 아니하고 선하고 의로운 길을 너희에게 가르칠 것인즉"(삼상 12:23).

우리가 형제들을 위해 기도할 수 있다는 것은 매우 큰 특권입니다. 기도는 반드시 개인적인 기도부터 시작해야 합니다. 왜냐하면 자신이 먼저 하나님께 받아들여져야 하기 때문입니다. 그 전에는 다른 사람들을 위해 중보 기도를 드릴 수 없습니다. 바로 여기에 중보 기도의 탁월성이 있습니다. 중보 기도는 내적인 은혜를 받은 증표가 있고, 주님으로부터 선한 증거를 받은 사람이 할 수 있는 것입니다. 여러분의 왕이 여러분의 친구를 위해 변호하라고 허락할 때 왕께서 여러분을 사랑하신다고 여러분은 분명히 느낄 것입니다. 심령이 다른 사람들을 위한 기도의 효력을 믿을 때 자기 자신을 하나님께서 받으실까 하는 모든 의심은 그 심령 속에서 사라질 것입니다. 우리에게 사랑하라고 격려하는 자는 이미 우리에게 그 사랑을 확실히 베푼 사람입니다. 그의 사랑에 대해 이보다 더 확실한 증거를 바라서는 안 됩니다.

우리 자신에 대해 불안해 하는 편협한 자리에서 형제의 영혼을 돌아보는 넓은 자리로 옮기는 것은 우리 자신이 구원받기를 바라는 열망을 크게 높이는 것입니다. 중보 기도에 대한 응답으로 다른 사람들이 복을 받고 구원을 받은 모습을 본 사람은 그 응답을 하나님의 사랑의 보증으로 여기고 하나님의 놀라운 은혜 안에서 기뻐할 것입니다. 중보 기도는 우리 자신을 위한 그 어떠한 기도보다도 더 높이 상달됩니다. 왜냐하면 주님의 마음에 합당한 자만이 다른 사람을 위해 기도드릴 수 있기 때문입니다.

중보 기도는 그리스도와 연합하는 행위입니다. 예수님도 사람들을 위하여 기도하시기 때문입니다. 예수님은 자기 백성을 위하여 중보하는 제사장의 직분을 감당하십니다. 예수님께서 이러한 목적으로 승천하셨고, 지금도 휘장 안에서 중보의 직분을 쉼 없이 감당하고 계십니다. 우리가 우리와 같은 죄인들을 위해 기도할 때 범죄자들을 위해 중보의 기도를 드린 거룩하신 우리 구주와 같은 마음을 갖게 되는 것입니다.

이러한 중보의 기도는 중보 기도의 대상자들에게 말로 할 수 없는 가치가 있습니다. 우리의 회심의 뿌리를 추적해 보면, 그것은 다름 아니라 경건한 사람들의 기도였다는 것을 알아낼 수 있습니다. 헤아릴 수 없이 많은 경우에 부모님의 기도가 자녀들을 그리스도께 인도하였습니다. 그리고 우리는 기도하는 교사들, 기도하는 친구들, 기도하는 목사님들에 대하여 더 많이 감사해야 할 것입니다. 침실에 갇혀 나오지 않는 사람들이 하나님께 끊임없이 간구함으로써 수많은 사람들이 구원을 받습니다. 대부분의 그리스도인들은 숨어서 기도하는 자들을 대수롭지 않게 여기지만, 우리의 기억을 되짚어보면 그들의 가치를 알게 될 것입니다. 우리의 몸이 힘줄과 근육으로 결합되어 있고, 신경과 혈관으로 연결되어 있는 것처럼, 그리스도의 온 몸은 서로를 위한 기도로써 살아 있는 연합체가 됩니다. 중보 기도를 받은 우리는 이제 다른 사람을 위해 기도할 차례입니다. 죄인들이 회심하는 문제뿐만 아니라 성도들이 행복하고, 보호받고, 성장하며, 위로 받고, 쓰임 받는 것까지 형제들을 위한 중보의 기도로써 이루어지게 되는 것입니다. 그러므로 사도는 "형제들아 우리를 위하여 기도하라"(살전 5:25)고 간곡히 부탁하였던 것입니다. 사랑의 화신이었던 사도는 "병이 낫기를 위하여 서로 기도하라"(약 5:16) 명령하였으며, 우리의 위대하신 주님께서는 아버지께서 자신에게 주신 자들을 위해 비길 데 없는 기도로써 자신의 지상 사역을 마무리하셨습니다.

중보 기도의 축복은 중보 기도를 하는 사람이 받습니다. 중보 기도는 다른 어떠한 은혜의 수단보다도 더 좋은 위로의 통로입니다. 욥이 그의 친구들을 위해 중보 기도를 드렸을 때 주님께서 욥의 갇힘을 풀어 주셨습니다. 중보 기도가 꼭 그 대상자에게 응답되지 않는다 할지라도 그 축복의 결과는 반드시 존재합니다. 다윗은 대적들을 위해 기도하였다고 말합니다. 시편 35:13에서, 다윗은 "나는 그들이 병 들었을 때에 굵은 베옷을 입으며 금식하여 내 영혼을 괴롭게 하였더니 내 기도가 내 품으로 돌아왔도다"라고 말하고 있습니다. 다윗이 드린 중보의 기도는 노아가 보낸 비둘기와 같습니다. 비둘기는 앉을 곳을 찾지 못하자 노아에게로 돌아왔고, 또다시 내보내자 감람나무 잎사귀를 꺾어 물고 되돌아왔던 것처럼 다윗의 기도는 그의 심령의 평안으로 되돌아왔습니다. 우리를 악하게 이용하고 핍박하는 자들을 위해 기도하는 것만큼 마음에 평안을 주는 것은 없습니다.

다른 사람들을 위해 기도하는 일은 하나님을 기쁘시게 하는 일이요 우리 자신에게 유익한 일입니다. 중보의 기도는 결코 헛되지 않고 신실하신 약속의 하나님에 의해 축복을 보장받습니다.

제일 먼저 사무엘의 중보 기도의 습관에 대해 생각해 보겠습니다. 사무엘은 확실한 중보 기도의 사람이었기 때문입니다. 우리는 본문에서 이러한 사실을 알 수 있습니다. 그는 "나는 너희를 위하여 기도하기를 쉬는 죄를 여호와 앞에 결단코 범하지 아니하리라" 합니다. 이로 보아 사무엘이 이스라엘을 위하여 쉬지 않고 중보 기도하는 습관이 있었던 것이 분명합니다. 만일 사무엘이 그때까지 기도를 계속하지 않았다면 기도하기를 쉰다는 말을 할 수 없었을 것입니다. 사무엘은 백성을 위해 기도하는 습관이 몸에 배어 있었기 때문에 자신이 중보 기도를 중단할 것이라고 백성들이 생각한다는 사실에 깜짝 놀라는 듯한 모습입니다. 이스라엘 백성은 스스로 선지자를 판단하면서 사무엘 선지자가 자신들에게 짜증을 내며 중보 기도를 중단하지 않을까 의심하였습니다. 그래서 19절에서 "모든 백성이 사무엘에게 이르되, 당신의 종들을 위하여 당신의 하나님 여호와께 기도하여 우리가 죽지 않게 하소서"라고 말하게 된 것입니다.

이스라엘 백성은 사무엘의 기도를 높이 평가하였으며, 국가의 생존과 자신들의 생존이 마치 그의 기도에 달려 있는 것처럼 여겼습니다. 그래서 그들은 목숨을 구걸하는 사람들처럼 자기들을 위해 기도하는 것을 쉬지 말아 달라고 사무엘에게 간청하였습니다. 그러자 사무엘은 "기도하기를 쉬는 것은 하나님께서 금하신 죄요"라고 대답해 주었습니다. 사무엘은 기도를 쉬는 것을 생각조차 할 수 없는 죄로 여긴 것 같습니다. 사무엘의 이와 같은 말로 미루어 보아 기도하기를 쉰다는 백성들의 생각에 적지 않게 놀란 것 같으며, 계속 기도해 달라는 제안에도 은근히 화가 났던 것 같습니다. "뭐라, 나 사무엘은 어려서부터, 곧 작은 에봇을 입은 날로부터 지금까지 당신들의 종이 되어 왔고, 주의 집에서 당신들을 섬겨왔소. 당신을 위해 살아왔고, 당신들을 사랑하였고, 당신들을 섬기다가 죽고자 하는 내가 당신들을 위해 기도하기를 쉴 성 싶으오?" 그는 "기도하기를 쉬는 죄"라고 하였습니다. "죄"라는 표현은 사람이 상상할 수 있는 가장 강력한 표현입니다. 또한 분명히 놀라는 모습과 함께 이러한 표현은 중보 기도를 하는 선지자의 습관이 몸에 배어 있었고, 오랫동안 지속되었고, 요지부동이며, 영구적이고, 자신의 일부분이라는 사실을 보여 줍니다.

여러분이 사무엘의 생애를 살펴본다면 그의 주장이 얼마나 진실한 것이었는지 알게 될 것입니다. 사무엘은 기도로 태어났습니다. 애통하며 기도하던 여인이 하나님으로부터 기도의 응답으로 사무엘을 받고 기뻐서 "이 아이를 위하여 내가 기도하였다"(삼상 1:27)고 크게 외쳤습니다. 그의 이름은 기도 때문에 지어졌습니다. 사무엘이라는 이름은 "하나님께 기도하였다"는 뜻이기 때문입니다. 사무엘은 그의 이름대로 살았으며, 그 이름에 나타난 예언이 그대로 실현되었습니다. 즉, 기도로 말미암아 출생한 사무엘은 하나님께 계속 기도하였고, 이로써 하나님의 지식, 지혜, 공의, 그리고 다스리는 능력을 받았습니다. 그는 처음부터 기도하는 어머니에 의해 양육되었고, 어머니와 떨어진 이후 평생 동안 기도의 집에서 살았던 것입니다. 어린 시절에 사무엘은 하나님의 임재를 경험하는 은혜를 받았는데, 그때에 기도하는 모습으로 무릎을 꿇고 깨어서 기다리는 자세를 보여 주었습니다. 그때에 하나님 앞에서 "말씀하옵소서, 주의 종이 듣겠나이다"라고 한 말은 주님께서 열납하실 만큼 순진하고 진실한 마음에서 우러나온 것이었습니다.

흔히들 사무엘을 생각할 때 얌전한 아이가 기도하는 자세를 취하고 있는 그림이나 조각을 떠올립니다. 우리는 모두 다 어린 사무엘, 즉 기도하는 아이를 알고 있습니다. 오늘날 소년 소녀들은 사무엘을 친한 친구로 느끼면서 손을 모은 채 무릎을 꿇고 기도하는 아이로 알고 있습니다. 사무엘은 기도로 태어났고, 기도로 이름 지어졌으며, 기도로 양육되었고, 기도로 거주하였으며, 기도로 훈련받았습니다. 그는 한 번도 기도의 길에서 벗어난 적이 없습니다. "어린 아이들과 젖먹이들의 입으로 권능을 세우심이여"(시 8:2)라는 말씀이 사무엘에게 성취되었습니다. 그는 어려서부터 끈기 있게 기도한 결과 나이 들어 결실을 보았고, 그를 추종하는 자들에게 하나님의 권능을 세웠습니다. 시편 99:6을 보면, 짧지만 그에 대한 매우 향기로운 찬사를 볼 정도로 사무엘은 중보자로서 유명하였습니다.

"그의 제사장들 중에는 모세와 아론이 있고 그의 이름을 부르는 자들 중에는 사무엘이 있도다." 모세와 아론이 섬김과 희생으로 이스라엘의 인도자로 거룩하게 택함을 받았다면, 사무엘은 하나님의 이름을 부르는 사람, 곧 기도하는 사람으로 택함을 받은 것입니다. 이스라엘 백성 모두는 아론을 제사장으로 알았다면 사무엘을 중보자로 알았습니다. 예레미야서 15:1을 보면 사무엘에 대한 영감 어린 평가를 더욱 확실하게 볼 수 있습니다. 여기서 사무엘은 모세와 함께 분류됩니다. "여호와께서 내게 이르시되, 모세와 사무엘이 내 앞에 섰다 할지라도 내 마음은 이 백성을 향할 수 없나니 그들을 내 앞에서 쫓아 내보내라." 이 말씀에는 다음과 같은 모세의 강력한 기도, 곧 고뇌하는 마음으로 부르짖은 기도에 대한 암시가 틀림없이 들어 있습니다. "그렇지 아니하시오면 원하건대 주께서 기록하신 책에서 내 이름을 지워 버려 주옵소서"(출 32:32). 이는 고강도의 기도였습니다. 하나님께서 사무엘을 모세와 나란히 기록하신 것은 사무엘을 모세와 같은 중보자로 평가하셨다는 증거입니다. 범죄한 이스라엘을 위협하는 방편으로서, 모세와 사무엘이 앞에 서 있다 할지라도 하나님께서는 그들의 기도조차 듣지 아니할 것이라고 예레미야에게 말씀하신 것입니다.

어려서부터 기도를 배우는 것이 좋습니다. 그렇게 성장하면 기도에 익숙하게 될 것입니다. 어려서부터 드린 기도는 능력 있는 기도가 됩니다. 어린 사람들이여, 이 말씀을 귀담아 들으십시오. 그리하면 주님께서 여러분을 사무엘과 같은 사람으로 만들어 주실 것입니다. 우리가 부르심을 받아 다른 사람을 위해 중보 기도를 드리고, 우리나라를 위해 축복을 빈다는 것, 혹은 우리가 가족에게 축복의 통로가 된다는 것이 얼마나 영광스러운 일인지요! 사랑하는 어린 친구들이여, 이러한 영광스러운 일을 갈망하십시오. 여러분이 설교는 못해도 기도는 할 수 있습니다. 여러분이 강단에 올라갈 수는 없을지라도 은혜의 보좌 앞에서 꿇어 엎드릴 수 있습니다. 이는 매우 큰 축복입니다.

사무엘이 기도함으로 받은 응답에 대해 알려면 그의 생애를 읽어보십시오. 사무엘이 기도로써 이스라엘의 큰 구원을 이루었다는 사실을 알게 될 것입니다. 본서 7장에서 우리는 이 같은 사실을 알 수 있습니다. 블레셋 사람들이 가혹하게 이스라엘을 억압하였을 때, 사무엘은 용감하게 백성들을 불러모으고, 그들의 영적인 상태를 돌아보게 하였으며, 우상으로부터 돌아서서 유일하고 참되신 하나님을 경배하라고 명령하였으며, 그들을 위하여 기도하겠다고 약속하였습니다. 백성들은 사무엘의 기도에 큰 의미를 부여하고 있었습니다. 사무엘은 이렇게 말하였습니다. "온 이스라엘은 미스바로 모이라 내가 너희를 위하여 여호와께 기도하리라"(삼상 7:5). 그리고 사무엘은 어린양 하나를 잡아 온전한 번제를 여호와께 드리고, "이스라엘을 위하여 여호와께 부르짖으매 여호와께서 응답하셨습니다." 이는 그의 생애 중에 나타난 큰 사건의 하나에 불과하지만 그의 전 생애를 잘 보여 주는 사건입니다.

사무엘은 부르짖었고 여호와께서는 응답해 주셨습니다. 이 경우에 이스라엘 사람들이 싸우러 나갔으나 사무엘 선지자의 기도에 대한 응답으로 여호와께서 그들보다 앞서 나가셨습니다. 여러분은 만군의 하나님께서 행군하실 때 울리는 북소리를 들을 수 있으며, 그의 창의 번쩍거림을 볼 수 있습니다. 왜냐하면 하나님께서 싸우신 전쟁의 역사가 그대로 기록되어 있기 때문입니다. "사무엘이 번제를 드릴 때에 블레셋 사람이 이스라엘과 싸우려고 가까이 오매 그날에 여호와께서 블레셋 사람에게 큰 우레를 발하여 그들을 어지럽게 하시니 그들이 이스라엘 앞에 패한지라. 이스라엘 사람들이 미스바에서 나가서 블레셋 사람들을 추격하여 벧갈 아래에 이르기까지 쳤더라"(삼상 7:10-11). 최종 결론은 "블레셋 사람들이 굴복하였다"(삼상 7:13)는 말씀입니다. 이를테면 사무엘의 기도가 그들을 굴복시킨 무기였으며, 블레셋 사람들이 그 기도의 힘 앞에 엎드러졌습니다. 기도의 능력을 아는 여러분, 여러분의 기치에 이 말을 쓰십시오. "이에 블레셋 사람들이 굴복하였다."

사무엘의 기도가 이처럼 강력하므로 모든 승리의 요인이 사무엘에게 달려 있었습니다. 오, 놀라운 기도의 능력이여! 지금까지 이 기도의 능력이 비웃음 당해 왔습니다. 비과학적이며 비실제적인 것으로 여겨졌습니다. 하지만 매일 기도하는 우리가 알기에는, 기도의 능력이 결코 과장된 것이 아니며, 우리는 그 능력에 관하여 일말의 의심도 갖지 않습니다. 기도에는 "세상을 움직이는" 힘이 있습니다. 우리는 오직 기도하는 법을 알아야 하며, 그럴 때 우레가 소리를 높여 우리의 부르짖음에 응답할 것이며, 여호와의 화살이 널리 퍼져 그 대적들을 거꾸러뜨릴 것입니다. 한 번도 믿음으로 간구하지 않은 자들이 어찌 기도를 판단할 수 있겠습니까? 늘 기도하는 사람들, 하나님의 응답을 날마다 받는 사람들은 이 기도의 능력을 증거합시다. 아이의 필요만큼 아버지의 마음을 움직일 수 있는 힘은 없으며, 하늘에 계신 아버지의 경우는 더더욱 그러합니다. 하나님은 우리의 기도를 틀림없이 들으십니다. 왜냐하면 하나님은 자신의 이름을 더럽힐 수 없으며, 자기 자녀들을 잊으실 수 없기 때문입니다.

사무엘이 나이 들어 늙자 이스라엘 백성은 사무엘을 거역하기 시작하였으며, 그의 변변치 못한 아들들에게 불만을 표시하기 시작하였습니다. 그때에 사무엘이 즉시 기도에 매달리는 모습이 아름답습니다. 8:5을 봅시다. "그에게 이르되 보소서, 당신은 늙고 당신의 아들들은 당신의 행위를 따르지 아니하니 모든 나라와 같이 우리에게 왕을 세워 우리를 다스리게 하소서 한지라." 이 말을 들은 이 노인은 몹시 슬펐습니다. 그것은 당연한 일이었습니다. 그러나 다음 구절을 보십시오. 사무엘이 백성들을 꾸짖었나요? 발끈 화를 내면서 그들을 집으로 돌려보냈나요? 아닙니다. 6절에 "사무엘이 … 여호와께 기도하매"라고 기록되어 있습니다. 사무엘은 백성들에 대하여 그의 주인 되신 하나님께 말씀드렸고, 하나님께서는 그에게 "백성이 네게 한 말을 다 들으라. 이는 그들이 너를 버림이 아니요 나를 버려 자기들의 왕이 되지 못하게 함이니라"(7절) 하셨습니다. "그들이 너를 버림이 아니요"라는 말씀은 그들이 너 개인에게 무례를 범한 것이라고 생각하지 말라는 뜻입니다. 하나님의 종을 경멸하는 것은 곧 하나님을 거절하는 행동이었습니다. 하나님께서는 사무엘로 하여금 그에 대한 백성들의 무례를 마음에 두지 못하게 하시고, 대신 그들의 하나님 여호와께 대한 악한 행동을 생각하게 하셨습니다.

아시다시피, 이렇듯 사무엘은 기도의 사람이었습니다. 21절까지 우리는 다음과 같은 내용을 볼 수 있습니다. 사무엘이 이의를 제기한 후 모든 백성들에게 왕으로부터 받을 피해를 지적해 주었습니다. 왕이 그들에게 많은 세금을 부과할 것이며, 백성의 아들들을 군사로 동원하고 딸들을 궁궐에서 시중들게 할 것이며, 그들의 밭과 포도원에서 소산물을 가져갈 것이라고 지적해 주었지만 백성들은 "아니로소이다, 우리에게도 왕이 있어야겠습니다"라고 고집을 부렸습니다. 그때에 사무엘은 화를 내지 않고 하나님께 돌아가 은밀한 중에 말씀 드렸습니다. "사무엘이 백성의 말을 다 듣고 여호와께 아뢰매"(삼상 8:21). 오, 우리에게도 이처럼 행동할 수 있는 지혜가 있기를 바랍니다. 우리가 들은 모욕적인 언사에 대하여 여기저기 돌아다니며 이 사람 저 사람에게 말하기보다는 곧 바로 골방으로 들어가 주님께 자세히 아뢰는 바로 그 지혜 말입니다. 사무엘이 그랬습니다. 백성들이 그에게 등을 돌리고 그들이 새롭게 세운 왕을 따랐을 때에도, 사무엘은 그들을 위해 중보 기도하는 일을 쉬지 않았다고 본문은 말씀하고 있습니다. "나는 너희를 위하여 기도하기를 쉬는 죄를 여호와 앞에 결단코 범하지 아니하리라."

그는 어떠한 경우에도 기도를 쉬지 않았습니다. 사울 왕이 변질되어 거룩하신 주께 반역하였을 때에도 사무엘은 그를 위해 중보의 기도를 드렸습니다. 비록 헛수고가 되기는 했지만 사무엘은 온 밤을 지새며 사울 왕을 위해 간절히 기도하였습니다. 그리고 여러 번 그 버림받은 왕을 위해 탄식하였습니다. 이 노인은 어려서부터 중보의 기도를 드려왔고, 죽어서 그 입술이 닫힐 때까지 한 번도 기도하는 거룩한 일을 쉬지 않았습니다. 사랑하는 성도들이여, 여러분은 그 땅의 심판관이 아니었습니다. 만일 그렇다면 저는 여러분이 다스리는 백성을 위해 많이 기도하라고 부탁할 것입니다. 여러분은 목회자나 교사가 아닙니다. 만일 그렇다면 우리가 많은 기도를 드리지 않으면 영혼들의 피가 우리의 옷에 묻을 것이라고 저는 말할 것입니다. 여러분 중에 일부는 어린이를 가르치는 교사들입니다. 여러분이 학생들을 위해 기도하기 전까지는 아무 일도 하지 않았다고 생각하십시오. 일 주일에 한두 시간 가르치는 것으로 만족하지 마시고, 사랑하는 마음으로 아이들을 위해 기도하십시오.

이 가운데는 부모님들이 많이 계십니다. 부모님들이여, 자녀들의 이름을 가슴에 품고 기도하지 않으면서 어떻게 자녀들에 대한 의무를 다할 수 있겠습니까? 또한 이런 특별한 관계가 없는 분들일지라도 형제들에게 선을 베풀 수 있는 상당한 능력과 영향력, 그리고 상당한 지위를 가지고 있으므로 하나님을 의지해야 합니다. 모든 사람들을 위해, 모든 형편을 위해 자주 기도하지 않는 한, 여러분은 친척으로서, 시민으로서, 이웃으로서, 아니 그리스도인으로서 책임을 다할 수 없습니다. 그러므로 다른 사람들을 위해 기도하는 일은 습관이 되어야 합니다. 기도의 습관이 있으면 아무리 사람들과 형편들 때문에 기도하고 싶은 마음이 들지 않더라도 기도를 쉬지 않을 것입니다. 부르짖는 것이 여러분의 습관이기 때문입니다. 제가 여러분을 위해 기도하기를 쉬는 것을 하나님께서 금하셨으며, 이는 지존하신 하나님 보시기에 큰 죄가 될 것입니다.

이제 두 번째로 사무엘의 경우를 통해 중보의 기도를 쉬게 만드는 분노를 살펴보도록 하겠습니다. 사무엘은 그 분노를 잘 참아냈습니다.

첫 번째 분노를 일으킨 것은 백성들의 멸시였습니다. 평생 동안 나라 곳곳을 순회하면서 재판을 해 왔던 이 위대한 노인은 단 한 번의 뇌물도 받지 않았습니다. 사무엘은 보수나 보상을 받지 않고 철저하게 백성들을 섬겼습니다. 그는 사례비를 받을 권리가 있었지만 받지 않았습니다. 그는 관대한 마음을 가지고 무료로 섬겼습니다. 마치 훗날에 느헤미야가 다음과 같이 말했던 것처럼 그는 행하였습니다. "나보다 먼저 있었던 총독들은 백성에게서, 양식과 포도주와 또 은 사십 세겔을 그들에게서 빼앗았고 또한 그들의 종자들도 백성을 압제하였으나 나는 하나님을 경외하므로 이같이 행하지 아니하고"(느 5:15). 사무엘은 오랜 세월 동안 그 땅의 평화를 지켰으며, 그의 지도로 말미암아 이스라엘이 헤아릴 수 없이 많은 복을 받았습니다. 그러나 이제 사무엘이 늙고 다소 허약해지자, 아직 그가 살아 있음에도 불구하고, 이것을 빌미로 하여 왕을 세우겠다고 주장하였습니다. 이 노인은 아직까지 자신이 더 살 수 있고 일할 수 있다고 느꼈지만, 백성들은 왕을 강력하게 요구하였던 것입니다. 그러므로 늙어 버린 그들의 친구는 자신의 직무를 포기하고 그 높은 자리에서 내려와야만 했습니다.

처음에 사무엘이 백성들의 요구를 들었을 때 기분이 나빴지만, 잠시 기도를 드린 후에는 자신의 직위를 아주 흔쾌히 포기했습니다. 그리고 그때부터 왕좌에 앉을 합당한 사람을 찾는데 온 마음을 기울였으며, 드디어 그런 사람을 찾자 사무엘은 여호와의 기름 부음 받은 자가 그 나라에서 잘 적응하기를 바라며 노심초사하였습니다. 그러면서 자신에 대하여는 조금도 생각하지 않고 새로운 왕이 즉위하는 모습 보기를 기뻐하였습니다. 자신의 은퇴는 괴로운 일이고, 몰인정하고 옹졸한 일이었지만 사무엘은 그 일 때문에 티끌만큼도 기도를 등한히 하지 않았습니다. 아마도 오히려 더 많이 기도하였을 것입니다. 그의 어머니가 가장 슬플 때 가장 많이 기도하였던 것처럼 사무엘 또한 그러했습니다.

멸시받은 데서 비롯된 분노보다도 사무엘의 엄숙한 충고를 백성들이 철저하게 거절했다는 데서 더 큰 상처를 받았습니다. 사무엘은 백성들 앞에서 아주 분명한 논리로 그들을 설득하였습니다. 그는 이렇게 말하였습니다. "너희를 다스릴 왕의 제도는 이러하니라. 그가 너희 아들들을 데려다가 그의 병거와 말을 어거하게 하리니 그들이 그 병거 앞에서 달릴 것이며, 그가 또 너희의 아들들을 천부장과 오십부장을 삼을 것이며, 자기 밭을 갈게 하고 자기 추수를 하게 할 것이며, 자기 무기와 병거의 장비도 만들게 할 것이며, 그가 또 너희의 딸들을 데려다가 향료 만드는 자와 요리하는 자와 떡 굽는 자로 삼을 것이며, 그가 또 너희의 밭과 포도원과 감람원에서 제일 좋은 것을 가져다가 자기의 신하들에게 줄 것이며, 그가 또 너희의 곡식과 포도원 소산의 십일조를 거두어 자기의 관리와 신하에게 줄 것이며, 그가 또 너희의 노비와 가장 아름다운 소년과 나귀들을 끌어다가 자기 일을 시킬 것이며, 너희의 양 떼의 십분의 일을 거두어 가리니 너희가 그의 종이 될 것이라. 그날에 너희는 너희가 택한 왕으로 말미암아 부르짖되 그날에 여호와께서 너희에게 응답하지 아니하시리라"(삼상 8:11-18).

이 모든 것은 당연한 상식이었으며, 얼마 가지 않아 사무엘의 말 그대로 되었습니다. 그러나 백성들은 듣지 않았습니다. 그들은 이렇게 말했습니다. "아니로소이다. 우리도 우리 왕이 있어야 하리니 우리도 다른 나라들 같이 되어 우리의 왕이 우리를 다스리며 우리 앞에 나가서 우리의 싸움을 싸워야 할 것이니이다"(삼상 8:19-20). 그의 경고를 백성들이 거절하였음에도 불구하고 이 존귀한 사람은 성내지 아니했습니다. 때때로 나이 들고 세력 있는 지혜자들이 갖고 있는 약점이 있습니다. 그들이 분명한 입장을 밝히고 정말 순수한 마음으로 간곡히 말하였을 때, 그리고 2 곱하기 2는 4인 것처럼 아주 명백한 사안으로 보일 때, 그때 듣는 사람들이 고의적으로 그들의 경고를 고집스럽게 무시한다면 그들은 삐칠 것이며, 더 정확히 말하자면 정당한 분노를 드러낼 것입니다. 사무엘은 언제나 희망적이었습니다. 백성들이 최선을 택하지 않는다 할지라도 그는 백성들을 차선으로 인도하려고 애쓸 것입니다. 그들이 그들의 왕이신 주님의 직접적인 통치를 받지 않는다 할지라도, 하나님 다음에 부왕이 될 인간 왕의 통치 하에서도 그들이 잘 되기를 소망했습니다. 그래서 사무엘은 계속 희망을 가지고 백성들을 위하여 기도하였으며, 할 수 있는 한 그들을 위하여 최선을 다하였습니다.

마침내 온 나라가 왕을 세우고 그들의 왕에게 왕관을 씌우는 날이 되었습니다. 백성들은 왕국을 세우기 위해 길갈로 모였고, 그때에 사무엘이 일어나서 자기가 백성들을 얼마나 친절하게 대하였으며, 한 번도 속이거나 압제한 적이 없었으며, 그들에게 아무것도 취한 것이 없었다고 선포하였습니다. 그리고 백성들이 왕을 세운 것은 하나님을 크게 거역한 일이었으며, 그들이 가장 최상의 통치를 거절하였으며, 가장 바람직한 정부를 다른 나라들과 같은 수준으로 끌어내렸다고 일러 주었습니다. 그렇지만 그들은 사무엘의 마지막 호소도 거절하였습니다. 사무엘이 마지막 설교를 하였을 때 아주 차분하게 백성들에게 문제를 제기하고, 하늘을 향해 매우 진지하게 호소하는 모습은 제가 보기에 참으로 아름답습니다. 변덕에 대한 백성들의 고집 센 집착도 그들을 위한 사무엘의 기도를 쉬게 하지 못하였습니다.

여기서 우리가 얻을 수 있는 실제적인 교훈은 여러분이 누군가를 위해 기도하다가 중단하고픈 유혹을 받을 때 그러한 유혹에 져서는 안 된다는 것입니다. 그 사람들이 여러분의 기도를 조롱하였으며, 그따위 기도를 바라지 않는다고 말합니다. 심지어 그들을 위한 여러분의 경건한 소원을 그들은 비아냥거리며 희롱하였습니다. 그래도 절대로 신경쓰지 마십시오. 더 큰 사랑으로 대응하십시오. 그들을 위해 하나님과 씨름하는 일을 중단하지 마십시오. 그들에게 크게 실망할 수도 있습니다. 그들이 곁길로 나가는 모습을 보고 마음이 상할 수도 있습니다. 그럴지라도 깊은 열망을 가지고 은혜의 보좌 앞으로 나아가십시오. 그리고 그들을 위해 또다시 부르짖으십시오. 여러분이 그들을 버린다면 그들은 어떻게 되겠습니까? 여러분이 중보 기도를 그만두고 싶은 충동이 수도 없이 일어날지라도 중보 기도를 중단하지 마십시오.

여러분이 한편으로는 믿음이 없어서, 한편으로는 지나친 염려로 그들의 운명이 이미 정해졌고 그들은 지옥으로 들어갈 것이라고 생각할 수도 있습니다. 그러나 이러한 생각으로 여러분의 기도가 최소한으로 줄어드는 것이 아니라 오히려 기도의 강도를 더욱 세게 하는 계기로 삼으십시오. 죄인들이 지옥에 떨어지기 직전까지 그들을 위해 하나님께 부르짖으십시오. 그들의 몸에 호흡이 있는 한, 그리고 여러분이 소리내어 기도할 수 있는 한 부르짖으십시오. 여러분의 남편, 사랑하는 아내가 점점 더 술에 취하고 세속적으로 변해 간다 할지라도 그를 위해 더욱더 기도하십시오. 낚시로 리워야단(악어)을 끌어낼 수 있는 하나님께서는 이 큰 죄인을 붙잡아 능히 성도로 만드실 수 있기 때문입니다. 여러분의 아들이 이전보다 더 방탕하게 보일지라도 그를 위해 더 많이 기도하고 하나님 앞에서 더 많은 눈물을 흘리십시오. 사랑하는 어머니와 고마운 아버지를 위해 은혜의 보좌 앞에서 밤낮으로 뜨겁게 부르짖으십시오. 그리하면 여러분의 소원을 이룰 것입니다.

세 번째로, 사무엘의 끈질긴 중보 기도를 잠시 살펴보겠습니다. 백성들이 사무엘을 분노케 하였지만 그는 그들을 위해 기도하는 것을 쉬지 않았습니다. 거기서 그리고 그때부터 그들을 위한 사무엘의 새로운 기도가 시작되었습니다. 그 부르짖음이 응답되었고, 그 결과 사울이 많은 은혜를 받고 왕으로서 출발할 수 있었습니다. 그 후 사울 왕이 타락하였을 때 그는 사울 왕을 위해 그의 기도를 중단하지 않았습니다. 다음의 말씀에서 우리는 잘 알 수 있습니다. "여호와의 말씀이 사무엘에게 임하니라. 이르시되, 내가 사울을 왕으로 세운 것을 후회하노니 그가 돌이켜서 나를 따르지 아니하며 내 명령을 행하지 아니하였음이니라 하신지라. 사무엘이 근심하여 온 밤을 여호와께 부르짖으니라"(삼상 15:10-11). "온 밤을." 그가 사랑했던 사울을 위하여 고뇌하는 이 노인을 저는 생각 속에서 그려봅니다. 노인에게는 잠이 필요합니다. 그러나 이 선지자는 잠자리를 버리고 밤새 깨어서 주님께 자신의 심령을 쏟아내었습니다. 그는 만족스러운 응답을 받지 못했지만 여전히 계속하여 부르짖었습니다. 조금 뒤에서 우리는 주님께서 그에게 "네가 그를 위하여 언제까지 슬퍼하겠느냐?"(삼상 16:1) 하신 말씀을 보게 됩니다.

사울이 죽을 죄를 지었고, 그의 운명이 이미 정해졌다는 큰 두려움이 있었음에도 불구하고 사무엘이 필사적인 소망으로 계속 기도하였다는 것은 감탄할 만합니다. 사도 요한은 이와 같은 경우에 우리가 어떻게 해야 할지 언급하였습니다. "누구든지 형제가 사망에 이르지 아니하는 죄 범하는 것을 보거든 구하라. 그리하면 사망에 이르지 아니하는 범죄자들을 위하여 그에게 생명을 주시리라. 사망에 이르는 죄가 있으니 이에 관하여 나는 구하라 하지 않노라"(요일 5:16).

이와 같은 경우에 사도 요한은 우리의 기도를 금하지도 않고 또 권하지도 않습니다. 그러나 이 구절에서 사도 요한은 우리에게 기도하는 것을 허용하고 있다고 저는 해석합니다. 정말로 악한 죄인이 과연 은혜의 한계를 벗어났는지 우리는 확실히 알 수 없습니다. 그러므로 소망을 가지고 중보의 기도를 드릴 수 있는 것입니다. 혹 우리의 범죄한 친척에게 소망이 없지 않을까 하는 두려움이 우리에게 있을지라도, 기도하라는 명령을 받지 못했다 할지라도 분명한 것은 기도하는 것이 금지되지는 않았다는 사실입니다. 그리고 설령 잘못되더라도 탈이 없도록 신중을 기하는 것이 언제나 제일 좋습니다. 우리는 희망이 거의 보이지 않더라도 여전히 하나님께 나아갈 수 있으며, 극도의 고난 속에서 하나님께 부르짖을 수 있습니다.

주님께서 우리에게 "네가 그를 위하여 언제까지 슬퍼하겠느냐?" 말씀하실 리 없습니다. 주님께서 "네가 너의 소년을 위하여 언제까지 슬퍼하겠느냐? 너의 남편을 위하여 언제까지 애통하겠느냐? 나는 그들을 구원할 마음이 없느니라"고 여러분에게 말씀하실 리 없습니다.

사울이 절망적으로 버림을 당하였다는 사실을 사무엘 선지자가 알았을 때 그는 나라를 위해 기도하기를 쉬지 않았으며, 한편으로는 베들레헴으로 내려가 다윗에게 기름을 부었습니다. 그리고 다윗이 앙심을 품은 사울에게 쫓겨다닐 때, 사무엘은 라마에서 다윗을 숨겨 주면서 자신의 집과 성소에서 기도의 능력을 나타내 보여 주는 것을 우리는 성경에서 볼 수 있습니다. 즉, 사울이 다윗을 다 잡았다고 생각하고 선지자의 집에 내려갔을 때 마침 기도 집회가 열리고 있었으며, 사울은 그 집회에 빠져 사울 자신도 예언을 하게 되었으며, 밤새도록 벌거벗은 몸으로 누워 있었습니다. 이에 사람들은 너무 놀라서 "사울도 선지자 중에 있느냐?"고(삼상 19:24) 소리쳤습니다. 악한 왕이라도 감히 사무엘을 건드릴 수는 없었던 것입니다. 사무엘 선지자는 온유하고 너그럽고 정이 있는 사람이었지만 간악한 사울은 사무엘의 옷자락을 붙잡고 살려달라고 애원할 정도로 사무엘을 두려워하였습니다.

사무엘이 죽은 후에는 사악하게도 사무엘의 안내를 받기 위해 죽은 사무엘의 혼을 찾았습니다. 이로 보아 이 하나님의 사람은 그의 거룩한 인품의 무게로 하나님으로부터 버림을 받은 사람에게까지 감동을 준 것이 분명합니다. 하나님께서 사무엘과 함께 계셔서 그의 말을 하나도 땅에 떨어지지 않게 하셨다고 성경에 기록되었습니다. 그 원인은 그가 기도하는 사람이었기 때문입니다.

인간을 위해 하나님을 이길 수 있는 사람은 언제나 하나님을 위해 인간을 이길 수 있습니다. 여러분이 기도로써 하늘을 정복할 수 있다면, 설교로써 땅도 정복할 수 있을 것입니다. 여러분이 영원하신 하나님께 말씀드리는 법을 알고 있다면, 죽을 인간들에게 설교하는 것은 식은 죽 먹기가 될 것입니다. 인간들이 가질 수 있는 진정한 능력의 본질은 은밀한 중에 하나님과 함께 하는 능력에 있습니다. 우리가 주님을 기다리고 그분과 씨름할 때, 우리의 일은 거의 다 이루어진 것이나 마찬가지입니다.

그러므로 바라건대, 항상 기도하십시오. 그리고 여러분이 중보 기도를 드렸던 자들을 위해 기도하기를 쉬는 것이 죄가 된다는 사실을 알고 더욱 기도에 힘쓰십시오. 사무엘은 중보 기도를 중단하는 것이 자신에게 죄가 될 것이라고 고백하였습니다. 어째서 그러냐고요? 왜냐하면, 백성들을 위해 기도하기를 쉬는 것은 직무 유기가 되기 때문입니다. 하나님은 사무엘을 그 나라에 선지자로 세우셨습니다. 그러므로 그는 백성들을 위하여 중보 기도를 드려야만 했습니다. 그렇지 않으면 자신의 직무를 태만히 하는 것이 될 테니까요. 그가 백성들을 위해 기도하지 않는다면, 이는 주님께서 택하신 백성들을 그가 사랑하지 않는다는 표시가 될 것입니다. 자신이 먼저 하나님의 지시를 받지 않고 어떻게 백성들을 지시할 수 있겠습니까? 백성들을 위해 하나님께 부르짖으므로 그들에 대한 충분한 영향력을 갖지 못하고서 어찌 그들을 통솔하기를 바랄 수 있겠습니까? 또한 사무엘의 경우에 기도를 쉬는 것은 분노하는 죄를 범하는 것이 될 것입니다. 이는 그의 바람직한 모습이 아니기 때문에 백성들에게와 하나님에게 애물단지처럼 보일 것입니다.

본문에서 사무엘이 한 말은 이렇게 해석할 수 있습니다. "여러분을 위한 기도를 쉬는 만큼 내 가슴속에는 분노가 숨어 있을 것이니 이는 하나님 앞에 죄입니다." 기도를 쉬는 것은 하나님의 영광을 가리는 일이 될 것입니다. 이스라엘이 어떠한 상태에 있든지 그들 안에는 하나님의 이름이 새겨져 있었습니다. 그러므로 그들이 번성하지 않는다면, 이방인들 가운데서 주님의 영광이 가려지게 될 것입니다. 백성들의 운명이 하나님의 영광과 직결되어 있기 때문에 사무엘은 그들을 위해 기도를 포기할 수 없었습니다. 기도의 능력을 소유한 사람이 그 능력을 사용하지 않는다면 이는 영혼들을 망하도록 내버려두는 잔인한 행위가 될 것입니다. 형제 자매들이여, 여러분이 은혜의 보좌 앞에서 기도하기를 소홀히 한다면 이는 여러분에게 죄가 될 것입니다. 그리하면 여러분은 성령을 근심하게 할 것이요, 그리스도의 영광을 떨어뜨리게 될 것이며, 죄로 죽은 영혼들을 잔인하게 대하고, 거짓되고, 은혜의 성령과 여러분의 거룩한 소명을 거역하게 될 것입니다.

마지막으로 사무엘은 중보 기도와 일치된 행동으로 그의 성실함을 보여주었습니다. 사무엘은 본문에서 이렇게 말합니다. "나는 너희를 위하여 기도하기를 쉬는 죄를 여호와 앞에 결단코 범하지 아니하고 선하고 의로운 길을 너희에게 가르치리라." 기도를 쉬기는커녕 이전보다 두 배나 더 부지런히 백성들을 섬길 것입니다. 그의 말대로 그는 그들을 버리지 않을 것이라는 하나님의 언약을 백성들에게 상기시키는 교훈을 베풀었습니다. 또한 그들이 어떻게 행해야 하는지 지도하였으며 — "오직 너희의 마음을 다하여 여호와를 섬기라"(삼상 12:20), 그들에게 하나님을 섬길 수 있는 동기를 부여하였으며 — "너희는 여호와께서 너희를 위하여 행하신 그 큰 일을 생각하여"(24절), 악을 행하지 말라고 엄숙히 경고하였습니다 — "만일 너희가 여전히 악을 행하면 너희와 너희 왕이 다 멸망하리라"(25절).

여러분이 친구들을 위해 중보의 기도를 드린 후, 하나님께서 평소에 은혜를 베푸시는 방법을 최대한 활용하므로 기도가 이루어지도록 힘쓰십시오. 어떤 이들은 게으른 기도를 드립니다. 그들은 자기들이 간청한 것을 얻기 위해 아무런 노력도 하지 않습니다. 농부는 풍성한 수확을 위해 기도하고 밭을 갈고 씨를 뿌립니다. 만일 밭을 갈고 씨를 뿌리는 일을 하지 않는다면 농부의 기도는 위선일 것입니다.

우리의 이웃이 회개하기를 바란다면, 우리는 각 방면으로 이를 위해 힘써야 할 것입니다. 예를 들어, 복음이 충실하게 전해지는 교회로 그들을 인도하거나, 좋은 신앙서적을 그들에게 전해 주거나, 그들에게 직접 영원한 세계에 대하여 말해 주어야 할 것입니다. 캐내어야 할 금이 어디에 묻혀 있는지 내가 알고, 또 이웃이 부자가 되기를 바란다면, 저는 그 귀중한 금광이 묻혀 있는 자리를 이웃에게 말해 줄 것이며, 나와 함께 그 보화를 캐러 가자고 요구할 것입니다. 하지만 많은 사람들은 주일을 범하는 이웃이나 친구에게 하나님의 집에 함께 가지고 권할 생각조차 하지 않습니다. 초청만 해 주면 분명히 하나님의 집에 단 한 번이라도 나와 회개할 수 있는 사람들이 런던에 부지기수로 많습니다.

누군가 구원받기를 원한다면 할 수 있는 한 최선을 다해 그의 영적인 상태에 대하여, 구원의 길에 대하여, 그리고 쉼을 얻을 수 있는 방법에 대하여 그에게 말해 주어야 합니다. 언제든 또는 어떻게 해서든 모든 사람에게 접근할 수 있습니다. 생각 없이 또는 신중하지 못하게, 보이는 사람마다 달려들어 전하는 것은 매우 경솔한 행동입니다. 왜냐하면 구원받기를 바라는 사람들을 오히려 넌더리나게 만들기 때문입니다. 사람들을 위해 간절히 기도하고 그들을 구원하려고 노력하는 사람은 모두 하나님의 뜻을 생각하며, 이로써 시간, 방법, 그리고 문제에 대하여 지혜를 얻습니다. 새를 사냥하고자 하는 사람은 그 순간에는 온 신경을 사냥에 쏟기 때문에 그 일에 명수가 될 것입니다. 그는 조금만 연습하여도 명사수가 될 것이며, 총이나 사냥개에 대하여 훤히 잘 알 것입니다. 연어를 잡고자 하는 사람은 낚시하는데 온 정신을 빼앗기며 낚시 재미에 푹 빠지게 됩니다. 얼마 후 그는 낚싯대를 사용하는 방법, 물고기를 잡는 방법을 익히 알게 됩니다. 이와 같이 영혼을 구원하고자 온 정성을 들이는 자는 어떤 방법으로 영혼을 구원하는지 그 요령을 깨닫게 되며, 주님께서 성공할 수 있도록 그를 도와주십니다. 저는 여러분에게 그 요령을 가르쳐 줄 수 없으며, 그 요령을 습득하기 위해서는 여러분이 직접 해 봐야만 합니다. 제가 말씀드리고자 하는 것은, 누구든지 기도한 것만으로 형제의 피에 대하여 책임을 면할 수 없다는 사실입니다.

가정하여 생각해 봅시다. 우리의 교구인 뉴잉턴(Newington)에서 수많은 사람들이 굶어 죽어가고 있습니다. 우리는 기도 모임을 갖고 그들의 곤궁함을 채워 달라고 하나님께 간구합니다. 이 사람들을 위한 기도를 마치고 모두 집으로 돌아가 우리만 저녁 식사를 하고 이 사람들에게는 빵 조각 하나 주지 않는다면, 우리의 기도는 웃음거리가 되고 영원한 형벌을 받을 만한 위선이 아니겠습니까? 참으로 사랑이 있는 사람은 자기 호주머니에 손을 집어넣고, "내가 무엇을 해야 내 기도가 이루어질까?"라고 말합니다. 제가 들은 이야기인데, 뉴욕에 있는 가난한 가정을 방문하여 한 사람이 기도하였습니다. 그는 "주여, 이 사람들에게 먹을 것과 입을 것을 주시옵소서" 기도하였습니다. 그때에 그의 어린 아이들이 이렇게 말했습니다. "아빠, 제가 하나님이라면, 아빠가 돈이 많으니까 아빠더러 그 기도를 이루라고 말씀하실 것 같아요." 이와 같이 우리가 중보 기도할 때 주님은 "가서 너의 친구들에게 내 아들을 증거하므로 너의 기도를 이루라"고 말씀하십니다.

"널리 퍼져라. 너 강한 복음이여"라고 여러분은 찬송합니까? 그렇다면 여러분은 복음에 은(헌금) 날개를 달아 주십시오. "너 바람이여, 그의 역사를 실어 나르라"고 찬송합니까? 그렇다면 복음을 위해 여러분의 생명을 바치십시오. 여러분의 은사에 능력이 있습니다. 여러분의 설교에 능력이 있습니다. 이 능력을 사용하십시오. 여러분이 직접 할 수 없다면, 그리스도를 전할 수 있도록 다른 사람을 도와줌으로써 큰 일을 행할 수 있습니다. 하지만 가장 중요한 것은 여러분의 손으로, 여러분의 마음으로, 여러분의 입술로 행해야 한다는 것입니다. 가서 선하고 의로운 길을 가르치십시오. 그리하면 여러분의 기도가 이루어질 것입니다.

11

다윗

하나님으로 힘을 내다

"백성들이 자녀들 때문에 마음이 슬퍼서 다윗을 돌로 치자 하니 다윗이 크게 다급하였으나 그의 하나님 여호와를 힘입고 용기를 얻었더라 … 다윗이 여호와께 묻자와 이르되, 내가 이 군대를 추격하면 따라잡겠나이까? 하니 여호와께서 그에게 대답하시되, 그를 쫓아가라 네가 반드시 따라잡고 도로 찾으리라"(삼상 30:6,8).

우리는 하나님의 종 다윗의 생애가 영감 있는 역사로 남은 것에 대하여 하나님께 깊이 감사해야 합니다. 다윗의 생애는 위대한 생애요, 원기 왕성한 생애요, 또한 변화무쌍한 생애였습니다. 그의 생애가 흠 없는 생애가 아니었다는 점이 오히려 제게 매력이 있습니다. 왜냐하면 그의 실패와 실수가 우리에게 교훈을 주기 때문입니다. 그의 생애는 하나님의 마음을 따르는 생애였지만, 아울러 길을 잃은 양처럼 타락하였다가 위대하신 목자에 의해 회복된 생애였습니다. 이러한 점 때문에 우리 같이 부족하고 결점이 많은 사람들에게 그는 가깝게 느껴집니다. 저는 세상의 시인에게 적용되었던 표현을 다윗에게 적용하겠습니다.

수많은 변화를 겪은 사람, 그는
한 사람이 아닌 모든 인간의 축도(縮圖)일 것이다

각자 이새의 아들의 길고 파란만장하고 변화무쌍한 생애에서 자신과 비슷한 점을 찾을 수 있을 것입니다. 또 다른 모습 속에서도 우리는 믿음이 있는 곳에 반드시 시험이 있다는 교훈을 얻습니다. 다윗은 진심으로 하나님을 의지하였지만 그의 믿음은 부족하였습니다. 어린 시절 그는 산에 사는 메추라기처럼 사울 왕의 사냥감이 되었으며, 목숨이 계속 위태로웠습니다. 다윗은 아주 훌륭한 보배와 같은 믿음을 가졌으며, 사탄은 끊임없이 그에게서 이 믿음을 빼앗으려고 하였습니다. 더욱이 다윗이 당한 최악의 시험은 믿음에서 비롯된 것이 아니라 그 믿음이 부족한 데서 비롯되었습니다. 어려움을 면해보려고 도피함으로 말미암아 다윗은 도리어 하나님의 정상적인 섭리로 인해 받았던 고통보다 더욱 통렬한 고통 속으로 빠져들고 말았습니다.

다윗이 불안해서 안절부절못했던, 하지만 엄연히 임마누엘 하나님의 땅이었던 그 나라를 떠나 블레셋 지역으로 들어갔습니다. 그곳에서는 더 이상의 소란이 없기를 바라는 마음이었습니다. 하지만 그렇게 함으로써 그는 죄를 범하고 말았습니다. 새로운 시험들이 그에게 닥쳐왔습니다. 그 시험들이 사울 때문에 받았던 시험들보다 더 나쁜 시험이었습니다. 여러분에게 믿음이 있으면 반드시 시험을 당하며, 그 믿음이 약해지면 훨씬 더 힘든 시험을 받아야 합니다. 이러한 전쟁에 면제는 없습니다. 반드시 어려움을 직면해야만 합니다. 지금은 전쟁의 날이요, 여러분이 주권을 잡으려면 반드시 싸워야 합니다. 여러분은 바다 속으로 휩쓸려 들어간 사람들과 같아서 헤엄쳐서 살아나오든지 아니면 익사해야 합니다. 주님께서 용납하지 않으신 곳에서 편안하기를 기대하는 것은 무모한 짓입니다. 왕의 대로가 아무리 험난하더라도 돌아가는 것은 훨씬 더 힘든 길이 될 것입니다. 그러므로 명령의 길로 계속 나아가십시오. 그리고 용감하게 시험을 맞이하십시오.

또 다른 교훈은 이렇습니다. 우리가 비록 시험을 받을지라도 하나님을 의지하는 믿음은 항상 유효한 대책입니다. 믿음은 모든 종류의 화살, 심지어 막강한 대적의 불화살도 막아낼 수 있는 방패입니다. 이 방패는 불창으로도 뚫을 수 없습니다. 여러분이 믿음으로 극복할 수 없는 환경에 빠지는 경우는 결코 없습니다. 하나님의 언약은 모든 형편에서 유효하며, 하나님은 지혜와 능력과 사랑과 성실로 여러분을 모든 위험으로부터 건져내십니다. 그러므로 여러분은 오직 하나님을 신뢰해야 합니다. 그렇게 하면 구원은 반드시 임합니다. 특히 주목해야 할 사실은, 여러분의 실수로 고통이 닥쳐왔을 때에도 여전히 믿음은 유효하다는 것입니다. 뼈아픈 범죄를 저지르고 고통스러운 형벌을 당할 때에도 여전히 주님을 의지하십시오.

베드로가 실수하였을 때 주 예수님께서는 그의 믿음이 떨어지지 않게 해 달라고 기도하셨습니다. 베드로가 회복될 수 있었던 이유가 바로 여기에 있습니다. 죄책감 속에서 믿음은 크게 흔들려도 고귀한 효력을 발휘합니다. 제 생각에 성스러운 사람이 믿기는 비교적 쉽습니다. 그러나 죄인이 믿기는 어렵습니다. 여러분이 하나님 앞에서 똑바로 걸었고, 여러분의 옷에 때가 묻지 않았다는 것을 알고 있을 때, 여러분은 별 어려움 없이 하나님을 믿을 수 있습니다. 하지만 여러분이 타락하였을 때, 그리고 마침내 하늘 아버지께서 채찍으로 여러분을 아프게 때리실 때, 바로 그때에 자신을 하나님께 맡기는 것이 진정한 믿음입니다. 이 시간 여러분이 큰 고통 중에 있고, 어리석음 때문에 그 모든 고통을 받아 마땅하다는 생각이 들지라도, 여전히 주님의 자비를 의지하십시오. 주님, 곧 여러분의 구세주를 의심하지 마십시오. 주님께서는 타락한 자녀들이라도 자신에게로 돌아오라고 부르시기 때문입니다.

첫 번째, 다윗의 괴로움을 잠시 살펴봅시다. "다윗이 크게 다급하였으나"(괴로웠으나, distressed). 다윗의 거점인 성읍이 불탔으며, 그의 아내들이 사로잡혀 갔고, 그의 동료의 자녀들도 포로로 끌려갔습니다. 다윗 일행이 거처로 삼았던 작은 마을 시글락은 폐허가 된 채 그들 앞에서 연기를 내뿜고 있었습니다. 다윗의 부하들은 마음이 크게 상한 나머지 그들의 지도자에게 반란을 일으켰으며, 다윗을 돌로 쳐죽일 기세였습니다. 다윗의 운명이 기울고 있었습니다. 그의 입장을 이해하기 위해 잠시 역사 속으로 들어가 보겠습니다.

다윗이 크게 괴로워하였던 까닭은 그가 하나님께 묻지 않고 행동하였기 때문입니다. 다윗은 대체로 주님의 인도를 기다리는 습관이 있었습니다. 목동이었을 때 다윗은 "그가(하나님께서) 나를 인도하시는도다"라고 즐겁게 노래하였습니다. 그러나 이번만큼은 다윗이 주님의 인도를 받지 않고 나아가므로 나쁜 길을 택하고 말았습니다. 사울의 핍박을 견디다 못해 지쳐버린 다윗은 잠시 낙심하여 "틀림없이 언젠가 사울의 손에 죽고 말 거야"라고 중얼거렸습니다. 이것이 위험한 감정이었습니다. 두려워하는 것을 항상 두려워하십시오. 믿음이 떨어지는 것은 힘이 떨어지는 것을 의미합니다. 낙담을 단순히 기쁨을 잃는 것이라고 여기지 말고, 여러분의 영적인 생명을 소멸하는 것이라고 여기십시오. 낙담을 물리치십시오. 왜냐하면 믿음이 썰물처럼 빠져나갈 때 죄가 밀물처럼 밀려들어오기 때문입니다.

하나님을 온전하게 믿지 않는 사람은 얼마 못 가서 다른 곳에서 위로를 찾을 것입니다. 다윗이 그랬습니다. 하나님의 인도를 구하지 않고 블레셋의 대장인 아기스 왕의 궁궐로 도망갔고, 그곳에서 조용히 지내기를 바랐습니다. 그러나 그때 무슨 일이 일어났는지 보십시오! 다윗이 시글락의 잿더미 속에 섰을 때, 그제야 비로소 우리 자신의 지혜를 의지하고 우리를 인도하시는 하나님을 잊는 것이 얼마나 참혹한 일인지 깨닫기 시작했습니다. 아마도 여러분 중에 어떤 분은 이와 같은 괴로움을 당하고 있을 것입니다. 여러분 스스로 길을 택하였고, 이로 인하여 얽혀 있는 덤불 속에 빠져 여러분의 몸이 찢기고 있는 것입니다. 다윗이 마땅히 머물러 있어야 할 자리를 떠남으로써 더 이상의 모든 고통을 피할 수 있으리라고 생각했던 바로 그때 자신을 때릴 가장 무거운 채찍을 스스로 만들었던 것입니다.

이보다 더 잘못된 것은 다윗이 진실대신 꾀를 도모하였다는 것입니다. 동양의 정신은, 아마도 지금도 그럴 것인데, 거짓을 일삼습니다. 동양인들은 거짓말하는 것을 잘못이라고 생각하지 않습니다. 많은 사람들이 습관적으로 거짓말을 합니다. 우리나라에서 의로운 상인이 거짓말을 한다는 것은 상상도 할 수 없는 것처럼, 고대에 동양의 보통 사람이 할 수 있는 한 언제나 진실을 말하였다는 것은 상상할 수 없는 일일 것입니다. 왜냐하면 다른 모든 사람이 자기를 속이고 있고, 그래서 자기는 그럴듯한 꾀를 써야만 한다고 그는 느꼈기 때문입니다. 다윗 시절에 황금률은 "다른 사람들이 너에게 하는 대로 너도 다른 사람에게 행하라"는 것이었습니다. 다윗은 일찍이 당시의 풍조에 물들어 있었습니다. 다윗은 가드의 왕 아기스의 수비대장이 되었고, 왕도에서 살았습니다. 다소 어처구니없게 우상의 도시에 있게 된 자신의 처지를 다윗이 깨닫고는 왕에게 이렇게 말했습니다. "바라건대 내가 당신께 은혜를 입었다면 지방 성읍 가운데 한 곳을 내게 주어 내가 살게 하소서. 당신의 종이 어찌 당신과 함께 왕도에 살리이까?"(삼상 27:5)

다윗에게 아기스는 거의 여호와를 경배하는 사람으로 개종한 것처럼 보이며, 이 이야기 속에서 화려하게 주목받고 있습니다. 다윗의 요청에 그는 시글락 성읍을 다윗에게 내주었습니다. 이로 인하여 다윗과 그의 일행은 팔레스타인 남부 지역에 거주한 가나안 여러 부족과 싸웠으며, 그들로부터 막대한 전리품을 획득하였습니다. 하지만 다윗이 저지른 한 가지 큰 잘못은 아기스로 하여금 자신이 유다를 대항하여 싸우고 있다고 믿게 만들었다는 것입니다. 우리는 성경에서 이런 말씀을 읽게 됩니다. "아기스가 다윗을 믿고 말하기를, 다윗이 자기 백성 이스라엘에게 심히 미움을 받게 되었으니 그는 영원히 내 부하가 되리라고 생각하니라"(삼상 27:12). 이러한 현상은 다윗이 거짓으로 행하고 거짓말을 한 결과였습니다. 다윗은 그 거짓이 들통날까봐 정복한 지역의 사람들을 하나도 살려두지 않았는데, 이는 그의 생각에 "그들이 우리에게 대하여 이르기를 다윗이 행한 일이 이러하니라"(삼상 27:11)고 말할 것이 염려되었기 때문입니다. 이렇듯 꾀를 부리기 시작한 다윗은 계속해서 거짓말을 해야 했으며, 한 번의 거짓말이 또 다른 거짓말로 이어졌습니다. 그리하여 하나님의 사람이 마땅히 추구했어야 할 그 길과는 너무나 거리가 먼 길로 가 버리게 되었습니다. 이러한 거짓된 행동은 "거짓을 행하는 자는 내 집 안에 거주하지 못하며 거짓말하는 자는 내 목전에 서지 못하리로다"(시 101:7)라고 말했던 다윗의 평소의 인격과 얼마나 크게 다른지요!

다윗의 거짓말의 열매를 보십시오! 시글락은 불탔습니다. 그의 부인들은 포로로 잡혀갔습니다. 그의 부하들은 그를 돌로 쳐죽이자고 소리칩니다. 저와 여러분도 정직하게 살지 않는다면, 미로(迷路)에서 헤맬 것이며 그 속에서 헤어 나오기 힘들 것입니다. 우리 모두는 죽을지언정 거짓말은 할 수 없으며, 굶어죽을지언정 속일 수는 없으며, 가루가 될지언정 불의한 일을 행할 수는 없다는 신념을 가져야 할 것입니다. 그럴 때 비로소 우리는 하나님의 도움을 바랄 수 있고, 모든 어려움 속에서도 담대히 행할 수 있습니다. 하지만 다윗은 의의 대로를 떠나 잔꾀와 속임수의 어두운 산 속에서 비틀거리고 있었습니다. 그는 아주 악랄한 속인들처럼 음모를 꾸몄습니다. 다윗은 자신의 잘못을 깨달아야 했으며, 거짓의 길이 얼마나 소름끼치는 것인지 깨달아야 했습니다. 그러므로 주님께서는 별안간 그로 하여금 이별, 약탈, 반란, 생명의 위협을 당하게 하셨습니다. 이는 그를 하나님께로 인도하고, 더 이상 꾀를 부리지 않도록 하기 위한 하나님의 작전이었습니다. 다윗이 크게 괴로워하였던 사실이 조금도 이상할 것이 없습니다.

다윗의 괴로움은 또 다른 이유 때문에 한층 심각하였습니다. 이는 다윗이 주님의 백성의 대적들과 한패가 되었기 때문입니다. 다윗은 블레셋 진영으로 갔으며, 블레셋 왕이 그에게 "내가 너를 영원히 내 머리 지키는 자를 삼으리라"(삼상 28:2) 하였습니다. 생각해 보십시오. 다윗이 블레셋 사람의 머리를 지키는 자가 되다니! 아기스가 이스라엘과 전쟁을 하기 위해 블레셋 군대를 소집하였을 때, 우리는 부끄럽게도 다음과 같은 말씀을 읽게 됩니다. "블레셋 사람의 수령들은 수백 명씩 수천 명씩 인솔하여 나아가고 다윗과 그의 사람들은 아기스와 함께 그 뒤에서 나아가더니"(삼상 29:2). 다윗은 이러한 거짓된 처지에서 틀림없이 많은 괴로움을 느꼈을 것입니다. 이스라엘의 왕으로 예약되어 있던 다윗이 자기 나라 사람들과 싸우기 위해 무장한 군대를 이끌고 나아가는 모습을 생각해 보십시오. 그러나 주님께서 다윗을 그러한 위험천만한 자리에서 구출해내셨으니 참으로 놀라운 은혜입니다! 블레셋 방백들은 당연히 다윗을 의심하였고, 아기스에게 "이 히브리 사람들이 무엇을 하려느냐?"(삼상 29:3)고 따져 물었습니다. 블레셋 방백들은 다윗이 고위직에 오른 것을 시기하였으며, 싸우는 동안에 돌이켜 자기들을 칠까봐 염려하였습니다.

"블레셋 사람의 방백들이 그에게 노한지라. 블레셋 방백들이 그에게 이르되 이 사람을 돌려보내어 왕이 그에게 정하신 그 처소로 가게 하소서. 그는 우리와 함께 싸움에 내려가지 못하리니 그가 전장에서 우리의 대적이 될까 하나이다. 그가 무엇으로 그 주와 다시 화합하리이까? 이 사람들의 머리로 하지 아니하겠나이까? 그들이 춤추며 노래하여 이르되, 사울이 죽인 자는 천천이요 다윗은 만만이로다 하던 그 다윗이 아니니이까?"(삼상 29:4,5) 블레셋 왕은 그들의 항의를 무마해 보려 하였지만 그들의 압력을 이기지 못하고 다윗을 돌려보내야 했습니다. 그때에 다윗이 얼마나 크게 안도했겠습니까! 다윗은 그때의 상황을 시편 124편에서 다음과 같이 멋지게 서술하였습니다. "우리의 영혼이 사냥꾼의 올무에서 벗어난 새 같이 되었나니 올무가 끊어지므로 우리가 벗어났도다"(시 124:7). 실제로 다윗이 사울과 요나단이 전사한 그 전쟁에 블레셋 군사들과 함께 갔더라면, 그러한 일이 그에게 얼마나 소름끼치는 일이었겠습니까! 이는 다윗의 인생에 큰 오점이 되었을 것입니다. 주께서는 그를 구출해 주셨지만 아울러 그의 채찍을 느끼게 하셨습니다. 다윗이 시글락에 도착하자마자 그는 주님의 손이 자신을 치신 장면을 똑똑히 보았습니다. 그 주변은 온통 연기만 자욱한 폐허가 되고 말았으며, 이에 다윗이 크게 괴로워한 것은 너무나 당연한 일입니다.

다윗의 편에서 그의 처지를 상상해 봅시다. 다윗은 블레셋 방백들로부터 치욕스러운 말을 듣고 쫓겨왔습니다. 그들은 "이들이 무슨 짓을 하려고 하느냐? 이 사람은 다윗이 아니냐?" 하며 다윗 일행을 멸시하였습니다. 다윗이 하나님과 동행하였을 때 그는 왕과 같았으며, 아무도 그를 감히 멸시할 수 없었습니다. 그러나 지금 그는 할례 받지 못한 블레셋 사람들에게 업신여김을 당하였으며, 부끄러운 나머지 조그만 성읍에 슬쩍 되돌아온 것만으로도 다행이라고 생각하였습니다. 하나님의 사람이 그 대적에게 하나님을 모독하고 그의 종을 경멸하는 빌미를 제공했다는 것은 참으로 비참한 일입니다. 마찬가지로 세상 사람들이 예수님의 제자들이라고 하는 사람들에게서 모순을 찾아낸다는 것은 참으로 비참한 일입니다.

"이 히브리 사람들이 무엇을 하려느냐?" 이는 세상이 그리스도인들을 향해 빈정대는 말입니다. "그리스도인이라고 하는 사람이 어찌하여 우리 같은 사람들이나 하는 행동을 하느냐? 보라, 우리와 사귀려고 노력하고 또 우리 중에 한 사람으로 통하면서도 그는 자칭 하나님의 종이라고 하는구먼!" 그들은 마치 베드로에게 했던 것처럼 "너의 말이 너를 숨기고 있다마는 너도 나사렛 예수와 함께 있었도다" 하면서 우리를 향해 손가락질합니다. "엘리야야, 네가 어찌하여 여기 있느냐?"(왕상 19:13) 이 질문은 오늘날 하나님의 입에서 나오는 소리이며, 이 소리를 하나님의 대적들이 그 입술로 반복합니다. 하나님의 자녀가 이러한 곤궁에 빠져 있고 큰 고통을 당하고 있다고 생각될 때 크게 괴로워하는 것은 이상한 일이 아닙니다.

바로 뒤이어 이별의 아픔이 찾아왔습니다. 다윗의 아내들이 사라진 것입니다. 다윗은 넓고 자애롭고 부드러운 마음의 소유자였습니다. 그러니 아내들과의 이별이 그에게 얼마나 큰 아픔이었겠습니까! 그만 홀로 슬피 운 것이 아니었습니다. 그를 따르던 용감한 모든 동료들도 역시 이별의 아픔을 겪었습니다. 공동으로 울부짖는 합창소리를 들어보십시오! 그들은 울 기력이 없을 때까지 웁니다. 지도자 자신의 슬픔은 묻혀 버리고 동료들에게 닥친 슬픔의 홍수에 빠져 익사당한다고 생각할 때, 그날은 틀림없이 대단히 무서운 날이었을 것입니다. 재산을 모두 잃은 다윗은 이제 가장 불쌍한 자가 되었습니다. 그도 그럴 것이 그가 가진 모든 재산을 빼앗겼으며 그의 집은 불타 버렸고, 그 해적들은 어디로 갔는지 알 수 없었던 것입니다. 그보다 더 나쁜 것은 다윗이 동료들로부터 버림을 받았다는 것입니다.

아무리 어렵더라도 그와 함께 했던 동료들이 이제는 그들이 당한 불행으로 인하여 다윗을 신랄하게 비난하였던 것입니다. 어찌하여 다윗은 이 성읍을 비워두고 주님의 대적들, 곧 할례 받지 아니한 블레셋 사람들을 도우러 나갔단 말인가? 다윗은 깨달았을 것입니다. 그의 추종자들은 분노하였고, 그 중에 하나가 “다윗을 돌로 치자”라고 말하자 다른 사람들도 덩달아 “당장 그를 죽이자”고 소리쳤습니다. 그들은 분명히 크게 격노하였습니다. 다윗은 울 기력도 없었고, 친구 하나 없이 버림받았으며, 성난 폭동자들로 인하여 목숨까지 위태로웠습니다.

“다윗이 크게 다급하였다(괴로워하였다)”고 기록된 것이 여러분에게 이상합니까? 다윗은 슬픔에 둘러싸여 있습니다. 재난의 상징으로 재를 끌어 모을 필요도 없습니다. 주변이 온통 재투성이고, 곳곳에서 연기가 피어오르고 있습니다. 다윗은 아내들을 위해 소리 높여 울고, 그의 군사들은 자녀들을 위해 소리 높여 웁니다. 마치 그들이 칼로 살해된 것처럼 그들은 슬피 울었던 것입니다. 설상가상으로 그런 슬픔을 다윗이 혼자 다 짊어졌다는 것은 극도의 고통이었을 것입니다.

두 번째, 다윗이 용기를 얻은 사실에 대해 생각해 봅시다. “다윗이 … 힘입고 용기를 얻었더라.” 좋습니다. 다윗! 그는 처음엔 다른 사람을 격려할 엄두도 내지 못했습니다. 하지만 다윗은 힘을 내고 용기를 얻었습니다. “그의 하나님 여호와를 힘입어" 다윗은 용기를 얻었습니다. 이것이 바로 여러분이 용기를 얻을 수 있는 가장 확실한 방법입니다. 다윗에게 어려움이 없었더라면, 그는 이때까지 그와 함께 하였던 용맹스런 사람들을 보고 큰 용기를 얻었을 것입니다. 왜냐하면 역대상 12:19, 20을 보면, 그때에 많은 사람들이 다윗의 편에 이미 합류했기 때문입니다. 이 구절을 함께 읽어보겠습니다.

"다윗이 전에 블레셋 사람들과 함께 가서 사울을 치려 할 때에 므낫세 지파에서 두어 사람이 다윗에게 돌아왔으나 다윗 등이 블레셋 사람들을 돕지 못하였음은 블레셋 사람들의 방백이 서로 의논하고 보내며 이르기를 그가 그의 왕 사울에게로 돌아가리니 우리 머리가 위태할까 하노라 함이라. 다윗이 시글락으로 갈 때에 므낫세 지파에서 그에게로 돌아온 자는 아드나와 요사밧과 여디아엘과 미가엘과 요사밧과 엘리후와 실르대이니 다 므낫세의 천부장이라. 이 무리가 다윗을 도와 도둑 떼를 쳤으니 그들은 다 큰 용사요 군대 지휘관이 됨이었더라. 그때에 사람이 날마다 다윗에게로 돌아와서 돕고자 하매 큰 군대를 이루어 하나님의 군대와 같았더라."

이 새로 온 사람들은 당시 시글락에 없었기 때문에 아내와 자녀들을 빼앗기지 않았습니다. 그러나 다윗은 그들을 돌아보면서 자기 편에 서서 폭동을 진압해 달라고 부탁하지 않았습니다. 당시에 다윗은 사람들에게 신물이 나 있었고, 믿고 맡기는데 신중을 기하였습니다. 하나님은 괴로움이라는 쓰디쓴 약으로 당신의 종을 치료하기 시작하셨습니다. 그 증거는 다윗이 새로운 친구들을 힘입어 용기를 낸 것도 아니고 다른 사람들이 더 들어오리라는 희망을 힘입어 용기를 낸 것이 아니라 오직 그 하나님 여호와를 힘입어 용기를 내었다는 점입니다.

저 산 위에서 불어오는 바람을 여러분은 느끼지 못합니까? 저 영원한 산에서 강하고 신선한 바람이 불어오고 있으며, 이제 하나님의 사람 다윗이 하나님께서 홀로 계시는 그 산을 바라봅니다. 전에 다윗은 자신의 방법과 잔꾀를 가지고 골짜기 아래에 머물렀으며, 자만심과 속된 마음의 정체된 분위기 속에 있었지만, 이제는 시글락에서 비록 친구 하나 없는 신세지만 자유롭고 진실한 사람으로 서 있습니다. 폐허의 한복판에 선 그의 모습이 얼마나 근사한지요! 불행을 겪는 동안에 그는 산 정상에 오릅니다! 그리고 "여호와께서 나를 사자의 발톱과 곰의 발톱에서 건져내셨은즉 나를 이 블레셋 사람의 손에서도 건져내시리이다"(삼상 17:37)라고 자신만만했던 젊은 시절을 회상합니다. 다윗은 더 이상 자신의 꾀에 매이지 않고, 다시금 하나님의 능력 안에서 강합니다. 왜냐하면 이제는 세상이 아니라 주님을 힘입어 용기를 얻었기 때문입니다.

다윗은 좌절에 빠지지 않았고, 사울처럼 악한 방법으로 도움을 받을 생각을 하지 않았습니다. 반면 그는 죄인의 자세로 자신이 저지른 모든 잘못을 고백하면서 곧장 그의 하나님 앞에 나아갔습니다. 그리고는 제사장을 불러 지존하신 하나님의 이름으로 자신에게 말해 달라고 요청하였습니다. 형제자매들이여, 여러분이 어려움에 처해 있고, 그 어려움이 여러분의 죄로 인해 발생한 것이라 할지라도, 또한 여러분의 타락과 잘못된 행동으로 말미암아 스스로 고난을 자초하였을지라도, 바라건대, 도움을 받기 위해 다른 곳을 바라보지 말고 오직 하나님만을 바라보십시오. 이를테면 하나님께서 팔을 들어 여러분을 치려 한다 해도 여러분은 그 팔을 붙잡으십시오. 그리하면 하나님께서 여러분을 용서하실 것입니다. "나의 능력을 붙잡으라"고 주께서 친히 말씀하지 않습니까?

옛 스승 프랜시스 퀄스(Francis Quarles: 1592-1644, 영국의 기독교 시인)가 이상한 그림 하나를 소장하고 있었는데, 그 그림에는 한 사람이 다른 사람을 도리깨로 때리려고 하는 장면이 그려져 있었던 것으로 저는 기억합니다. 그런데 그 사람이 어떻게 피한 줄 아십니까? 그는 달려들어 자기를 때리려는 사람을 꼭 껴안아 버렸습니다. 그래서 맞지 않았습니다. 우리도 이같이 행해야 합니다. 하나님께 가까이 나아가 믿음으로 하나님을 꼭 껴안아 버리십시오. 소망을 가지고 하나님을 꼭 붙잡으십시오. "그가 나를 죽이실지라도 나는 그를 소망하리로다"(욥 13:15, KJV, "Though he slay me, yet will I trust in him." NIV, NASV, "Though he slay me, yet will I hope in him; I will surely defend my ways to his face." 개역개정판에는 "그가 나를 죽이시리니 내가 희망이 없노라": 역주). "나는 주님을 가게 하지 아니하리라"고 결심하십시오.

다윗이 그의 하나님 여호와를 힘입어 용기를 얻는 과정을 추측해 봅시다.

그는 폐허 가운데 서서 이렇게 말했을 것입니다. "여호와께서 나를 사랑하시고 나도 여호와를 사랑한다. 내가 비록 방황하였지만 내 마음은 하나님 없이 쉴 수가 없어. 내 비록 뒤늦게 하나님과 약간의 교제를 가졌지만, 지금까지 하나님은 인자하심을 잊지 않으셨고, 진노 중에 긍휼한 마음을 닫지 않으셨다." 그는 양을 치며 푸른 초장에서 그의 하나님 여호와를 찬양하던 행복한 시절을 회상했을 것입니다. 그는 가장 행복한 교제의 평화로운 시간들을 회상했을 것이며, 다시금 그런 시간을 갖기를 갈망했을 것입니다. 그는 찬송시를 통해 위로를 받으면서 전에 하나님 안에서 그의 마음이 얼마나 기뻤는지 깨달았을 것입니다. 그리고 속으로 이렇게 말했을 것입니다. "하나님의 사랑에 대한 나의 체험은 한낱 꿈이 아니야. 그것이 신화나 망상이 아님을 나는 알고 있어. 나는 여호와를 알아 왔고, 그분과 가깝고도 친밀한 교제를 해 왔어. 내가 알기에 그분은 변하지 않아. 그러므로 그분은 나를 도와주실 거야. 그의 자비는 영원하다. 그는 나의 죄를 던져 버리실 거야." 이와 같이 다윗은 그의 하나님 여호와를 힘입어 용기를 얻었습니다.

다윗은 한 걸음 더 나아가 다음과 같이 주장하였습니다. "여호와께서 나를 택하지 아니하셨던가? 하나님께서 나를 이스라엘의 왕으로 예정하지 않으셨던가? 하나님께서 선지자 사무엘을 보내셔서 내 머리에 기름을 부으시고 '이가 그니라' 말씀하지 않으셨던가? 분명히 여호와께서 약속을 바꾸지 않으실 것이며, 그의 말씀은 땅에 떨어지지 않아. 지금까지 내가 일가 친척과 떨어져서 지내왔고, 사울에게 쫓겨다니고, 바위에서 동굴로, 동굴에서 광야로 피해 다니면서 쉴 틈이 없었던 이유는 내가 사울의 땅에서 왕이 되기로 예정되었기 때문이야. 분명히 여호와께서 당신의 목적을 이루실 것이며, 나를 왕좌에 앉히실 거야. 하나님께서 나를 택하시고 예정하시고 기름 부으신 것은 장난이 아니야."

이 이야기를 설명할 필요가 있겠습니까? 이 이야기가 여러분에게도 해당된다는 사실을 깨닫지 못하십니까? 여러분이 이렇게 말하지 않겠습니까? "주께서 은혜로 나를 부르셨고, 세상에서부터 나를 해방시켜 주셨고, 하나님을 섬기는 제사장과 왕으로 삼으셨는데 그런 하나님께서 나를 버리시겠어? 주님의 성령의 기름이 내게 여전히 남아있지 않니? 주님께서 나를 포기하시겠어? 주님께서 나를 구별하셔서 당신께로 인도하셨고, 나의 운명이 불경건한 세상의 운명과 다르며, 영원토록 나를 당신의 종이 되도록 예정하시고 택하셨다고 깨우쳐 주셨는데, 그런 주님께서 나를 망하게 내버려 두시겠어? 주님의 대적이 나를 짓밟고 즐거워하겠어?" 이와 같이 여러분도 하나님을 힘입고 용기를 얻을 수 있습니다.

그리고 나서 다윗은 그때까지 자신이 체험했던 과거의 구원을 회상하였을 것입니다. 다윗의 눈앞에 과거에 구원받았던 장면들이 주마등처럼 지나갔을 것입니다. 다윗은 사자와 곰을 쓰러뜨린 과거를 회상하였습니다. 그때에 하나님께서 그를 구원하셨는데 그런 하나님께서 이제도 그를 구원하시지 않겠습니까? 다윗은 오직 물매와 조약돌만 가지고 골리앗과 싸우려고 나갔다가 그의 손에 그 괴물의 머리를 가지고 돌아왔던 때를 회상하였습니다. 그리고 "이러한 하나님께서 이제도 나를 구원하지 않겠어?"라고 선언하였습니다. 그는 사울의 궁궐에 있었던 때를 회상하였습니다. 그때에 그 광기 어린 왕이 창을 던져 자기를 벽에다 박으려고 했지만 가까스로 창을 피하였습니다. 그리고 미갈의 도움으로 창문으로 빠져나왔던 때를 회상하였습니다. 그때에 미갈의 아버지 사울은 다윗이 침대에 누워있는 줄 알고 칼로 베어 죽이려 하였습니다. 다윗은 엔게디의 동굴에 숨어있고, 야생 염소의 발자국을 따라갔던 때를 회상하였고, 대적에게 쫓겨다녔으나 이상하게도 언제나 그의 잔인한 손에서 벗어났던 일을 회상하였습니다. 다윗은 "여호와께서 나를 죽이려 하셨다면 이러한 일들을 내게 보이지 아니하셨을 것"(참조. 삿 13:23)이라고 결론을 내리고 용기를 얻었던 것입니다.

자, 이제 여러분의 일기를 꺼내어 주님께서 매번 여러분을 도와주셨던 그 때를 생각해 보십시오. 주께서 여러분을 얼마나 많이 축복하셨습니까? 여러분은 그 숫자를 셀 수 없을 것입니다. 하나님께서 너무나 은혜로우시고 인자하셔서 이미 만 번이나 여러분을 도우셨습니다. 하나님의 사랑, 성실, 능력이 달라졌나요? 이런 악한 생각에 빠지지 않도록 주의하십시오. 하나님은 언제나 동일하신 분이시므로 우리 함께 하나님을 힘입어 용기를 얻읍시다.

"아아, 내가 죄를 범하였도다." 여러분은 절규합니다. 나도 여러분이 그런 줄 알고 있습니다. 하지만 하나님께는 죄가 없습니다. 여러분이 자신을 의지한다면, 여러분이 지은 죄가 여러분의 희망을 산산이 부서뜨릴 것입니다. 하지만 여러분이 하나님을 의지하고, 하나님은 변치 않으시는데 도대체 여러분이 두려워할 이유가 뭡니까? "오, 하지만 나는 죄인이로소이다." 맞아요. 나도 여러분이 죄인인 줄 알고 있습니다. 애초에 하나님께서 사랑으로 감찰하셨을 때부터 여러분은 죄인이었습니다. 만일 하나님께서 여러분의 공로를 보고 사랑하셨다면 여러분은 그 사랑을 받지 못했을 것입니다. 하지만 하나님의 사랑은 거저 주시는 풍성하고 주권적인 은혜로 말미암아 여러분에게 임합니다. 그러므로 하나님의 사랑은 언제나 여러분에게 임할 것입니다. 오늘 아침 주님께서 행하신 일을 생각해 볼 때 기분이 상쾌해지는 것을 느끼지 않습니까? 그래도 여러분이 하나님을 신뢰하지 않는다면 그것이 죄라고 느껴지지 않습니까? 이제도 하나님을 힘입어 용기를 얻지 않으시렵니까?

하나님께서 이 치명타를 보내신 것은 무한한 사랑으로 자기를 궁지에서 건져내시기 위한 의도였음을 아마도 다윗은 순간적으로 깨달았을 것입니다. 하나님께서 이 사건을 통해 다윗에게 이렇게 말씀하신 듯합니다. "네가 아기스에게서 지금까지 얻은 것은 전부 이 시글락 성읍이었는데 나는 이 성읍을 불태워 버렸다. 그래서 너와 블레셋 사람들 사이에 아무런 유대관계도 남지 않게 하였느니라. 블레셋의 방백들이 '이놈을 멀리 보내라' 고 말했고, 그래서 너는 여기까지 왔다. 그리고 이제 아기스가 네게 준 이 성읍은 완전히 폐허가 되었으니, 너와 블레셋 사람들 사이에는 아무런 관련이 없느니라. 이제 너는 본래의 자리로 되돌아왔느니라." 우리 하나님께서 우리를 가장 세게 때리심으로써 우리가 바로 서게 되고 자아와 죄, 그리고 육체의 잔꾀로부터 벗어날 수 있다면, 그것은 다름 아닌 사랑의 매(coup de grace)일 것입니다. 만일 이 사랑의 매가 우리의 이기적인 생활을 끝내고 믿음의 생활로 돌아오게 한다면 이는 복된 매일 것입니다.

하나님께서 자기 백성에게 큰 복을 주실 때 혹독한 방법으로 그를 바로 세우십니다. 하나님께서 다윗을 고치기 위하여 그를 치셨습니다. 더 이상 울 기력이 없을 때까지 다윗의 눈에서 눈물이 흐르는 혹독한 방법으로 하나님은 블레셋 사냥꾼의 올무에서 그를 건져 주셨고, 이교도와 제휴하는 해로운 역병에서 그를 건져 주셨습니다. 이제 주님의 종은 놀라운 하나님의 손을 발견할 때 이렇게 말할 것입니다. "고난 당하기 전에는 내가 그릇 행하였더니 이제는 주의 말씀을 지키나이다"(시 119:67).

이 시간 설교자인 제가 부족하나마 간증할 수 있는 것은 최악의 날이 최선의 날로 변하였고, 하나님께서 내게 가장 혹독하게 대하시는 것 같았던 때에 오히려 나를 가장 친절하게 대해 주셨다는 사실입니다. 저의 경우에 이 세상에서 다른 무엇보다도 하나님께 감사해야 할 일이 있다면 그것은 고통이요 고난입니다. 확신하건대, 이러한 고통과 고난 속에 있을 때 하나님은 저에게 가장 풍성하고 인자한 사랑을 베풀어 주셨습니다. 여러분이 지금 이 시간에 매우 우울하고 크게 괴롭다면, 자신을 감추고 계시는 하나님의 신실하심을 믿고 용기를 내시기 바랍니다. 천국에서 발송된 사랑의 편지들은 종종 검은색 봉투에 담겨 있습니다. 공포의 먹구름은 자비를 많이 머금고 있습니다. 누구나 고난을 원하지는 않겠지만 우리가 지혜롭다면 그 고난을 놀라울 정도로 큰 축복의 그림자로 여겨야 할 것입니다. 폭풍우를 두려워하지 마십시오. 폭풍우는 그날개에 치유를 달고 옵니다. 그리고 예수님께서 여러분과 함께 배 안에 계시기에 그 폭풍우는 우리의 배를 안전한 항구로 속히 가게 해 줄 뿐입니다.

세 번째, 우리는 다윗이 하나님께 묻는 모습을 보게 됩니다. "다윗이 여호와께 묻자와 이르되 내가 이 군대를 추격하면 따라잡겠나이까 하니"(삼상 30:8).

자 보십시오. 다윗이 하나님을 힘입어 용기를 얻자마자 그는 다음에 자기가 무슨 행동을 해야 할지 하나님의 의중을 알기를 열망하였습니다. 저와 여러분이라면 이렇게 말했을 것입니다. "자, 빨리 저 약탈자들을 추격합시다. 잠시도 지체하지 맙시다. 기도는 추격하면서 해도 되고, 아니면 다음에 해도 됩니다. 빨리! 빨리! 우리 아내들과 자식들의 생명이 위태롭습니다." 틀림없이 당시 상황은 급히 서둘러야 할 때였습니다. 하지만 속담에 이르기를, "기도와 음식물은 누구의 여행도 방해하지 않는다" 하였습니다. 다윗은 지혜롭게도 잠시 멈추었습니다. 그리고 "에봇을 내게로 가져오라"고 소리치고, 그의 질문에 대한 대답이 떨어질 때까지 기다립니다. 주님께서 말씀을 주실 때까지 그는 앞으로 나가지 않을 것입니다. 이것이 잘하는 것입니다. 지금은 주님의 명령을 기다려야만 하고, 여러분의 힘은 앞으로 나아가라는 하나님의 명령이 떨어질 때까지 가만히 앉아 있는 것이라고 생각한다는 것은 참으로 아름다운 사고방식입니다. 아무쪼록 이와 같이 복종하는 마음의 상태를 언제나 유지하기를 축원합니다. 결단코 우리의 명철을 의지하지 않고 오직 하나님만을 신뢰하기를 축원합니다!

자 보십시오. 다윗은 하나님께서 자기를 도와줄 것을 당연하게 생각합니다. 그는 다만 하나님께서 어떤 식으로 도와주실지 알고 싶을 뿐입니다. "내가 이 군대를 추격하면 따라잡겠나이까?"(삼상 30:8, KJV, "Shall I pursue after this troop? shall I overtake them?") 여러분이 주님께 여쭐 때, 주님께서 여러분을 도와주지 않을 것처럼, 또는 여러분을 도와주리라고 거의 기대할 수 없는 것처럼 그렇게 주님께 여쭈지 마십시오. 여러분의 자녀들이 자기의 사정을 여러분에게 말하기가 두렵다는 표정으로 도움을 구한다면 여러분의 마음은 기쁘지 않을 것입니다. 귀여운 자녀가 아무리 큰 일을 저질렀을지라도 부모님이 과연 자기를 도와줄까 하고 의심한다면 분명히 여러분의 마음은 편치 않을 것입니다. 왜냐하면 자녀가 무슨 짓을 했어도 그는 여전히 여러분의 자녀이기 때문입니다. 다윗은 하나님을 힘입고 용기를 얻었으며, 하나님께서 능히 자기를 구원하시리라고 확신하였습니다. 그는 다만 그 구원의 역사에서 자신이 어떻게 해야 할지를 알고자 했던 것입니다.

한편, 여기서 주목해야 할 것은 다윗이 자신은 최선을 다하지 않고 하나님의 도움만을 기대하지 않았다는 점입니다. 다윗은 "내가 이 군대를 추격하면 따라잡겠나이까?"라고 여쭈었습니다. 이 말은 자기가 일어나 행동을 하겠다는 뜻입니다. 그는 슬프고 기력이 쇠하였지만 싸울 각오가 되어 있습니다. 고난 당하는 많은 사람들은 천사가 와서 자기 머리를 붙잡고 끌어 올려 주기를 기대하는 것 같습니다. 하지만 천사들은 손에 다른 문제들을 가지고 있습니다. 일반적으로 주님은 스스로 일어날 수 있도록 힘을 주심으로써 우리를 도우시며, 이는 우리를 갑절로 유익하게 하는 방법입니다. 하나님께서 하늘에서 우박을 퍼부어 아말렉 사람들을 멸하시는 것보다 다윗이 직접 그들을 치는 것이 훨씬 더 큰 유익이 되었습니다. 다윗은 전투의 대가로 전리품을 차지할 것이며, 행군과 싸움에 대한 보상을 받게 될 것입니다.

형제들이여, 부채와 곤경에서 벗어나려면 열심히 일하고 수고해야 할 것입니다. 그리하면 주님께서 여러분의 기도를 들어주실 것입니다. 아말렉 사람들을 죽이는 법칙은 첫째, 하나님을 신뢰하는 것이요, 둘째, 마치 승리가 자기 자신에게만 달려있는 것처럼 그들을 열심히 추격하는 것입니다. 하나님에 대한 신뢰는 우리의 독자적인 행동을 유발하며, 또한 우리의 독자적인 행동을 섭리의 병거에 연결시키고, 그 사람으로 하여금 하나님께서 자신과 함께 하시기 때문에 용기 있게 행동하게 만들어 줍니다.

여기서 우리는 우리에게 유익한 한 가지 또 다른 사실을 발견할 수 있습니다. 다윗이 이처럼 하나님을 신뢰하므로 행동할 각오가 되어 있었지만 자신의 지혜를 전혀 의지하지는 않았다는 것입니다. "내가 이 군대를 추격하면 따라잡겠나이까?" 다윗의 물음을 통해 우리는 이러한 사실을 알 수 있습니다. 자신의 지혜를 어리석다고 여기는 자가 지혜로운 자이며, 자신의 판단을 주님 발 앞에 내려놓는 사람이 가장 현명한 판단력을 가진 자입니다. 하나님의 지혜가 자기를 인도할 때까지 기다리는 자는 모든 일에 숙련되고 현명한 자가 될 것입니다.

아울러 다윗은 비록 자기가 가진 것을 이용할 마음은 있었지만 자신의 힘을 의지하지는 않았습니다. "내가 … 따라잡겠나이까?"라는 말이 이러한 사실을 입증합니다. 나의 부하들이 빨리 추격하면 이 도둑놈들을 따라잡을 수 있겠습니까? 자신의 힘을 의지하지 않고 다만 하나님만을 찾는 심령은 얼마나 복된지요! 나는 부족하지만 하나님은 충만하시다는 사실을 깨닫는 것이 복입니다. 저는 여기서 잠시 멈추고 여러분과 저를 위해 기도합니다. "하나님이여, 당신의 종 다윗에게 허락하신 그런 심령 상태를 항상 유지할 수 있게 하옵소서." 솔직히 말해서 저는 다윗이 그 도둑놈들을 따라잡은 데는 그다지 관심이 없습니다. 진정으로 다윗의 승리의 영광은 자기 하나님을 붙잡고 하나님 발 앞에서 기다렸던 사실에 있습니다. 성읍이 불타지 않고, 가족들을 빼앗기지 않고, 약탈을 당하지 않고, 자기 부하들의 손에 죽임을 당할 뻔하지 않았다면, 다윗은 이러한 심령의 상태를 가질 수 없었을 것입니다. 그러나 오직 하나님을 힘입어 용기를 얻고, 어린아이처럼 의지하면서 위대하신 아버지의 집 앞에서 기다릴 수만 있다면, 이 모든 손실을 겪을 가치는 충분한 것입니다.

마지막으로 네 번째 우리가 주목해야 할 것은 자기 종을 도와주신 하나님을 향한 환호와 찬양, 곧 다윗의 평화의 응답송입니다. 여호와께서 다윗의 간구를 들어주셨습니다. 이에 다윗은 “내가 환난 중에 여호와께 부르짖었더니 내게 응답하셨도다”(시 120:1)라고 고백합니다. 그러나 이것을 주목하십시오. 즉, 다윗은 더 이상의 시련이 없는 구원을 받은 것이 아니었다는 사실입니다. 다윗은 600명의 부하들을 이끌고 뛰어서 전속력으로 대적들을 쫓아갔습니다. 다윗 일행은 지치고 피곤하여 그들 중에 삼 분의 일이 브솔 시내를 건너지 못했습니다. 이 브솔 시내는 평소에는 말라 있었지만 아마도 이때에는 물살이 세었을 것입니다. 이러한 경우에 많은 지도자들은 병원에 입원한 삼분의 일의 군인들로 인하여 추격을 포기할 것입니다. 그러나 다윗은 약화된 전력을 이끌고 계속 추격하였습니다.

하나님께서 우리를 축복하실 때, 종종 우리가 가졌다고 생각한 그 적은 힘까지도 일부를 빼앗아 가시는 경우가 종종 있습니다. 우리가 일을 하기에 충분하다고 생각하지 않은 그 적은 힘까지도 하나님은 일부분을 빼앗아 가십니다. 우리의 하나님은 다 비울 때까지 채우지 않는 분이십니다. 하나님께서 다윗에게 승리를 주시기 전에 200명의 군사들이 다윗의 곁에서 찢겨 나가야 했습니다. 이는 하나님께서 의도하신 것이었습니다. 다윗에게 남은 전력과 도망 간 아말렉 사람들 400명이 정확하게 일치합니다. 이로써 하나님은 다윗의 승리를 더욱 기억할 만하고 널리 알려질 수 있도록 기획하신 것이었습니다. 그러므로 고난당하는 자여, 여러분이 구원 받을 것을 기대하십시오. 그러나 슬픔이 더욱 커질 수도 있으며, 그에 따라 여러분의 기쁨도 머지않아 훨씬 더 커질 수 있다는 사실을 기억하십시오.

200명을 뒤에 남기고 다윗은 앞으로 전진하고, 강행군한 끝에 대적들을 따라잡습니다. 그들이 먹고 마시고 춤추고 있는 모습을 발견하고 그들을 크게 도륙하고 괴멸시키고, 빼앗긴 모든 물건을 도로 찾았습니다. 그 도로 찾은 물건은 분명히 하나님께서 주신 선물이었습니다. 다윗은 이 전리품을 “여호와께서 우리를 보호하시고 우리를 치러 온 그 군대를 우리 손에 넘기셨은즉 그가 우리에게 주신 것”(삼상 30:23)이라고 말합니다. 하나님께서 자기를 신뢰하는 종들을 도우실 것입니다. 그러나 그 모든 승리의 영광은 주님께 돌려야 할 것입니다. 하나님께서 자기의 종들로 하여금 오직 하나님께만 찬송을 올려드리도록 놀랍게 그들을 구원하실 것입니다. 그러므로 "여호와를 찬송하라. 그는 영광스럽게 승리하셨음이니라. 우리는 하찮고 힘이 없지만, 하나님은 그의 크신 사랑으로 우리를 정복자들보다 더 위대하게 하셨나이다"라고 우리는 하나님을 찬송해야 할 것입니다.

다윗의 승리는 완벽했습니다. "다윗이 모든 것을 도로 찾았다"는 말씀을 우리는 여러 번 볼 수 있습니다. 잃은 것이 하나도 없었습니다. 돈도 옷도 황소도 양도 하나도 잃지 않았고, 자녀나 아내는 더더욱 하나도 잃지 않았습니다. "모두 다윗이 도로 찾아왔고"(삼상 30:19). 주님께서 일단 한 번 손을 대시면 얼마나 일을 완전하게 성취하시는지요. "하나님은 나의 일을 완전하게 이루어 주실 것입니다." 구원은 여호와께 속하여 있으며, 그 구원은 영원토록 완전한 구원입니다. 그러므로 영원토록 여호와를 의지하십시오. 왜냐하면 주 여호와 하나님 안에 영원한 능력이 있기 때문입니다. 하나님은 "다 이루었다"고 말씀하실 때까지 일하시고 완성하실 것입니다. 전쟁은 주님께 속하여 있으므로 주님의 성도들이 정복자들을 이기고도 남을 것입니다.

하나님은 다윗에게 완전한 구원을 베풀어 주셨을 뿐만 아니라 그에게 많은 전리품을 안겨 주셨습니다. 그래서 다윗의 군사들은 "이는 다윗의 전리품이라"(삼상 30:20)고 말하였습니다. 다윗은 부자가 되었고 친구들에게 선물을 줄 수 있었습니다. 다윗은 점점 더 나아졌고, 점점 더 거룩해졌고, 점점 더 강해졌으며, 마침내 곧 그 머리에 얹히게 될 왕관을 쓰기에 너무도 합당한 사람이 되었습니다. 오, 형제 자매들이여, 여러분이 하나님을 신뢰하고 예수님과 교제하며 동행한다면, 고난이 심하면 심할수록 더욱 큰 소리로 노래하게 될 것입니다. 얕은 물가에 떠다니는 작은 배들은 적은 화물만 운반하며, 그런 배의 주인들은 해안가 외에서는 거의 볼 수 없습니다. 그러나 배를 타고 깊은 데로 가서 물질하는 사람들은 그 깊은 속에서 주님께서 행하시는 기적들을 목격합니다. 굉장한 폭풍우로 그 배가 몹시 흔들릴 때, 하늘인지 바다인지 혼란스러울 때, 그리고 온통 야단법석일 때, 그 넓은 돛대를 붙잡고 있어야 됩니다. 그때에 엄청난 우렛소리가 노호(怒號)하는 바다 소리와 싸우며, 등불들은 솟아오르는 큰 파도에 꺼지고 맙니다. 그러다가 다시금 해안으로 돌아오면, 여러분은 육지에 있는 사람들이 느낄 수 없는 기쁨을 맛봅니다. 그리고 그런 맛을 모르는 육지인들은 이해할 수 없는 깊은 바다의 신비한 일들에 대하여 여러분의 자녀들과 손자 손녀들에게 말해 줍니다.

주 하나님을 의지하십시오. 또한 그의 아들 예수님을 믿으십시오. 거짓된 믿음을 버리고 진실로 믿어보십시오. 장삿속으로 믿지 말고, 모든 일에 대하여 항상 주님을 신뢰해 보십시오. "크고 작은 모든 일들을 예수님께 맡기라고요?" 바로 그것입니다. 빵과 옷에 대하여 하나님을 신뢰할 수 없는 믿음을 저는 우려합니다. 그것은 거짓된 믿음입니다. 틀림없습니다. 그것은 장막과 가축과 아내와 아들에 대하여 하나님을 신뢰하였던 아브라함의 견고한 참 믿음이 아닙니다. 자녀들과 전리품에 대하여 하나님을 신뢰하였던 다윗의 믿음이 여러분과 저의 믿음이 되어야 할 것입니다. 떡과 물고기에 대하여 하나님을 신뢰할 수 없다면, 어찌 장차 임할 영원한 세계와 영광에 대하여 하나님을 신뢰할 수 있겠습니까? 매일 믿음으로 하나님을 신뢰하십시오. 하나님을 믿는 것은 성도에게는 상식적인 일입니다. 가장 순수한 이성은 하나님에 대한 신뢰를 찬성하며, 결론적으로 하나님을 믿는 것이 지혜라고 선포할 것입니다. 마지막 날, 곧 우리 모든 신자들이 자기 백성을 위하여 만물을 다스리시는 이스라엘의 하나님 여호와께 크게 할렐루야라고 찬송할 때, 믿음이 존귀한 것이고 불신앙이 부끄러운 것이라는 사실을 모두가 알게 될 것입니다.

12

르호보암

준비되지 않은 자

"르호보암이 악을 행하였으니 이는 그가 여호와를 구하는 마음을 굳게 하지 아니함이었더라"(대하 12:14).

일반적으로 성경의 저자들은 한 왕의 통치가 끝나면 그 군주의 성격을 요약하였는데, 여호와 앞에서 악을 행하였는지 아니면 여호와 앞에서 의로웠는지 기술한 것을 아마도 여러분은 보았을 것입니다. 그들은 다음의 두 문장 중에 한 문장으로 왕의 전체 생애를 평가하였습니다. 언젠가 저와 여러분의 생애도 이처럼 평가될 것입니다. 그 두 문장은 이렇습니다. "여호와 보시기에 악을 행하였더라." 혹 복된 경우에는 "여호와 보시기에 의를 행하였더라." 이 두 가지 평가 외에 다른 평가는 없습니다. 우리 모두는 이 두 가지에 포함됩니다. 르호보암의 경우처럼 우리에 대한 평가는 매우 정확할 것입니다. 이 평가에는 오류가 없으며, 한 번 내려진 평가는 번복될 수 없습니다.

이 사람, 르호보암은 다른 왕들 못지않게 악하였습니다. 성경 저자는 "르호보암이 악을 행하였으니"라고 말하지 않을 수 없었습니다. 그러나 그는 일부 왕들만큼 완고하고 포학한 죄인은 아니었습니다. 그는 아합 같은 사람은 아니었습니다. 므낫세 같은 사람도 아니었습니다. 르호보암은 그런 악한 왕처럼 살지는 않았습니다. 그러나 "그는 악을 행하였습니다." 이것이 그의 생애에 대한 요약입니다. 제가 조금 있다가 여러분에게 보여드리겠지만, 그에 대한 긍정적인 지적도 있었습니다. 그는 가끔 선을 행하기도 하였습니다. 하지만 모든 것을 종합해 볼 때, "르호보암이 악을 행하였으니," 이것이 그에 대한 평가입니다. 그리고 이러한 평가는 그가 악을 행하였기 때문에 내려진 것입니다. 르호보암이 악을 행한 한 가지 이유로서, 제가 생각하기에, 그에게 나쁜 어머니가 있었기 때문입니다. 르호보암의 인생에 대해 평가를 내리기 전에 무슨 말씀이 기록되어 있는지 살펴봅시다. "르호보암의 어머니의 이름은 나아마요 암몬 여인이더라"(대하 12:13).

나아마는 솔로몬의 수많은 부인들 중에 한 명입니다. 르호보암이 가장 사랑한 어머니, 그러나 그녀는 우상을 숭배하는 암몬 여인이었습니다. 그의 아버지가 부도덕하였고 그의 어머니는 매우 악하였다면, 그 아들의 생애에 대한 평가는 "그가 악을 행하였다"가 될 수밖에 없을 것입니다. 이 같은 사실로 보아 결혼은 아주 중요한 일임에 분명합니다. 비록 종종 사람들이 단 한 번의 진지한 생각도 없이 결혼을 하지만 말입니다. 한 여인의 삶이 어떻게 전달되는지, 자녀들의 성격에 밝은 빛을 비추는지, 혹은 그들의 생애에 부끄러운 구름을 드리우는지 살펴보십시오. 우리가 어머니에게 얼마나 많은 빚을 지고 있는지 결코 말로 다할 수 없을 것입니다. 하나님께서 우리에게 베푸신 가장 큰 은혜 하나를 적으라고 한다면, 우리는 제일 먼저 우리를 위해 기도하시고 우리에게 예수님을 의지하라고 가르쳐 주시고, 성령의 능력으로 구세주에 대하여 부드럽게 일깨워 주신 어머니를 언급해야 할 것입니다. 그러나 사탄의 학교에서 훈련받은 어머니, 죄를 범하는데 으뜸인 어머니는 자녀들에게 끔찍한 악의 원인이 됩니다. 자녀들에게 악한 본을 보이고 있는 여러 어머니들에게 하나님께서 은혜 베푸시기를 축원합니다!

어머니들이여, 여러분이 자녀들에게 베푸는 사랑 — 땅에서는 이보다 더 큰 사랑은 존재하지 아니함 — 의 이름으로 권하건대, 자녀들을 위하여 여러분 자신의 길을 생각해 보시고, 가능하다면, 자녀들이 하나님 앞에서 살아가야 한다는 목적을 마음에 품고 주님을 찾아보십시오.

그러나 성경을 보면, 르호보암이 악을 행한 이유는 이것이 아닙니다. 즉, 르호보암에게 악한 어머니가 있었기 때문에, 또는 그의 아버지가 하나님과 동행하지 않았기 때문에 그가 악을 행한 것이라고 성경은 말씀하고 있지 않습니다. 그 이유에 대해 성경은 "그가 여호와를 구하는 마음을 굳게 하지 아니함이었더라"고 말씀하고 있습니다. 히브리 속담에 "아버지가 신 포도를 먹었으므로 그의 아들의 이가 시다"(겔 18:2)는 말이 있습니다. 그러나 여호와께서 고대 이스라엘 백성들에게 에스겔 선지자를 통하여 이렇게 말씀하셨습니다. "너희가 이스라엘 가운데에서 다시는 이 속담을 쓰지 못하게 되리라 … 범죄하는 그 영혼은 죽으리라"(겔 18:3,4). 하나님은 각자의 행동에 따라 한 사람씩 판단하실 것입니다. 불행하게도 여러분이 아주 불경건한 부모님에게서 태어났을지라도, 하나님의 은혜가 여러분의 가족 안에 역사하지 못할 이유는 없습니다. 여러분이 경건과 아주 거리가 먼 훈련을 받았을지라도, 한 성읍에서 한 사람을 취하고, 한 가족 중에 두 사람을 취하여 그들을 시온으로 인도하시는 하나님의 주권적인 은혜로 선택받을 수 있는 것입니다. 르호보암이 악을 행하였던 이유는 "그가 여호와를 구하는 마음을 굳게(준비, KJV에는 "he prepared not his heart"라고 번역되었음: 역주)하지 아니하였기" 때문입니다.

이 말씀의 의미는 무엇입니까? 동일한 이유가 다른 많은 사람들에게도 똑같이 작용할 것 같은 느낌이 들기 때문에 저는 이 말씀의 의미를 밝히고자 합니다. 르호보암이 악한 기질을 타고났기 때문에, 다혈질이었기 때문에, 또는 아주 완전히 나쁜 녀석이었기 때문에 그가 악을 행하였다고 성경은 말하지 않습니다. 아닙니다. 그는 아주 완전히 나쁜 사람은 아니었습니다. 하지만 그가 행하지 않은 그 무엇 때문에 그는 악을 행하고 말았습니다.

제 판단으로 이 말씀의 의미는 첫 번째, 그가 여호와를 찾지 않았다는 것입니다.

르호보암의 아버지는 여호와를 찾았습니다. 어린 나이에 이스라엘의 왕좌에 올랐던 솔로몬은 자신의 문제를 여호와 앞에 내어놓고, 지혜를 구하였습니다. 전체적으로 보아 결과적으로 솔로몬은 훌륭하게 통치하였고, 그의 왕국은 크게 형통하였습니다. 비록 솔로몬이 슬프게도 우상에게 돌아가기도 했지만 대체로 솔로몬은 여호와를 신실하게 경배하였으며, 그의 지혜가 잠언이 될 정도로 그는 대부분 지혜롭게 행하였습니다. 이는 하나님께서 그에게 축복하신 결과였습니다. "하나님이 솔로몬에게 지혜와 총명을 심히 많이 주시고 또 넓은 마음을 주시되 바닷가의 모래 같이 하시니"(왕상 4:29). 솔로몬은 하나님께 지혜를 구하였고 하나님은 그에게 지혜를 주셨습니다. 하지만 이 어리석은 아들은 지혜를 구하지 않았습니다. 홀이 거기 있으니 홀을 잡았고, 보좌가 비어 있으니 그 자리에 앉았을 뿐입니다. 감히 말하건대, 그는 이스라엘의 왕이 되는 것을 아주 멋진 일이라고 상상했고, 그는 단지 겉으로 보이는 왕권의 화려함과 광채만을 생각하였습니다. 그는 나쁜 일을 도모하지도 않았고, 또 그렇다고 옳은 일을 하기로 결심하지도 않았습니다. 아마도 그는 하나님의 축복을 구함으로써 자신의 직무를 시작해야겠다는 생각도 못했을 것입니다.

바라건대, 저의 설교를 듣는 여러분 중에 아무도 악한 삶을 살기로 결심하지 않기를 바랍니다. 하지만 염려컨대, 르호보암에게 있었던 일이 여러분에게도 있을 수 있습니다. 즉, "르호보암이 악을 행하였으니 이는 그가 여호와를 구하는 마음을 굳게 하지 아니함이었더라"는 말씀과 똑같이 여러분의 생애에 대한 평가가 내려질 수도 있다는 것입니다. 이는 상당 부분 우리가 어떻게 시작하느냐에 달려 있다고 할 수 있습니다. 그래서 저는 바라건대, 어떠한 아이도 학교에 가기까지 집을 떠나지 말고, 서기의 직무를 하기 전에, 혹은 도제생활을 하기 전에 학교를 떠나지 말고, 자신이 지혜롭게 행할 수 있도록 매 단계마다 자신을 인도해 달라고 쉬지 않고 기도하기 바랍니다.

이 청년 르호보암은 자기에게 모종의 안내가 필요하다고 느끼기는 하였지만, 그는 여호와를 구하지 않았고 대신 많은 카운슬러들을 소집하였습니다. 자, 우리 자신보다 더 지혜로운 사람들의 자문을 구한다는 것은 매우 당연합니다. 하지만 하나님 대신에 세상의 카운슬러들을 의지하는 자는 하나님을 진노케 하는 죄를 범한 자입니다. 왜냐하면 하나님은 지혜로 충만하시며, 따라서 하나님께서 마땅히 우리의 젊음, 우리의 온 생애를 인도하실 안내자가 되셔야 마땅하기 때문입니다. 르호보암은 통치를 시작하면서 아버지의 지혜로운 고문들을 초빙하여 백성들의 불평을 그들과 의논하였습니다. 하지만 어리석은 자처럼 그는 그들의 자문을 거절하였고, 자기 또래의 젊은이들, 곧 궁전 주변의 멋쟁이들, 상류층 자녀들, 그 시대의 부호들의 어리석은 조언을 따랐으며, 그 결과 그는 무식하고 어리석은 행동을 하고 말았습니다.

사람들이 하나님의 자문을 구하지 않고 다른 데서 안내를 받을 경우 대개 최악의 조언을 받아들이는 경우가 흔히 있습니다. 사람이 사람을 의지할 때, 이상하게도 좋은 사람들보다 나쁜 사람을 의지하는 경우가 너무나 많습니다. 하지만 제가 보기에 이는 이상한 게 아닙니다. 왜냐하면 하나님을 거역하게 만드는 모든 유혹은 거의 필연적으로 그 사람으로 하여금 하나님께서 계시와 지혜를 많이 베풀어 주신 사람들을 멸시하게 만들기 때문입니다. 따라서 이 젊은 왕은 자기처럼 어리석은 자들의 자문을 구하였고, 그들의 자문을 따른 결과, 열두 지파 중에 무려 열 지파가 찢겨져 나가 독립된 왕국을 이루는 비극이 초래되었던 것입니다. 만일 그가 겸손하게 하나님의 인도를 받았다면, 그래서 백성들의 아주 합리적인 요구에 대하여 친절하게 응답하였다면, 철장(鐵杖)으로 다스리지 않고 온유와 친절로 다스렸다면, 그 자신은 물론이요 그에게 속한 사람들에게 얼마나 다른 세상을 살아갔겠습니까! 그러나 아쉽게도 그가 여호와를 구함으로 직무를 시작하지 않았기 때문에 그는 바보짓을 하여 웃음거리가 되었고 자신의 인생을 망치고 말았습니다.

혹시 젊은 사람들 중에 더러 이렇게 말할지 모르겠습니다. "글쎄요, 우리는 하나님께 마음을 주지 않아도 바보가 되지는 않을 텐데요." 아, 그러나 여러분은 이미 바보들입니다. 그렇지 않다면 그런 말을 하지 않을 겁니다. 머지않아 여러분이 거만으로 가득한 지혜로 한 걸음 나아갈 것이고, 그 길은 여러분 보기에는 확실한 길인 것 같지만 필경은 슬픔의 세계로, 끝없는 고통으로 인도할 공산이 큽니다. 복된 젊은이는 이렇게 말할 것입니다. "내 아버지여, 당신께서 나의 젊음의 인도자가 되어 주시옵소서." 그는 출발할 때부터 자신의 인생의 배에 하나님을 모시고 방향타를 잡으며 안전하고 순조로운 항해가 되도록 배를 조종하며, 마침내 저 좋은 천국에 도달하여 평화의 항구에 닻을 내립니다.

오늘 본문 말씀은 그 이상의 의미를 가지고 있습니다. 두 번째, 이 말씀의 의미는 르호보암에게 의로운 일을 행할 마음이 없었다는 것입니다.

그가 처음에는 의로운 일을 행하였으나 의로운 일을 행할 마음은 없었습니다. 르호보암이 군대를 소집하였을 때 선지자가 와서 여로보암의 추종자들과 전쟁하러 가는 것을 금하였을 때 그는 모든 군대를 해산하였습니다. 참으로 매우 잘한 일이었습니다. 저와 여러분은 그 장면으로 보고 "어리지만 귀한 왕이로다, 그가 이처럼 선지자의 목소리를 순종하는 것을 보니 하나님을 경외하는 것이 확실해"라고 말할 것입니다. 그러나 그렇지 않습니다.

그가 이렇게 행하였던 것은 그의 아버지로부터 훈련을 받아서 하나님의 선지자들에 대한 존경심을 가지고 있었기 때문이었습니다. 자기 아버지가 선지자들을 크게 환대하는 것을 그는 보고 자랐기 때문에 그들을 멸시할 수 없었습니다. 오늘날에도 자신은 그리스도인이 아니지만 하나님의 종들을 매우 존경하는 젊은이가 많이 있습니다. 그는 자기 아버지의 집에 주의 종들이 머물며 잠을 잤던 때를 회상합니다. 그가 소년이었을 때, 하나님의 종들이 저녁때만 되면 자기 집에 손님으로 오셨던 행복한 많은 날들을 기억합니다. 그렇기 때문에 그는 하나님의 종들을 멸시할 수 없고, 그들의 말씀을 우습게 여길 수 없었습니다. 아니 어느 정도 그는 하나님의 종들의 말씀에 주의하고 그들의 가르침에 따라 도덕성을 갖추려고 애를 쓰기도 합니다. 하지만 그는 그리스도께 굴복하지는 않습니다. 그리스도께 굴복하므로 행한 일은 하나도 없습니다.

만일 르호보암을 찾아온 사람이 바알 선지자였다면, 유감스럽지만 그는 바알 선지자가 시키는 대로 다 하였을 것이라고 저는 생각합니다. 오늘날도 단지 좋은 환경 때문에 훌륭하게 보이는 젊은이들이 많이 있습니다. 하지만 악한 자들의 영향을 받게 된다면, 그들은 극도로 나빠질 것입니다. 왜냐하면 그들의 신앙이 독자적이지 못하며, 그들에게 의로운 일을 행할 마음이 없기 때문입니다.

주님을 경배하되 마음으로, 뜨겁게, 거룩한 열정으로, 자원하여, 그 속에서 기쁨을 얻으면서 경배하는 자가 복이 있습니다. 겉으로 보기에 의로운 것과 심령 속까지 의로운 것은 다릅니다. 혹자는 이렇게 말합니다. "하지만 자기가 하고 싶지 않아도 겉으로라도 의롭게 행한다면 저는 그것이 선한 일이라고 생각했는데요. 싫지만 억지로라도 종교생활을 하는 사람을 보면 저는 매우 칭찬할 만하다고 생각했는데요." 그렇지 않습니다. 그것은 외식 이외에 아무것도 아닙니다. 종교라는 의복은 입었지만 할 수만 있으면 — 그리스도인임을 가장한 채 — 그 옷을 기꺼이 벗어 버리겠다고 늘 생각한다면, 자기 마음대로 하도록 허락만 된다면 대륙식(영국을 제외한 유럽 본토: 역주)으로 안식일을 지킬 것이라면, 그는 위선자일 뿐입니다. 자기 마음대로 하라고 내버려 두면 그는 대륙식으로 안식일을 형식적으로 지키며, 하나님의 거룩한 날에 최대한 놀고 즐깁니다. 안식일이 한창인 때에 이방인들이 무슨 짓을 하든 그는 그들과 함께 지내며, 그러면서도 복된 안식일을 지킨다고 생각합니다. 그런 사람이 집에 있으면 못된 짓은 하지 않습니다. 오, 정말 못된 짓은 안 합니다! 도대체 여러분은 이러한 위선을 어찌하여 선하다고 생각하시는지요? 여러분이 참된 경건을 싫어하기 때문에, 그것을 흉내내는 척만 하여도 여러분에게 좋게 보이는 것이겠지요. 하지만 그것은 결코 의로운 것이 될 수 없습니다.

르호보암의 마음은 얼마 가지 못해 하나님을 향해 의롭지 못하고 말았습니다. 이는 그가 아버지의 과실(過失)을 본받아 자신도 똑같은 과실을 범하고 말았기 때문입니다. 그의 아버지의 커다란 과실은 부인들을 많이 둔 것이었는데 르호보암도 같은 악에 빠지고 말았습니다. 게다가 그는 자신의 계획을 이루는데 온 마음과 혼을 쏟았습니다. 이를테면, 성읍들을 건설하고, 그곳에 식량을 저장하고, 성벽을 쌓고, 그곳에 군사를 주둔시키는 일에 온 마음과 혼을 쏟았던 것입니다. 그런데 이러한 그의 계획은 악한 것이었습니다. 왜냐하면 그의 계획을 실행함으로 말미암아 하나님으로부터 멀어졌기 때문입니다. 저는 젊은 사람이 무슨 일을 하든지 그 일에 생명을 걸고 하기를 바랍니다. 하지만 그로 말미암아 자신의 영혼이 하나님으로부터 멀어져서는 안 됩니다. 인간의 힘은 고작해야 별 볼일 없는 것이기 때문에 한 가지 일에 전력투구해야 그 일을 이룰까 말까 합니다. 따라서 르호보암도 그의 온 영혼을 한 가지 일에 쏟아 부었던 것입니다. “르호보암이 악을 행하였으니 이는 그가 여호와를 구하는 마음을 굳게 하지 아니함이었더라.” 그의 마음은 하나님보다 다른 것들을 구하는데 혈안이 되어 있었던 것입니다.

어떤 사람은 “하지만 사람이 일에 열중할 수 없단 말입니까?”라고 의문을 제기합니다. 사람은 일에 열중해야 합니다. 부지런함으로 일해야 합니다. 하지만 다른 모든 것보다도 우선해야 할 일은 그리스도를 얻고 그 안에서 발견되는 일이요, 그를 지으신 하나님과 보혈로써 그를 구속하신 그리스도께 영광 돌리는 삶을 사는 일입니다. 그런데 오 젊은이여, 그대가 여호와를 구할 마음을 굳게 하지 않는다면, 아무리 좋은 일이라도 되는 대로 한다면, 어쩌다보니 좋게 연결되어 좋은 것이라면, 그리고 여러분 주변에 있는 성도들이 지켜 주어서, 또한 여러분의 아버지를 실망시킬 수 없고 친구들을 괴롭힐 수 없어서 의를 유지한다면, 그것은 여러분에게 아무런 의미가 없을 것입니다. 언젠가 환경이 바뀌게 되고 새로운 시험을 당하게 되면, 여러분은 악을 행하는 자가 되고 말 것입니다. 여러분이 그리스도인이라고 고백한다면, 온 영혼을 던져 이렇게 말하십시오. "다른 사람들은 원하는 대로 하게 놔두십시오. 나는 여호와를 섬길 것입니다. 나는 여호와를 섬기는 것을 속박이라고 생각지 않습니다. 오히려 나는 그 안에서 기쁨을 누립니다. 그러므로 나는 온 마음으로 여호와를 섬길 것입니다."

"르호보암이 악을 행하였으니 이는 그가 여호와를 구하는 마음을 굳게 하지 아니함이었더라." 이 말씀에 담겨진 세 번째 의미는 르호보암이 굳세지 못하여 신앙을 지키지 못하였다는 사실입니다. 처음에는 신앙을 지킬 마음이 있었습니다.

그의 시작은 좋았습니다. 즉위한 후 처음 3년 동안 그의 나라는 여호와를 경배하였습니다. 저는 그가 솔선수범하여 여호와를 경배하였다고 생각하지는 않습니다. 그러나 어쨌든 그는 하나님 편이었습니다. 그는 복음 편에 속한 사람이었습니다. 그는 하나님을 경외하는 무리들 가운데 있었습니다. 그러므로 그는 형통하였습니다. 외견상으로나마 그가 하나님을 경외하였기 때문에 레위인들이 그의 수중에 들게 되었고, 그 밖에 이스라엘 가운데 선한 사람들이 그의 나라로 오게 되었고, 그의 권세를 강화시켜 주었습니다. 그리하여 그는 형통하였던 것입니다. 신앙으로 인해 형통하였기 때문에 르호보암이 신앙을 굳게 붙잡았을 것이라고 여러분은 생각할 것입니다. 그런데 그는 그렇지 못했습니다. 그는 신앙을 꽉 붙들지 못했습니다.

그는 형통하자마자 교만하기 시작했습니다. 그는 멋진 사람이었고, 멋진 나라, 매우 매력적인 통치권을 소유하였습니다. 좋은 사람들이 모두 그리로 몰려들지 않았습니까? 그러자 그는 서서히 교만해지면서 여호와를 멀리하기 시작했습니다. 백성들도 그의 악을 본받아 예루살렘 성전에 올라오지 않고 산당에서 경배하였습니다. 설상가상으로 그들은 우상을 새겨 만들고 우상제단을 세웠으며, 그들의 마음이 하나님을 멀리 떠났으며, 그때까지 지면을 더럽힌 모든 죄악 중에 가장 저주스러운 죄악을 범하고 말았습니다.

여러분도 아시다시피 하나님께서 소돔과 고모라의 죄를 심판하셨습니다. 바로 이 사람들이 그런 죄를 저지른 것입니다. 그들은 신성한 예배 의식을 가장 추잡한 범죄 행위로 바꾸어 버렸습니다. 그런데도 르호보암은 이에 대하여 괴로워하지 않았습니다. 백성들이 하나님을 두려워했을 때 그는 자진하여 마땅히 그리해야 한다고 주장하였습니다. 그런데 지금은 어떻습니까? 백성들이 아스다롯을 따르면 그들이 하고 싶은 대로 하도록 내버려 둡니다. 결국 그는 왕의 주요 직무는 즐겁게 시간을 보내는 것이라고 생각한 젊은 통치자에 불과했습니다. 그래서 그는 되는 대로 살았습니다. 그는 왕이었습니다. 그러나 어떻습니까? 자, 하나님께서 의로우시기에 의로운 백성들이 그를 경외하는 것은 당연하게 생각했습니다. 그러나 의롭지 못한 다른 사람들이 하나님을 경외하지 않는다면 그는 그 일로 골머리를 앓지 않았습니다. 그저 대수롭지 않게 여겼던 것입니다.

이로 인하여 하나님은 애굽 왕 시삭을 올라오게 하였습니다. 시삭 왕은 수많은 병거와 마병들, 그리고 헤아릴 수 없이 많은 군사들을 거느리고 유다를 침공하였습니다. 그때에 유다는 엄청난 위기에 빠졌습니다. 이에 르호보암은 여하간 위축되어 — 그는 고무 같은 마음의 소유자였음 — 스스로 겸비하였고, 이스라엘의 방백들도 스스로 겸비하였습니다. 하나님은 다른 백성들도 스스로 겸비한 것을 보시고 진노를 거두셨으며, 왕과 백성들의 겸비함을 받아들이시고 그들을 구원하셨습니다.

보시다시피 르호보암은 너무나도 쉽게 처음에는 하나님께로 향했다가 그 다음에는 우상에게로 돌아섰다가 그리고 또다시 하나님께로 돌이켰습니다. 그는 언제든지 돌이키고 변할 준비가 되어 있었습니다. 그는 그 땅에서 커다란 개혁을 도모하지 않았습니다. 르호보암이 히스기야처럼 유월절을 성대하게 지켰다든지 또는 산당을 제하였다든지 하는 말씀을 우리는 찾아볼 수 없습니다. 시삭이 떠나자마자 그는 크게 만족하였습니다. 그의 신앙은 조금도 진지하거나 지속적이지 못하였습니다. 그는 신앙에 매이지 않았습니다. 가끔

신앙을 붙들었지만 결단코 그 신앙에 완전히 매이지는 않았습니다.

오 사랑하는 친구들이여, 이 르호보암이야말로 오늘날 살아가고 있는 너무도 많은 사람들의 표본이 아니겠습니까? 그들은 온정이 있는 모임에 들어가서 그 권능을 실감합니다. 그들은 한 친구를 만나고, 그 친구가 재미있는 노래와 많은 웃음이 있는 다른 모임으로 데리고 가면 거기서도 그 힘을 실감합니다. 그들은 양다리를 걸칩니다. 그들은 "출발은 좋지만 나중에는 아무것도 아닙니다." 그 결과는 악을 행하는 것입니다. 사람이 선을 행하겠다는 결심이 확고하지 않으면 — 하나님의 이름으로, 죽느냐 사느냐 하는 결단으로 자기 입장을 밝히지 않으면, 그가 어느 길로 갈지 뻔합니다.

마지막으로 르호보암에 대한 이와 같은 묘사가 의미하는 점은 그가 하나님을 섬기는 일에 관심이 없었다는 것입니다.

그는 자신이 여호와를 섬기든 말든 거기에는 관심이 없었습니다. 그리고 올바른 정신으로 하나님을 섬기는 것에 대하여 한 번도 진지하게 생각해 보지 않았습니다. 그는 한 번도 하나님을 섬기겠다고 굳게 결심한 적이 없었습니다. 설령 예배를 드리러 갔더라도 그냥 그 자리에 있었을 뿐 그것이 전부였습니다. 오늘 밤 이 자리에 나오신 여러분들 중에 더러는 예배당에 올 때나 혹은 예배당 안에 들어섰을 때에도 간절히 기도해야겠다는 생각을 조금도 하지 않았습니다. 우리가 모른 체한다면 그들은 자기 성찰과 기도 없이 주의 성만찬에도 감히 참여하려고 들 것입니다. 그들은 마음의 준비를 하지 않은 채 무엇이든 합니다.

그러나 보십시오, 마음을 굳게 다잡는데 관심이 없다면 그 일은 하나마나 잘못될 것이 뻔합니다. 왜냐하면 우리의 마음의 본성은 악하기 때문입니다. 여러분의 마음을 자연적인 충동을 따르도록 자유롭게 방치해 둔다면 그 마음은 여호와를 구하는데 실패하고 말 것입니다. 오직 여호와를 찾아야겠다는 마음의 굳은 각오(준비)를 할 때에야 비로소 그 마음이 여호와 하나님을 구할 수 있는 것입니다. 그리고 그 마음의 준비는 하나님으로 말미암습니다. 그러므로 우리의 마음이 여호와를 구할 수 있도록 준비시켜 달라고 여호와께 기도하지 않는다면, 우리는 그의 얼굴을 결단코 구하지 못할 것입니다.

여호와를 구할 마음을 준비한다는 것이 무엇을 의미합니까? 저는 다음과 같이 말씀드리겠습니다. 첫째, 내게 하나님이 필요하다고 절실히 느끼는 것입니다. 피조물인 내가 창조주 없이 과연 무엇을 할 수 있겠습니까? 하늘에 계신 아버지 없이 과연 내가 무엇을 할 수 있겠습니까? 나는 하나님께 죄를 범하였고, 그분을 거역하였고, 그분을 멀리 떠나 있었습니다. 그러면서도 나는 하나님께서 나를 용서해 주시고 구원해 주시기를 바랍니다. 우리는 이와 같은 필요성을 깨달아야 합니다. 하나님의 긍휼이 절대적으로 필요함을 깊이 깨닫고 여호와를 구할 수 있도록 하나님의 성령으로 말미암아 마음을 준비할 수 있기를 축원합니다!

둘째, 부르짖음으로 하나님의 도움을 구하는 것입니다. "주여, 나를 구원하소서! 하나님이여, 나 같은 죄인을 긍휼히 여기소서! 나의 마음을 새롭게 하시고, 나의 성품을 변화시켜 주시며, 나의 완고한 생각을 다스려 주시고, 나를 당신의 자녀로 삼아 주옵소서!" 기도는 여호와를 구할 수 있도록 마음을 준비시킵니다. 그러므로 여러분이 여호와께 기도하지 않는다면 결단코 여호와를 구하지 못할 것입니다. 사실, 기도는 여호와를 구하는 가장 중요한 행위입니다.

셋째, 여호와를 구할 준비가 되어 있다면, 여호와의 인도를 따라야만 합니다. 주님 앞에 나와 다음과 같이 말씀드리십시오. "주여, 내가 여기 있나이다. 나를 온전하게 하옵소서. 내가 당신의 명령들에 따르겠나이다. 내가 그 명령들을 기뻐하나이다. 나를 도우사 그 명령대로 행하게 하옵소서. 내 교만한 자아를 버리고, 당신 발 앞에 나의 편견, 나의 고집을 내려놓으며, 나를 바른 길로 인도해 달라고 당신께 구하옵니다."

넷째, 또한 하나님의 구원의 계획을 따라야 합니다. 바른 삶을 살고자 하는 자는 하나님께 나와 이렇게 말씀드려야 합니다. "나의 하나님이여, 당신은 믿는 자들을 구원하시나이다. 나를 도우사 믿게 하옵소서. 당신께서는 당신의 아들 예수 그리스도를 믿는 자마다 영생을 얻게 하시나이다. 주여, 내가 믿나이다. 나의 믿지 못함을 도와주소서." 바로 이것이 여호와를 구하기 위해 마음의 준비를 하는 것입니다.

다섯째, 믿음을 선물로 받았을 때에도 하나님을 섬기되 항상 깊이 생각하고 주의하여 섬겨야 합니다. 이는 어느 누구처럼 실수가 없도록 하기 위함입니다. 생각 없이, 주의 없이 하나님을 섬긴다고 하는 것은 매우 슬픈 일입니다. 왜냐하면 하나님은 우리 마음이 내킬 때면 언제든지, 계획도 없이, 진지함이나 경외심도 없이 함부로 그 앞에 나아갈 수 있는 그런 분이 아니시기 때문입니다. 우리는 거룩한 사명을 행할 때마다 몇 번이고 꼼꼼하게 생각하고 준비해야 합니다. 기도할 때마다, 구제할 때마다, 하나님을 섬길 때마다, 우리는 바른 방법으로, 바른 시간에, 바른 정신으로 하기 위해 충분한 생각과 거룩한 걱정을 해야 할 것입니다.

그런데 르호보암은 이렇게 하지 않았습니다. 사실 그는 이와 같은 거룩한 일에 대하여 전혀 신경 쓰지 않았습니다. 그 결과 그는 "악을 행하고 말았습니다." 이쯤해서 혹 누군가 이렇게 말할지 모르겠습니다. "그래요, 나는 신앙에 대해 별로 신경 쓰지 않아요. 그래도 나는 모든 게 잘 되리라고 믿어요. 언제나 앉아서 심각한 얼굴을 하고 성경을 읽고 어떻게 살아야 할지 알아낼 수만은 없잖아요. 저는 기회가 오면 그걸 잡고 최선을 다할 뿐입니다." 이처럼 말한다면, 여러분이 인간인 이상 악을 행하고 말 것입니다. 생존의 투쟁에 온 마음을 바치지 않는 사람은 그 싸움에서 반드시 패배하고 말 것이기 때문입니다.

이제 저는 2, 3분 정도 오늘의 주제를 적용하려고 합니다. 저는 우리 교회 교인들에게 오늘의 말씀을 적용하기를 원합니다. 여러분 중에 신앙을 고백한다고는 하지만 본문 말씀에서 지적한 것처럼 준비되지 않은 상태로 나오는 경우는 없나요? 그런 사람들의 행위가 겉으로는 좋아 보입니다. 아마도 지금까지는 그랬을 것입니다. 하지만 그들은 여호와를 구할 마음을 한 번도 준비하지 않았습니다. 제가 우려하는 것은, 교회마다 그리스도인들 가운데서 자라났다는 한 가지 이유 때문에 그리스도인이라고 칭해지는 사람들이 있다는 사실입니다. 그들은 겸손히 낮아져서 회개하고 거듭나야 합니다. 왜냐하면 그들은 단지 육체를 따라 난 자들이기 때문입니다.

아브라함의 식솔들 가운데 이스마엘이 있었습니다. 그러므로 교회마다 이스마엘과 같은 사람들이 있다 할지라도 그리 놀랄 필요는 없습니다. 그들은 한 번도 주님을 섬기기 위하여 마음을 준비하지 않았습니다. 그들에게는 하나님을 구하는 것이 마음을 준비할 일이 못되었습니다. 우리 모두 각자에게 다음과 같은 질문을 해 보는 것이 좋을 것입니다. "나의 마음이 여호와를 찾기 위해 준비되어 있는가? 나의 신앙 속에 내 마음이 드려졌는가? 나는 마음을 다해 하나님을 섬기는가? 하나님을 섬기는 것을 중심을 바쳐야 할 일이라고 생각하는가? 아니면 나의 신앙이 밖에서도 한결같은가?" 만일 그렇다면, 언젠가 여러분에게 뜻밖의 유혹이 찾아올지라도 여러분은 그 유혹을 물리칠 것입니다. 저는 목사들, 집사들, 장로들 — 백발 노인들 — 이 어리석은 젊은이들이나 빠질 것이라고 생각되는 그런 죄에 빠지는 것을 보았습니다. 그런 사람들이 신앙을 버리는 것을 볼 때, 우리는 그들이 주님을 구하기 위해 결코 마음을 준비하지 않았다고 생각할 수밖에 없습니다. 그들의 신앙은 껍데기뿐이었습니다. 그러한 신앙은 성령의 효과적인 역사로 말미암아 심령 속에 뿌리를 내리는 참된 기독교 신앙이 아닙니다.

이제, 다른 질문을 해 봅시다. 여기에 이런 젊은이들이 없나요? 즉, 전도가 유망하며, 신앙적인 모임을 좋아하고, 좋다고 하는 곳은 다 참석하지만, 아직까지 여호와를 찾지 못한 그런 사람들 말입니다. 그리스도께 마음을 드리기 전에 무엇이 저를 괴롭혔는지 말해 줄까요? 그때에 저의 생각에 커다란 영향을 주었던 어떤 것이 있었습니다. 학교에 다니는 동네 형이 하나 있었는데 그는 저보다 나이가 몇 살 위였고, 매우 잘난 아이였습니다. 아버지는 (대부분의 아버지가 그러하듯이) 저 아이 절반만이라도 본받으라고 말씀하시곤 했습니다. 그는 모범적인 학생이었습니다. 그런데 그가 성장하여 런던에 있는 직물학원(drapery establishment)에 들어갔습니다. 거기서 그는 자기 어머니에게 아주 밝은 내용을 담은 편지를 써서 보냈는데, 주일 아침에는 이러이러한 목사님의 설교를 들었고, 주일 저녁에는 이러저러한 또 다른 목사님의 설교를 들었다는 그런 내용이었습니다.

저는 그에 대한 칭찬의 말을 듣곤 하였습니다. 그런데 그가 갑작스럽게 집으로 돌아왔습니다. 그는 그 학원에 다닐 수 없게 되었기 때문입니다. 알고 보니, 그곳에서 돈이 없어졌는데 바로 그 훌륭하다고 소문난 학생이 그 돈을 훔친 용의자로 의심을 받았던 것입니다. 그는 예배드리는 장소에 한 번도 가지 않았습니다. 그는 주일을 지키지 않았습니다. 그렇습니다, 그는 사탄이 원하는 곳에 있었던 것입니다. 그는 거기에 있는 동안에 완전히 망가졌던 것입니다. 그 이후 아버지는 제 앞에서 그 아이에 대하여 다시는 말씀하지 않으셨습니다. 하지만 저는 그때 받았던 충격이 지금도 생생합니다. "아니, 나의 이상이라고 생각하고 믿었던 그런 사람, 아주 훌륭한 학생이라고 칭찬을 받던 그런 사람, 내가 우러러보았던 그런 사람이 이처럼 완전한 건달이 되어 버렸다면, 나도 똑같이 되지 않을까?" 제가 참으로 새로운 마음과 올바른 정신을 받음으로써 그 사람보다 더 나은 길로 나아가지 않았다면 저도 그 사람과 똑같이 도덕적으로 추락하고 말았을 것입니다.

여러분에게 부탁하건대, 도덕적인 결심으로 인생을 시작하지 마십시오. 곧바로 주 예수님께로 나아가 여러분 자신을 그분께 드릴 수 있도록 은혜를 베풀어 달라고 기도하십시오. 여러분 스스로 자신을 지킬 수 없으나 주님은 여러분을 지켜 주실 수 있으며, 끝까지 지켜 주실 것입니다. 왜냐하면 주님께서 친히 "내 양은 내 음성을 들으며 나는 그들을 알며 그들은 나를 따르느니라. 내가 그들에게 영생을 주노니 영원히 멸망하지 아니할 것이요 또 그들을 내 손에서 빼앗을 자가 없느니라"(요 10:28-28)고 말씀하셨기 때문입니다.

마지막으로, 누구든 상관없이 — 늙든지 젊든지 그것이 중요한 것이 아닙니다 — 르호보암처럼 주님을 구하지 않았습니까? 이로써 르호보암처럼 고통스런 세상을 살고 있습니까? 여러분은 열 지파를 상실하였습니까? 시삭이 여러분을 치러 올라왔습니까? 여러분이 잘못하였기 때문입니다. 여러분이 여러분 자신의 행위를 압니다. 여러분은 하나님을 버렸습니다. 그 후에도 여전히 하나님을 구하지 않습니까? 자신을 살펴보십시오. 르호보암은 애굽 왕의 공격을 받은 이후에도 여호와를 구할 마음을 준비하지 않았습니다. 어떤 사람들은 징계를 받아도 효과가 없습니다. 오늘 밤 이 자리에 르호보암 같은 사람들이 있습니다. 중한 질병에 걸린 후 오늘 처음으로 외출한 사람도 있습니다. 나의 친구여, 여러분이 그때에 죽지 않은 것을 하나님께 감사하십시오. 여러분도 알다시피 여러분이 침상에 누워서 "하나님이여, 제가 이 질병에서 일어나면 주님을 구하겠습니다"라고 말하는 것을 천사들이 들었습니다. 이 때문에 그나마 여러분이 이 자리에 나와 있는 것입니다. 저는 여러분을 보니 매우 기쁩니다. 하지만 이 자리에 나온 것만으로 여러분이 구원받을 것이라고 생각해서는 안 됩니다. 예배당을 구하는 것은 소용이 없습니다. 주님을 구해야 합니다. 제발 부탁하건대, 이 경고를 소홀히 여기지 마십시오. 여러분의 맹세가 천국에 등록되어 있다는 것을 잊지 마십시오. 그리고 온 마음으로 구세주를 구하십시오!

그런데 르호보암은 어디에 있습니까? 그는 결코 여호와를 구하지 않았습니다. 그러므로 그는 망설이고 비틀거리며 이것도 좋고 저것도 좋은 이 세상을 떠나 오는 세상에 들어갔을 때, 아마도 거기서 무서운 저주의 공포를 실감하였을 것입니다. "그때에 너희가 나를 부르리라. 그래도 내가 대답하지 아니하겠고, 부지런히 나를 찾으리라. 그래도 나를 만나지 못하리니"(잠 1:28). 그때에 또 다른 무서운 예언의 말씀이 그에게 그대로 이루어졌습니다. "내가 불렀으나 너희가 듣기 싫어하였고, 내가 손을 폈으나 돌아보는 자가 없었고, 도리어 나의 모든 교훈을 멸시하며 나의 책망을 받지 아니하였은즉, 너희가 재앙을 만날 때에 내가 웃을 것이며, 너희에게 두려움이 임할 때에 내가 비웃으리라"(잠 1:24-26).

하나님 없이 영원한 세계로 들어간 한 영혼을 하나님께서 비웃는다고 생각해 보십시오. 그것이 무엇을 뜻하든 그것은 가장 무서운 일입니다. 여러분이 여호와를 구할 마음을 준비하지 않는 한, 그런 무서운 일이 여러분에게 이루질 것입니다. 이 시간 여러분 중에 일부는 영생의 가장자리에 서 있을 수 있습니다. 마귀가 여러분을 그곳에 머무르게 할 수 있다면 그놈은 완전히 흡족해 할 것입니다. 왜냐하면 그 자리에 머물러 있다면 여러분은 타락하고 말 것이기 때문입니다. 제발 부탁하거니와, 마귀를 흡족하게 하지 마십시오. 오 지금 저들에게 크신 은혜를 베풀어 주옵소서. 그리하여 그들이 이렇게 말하게 하옵소서. "나는 더 이상 여기에 머물지 않으리라. 나는 돌이켜 즉시 예수님께 나 자신을 모두 바치리라."

13

욥

곤경을 돌이키심

"욥이 그의 친구들을 위하여 기도할 때 여호와께서 욥의 곤경을 돌이키시고 여호와께서 욥에게 이전 모든 소유보다 갑절이나 주신지라"(욥 42:10).

하나님은 변하지 않으시므로 언제나 동일한 원칙대로 행하십니다. 그러므로 구약시대에 어느 한 사람에 대한 하나님의 행동방침은 그와 성격이 비슷한 오늘날의 사람들에게 지침이 될 것입니다. 하나님은 변덕스럽게 행하지 않으시며, 즉흥적으로 행하지 않으십니다. 하늘이 땅보다 높은 것만큼 여호와의 길은 우리의 길보다 높습니다. 여호와의 길은 변하지 않고 변덕스럽지 않습니다. 우리가 여호와의 길을 표면적으로 볼 때는 매우 다른 것 같지만 지식을 가지고 바라보면 그 길은 사실 언제나 똑같습니다. 죄인들이 여호와의 길을 분간하지 못하므로 타락하지만 여호와의 길은 의롭습니다. 그러나 의인들은 여호와의 길을 압니다. 왜냐하면 주님께서 의인들에게 그 길을 알려 주시기 때문입니다. 그래서 그들은 하나님께서 철저하게 보편적인 원칙에 따라 행하신다는 사실을 깨닫습니다. 만일 그렇지 않다면, 욥과 같은 사람의 사례가 우리에게 아무런 도움이 되지 못할 것입니다. 그렇다면 전에 있었던 일들이 우리에게 하나의 본보기였다고 말할 수 없을 것입니다. 그 이유는, 만일 하나님께서 정해진 원칙대로 행하지 않으셨다면, 하나님께서 새로운 경우에 어떻게 행하실지 우리는 조금도 예측할 수 없으며, 또 한 사람에게 일어났던 일이 어떠한 경우에도 다른 사람에게 규칙이 되지 못할 것이며, 용기도 주지 못할 것이기 때문입니다.

우리 모두가 욥과 같지는 않으나 우리 모두는 욥의 하나님을 모시고 있습니다. 욥이 가졌던 재물, 욥이 가졌던 생각을 갖지 않았고, 아마도 욥이 겪었던 가난을 겪고 있지는 않지만, 바로 욥의 하나님과 동일하신 하나님이 우리가 높아져 있다면 우리 위에 계실 것이고, 우리가 낮아져 있다면 우리를 그의 영원하신 팔로 들어올리실 것입니다. 그리고 여호와께서 욥을 위하여 행하신 대로 우리에게도 행하실 것입니다. 정확하게 똑같은 모습은 아니라도 같은 정신으로, 그리고 비슷한 줄거리로 행하실 것입니다. 그러므로 우리가 오늘 밤 낮아져 있다면 하나님께서 우리의 곤경을 돌이켜 주실 것을 기대하고 용기를 얻읍시다. 시련의 시간이 끝난 후에 우리는 이전보다 부유해질 것이며, 특히 영적인 면에서 그러할 것이라는 소망을 가집시다.

첫째, 주님은 자기 백성의 곤경을 속히 돌이키실 수 있습니다.

"곤경"(KJV, "captivity", '포로 신세' 라는 뜻: 역주)이라는 단어는 매우 주목할 만한 표현입니다. 욥이 모든 재산을 잃고 극도의 가난으로 시달렸지만, 성경은 "하나님께서 욥의 가난을 돌이키셨다"고 말씀하지 않습니다. 욥의 몸에 아픈 종기가 뒤덮여 있었지만 주님께서 그의 질병을 돌이키셨다고 성경은 말씀하지 않습니다. 욥은 이별, 치욕, 그리고 중상(中傷)의 아픔을 겪었지만 성경은 하나님께서 그런 것에서 그를 돌이키셨다고 말씀하지 않습니다. 곤경이라는 말은 의미심장합니다. 사람이 매우 가난하지만 곤경(포로 신세)에 빠지지 않을 수 있으며, 몸은 거름더미 위에 있고 개들이 상처 난 곳을 핥고 있어도 천사들과 함께 노래할 수 있습니다.

매우 아파도 곤경에 처하지 않을 수 있습니다. 그가 비록 병상에서 일어날 수는 없지만 약속된 사랑의 넓은 들에서 돌아다닐 수 있습니다. 거의 몸을 옆으로 움직이지 못할 때 그의 영혼은 더할 나위 없이 큰 자유를 누릴 수 있습니다. 곤경은 마음의 묶임이요, 쇳조각에 찢기는 영혼의 고통입니다. 짐작해 보건대, 욥은 육체적 고통에 따르는 정신적인 시련을 엄청나게 받은 나머지, 그의 영혼은 마치 손발이 묶이고 차꼬에 채워진 채 자기 나라에서 포로로 끌려가고, 그가 사랑하는 곳에서 추방당하며, 그에게 기쁨을 주었던 교제를 박탈당하고, 어두움에 갇힌 사람과 같았을 것입니다. 제 말씀의 뜻은 그가 겪은 고통과 시련 외에도 그는 얼마간 하나님의 임재를 느낄 수 없었으며, 이에 기쁨과 위로를 많이 잃어버렸고, 마음의 평화는 떠나 버렸으며, 다른 신자들과 나누었던 교제도 이제는 단절되어 버렸습니다. 그는 이런 모든 면에서 외로운 포로와 같았습니다. 욥의 세 친구들은 그를 위선자라고 정죄하였으며, 그를 책망하는 것 말고는 그와 교제하려 하지 않았습니다. 따라서 욥은 먼 나라로 끌려와 하나님과 사람으로부터 추방된 포로처럼 느꼈을 것입니다. 욥이 할 수 있는 것이라곤 포로처럼 지내는 것뿐이었습니다. 말하자면 억압당하고, 울고, 동정을 바라며, 비통한 불평을 쏟아내는 것이었습니다. 그는 버드나무에 수금을 걸어놓고 이방의 땅에서 어찌 여호와의 노래를 부를꼬 하며 탄식하였습니다.

가련한 욥! 그의 이별, 가난, 질병도 여호와께서 전에 그의 머리에 비추어 주셨던 촛불의 상실보다 그다지 애처롭지 않습니다. 무엇보다 괴로운 것은 마음을 관통하는 고통입니다. 전시에 모든 총알들이 우박처럼 빽빽이 날아가지만, 군사의 몸에 박히는 총알 하나만큼 그 군인을 고통스럽게 하는 것은 없을 것입니다. 바다처럼 많은 고통에 대하여 무기를 들고 저항한다는 것은 당당하고 남자다운 일입니다. 하지만 바다처럼 많은 고통이 마음의 선실에 가득하고, 내적인 에너지의 불을 꺼뜨리며, 조종능력을 쓸어가 버리고, 결단의 양수기들을 쓸모 없이 만들어 버릴 때, 그 사람은 거의 난파선이 되고 맙니다.

"상처받은 심령, 누가 그것을 견딜 수 있으랴?" 사람의 뼈, 그의 몸에 상처를 입혀도 그는 크게 기뻐할 수 있습니다. 그러나 그의 마음에 상처를 내보십시오. 하나님의 손가락이 영혼을 누른다고 생각해 보십시오. 그때에 참으로 그는 곤경(포로신세)에 빠질 것입니다. 제가 생각하기에 이 단어는 욥이 겪은 일시적인 모든 고통을 포함하고 있지만, 그것은 그의 고통, 그의 질병, 그의 친구들의 빈정댐, 하나님의 미소의 사라짐, 이 모든 것들이 결합된 결과로서 주로 욥의 영혼이 묶인 것을 의미합니다. 저의 요점은 하나님께서 우리를 그러한 곤경에서 건져 주실 수 있다는 사실입니다. 하나님은 영적인 곤경과 일시적인 곤경 모두로부터 우리를 해방시킬 수 있습니다.

주님께서 영적인 곤경에서 속히 우리를 건지실 수 있습니다. 저의 설교를 듣고 있는 여러분 중에는 원치 않는 고통을 겪고 있는 분들이 계실 것입니다. 그들은 은혜의 수단 안에서 아무런 기쁨도 누리지 못하지만 온 천하를 다 얻는다해도 그 은혜를 버리지 않을 것입니다. 한때 그들은 주님 안에서 기뻐하곤 하였습니다. 하지만 지금 그들은 주님의 얼굴을 뵐 수 없으며, 기껏해야 "내가 어찌하면 하나님을 발견하고 그의 처소에 나아가랴"(욥 23:3) 할 뿐입니다. 어떤 사람들은 항상 기쁘게 살며, 다른 사람들의 승리가 패배한 사람을 위로할 수 없다는 말은 그들과 상관이 없습니다. 고통 받는 심령에게 다른 사람들처럼 기뻐해야 한다고 말하는 것은 쓸데없는 짓입니다. 어찌해야 할지 모르기 때문에 반드시 해야 한다는 말과 할 수 있다는 말은 매우 다릅니다. 우리는 쓸데없이 고통 당하는 귀에다 즐거운 선율을 들려줍니다. 슬픈 마음에 노래를 불러주는 것은 질산초석(niter)에다 식초를 붓는 것과 같습니다. 그 둘은 서로 조화되지 않아서 고통스러운 비등(沸騰)을 야기합니다.

어둠 속을 지나며 빛을 보지 못하는 하나님의 참된 자녀들이 있습니다. 그렇습니다. 땅에 있는 존귀한 자임에도 불구하고 "나의 하나님, 나의 하나님, 어찌하여 나를 버리셨나이까?"라고 큰 소리로 부르짖을 수밖에 없는 사람들이 있습니다. 온종일 그들은 교회 안에서 지냈고 언제나 그럴 것이며, 조금도 틀림없는 우리의 형제들은 자기들 마음대로 그들을 정죄합니다. 주님 앞에는 언제나 애통하는 자들이 있으며, 주님의 교회 안에는 언제나 고통 당하고 가련한 사람들이 있습니다. 우리 모두 경계합시다. 왜냐하면 우리의 기한이 끝나기 전에 우리도 역시 시련당하고 넘어질 수 있기 때문입니다. 우리 중에 가장 밝은 눈도 희미해질 것이며, 담대한 마음도 쇠약해질 것이며, 이 순간 하나님 곁에서 사는 자도 괴로운 심령으로 "오 하나님, 내게 돌아오셔서 당신의 얼굴 빛을 내게 비춰 주소서"라고 부르짖게 될 것이기 때문입니다.

그러므로 우리의 기운을 북돋아 주는 이 진리를 주목하십시오. 하나님은 여러분의 곤경을 돌이킬 수 있으시되 즉시 돌이킬 수 있습니다. 하나님의 자녀들 중에 더러는 이전의 기쁨을 회복하는데 많은 시간이 걸리는 줄로 착각하고 있는 것 같습니다. 여러분이 지나온 길을 처음부터 다시 시작해야 한다면, 그것은 피곤한 여행이 될 것입니다. 기쁨이 언제나 내적인 상태의 결과라면, 마음의 매우 진지한 성찰과 영혼의 성결함, 타고난 정욕과 외적인 유혹과의 싸움, 이 모든 것들이 있어야 할 것입니다. 여러분과 주님이 율법적인 조건으로 함께 지내왔다면, 여러분이 주님을 초청하기 전에 먼저 집을 깨끗이 닦고 씻고 광을 내야 할 것입니다. 하지만 그럼에도 불구하고 여러분이 스스로 율법에 맞출 때보다 주님의 사랑을 깨달을 때 훨씬 더 성결함이 이루어질 것입니다. 주님은 여러분과 같은 모습으로 오셨고, 그가 오셨을 때 여러분의 영혼의 성전을 더럽힌 침입자들을 친히 몰아내셨습니다. 그리고 성결함을 완성하기 위해 여러분과 함께 거하셨습니다. 그러므로 이제 주님은 처음부터 이와 같은 조건으로, 곧 거저 일방적으로 은혜를 베푸시는 조건으로 오신 주님의 임재를 마음껏 향유하도록 여러분에게 허락하실 것입니다.

전에 여러분은 구세주 없이는 아무것도 할 수 없기에 구세주를 영혼 속에 영접하지 않으셨나요? 그것이 이유가 아니었나요? 지금도 그런 이유 때문에 다시금 주님을 영접해야 하지 않겠습니까? 주님을 영접하였을 때, 여러분 안에 주님의 칭찬을 받을 만한 것이 조금이라도 있었습니까? 한 번 말씀해 보십시오. 여러분은 온통 더럽지 않았습니까? 여러분은 죄와 고통으로 가득하지 않았습니까? 그러나 그때에 여러분은 문을 열고 이렇게 말씀드렸습니다. "나의 주님, 들어오소서. 당신의 거저 베푸시는 은혜로 들어오소서. 저는 주님을 모셔야 합니다. 그렇지 않으면 저는 망합니다." 이러한 당신이 이제는 감히 다른 조건으로 주님을 초청하십니까? 성령으로 시작하였던 당신이 이제는 육체로 마치려 합니까? 은혜로 말미암아 살기 시작하였던 당신이 이제는 행위로 말미암아 살려 하십니까? 아무것도 몰랐을 때 주님의 사랑을 의지하였던 당신이 주님의 친구가 된 지금 율법에 호소하려 합니까? 하나님께서 허락하지 않으십니다.

오 형제여, 예수님께서 지금도 당신을 사랑하시며 순식간에 당신을 회복시킬 것입니다. 오 자매여, 예수님께서 다시금 당신의 마음 가운데 기꺼이 오시되, 지금 눈 깜짝 할 사이에 오실 것입니다. 그러면 결국 여러분은 예수님께서 처음 여러분을 찾아오셨을 때의 상태로 회복될 것입니다. 결국 여러분은 본래의 타락한 상태처럼 아주 가엾은 곤경에 처하지 않게 될 것입니다. 그때에 죄와 허물로 완전히 죽었던 여러분을 주님께서 살리셨습니다. 그리고 지금, 여러분은 죽은 것처럼 느껴진다고 말하지만 그런 말을 한다는 것 자체가 여러분 안에 생명이 꿈틀거리고 있다는 증거입니다.

아, 그러한 탄식과 신음은 주님께 아름다운 것입니다. 주님께서 탄식과 신음을 당신 속에 두지 않으셨다면 당신 안에는 그런 것들이 없었을 것입니다. 탄식과 신음은 주님의 은혜가 당신에게서 완전히 제거되지 않았다는 확실한 증거들입니다. 오 하나님의 자녀여, 당신은 정녕 모르십니까? 하나님의 은혜가 회개하기 전뿐만 아니라 회개한 후에도 당신의 모든 죄를 깨끗이 한다는 사실을 당신은 정녕 모르십니까? 주님께서 이전에 당신이 죄인임에도 불구하고 당신을 사랑하셨고, 지금도 여전히 사랑하신다는 사실을 당신은 정녕 깨닫지 못하십니까? 당신이 구원받은 근거가 당신의 신분이나 인격이 아니라, 하나님께서 인정하신 그리스도의 신분이며 하나님께서 인정하신 그리스도의 인품과 사역이라는 것을? 주님께서 지금도 당신을 사랑하신다고 여러분은 굳게 믿습니까? 진실로 주님은 여러분을 사랑하십니다.

당신의 눈을 들어 주님의 고귀한 상처들을 바라보십시오. 그리고 거기에 여전히 기록되어 있는 주님의 사랑을 읽어보십시오. 오 의심하는 도마여, 당신의 손가락을 당신 자신의 상처 자국에 집어넣지 마세요. 그것은 여러분에게 도움이 되지 않습니다. 그러나 예수님의 상처 자국에 손가락을 집어 넣어 보십시오. 주님께 가까이 오십시오. 그리하면 당신은 “나의 주, 나의 하나님”이라고 크게 기뻐하며 소리칠 것입니다. 우리의 곤경을 돌이키는 이 놀라운 하나님의 능력을 체험하게 하는 것이 무엇인지 저는 잘 알고 있습니다. 목회할 때 누군가 끊임없이 방해하면 마음이 심란하고, 영혼이 시들며, 힘이 떨어지는 현상이 간혹 일어납니다. 그러나 주님은 단번에 우리를 소생시키셔서 원기 왕성한 활동을 하게 하십니다. 성령께서 불을 일으키시면, 삼에 불이 붙듯 영광스럽게 타오릅니다. 저는 찬양의 소리를 들을 때 “찬양하기 원하지만 찬양할 힘이 없습니다”라고 말했다가, 갑자기 강하고 급한 바람에 이끌려 아름다운 노래를 부르며 천국을 체험하였던 적이 있습니다. 주님께서 우리의 영혼을 회복하시는데 몇 날, 몇 달, 몇 주, 또는 몇 시간도 걸리지 않습니다. 주님은 엿새 동안에 세상을 창조하셨지만, 한마디 말씀으로 순식간에 세상을 환하게 밝히셨습니다. "빛이 있으라" 말씀하시니 빛이 있었습니다. 그러한 주님이 우리에게도 똑같이 하실 수 없겠습니까? 초침이 재깍하기 전에 우리의 어둠침침함을 쫓아버릴 수 없겠습니까? 결코 낙심하지 마십시오. 하나님을 의심하지 마십시오. 하나님은 우리의 곤경을 남방 시내들같이 돌리실 수 있습니다.

사랑하는 성도들이여, 주님은 우리가 세상에서 당하는 곤경도 이와 똑같이 돌리실 수 있습니다. 저는 설교할 때 세상의 일들에 관해서는 그다지 많이 언급하지 않는 편입니다. 하지만 우리 설교자들이 세상의 일들을 충분히 다루지 않을까 솔직히 우려됩니다. 왜냐하면 구약 성경을 보면, 하나님께서 간섭하셔서 자기 백성의 일을 도와주신 이야기들이 너무나 많기 때문입니다. 하나님께서 기도실에만 관심이 있으시고 상점에는 관심이 없다고 많은 사람들은 생각합니다. 우리도 그렇게 생각한다면 이는 우리에게 두려운 일일 것입니다. 참으로 나의 형제들이여, 성찬을 나눌 때 우리 주님의 손이 임하는 것만큼 식탁 위에도 주님의 손이 임하신다는 것을 우리는 알아야 할 것입니다. 우리 구주께서 죽으신 사랑을 기념하는 성찬에 임하는 주님의 사랑과, 육체의 생명을 이어가게 하는 식탁에 임하는 주님의 사랑은 동일하기 때문입니다. 우리는 식탁 없이 성찬만 받을 수는 없습니다. 그러므로 우리는 모든 것에서 하나님을 만나기를 배워야 하며, 우리가 가진 모든 것에 대하여 하나님께 찬양해야 합니다.

이제 저는 재정상의 손실로 인하여 지금까지 큰 고통을 겪어온 친구들을 위해 말씀드리겠습니다. 사랑하는 친구들이여, 주님께서 여러분의 곤경을 돌이키실 수 있습니다. 욥은 모든 것을 잃었지만 하나님께서 그에게 모든 것을 쾌히 돌려주셨습니다. "그래요, 하지만 그것은 특별한 경우였죠"라고 여러분은 말합니다. 저는 그것을 인정합니다. 그러나 우리가 섬기는 하나님은 지금도 놀라운 일을 행하시는 하나님이십니다. 여러분이 이 문제를 깊이 생각한다면, 욥이 그의 모든 소유를 도로 찾은 것만큼 그의 모든 소유를 잃은 것도 특별한 일이었다는 것을 깨달을 것입니다. 만일 여러분이 최초로 욥의 농장을 두루 다니며 약대와 가축들을 보고, 그의 집에 들어가서 가구를 구경하고 그의 위엄 있는 지위를 보며, 길거리에서 사람들이 그에게 절을 하며 크게 존경하는 모습을 보며, 그의 자녀들의 집에 들어가 그들의 안락한 생활을 보았다면, 여러분은 이렇게 말할 것입니다. "야, 이 사람은 우스 온 땅에서 가장 유력한 사람들 중에 하나로구나."

모든 지역에서 그만한 재력가를 찾기가 힘들었을 것입니다. 누군가 욥이 앞으로 이 모든 재산을 하나도 남김없이, 그의 모든 자녀들까지도 잃어버릴 것이라고 예언했다면, 여러분은 이렇게 말했을 것입니다. "그럴 리 없어! 투기하다가 엄청난 재산을 날렸다고 하는 이야기는 들어봤지만 그런 사람들은 증권과 같은 것으로 부를 축적한 서류상의 부자였지. 그러나 이 사람의 경우는 달라. 그에게는 소, 양, 약대, 그리고 부동산이 있는데. 이런 것들은 바람에 날아가지 않아. 그런 사람이 가난해질 것이라고는 도저히 믿을 수가 없어."

성문 앞에 앉아 공무를 집행하던 행정 장관도 욥이 나타나면 일어나서 상석을 내주었습니다. 욥의 가축은 그 수를 헤아릴 수 없었으며, 그의 재산은 막대하였습니다. 단지 명의만 있는 재산이 아니라 실질적인 재산이었습니다. 그런데 갑작스럽게, 놀랍게도 그 모든 재산이 날아가 버렸습니다. 참으로 하나님은 흩어버릴 수도 있고 모을 수도 있습니다. 하나님께서 그 많은 재산을 흩어버리셨다면, 그 모든 재산을 다시 돌아오게 하는 것도 손쉬운 일입니다. 하지만 이런 일은 우리가 항상 접하는 일은 아닙니다. 우리는 하나님의 파괴하는 능력은 보면서도 하나님의 세우시는 능력은 보지 못합니다. 그러나 나의 형제들이여, 빼앗는 것보다 주는 것, 징계하는 것보다 껴안아주는 것이 하나님의 속성에 더 잘 어울립니다.

심판은 원치 않는 일이라고 하나님께서 늘 말씀하시지 않습니까? 욥에게서 모든 재산을 빼앗고 그를 깊은 곤경에 빠지게 하는 것은 하나님께서 바라는 일이 아니었다고 저는 확신합니다. 여호와께서 그의 종 욥을 다시금 부유하게 하셨을 때, 사랑을 가지고, 말하자면 마음을 다해 욥을 축복하셨습니다. 그때에 하나님은 욥을 부유하게 만들기를 기뻐하셨습니다. 왜냐하면 하나님께서 당신의 큰 사랑을 베푸실 때 가장 큰 행복을 느끼시기 때문입니다. 여러분은 어찌하여 이와 같은 시각으로 여러분의 상황을 보지 못합니까? 하나님은 여러분을 징계하시고 빼앗기보다 축복하시고 회복시켜 주시기를 더욱 원하십니다. 하나님은 여러분의 모든 재산을 회복시킬 수 있으며 그 이상의 재산도 주실 수 있습니다.

이제 두 번째 대지입니다. 주님께서 자기 백성의 곤경을 돌이키기 위해 개입하시는 시점이 있습니다.

분명히 욥의 경우에, 그의 커다란 시험이 이제 끝났기 때문에 주님께서 개입하셔서 그의 곤경을 돌이키셨습니다.

사탄은 욥의 경건이 그의 이기적인 욕심에서 비롯되었다고 주장하였습니다. 즉, 정직이 가장 좋은 상술이라고 생각하였기에 그가 정직하였으며, 경건이 그에게 이득이 되었기 때문에 그가 경건한 것이라고 주장하였습니다. 우리 형제들을 옛부터 고발한 사탄은 "주께서 그와 그의 집과 그의 모든 소유물을 울타리로 두르심 때문이 아니니이까?"(욥 1:10)라고 말하였습니다. 마귀는 대체로 두 가지 일 중 한 가지 일을 합니다. 그 하나는 의인의 거룩에 대하여 아무런 상급이 없다고 말하는 것입니다. 이에 속아 의인들은 "내가 내 마음을 깨끗하게 하며 내 손을 씻어 무죄하다 한 것이 실로 헛되도다"(시 73:13) 합니다. 또 다른 하나는 의인들이 이기적으로 보상에 눈이 어두워 주님을 순종할 뿐이라고 그들에게 말하는 것입니다. 만일 마귀가 주님께서 그의 종들에게 보상하지 않으신다고 비난하였다면 그것은 우리에게 불행한 일이 될 것입니다. 만일 마귀가 "온전하고 정직한 욥이 있는데 당신은 그를 울타리로 두르지 않았고, 조금도 보상하지 않았소"라고 말할 수 있었다면 그것은 우리에게 안 좋은 일일 것입니다. 이는 하나님의 인자하심과 공의로우심에 대한 공연한 트집일 것입니다. 마귀는 그렇게 말할 수 없는 것을 알고 다른 방법을 취하여 이렇게 말합니다. "당신이 그와 그의 모든 소유물을 울타리로 두르셨소. 그가 당신을 섬기는 것은 자기에게 이득과 명예가 있기 때문이오. 그는 자기 이익을 위해 정직한 것이오."

하나님의 허락 하에 이러한 점이 검증되었습니다. 이에 굴복하지 않고 마귀는 또다시 다음과 같이 주장하였습니다. "이제 주의 손을 펴서 그의 뼈와 살을 치소서. 그리하시면 틀림없이 주를 향하여 욕하지 않겠나이까!"(개역개정판 욥 2:5). 욥은 또다시 시험을 받았지만 주를 욕하지 않았습니다. 욥은 극도의 고난 속에서도 "주신 이도 여호와시요 거두신 이도 여호와시오니 여호와의 이름이 찬송을 받으실지니이다"(욥 1:21) 하였습니다. 때때로 하나님은 자기의 종들을 이러한 시험에 내어주십니다. 그리하여 하나님의 종들을 시험해 본 사탄으로 하여금 하나님의 은혜가 그들을 얼마나 진실하게 변화시켰는지 직접 보게 만드십니다. 그리고 하나님의 종들이 그놈(마귀)을 어떻게 갖고 노는지 세상으로 하여금 알게 만드십니다.

훌륭한 기술자들은 자기들이 만든 다리 위로 엄청나게 무거운 짐을 실은 열차가 지나가는 것을 보고 기뻐합니다. 여러분도 기억하다시피, 최초의 대박람회 건물이 완성되었을 때 연대병력의 군사들이 보조를 맞추어 그 대들보 위를 행군하였습니다. 이로써 아무리 많은 사람의 무게라도 능히 견딜 수 있을 만큼 그 건물이 튼튼하다는 사실을 확실히 보여 주었습니다. 잘 훈련된 군인들의 일치된 행군만큼 건물의 강도를 완벽하게 시험할 수 있는 것은 없습니다. 이와 같이 지혜롭고 현명하신 우리의 아버지께서는 때때로 자기 백성의 지지물 위를 고난의 병력으로 하여금 행군하게 하십니다. 그리하여 하나님의 은혜로 모든 곤경과 무거운 짐을 능히 견딜 수 있다는 사실을 모든 사람이 알게 하십니다.

여러분 중에 누군가 내구력이 요구되는 어떤 도구를 개발하였다고 한다면 기꺼이 그것을 시험할 것입니다. 그 시험에서 성공해야 널리 알리게 될 것입니다. 총포공(銃砲工)은 실험실에서 총신에 화약을 장전할 때 일반적으로 장전하는 양보다 훨씬 더 많이 장전하는 것을 반대하지 않습니다. 왜냐하면 자기가 개발한 총포가 그 실험을 통과할 것이라고 믿기 때문입니다. "무엇에든 도전하고 최선을 다하라. 그것이 좋은 방법이다. 이 방법으로 네가 하고 싶은 것을 해 보아라." 진품을 만드는 사람은 이렇게 말하곤 합니다. 그리고 주님도 자기 백성에 관하여 이와 같이 말씀하실 것입니다. "내 백성 안에서 일하는 나의 은혜는 강하고 완전하도다. 사탄아, 그것을 시험해 보라. 세상이여, 그것을 시험해 보라. 이별로써, 손실로써, 비난의 말로써 그것을 시험해 보라. 나의 은혜는 모든 시련을 이기리로다." 은혜가 시험을 받고 모든 것을 이길 때, 주님은 자기 백성의 곤경을 돌이키십니다. 왜냐하면 시험이 끝났기 때문입니다.

틀림없이 욥에게 있었던 인격적인 허물이 시험을 통하여 제거되었습니다. 욥에게 허물이 있었다면, 그것은 아마도 다소 지나친 자신감과 다른 사람들에 대한 단호한 태도였을 것입니다. 자신이 다른 사람들보다 더 위에 있는 사람이라는 생각이 다소 그의 마음속에 들어있었을 것입니다. 욥을 위문한 파렴치한 친구들이 그를 집적거리기 시작하자 그에게서 불쾌감이 표출되었습니다. 솔직히 말씀드리는데, 욥이 표출한 불쾌감의 양은 저에게서, 또는 아마도 여러분에게서 나올 그런 불쾌감의 양(量)의 백 분의 일도 안 될 것입니다. 하지만 그런 감정이 전혀 없었다면 하나도 나오지 않을 것입니다. 틀림없이 욥에게 그런 것이 있었습니다. 그런 감정이 조금도 없었다면 세상의 모든 것이 그를 화나게 했을지라도 욥은 그런 감정을 표출하지 않았을 것입니다.

주께서 욥에게 시련을 주신 목적은 다른 관점에서 자기 자신을 볼 수 있도록 하기 위함이었습니다. 즉, 만일 욥이 시련을 당하지 않았더라면 결코 발견하지 못했을 그의 인격적인 결함을 발견하도록 하기 위해 하나님께서 그에게 시련을 주셨던 것입니다. 시련의 빛으로 말미암아, 그리고 그보다 훨씬 강한 하나님의 영광스러운 존재의 빛으로 말미암아, 욥은 벌거벗은 자신의 모습을 보았으며, 자신 속에 있는 먼지와 재를 떨어버리게 되었습니다. 아마도 욥은 시련 당하기 전까지는 스스로 겸손하지 못했으나 이제는 겸손할 수 있었습니다. 이제는 그의 마음속에 숨어 있던 모든 이기적인 생각을 떨쳐버렸습니다. 욥이 무정한 친구들을 위해 기도한 것을 보면 잘 알 수 있습니다. 우리가 그런 친구들을 위해 기도하려면 많은 은혜를 받아야 할 것입니다. 우리가 참된 친구들을 위해 기도하는 것은 조금도 힘들지 않습니다. 그러나 빌닷과 다른 두 사람이 지독한 말을 내뱉고 또 빗대어 말하였는데 그런 친구들을 위해 기도한다는 것은 쉽지 않습니다.

그런데 욥의 인격 안에서 놀라운 온유와 빛이 흘러나왔으며, 그의 영혼 속에는 풍성한 은혜가 흘러 넘쳤습니다. 그렇지 않다면, 욥은 넘어진 친구를 무정하게 짓밟은 그런 사람들을 위해 중보의 기도를 드리지 못했을 것입니다. 자, 보십시오. 욥은 자기의 허물을 깨달았고, 그것을 떨쳐버렸습니다. 그리고 이 위대한 노인은 무릎을 꿇고 자기를 위선자라고 몰아붙였던 자들을 위해 기도합니다. 그의 심령을 상하게 하였던 사람들을 위해 기도합니다. 마땅히 자신에게 긍휼을 베풀어야 할 때, 긍휼을 베풀지 아니하고 오히려 매정하게 온갖 모욕적인 말을 퍼부은 사람들을 긍휼로써 대할 수 있게 해 달라고 욥은 하나님께 기도합니다. 욥의 불행을 보고 친구들은 입을 다물어야 했습니다. 그러나 도리어 욥의 불행을 보고 자극을 받아 아마도 그들의 마음속에 품고 있었을 잔인한 생각들을 토해내었습니다. 그들 모두 그런 말을 할 자격이 없었다는 점에서 그들의 말은 한층 더 무자비하였습니다. 하지만 이제 욥은 그런 친구들을 위해서 기도합니다. 아시다시피 욥은 시련을 통해 여기까지 올 수 있었던 것입니다. 분명히 시련은 욥에게 축복이었습니다. 그리고 시련을 통해 사탄이 거짓말쟁이임을 알았습니다. 이제 시련의 불은 꺼지고, 족장 욥은 보석처럼 전보다 더 밝은 모습으로 풀무에서 나옵니다.

사랑하는 친구들이여, 하나님께서 여러분의 곤경을 돌이키실 그 지점이 욥의 곤경을 돌이키신 지점과 꼭 같지 않을 수도 있습니다. 왜냐하면 여러분이 당하는 시련은 욥의 시련과 성격상 다르기 때문입니다. 하나님께서 여러분의 시험을 언제 돌이키실지 제가 생각하는 바를 간단하게 말씀드리고자 합니다.

시련을 통해 여러분의 특별한 죄가 드러났을 때 하나님은 여러분의 곤경을 돌이키십니다. 여러분은 여러 허물들을 손가락으로 짚어보았지만 그러나 여러분의 가장 큰 죄가 집중되어 있는 바로 그 지점을 아직 손대지 못하였습니다. 그러므로 이제 하나님께서 여러분 자신을 알 수 있도록 도와주실 것입니다. 여러분이 시련의 풀무 속에 있을 때 자신을 성찰하게 될 것입니다. 그리고 여러분은 "무슨 까닭으로 나와 더불어 변론하시는지 내게 알게 하옵소서"(욥 10:2)라고 부르짖을 것입니다. 그때에 여러분은 서너 가지 허물을 깨닫고 주님께 자신을 부탁하며 이렇게 기도할 것입니다. "선하신 주여, 내게 은혜를 베푸사 이 악한 것들을 물리치게 하옵소서." 그렇습니다. 그러나 여러분은 아직 이 지점까지 오지 못했습니다. 더 큰 시련을 통해서 여러분은 이 지점까지 오게 될 것입니다.

주님께서 분노하셔서 여러분의 집을 태우시는 이유는 여러분이 알고 있는 이런저런 악 때문이 아니라 또 다른 악 때문이라는 사실입니다. 가장 사랑하는 라헬이 앉은 자리 밑에 드라빔들이 있기 때문에 다시금 처음부터 자세히 찾아야 합니다. 여러분의 영혼 속에 숨어 있는 악은 어떠한 시험에도 견딜 수 있다고 생각하는 바로 그 자리에 있을 수 있습니다. 그러므로 자세히 살펴보십시오. 죄가 드러나고 아간이 돌에 맞아 죽었을 때, 그때에 비로소 아골 골짜기가 희망의 문이 될 것이며, 여러분이 승리를 얻기 위해 올라갈 것이며, 주님께서 함께 하실 것입니다.

아무래도 여러분이 회복되는 시기는 여러분의 영혼이 깨어지는 때일 것입니다. 다분히 본질적으로 우리는 길들이기를 원하는 말과 같으며, 성경적인 은유를 빌자면, "멍에에 익숙하지 못한 송아지"(렘 31:18) 같습니다. 말은 훈련의 과정을 다 통과해야만 마침내 "완전히 길들여졌다"고 선언됩니다. 우리에게도 이와 유사한 훈련이 필요합니다. 유감스럽게도 여러분과 저는 아직 온전히 길들여지지 않았습니다. 우리는 매우 즐겁게 앞으로 나아가 고삐를 매고 정해진 과정대로 섬겨야 합니다. 그러나 우리가 또 다른 훈련과정에 돌입하여 고난을 받을 때, 우리는 가죽띠(말이 차지 못하게 궁둥이에 채운)를 둘러야 할 것이며, 우리의 입에는 더욱 고통스러운 재갈이 물려질 것입니다. 우리의 영혼이 완전히 깨어지지 않았다는 사실을 우리는 깨달아야 합니다. 하나님의 뜻에 완전히 복종하는 흙(dust, 인간을 의미함: 역주)으로까지 낮아지려면 오랜 세월 동안 고난과 아픔을 겪어야만 합니다.

하나님을 거역하는 뭔가가 여전히 존재합니다. "미련한 자를 곡물과 함께 절구에 넣고 공이로 찧을지라도 그의 미련은 벗겨지지 아니하느니라"(잠 27:22). 많은 사람들이 이 말씀에 해당됩니다. 우리는 지금까지 날마다, 주마다 절구 안에서 공이로 찧어져 왔으나 여전히 미련합니다. 영혼이 "나의 뜻대로 마옵시고 당신의 뜻대로 하옵소서"라고 기쁘게 응답할 때, 그때에 비로소 우리의 곤경이 완전히는 아니더라도 거의 끝날 것입니다. "그래서는 안 돼요, 나는 그렇게 하지 않을래요"라고 외치며, 발버둥치며 거역하는 것은 가시채를 차는 일이며 그때마다 우리의 발이 상한다는 사실을 깨달아야 할 것입니다. 그러나 우리가 모든 발버둥침을 포기하고 "주여, 당신께 완전히 맡겨드리오니 당신의 뜻대로 되기를 원하나이다"라고 응답할 때, 그때에 비로소 시험은 끝날 것입니다. 왜냐하면 더 이상 시험받을 필요가 없어지기 때문입니다.

또한 여러분의 시험이 끝나는 시간은 시험의 의도대로 여러분이 복음의 진리의 요점을 깨우칠 때입니다. 제가 여러 번 말씀드린 대로 복음의 진리는 은현(隱顯) 잉크(열, 빛 등으로 빛깔을 나타냄)로 쓴 편지와 같습니다. 여러분이 그런 잉크로 쓴 편지를 받아 본다면 그 편지에서 어떤 글자도 읽을 수 없을 것입니다. 그 편지는 읽기가 매우 어렵습니다. 편지를 읽기 위해 해야 할 일은 그 편지를 불에다 갖다 대는 것입니다. 편지가 불에 녹으면 산(acid)으로 쓰여진 글자가 나타나 보이게 되며, 여러분은 그 글자들을 읽을 수 있게 됩니다. 하나님의 많은 언약들은 역경과 직접적인 고난이라는 몹시 뜨거운 불에 대어져야 할 필요가 있으며, 그때에 비로소 우리는 귀중하게 감추어진 성령의 위로를 읽을 수 있습니다. 낮에는 지표면에서 별들을 볼 수 없습니다. 하지만 여러분이 우물 속으로 내려간다면, 고난의 깊은 우물로 내려간다면, 아무도 볼 수 없는 언약의 아름다움과 광채를 종종 보게 될 것입니다. 그리고 주님께서 여러분을 어떤 장소로 인도하실 때, 다른 곳에서는 결단코 볼 수 없었던 주님의 은혜의 영광을 볼 수 있으며, 그때에 주님은 다음과 같이 말씀하실 것입니다. "이만하면 충분해. 내 자식이 교훈을 깨우쳤으니 이제 나는 그를 풀어 주리라."

긍휼히 여기는 마음을 가질 때까지 하나님은 우리에게 고난을 주십니다. 질병으로 고통당하지 않고 이 세상에서 사십 년을 사는 것을 저는 선호하지 않을 것입니다. "오, 그건 매우 바람직한 일인데요"라고 여러분은 말씀하실 것입니다. 여러분에게는 그렇게 보이리라고 저도 인정합니다. 제가 만난 한 사람은 지금까지 한 번도 아프거나 고통을 느껴보지 못하였고, 사는 동안에 단 하루도 병을 앓아보지 못했습니다. 저는 그 사람을 부러워 했습니다. 그러나 지금은 아닙니다. 왜냐하면 그는 다양하지 못한 경험으로 많은 것을 손해본 사람이라고 저는 믿고 있기 때문입니다. 자기가 겪어 보지 못한 고난을 어찌 위로할 수 있겠습니까? 자신이 직접 연약함을 겪어 보지 못했다면 어찌 측은한 마음을 가질 수 있겠습니까? 다른 사람을 위로하는 자가 되려면, 자신이 먼저 다른 사람의 슬픔과 아픔을 겪어 보아야만 합니다. 우리 주님도 친히 고난을 겪으셔야 했습니다. 그리고 주님처럼 목자가 되려는 사람은 주님이 당하신 필연적인 고난을 반드시 당해야 합니다.

본질적으로 우리는 긍휼하지 못합니다. 저는 욥도 긍휼하지 못하였다고 생각합니다. 물론 욥이 가난한 사람들에게 친절하고 관대하였지만, 다소 딱딱했을 것입니다. 하지만 고난을 겪으면서 그는 긍휼을 배웠습니다. 여러분의 마음이 더욱 부드러워져서 훗날 연약한 자들에게 부드러운 말을 할 수 있는 사람들이 될 때까지 아마도 주님은 여러분에게 계속해서 고난을 보내실 것입니다. 그 후에 여러분은 병약한 자의 머리맡에 앉아서, "저도 참을 수 없이 아픈 병을 앓아보았기 때문에 아픈 사람들의 사정을 속속들이 다 알고 있습니다"라고 말할 수 있을 것입니다. 하나님께서 여러분을 그렇게 만드셨을 때, 그때에 비로소 여러분의 곤경을 돌이키실 것입니다.

욥의 경우를 보면, 욥이 그의 친구들을 위하여 기도하였을 때 여호와께서 그의 곤경을 돌이키셨습니다. 자신을 위한 기도도 물론 복된 일이지만 중보자가 되어 다른 사람들을 위해 기도하는 것은 하나님의 자녀에게 더욱 고상한 일입니다. 자신을 위한 기도가 좋은 것이지만 거기에는 약간 이기적인 데가 있습니다. 그러나 다른 사람들을 위한 기도에는 그런 요소가 전혀 들어 있지 않습니다. 여기에 바로 사랑이 있습니다. 즉, 성령 하나님께서 우리 마음에 자라나기를 기뻐하시는 바로 그 사랑이 우리가 다른 사람을 위해 기도할 때 생겨납니다. 여러분을 학대하고 여러분을 악하게 이용한 자들을 위해 기도할 때 이 얼마나 그리스도의 모습을 닮은 기도인지요! 그때에 여러분의 모습은 주님의 모습과 같습니다.

자신만을 위해 기도하는 모습은 예수님께서 대신 죽어 주신 자들의 모습입니다. 그러나 원수를 위해 기도하는 모습은 친히 죽으신 예수님의 모습입니다. "아버지 저들을 사하여 주옵소서. 자기들이 하는 것을 알지 못함이니이다"(눅 23:34). 스랍들의 찬송보다도 이 기도로 천국을 더 많이 소유할 수 있습니다. 여러분을 악하게 대한 자들을 위해 드리는 기도는 우리 주님께서 죽으시면서 드린 기도와 다소 비슷합니다. 욥은 고결한 보복을 하였습니다. 확신하건대 욥이 바란 유일한 한 가지는 자신이 그들을 하나님께로 인도하는 수단이 되는 것이었습니다. 그들이 하나님의 종 욥을 나쁘게 말하였기 때문에 그들의 기도를 듣지 않으실 것이라고 하나님께서 말씀하셨습니다. 그러나 욥은 그들의 중재자 또는 중보자로 하나님께 나아갑니다. 그리하여 족장 욥에게 쏟아졌던 경멸이 영광으로 바뀌었습니다. 여호와께서 오직 여러분의 기도로 말미암아 핍박자들의 영혼을 구원하신다면, 이는 독한 말에 대해 멋지게 응답하는 수단일 것입니다. 고약하게 빗대어 말하는 풍자를 많이 뒤집어쓰고 악한 말을 많이 들었을지라도, 여러분이 그런 말을 한 자들을 위해 기도할 수 있다면, 그리고 하나님께서 여러분의 기도를 들으시고 그들을 예수님께로 인도하신다면, 이는 천사도 흠모할 만한 위대한 승리가 될 것입니다. 사랑의 무기 외에 다른 앙갚음의 무기를 절대로 사용하지 마십시오. 어떻게 해서든 저주스러운 말, 또는 아주 지독한 여러분의 원수에게 해나 화가 임하기를 바라는 그런 말로 복수하지 마십시오. 원수가 저주한 만큼 축복함으로 그를 이기십시오.

이제 세 번째 대지입니다. 결국 신자들은 하나님 때문에 손해보지 않을 것입니다. 하나님은 시험 중에 욥으로부터 그의 모든 소유를 빼앗았지만 결국 두 배로 갚아 주셨습니다. 약대와 소도 두 배, 그 외 모든 것들도 두 배, 심지어 자녀들도 두 배로 주셨습니다. 일전에 저는 욥의 자녀들에 대한 아주 재미있는 해석을 들어본 적이 있습니다. 그때 누군가 이렇게 말하더군요. "그래요. 하나님께서 자녀들을 두 배로 주셨습니다. 왜 두 배냐 하면 욥의 첫 번째 식구들도 여전히 그의 식구에 포함되었기 때문입니다. 그들은 없어진 것이 아니라 천국에 먼저 간 것입니다." 이런 식으로 주님은 그의 백성들로 하여금 먼저 하늘에 들어간 그의 자녀들을 포함시키게 하실 것이며, 여전히 그 가족의 식솔들로 여기게 하실 것입니다. 워즈워드의 아름다운 시에 나오는 아이가 이런 식으로 "주님, 우리는 일곱이에요"라고 말한 것과 같습니다. 그러므로 욥은 모든 재산뿐만 아니라 그의 자녀들에 대해서도 전보다 두 배나 받았다고 말할 수 있습니다. 실로, 첫 번째 가족 모두 떠났습니다. 하지만 욥은 그들이 떠나기 전에 절기마다 그들을 위해 기도해 왔고, 그들을 데리고 늘 제사를 드렸습니다. 그러므로 욥은 자녀들에 대한 좋은 소망을 가질 수 있었고, 그들을 여전히 자기 자녀들로 여길 수 있었습니다.

시험을 마친 형제여, 주님께서 기뻐하시면 주님은 세상 재물을 두 배로 갚아 주실 수 있습니다. 주님은 가져가실 수도 있고 주실 수도 있으며, 그것도 즉시 주실 수 있습니다. 영적인 것도 마찬가지입니다. 주님께서 세상 재물을 가져가시고 영적인 것을 주신다면 우리는 엄청 이득을 보는 것입니다. 만일 누군가 나의 은을 가져가고 대신 금으로 두 배를 준다면, 고맙지 않겠습니까? 이와 같이 주님께서 세상 재물을 가져가시고 우리에게 영적인 것을 주신다면, 우리는 주님께서 가져가신 것보다 백 배나 더 받게 될 것입니다.

사랑하는 형제들이여, 여러분이 하나님 때문에 무언가를 빼앗긴다면 결코 아무것도 잃지 않을 것입니다. 그리스도를 위하여 여러분이 핍박받는다면, 여러분은 이생에서 상을 받을 것입니다. 그러나 이생에서 상을 받지 못한다 할지라도 기뻐하고 즐거워하십시오. 왜냐하면 하늘의 상이 더 크기 때문입니다. 하나님으로 인하여 고난을 당한다면 여러분은 아무것도 잃지 않을 것입니다. 겉으로 볼 때 여러분은 잠시 동안 손해를 보는 사람처럼 보일 것입니다. 그러나 마지막에 여러분은 결코 손해보지 않을 것입니다. 여러분이 천국에 들어갈 때 여러분이 입은 모든 손해로 말미암아 값을 매길 수 없는 보화를 얻었다는 사실을 깨달을 것입니다.

여러분이 하나님께 드림으로써 조금이라도 손해볼까요? 결코 그렇지 않습니다. 염려 마십시오. 하나님은 아무에게도 빚지지 않으십니다. 지존하신 하나님의 채권자가 될 사람은 땅에서나 하늘에서나 존재하지 않습니다. 사람이 할 수 있는 최고의 투자는 올바른 목적으로 주님께 바치는 것입니다. 하나님을 위하여 드려지는 것은 하나도 없어지지 않습니다. 귀한 향유 옥합을 깨뜨리는 것은 낭비가 아니었습니다. 주님께 드리는 자는 자신의 재물을 현명하게 사용하는 자입니다. 가난한 자에게 주는 것은 주님께 빌려 주는 것이며, 주님의 교회와 주님께 바치는 자는 천국에 보화를 쌓아두는 자입니다. 그리고 천국의 보화는 영원히 그의 것이 될 것입니다.

오늘의 설교가 여러분 모두에게 은혜가 되었기를 바랍니다. 하지만 꼭 그런 것 같지는 않습니다. 오, 아니에요. 여러분 중에 더러는 한 번도 곤경(captivity, 포로신세)을 겪어보지 못했습니다. 하지만 여러분 앞에 무시무시한 곤경이 다가오고 있습니다. 그 곤경에 한 번 빠지면 하나님께서 그 곤경을 돌이키실 것이라는 희망이 없습니다. 하나님도 없고, 그리스도도 없고, 이스라엘 나라 밖의 사람들인 여러분은 지금까지 붙잡혀 있으며, 머지않아 결코 끝나지 않는 속박(束縛)이 여러분에게 다가올 것입니다. 여러분은 친구들을 위해 기도할 수 없습니다. 여러분은 자신을 위해서 한 번도 기도하지 않았습니다. 설령 여러분이 다른 사람을 위해 기도할지라도 하나님은 그 기도를 들어주지 않으실 것입니다. 왜냐하면 무엇보다 먼저 여러분 자신부터 하나님의 아들의 죽으심을 힘입어 하나님과 화목해야 하기 때문입니다. 오, 여러분이 이러한 사실을 유념하여 오직 예수 그리스도를 바라보고 구원받으시기를 간절히 바랍니다.

여러분이 예수 그리스도를 바라보면 그는 여러분을 영접하실 것입니다. 예수님께서는 자기에게 오는 자들을 물리치지 않겠다고 약속하셨습니다. 그러므로 이분을 바라보십시오. 하나님과 여러분의 영혼의 관계가 바로 이루어지면 미래에 무슨 일이 일어날지 두려워할 필요가 없습니다. 병들거나 건강하거나, 가난하거나 부유하거나 상관없이 만사 형통할 것이기 때문입니다.

14

이사야

일꾼을 구함

"내가 또 주의 목소리를 들으니 주께서 이르시되, 내가 누구를 보내며 누가 우리를 위하여 갈꼬? 하시니 그때에 내가 이르되 내가 여기 있나이다. 나를 보내소서 하였더니"(사 6:8).

인간을 멸망으로부터 건지시는 하나님의 위대한 구원책은 바로 그의 사랑하는 아들의 희생입니다. 하나님은 오직 예수님의 대속(代贖)으로 말미암아 하나님과 화목할 수 있다고 인간들에게 선포하십니다. 이 구원책이 효력을 발휘하기 위해서는 누구든지 믿음으로 그것을 받아들여야 합니다. 믿음이 없이는 복음의 시대에도 사람들이 멸망하기 때문입니다. 오늘날 예수 그리스도의 십자가의 이야기를 말해 주는 사람이 매우 부족하며, 또한 많은 사색들로 인하여 우리의 마음에 십자가 이야기가 들어올 자리가 없습니다. 어떻게 하면 많은 목소리들이 "누가 우리를 위하여 갈꼬?"라는 이 한 가지 질문으로 모아질 수 있는지 생각해 봅시다. 예수께서 입은 상처에서 나는 소리에 귀를 기울여 보십시오. 그들은 구슬프게 다음과 같이 부르짖습니다. "우리는 어떻게 보상을 받지요? 피로써 구속함을 받은 의로운 자들이 충성스러운 입술로 우리를 위하여 가서 말하지 않는 한, 어떻게 고귀한 핏방울들이 사람들의 영혼을 구속할까요?" 아벨의 피가 땅에서부터 소리 지르듯이 예수님의 피가 소리 지릅니다. "누가 우리를 위하여 갈꼬?" 그리고 예수님의 상처들이 같은 질문을 반복합니다. "누가 우리를 위하여 갈꼬?"

영원하신 아버지의 의도 또한 엄숙한 목소리로 똑같이 요구하지 않습니까? 주님은 한 무리를 영원한 생명에 이르도록 작정하셨습니다. 주님은 변경될 수 없고 실패할 수 없는 계획을 가지고, 구세주의 고난에 대한 보상으로 많은 무리가 구원받도록 작정하셨습니다. 그러나 복음을 전하지 않고 어떻게 이러한 작정들이 이루어질 수 있겠습니까? 사람들은 복음으로 말미암아, 오직 복음으로 말미암아 구원받을 수 있습니다. 저는 마음속으로 그러한 주님의 계획이 외치는 장엄한 목소리를 듣습니다. 그리고 그 목소리는 십자가의 찢어지는 듯한 울부짖음과 어울려 우리에게 생명의 말씀을 선포하라고 호소합니다. 저는 골고다의 진홍색 기록(신약을 의미함)과 더불어 오래전에 한 권으로 묶인 영원한 생명의 작품(구약을 의미함)을 봅니다. 이 두 작품 모두 "누가 우리를 위해 가서 택함을 받고 구속을 받은 자들을 인도할까?"라는 이 긴급한 질문을 아주 읽기 쉽게 기록해 놓았습니다.

여러분이 끔찍하게 생각하는 사람들의 바로 그 죄들이 복음을 선포해야 하는 근거가 될 수 있습니다. 오, 사람들을 파멸시키고 그들의 기쁨을 깨뜨리는 잔인하고도 굶주린 죄들! 저는 하나님의 성전(사람의 마음을 뜻함)을 더럽히는 끔찍한 욕심들, 전능하신 하나님의 보좌를 침해하는 많은 우상들과 많은 주인들을 볼 때, "누가 우리를 위해 갈꼬?"라고 크게 부르짖는 소리를 들을 수 있습니다. 멸망하고 있는 영혼들이 본문의 요청을 우리에게 하고 있지 않나요? 사람들은 무덤으로 내려가고 있으며, 지식이 없기에 멸망당하고 있습니다. 무덤이 그들을 삼키며, 영원히 삼키려 합니다. 그들은 어둠 속에서 한 가닥의 소망도 없이 죽어갑니다. 주님의 빛이 그들의 얼굴을 전혀 비춰지 않습니다. 이런 멸망하는 영혼들이 있기에 오늘 아침에 저는 십자가의 사자들로 자원하라고 여러분에게 호소하고 있는 것입니다.

이 영혼들을 영원한 파멸에서 건질 수 있는 십자가의 사자들이 필요합니다. 타락의 거름더미에서 건져져서 그리스도 예수로 말미암아 구속함을 입은 왕자들 가운데 앉을 수 있도록 그 영혼들을 구원할 십자가의 사자들이 필요합니다. 이제 그 부르짖는 소리가 아주 애처로운 탄원의 통곡소리로 변합니다. 그리고 항상 그 소리가 울리며, 영원토록 울려 퍼지며, 하늘도, 땅도,

지옥도 이구동성으로 똑같이 부르짖습니다.

사랑하는 성도들이여, 전도에는 두 가지 형태가 있으며, 두 부류의 사람들에 의해 행해집니다. 저는 단순히 사례별로 나누는 것일 뿐 그들을 엄격하게 구분 짓는 것은 아닙니다. 첫 번째는 특별히 말씀의 사역을 위해 헌신하는 사람들이 행하는 전도입니다. 그들은 말씀 전하는 일에 완전히 헌신합니다. 그들은 교회의 많은 도움으로, 또는 자원하여 진리를 가르치는 일에 모든 시간을 바칩니다. 이렇게 할 수 있는 사람들은 이 모임 가운데 극히 소수이므로 저는 본문의 말씀을 성직자와 관련해서 해석하지 않을 것입니다. 물론 본문의 말씀이 그런 사람들에게 큰 소리로 호소하고 있기는 하지만 말입니다. 저는 성직자들 외에 그들과 똑같이 전도의 사명을 감당할 수 있는 교회 전체에 대해 말씀드릴 것입니다.

신자들은 세상에서 직업에 종사하면서 그리스도의 사자들이 되어야 하며 십자가를 전하는 전도자들이 되어야 합니다. 우리가 사는 이 지역에서는 그런 신자들이 필요합니다. 그런 신자들이 이방인들의 거대한 세상에 파고 들어갈 여지가 상당히 많으며, 그들이 나무 아래 서서 모인 군중에게 전하지는 못할지라도 일터에서 전할 수 있을 것이며, 수백 명씩 가르치지는 못할지라도 난롯가에서 두세 사람을 가르칠 수 있을 것입니다. 우리에게는 두 부류의 사역자들이 모두 필요하지만, 이런 경우에는 두 번째 부류의 사역자들을 감동시키는 편이 더욱 유리할 것입니다. 여러분 모두 그리스도를 가르치는 교사들이 될 수 있으며, 여러분의 직장 가운데서 하나님의 사역에 헌신할 수 있으며, 매일 일하는 가운데 꿋꿋하게 주님의 영광을 나타낼 수 있습니다. 저는 헌신하는 남자들이나 여자들, 곧 교회의 후원의 손길을 기다리지 않고 자비량하며 하나님의 섭리 가운데 자신의 몫을 버릴 수 있음에도 불구하고 그리스도 예수를 섬기는 그런 사람들에게 하나님의 이름으로 진심으로 호소하는 바입니다.

"내가 누구를 보내며 누가 우리를 위하여 갈꼬?" 이 질문에는 구하는 사람의 자격이 묘사되어 있습니다.

구하는 사람의 자격은 본문에서 두 가지로 보입니다. 첫째, 구하는 사람은 하나님 편에서 원하시는 사람이어야 합니다. "내가 누구를 보낼꼬?" 둘째,

구하는 사람은 사람 편에서 자원하는 자라야 합니다. "누가 우리를 위하여 갈꼬?" 이 두 가지가 함께 갖추어져야 합니다. 사람 편과 하나님 편이 "우리를 위하여"라는 마지막 말에서 하나가 됩니다. 이 사람은 한편으로는 인간의 본능을 가진 존재에 지나지 않지만, 아울러 하나님의 은혜로 말미암아 인간 이상의 능력을 입고, 심지어 하나님의 권능을 입은 존재입니다.

이제 이 두 가지 측면을 가진 사람을 봅시다. 그는 하나님의 택함을 입었습니다. "내가 누구를 보낼꼬?" 이 질문은 마치 영원한 작정 속에서 하신 질문 같습니다. "누가 나의 선을 받을꼬? 누가 나의 영원한 사랑의 대상이 될꼬? 그로 말미암아 그리스도의 헤아릴 수 없는 풍성함을 다른 사람들에게 전할 이 은혜를 줄꼬?" 사랑하는 성도들이여, 신자인 우리에게 이것이 더 이상 질문이 아니라는 사실이 얼마나 큰 은혜입니까! 하나님께서 주권적으로 우리를 지목하셨습니다. 그리고 우리 안에 있는 착함 때문이 아니라 오직 하나님께서 기뻐하신 그 영원한 자비로써 우리를 선택하셨으며, 이로써 우리는 그의 이름에 합당한 열매를 맺을 수 있게 된 것입니다. 우리가 이 질문을 들을 때 이에 대한 구세주의 설명에 유의합시다. "너희가 나를 택한 것이 아니요 내가 너희를 택하여 세웠나니 이는 너희로 가서 열매를 맺게 하고 또 너희 열매가 항상 있게 하여 내 이름으로 아버지께 무엇을 구하든지 다 받게 하려 함이라"(요 15:16). 살아 계신 하나님의 일꾼들은 지존하신 하나님의 택하심을 입은 사람들입니다. 하나님은 기뻐하시는 자들을 보내십니다. 하나님은 이 사람을 택하고 저 사람을 버리기도 하시며, 모든 경우에 자신의 주권적인 뜻을 따라 행하십니다.

그리고 이 질문에서 구하는 일꾼은 기쁘게 자원하는 사람입니다. 이것이 제가 이미 인간적인 측면을 언급한 바, 두 번째 일꾼의 자격입니다. "누가 우리를 위하여 갈꼬?" 하나님께서 구하는 사람은 자원하는 마음으로 기꺼이 갈 사람입니다. 만일 자원하는 마음이 없는 노예이거나 기계를 보낸다면, "누가 갈꼬"라고 질문할 필요가 없을 것입니다. 사랑하는 성도들이여, 하나님의 뜻은 인간의 자유의지를 해치지 않습니다. 사람이 하나님의 뜻으로 말미암아 구원을 받지만 아울러 그 사람은 구원받기를 소원합니다. 주권만을 주장하는 극단적인 칼빈주의자, 자유의지를 지나치게 강조하는 아르미니우

스주의자 중 어느 하나에만 잘못이 있는 것이 아닙니다. 그 둘 다에게 잘못이 있습니다. 왜냐하면 그들 모두 한 가지 진리 밖에는 모르기 때문입니다. 그들은 진리란 둘 중에 어느 하나만이 독점할 수 있는 소유물이 아니라는 사실을 인정하지 않습니다. 하나님은 주권을 가지셨고, 동시에 사람은 책임을 지고 자유롭게 행하는 존재입니다. 우리들 가운데 많은 사람들은 하나님의 마음으로밖에는 결단코 일치시킬 수 없는 이 두 진리들을 서로 일치시키려고 끊임없이 애를 쓰고 있습니다.

제가 하나님께 감사하는 것은 내가 믿고 있는 많은 사실들을 내가 굳이 이해하려고 하지 않는다는 것입니다. 저는 논쟁, 이해, 그리고 무지로 지치고 병들어 있습니다. 제가 깨달은 바로는, 어린아이처럼 하나님께서 계시하신 사실을 그대로 믿고, 머리를 짜내고 추론하는 것은 다른 사람들에게 맡겨 버리는 데 참된 쉼과 기쁨이 있습니다. 제가 모든 계시를 이해한다면, 저는 그것이 하나님의 계시라고 거의 믿을 수 없을 것입니다. 이와는 반대로 계시된 교리가 내게는 너무 심오하고, 그 모든 계획이 너무 막대하여 도저히 체계화시킬 수 없는 한, 저는 저의 초라한 능력의 한계를 훨씬 초월하는 계시를 제 앞에 보여 주신 하나님께 감사하며 찬양할 것입니다.

예수님을 모신 사람은 모두 스스로 선택하여 예수님을 모신 것이라고 저는 믿습니다. 물론 은혜로 말미암아 예수님을 모시게 된 것은 사실이지만 아울러 사람이 스스로 원하여 예수님을 모신 것 또한 사실입니다. 그리스도인 중에 아무나 붙잡고 자신의 의지와 반대로 그리스도인이 되었는지 물어보십시오. 그리하면 단연코 아니라고 그는 대답할 것입니다. 왜냐하면 그는 주님을 사랑하며, 속사람을 따라 주님의 계명을 즐거워하기 때문입니다. 오 예수님, 주님의 백성들은 사슬에 매여 마지못해 당신께로 끌려오지 아니하고, 도리어 주의 권능의 날에 즐거이 헌신하나이다. 그리스도께서 오래 전에 우리를 선택하셨기 때문에 우리도 기꺼이 그리스도를 선택합니다.

예수님의 일꾼이 되어 거룩한 일을 하는 모든 사람들은 예수님을 위하여 일을 하기로 결단한 사람들입니다. 만일 예수님을 위하여 일하기로 결단하지 않은 사람이 있다면 그는 일꾼이 되더라도 매우 초라한 일꾼이 되고 말 것입니다. 저는 하나님께서 복음을 전하게 하시려고 저를 목사로 세우셨으며, 하나님의 뜻에 따라서 제가 지금 복음을 전하고 있다고 자신 있게 말할 수 있습니다. 아울러 저는 자원하여 복음을 전하고 있다고 확신합니다. 왜냐하면 저에게 복음 전파는 온 세상에서 가장 기쁜 일이기 때문입니다. 설령 황제의 자리에 오른다 하더라도 그것은 제게 올라가는 것이 아니라 떨어지는 것이며, 저는 그런 자리로 떨어지는 데 동의하지 않을 것입니다. 예수 그리스도의 복음을 전하는 일이야말로 가장 즐겁고 가장 고상한 일이며, 심지어 천사도 흠모할 일입니다. 하나님을 위해 일하는 참된 일꾼은 하나님의 택함을 입어야 하지만, 또한 그는 하나님의 은혜로 말미암아 자원하여 그 일을 택해야 하며, 또 그리할 것입니다.

여기서 두 가지 요소가 함께 만납니다. 이런 요소들을 갖춘 사람이 "누가 우리를 위하여 갈꼬?"라고 물으시는 삼위일체 하나님으로부터 보내심을 받습니다. 신실한 그리스도인 일꾼은 모두 하나님을 위하여 일합니다. 형제들이여, 우리가 십자가의 도를 다른 사람들에게 말할 때, 우리는 하나님 아버지를 증거합니다. 우리의 입술이 전하는 말을 통하여 탕자는 아버지의 종들에게 풍성한 양식이 있다는 사실을 깨달을 것입니다. 우리를 통하여 탕자는 넝마를 입은 자신의 치욕스러운 모습을 발견할 것입니다. 우리를 통하여 탕자는 돼지와 함께 먹는 자신의 부끄러운 모습을 더욱 분명하게 발견할 것입니다. 이와 같이 하나님의 성령께서는 효과적으로 주관하는 분이시지만 또한 그분은 우리를 통하여 일하십니다. 우리로 인하여 거룩하신 아버지께서 탕자의 목을 끌어안으십니다. 아버지께서 일하시지만 그의 말씀을 이런 형태 또는 저런 형태로 가르치는 우리의 일을 통하여 아버지께서 일하십니다.

하나님의 약속들이 우리의 입술을 통해 전해지며, 즐거운 초대가 우리의 혀를 통하여 전달됩니다. 하나님께서 우리를 통하여 그들을 부르시는 것인 양, 우리는 그리스도를 대신하여 그들이 하나님과 화목하게 되도록 기도해야 합니다. 하나님 아버지께서 그를 알고 사랑하는 여러분에게 이렇게 말씀하십니다. "너희가 나를 위해 가려느냐? 너희가 나의 사자가 되려느냐?" 우리는 자비하신 우리의 구세주를 잊어서는 안 됩니다. 그분은 부활하셨으므로 여기 계시지 않습니다. 그분은 다시 오실 것이며, 그 사이에 누군가에게 요구하시기를, 그분 자신을 증거하며 예루살렘의 죄악이 사해졌음을 알리라고 하십니다. 또한 자신을 죽인 사람들을 위해 "아버지여 저들을 용서하여 주옵소서"라고 그분이 기도하신다는 사실을 알리라고 하십니다. 그리고 그들이 구속함을 받아 피로 값 주고 사신 바 되었음을 확신하게 하며, 포로 된 자들에게 자유를, 억눌린 자들에게 옥문이 열렸음을 알리라고 하십니다. 예수님은 영광의 보좌에서 이렇게 말씀하십니다. "누가 나를 위하여 가서 나의 대변자가 될꼬?" 아울러 복되신 성령도 마찬가지이십니다. 오늘날 우리는 성령의 시대에 살고 있는데, 바로 이 성령께서도 자기 백성을 통하지 않고는 사람들이 들을 수 있도록 말씀하지 않으십니다. 성령께서 눈에 안 보이게, 신비롭게 성도들 가운데서 일하시며, 여전히 충성된 심령들, 긍휼한 입술들, 눈물 흘리는 눈을 택하여 축복의 수단이 되게 하십니다.

성령은 갈라진 혀같이 내려오시며 제자들에게 머물러 계십니다. 오늘날 하나님의 성령께서 거하실 장소는 벽 속이 아니며, 심지어 하늘들의 하늘이라도 성령을 모실 수 없습니다. 다만 성령은 친히 자기 백성들 가운데 좌정하여 계십니다. 성령은 우리를 하나님의 증인들로 삼으시며, 마치 나팔처럼 우리를 사용하여 사람들에게 말씀하십니다. 그러므로 영광을 받으시기에 합당하신 삼위일체 하나님께서는 여러분, 곧 피로 값 주고 사신 바 되었고, 구속받은 하나님의 자녀들에게 이렇게 외쳐 말씀하십니다. "너희가 우리의 영광을 힘써 나타내지 않겠느냐? 너희가 우리의 뜻을 이루지 않겠느냐? 우리의 영원한 희생으로 값 주고 산 자들을 구원하지 않겠느냐?" 그리고 여기에 모인 교회를 향하여 주님은 저 고대의 질문을 선포하십니다. "내가 누구를 보내며 누가 우리를 위하여 갈꼬?"

하나님의 도움을 받아 저는 잠시 헌신하는 사람에 대하여 말씀드리고자 합니다. "내가 여기 있나이다. 나를 보내소서."

본장은 헌신하는 사람에 대하여 많은 설명을 하고 있습니다. 그는 틀림없이 이사야입니다. 헌신자 이사야는 먼저 자신의 무가치함을 절감하였던 것이 분명합니다. 나의 형제 자매여, 여러분이 하나님께 쓰임 받아 영혼을 구원하고자 한다면, 이사야가 설명한 체험을 여러분도 반드시 해야만 합니다. 여러분은 괴로운 심령으로 "화로다 나여 망하게 되었도다. 나는 입술이 부정한 사람이요"라고 외쳐야 합니다. 자신을 비우기 전에는 하나님께서 결단코 채워 주시지 않을 것입니다. 여러분이 물처럼 연약하다고 느끼기까지 여러분은 하나님의 능력의 광채를 보지 못할 것입니다. 하나님을 섬기기를 열망하는 여러분에게 저는 다음과 같이 실험적인 질문을 하겠습니다. "여러분은 하나님의 일을 하기에 너무나도 부족한 존재이며, 살아 계신 하나님의 종이 될 만한 자격을 전혀 갖추지 못하였음을 충분히 인식하였나요?" 만일 여러분이 이러한 인식을 하지 못하였다면 여러분은 틀림없이 스스로 시작한 것입니다. 그러므로 여러분은 다른 사람들에게 아무런 유익도 줄 수 없습니다. 여러분은 거듭나야만 합니다. 거듭남의 확실한 증거 중에 하나가 바로 자신의 본성적인 타락과 부정함을 하나님 앞에서 발견하는 것입니다.

사랑하는 성도들이여, 저는 이사야가 어떻게 자신의 무가치함을 깨닫게 되었는지 살펴보고자 합니다. 첫째, 하나님의 존재를 체험하였기 때문입니다. "내가 본즉 주께서 높이 들린 보좌에 앉으셨는데." 여러분도 지금까지 하나님의 존재를 체험해 보았습니까? 언젠가 저의 심령은 "스스로 있는 자" (I AM)라는 한마디 말씀 앞에서 철저하게 고꾸라졌습니다. "스스로 있는 자"라는 이 이름 안에 만물이 존재합니다. 하나님은 모든 존재들의 실체이십니다(the truest of all existences). 다른 모든 것들은 있을 수도 있고 없을 수도 있으나 하나님은 "스스로 있는 자"입니다. 그때에 그 이름이 내게 능력으로 다가왔습니다. 그때에 저는 내가 존재하는 것인지, 아니면 내 주변에 있는 것이 실제로 존재하는 것인지 그 문제로 고민하고 궁리하였으나, 그러나 하나님은 스스로 계시는 분입니다.

내가 하나님의 이름으로 그분의 말씀을 전할 때, 나는 아무것도 아니지만 하나님은 모든 것이 되시며, 그의 말씀이 이루어질 것인지 조금도 의심할 수 없습니다. 왜냐하면 그분은 "과거에 계셨던 분"(I was)이 아니라 "지금 계시는 분"(I am)이시기 때문이며, 무한하시고 전능하시며 거룩하신 분이기 때문입니다. 하나님의 존재를 생각해 보십시오. 어디에나 계시고, 바로 여기에도 계시며, 바로 지금 계시는 "스스로 있는 자"의 거룩한 존재의 확실성을 생각해 보십시오. 오 하나님, 우리는 없더라도 당신은 계시나이다! 어느 누구든지 자신을 가루로 만들 수 있는 하나님의 영광을 충분히 인식하기까지, 그리고 "스스로 있는 자"라는 말씀의 참뜻을 다 깨닫기까지는 다른 사람들의 선생이 될 수 없습니다. 여러분도 아시다시피 그러한 깨달음이 없이는 사람이 기도할 수 없습니다. 왜냐하면 기도하는 우리들은 "반드시 그가 계신 것과 또한 그가 자기를 찾는 자들에게 상 주시는 이"심을 믿어야 하기 때문입니다. 사람이 자신을 위해서도 기도할 수 없다면, 다른 사람들을 옳게 가르칠 수 없을 것입니다. 그러므로 하나님의 존재에 대한 충분한 확신, 그의 영광에 대한 놀라운 목격과 깨달음이 있어야 합니다. 그렇지 않으면 여러분은 다른 사람들에게 유익을 줄 수 없을 것입니다.

이사야가 자신이 아무것도 아니라는 것을 깨달은 데는 그럴 만한 근거가 있었습니다. 그것은 바로 그가 그리스도의 영광을 목격하였기 때문입니다. 지금껏 여러분은 앉아서 십자가를 응시하다가 거기서 죄 사함 받은 것을 깨닫고, 그 십자가가 점점 높이 올라가 하늘에 닿고 지구 전체를 뒤덮을 때까지 그렇게 철저하게 십자가를 응시해 본 적이 있습니까? 그렇다면 여러분은 높아지신 주님의 영광을 목격하고 절감하였을 것입니다. 그리고 하나님의 사랑으로 충만하며, 고통 당하는 인간의 모습으로 성육신 하시고, 고난과 죽음 속에서 찬란하게 빛나는 왕의 영광 앞에 굴복하였을 것입니다. 여러분이 십자가에 못 박혀 죽으신 주님의 모습을 보고 그분의 영광스러운 상처를 깨달았다면, 여러분은 비로소 다른 사람들에게 복음을 전할 수 있는 합당한 전도자들이 될 것입니다.

복음을 힘없이 그리고 기름 부음을 받지 못한 채 전하는 형제들은 복음을 바로 알지 못하고 있다고 저는 때때로 생각했습니다. "믿으면 살리라," 이 말씀을 단순한 이야기 정도로 생각하고 사람들은 비웃습니다. 하지만 어떠한 철학자도 이러한 발표를 한 적이 없었습니다. 발견자들의 의회가 여러 세대에 걸쳐 열릴 수 있다손 치더라도 하나님께서 그리스도 안에서 세상을 자기와 화목케 하셨다는 이러한 복음에 맞먹는 어떤 사실도 발표할 수 없을 것입니다. 그러므로 여러분은 입을 크게 벌려 담대하게 이 복음을 전할 수 있습니다. 하지만 복음의 영광을 조금도 깨닫지 못하였다면, 여러분은 결코 하나님의 사명을 이룰 수 없을 것입니다. 오, 십자가를 마음속으로 취하는 것, 영혼에다 십자가를 두는 것, 그리고 무엇보다도 온 몸으로 십자가의 영광을 느끼는 것이야말로 국내든 해외든 기독교 선교를 위한 최고의 훈련입니다.

사랑하는 친구들이여, 이러한 겸손이 우리에게 가능할 수 있는 특별한 조건은 아마도 하나님의 거룩에 대한 깨달음, 그리고 하나님의 얼굴을 본 사람들의 거룩함일 것이라고 여러분은 생각할 것입니다. "거룩하다, 거룩하다, 거룩하다, 만군의 여호와여!" 이 말씀은 선지자를 압도했던 천사들의 노래였습니다. 거룩하신 하나님을 섬기는 천사들은 어떠한 자들인가? 그들은 어느 곳에 있든지 불꽃처럼 하나님의 명령을 신속히 전합니다. 그렇다면 이 진흙집(몸을 의미함)에 옹색하게 갇혀 있는 가련한 피조물인 나는 누구란 말입니까? 먼지 같고 벌레 같은 죄인인 나는 너무나도 거룩하신 하나님을 섬기기를 마땅히 열망해야 하지 않을까요? 우리 모두 여호와를 경외함으로 섬기고 떨며 즐거워합시다(시 2:11). 선을 행하려고 하는 동안 삼가 해를 끼치지 않도록 주의하며, 제단에 희생제물을 바치는 동안 제단을 더럽히지 않도록 주의합시다.

기독교 사역을 위해 다음으로 준비해야 할 것은 자비를 체험하는 것입니다. 그때에 스랍 중 하나가 날아가 제단에 피어 있는 숯불 하나를 취하였습니다. 여기서 제단은 희생의 제단이며, 그 입술에는 그 희생의 숯불을 대야 한다고 우리는 본문을 해석하였습니다. 이렇게 숯불을 대므로 두 가지 효과가 생깁니다. 첫 번째로 입술의 죄악이 제거됩니다. 두 번째로 불의 능력을 체험하므로 그 입술이 열정적이고도 능력 있게 말할 수 있게 됩니다.

사랑하는 청중들이여, 아마도 여러분은 아주 뜨겁게 "나는 주님의 십자가의 도를 널리 알리고 싶습니다"라고 말할 것입니다. 그렇다면 여러분은 십자가의 도가 진실이라는 사실을 직접 검증해 보았습니까? 여러분은 그 십자가의 샘에서 깨끗해졌습니까? 여러분이 먼저 십자가 앞에 나오지 않는다면 다른 사람들더러 십자가 앞에 나오라고 어찌 명할 수 있겠습니까? 여러분의 죄가 도말되었습니까? "나는 그렇기를 바랍니다." 십자가의 도를 아십니까? 여러분이 구원 받았다는 충분한 확신이 있을 때까지 그것을 능력 있게 전할 수 있을지 저는 의심스럽습니다. "그러나"와 "만일"이라는 말로 복음을 가르치는 것은 아주 안 좋은 방법입니다. 주일학교 선생님들이 사랑하는 주님을 영접하였는지 자신부터 의심한다면, 다른 사람들에게 큰 유익을 주리라고 기대할 수 없습니다. 여러분이 구원 받았음을 먼저 알아야 합니다. 오 사랑하는 성도들이여, 여러분은 핀 숯의 접촉을 느껴야만 하며, 그리스도께서 여러분을 위해 희생당하셨음을 절감해야만 합니다. 믿음이 적은 여러분은 천국에 들어갈 수 있겠지만, 이 세상에 있는 동안에는 뒷줄에 머물러 있어야 하며, 우리는 그런 여러분을 전쟁의 선봉에 세울 수 없습니다. 하나님께서 여러분으로 하여금 섬길 수 있도록 하시겠지만, 우리는 여러분에게서 훌륭한 섬김을 기대할 수 없습니다. 하나님을 섬기는 사람은 먼저 자신이 구원받았음을 알아야만 합니다.

핀 숯의 효과는 그 입술을 하늘의 불꽃으로 태우는 것입니다. 누군가 이렇게 말했습니다. "오, 핀 숯은 아무 말도 하지 못하도록 그 입술을 태워 버린다." 바로 이렇게 하나님께서 우리에게 역사 하십니다. 육체의 능력을 소멸하심으로써 하늘의 능력을 부어 주십니다. 오 입술을 태웁시다. 웅변이라는 육체의 능력을 죽입시다. 그러나 그 핀 숯으로 말미암아 하늘의 불꽃으로 열변을 토하는 혀가 되도록 합시다. 이 하늘의 불꽃이 바로 사도들을 감동시킨 참으로 거룩한 능력이며, 저들로 하여금 온 세상을 정복하도록 만들었던 것입니다.

본문에 따르면, 하나님께서 받으시는 사람은 자신을 즐거이 드리는 사람입니다. "내가 여기 있나이다." 그렇지만 우리 가운데 실제로 그리스도께 자신을 드린 사람은 거의 없습니다. 대부분의 신앙인들은 "저의 절반의 금화가 여기 있으며, 매해 기부금도 여기 있나이다"라고 말하지만, "내가 여기 있나이다"라고 말한 사람은 거의 없습니다. 우리는 우리가 알지 못하는 다른 많은 것들을 예찬할 때는 헌신을 칭송하지만 우리가 칭송한 그 헌신을 자신에게 적용하기를 원치 않습니다. 이는 "내가 여기 있나이다"가 아닙니다. 하나님께서 사용하시는 사람은 신실하게 자신을 헌신하는 사람이어야 합니다. 제가 말씀드린 대로 헌신하는 사람은 일상생활에도 충실해야 하겠지만 그런 가운데서 하나님께 헌신해야만 합니다. 그는 힘써 일하는 일상생활들을 하나님께 구별하여 드려야 합니다. 그 생활이 놋 제단이나 황금 촛대만큼 거룩하지 말아야 할 이유는 없습니다.

거룩한 사역을 위해 이처럼 자원한 이사야는 제한 없이 자신을 드린 것을 여러분은 볼 것입니다. 이사야는 "내가 여기 있습니다, 내가 있는 곳에서 나를 사용하여 주옵소서"라고 말하지 않고 "나를 보내소서"라고 말하였습니다. 장소에 대한 아무런 조건도 그는 내비치지 않았습니다. "어디에라도, 어느 곳이라도, 그 어느 장소라도 나를 보내소서"라고 그는 말했습니다.

어떤 그리스도인들은 방위군(militia) 같습니다. 그들은 제한적으로 왕을 섬기며 잉글랜드 밖으로는 절대로 나가지 않습니다. 그러나 어떤 그리스도인들은 정규군과 같습니다. 그들은 그들의 주님 곧 대장에게 완전히 헌신합니다. 그들은 대장이 보내는 곳이면 어디든지 갑니다. "오 나의 주님, 오직 주님만이 오셔서 나의 영혼의 주가 되소서! 나를 다스려 주소서. 나의 모든 감정을 주관하시고 당신께서 원하시는 모든 것을 깨닫게 하소서." 복된 기도여! 우리가 즐거운 체험과 거룩한 능력으로서 모든 것을 깨닫기까지는 결코 안심하지 말기를 바랍니다. 또한 인간으로서 굴복할 수밖에 없는 모든 연약함을 우리를 주관하시는 하나님께 맡길 때까지 결코 안심하지 말기를 바랍니다.

한 가지를 더 생각해 봅시다. 이사야 선지자가 제한 없이 자신을 드릴 때 그는 공손하게 드립니다. 그는 어디로 가야 할지 방향을 묻지 않았습니다. "내가 여기 있나이다, 내가 멀리 가리이다"라고 말하지 않고 "내가 여기 있나이다. 나를 보내소서"라고 말하였습니다. 저는 이런 기도의 자세를 좋아합니다. 어떤 이들은 자기가 비범하고 비상한 일을 해야만 한다는 생각에 깊이 몰두합니다. 그런 생각이 너무나 부당하며 너무나 불합리할 수 있지만 오히려 바로 그때문에 그들은 바른 판단을 하지 않고 무모한 계획에 이끌리게 됩니다. 그런 계획이 터무니없는 것임에도 불구하고 오히려 그들은 그것을 거룩하다고 생각합니다. 땅의 지혜로 판단할 수 없다면, 하늘의 지혜를 동원하여 그런 계획에 보증하도록 해야 합니다. 하나님 보시기에 지혜로운 것이 참으로 지혜로운 것이며, 터무니없는 것은 사람보다 더욱 하나님에게 인정받을 수 없다는 사실을 여러분은 깨달아야 할 것입니다.

주님은 소위 말하는 어리석은 계획을 사용하시지만, 그런 계획들은 바보들에게나 어리석을 뿐 실제로는 어리석은 것이 아닙니다. 그런 어리석음 속에 참된 지혜가 있으며, 사람 보기에 어리석은 것들 안에 하나님의 지혜가 숨어 있습니다. 터무니없고 우스꽝스러운 계획이라는 사실이 분명하다면,

그것은 나의 계획이지 주님의 계획일 수 없습니다. 그때에 나는 나의 경솔함을 버리고 하나님의 통치를 받아서 "내가 여기 있나이다. 나를 보내소서"라고 말할 때까지 차라리 기다리는 편이 낫습니다.

마지막으로, 부름 받은 사람들이 해야 할 일이 무엇인지 살펴봅시다. 이사야의 생애는 수많은 기독교 사역자들이 기대하는 바로 그 모습입니다. 이사야는 사람들이 듣기 싫어하는 진리를 전하도록 보내심을 받았지만, 그는 진정한 영웅처럼 매우 담대하게 진리를 전하였습니다. "이사야는 매우 담대하였다"(롬 10:20)고 사도 바울은 증거합니다. 자, 이제 여러분도 전하거나 가르치거나 혹 무슨 일을 하도록 하나님의 부르심을 받았다면, 여러분이 전하고 가르쳐야 하는 내용들이 듣는 사람들의 기분에 맞지 않을 것이라는 사실을 유념하십시오. 진리를 더러운 마음들이 듣기에 좋게 맞추려 하는 사람을 경멸하십시오. 어조를 조절하거나 하나님께서 그에게 주신 진리를 사람들의 입맛에 맞추기 위하여 조금이라도 은폐한다면, 그는 반역자요 겁쟁이입니다. 그런 사람은 하나님의 군대에서 추방시켜 버리고, 완전히 쫓아내 버리십시오. 하나님의 종들은 하나님의 메시지를 받아야만 하며, 사람들이 듣든지 아니 듣든지 그들은 구약 미가야 선지자의 정신으로 전해야 합니다. 미가야 선지자는 "여호와께서 살아 계심을 두고 맹세하노니 내 하나님께서 말씀하시는 것 곧 그것을 내가 말하리라"(대하 18:13)고 맹세하였습니다.

그러나 이것이 가장 어려운 일은 아닙니다. 정말로 힘든 일은 다음과 같은 것입니다. 즉, 우리는 진리를 받아들일 준비가 되어 있지 않은 사람들, 그 진리로 말미암아 유익을 얻지 못할 사람들에게 달갑지 않은 진리를 전해야만 하지만, 결국에는 파멸당하고 마는 경우입니다. 아시다시피 옛 이스라엘은 진리를 받기만 하고 받아들이지 않았습니다. 그들에게 진리가 전파되었지만, 그 결과는 오직 그들의 마음이 살찌게 되고 그들의 귀가 어두워 듣지 못하게 되었을 뿐입니다. 아하! 복음의 결과가 고작 이런 것입니까? 성경은 우리에게 이렇게 말합니다. 우리의 설교는 "이 사람에게는 사망으로부터 사망에 이르는 냄새요 저 사람에게는 생명으로부터 생명에 이르는 냄새"(고후 2:16)입니다. "오, 이래 가지고는 전하지 않으리라"고 누군가 말합니다. 하지만 형제여, 어찌 되었든 십자가를 전하는 것이 그리스도의 향기로운 냄새를 풍기는 것이라는 사실을 유념하십시오.

기독교 사역자의 최고의 목적은 영혼들을 구원하는 것이 아닙니다. 물론 그것이 하나의 큰 목적이기는 합니다. 그러나 정말로 큰 목적은 하나님을 영화롭게 하는 것입니다. 많은 사람들이 한 가지 목적에서는 성공을 거두었지만 또 하나의 목적에서는 성공을 거두지 못하였습니다. 이스라엘의 수가 더해지지 않을지라도 우리가 하나님을 증거한다면 우리는 사명을 다한 것입니다. 농부는 수확에 비례하여 일꾼들에게 지불하지 않습니다. 농부는 처음에 약속한 대로 일꾼들에게 지불할 뿐입니다. 이와 마찬가지라도 우리는 하나님의 은혜로 말미암아 상을 받을 것입니다. 설령 매우 성공적인 사역을 한다 할지라도 나는 자랑할 수 없고, 그것 때문에 많은 상급을 요구할 수 없습니다. 또한 내가 복음을 열심히 전하고 하나님 앞에 섰을 때, 설령 하나님께서 나의 수고를 인정하지 않으신다 할지라도 나의 상급은 결국 크리라고 믿습니다. 왜냐하면 주님께서 내가 감당할 수 없는 실패를 내 탓으로 돌리지 않으실 것이기 때문입니다.

이제 기쁜 마음으로 여러분에게 묻고자 하는 것이 있습니다. 여러분은 과연 매일의 직업 가운데서 하나님을 위해 일하고 있습니까? 예수님에 대하여 듣고자 하는 죄인들에게 예수님을 전하고 있습니까? 그리고 그런 일을 온전히 기쁘게 여기십니까? 제가 그리스도를 알기를 열망하는 젊은 여성들을 가르쳐 달라고 누군가에게 부탁한다면, 물론 여러분 모두 두 손을 들고 환영할 것입니다.

“누가 구주를 알기를 원하는 소년들을 가르쳐 주시겠습니까?”라고 제가 말한다면, 여러분 모두 흔쾌히 그 일을 맡아 줄 것입니다. 하지만 여러분이 나중에 낙심하지 않도록 하기 위해 저는 다른 식으로 표현해야겠습니다. 여러분 가운데 누가 술 취한 남편에게 진리를 전하고 가르치겠습니까? 여러분 가운데 누가 멸시하는 자와 난봉꾼들에게 복음을 전하겠습니까? 여러분 가운데 누가 복음 때문에 분노와 비웃음을 당하는 곳으로 가겠습니까? 여러분 중에 누가 난폭한 불량자들로 이루어진 반을 맡겠습니까? 여러분 중에 누가 여러분의 가르침을 비웃고 경멸하는 자들을 가르치겠습니까?

장소를 불문하고 그 어디에서나 하나님을 섬길 마음이 없다면 여러분은 하나님을 섬길 자격이 없는 것입니다. 여러분은 종으로 섬긴 이사야 같이 온순한 사람들은 물론 까다로운 사람들도 기꺼이 섬겨야만 할 것입니다. 여러분은 여름만 아니라 겨울에도 하나님을 섬겨야 할 것입니다. 여러분이 이왕에 하나님의 종이 되고자 한다면, 여러분이 해야 할 일을 골라잡지 말아야 할 것이며, "내가 여기 있나이다. 내가 좋아하는 일이 있는 곳으로 나를 보내소서"라고 말하지 말아야 할 것입니다. 그렇다면 누구든지 갈 것입니다. 그러나 여러분이 하나님을 기꺼이 섬기고자 한다면, 오늘날 여러분은 이렇게 말해야 할 것입니다. "예수께서 인도하시는 곳이라면 물 속이든 불 속이든 그 어디나 성령의 도우심을 힘입어 충실하게 따르겠습니다."

지금 저는 해외 선교에 관해서 특별히 언급하지는 않았지만, 하나님께서 당신의 뜻을 이루도록 여러분 모두를 감동하실 것이라는 전망을 가지고, 그리고 특별히 이제 막 출발하는 선교사가 외국에 복음을 전하려는 그런 열정으로 본 설교를 하였습니다. 얼마 전 함스(Harms) 목사가 소천하셨습니다. 그의 생애를 아는 분들은 그 소식을 듣고 틀림없이 충격을 받았을 것입니다. 독일의 거친 황야에 있는, 세상에 알려지지 않은 시골 마을이 남아프리카에 생수의 근원이 되었습니다. 남아프리카의 가련한 백성들은 함스 목사가 그곳에 가서야 비로소 예수의 이름에 관심을 갖게 되었습니다. 그럼에도 불구하고 저는 함스 목사의 루터파 고교회주의(High- churchism, 교회의 권위, 의식을 중히 여기는 파)와 배타성에 동의하는 것은 아닙니다. 제가 생각하기에, 그는 자기 파의 온 교구가 선교회가 되고, 자기편에 속한 사람들을 보내어 십자가에 못 박히신 그리스도를 전하게 하려는 그런 열정으로 그곳에 가서 그리스도를 전하였던 것입니다.

헤르만스부르(Hermansburgh) 마을 사람들이 자기들의 돈으로 사들인 배, 칸다스(Candace)호는 남아프리카 이곳저곳을 다니며 근로자들을 정착시켜, 그 검은 대륙에 기독교 회사를 세웁니다. 헤르만스부르 마을 전체가 하나님을 섬기며 이방인들에게 복음을 전하려는 열망으로 충만하였으며, 그 마을의 지도자 함스 목사는 사도 시대와 같은 단순한 믿음을 실천하였습니다. 바라건대, 나의 하나님께서 내 인생에서 가장 명예로운 것이 무엇인지 깊이 생각할 수 있게 하시고, 또한 주님에게 헌신된 이 교회 형제 자매들의 가능성을 보고 외국에 보낼 수 있는 특권을 제게도 주시기를 소망합니다. 그 마을의 어떤 분은 학생들의 교육을 위하여 자신의 농장을 바쳤고, 어떤 분은 자신의 소유 전부를 바쳤으며, 마침내 헤르만스부르 마을 전체가 마치 모든 물건을 함께 나누었던 사도 시대와 같이 되었으며, 그들의 주된 목적은 이방인들에게 복음을 전하는 것이었습니다. 지금까지 잉글랜드라고 하는 이 이방 지역을 위해 선한 일을 해 온 우리가 이제는 다른 이방 나라들을 위하여 우리의 아들딸을 보내야 할 때를 맞이하고 있는 것입니다.

15

요나

잠에서 깬 사람들

"그러나 요나는 배 밑층에 내려가서 누워 깊이 잠이 든지라"(욘 1:5).

본문 앞에서 성경은 여호와께서 바다에 광풍이 불게 하시므로 요나가 다시스로 가기 위해 탄 배를 흔들어 놓으셨다고 말씀합니다. 섭리의 위대한 수레바퀴들은 자기 백성들에 대한 하나님의 목적을 성취하느라 끊임없이 굴러가고 있습니다. 하나님의 백성을 위해 바람이 불고 광풍이 일어납니다. 놀라운 것은 자연이라는 기계 전체가 하나님의 구속받은 백성을 구원하는 거룩한 목적을 이루는데 공헌한다는 사실입니다. 저는 일찍이 암스테르담에서 다이아몬드를 커팅하는 공장에 가 보았습니다. 거기에서 거대한 바퀴가 굴러가면서 다이아몬드에 엄청난 힘이 가해졌습니다. 그런데 그 작은 다이아몬드 — 어떤 것은 정말 작음 — 위에 엄청난 힘이 가해지는 것을 보고, 작지만 매우 귀한 물건 위에 온 힘이 집중되는 것에 놀라지 않을 수 없었습니다. 이와 유사하게, 섭리와 자연의 거대한 수레바퀴들이 하나님의 솜씨와 사랑으로 말미암아 많은 사람들이 보기에 가치가 별로 없어 보이는 것에 집중되는 것 같지만, 사실 그것은 그리스도께 속한 인간의 영혼으로서 값을 매길 수 없을 정도로 가치가 있는 것입니다.

오늘 본문에는 평범하게 보이는 유대인이 나옵니다. 그의 이름은 요나이며, "비둘기"라는 뜻이나 일반적으로 이름과는 반대로 되는 경우가 더 많습니다. 어쨌든 이 경우에도 요나는 방주에 되돌아오지 않은 까마귀보다 더 하면 더 했지 덜하지는 않았던 것으로 보입니다. 이 한 사람 — 조금이라도 귀여운 데가 없는 이 선지자 — 때문에 바다가 폭풍으로 출렁거려야 했으며, 배 안에 있는 사람들이 위험에 처하지 않을 수 없게 되었습니다. 한 사람 때문에 많은 사람이 위험에 처하는 이 사실은 매우 파급효과가 큰 진리입니다. 여러분은 이 진리를 아무리 강조해도 모자랄 것입니다.

광대한 우주는 하나님의 은혜를 밝히기 위해 마련된 강단이며, 현존하는 모든 물질들은 은혜의 위대한 드라마가 완성되면 소멸될 것입니다. 물질로 이루어진 이 우주는 오직 그리스도의 교회를 위해 마련된 무대입니다. 그것은 일시적인 구조물일 뿐이며, 이 구조물 위에서 구속의 사랑이라는 놀라운 신비가 완전하게 펼쳐지고 있습니다. 그러므로 다음의 사실을 알아야 합니다. 광풍이 일어나 요나를 쳐서 사명의 길로 돌이키게 하였던 것처럼, 모든 것이 합력하여 하나님의 백성들에게 선을 이루게 하며, 현재 존재하는 모든 것들이 하나님의 엄숙하고 영원한 뜻 — 하나님의 백성의 구원 — 앞에 굴복한다는 사실입니다.

또 하나 주목할 사실이 있습니다. 그것은 하나님께서는 깨어 계시는데 요나는 잠자고 있었다는 사실입니다. 폭풍이 불고 있는 동안에 요나는 잠자고 있었습니다. 오 그리스도인이여, 참으로 이상한 구경거리로소이다. 그대들이 우주 안에서 중요한 존재인데도 그대들은 그것을 알지 못하고 거기에 관심도 없다니. 그대들을 위하여 만물이 제 자리, 제 시간을 지키고 있지만 오직 그대들만이 그런 사실을 알지 못하고 있다니. 그래서 그대들이 나른하고 무기력하고 잠든 상태에 빠지다니 참으로 이상한 구경거리로소이다. 여러분 주변에 있는 모든 것이 여러분의 유익을 위하여 깨어있으나 여러분 자신은 폭풍이 맹위를 떨치고 있는 동안에도 도망하는 선지자처럼 잠을 자고 있습니다.

첫 번째, 요나의 경우는 하나님의 백성들에게 유익한 교훈을 줄 것입니다. 요나가 누구인지 기억하면 여기서 많은 교훈을 충분히 얻게 될 것입니다.

첫째, 요나는 하나님을 믿는 자였습니다. 요나는 거짓된 신을 숭배하지 않았습니다. 그는 오직 살아 계시고 참되신 하나님만을 경배하였습니다. 그는 신앙고백을 한 신자였습니다. 요나는 사람들의 비난을 받을 때에도, 아무도 자기를 지지하지 않을 때에도, 부끄럼 없이 이렇게 말했습니다. "나는 히브리 사람입니다. 나는 여호와 곧 하늘의 하나님을 경외합니다. 그분은 바다와 땅을 만드셨습니다." 그러나 그는 하나님을 믿는 자였지만, 배의 밑층에 들어가 속히 잠들고 말았습니다. 오 그리스도인이여 — 참된 그리스도인도 포함 — 여러분이 비슷한 처지에 있다면, 어찌 그런 상황에서 잠들 수 있겠습니까? 신자로서 하나님의 은혜로 말미암아 특권과 영광을 받은 여러분이 어찌하여 게으르고 태평하며 무관심하게 잠잘 수 있습니까? 저는 요나와 같은 많은 사람들에게 설교합니다. 그들은 참으로 하나님의 백성들입니다. 하지만 지존하신 하나님의 택하심을 받은 자들처럼 행동하지 않습니다. 오히려 그들은 선택받음, 구속, 정결케 됨, 이 땅에서 새롭게 시작한 삶, 그리고 이후에 그들을 기다리고 있는 영원한 영광을 잊고 있습니다.

신자라는 사실 외에, 신자가 된 당연한 결과로서 요나는 기도하는 사람이었습니다. 배에 탄 모든 사람들 가운데서 오직 요나만이 살아 계시고 참되신 하나님께 기도하는 법을 알고 있었습니다. 사공들은 모두 "각각 자기의 신을" 불렀습니다. 하지만 그들의 기도는 우상에게 한 것이었기 때문에 그 모든 기도는 쓸데없는 것이었습니다. 그들의 기도는 말도 못하고 죽은 신들에게 드렸기 때문에 응답될 수 없었습니다. 그러나 여기에 기도할 줄 아는 사람이 있습니다. 그는 올바르게 기도할 수 있습니다. 그러나 그는 잠들었습니다. 기도하는 남자들과 기도하는 여자들, 여러분은 허리띠에 천국열쇠를 차고 있습니다. 여러분은 원하는 것을 구할 수 있고, 그러면 그대로 이루어질 것입니다. 여러분은 지난 날 씨름하는 기도로 하나님을 여러 번 이겼습니다. 여러분은 기도의 응답으로 헤아릴 수 없이 많은 복을 받았습니다. 그런 여러분이 어찌하여 요나처럼 광풍이 부는 시간에 잠잘 수 있습니까? 기도의 능력을 아는 자가 기도를 쉬는 일이 있을 수 있습니까? 이 귀한 특권을 하나님께로부터 받은 자가 기도를 활용하지 않는 것이 있을 수 있습니까? 이런 일이 여러분에게도 있을까 염려됩니다. 요나 곧 기도의 사람이 죄스럽게 잠들어 있는 모습을 보면서, 저는 정확히 똑같은 상황 가운데 있는 많은 사람들에게 설교하고 있다는 느낌을 지울 수 없습니다.

또한 요나는 믿는 자요 기도하는 자였을 뿐만 아니라 여호와의 선지자였습니다. 하나님께서 요나에게 말씀하셨고, 요나를 통해 사람들에게 말씀하셨습니다. 요나는 성직자였습니다. 말하자면, 하나님께서 보내신 종의 한 사람이었습니다. 그런데도 그는 자기 자리에 있지 않고 다시스로 가는 배에 올라탔습니다. 하나님의 사역자들이 이처럼 자신들의 사명을 소홀히 여길 수 있는 겁니까? 그때로 돌아가 누군가 "여호와의 선지자가 어디 있소?" — 아마도 요나는 당시에 유일한 선지자이며 중요한 인물이었을 것임 — 라고 내게 질문을 한다면, 그리고 "그가 어디 있소?"라고 질문을 한다면, "그는 틀림없이 인구밀도가 높은 니느웨 성의 대중들 가운데 있으면서 흔들리지 않는 믿음으로 자기 주인이 맡긴 임무를 수행하고 있을 것이오"라고 저는 대답할 것입니다. 또한 "그렇지 않으면 이스라엘의 수많은 백성들 가운데 있으면서 그들이 섬기는 우상과 그들의 악한 행실을 책망하고 있을 것이오"라고 대답할 것입니다. 요나가 그런 배에 올라타서 잠자고 있을 줄이야 누가 상상이나 했겠습니까?

그는 선견자인데도 앞을 내다보지 못합니다. 왜냐하면 그는 깊이 잠들어 있기 때문입니다. 그는 파수꾼이지만 파수하지 못합니다. 왜냐하면 그는 잠자고 있기 때문입니다. 모든 것이 혼란스럽습니다. 하나님의 기름 부음을 받고, 수많은 사람들에게 전하라고 하나님께서 그 입에 메시지를 넣어 주신 이 사람이 증거는 안하고 대신 잠자고 있으니까요. 자, 설교자여(Mr. Preacher), 제가 요나에 대하여 말할 때 먼저 당신 자신을 살피십시오. 저도 여러분에게 말하고 있는 동안 제 자신에게 이 메시지를 적용하겠습니다. 이는 설교자인 우리 모두가 절실하게 느껴야 할 중요한 일입니다. 왜냐하면 우리 모두에게 큰 책임과 고귀한 특권이 주어졌기 때문입니다. 뿐만 아니라 주님을 사랑하는 여러분 모두는 각자 처한 곳에서 그리스도의 증인들입니다. 주일학교에서나 작은 집의 모임에서 혹은 여러분의 자녀들에게 주님의 이름으로 말하라고 부르심을 받은 여러분이 깨어서 일해야 할 때 잠자고 있다니 이는 매우 슬픈 일입니다. 주께서 여러분을 깨워 주시기를 바랍니다. 잠자고 있는 여러분은 악한 사람입니다! 다른 모든 사람들보다 여러분의 두 눈이 먼저 열려야 하며, 밤낮으로 깨어서 여호와 하나님께서 여러분에게 하시는 말씀을 들어야 할 것이며, 불경한 자 또는 하나님의 택하신 백성들에게 하나님의 이름으로 전해야 할 말씀을 들어야 할 것입니다.

우리가 주목해야 할 것은 요나가 배에서 잠자고 있었던 바로 그때, 그는 단순히 한 명의 선지자이기보다 특별한 임무를 맡은 선지자였다는 사실입니다. 그는 휴가 중이 아니었습니다. 이와는 반대로 그는 왕의 어인이 찍혀 있고 친서가 담겨진 위임장을 받아들고 한 장소로 즉시 가서 그곳에서 왕의 메시지를 전달해야 하는 임무를 맡았던 것입니다. 그런데 그는 이 배에서 잠자고 있고, 그가 가야 할 장소와 정반대로 가고 있습니다. 선지자들이 잠잘 때는 오직 그들의 심부름을 다 마치고 난 다음, 곧 메시지를 전하고 난 다음입니다. 그러나 요나는 주님의 심부름을 가지도 않았고 주님의 메시지를 전하지도 않았습니다. 오히려 그는 주님을 거역하였으며 자신의 사명의 길에서 달아나 버렸으며, 지금 이 배 밑층에서 잠들어 있는 것입니다.

사랑하는 형제 자매들이여, 우리가 주님의 일을 다 마쳤다고 진심으로 말할 수 있다면, 휴식을 취하더라도 용서받을 수 있을 것입니다. 하지만 과연 우리가 일을 다 마쳤습니까? 저의 경우는 아닙니다. 저는 확신하건대, 일을 시작하지도 않은 것 같습니다. 형제 자매여, 여러분은 일을 다 마쳤나요? 여러분이 행한 일에 대하여 완전히 만족할 수 있을 만큼 여러분은 지금까지 그렇게 살아왔습니까? 만일 여러분이 이 땅에서 하나님을 영화롭게 할 기회가 더 이상 없다는 생각을 한다면, 이 때문에 여러분은 비통해하지 않겠습니까? 자, 아직까지 하나님의 일을 대부분 손도 대지 않았는데도 어찌하여 여러분은 무관심하고 냉담하며 무감각할 수 있단 말입니까? 지금까지 여러분과 제가 행한 모든 일은 초보자가 한 것 같습니다. 이제 막 손을 대기 시작하였을 뿐 우리는 하나님의 크신 일을 하는 데에 아직까지 장인(匠人)이 되지 못하였습니다. 분명히 우리는 아직까지 지혜로운 건축자들이라고 말할 수 없습니다. 설사 그런 경지에 이른 사람이 있다고 해도 소수에 불과할 뿐입니다. 그러므로 우리 모두 잠자지 맙시다.

오, 목사님들이여, 이게 무슨 꼴입니까! 이른 아침에 잠을 자다니요? 온종일 일을 한 다음 피곤해지면 휴식을 취할 수 있습니다. 그러나 아직은 해야 할 일이 그대로 있으며, 왕이 맡겨 주신 임무가 우리에게 그대로 남아 있습니다. 니느웨의 무수한 사람들이 부르짖는 소리를 들은 요나, 세우심을 입은 하나님의 사자는 배 밑층에서 잠자는 모습을 보이지 말아야 할 것입니다.

그는 믿는 사람이었고 기도하는 사람이었고 선지자였으며, 그것도 특별한 임무를 맡은 선지자였습니다. 그러나 그는 어디에 있었습니까? 그는 어디로 갔습니까? 그는 배 밑층으로 내려갔습니다. 그가 배 밑층으로 내려간 것은 말하자면 사람들의 눈에 띄어 방해받는 것이 싫었기 때문입니다. 그가 내려간 곳은 화물이 있는 곳이 아니라 배 밑층이었습니다. 사공들은 화물을 배 밖으로 던졌습니다. 그러나 화물을 던지는 소리도 잠자는 선지자를 깨우지 못했습니다. 그는 갑판에 올라와서 한바탕 노를 저을 마음이 없었고, 할 수 있는 한 피하였습니다. 그리스도인들은 할 수만 있으면 피하려고 한다는 사실을 저는 알았습니다. 다른 사람들이 보고 있을 때 그리스도인들은 모순되게 살거나 모순되게 행동하지는 않으며, 유별나게 눈에 띄는 죄를 범하지도 않습니다. 하지만 그들은 주님의 일에서 손을 떼었습니다. 그들은 아무도 모르는 한적한 곳으로 갑니다.

그리스도인이 런던에서 살 때는 하나님의 일로 바쁘게 지내다가도 시골로 내려가서는 그리스도를 위해 전혀 말하지 않습니다. 마치 요나처럼 배 밑창, 곧 아무도 자기를 볼 수 없는 한적한 곳으로 내려갑니다. 그 주위에는 그리스도인이 매우 적으며 — 아마도 거의 없을 것임 — 자기가 그리스도인이라는 사실이 알려지는 것을 원하지 않습니다. 그 순간 그는 아주 사사롭게 사는 것을 좋아할 것입니다. 자신에 대해 질문을 받으면 요나처럼 "하나님을 경외하는 자"라고 대답할 것입니다. 그러나 그는 자신에 대하여 아무런 질문도 받기를 원하지 않습니다. 그는 사람들의 눈이 자신을 향하는 것을 원하지 않습니다. 그는 사람들의 눈에 띄는 것을 바라지 않습니다. 전쟁을 알리는 최초의 총성이 울리자마자 달아나다가 탈영병이 되어 총살을 당한 군인처럼 그는 항상 은둔하는 기질이 있다고 말합니다. 그는 밤중에 예수님을 찾아온 니고데모, 또는 예수님의 제자였지만 유대인들이 두려워 은밀하게 행동한 아리마대 요셉을 닮았습니다. 한때 그는 그리스도의 중요한 일꾼들 중에 하나였지만 지금은 배 밑층으로 내려가고 말았습니다.

그는 섬기지 않을 곳으로 가 버렸습니다. 한때 그는 주일학교에서 섬겼으나 이제는 마음을 바꾸었다고 합니다. 이제는 더 이상 섬길 마음이 없습니다. 전에 그는 한 교회의 집사였으나 이제는 그런 직분 따위는 바라지 않습니다. 그런 직분을 감당하려면 많은 어려움과 수고가 있다고 말합니다. 그리고 앞으로는 자기에게 어려움을 주거나 또는 약간이라도 힘들게 하는 일은 전부 피할 작정입니다. 전에 섬기던 날에, 누군가 그 사람더러 조용히 지내고 그리스도의 이름으로 말하지 말라고 하였다면, 그런 말을 한 사람에게 크게 화를 내었을 것입니다. 그러나 그 말이 지금 현실이 되어 버렸습니다.

또한 요나가 기도회에 참석하지 않았다는 사실을 주목하십시오. "기도회가 무엇입니까?"라고 여러분은 물으십니까? 배에 탄 다른 모든 사람은 자기 신에게 부르짖고 있었는데 유독 요나만은 배에서 잠자고 있었습니다. 그는 기도하지 않았습니다. 그는 잠자고 있었고 아마도 꿈을 꾸었을 것이지만 분명히 기도하지는 않았습니다. 하나님의 참된 종, 기도하는 사람, 하나님께서 미리 알려 주신 사람이 영적으로 잠자는 상태에 빠져들어서 교회에 아무런 도움도 주지 못하고, 도리어 위기의 시간에 기도에 동참하지도 않는다는 것은 악한 일입니다.

배 밑층에서 잠이 든 이 사람은 오늘날 자기 주변에서 무슨 일이 일어나는지도 모르는 사람을 의미합니다. 처음에 그는 자신이 노출되는 것을 바라지 않았습니다. 그러다가 지금은 아예 다른 사람들을 쳐다보지도 않습니다. 외국에 있는 무수한 이방인들은 어떠한 상태에 있는가? 그는 이런 문제를 피해 버립니다. 그들이 천년왕국 기간에 회개하든지, 혹은 회개하지 않더라도 그들의 미래는 행복할 것이라고 그는 생각합니다. 어찌 되었든, 그는 이런 문제에 관심이 없습니다. 요나는 배 밑층에서 잠이 들었고, 그런 모습은 무수한 이방인들이 멸망당하는 것을 즐거워하는 것처럼 보입니다. 그리고 국내 기독교의 사정에 대하여 그는 때때로 잘 되어가고 있다는 말을 듣는가 하면, 또 다른 곳으로부터는 상황이 안 좋아지고 있다는 소식을 접하기도 합니다. 어떤 정보가 정확한 정보인지 모릅니다. 그리고 그런 사실에 대하여 관심이 별로 없습니다. 그리고 자신이 등록되어 있는 교회가 어느 교파에 속하였는지에 대하여는 관심이 없습니까?

그렇습니다, 이런 것에 대하여는 그런 대로 관심이 있는 편이이요. 하지만 그 교회 안에 있는 주일학교에 대해서, 그리고 그 교회에서 섬기는 설교자들에 대해서도 관심이 별로 없습니다. 목회자의 마음을 위로하기 위해서 "그리스도의 사랑에 매여 거룩한 사역을 행하시느라 얼마나 수고가 많으십니까"라는 말을 그는 절대로 하지 않습니다. 요나는 배 밑층에서 잠들어 있습니다. 그는 조금이라도 사람들의 주목을 받지 못합니다. 주위에 있는 사람들은 그가 아무짝에도 쓸모가 없는 사람이라고 이미 결론을 내렸습니다. 그는 하나님의 사람이요, 기도의 사람이요, 전에 하나님께서 사용하신 사람이었지만, 제가 말씀드린 대로, 그는 주위에서 무슨 일이 벌어지는지 전혀 알지 못합니다.

요나는 그때에 무엇을 하였나요? 그는 잠들었습니다. 너무나도 혼란스럽고 시끄러운 상태에서 그는 잠들었습니다. 배 바깥은 얼마나 혼란스럽습니까. 폭풍이 거세고 큰 물결이 출렁입니다. 더구나 요나는 뱃사람이 아니고 육지 사람이었는데도 그는 잠들었습니다. 그가 이토록 폭풍이 몰아치는 상황 속에서도 잠들 수 있었다는 것은 틀림없이 놀랄 만한 일입니다. 요나는 너무나도 혼란스럽고 시끄러운 상태에서도 잠이 들었습니다. 오, 그리스도인이여, 여러분이 혼란스러운 이 세상에서 무슨 일이 벌어지고 있는지 전혀 관심이 없으며, 이런 혼란스러운 때에 하나님의 하시는 일에 대하여 무관심하다는 것은 실로 이상한 일이 아닐 수 없습니다. 요나와 같은 사람들이 깨어나고자 한다면, 마귀 혼자서 시끄럽게 떠드는 소리만을 듣고도 그들 모두 일어날 것입니다. 당대에 유행하는 과실(過失)들, 당대에 행해지는 죄악들, 당대에 있는 혼란들, 당대에 벌어지는 논란들, 이 모든 것들 때문에 깨어나야 합니다. 시대를 뛰어넘어 마귀의 공포와 영광은 계속됩니다. 그리스도와 벨리알, 참과 거짓, 예수님과 적그리스도 사이에 무시무시한 대결이 존재합니다. 우리의 주변은 온통 소란스럽고 폭풍이 일고 있는데, 신앙을 고백하는 그리스도인들이 요나처럼 배 밑층에 내려가 잠을 자고 있다니요.

또한 우리가 주목해야 할 것은 다른 사람들은 깨어 있었는데 요나만 잠들어 있었다는 사실입니다. 잠자든 깨어 있든 우리 주위의 사람들은 모두 깨어 있는 것 같습니다. 로마 가톨릭 교인들이 행하고 있는 일들을 보고, 또 그들의 거짓된 신앙을 전파하기로 헌신한 많은 사람들의 열심과 자기 부정을 살펴볼 때, 우리는 참된 신앙을 위하여 너무나도 하는 일이 없다는 사실에 놀라지 않을 수 없습니다. 과연 하나님께서는 온 세상 가운데서 움직임이 가장 둔한 종들만을 거느리고 계신다는 것이 말이 됩니까? 사탄을 섬기는 사람들은 활발하게 움직이고 있습니다. 그렇다면 하나님을 섬기는 우리가 가만히 있어서는 안 될 것입니다.

바알 숭배자들은 큰 소리로 외칩니다. "바알이여, 우리에게 응답하소서." 아스다롯의 신봉자들도 큰 소리로 외칩니다. "우리에게 응답하소서, 능력 많으신 아스다롯이여." 그런데 여호와의 선지자는 배 밑층에 누워서 잠자고 있다니요? 잠자고 있는 것 맞지요? 다른 모든 종교가 사람들의 원기를 자극하고 있는데, 참된 종교는 우리의 원기를 마비시키나요? 아주 훌륭한 분들이 쓴 책들을 몇 권 읽다가 절실하게 느낀 것인데, 사람들을 잠들게 하는 최고의 수면제가 바로 복음적인 작가가 쓴 책이라는 사실입니다. 하지만 사람의 믿음이 흔들리는 순간 그는 각성하는 것 같으며, 꼭 들어야 하는 무엇인가를 얻는 것 같았습니다. 그런데 걱정스럽게도, 살아 계신 하나님을 섬기는 사람들은 지존하신 주님의 영광을 위하여 크게 각성해야 함에도 불구하고 그렇지 못하다는 것이 유감스럽지만 사실입니다.

또한 요나는 크게 혼란스럽던 때에, 그리고 다른 사람들이 깨어 있었을 때에 잠들었을 뿐더러 배가 가라앉을 것 같은 엄청난 위험의 순간에도 잠들어 있었습니다. 폭풍이 미친 듯이 날뛰었지만 요나는 잠들어 있었습니다. 신자여, 여러분과 여러분 주변 사람들이 여러분의 무분별한 생활로 말미암아 큰 죄에 빠질 위기에 처하였고, 여러분의 가정이 하나님을 경외하지 않고 지낼 위기에 처하였으며, 우리의 종들이 여러분의 행실을 보고 신앙이란 웃기는 짓에 불과하다고 결론을 내릴 위기에 처하였으며, 여러분의 종들이 일하면서 여러분을 지켜보고는 여러분의 신앙고백이 별 소용이 없다고 말할 정도로 기독교의 신앙고백을 비웃고 있는데, 이런 모든 일이 벌어지고 있고, 여러분의 영혼과 다른 사람들의 영혼이 절박한 위험에 처해 있는데, 그런데도 여러분은 무관심하게 잠들 수 있겠습니까?

요나는 당연히 깨어 있어야 할 때 잠들었습니다. 다른 누구보다도 요나는 반드시 깨어서 하나님께 부르짖어야 할 사람이었습니다. 오늘날 누구든 잠들어 있다면, 그는 틀림없이 주 예수 그리스도를 믿는 신자일 수 없습니다. 모든 여건을 볼 때 그리스도인들은 참으로 열심을 내야 할 것입니다. 그리스도인이 게으르고 무관심해도 괜찮다는 논리를 나는 순간이나 영원으로부터, 혹은 하늘로부터, 혹은 땅에서부터, 혹은 지옥으로부터 얻을 수 없습니다. 그러나 왜 그리스도인들이 당연히 뜨거운 열심을 내고 성별된 원기로 충만하여 하나님을 섬겨야 하느냐고 그 이유를 묻는다면, 저는 그 근거들을 충분히 말씀드릴 수 있으며, 그 모든 것을 말하기에는 시간이 부족할 정도입니다.

세상은 여러분이 필요합니다. 무분별한 심령들은 눈을 뜰 필요가 있으며, 의심하는 심령들은 안내를 받을 필요가 있으며, 애통하는 심령들은 위로를 받을 필요가 있으며, 즐거워하는 심령들은 안정될 필요가 있으며, 무식한 자는 가르침 받을 필요가 있으며, 우울한 자는 기뻐할 필요가 있습니다. 사방에서 모든 그리스도인을 향하여 간절히 애원하고 있습니다. 바로 이 시대에 말입니다. 하나님께서는 진실로 경건한 사람을 오빌의 금보다 더 귀하게 만드셨습니다. 그런데 이와 같은 때에 하나님을 열심히 섬기지 않고 뒤로 물러서 있는 사람은 분명히 주님의 축복을 받을 것을 기대할 수 없습니다.

요나가 잠자고 있을 때 그 주위에 있던 모든 이방인들이 행동으로써 그를 책망하였습니다. 이방인들이 기도하고 있을 때 요나는 잠자고 있었습니다. 마침내 선장이 이 하나님의 선지자에게 "자는 자여, 어찌함이냐" 하였습니다. 이방인 선장이 하나님의 종을 꾸짖는 일이 벌어졌다는 것은 실로 애석한 일이 아닐 수 없습니다. 이와 마찬가지로 하나님의 교회가 스스로 개혁하지 않는다면 이방의 행실과 지출로 말미암아 이와 유사한 많은 책망을 받게 될 것을 우려하지 않을 수 없습니다. 이방인들이 자기들의 우상과 우상의 신전들 그리고 숭배에 들이는 총액을 생각해 보고, 우리가 살아 계신 하나님을 섬기는데 얼마나 적게 쓰는지 생각해 보십시오. 인도의 왕들이 자기들의 죽은 신을 숭배하는데 막대한 루피(인도의 화폐)를 들인다는 사실을 알면 사람들은 모두 놀라고 맙니다. 그러나 기독교 선교단체들은 초라하며, 하나님의 일이 너무나 많이 중단되어 있습니다. 그 이유는 하나님의 청지기들이 하나님께서 그들에게 맡기신 재물을 사용하지 않고 있기 때문입니다. 우리는 영혼들을 예수 그리스도께로 인도하기 위해 별로 하는 일이 없는 반면, 한 사람의 개종자를 얻기 위하여 바다와 육지를 두루 다니는 거짓된 종교인들의 뜨거운 열심을 생각해 보십시오. 언젠가 여러분은 이렇게 말하는 힌두교 신자들과 브라만인들을 보게 될 것입니다. "그리스도의 사랑이 여러분을 강권한다고 고백하지만, 도대체 그것이 여러분으로 하여금 무슨 일을 하도록 강권한다는 말입니까?" 그들은 기독교 국가의 커다란 죄악들을 예로 들면서 우리를 비난합니다. 저는 그들의 비난을 이상하게 여기지 않습니다. 다만 저는 참된 그리스도인들은 그런 죄악들을 거부하며, 그런 죄악들을 행하는 자들은 그리스도인들이 아니라고 그들에게 말해 주고 싶을 뿐입니다.

그런데 어찌하여 요나는 잠들어 있는 것입니까? 추측하건대, 요나의 잠은 어느 정도는 그가 하나님을 거역함으로 말미암아 마음속으로 겪었던 동요 이후에 나타난 무기력한 현상이었을 것입니다. 요나는 악한 길을 가느라 지쳐 있었습니다. 그리하여 하나님을 불순종하고 계속 죄를 범한 까닭에 이제는 기운이 떨어져서 잠을 자고 있는 것입니다. 악한 행실만한 마취제도 없습니다. 요나의 양심은 주님의 명령을 고의적으로 거역함으로 말미암아 무뎌졌던 것입니다. 그러므로 그는 분발하고 각성해야 할 때에 잠을 잘 수 있었던 것입니다.

오 잠자는 그리스도인이여, 여러분도 역시 뭔가 크게 잘못되어 있습니다! 양심이 마비되었습니다. 염려컨대, 여러분은 숨기고 있는 달콤한 죄가 있군요. 그것을 찾아내어 몰아내십시오. 죄는 이 부끄러운 무관심의 어머니입니다. 하나님께서 당신으로 하여금 그것을 떨쳐버리도록 도와주십니다!

이제 저는 잠시 회개하지 않은 분들에게 경고의 말씀을 드리고자 합니다.

배에서 잠이 든 요나는 예배는 드리지만 아직 회개하지 않은 많은 분들의 전형입니다. 요나는 임박한 위험에 처하였습니다. 왜냐하면 하나님께서 그에게 광풍을 보내셨기 때문입니다. 이 설교를 듣는 회개하지 않은 분들이여, 이 시간 여러분이 처한 위험은 말로 설명하기 어려울 정도입니다. 여러분과 지옥 사이는 한 호흡에 불과합니다. 저희 교회의 장로님 한 분이 지난 주일에 우리와 함께 여기에 계셨습니다. 그러나 지금 그분은 하늘나라에서 의로운 영혼들과 함께 계십니다. 그러나 만일 회개하지 않은 분이 이처럼 숨을 거두셨다면, 아아, 이 얼마나 슬픈 일이겠습니까!

또한 여러분을 깨우는 많은 요소들이 있는데도 여러분은 잠자고 있습니다. 제가 이미 말씀드렸지만, 요나가 있었던 배에는 안팎으로 시끄러운 소리가 났지만 그는 깨지 않았습니다. 회개하지 않은 여러분은 그대로 있기가 힘들 것이라고 저는 믿습니다. 여러분은 때때로 설교자로부터 강한 충격을 받을 것입니다. 종종 가족의 기도로 양심이 감동될 것입니다. 성경 읽는 소리를 들을 때, 또는 친구가 죽었다는 소식을 들을 때, 여러분은 잠시 주춤할 것입니다. 다른 사람들이 회개했다는 소리도 여러분을 틀림없이 일깨울 것입니다. 그리고 부모님의 열심, 누이의 간구, 새롭게 회개한 분들의 부르짖음이 여러분을 깨우는데 상당한 영향을 끼쳐야 마땅할 것입니다. 깊이 잠들지 않았다면 여러분은 깨어날 것입니다.

형제여, 기도로 구원받을 수 있는데도 여러분은 잠자고 있습니다. 여러분의 기도소리가 들리지 않는다면 저는 "자게 내버려 두라"고 말할 수밖에 없다고 생각합니다. 구원받을 가능성이 없다면, 여러분은 잠에서 깨야 할 이유가 없습니다. 절망은 게으름을 위한 좋은 구실입니다. 그러나 여러분은 절망할 이유가 없습니다. 선장은 요나에게 "일어나서 네 하나님께 구하라"고 하였습니다. 이에 우리는 여러분에게 말씀드립니다. "친구여, 어찌하여 그대는 이토록 무관심하며 기도하지 않는 것이오! 성경에 '구하라 그리하면 너희에게 주실 것이요, 찾으라 그리하면 찾아낼 것이요, 문을 두드리라 그리하면 너희에게 열릴 것이니' 라고 말씀하고 있소. 예수님의 말씀은 그대로 이루어질 것이며, '구하는 자가 얻을 것이요, 찾는 자가 찾아낼 것이오.'"

천국은 여러분 앞에 있는데 여러분은 손을 내밀지 않습니다. 영원한 생명은 여러분 곁에 있습니다. 사도 바울은 "네가 만일 네 입으로 예수를 주로 시인하며 또 하나님께서 그를 죽은 자 가운데서 살리신 것을 네 마음에 믿으면 구원을 받으리라"(롬 10:9) 말씀하였습니다. 사공들이 요나를 보고 놀랐던 것처럼 하나님의 백성들이 여러분을 보고 놀라고 있는데 여러분은 잠자고 있습니다. 그들은 여러분을 위하여 울며 기도하고 있는데 여러분은 그저 잠자고 있습니다. 이곳에는 그런 기도의 당사자들이 계십니다. 여러분은 이 사실을 모르시겠지만, 이들은 여러분을 사랑하여 밤낮으로 하나님 앞에서 여러분의 이름을 부르며 기도드립니다. 이분들은 여러분에 대하여 관심을 가지고 있는데 어찌된 일인지 여러분은 자신에 대하여 무관심하군요. 하나님, 잠자는 요나와 같은 사람들을 폭풍으로 깨울 수 없거든, 다른 방법으로라도 깨워 주옵소서.

바라건대 여러분이 그리스도 밖에 있거든 행복한 체하지 마십시오! 여러분이 그리스도 안에서 행복을 얻기까지는 행복하다고 생각하지 마십시오. 여러분 중에 어떤 분들에게 저는 매우 날카롭게 지적할 것입니다. 여러분은 아픕니까? 여러분의 목숨이 매우 위태롭다고 느끼십니까? 나의 소중한 친구여, 여러분은 배가 깨질 것 같았던 때의 요나와 같습니다. 지체하지 마십시오. 여러분에게 체력이 바닥나는 조짐이 보이나요? 누구나 다 그럴 수밖에 없지 않습니까? 지체하지 마십시오. 친척 분이 떠나셨나요? 여러분도 십중팔구 같은 질병에 걸린 것 같습니까? 오, 잠자지 말고 일어나십시오! 친구여, 그대는 점점 늙어가고 있습니까? 흰 머리카락이 더 많아지고 있습니까? 지체하지 마십시오.

하나님의 성령께서 크게 역사하셔서 여러분을 부르심과 선택하심을 꼭 보증하시기를 축원합니다. 간절하고 겸손한 믿음의 손으로 예수 그리스도를 꼭 붙잡으십시오. 그리고 여러분을 보혈로 사신 주님께 복종하시고 그를 섬기십시오. 하나님이여, 우리 모두에게 은혜를 베풀어 주셔서 깨어 일어나게 하소서. 그리고 이로 말미암아 그리스도께서 그의 아름다운 이름을 위하여 우리에게 생명의 빛을 비추게 하소서.

16

다니엘

담대한 용기

"다니엘이 이 조서에 왕의 도장이 찍힌 것을 알고도 자기 집에 돌아가서는 윗방에 올라가 예루살렘으로 향한 창문을 열고 전에 하던 대로 하루 세 번씩 무릎을 꿇고 기도하며 그의 하나님께 감사하였더라"(단 6:10).

다니엘은 세상적으로도 크게 성공하였고 영적으로도 역시 성공하였습니다. 사람들 가운데 외부적으로 출세하지만 내부적으로 쇠락하는 경우가 흔히 있습니다. 지금까지 수많은 사람들이 성공에 도취되었습니다. 그들은 인생의 경주에서 1등을 차지할 듯하였지만, 유혹에 빠져 선악과를 따먹고 타락하고 말았으며, 그 결과 면류관을 얻지 못하였습니다. 그러나 다니엘은 그렇지 않았습니다. 그는 천한 시절과 마찬가지로 높은 지위에 있을 때에도 하나님 앞에서 온전하였습니다. 다니엘이 밖에서 일을 수행할 수 있는 힘을 하나님과 은밀한 교제를 지속함으로써 유지하였다는 사실이 이러한 모습을 잘 보여 줍니다. 그는 훌륭한 심령의 소유자였으며, 많은 기도를 드리는 사람이었음을 성경에서 알 수 있습니다. 그러므로 높아졌다고 그의 생각이 변하지 않았으며, 하나님께서는 "그의 종들의 발을 사슴과 같게 하사 그들로 그들의 높은 곳으로 다니게 하시리라"(합 3:19)는 언약을 그에게 이루어 주셨습니다. 다니엘은 순결함을 보존하였으며, 편히 쉬려고 그의 높은 지위를 찾지 않았습니다. 새들이 잘 익은 열매를 쪼아먹듯이 다니엘을 시기하는 대적들은 그를 공격하였습니다. 가장 뛰어난 용사들이 적의 화살의 표적이 되듯이 다니엘도 그가 누린 영광으로 말미암아 많은 사람들의 미움의 대상이 되었습니다.

그러므로 사랑하는 성도들이여, 세상에서 크게 되려는 지나친 욕망이나 혹은 근심 어린 야망을 삼가십시오. 세상의 영광과 재물보다 더 귀한 것들이 존재합니다. 어느 페르시아 왕이 두 신하들에게 관심의 증표를 나누어 주었습니다. 한 신하에게는 황금잔을 주었고, 다른 신하에게는 입맞춤을 해 주었습니다. 황금잔을 받은 신하는 자기가 왕에게 좋은 대우를 받지 못했다고 생각하고, 왕의 입맞춤을 받은 신하를 시기하였다고 합니다. 세상의 재물과 영광을 누릴 자들로 그 황금잔을 채우게 하십시오. 그러나 여러분이 하나님의 입에서 나오는 은혜의 입맞춤을 받고, 여러분의 영혼 깊은 곳에서 그 은혜의 달콤함을 맛보신다면 그들보다 더 소중한 것을 여러분이 받은 것입니다. 가난과 질병 가운데서 그 입맞춤을 받는다 할지라도 불평할 이유가 없습니다. 오히려 하나님께서 무한한 은혜로 여러분을 귀하게 여기시므로 세상적인 것보다 영적인 것들을 더 많이 주신 것을 기뻐해야 할 것입니다.

루터는 세상의 모든 위대함이란 하나님께서 개에게 던져 주신 뼈다귀에 불과하다고 했습니다. 그는 말하기를, "하나님은 그의 성도들이 다 모아놓은 것보다 교황과 터키 인들에게 세상적인 것들을 더 많이 주신다" 하였습니다. 이것이 사실입니다. 위대해지고, 두드러지고, 부자가 되는 것은 곧 교수대에서 처형될 하만의 기업과 같습니다. 반면, 하나님의 참된 종은 모르드개처럼 문 앞에 앉아 멸시를 받을 수 있습니다. 부자와 함께 잔치를 벌이는 것보다 나사로와 함께 하는 것이 더 낫습니다. 왜냐하면 하나님의 사랑이 세상의 불이익을 보상하고도 남기 때문입니다. 세상의 많은 재물보다 약간의 하나님의 은혜가 더 낫습니다. 좋은 것은 보이는 성공, 곧 어정쩡한(left-handed) 축복으로 오지 않습니다. 오히려 여러분이 영적인 기쁨이라는 믿을 만한(right-handed) 축복을 얻는다면 훨씬 더 만족스러울 것입니다.

저는 오늘날 여러분이 순종하는 삶을 살도록 하기 위하여 다니엘의 본을 보여 드리고자 합니다. 제가 믿기에, 오늘날은 다니엘처럼 흔들림 없이 굳게 결심해야 할 때입니다. 어쨌든, 우리가 면류관을 받기 전에 우리의 발을 견고히 하고 주님과 그의 진리를 위하여 흔들림 없이 물러서지 않아야 할 때가 우리 모두에게 올 것이라고 저는 믿습니다.

첫 번째, 다니엘의 헌신의 습관을 주목해 보도록 합시다. 이는 우리가 연구할 가치가 있습니다. 다니엘이 이토록 큰 시험을 받지 않았더라면 우리는 그의 헌신에 대하여 결코 알지 못했을 것입니다. 그러나 불은 숨어 있는 금을 드러냅니다.

다니엘의 헌신의 습관. 앞에서 우리는 다니엘이 지속적으로 기도하는 습관이 있었다는 말씀을 보았습니다. 다니엘은 많은 기도를 하였습니다. 신앙생활의 여러 가지 형태가 절대적으로 중요한 것은 아니지만, 기도는 영성의 필수적인 요소입니다. 기도하지 않는 사람은 그 심령 속에 하나님의 생명의 호흡이 없습니다. 기도하는 모든 사람이 그리스도인이라고 말하지는 않겠습니다. 그러나 진지하게 기도하는 모든 사람은 그리스도인이라고 말하겠습니다. 사람들은 어떤 식으로든 기도할 수 있으며 심지어 은밀한 기도를 하지만 자신을 속일 수가 있습니다. 애굽의 개구리들이 침실에 뛰어올라왔던 것처럼, 사람들이 하나님을 예배하는 체하는 은밀한 장소 안으로 위선이 침입합니다. 하지만 진지한 헌신을 즐겁게 계속한다는 것은 은혜를 받은 증거이며, 그런 헌신을 하는 자는 스스로 주님의 가족이라고 분명하게 결론 내릴 수 있을 것입니다.

다니엘에게는 언제나 기도의 제목들, 기도할 이유들이 있었습니다. 그는 높은 자리에서 교만하지 않게 해 달라고 자신을 위해 기도하였습니다. 그리고 자기를 시기한 무리들의 올무에 걸리지 않게 해 달라고 기도하였으며, 동양의 통치자들의 억압과 불성실에 걸려들지 않게 해 달라고 기도하였습니다. 그리고 그는 자기 백성을 위하여 기도하였습니다. 다니엘은 자기처럼 성공하지 못한 많은 유다 족속을 보았습니다. 그는 자신과 같은 혈육인 백성을 기억하고 그들과 하나가 되었습니다. 그의 뼈 중의 뼈요 살 중의 살인 백성들을 믿음의 팔로 안고 다니엘은 하나님 앞에 나아갔습니다. 그는 예루살렘을 위하여 중보 기도하였습니다. 예루살렘 성읍이 황폐되었고, 갈대아의 파괴자들이 아주 아름답고 한때 온 세상의 기쁨이었던 시온 산에 여전히 주둔해 있는 현실 때문에 그는 슬피 울었습니다. 다니엘은 유다 백성이 포로상태에서 풀려나 예루살렘으로 귀환할 수 있게 해 달라고 간절히 기도하였으며, 하나님께서 이런 일을 이미 작정하셨다는 사실을 알고 있었습니다. 또한 다니엘은 하나님의 영광을 위하여 기도하였으며, 우상들이 완전히 철폐되고, 여호와께서 하늘에서 통치하시고 또한 사람들 가운데서 역사하신다는 사실을 온 세상이 알게 될 날이 오게 해 달라고 기도하였습니다. 다니엘의 골방의 열쇠구멍에 귀를 대고 만군의 여호와 하나님께 드린 그의 강력한 중보의 기도를 듣는 것은 실로 기쁜 일일 것입니다.

본문에서 우리는 다니엘이 기도할 때마다 감사를 드렸다는 사실을 알 수 있습니다. 항상 요구만 하고 한 번도 감사하지 않는다는 것은 참으로 엉터리 신앙입니다! 하나님의 은혜로 먹고 사는 제가 어찌 받은 은혜를 하나님께 감사하지 않을 수 있겠습니까? 확실히 감사가 없는 기도는 이기적인 것입니다. 그런 기도들은 하나님을 약탈하는 것입니다. 사람이 그의 기도로 하나님을 약탈하는 것이 될 것입니다. 그러면서도 사람들은 자기의 기도가 이루어질 것이라고 기대합니다. 기도와 찬송은 우리의 사는 모습을 닮았다고 이 자리에서 제가 여러 번 말씀드리지 않았습니까? 우리는 공기를 들이마시고 또 그것을 내뿜습니다. 기도란 하나님의 사랑과 은혜라는 공기를 깊이 들이마시는 것이요, 찬양은 그것을 다시금 내뿜는 것입니다.

> 죄 사함 받고 드리는 기도와 찬양,
> 하늘의 복을 땅에 내리네

의로운 다니엘은 기도하는 것만큼 찬양하는 법을 알았으며, 다양한 향품으로 만들어진 감미로운 향기, 곧 감사와 경배가 섞인 간절한 열망과 소원을 하나님께 드렸습니다.

"다니엘이 … 기도하며 그의 하나님께(before his God) 감사하였더라"는 본문의 말씀은 주목할 가치가 있습니다. 기도는 바로 이런 것입니다. 곧 기도는 하나님 앞에(before God) 드려야 하는 것입니다. 오 형제들이여, 종종 바람에다 대고 기도하는 것을 자제하고, 마치 사면으로 둘러싸인 골방 안에서만 기도소리가 들려야 하는 것처럼 은밀한 말로 기도하지 않습니까? 그러나 올바른 기도는 하나님 앞에 나올 때 은혜의 보좌의 위엄을 실감하며, 그 위에 뿌려진 영원한 언약의 피를 바라보며, 하나님께서 여러분을 꿰뚫어 보시고 모든 생각을 읽으시며 모든 열망을 판단하신다는 사실을 깨닫습니다. 또한 여러분이 기도할 때 하나님의 귀에다 대고 말하고 있다고 느낍니다. 그리고 그때에 마치

> 신성의 깊은 바다 속에 빠진 듯하며,
> 그의 광대하심 속에서 정신을 잃은 듯하도다.

기도는 하나님께 가까이 나아가는 것입니다. 여러분이 말 한마디 안 해도 상관없습니다. 하나님의 위엄에 크게 압도되어 말이 어울리지 않는다고 느낀다면 말을 안 해도 괜찮습니다. 흐느낌과 눈물, 그리고 말로 할 수 없는 탄식으로 엎드릴 때 침묵이 훨씬 더 의미심장합니다. 이것이 하나님께서 받으실 만한 기도요, 천국의 위엄에 어울리는 기도입니다. 이와 같이 다니엘은 기도하고 감사드렸습니다. 사람들에게 보이기 위함도 아니었으며, 은밀히 자신의 양심이 만족하기 위함도 아니었으며, 다만 "하나님 앞에서" 기도하였습니다. 이렇게 다니엘은 하루에 세 번씩 매일 하나님을 알현하였던 것입니다.

"그의"라는 작은 단어를 저는 빠뜨릴 수 없습니다. 다니엘은 그의 하나님께 기도하고 감사드렸습니다. 다니엘은 단순히 모든 사람의 하나님께 기도한 것이 아니라 그의 하나님께 기도하였던 것입니다. 다니엘은 그의 하나님께 뒤돌아서지 않고 한결같이 섬기겠다고 굳게 결심하였습니다. 이러한 결심은 하나님께서 그를 선택하시고 그를 하나님의 사람으로 만들어 주시며, 특별히 하나님의 찬송을 위하여 그를 구별하시기로 작정하신 데서 비롯된 것이었습니다. "그의 하나님." 이 말씀을 보니 "언약"이라는 단어가 떠오릅니다. 그의 "언약의 하나님", 이 말씀을 보니 마치 "나는 그들의 하나님이 되고 그들은 내 백성이 되리라"(겔 37:27) 하신 지존하신 하나님의 말씀을 따라 다니엘이 하나님과 언약을 맺은 것처럼 보입니다. 아브라함과 이삭과 야곱의 진정한 아들은 바로 다니엘이었습니다. 왜냐하면 그는 하나님을 그의 소

유, 그의 기업으로 바라보았으며, 우리가 때때로 아름다운 시편에서 '그는 나의 하나님이시로다!' 라고 노래하는 것처럼 다니엘은 하나님을 자기 하나님이라고 주장할 수 있었기 때문입니다. 오, 주님께서 온전히 나에게 속하여 계심을 깨닫기 원합니다! 다른 아무도 나의 하나님, 나의 하나님이라고 주장할 수 없을지라도, 저에게 하나님은 나의 아버지, 나의 목자, 나의 친구, 나의 주님, 나의 하나님이십니다! 사람이 자신과 언약하신 하나님과 대화할 수 있을 때 기도의 능력이 나타납니다. 그런 사람은 기도에 실패할 수 없습니다. 그가 "그의 하나님 앞에" 간구할 때마다 그의 기도의 화살은 모두 표적의 중심에 정확히 꽂힙니다. 이 사람은 천국에서 인정받은 권리를 알고 있으며, 그 믿음으로 얍복 강에 나타난 천사를 잡고 놓지 아니하므로 그를 반드시 이기고 맙니다. 이러한 기도는 다른 사람의 하나님으로부터 자비를 얻는 것이 아니며, 언약 밖에서 구하는 것이 아닙니다. 신자는 기도할 때 자기의 하나님께 이미 약속되었고, 맹세와 언약과 피로써 이미 보증된 자비를 구한다고 생각합니다.

그 밖에 본문에서 다른 세부적인 내용들은 그다지 중요하지 않습니다. 그럼에도 불구하고 다니엘이 "하루 세 번씩" 기도하였다는 말씀을 살펴봅시다. 이 말씀은 다니엘이 몇 번 기도하였다는 것을 말해 주는 것이 아니라 몇 번 기도하는 자세를 취하였는가를 말해 줍니다. 필요하다면 다니엘은 3백 번이라도 기도했을 것이 틀림없습니다. 그의 마음은 언제나 하늘과 교통하였습니다. 그러나 정식으로는 하루에 세 번 기도하였습니다. 일반적으로 하루에 세 번 식사를 하는 것이 좋다고 사람들은 말합니다. 이와 마찬가지로 육신의 양식만큼 영혼의 양식도 세 번 먹는 것이 좋습니다. 아침에는 안내를 받고, 저녁 무렵에는 용서를 받으며, 정오에는 원기회복을 얻을 필요가 있지 않습니까? 정오에, "저의 영혼이 사랑하는 주님이시여, 당신께서 먹이시는 곳, 당신께서 양떼를 쉬게 하시는 곳에서 제게 말씀하소서"라고 기도하는 것이 좋지 않겠습니까? 아침부터 저녁까지 기도의 간격이 너무 길다면, 정오에 또 하나의 황금 고리로 연결시켜 보십시오.

성경에 몇 번 기도해야 하는지, 언제 기도해야 하는지에 대한 규칙은 없습니다. 때를 정하는 것은 각자 마음에 받은 은혜대로 할 것입니다. 우리가 모세 언약의 굴레로 되돌아가 규칙과 의문에 얽매일 필요는 없습니다. 자유의 성령께서 그의 성도들을 바르게 인도하실 것입니다. 하지만 하루에 세 번은 권장할 만한 수치입니다.

또한 기도의 자세를 주목해 봅시다. 이 또한 그다지 중요한 것은 아닙니다. 왜냐하면 우리는 성경에서 침대 위에서 기도한 사람들, 얼굴을 벽에다 대고 기도한 사람들을 볼 수 있기 때문입니다. 그런가 하면 다윗은 여호와 앞에 앉아서 기도하였습니다. 그리고 하나님 앞에 서서 기도하는 것 또한 매우 일반적이고 훌륭한 기도의 자세였습니다. 하지만 무릎을 꿇는 자세는 특별히 알맞은 자세이며, 개인적인 기도를 할 때는 더욱 그러합니다. 그런 자세는 다음과 같이 웅변하는 것 같습니다. "저는 그 위엄 앞에 꼿꼿이 서 있을 수 없습니다. 저는 거지요, 그러므로 거지의 자세를 취합니다. 위대하신 하나님, 받을 아무런 자격도 없음을 인정하고, 당신의 은혜로우신 위엄 앞에 스스로 겸비한 자세로 저는 무릎을 꿇고 당신께 간청하나이다." 본문에 언급된 특별한 경우에 다니엘이 무릎을 꿇은 이유는 다름이 아니라 그가 항상 무릎을 꿇어왔기 때문입니다. 그는 항상 무릎을 꿇었을 것이며, 그럴 리는 없겠지만, 폭군이 명령한다 할지라도 그는 그런 자세를 바꾸지 않을 것입니다. 아니, 온 땅과 지옥이 반대한다 할지라도, 무릎을 꿇는 것이 하나님께 영광이 된다는 사실을 깨달았을진대 그는 여전히 무릎을 꿇을 것이며, 비록 이 때문에 사자 굴에 던져진다 하더라도 그는 그렇게 할 것입니다.

한 가지 더 주목할 것이 있습니다. 성경은 다니엘이 예루살렘으로 향한 창문을 열고 무릎을 꿇었다고 말씀하고 있습니다. 조금이라도 세상에 자기를 알리려는 의도로 그렇게 한 것이 아니었습니다. 아무리 창문을 열어두었더라도 궁궐 안의 종들 외에는 아무도 그를 볼 수 없었을 것입니다. 저는 다니엘의 집이 대부분의 동양의 집들처럼, 중앙이 열려 있는 정사각형 형태를 이루었을 것이라고 상상해 봅니다. 창문이 예루살렘을 향하였다고 말씀하고 있지만, 그 창문은 왕궁 안쪽을 향하였을 것이고, 따라서 다니엘의 모습은 그 집 거주자들과 업무중 방문객들만이 볼 수 있었을 것입니다. 아마도 다니엘의 동료 총리들은 그가 기도하기 위해 정해 놓은 시간을 알았을 것이며, 그 시간에 다니엘이 기도하는지 알아보려고 왔을 것입니다. 그 밖에 여러분이 반드시 고려해야 할 사실은, 창문을 열어 놓고 소리가 밖으로 새어나갈 수 있는 곳에서 기도하는 것이 이상하기는 하지만, 동양 사람들 사이에서는 그것이 하나도 이상하지 않다는 것입니다. 바리새인들과 그 밖에 다른 사람들이 기도 시간만 되면 장소를 불문하고 조금도 지체하지 않고 기도를 드린다는 것을 여러분은 알 것입니다.

다니엘은 솔로몬의 기도에서 창문을 열어 놓고 기도해야겠다는 생각을 하였을 것입니다. 솔로몬은 기도하기를, 만일 여호와의 백성이 어느 땐가 죄를 범하므로 추방당하거든 그들이 거룩한 곳을 향하여 여호와를 구할 때 그들의 기도를 들어달라고 하였습니다. 또한 모든 유대인들의 마음이 애착을 가지고 향하였던 그 아름다운 예루살렘 성을 회상하며 다니엘은 창문을 열어 놓고 기도할 생각을 하였을 것입니다. 유대인들에게 예루살렘 성은 그 기둥을 향해 바늘도 떨릴 정도였습니다. 더구나 그런 예루살렘이 파괴되었다는 생각에 다니엘의 마음이 더욱 간절하였으며, 예루살렘의 죄를 기억하며 더욱 겸손하였고, 예루살렘 성에 관한 언약을 생각하고 위로를 받았습니다.

그는 예루살렘을 향하였습니다. 이 말씀이 우리에게 무엇을 말합니까? 형제들이여, 이 말씀은 우리가 기도할 때 기억해야 할 한 가지 중요한 사실을 깨우쳐 줍니다. 즉, 우리가 기도할 때 골고다를 향한 우리의 창문을 열어 놓아야 한다는 것입니다. 여러분의 심령은 동쪽을 향하지도 말고 서쪽을 향하지도 말고 다만 그리스도의 십자가를 향하십시오. 십자가는 모든 신자들의 얼굴이 항상 향하고 있어야만 하는 위대한 지점입니다. 그곳에서 예수께서 죽으셨고, 그곳에서 부활하셨으며, 그곳에서 예수님은 은혜의 보좌 앞에서 중보의 기도를 드리십니다. 십자가는 믿음의 눈으로 바라보아야 합니다. 언제나 골고다를 향한 창문을 열어 놓고 기도하십시오. 주님의 보혈을 바라보십시오. 부활하신 주님을 흔들림 없이 응시하십시오. 아버지 앞에서 자기 백성을 위하여 변호하시는 주님의 권세 있는 기도를 바라보십시오. 그리하면 여러분이 씨름할 힘을 얻고 마침내 이기고 말 것입니다.

이제 두 번째, 다니엘이 시험 중에 행한 일을 묵상해 봅시다.

왕과 왕비들은 종교를 주무르기를 무척 좋아합니다. 프러시아의 왕은 많은 시계들을 모아놓고 모두 동시에 똑딱거리도록 해 보았지만 그 시험은 실패하였습니다. 이러한 실패에도 불구하고 악한 고문들은 언제나 사람들의 양심을 통일시키려고 합니다. 가이사가 왕좌에 앉아 하나님의 일을 주무르는 것은 어리석은 짓입니다. 다니엘 때에도 통일령이 시행되었습니다. 이 통일령은 바로 이 땅에 밀어닥쳤던 저 유명한 통일령(Act of Uniformity, 영국 국교회의 예배와 기도 그리고 의식 등을 통일하기 위하여, 영국 의회가 1549-1562년까지 4차에 걸쳐 제정 · 공포한 법률. 예배통일법이라고 함: 역주)과 여러 가지 면에서 유사합니다. 이 두 가지 중에 어느 것이 조금 더 낫다고도 할 수 없습니다. 이 통일령이 발효되었을 때, 다니엘에게는 여러 가지 행동이 가능하였습니다. 예를 들면 그는 이렇게 말했을지도 모릅니다.

"이 법령은 내 의도와 맞지 않아. 나는 사회적으로 높은 지위를 가지고 있어. 나는 이 나라 영토를 다스리는 총리야. 나야 내 신앙을 위해서라면 죽음도 불사하겠지만, 그러면 이 나라가 혼란에 빠질거야. 그러므로 나는 기도를 중단해야겠어." 다니엘은 판례도 찾아보고, 많은 동료들을 만나보았을지도 모릅니다. 목숨이냐 진리냐, 명예냐 그리스도냐, 악한 선택이냐 비참하게 죽느냐 하는 갈림길에서 그는 얼마나 혼란스러웠을까요? 그러나 다니엘은 그런 갈등을 하지 않은 것 같습니다. 한편으로 그는 이렇게 말했을지도 모릅니다. "우리는 신중해야 돼. 하나님은 확실히 경배를 받으셔야 하지만, 그렇다고 늘 기도하던 방에서나 또는 내가 살고 있는 이 성에서 하나님을 경배해야 할 특별한 이유는 없잖아. 내가 저녁에 은둔할 수도 있고, 또 내 집에서라도 더 은밀한 곳을 마련할 수 있잖아. 특히 창문을 열어 놓을 이유는 없어. 내가 창문을 닫은 채 기도해도 하나님께서 내 기도를 받아주실 거야. 그러므로 내 양심은 지키되 이 악한 날에 내 신앙을 밖으로 드러내지 않는 것이 좋을 것 같아."

하지만 다니엘은 그런 명분을 찾지 않았습니다. 그는 사자같이 담대한 사람이었습니다. 대적 앞에서 자신의 기준을 낮추기를 거절하였습니다. 다니엘이 그의 위치에서 만일 전과 같이 기도하지 않는다면, 이는 연약한 자들에게 험담거리가 되었을 것이며 악한 자들에게는 조롱거리가 될 것이기 때문이었습니다. 연약한 자들은 이렇게 말할 것입니다. "보라, 다니엘이 법령 앞에서 겁을 집어먹었다네." 이렇게 되면 그 지역에 살던 가련한 모든 유대인들은 각자의 신앙을 버릴 구실을 찾게 될 것입니다. 그리고 악한 자는 이렇게 말할 것입니다. "잘 보시오. 다니엘은 일이 잘 될 때는 자기 하나님을 섬기지만, 어려움이 닥치면 도망갈 곳을 찾는다오." 다니엘은 신중함을 앞세워 은둔을 도모하지 않았습니다. 한편, 다니엘은 속으로 기도하는 것을 생각해 보았을지도 모릅니다. 말 없이 드리는 기도도 하나님께서 받으십니다. 그러나 다니엘은 자신의 영혼으로부터 내려오는 명령이 없는 한 그럴 수 없다고 생각했습니다. 종교에 대한 왕의 핍박은 다니엘의 영혼으로부터 온 명령이 아니었습니다. 왕의 핍박에 저항하는데에 다니엘은 내부적인 진리를 지키기 위해 외부적인 거짓을 용인하지 않았습니다. 그는 찬송가에 있는 대로 "힘에는 힘으로 대결한다"고 노래하였습니다. 그는 외부의 박해하는 법령에 저항하여 자신의 신앙을 분명하게 외부적으로 공언하기로 하였습니다.

다니엘이 이중적인 양심을 갖지 않았던 만큼, 그는 법령의 용어들 가운데 새로운 의미를 부여하려고 애쓰지 않았고, 또는 법령과 자신의 신앙 사이에서 절충을 시도하지 않았으며, 곧장 분명한 길로 나아갔습니다. 그는 그 법령이 무엇을 의미하는지 알고 있었습니다. 그러하기에 하나님 앞에 무릎을 꿇고 그 법령에 도전하였던 것입니다. 법령을 얌전하게 다 읽었든 안 읽었든, 그런 것 때문에 다니엘은 걱정하지 않았습니다. 다리우스 왕이 무엇을 의도하였는지, 동료 총리들이 무엇을 의도하였는지 그는 잘 알고 있었으며, 또한 자신이 무엇을 해야 하는지도 잘 알고 있었습니다. 그러므로 그는 바르게 행하였습니다. 즉, 악한 일로 자신의 양심을 더럽히기보다 자신의 하나님 편에 서서 사자들을 용기 있게 맞이하였습니다.

다니엘의 행위를 주의 깊게 살펴봅시다. 그는 전에 행하던 대로 하기로 마음을 먹었습니다. 다니엘이 얼마나 차분하게 행동하였는지 주목하십시오. 그는 대적들 중에 누구에게도 "나는 내 소신대로 할 것입니다"라고 말하지 않았습니다. 한마디도 하지 않았습니다. 다니엘은 그들에게 말이 통하지 않는다는 것을 알았기 때문입니다. 그래서 다니엘은 말이 아니라 행동으로 보여주었습니다. 그 법령이 통과결되었다는 것을 알았을 때 그는 차분한 마음으로 집에 돌아왔습니다. 물론 그런 일이 이루어졌다는 것이 못내 슬펐지만, 단 한마디의 불평이나 푸념 없이 자기의 방을 찾았습니다. 다니엘이 몹시 혼란스러웠는지 또는 불안하였는지는 알 수 없습니다. "전에 하던 대로," 이 말씀을 볼 때 다니엘은 전에 하던 습관대로 차분하게 위층으로 올라간 것 같습니다. 하인들은 다니엘의 행동을 보고는 어떤 법령이 만들어졌는지 알 수 없었습니다. 그는 기도 시간에 항상 위층으로 올라갔고, 하인들은 그가 전에 하던 대로 간절히 기도하는 소리를 들을 수 있었습니다. 그는 계속해서 하나님 안에 있었고, 따라서 온전한 평안을 유지하였습니다.

또한 다니엘이 머뭇거리지 않고, 즉시 행동한 사실을 주목합시다. 다니엘은 잠시도 멈추지 않았습니다. 그는 어떻게 해야 할지 생각할 시간도 갖지 않았습니다. 위험한 사명을 감당하면서 처음에 생각한 대로 하는 것이 최선입니다. 신앙으로 말미암아 무언가를 잃어버려야 할 때 양심이 "옳은 일을 하라"고 말하는 첫 번째 생각을 따라가십시오. 우리의 사명이 분명한데 머뭇거릴 필요가 있을까요? 하나님께서 명하시는 곳에서는 트집 잡을 명분이 없습니다. 만약에 마귀가 다니엘 선지자의 귀에 대고 속삭였다면, 그놈은 분명히 이렇게 말했을 것이라고 믿어 의심치 않습니다. "자, 다니엘, 잠시 생각 좀 해 보는 게 어때. 너는 친구들을 물질적으로 도울 수 있는 위치에 있잖아. 이 궁궐에서 큰 권세를 누리고 있잖아. 참된 종교를 후원할 수도 있잖아. 얼마나 많은 사람들이 너를 보고 회개할지 너는 모를 거야. 좋은 일을 많이 할 수 있는 이런 자리를 쉽게 포기해서는 안 돼." 사람들이 잘못된 곳에서 나와 옳은 일을 행하라는 권면을 듣고 이런 논리로 변명하는 것을 저는 수백 번 들어보았습니다. 그러나 우리의 권세와 지위를 유지하기 위해 진리를 팔아서는 안 될 것입니다. 앞으로 좋은 일을 많이 하기 위해 잠시 악을 범하는 것은 결단코 옳지 않습니다. 우리의 사명은 옳은 일을 행하는 것입니다. 결과는 하나님께 달려 있습니다. 여러분이나 다른 사람들을 위해 악을 행하는 것은 긴 안목으로 보면 결코 선한 일이 될 수 없습니다.

또한 다니엘이 흥분 상태에서 행하지 않고 결과를 충분히 알고 행하였다는 것을 여러분은 알 수 있을 것입니다. 본문이 이를 그대로 보여 주고 있습니다. "다니엘이 이 조서에 왕의 도장이 찍힌 것을 알고도." 많은 사람들이 성급하게 행하며, 크게 흥분하여 냉정하게 행동하지 못합니다. 그러나 다니엘은 간교한 동료 총리들이 주도한 회의에서 아마도 따돌림 받았을 것이지만,

거기서 법령이 통과되었다는 소식을 듣자마자 흥분하지 않고 결단을 내리고 마음을 다잡았습니다. 그는 지체하지 않았고 주저하지 않았습니다. 다니엘은 모든 자료를 분석한 이후 하나님께 순종하기로 결심하였습니다. 젊은 이들이여, 여러분이 그리스도인이라고 고백하기 전에 먼저 그리스도인이 되었을 때 치러야 하는 대가를 계산해 보십시오. 감당하지도 못할 기획을 갑작스럽게 이행하지 마십시오. 하나님의 은혜로 주 하나님께 헌신하시되 그리스도의 말씀대로 먼저 여러분이 감수해야 할 것이 무엇인지 파악하고 그 다음에 헌신하도록 하십시오. 그리고 여러분 스스로는 감당할 수 없는 일을 완수하기 위하여 위로부터 오는 은혜를 구하십시오.

"전에 하던 대로." 저는 이 말씀을 좋아합니다. 그래서 다시금 이 말씀을 생각해 보아야겠습니다. 이때에 다니엘은 변하지 않습니다. 그는 왕의 법령에 조금도 개의치 않습니다. 이 선지자는 같은 장소, 같은 시간, 같은 자세, 같은 정신을 그대로 유지합니다. 이러한 사실은 박해를 받을 때 우리 그리스도인의 사명이 무엇인지 가르쳐 줍니다. 박해를 받을 때 그리스도인은 죽을지언정 전에 행하던 대로 행해야 할 것입니다. 여러분이 그리스도인 친구들의 미소를 받으며 하나님을 경배하였다면, 불경건한 자들의 지배를 받는 가운데서도 하나님을 경배해야 할 것입니다. 여러분이 형통할 때에 상인으로서 정직하게 거래하였다면, 상황이 바뀌어도 하나님과 그리스도를 위하여 부정한 거래를 하지 마십시오. 지금까지 의로웠다면 지금도 의롭습니다. 그러므로 지금까지 의로웠던 것을 묵묵히 따르십시오. 여러분이 진지하게 행하던 대로 그대로 행하십시오. 그리하면 하나님께서 여러분의 행실을 보시고 복을 내려 주실 것입니다. 만약에 다니엘이 전부터 꾸준히 기도하던 습관을 갖지 못했더라면 사자 굴에 들어가는 형벌 앞에서 기도를 드리지 못했을 것입니다.

다니엘이 기도를 계속 할 수 있는 힘과 활력은 바로 하나님과의 은밀한 교제에서 비롯되었습니다. 그가 지금까지 의로웠기 때문에 어떠한 형벌을 받을지라도 앞으로도 계속해서 의로울 수 있다는 사실을 그는 깨달았습니다. 감히 말씀드리건대, 경건한 가정에서 자라난 한 청년이 있습니다. 그는 그 가정에서 매일 진정한 경건을 보고 자라났습니다. 이제 직장에서 일하다가 그곳에서 예수님이 조롱거리가 되는 것과 신앙이 웃음거리가 되는 것을 보고 그는 깜짝 놀랍니다. 친구여, 집에서 경건한 사람은 밖에서도 경건합니다. 사람들을 차별대우하지 않습니다. 초심을 잃지 않으려고 애를 씁니다. 저는 "경건한 정신을 버리지 말라"고 말씀드릴 뿐만 아니라 "경건의 모양도 포기하지 말라"고 말씀드립니다. 마귀는 여러분을 절대로 내버려 두지 않습니다. 그러므로 우리도 마귀를 그냥 내버려 두지 말아야 합니다. 마귀는 있는 힘을 다해 우리와 싸우려 합니다. 그러므로 우리도 마귀와 맞서 싸워야 합니다.

많은 그리스도인들이 처음에 굽히지 않음으로써 곤란한 일을 당한다고 저는 생각합니다. 그리스도인 한 사람이 경건한 생활을 하기로 결심하고 마음을 먹으면 잠시 후 이 세상은 그를 따돌릴 것입니다. 이는 이 세상에서 일반적인 현상입니다. 막사 안에서 그리스도인 병사가 무릎을 꿇고 기도하면, 그는 다른 병사들로부터 웃음거리가 되고 말며 결국 그는 무릎 꿇을 생각을 포기하고 맙니다. 그러나 우리는 진정한 회개자의 이야기를 들어보았습니다. 그는 회개한 후에 연대에 배치되었고 거기서 무릎을 꿇고 기도하였습니다. 그리고 고집스럽게 무릎을 꿇고 기도하자 동료 병사들은 이렇게 말했습니다. "야, 그놈 줏대 있는 놈이네. 진짜 성실한 녀석이야."

이후로 그들은 그를 괴롭히지 않았습니다. 반대로 만일 처음에 그가 기도하지 않고 슬며시 침대로 들어가 버렸다면 그는 이후에 결코 무릎을 꿇을 수 없었을 것입니다. 절대로 굴복하지 아니한 다니엘의 모범에 견줄 만한 것은 없습니다. 여러분이 다니엘을 본받아 행한다면 여러분을 비웃는 사람들로부터 오히려 존경을 받게 될 것입니다. 또한 이 세상은 곧 우리의 진심을 알아줄 것입니다! 그러나 세상 사람들이 우리의 참모습을 알아볼 수 없도록 우리가 재미있게 오락을 즐기고, 세상과 하나님을 모두 기쁘게 하는 것은 언제나 철저한 실패에 이르게 될 것입니다. 그때에 세상은 우리를 경멸할 것이며, 우리는 양심을 지켰다는 위안을 받지 못할 것입니다.

우리의 조상인 청교도들이 조금이라도 굴복했더라면, 오늘날 많은 사람들처럼 그들의 양심에 조금이라도 흠이 있었더라면, 그들은 집에서 쫓겨나지 않았을 것이며, 입을 열어 그리스도를 전하지 않았을 것이며, 그들이 굴복함으로 안락함과 체면을 유지할 수 있었을 것입니다. 하지만 그렇게 되었다면 온 나라 사람들의 마음을 기쁘게 하는 복음의 빛은 어떻게 되었을까요? 조상들이 우리에게 물려준 그 순수하고 거룩한 법령들은 어떻게 되었을까요? 지금 이 시간에도 조상들의 용감한 결단으로 말미암아 그들은 우리의 복된 나라 가운데 살아 있으며, 국민들이 그들을 존경하고 있습니다.

용감한 조상의 자손들이여, 우리 모두 굴복하지 맙시다. 크롬웰의 시대를 기억합시다. 그리고 불경건한 왕당원들(Cavaliers, 국왕 및 국교회에 충성을 맹세하는 왕당파를 일컬음. 귀족, 대토지 소유자, 온건파 가톨릭교도 등이 많았다: 역주)이 의회당원들(Roundheads, 1642 – 49년의 내란 시 왕당에 적대하여 머리를 짧게 깎았던 청교도의 별명, 원두당원이라고도 한다: 역주)의 예리한 칼날을 두려워했던 때를 기억합시다. 물론 우리는 육체의 무기를 취하지 않으며 철저하게 그런 것들을 피하지만, 우리의 대적들에게 잉글랜드의 남자다움이 우리 안에 살아 있음을 보여 줍시다. 그리고 우리가 우리 조상들과 같은 종이라는 것을 보여 줍시다.

이제 결론 부분으로서 세 번째 대지로 넘어갑니다. 다니엘을 은밀하게 지지해 준 것들. 이 사람 안에는 그를 지지해 준 무언가가 있었습니다. 즉, 그의 도량을 키워 준 은밀한 무언가가 있었다는 것입니다. 그것이 무엇일까요? 그 요인은 여러 가지입니다. 첫째, 다니엘의 신앙이 감정에서 비롯되지 않고 뿌리깊은 신앙의 도리에서 비롯되었다는 사실입니다.

어떤 사람들의 신앙은 겉으로 피어나는 꽃과 같습니다. 그들은 핍박의 태양이 이글거릴 때 금방 말라 버립니다. 그런가하면 숲 속 나무들 같은 신앙인들이 있습니다. 그들은 신앙의 도리라는 흙 속에 뿌리를 깊이 내립니다. 이런 사람들은 자기가 알고 있는 바를 늘 간직하며, 배운 바를 철저하게 익히며, 받은 바를 놓지 않으며, 환난의 때에 은밀한 은혜의 샘으로 말미암아 견뎌내며, 그들의 잎사귀는 마르지 않습니다. 성령께서 다니엘의 심령 속에 신앙의 원칙을 심어 주셨기 때문에 그는 환난의 때에도 지탱할 수 있었던 것입니다. 또한 다니엘은 고대에 하나님께서 행하신 일들을 말씀에서 읽음으로써 그 신앙을 지탱하였다고 저는 믿어 의심치 않습니다. 그는 책들을 부지런히 찾아서 읽었으며, 이로써 고대에 여호와께서 언제나 승리하셨다는 사실을 알아냈습니다. 다니엘이 바로와 홍해에 대하여 생각하였을 때, 바산 왕 옥과 아르논 골짜기를 회상하였을 때, 그의 생각이 산헤립에게 미쳤을 때, 그리고 악어의 입 속에 갈고리를 집어넣어 왔던 길로 도로 가게 하신 일에 미쳤을 때, 이 선지자의 눈은 번득였습니다. 그의 심령은 주님의 행사들을 부지런히 살폈으며, 이런 주님의 행사들을 회상하면서 살아 계신 하나님께서 자신에게도 신실하심을 보여 주실 것이라고 크게 확신하였습니다.

그 밖에, 이 선지자의 심령은 자신이 직접 본 것으로 말미암아 견고할 수 있었습니다. 다니엘은 느부갓네살 왕 앞에 불려갔던 세 명의 거룩한 친구들과 친교를 나누었습니다. 다니엘이 그때에 어디에 있었는지 정확히 알 수는 없지만, 그는 틀림없이 이들의 영웅적인 행동에 대하여 익히 알고 있었을 것입니다. 그는 느부갓네살 왕이 거절당하는 모습을 목격하였고, 하나님의 아들이 이 세 명의 영웅들과 함께 풀무 속에서 거니시는 모습을 목도하였으며, 또한 그들이 걸어나왔을 때 그들에게서 불에 탄 냄새조차 나지 않은 것을 보았습니다. 여기서 다니엘은 큰 용기를 얻었습니다. 그 밖에 다니엘은 하나님을 직접 체험하였습니다. 다니엘은 느부갓네살 왕 앞에 서서 꿈을 말해 주고 또 해몽까지 해 주었습니다. 이보다 더 무서운 상황에서 그는 두려움과 떨림 없이 벨사살 왕을 대면하였습니다. 그때에 수많은 귀빈들이 각자 자기들의 신을 찬양하였으며, 왕과 왕비들과 첩들은 화려한 자태로 여호와께 바쳐진 그릇에 술을 따라 마시고 있었습니다.

다니엘은 이 불경한 무리들 가운데 홀로 꿋꿋이 서 있었으며, 사람의 손가락만 나타나 벽에 기록한, 신비로운 글자들을 가리키면서 하나님의 무서운 심판을 해독해 주었습니다. "메네 메네 데겔 우바르신." 아무런 무장도 하지 않은 한 사람이 왕 앞에서 왕의 최후를 선포하였습니다! 이런 사람이 지금 두려워하겠습니까? 수많은 군대 앞에서도 떨지 아니했던 그가 오직 사자들만이 기다리고 있는 그때에 두려워했을까요? 아닙니다. 그는 하나님의 얼굴을 바라보았으며, 그러므로 사자의 얼굴을 두려워하지 않았을 것입니다. 여호와께서 그를 감싸 주셨고, 따라서 사자 굴 속에 던져졌지만 그는 조금도 두려워하지 않았습니다. 하나님에 대한 그의 직접적인 체험이 그를 강하게 하였던 것입니다. 그는 하나님께서 자기를 건져 주시리라는 확신을 가졌습니다. 또 설령 하나님께서 자기를 건져 주시지 않더라도 기쁘게 목숨을 바칠 정도로 이스라엘의 하나님을 뜨겁게 사랑하였습니다.

이런 확신을 가진 사람은 복이 있습니다. 지쳐 있고, 앞으로도 더 많은 시련이 예상되는 의로운 백성들이여, 여러분이 다음과 같은 마음을 갖지 않고는 결단코 견고히 서지 못할 것입니다. "하나님은 나를 건지실 수 있다. 하지만 하나님께서 설령 나를 건지시지 않는다 할지라도 나는 예수님을 위하여 기쁘게 희생당하리라." 여러분 중에 더러는 그리스도인이 되기를 기뻐하겠지만 환난의 때에 그리스도인 됨을 포기할 것입니다. 그들은 마치 서투른 선원과 같습니다. 이 선원은 형형색색으로 꾸민 배, 바람에 부풀려 있는 새하얀 돛들을 바라보면서 선원이 되기를 잘했다고 생각합니다. 그러나 먼 바다로 가기도 전에 그는 현기증에 시달립니다. 그리고 폭풍우를 무서워하며 다음과 같이 맹세합니다. "뭍에 안전하게 닿기만 하면 내가 영원히 선원생활을 청산하리라."

많은 사람들이 "나는 다니엘처럼 주님을 따를 거야"라고 말합니다. 그렇습니다. 그들은 수산에 있는 왕궁에서 다니엘처럼 지내기를 좋아합니다. 그러나 정작 사자굴에 들어가야 할 때는 "다니엘, 잘 가"라고 말합니다. 훗날 여러분의 기대를 충족시켜 주지 못할 그럴싸한 고백에 속지 않도록 주의하십시오. 다니엘은 기대에 어긋나지 않았습니다. 왜냐하면 하나님에 대한 그의 사랑이 가슴속 깊이 자리잡고 있었기 때문입니다. 하나님에 대한 사랑이 그의 존재의 일부분이 되었습니다. 그리고 사랑과 믿음이라는 두 손이 받쳐주므로 다니엘은 험하고 가시 돋친 곳에서 잘 견뎌냈습니다.

다니엘이 우리 주 예수 그리스도의 모형이라는 사실을 기억하십시오. 예수님에게는 그를 죽이려고 했던 대적들이 있었습니다. 그들이 예수님을 대적한 명분은 다름아니라 "하나님을 모독하였다"는 것이었습니다. 그들은 예수님을 신성모독죄로 고발하였습니다. 대적들이 다니엘에게 죄를 뒤집어씌웠던 것처럼 그들은 선동죄라는 죄목을 예수님에게 뒤집어씌웠습니다. 예수님은 동굴 속에, 곧 무덤 속에 던져졌습니다. 예수님의 영혼은 사자들 가운데 있었습니다. 대적들은 밤중에 예수님의 시신을 훔쳐가지 못하도록 예수님의 무덤을 인봉하였습니다. 그러나 예수님은 다니엘처럼 살아나셨고 아무런 해도 받지 않으셨으며, 도리어 그의 대적들이 멸망당하였습니다. 다니엘이 그리스도의 모형이라면, 그리고 주 예수님께서 그 안에 있는 모든 자들의 대표라면, 신자들이여, 여러분을 대적할 자들이 나타날 것이며, 특히 여러분의 신앙을 공격할 자들이 있을 것이라는 사실을 예상해야 합니다.

한동안은 그들이 여러분을 압도하여 여러분을 사자굴 속에 던져 넣을 것이며, 마치 영원히 멸망 받은 자들인 양 여러분을 가두려고 할 것을 예상해야 합니다. 하지만 여러분은 몸뿐만 아니라 명성까지도 부활할 것이며 다시 일어설 것입니다. 나팔소리가 울릴 때, 인간을 구성하고 있는 육체적인 요소뿐만 아니라 인간의 명성까지도 부활할 것입니다. 욕설 더미에 묻혀 있던 선한 이름이 부활할 것이며, 주께서 재림하셔서 파멸을 삼켜 버리신 것을 그들의 존재와 그들의 명성을 통해 깨닫게 될 것입니다. 위대한 다니엘과 같으신 분, 곧 예수님의 제자가 됩시다! 예수님이 어디로 가시든 그의 발자국을 밟아 나갑시다! 사적으로든 공적으로든 많은 시간을 예수님과 함께 보냅시다! 이는 바람직한 일입니다. 저는 이러한 것을 여러분에게 권하지만 여러분 스스로의 힘으로 이에 도달할 것이라고 생각하지 않습니다. 그러므로 저는 여러분을 성령님께 부탁합니다. 성령께서는 여러분 안에서 이러한 일을 능히 이루실 수 있으며, 오래 전 이 선지자(다니엘)처럼 여러분으로 하여금 큰 사랑을 받게 만드실 수 있습니다.

17

느헤미야

짤막한 기도

"내가 곧 하늘의 하나님께 묵도하고"(느 2:4).

느헤미야는 예루살렘 성에 대한 질문을 하며, 그가 들은 소문 때문에 큰 슬픔에 빠졌습니다. "내 조상들의 묘실이 있는 성읍이 이제까지 황폐하고 성문이 불탔사오니 내가 어찌 얼굴에 수심이 없사오리이까?"(느 2:3) 그는 예루살렘 성이 파괴되어 흉물로 남아있어야 한다는 사실에 견딜 수 없었습니다. 한때 예루살렘 성은 아름다운 경관을 자랑하였으며 온 세상의 기쁨이었으니까요.

느헤미야는 이 문제를 자신의 마음에 담아두고, 사람들더러 무엇을 해야 한다고 말하지 아니하였으며, 또한 수많은 사람들이 참여한다면 뭔가 이루어질 것이라고 멋진 계획을 늘어놓지도 않았습니다. 반면, 자신이 행동해야겠다는 생각을 하였습니다. 바로 이런 모습이 행동하는 사람들의 문제 해결 방법입니다. 행동하지 않는 사람은 무엇을 해야 하는지 계획을 세우고 정리하며 깊이 생각할 것입니다. 그러나 정말로 시온을 끔찍이 사랑하는 이 사람은 자신에게 다음과 같은 질문을 하였습니다. "느헤미야야, 네가 무엇을 할 수 있겠니? 자, 무엇이든 해야 돼. 너는 무엇이든 해야 되는 사람이야. 적어도 너의 몫은 감당해야 돼. 네가 무엇을 할 수 있겠니?"

생각이 여기에 미치자 느헤미야는 시간을 정해 놓고 기도하기로 결심하였습니다. 그는 거의 넉 달 동안이나 이러한 생각을 마음에서 도저히 떨쳐버릴 수 없었습니다. 밤낮으로 예루살렘이 그의 마음속에서 사라지지 않았으며, 그 이름이 눈앞에 아른거리는 것 같았습니다. 그에게는 오로지 예루살렘만 보였습니다. 잠을 잘 때도 예루살렘에 대한 꿈을 꾸었고, 잠에서 깨어났을 때 첫 번째로 떠오른 생각은 "가련한 예루살렘"에 대한 것이었습니다. 그리고 또다시 잠자기 전에 그는 무너진 예루살렘의 성벽을 다시 세워달라는 기도를 드렸습니다. 여러분도 아시다시피, 한 가지 일에 몰두하는 사람은 무서운 사람입니다. 사람이 단 한 가지의 열망에 완전히 몰두할 때 분명히 무엇인가 이루어지고 말 것입니다. 이것은 틀림없습니다. 마음속의 열망은 반드시 겉으로 드러나고야 말 것입니다. 특히 하나님 앞에 그 문제를 내어놓고 기도할 때 더욱 그러합니다.

하나님의 사람들이여, 여러분이 하나님을 섬기기를 원하는데 마땅한 기회가 오지 않는다 하더라도 기도하며 기다리십시오. 그러면 햇살처럼 기회가 갑자기 찾아올 것입니다. 진실되고 용맹스런 심령 치고 자신의 임무를 소홀히 하는 법이 절대로 없습니다. 부지런한 모든 노동자에게는 일할 수 있는 포도원이 필요합니다. 주님께서 여러분을 사용하지 않으셔서 하는 일이 없을 수도 있고, 상점에서 빈둥거리며 서 있을 수도 있지만, 기도하는 가운데 뜨거운 결심으로 끓어 넘치는 마음을 가지고 기다리십시오. 그리하면 기회가 올 것입니다. 기도하는 사람에게는 기다리는 시간이 필요합니다. 여러분이 준비 되어 있다면 반드시 여러분의 시간이 올 것입니다.

하나님께서 느헤미야에게 기회를 주셨습니다. 사실상 그가 도저히 기대할 수 없는 방식으로 그 기회는 찾아왔습니다. 그 기회는 먼저 그의 마음의 슬픔을 통하여 왔습니다. 예루살렘 성의 문제가 그의 마음을 상하게 하여 급기야 그의 얼굴에 수심이 가득하게 되었습니다. 다른 사람들은 이런 느헤미야의 마음을 알았는지 모르겠지만, 느헤미야가 섬기는 왕은 느헤미야가 왕의 술잔을 가지고 궁궐 안으로 들어갔을 때, 그 술 맡은 관원의 얼굴에 수심이 가득함을 발견하고 이렇게 말하였습니다. "어찌하여 얼굴에 수심이 있느냐? 이는 필연 네 마음에 근심이 있음이로다"(느 2:2). 느헤미야는 자신의 기도가 자기에게 기회를 만들어 주고 있다는 사실을 거의 깨닫지 못하였습니다.

기도는 이미 그의 얼굴에다 '응답 중' 이라고 쓰고 있었습니다. 그의 금식이 그의 얼굴에다 '응답 중' 이라고 표시하고 있었습니다. 느헤미야는 깨닫지 못하였지만 그가 왕 앞에 나아갔을 때 그는 그런 식으로 자신의 기회를 마련하고 있었습니다.

그러나 기회가 왔을 때 그 기회와 함께 두려움도 찾아왔다는 것을 여러분은 아십니다. 기회가 왔을 때 느헤미야는 "내가 크게 두려워하였다"(2:2)고 말합니다. 젊은이여, 여러분은 하나님을 섬기기 원하며, 하나님의 일을 하기를 원합니다. 하지만 여러분은 그 일 가운데 무엇이 포함되어 있는지 모르는 것 같습니다. 하나님의 일은 유쾌하기만 한 것은 아닙니다. 젊은 병사여, 여러분은 전쟁을 애타게 기다리고 있습니다.

여러분은 아직까지 실전경험이 없습니다. 그러나 막상 전쟁에 휘말려서 몇 번 칼에 베이거나 혹은 총알을 맞게 되면, 그런 전쟁을 바라지 않을 수도 있을 것입니다. 하지만 용기 있는 사람은 그런 요소들을 무시하고 나라 혹은 군주를 위해 싸울 각오가 되어 있습니다. 이와 마찬가지로 용기 있는 그리스도인들은 모든 어려움을 무시하고 그의 동료들과 하나님을 섬길 각오가 되어 있습니다. 내가 크게 두려워한다면 어떻게 될까요? 나의 하나님이여, 두려움으로 인하여 예루살렘이 행복해질 수 있는 기회가 마련된다면 그 두려움을 피하지 말게 하소서. 그리스도인들은 온 마음으로 예루살렘의 복을 바라는 당신의 종들이기 때문입니다.

지금까지 우리는 본문이 말씀하고 있는 데까지 느헤미야의 사정을 구체적으로 살펴보았습니다. 아닥사스다 왕이 왜 느헤미야의 얼굴에 수색이 가득한지 묻고 그에게 말할 기회를 주었으며, 느헤미야는 그의 조상들의 성이 파괴되었다고 왕에게 말하였습니다. 그러자 왕은 느헤미야에게 "그러면 네가 무엇을 원하느냐?"고 물었습니다. 그 묻는 태도로 보아 왕은 정말로 느헤미야를 돕고자 한 것 같습니다. 그런데 여기서 우리가 다소 놀라는 것은 느헤미야가 왕에게 즉답을 하지 않았다는 점입니다. 느헤미야는 즉각 대답하지 않았습니다. 느헤미야는 기도와 금식으로 헌신한 사람이었지만 여기서 잠시 멈칫거립니다. "내가 곧 하늘의 하나님께 묵도하고." 저는 이제부터 본론으로 들어가고자 합니다. 이 기도에 대하여 설교하고자 합니다.

느헤미야가 기도했다는 사실이 우리의 주목을 끕니다. 그는 군주로부터 질문을 받았습니다. 느헤미야가 즉시 대답했을 것이라고 여러분은 당연히 생각할 것입니다. 그러나 그렇지 않습니다. 그는 왕에게 대답하기 전에 하늘의 하나님께 기도하였습니다. 아마 그 간격은 왕이 눈치채지 못할 정도의 짧은 시간이었을 것이나 하나님께서는 그런 시간에 느헤미야가 무엇을 했는지 능히 아셨습니다. 그 시간은 느헤미야가 왕에게 어떻게 대답해야 할지 하나님의 인도를 받기에 충분한 시간이었습니다. 하나님의 사람이 질문을 받고 대답하는 그 사이에 하나님께 기도할 시간을 가졌다는 것이 놀랍지 않습니까? 느헤미야는 그 시간을 찾았습니다. 우리가 그의 기도에 더욱 놀라는 것은 당시 그의 심정이 분명히 크게 불안했을 것이기 때문입니다.

2절을 보면 그는 크게 두려워하고 있었습니다. 조마조마하고 어리둥절할 때 기도하는 것을 잊을 수 있습니다. 여러분은 그런 핑계로 성도의 기본적인 의무를 빠뜨리지 않습니까? 적어도 누군가 여러분에게 "당신이 그 입장에 처하였을 때 기도하지 않았소"라고 말한다면, 여러분은 이렇게 대답할 것입니다. "그런 상황에서 어떻게 기도가 나올 수 있겠습니까? 나는 대답하지 않을 수 없는 질문을 받았습니다. 나는 지체할 수 없었어요. 왕이 물어 보셨는데 어떻게 지체할 수 있습니까? 나는 혼란스러운 상태였습니다. 내 감정도 추스릴 수 없을 만큼 나는 고민스러웠고 무서웠습니다. 내가 뭘 했는지도 모르겠습니다. 내가 기도하지 않았더라도 이는 너그럽게 봐 주실 문제입니다. 나는 그때에 비상 상태였으니까요." 하지만 느헤미야는 자기가 비상 상태에 빠진다면 그것이 기도를 잊어버릴 이유가 아니라 도리어 기도해야 할 이유라고 생각하였습니다. 느헤미야는 습관적으로 하나님과 교통하였으며, 그러므로 자신이 궁지에 몰린 것을 알자마자 마치 비둘기가 바위틈에 자신을 숨기기 위해 날아가듯이 곧 바로 하나님께로 날아갔습니다.

이때에 느헤미야가 기도를 드렸다는 것은 그가 목표가 이루어지기를 간절히 열망했을 것이기 때문에 더욱 놀라운 것입니다. 왕은 그의 소원을 물었고, 그의 온 마음은 예루살렘 성을 재건하는데 있었습니다. 그가 즉시 "왕이여, 만세수를 하옵소서. 저는 예루살렘 성을 건축하기를 원합니다. 저를 최대한 도와주십시오"라고 말하지 않았다는 것이 놀랍지 않습니까? 느헤미야는 그렇게 하지 않았습니다. 바라던 목표물에 와락 덤벼들어 잡아채고 싶은 심정이었지만 그는 손을 거두고 "하늘의 하나님께 묵도하였습니다." 저는 느헤미야를 존경하며 또한 닮고 싶습니다. 무리한 속도로 성급하게 나서는 것을 자제한 그 거룩한 경계심을 저는 그리스도인이라면 누구라도 가지기 바랍니다. "기도와 여물은 여행을 방해하지 않습니다." 우리가 마음으로 바라던 것이 바로 눈앞에 있을 때 그것을 몹시 붙잡고 싶어한다는 것은 분명한 사실입니다. 하지만 숲 속에서 새를 지켜보고 있다가 그것을 손으로 확실히 잡으려면 우리는 조용히 잠시 멈추어야 하며, 우리의 마음을 들어 하늘의 하나님께 기도해야 하는 것입니다.

그때에 느헤미야가 침착하게 기도했다는 것은 그가 이미 3, 4개월 동안 같은 문제로 기도하였기 때문에 더욱 놀라운 것입니다. 여러분 중에 더러는 이렇게 말할 것입니다. "내가 계속 기도했던 것이므로, 이제 할 일은 그것을 취하고 사용하는 것뿐입니다. 더 이상 기도해야 할 이유가 뭡니까? 온 밤을 눈물로 지새우고 매일 부르짖은 후에, 금식함으로 나 자신을 드리며 하늘의 하나님께 부르짖은 후에, 하나님과 뜨겁게 의논한 후에, 이제 마침내 응답이 온 것입니다. 그러므로 하나님께서 내게 주신 좋은 것을 취하고 그것을 기뻐하는 것 외에 내가 무엇을 해야 한단 말입니까?" 하지만 그렇지가 않습니다. 많이 기도한 사람은 다시 한 번 기도하는 사람이라는 것을 여러분은 알게 될 것입니다. "무릇 있는 자는 받아 풍족하게 되고"(마 25:29). 여러분이 기도의 묘미를 안다면 자주 기도하게 될 것입니다. 여러분이 속죄소(the mercy seat)를 잘 안다면, 계속해서 그곳을 찾아가게 될 것입니다.

> 누가 기도의 능력을 아는 자인가?
> 오직 기도의 자리로 자주 나아가는 자일세.

느헤미야가 그동안 내내 기도한 것이 사실이지만 그는 또다시 기도해야만 했습니다. "내가 곧 하늘의 하나님께 묵도하고."

느헤미야의 기도에 대하여 다시 한 번 생각해 봐야 할 가치가 있는 것은 그가 왕궁에서 기도하였기 때문입니다. 그것도 이방인 왕이 있는 왕궁 안이었습니다. 느헤미야는 술잔을 왕에게 올려드리는 중이었습니다. 틀림없이 그는 나라의 축제에서 자신의 임무를 완수하고 있던 중이었습니다. 그는 휘황찬란한 등불과 금과 은으로 된 장식물들 가운데 있었으며, 그 왕국의 방백들과 귀족들 사이에 있었습니다. 혹 그 축제가 왕과 왕비만을 위한 사사로운 축제였다 할지라도 높은 지위에 있는 사람들은 부담감을 느끼기 때문에 기도를 잊기가 쉽습니다. 그러나 이 경건한 이스라엘 사람은 왕의 발 앞에 서서 황금 잔을 올리는 그 시간, 그 자리에서 왕의 질문에 대답하는 것을 자제하고 먼저 하늘의 하나님께 기도 드렸던 것입니다.

이러한 기도가 질문을 더욱 자극한다고 저는 생각합니다. 이제 이러한 기도의 방법에 대하여 살펴봅시다.

느헤미야의 기도는 짤막한 기도였습니다. 말하자면 화살을 쏘는 사이에 다드리는 기도였습니다. 그것은 서서 은혜의 문을 두드린 기도가 아니었습니다. 두드리고, 두드리고, 또 두드리는 그런 기도가 아니었습니다. 반면 그것은 많은 두드림을 한데 모아 단번에 집중적으로 드린 기도였습니다. 이 기도는 시작하자마자 단 한 번에 끝나 버렸습니다. 아주 좋은 기도의 형태로서 이 짤막한 기도를 저는 여러분에게 권하고 싶습니다.

그것은 틀림없이 아주 짧은 기도였습니다. 이 기도는 왕이 질문하고 느헤미야가 대답하는 그 사이에 살짝 드려진 기도였습니다. 제가 이미 말씀드린대로, 기도한다는 것을 알아챌 만큼 시간이 걸렸다고 저는 생각하지 않습니다. 거의 1초도 걸리지 않았습니다. 분명히 왕은 느헤미야가 멈칫거리거나 지체한다는 생각을 전혀 하지 못했을 것입니다. 왜냐하면 느헤미야가 왕에게 질문을 받는 비상 상태에 처했으므로 조금이라도 왕에게 이의나 망설임을 보이지 않았을 것이기 때문입니다. 틀림없이 그 기도는 전깃불처럼 순식간에 이루어졌습니다.

사람이 강한 충격을 받은 상태가 되면, 놀랍게도 짧은 시간 안에 수많은 생각이 스쳐 지나갑니다. 여러분이 꿈을 꿀 때 적어도 한두 시간 정도는 꿈속에 빠져 있을 것입니다. 그러나 여러분이 깨어나기 직전에 그 모든 꿈이 스쳐지나갑니다. 잠자는 동안에는 한 번도 꿈꾸지 않다가 깨어나기 직전에 그 모든 꿈을 순간적으로 꾸게 됩니다. 익사하는 사람들이 구출 받은 이후에 하는 말을 들어보면, 그들이 물 속으로 가라앉는 동안 단 몇 초 안에 지금까지 살아온 삶의 파노라마가 그들의 눈앞에 지나간다고 합니다. 이처럼 마음은 짧은 시간 안에 많은 것을 성취할 수 있습니다. 느헤미야의 기도는 이같이 눈 깜짝할 사이에 이루어졌던 것입니다. 그 기도는 직관적으로 이루어졌습니다. 그러나 그 기도는 응답되었고, 하나님과 겨루어 이긴 기도로 인정받았습니다.

우리가 알아야 하는 또 한 가지 사실은 그 기도가 침묵 기도(묵도)였다는 사실입니다. 단순히 소리만 없었던 것이 아니라 외부적으로 아무런 조짐을 보이지 않은 그런 기도였습니다. 말하자면 완전히 비밀이었습니다. 비록 느헤미야가 바로 왕 앞에 서 있었지만, 왕은 느헤미야가 기도하는 것을 전혀 눈치채지 못했습니다. 느헤미야는 한나처럼 입술을 움직이지 않았으며, 또한 눈을 감지도 않았습니다. 그의 기도는 완전히 마음속으로 하나님께 드린 기도였습니다. 성전의 지성소 — 곧 느헤미야의 은밀한 영혼의 지성소 — 에서 그는 기도드렸던 것입니다. 그 기도는 짧고 침묵하는 기도였으며, 순간적으로 이루어졌습니다. 그는 다니엘처럼 방으로 가지 않았으며, 창문을 열어놓지도 않았습니다. 물론 다니엘은 바른 기도를 드렸지만 이번은 아주 다른 경우였습니다. 느헤미야는 그때에 왕궁 밖으로 나가 은둔할 수 없었습니다. 심지어 그는 얼굴을 벽 쪽으로 향하지도 못했고 혹은 궁전의 모퉁이를 찾을 수도 없었습니다. 그저 손에 잔을 든 채로 그 자리, 그 시간에 하늘의 하나님께 기도드렸고, 그런 다음에 왕의 질문에 대답하였던 것입니다.

본문의 표현으로 보아 그 기도는 매우 강하고 직접적인 기도였던 것이 분명합니다. "내가 곧 하늘의 하나님께 묵도하고"라고 그는 말합니다. 느헤미야가 좋아하는 이름이 바로 "하늘의 하나님"이었습니다. 그는 누구한테 기도하는지 알았습니다. 그는 모험적으로 절하지 않았고 아무렇게나 기도하지 않았으며, 다만 하늘의 하나님께 기도 드렸습니다. 그가 바라는 바를 직접 하나님께 아뢰었습니다. 비록 그의 기도의 시간은 아마 일초도 안 걸렸겠지만 그의 기도는 속히 이루어졌습니다.

그의 기도는 놀랄 만한 것이었습니다. 왜냐하면 느헤미야 자신이 기도한 것을 결코 잊지 않았기 때문입니다. 저는 수백 번 수천 번 기도하였습니다만, 긴박했던 당시의 상황에 대하여, 혹은 흥분한 그 감정들에 대하여 훗날 상세하게 기억하지는 못했습니다. 다만 내 생애에 결코 잊을 수 없는 한두 가지의 기도가 있을 뿐입니다. 저는 그런 기도들을 일기에 적어 두지 않았지만 당시 기도했던 때를 기억합니다. 왜냐하면 그때는 매우 특별한 때였고 또한 그 기도는 매우 절박한 기도였으며, 그 응답은 매우 놀라운 것이었기 때문입니다.

지금 느헤미야의 기도는 결코 그의 기억에서 지워지지 않았습니다. 후에 역사적인 평가를 내릴 때 그는 그때의 일을 이렇게 기록하였습니다. "내가 곧 하늘의 하나님께 묵도하고." 질문과 대답 사이의 언저리에서 잠깐 기도를 드렸을 뿐입니다. 그러나 이는 느헤미야의 헌신을 보여 주는 하나의 단편으로서 매우 중요한 의미를 지니며, 따라서 예루살렘 성의 회복과 중건이라는 역사적인 사건으로서 역사서에 기록되어 있는 것입니다. 이것이 하나의 계기가 되어 중대한 사건으로 상황이 발전하게 되었습니다. 느헤미야도 이런 사실을 느꼈으며, 그러므로 다음과 같이 기록으로 남겼던 것입니다. "내가 곧 하늘의 하나님께 묵도하고."

사랑하는 친구들이여, 이제 세 번째 대지로서 이와 같은 훌륭한 기도의 방법을 여러분에게 권하고자 합니다.

저는 주로 하나님의 자녀들, 곧 하나님을 믿는 여러분에게 권면할 것입니다. 저는 자주 여러분에게 부탁하다 못해 이 짤막한 기도의 방법을 사용할 것을 여러분에게 항상 요청할 것입니다. 그리고 여기에 계신 분들 중에 한 번도 기도해 보지 못한 분들도 이 집을 떠나기 전에 하늘의 하나님께 이런 기도를 드려 보시기 바랍니다. 즉, 짧지만 간절한 기도, 성전에서 세리가 "하나님이여 불쌍히 여기소서 나는 죄인이로소이다"(눅 18:13)라고 부르짖었던 그런 기도를 드려 보시기 바랍니다.

이제 이 문제를 실제적으로 다루고자 합니다. 시간을 정해 놓고 기도한다는 것은 모든 그리스도인의 의무이자 특권입니다. 사람이 정기적으로, 최소한 아침과 저녁에 기도하는 시간을 갖지 않으면서 경건의 능력을 유지한다는 것을 저는 이해할 수 없습니다. 다니엘은 하루에 세 번씩 기도하였으며, "다윗은 내가 하루 일곱 번씩 주를 찬양하나이다"(시 119:164)라고 고백하였습니다. 여러분이 시간을 정해 놓고, "이 시간들은 하나님께 속한 것이오. 나는 이러이러한 시간에는 하나님과 교제해야 합니다. 친구와 만나기로 약속했다면 그 시간을 꼭 지켜야 하는 것처럼 하나님과의 약속시간도 나는 꼭 지키려고 합니다"라고 말하는 것이 여러분의 심령에도 유익하며, 여러분의 기억에도 유익하며, 여러분의 도덕적인 생활에도 유익합니다.

토머스 애브니(Thomas Abney) 경이 런던의 시장으로 재직할 때, 연회 때문에 다소 괴로워하였습니다. 토머스 경은 정해진 시간에 그의 가족과 함께 항상 기도하였기 때문입니다. 가족이 기도하는 시간을 지키기 위하여 연회를 중단해야 하는 어려움이 있었던 것입니다. 그러나 그는 기도하는 시간을 지키기 위하여 자리를 비울 만큼 경건을 중요하게 여겼습니다. 그때에 그는 친한 친구와 특별한 약속이 있다고 측근에게 말하고는 빠져 나왔습니다. 그리고 기도의 시간을 마치고는 다시 자기 자리로 되돌아왔으며, 아무도 그의 지혜를 따를 수 없었지만 평소에 예배드리느라 자리를 비운 만큼 더 열심히 일을 하였습니다.

이와 같이 경건의 습관의 중요성을 강조하였으므로 이제 저는 또 다른 종류의 기도의 가치를 여러분에게 강조하고 싶습니다. 이른바, 짧고 간단하며 신속하고 잦은 기도로서 느헤미야가 우리에게 본을 보여 준 그런 방식의 기도입니다. 저는 이런 기도를 권합니다. 왜냐하면 이 기도는 약속을 방해하지 않으며 시간도 들지 않기 때문입니다. 여러분이 옥양목을 재서 끊거나, 식료품을 사거나, 계산을 하거나, 이런 일들을 하면서 "주여 나를 도우소서"라고 기도할 수 있습니다.

여러분은 하늘을 향해 기도로 호흡하면서 "주여 나를 지켜 주소서"라고 기도할 수 있습니다. 이렇게 기도하는 데는 시간이 걸리지 않습니다. 이 기도는 업무에 심하게 시달리는 사람들에게 매우 유익한 기도이며, 그들은 이런 기도를 하면서 조금이라도 업무에 지장을 받지 않습니다. 여러분은 특정한 장소로 갈 필요도 없습니다. 이 기도는 여러분이 있는 곳에 그대로 서 있어도 가능하고, 마차를 타고 있어도 가능하며, 길을 걸어가면서도 가능하고, 톱질 구덩이 밑에서 톱질할 수도 있으며, 또 구덩이 위에서 톱질할 수도 있습니다. 제단도, 교회도, 소위 성스러운 장소도 필요 없습니다. 다만 여러분이 있는 곳에서 단지 잠시만 기도하면, 그 기도가 하나님의 귀에 들릴 것이며, 여러분은 복을 얻게 될 것입니다.

이런 기도는 어느 곳에서나, 어떤 상황에서나 드릴 수 있습니다. 어떤 상황에서 이런 기도를 드릴 수 없는지 저는 아는 바 없습니다. 땅에서나 바다에서나, 병들었을 때나 건강할 때나, 손해를 보았을 때나 이익을 보았을 때나, 큰 실패를 했을 때나 큰 성공을 거두었을 때나, 영혼은 짧게 호흡할 수 있으며, 신속하게 하나님께 말씀드릴 수 있습니다. 이런 기도의 장점은 여러분이 자주 그리고 항상 기도할 수 있다는 것입니다. 기도하기 위해 15분의 시간이 필요하다면 아무리 해도 시간을 낼 수 없겠지만, 기도하는데 1분도 채 걸리지 않는다면 여러분은 그 시간을 내고 또 내도 상관이 없을 것이며, 하루에 백 번이라도 기도할 수 있을 것입니다. 기도의 습관은 복된 것이지만 기도하는 영혼(the spirit of prayer)은 더욱 복됩니다. 이런 짤막한 기도들의 모체는 바로 기도하는 영혼입니다. 그러므로 저는 이런 기도를 좋아합니다. 이 기도의 모체인 영혼이 풍성하기 때문입니다. 하루에 여러 번 우리는 주 우리 하나님과 대화할 수 있습니다.

주변의 모든 환경들이 이 기도를 하라고 부추깁니다. 언젠가 불쌍한 한 사람이 제게 찬사를 보낸 일이 생각납니다. 그는 병원에 입원해 있었습니다. 제가 그를 심방하였을 때, 그는 제게 이렇게 말했습니다. "수년 동안 목사님의 설교를 들어왔는데, 지금 제가 무엇을 보든지 그것이 목사님께서 하신 말씀을 생각나게 해 주는 것 같아요. 처음 들었을 때만큼 생생하게 다가오게 한답니다."

짤막한 기도의 방법을 아는 사람은 자기 주변에 있는 모든 것의 도움을 받아 거룩한 습관에 이르게 될 것입니다. 그것이 아름다운 경관입니까? 그렇다면 이렇게 말하십시오. "온 세상을 이처럼 보석과 같은 형태와 색깔로 만드셔서 그 광경을 보고 즐기게 하시며 마음을 기쁘게 하시는 하나님을 송축할지어다." 여러분이 지금 서글픈 어두움 속에 있습니까? 안개가 자욱히 끼어 있습니까? 그렇다면 이렇게 고백하십시오. "오 주여, 나의 어두움을 밝혀 주소서." 동료들과 함께 있습니까? 그렇다면 여러분은 이렇게 기도하게 될 것입니다. "주여, 나의 입술의 문을 지켜 주소서." 여러분이 혼자 있습니까?

그렇다면 이렇게 기도할 수 있습니다. "나로 혼자 있게 마소서. 아버지여, 나와 함께 하여 주소서."

여러분이 기도 드릴 마음의 자세만 갖추고 있다면, 옷을 입을 때든지, 아침에 식탁에 앉을 때든, 교통수단을 이용할 때든, 길을 거닐 때든, 회계장부를 펼칠 때든, 가게문을 닫을 때든, 그 모든 상황 가운데서 지금 제가 설명하고 있는 이 기도를 드리게 될 것입니다.

제가 이 기도를 권하는 것은 이 기도가 참으로 영적인 기도이기 때문입니다. 말을 많이 하는 기도는 입술로만 하는 기도가 될 수 있습니다. 기도책을 보고 드리는 기도는 조금도 권할 것이 못됩니다. 여러분의 손이 아니라 여러분의 마음으로 기도하십시오. 혹, 여러분이 기도하다가 손을 들고 싶으면 다른 사람의 손이 아니라 여러분 자신의 손을 드십시오. 심령에서 나오는 기도 — 곧 강한 감동, 뜨거운 열망, 살아 있는 믿음의 표현 — 는 참으로 영적인 것입니다. 그리고 영적인 기도 외에 다른 기도를 하나님께서는 열납하지 않으실 것입니다.

이런 기도는 사람들을 기쁘게 하려는 잘못된 동기로 드려진다는 의심을 전혀 받지 않습니다. 우리의 영혼 속에서 드리는 은밀한 묵도를 우리가 칭찬을 받으려는 목적으로 드린다고 사람들은 말하지 못할 것입니다. 왜냐하면 아무도 우리가 기도하고 있다는 것을 알 수 없기 때문입니다. 그러므로 여러분에게 이 기도를 드리라고 권하며, 이러한 기도를 많이 드리시기 바랍니다. 외식하는 자들은 시간을 정해 놓고 기도합니다. 제가 알기로 외식하는 자들은 하나님의 보좌 앞에 있는 천사들처럼 규칙적으로 기도하지만, 그 기도 속에는 생명이 없고 영혼이 없습니다. 그들의 가식적인 충성은 열납되지 못합니다. 그러나 속으로 기도하는 사람은 외식할 수 없습니다. 그는 마음으로 하나님과 대화합니다. 그 기도 속에는 진실이 있고, 힘이 있고, 생명이 있습니다.

간단히 말해서, 짤막한 기도는 우리에게 쓸모가 많습니다. 이 기도는 자주 우리를 억제합니다. 성미가 까다로운 여러분이 언제나 입술에서 거친 말들이 쏟아지기 전에 짧게 기도를 드린다면, 여러분은 그때마다 그런 못된 말들을 발설하지 않게 될 것입니다. 착한 아내가 남편에게 잔소리하기 5분전에 이 짤막한 기도를 드리면 이 여인은 냉수를 마시면서 입술을 능히 제어하게 될 것입니다. 저 개인적으로도 이 짤막한 기도가 결코 나쁜 방법이 아니었다고 감히 말씀드릴 수 있습니다. 아내가 괴벽스러운 버릇을 행하는 대신에 하나님께 짧게 기도를 드린다면, 많은 효과를 볼 것이며 또한 이런 모습이 훨씬 더 성경적일 것입니다. 여러분이 사업을 하다가 돈에 대하여 약간의 의심이 들거나 혹은 확실한 혐의를 잡고 직원들을 모두 모이라고 할 때, "선하신 주님, 저를 인도하소서"라고 기도하면 후회할 일을 하지 않게 될 것입니다.

또한 이렇게 짧게 기도하는 습관은 여러분이 자신을 의지하는 것을 억제해 줄 것입니다. 짧은 기도를 드리므로 여러분은 하나님을 의지하게 될 것입니다. 이 짧은 기도는 여러분이 세속화되는 것을 막아 줄 것입니다. 이는 여러분의 심령의 방 안에서 타는 향기와 같아서 세상의 열기가 여러분의 마음에 가까이하지 못하도록 해 줄 것입니다.

그 밖에도 이 기도는 하늘의 축복을 우리에게 내려 줍니다. 짤막한 기도들은 지존하신 하나님께서 모두 들어주셨습니다. 예를 들면, 아브라함의 종 엘리에셀이 드린 기도, 죽으면서 "여호와여 나는 주의 구원을 기다리나이다"(창 49:18)라고 기도한 야곱의 기도, 성경에는 기도했다는 기록은 없지만 모세가 홍해 앞에서 속으로 드렸던 짧은 기도 — 그때에 하나님께서 모세에게 "너는 어찌하여 내게 부르짖느냐"고 말씀하셨음 — 그리고 다윗이 자주 드렸던 짤막한 기도들입니다. 이처럼 하나님께서 짤막한 기도에 응답하시므로 이런 기도를 많이 드리십시오.

저는 짤막한 기도의 장점을 계속해서 말씀드릴 수 있지만, 이제 저는 한 가지만 더 말씀드리려고 합니다. 오래 기도하면 죽을 것 같은 특이한 체질의 사람들에게 이 기도는 매우 유용합니다. 이런 사람들의 성미는 급합니다. 시간이 기도의 중요한 요소는 아닙니다. 우리가 오래 기도한다고 하나님께서 들으시는 것이 아닙니다. 다만 하나님은 진실한 기도를 들으십니다. 기도는 미터로 측정할 수도 없고, 킬로그램으로 측정할 수도 없습니다. 측정 기준은 기도의 힘이요 진실이며, 기도의 에너지와 간절함입니다.

마음에 여유가 없고 성급하여 많은 말을 하지 못하거나, 혹은 한 가지 일에 오랫동안 몰두하는 여러분이 낙심하지 말아야 하는 것은 짤막한 기도를 하나님께서 들으시기 때문입니다. 사랑하는 친구여, 여러분이 몸의 상태가 안 좋아 이런 식으로밖에는 달리 기도하지 못할 수도 있습니다. 어떤 사람은 두통 때문에 생활에 큰 지장을 받기도 하며, 의사가 몸의 상태를 여러분에게 설명해 주기도 합니다. 이 때문에 마음이 한 가지 일에 대하여 오래 집중하지 못하기도 합니다. 바로 그때에 짧게, 순간적으로, 뜨거운 심령으로 자신의 속사정을 — 하루에 오십 번이나 백 번 — 하나님께 말씀드릴 수 있다는 사실이 큰 힘이 될 것입니다. 그러므로 이는 복된 기도의 방법입니다.

이제 저는 이 짤막한 기도에 의지해야 할 때가 언제인지 잠시 말씀드리고 설교를 마치겠습니다. 로울랜드 힐(Rowland Hill, 1744 - -1883년, 영국 복음주의 설교자)은 경건의 깊이가 뛰어난 사람이었습니다. 제가 그를 연구하기 위하여 에지(Edge) 밑에 있는 워튼(Wotton)에서 사람들에게 집요하게 물어보았지만 만족스러운 대답을 듣지 못하였습니다. 마침내 그곳의 착한 목사님이 입을 열었습니다.

"사실 우리도 전혀 모릅니다. 힐은 정원에서, 거실에서, 침실에서, 길거리에서, 숲 속에서, 그리고 어디에서나 묵상하곤 하였답니다."

"그렇다면 그는 어디에서 기도하였죠?"

그들은 처음엔 힐이 자기 방에서 기도한 줄 생각했지만 사실은 언제나 기도하고 있었다고 말하였습니다. 그는 동료들과 어울려 착한 일을 하며 시간을 보냈지만 사실상 그는 끊임없는 기도 가운데 전 생애를 지낸 것 같았습니다. 월워스(Walworth)에 있는 조지 클레이튼 예배당에서 있었던 힐의 이야기를 여러분도 알고 있습니다. 그는 모든 사람이 다 떠난 후 통로에서 자신의 마부를 기다리고 있었습니다. 이 노인은 통로를 왔다 갔다 하고 있었는데, 누군가 자세히 들어보니까 그는 다음과 같이 노래하고 있었답니다.

> 내가 죽으면 나를 영접해 달라고 부르짖으리.
> 예수님께서 지금까지 나를 사랑하셨지. 그 이유는 모르겠어.
> 하지만 내가 깨달은 것은, 우리 둘이 하나라는 것이지.
> 그분은 하늘에 계시면서 나를 버려 두진 않으실 거야.

이런 시가들과 단가들, 그리고 아름다운 격언을 노래하며 그는 인생의 매 순간을 보내곤 하였던 것입니다. 힐이 수도사들의 거리에서 있었던 일이 세상에 알려졌습니다. 그는 외투 자락 안에 손을 넣은 채 상점의 진열장을 들여다보는 모습을 하고 있었습니다. 그러나 여러분이 그의 곁에서 그가 하는 말을 들었다면, 그 순간에 그가 하나님 앞에서 영혼을 토해내는 기도를 하고 있었다는 것을 곧 알아차릴 것입니다. 그는 끊임없이 기도하는 상태를 유지하였습니다. 사람이 항상 기도하고, 쉬지 않고 기도하며, 이런 짤막한 기도로 하나님께 늘 가까이 갈 수 있는 상태가 최선이라고 저는 믿습니다.

그러나 짤막한 기도를 드려야 할 때를 여러분에게 골라 주어야 한다면, 저는 다음과 같이 말씀드리겠습니다. 여러분이 큰 기쁨을 가질 때마다 "주여, 이것이 내게 참된 복이 되게 하옵소서"라고 부르짖으십시오. 다른 사람들처럼 "내가 행운아가 아닌가?"라고 소리치지 말고, "주여, 내게 더 많은 은혜, 더 많은 감사를 주시옵소서"라고 하십시오. 여러분이 어려운 일, 막중한 일을 맡았거든, 짧은 기도로 여러분의 영혼을 하나님 앞에 쏟아놓기까지는 그 일에 손대지 마십시오. 여러분 앞에 어려움이 있고 정말로 골치 아플 때, 일이 꼬이고 여러분 스스로는 도저히 풀 수 없다는 생각이 들 때, 짤막한 기도를 드리십시오. 1분도 필요 없습니다. 한마디의 기도만으로 꼬였던 많은 것들이 쉽게 풀리니 참으로 놀라운 일입니다.

착한 여인이여, 자녀들이 여러분의 골치를 썩이고 있습니까? 염려와 고민으로 인내가 거의 바닥이 나버린 것 같습니까? 그렇다면 짤막한 기도를 드릴 때입니다. 그러면 여러분은 자녀들을 훨씬 더 잘 다루게 될 것이며, 그들의 못된 성미를 훨씬 더 차분하게 참아낼 것입니다. 여하간 여러분의 마음은 편안해질 것입니다.

여러분 앞에 시험이 있다고 생각하십니까? 누군가 여러분을 해하려고 음모를 꾸미고 있다는 의심이 듭니까? 그렇다면 바로 지금 "저의 대적을 인하여 저를 평탄한 길로 인도하소서"라고 기도하십시오. 여러분이 작업대에서, 또는 상점에서, 또는 창고에서 일하고 있습니까? 음탕한 대화와 치욕적인 신성모독으로 귀가 괴롭습니까? 바로 지금 짧은 기도를 드리십시오. 또 여러분을 슬프게 하는 어떤 죄를 목격하셨습니까? 그것 때문에 기도하십시오.

이런 일들로 인하여 여러분은 기도할 마음을 가져야 합니다. 그리고 맹세하는 말을 들을 때마다 그리스도인들이 항상 짧게 기도한다면, 마귀의 유혹을 물리치고 맹세하지 않게 될 것이라고 저는 믿습니다. 그 맹세한 대로 이루어지지 않는다는 사실을 그들이 깨달을 것입니다.

신성모독 때문에 우리가 기도한다면 사람들의 신성모독은 다소 줄어들 것입니다. 여러분의 마음이 탈선하였다고 생각하십니까? 죄가 여러분의 넋을 빼앗고 있습니까? 바로 지금 기도하십시오. 뜨겁고 간절하며 열렬하게 부르짖으십시오.

"주여, 나를 붙잡아 주옵소서." 여러분의 눈이 못 볼 것을 보았고, 그때문에 마음이 오염되었습니까? 여러분의 발이 거의 실족할 뻔하였으며, 여러분의 걸음이 거의 미끄러질 뻔하였습니까? 지금 바로 기도하십시오. "주여, 나의 오른 손을 붙잡아 주옵소서." 뜻밖의 일이 벌어졌습니까? 한 친구가 악을 행하였나요? 그렇다면 다윗처럼 이렇게 기도하십시오. "여호와여 원하옵건대 아히도벨의 모략을 어리석게 하옵소서"(삼하 15:31). 지금 짤막한 기도를 드리십시오. 여러분이 정말로 선을 행하고 싶습니까? 이를 위하여 기도하십시오. 젊은이의 영혼에 대하여 그에게 말할 작정입니까? 형제여, 먼저 기도하십시오. 여러분의 동료들에게 이번 주에 편지를 써서 영적인 행복에 대하여 가르쳐 줄 작정입니까? 형제여 한 줄씩 쓸 때마다 기도하십시오. 여러분이 기도하면서 그리스도에 대하여 말하는 것이 언제나 유익합니다.

저는 기도하면서 설교하면 설교가 더 잘 된다는 사실을 항상 체험합니다. 기도하는 심령은 설교할 때 대단히 활기찹니다. 설교를 하면서 기도할 수 있습니다. 사람에게 설교하면서 하나님을 바라볼 수 있습니다. 한 손으로는 하나님의 공급을 받고, 다른 한 손으로는 그 받은 것을 나눠 줄 수 있습니다. 살아 있는 동안 기도하십시오. 여러분이 큰 고통 중에 있을 때 기도하십시오. 고통이 심하면 심할수록 하나님께 더욱 간절하게 더욱 끈질기게 기도해야 할 것입니다. 죽음의 그늘이 여러분을 덮을 때, 야릇한 감정으로 흥분되거나 오싹해질 때, 순례의 길을 거의 다 마쳤다는 사실을 분명히 알 때, 그때에 기도하십시오. 오! 참으로 이때는 짤막한 기도를 드려야 할 때입니다. 다음과 같이 짧고 힘있게 기도하십시오. "주의 얼굴을 내게서 숨기지 마소서"

(시 143:7). 혹은 "하나님이여 나를 멀리 하지 마소서"(시 71:12). 이런 기도들이 틀림없이 여러분을 만족시킬 것입니다.

"주 예수여 내 영혼을 받으시옵소서"(행 7:59), 이는 스데반이 극한 상황 속에서 드린 절박한 기도였습니다. "아버지 내 영혼을 아버지 손에 부탁하나이다"(눅 23:46), 이는 여러분의 주님께서 머리를 떨구시고 운명하기 직전에 친히 하신 말씀이었습니다. 여러분도 똑같은 말씀으로 기도하므로 주님을 본받는 것이 마땅할 것입니다.

이러한 사상을 권하고 충고할 수 있는 대상은 오로지 성도들과 그리스도 안에 있는 믿음의 형제들뿐입니다. 여러분은 그런 사람들에게 권하기가 쉬울 것입니다. 그렇다고 회개하지 않은 사람들에게 해 줄 말이 전혀 없을까요? 회개하지 않은 사람들이라도 지금까지 들은 말씀을 잘 활용하면 유익을 얻을 수 있습니다. 그러나 지금은 여기 계신 여러분들에게 할 수 있는 한 적절하게 말씀드리고자 합니다. 여러분은 구원을 받지 못하였지만 그렇다고 "나는 기도할 수 없어"라고 말해서는 안 됩니다. 기도가 이처럼 간단한 것이라면, 여러분이 무슨 핑계로 기도를 경시할 수 있겠습니까? 기도하는데 많은 시간이 필요하지 않습니다.

이런 짤막한 기도들을 하나님은 들으십니다. 그리고 하나님을 "반드시 그가 계신 것과 또한 그가 자기를 찾는 자들에게 상 주시는 이"(히 11:6)라고 믿는 기본적인 신앙만 갖고 있다면 여러분 모두 이런 기도를 드릴 수 있는 능력과 기회를 얻게 될 것입니다. 추측하건대, 고넬료는 이 기본적인 신앙 때문에 하나님의 기억하신 바가 되었습니다. 그때에 천사가 나타나 베드로를 청하라고 지시하였으며, 그의 집에 온 베드로는 예수 그리스도로 말미암는 평안을 그에게 전하였고 마침내 그의 심령이 변화를 받게 되었습니다. 희한하게도 이 태버너클(스펄전 목사의 교회당 이름) 성전 안에서 남자든 여자든 한 번도 기도해 본 적이 없는 그런 분이 계십니까? 그런 분들에게 어떻게 충고해야 할까요? 우리의 찬송가에는 나와 있지 않지만 지금 살아 있는 한 시인의 글을 인용하여 적당한 선율로 불러보겠습니다. 저는 이 글을 인용하여 자주 부르곤 합니다.

이 세상이 꿈꾸는 것보다
더 많은 것들이 기도로 이루어집니다
그런 까닭에 밤낮 흐르는 샘물처럼
당신의 목소리를 발하십시오
양이나 염소보다 사람이 나은 것이 무엇입니까
뇌 속에 숨어 있는 생명을 기르는 것이지요
자기 자신과 친구들을 위하여
기도의 손을 올리지 않는다면
어찌 하나님을 안다고 할 수 있으리요?
온 세상 모든 길이
황금 사슬로 하나님의 발에 감겨 있답니다

일반적으로 사람들은 누군가에게 기도하기 때문에 전혀 기도하지 않는 사람은 없다고 저는 생각합니다. 하나님께 마땅히 드려야 하는 기도를 결코 드리지 않는 사람은 마땅히 드려서는 안 되는 그런 기도를 하나님께 드립니다. 사람이 하나님께 자기를 저주해 달라고 요구하는 것은 실로 무서운 일입니다. 그러나 그렇게 하는 사람들이 있습니다(서양의 욕인 God damn은 '하나님이여 저주하소서' 라는 말임: 역주). 하나님께서 여러분의 말을 듣는다고 생각해 보십시오. 하나님은 기도를 들으시는 하나님이십니다. 제가 신성을 모독하는 욕을 하는 사람에게 이 자리에서 설교한다면 이 문제를 분명하게 짚고 넘어갈 것입니다. 전능하신 하나님께서 여러분의 말을 다 듣고 응답하신다면 여러분은 어찌 되겠습니까? 여러분이 심한 저주를 쏟아내다가 눈이 멀거나 혀가 굳어 버린다면, 불경스러운 말에 대한 갑작스러운 심판을 여러분이 어찌 견디시렵니까?

저주를 담은 기도 중 몇 개가 여러분 자신에게 응답된다면, 그리고 여러분이 흥분해서 아내와 자녀에게 쏟아 부은 저주가 그들이 상처와 탈선으로 이루어진다면, 이 얼마나 무서운 일이겠습니까! 하나님은 기도에 응답하십니다. 언젠가 하나님께서 여러분의 저주 섞인 기도에 응답하셔서 여러분을 수치와 영원히 계속되는 혼란 속에 빠뜨리실지 모릅니다. 그러므로 이제 여러분이 이 자리를 떠나기 전에 다음과 같이 기도하는 것이 좋지 않겠습니까? "주여, 내게 자비를 베푸소서. 주여, 나를 구원하소서. 주여, 나의 마음을 변화시켜 주소서. 주여, 내게 그리스도를 믿을 수 있게 하옵소서. 주여, 내게 예수님의 보혈에 관심을 갖게 하옵소서. 주여, 지금 나를 구원하소서."

여러분 모두 이런 짤막한 기도를 드리지 않으시렵니까? 성령께서 그렇게 하도록 여러분을 인도하시기 바랍니다. 그리고 여러분이 한 번만이라도 바르게 기도하기 시작한다면, 여러분이 기도를 중단하리라는 염려를 저는 하지 않을 것입니다. 왜냐하면 참된 기도 속에는 영혼을 견고하게 붙잡는 힘이 있기 때문입니다.

제2부

구약의 여성들

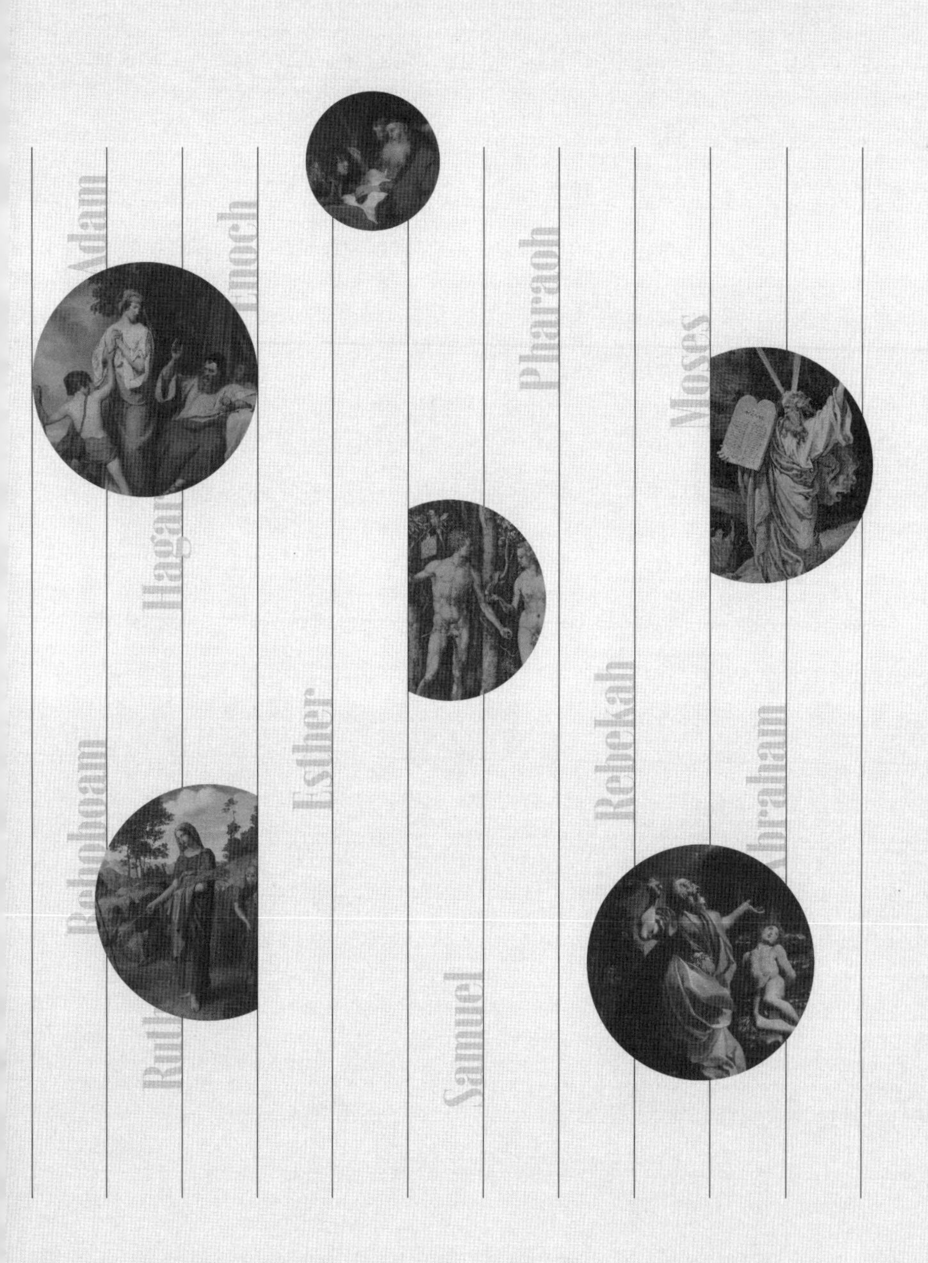
Adam
Enoch
Pharaoh
Moses
Hagar
Esther
Rebekah
Abraham
Rehoboam
Ruth
Samuel

1

하갈(1)

영혼들을 불쌍히 여김

"이르되 아이가 죽는 것을 차마 보지 못하겠다 하고 화살 한 바탕 거리 떨어져 마주 앉아 바라보며 소리 내어 우니"(창 21:16).

본문의 상황을 간단하게 설명하도록 하겠습니다. 하나님의 말씀에 따르면, 아이 이삭이 아브라함의 상속자였습니다. 여종 하갈에게서 낳은 아브라함의 장자 이스마엘은 열여덟 살까지 아버지 집에서 살았습니다. 그러나 하나님께서 상속자로 정하신 그 어린 동생을 이스마엘이 조롱하기 시작했을 때 그와 그 어머니는 아브라함의 거처에서 쫓겨날 수밖에 없었습니다. 이들 모자를 내보낸 것은 몰인정하고 무자비한 것처럼 보일 수도 있습니다. 하지만 이들 모자의 살 길을 예비하신 하나님께서는 즉시 이들을 쫓아낼 것을 명하셨고 이 일의 성공을 보증하셨습니다. 하나님께서 어떠한 명령을 내리시든 그분은 틀림없이 정당한 이유로 그렇게 하시는 줄 우리는 확신할 수 있습니다. 내어보내어 독립시키는 것이 하갈이나 이스마엘에게 결코 손해가 아니라는 것을 하나님은 아셨으며, 또한 그들이 원하는 모든 것을 보장해 주기로 약속하셨습니다.

"그러나 여종의 아들도 네 씨니 내가 그로 한 민족을 이루게 하리라 하신지라"(창 21:13). "이스마엘에 대하여는 내가 네 말을 들었나니 내가 그에게 복을 주어 그를 매우 크게 생육하고 번성하게 할지라. 그가 열두 두령을 낳으리니 내가 그를 큰 나라가 되게 하려니와"(창 17:20).

믿음으로 아브라함의 장막에서 나갈 수 있었다면 그들은 즐거운 발걸음으로 사막을 걸었을 것이며, 그들을 나가게 하신 하나님, 그들에게 복을 주시겠다고 약속하신 하나님께서 그들에게 필요한 모든 것을 분명히 공급해 주실 것이라고 확신했을 것입니다. 아침 일찍이 그들은 가져갈 수 있을 만큼 양식을 짊어지고 여행길에 올랐습니다. 하갈은 애굽 출신이었으므로 아마도 그들은 애굽으로 가려고 했을 것입니다. 하지만 그들은 길을 잃었을지 모릅니다. 어쨌든 성경은 그들이 광야에서 방황하였다고 기록하고 있습니다. 그들이 가지고 간 양식이 다 떨어졌으며, 가죽부대에 넣은 물도 고갈되었습니다. 두 모자는 광야와 무자비한 모래 열기로 인해 기진맥진하였습니다. 두 모자 모두 탈진하였으며, 어린 자식은 완전히 죽을 지경이 되었습니다. 그 어머니는 있는 힘을 다해 아이의 비틀거리고 힘없는 발걸음을 부축해 주었으나 역부족이었습니다. 더 이상 부축할 수 없었을 때 하갈은 힘이 다 빠져 버렸으며, 작열하는 태양의 열기를 피할 수 있도록 자식을 관목덤불 아래에 두었습니다. 하갈이 자식의 얼굴을 들여다보니 그 얼굴이 창백해져 죽음이 드리워져 있는 것을 알았고, 자신에게 자식을 살릴 수 있는 힘이 없는 것을 알고는 차마 앉아서 그의 얼굴을 쳐다볼 수 없었습니다. 그래서 거리를 두고 떨어져서 자식을 지켜보았습니다.

하갈은 상한 심령으로 앉아서 억수 같은 눈물을 흘렸습니다. 가슴이 찢어질 듯이 괴롭게 울부짖는 소리가 주변의 바위들을 깜짝 놀라게 하였습니다. 어머니와 아들의 교만한 심령은 번영을 누리기 전에 울며 주저앉아 있어야 할 필요가 있었습니다. 이전에도 이 어머니는 지금과 똑같은 상황 속에서 교만이 꺾였던 적이 있었습니다. 그러나 이 여인은 이번에 또다시 교만한 마음으로 돌아갔으며, 자기 아들로 하여금 거만하게 사라의 아들을 괴롭히도록 부추겼습니다. 그리하여 다시금 징벌을 받지 않을 수 없게 된 것입니다. 마찬가지로 교만한 마음을 가진 이 아이도 어린 시절에 잠시 멍에를 메어야 할 필요가 있었습니다. 들사람으로 자라 훗날 무적의 아랍 민족의 조상이 될 그는 아브라함의 기도에 대한 응답으로 그에게 허락된 언약이 성취되기 전에 하나님의 능력을 깨달아야 할 필요가 있었던 것입니다.

내가 본문을 옳게 해석해 본다면, 이 어머니가 이처럼 슬피 울고 있는 동안 거의 모든 사람에게 버림을 받은 이 아이는 자신이 의지할 데 없는 상태에 있다는 것을 충분히 인식하였습니다. 그리고 자기 아버지의 하나님을 기억하고 하늘을 향하여 도와달라고 마음속으로 부르짖었습니다. 여호와께서는 그 어머니의 눈물에는 응답하지 않으셨습니다(전에 구원받은 것을 기억하고 더 강해졌어야 했던 믿음이 오히려 약해졌고, 결과적으로 기도가 막히고 말았다). 그러나 정신을 잃고 쓰러진 이 아이의 소리 없는 기도가 엘로힘 하나님의 귀에 들렸습니다. 이에 하나님의 천사가 나타나 샘물이 있는 곳을 가르쳐 주었습니다. 아이는 한 모금의 생명수를 마시고 곧 회복되었으며, 이후에 그와 그의 후손 대대로 하나님의 언약대로 번성하게 됩니다. 제가 지금 여러분에게 강조하고자 하는 주제를 설명하는데 도움이 되는 것 외에는 이 이야기에 대해 말하지 않을 것입니다.

물이 없어 죽어 가는 자기 아이를 불쌍히 여기는 어머니의 마음을 보십시오. 그리고 모든 그리스도인들은 그리스도 없이 멸망당하며, 구원의 소망 없이 영원히 멸망당할 영혼들을 향해 이렇게 불쌍히 여기는 마음을 가져야 한다는 사실을 기억하십시오. 이 아이의 어머니가 목소리를 높여 울부짖었다면 우리도 그리해야 할 것입니다. 이 어머니가 너무나 괴로운 마음에 죽어 가는 아이의 모습을 차마 보지 못하였다면, 우리도 회개하지 않고 죽어 가는 모든 영혼들이 당할 진노를 생각하고 괴로워해야 할 것이며, 아울러 우리 이웃들을 구원하기 위해 간절히 기도하고 열심히 노력해야 할 것입니다.

영혼들을 불쌍히 여기지 않으면 안 되는 이유

저는 우리가 멸망당할 사람들을 불쌍히 여겨야 할 이유들을 간략하게 말씀드리고자 합니다. 첫째, 그들에게 임할 무시무시한 재앙을 생각해 보십시오. 우리의 이웃들에게 임할 재앙을 생각하면 자연히 우리 속에 불쌍히 여기는 마음이 생길 것입니다. 하늘 아래 있는 어떠한 재앙이 영혼의 파멸에 견줄 수 있겠습니까? 그 어떠한 불행이 하나님으로부터 버림받고 끝없이 하나님의 진노 아래 있어야 하는 인간의 불행에 견줄 수 있겠습니까? 가슴이 미어질 듯한 전쟁의 참상에 대한 이야기를 들을 때 여러분의 마음은 동요할 것입니다. 전쟁의 참상은 정말 끔찍합니다. 집들이 불타고, 가정이 깨어지며, 사람들이 상처를 입고, 난도질을 당하며, 수천 명씩 학살을 당하며, 수백만 명이 굶어죽습니다. 하지만 이 세상에서 일어나는 전쟁의 참상들도 죄로 말미암아 저주를 받고, 벌레도 죽지 않고 불도 꺼지지 않는 곳에 형벌을 받아 들어간 수많은 영혼들의 대참사에 비하면 아무것도 아닙니다. 칼날은 마침내 무뎌지며, 전쟁의 화염도 연료의 부족으로 꺼집니다. 그러나 보십시오! 나는 결코 가만히 있지 않는 칼, 결코 꺼지지 않는 불을 내 앞에서 봅니다.

가엾도다! 사람들의 영혼이 무한한 진노 아래 떨어짐이여! 최근에 한 대도시에 기근이 닥쳐 모두의 마음이 떨렸습니다. 전쟁의 개들, 그 중에서도 가장 사나운 매스티프(몸집이 크고 털이 짧은 맹견, 영국 원산: 역주)가 숙녀처럼 영원히 앉아서 슬픔을 보지 않을 것 같았던 그 아름다운 도시의 목덜미를 물고 늘어졌습니다. 그 도시의 절박한 빈곤을 해소하고 기아를 막을 수 있다면 여러분은 서둘러 구호품을 보낼 것입니다.

하지만 양식이 없는 기근을 어찌 영혼의 기근에 비할 수 있겠습니까? 우리 주님께서 영혼의 기근의 참상을 비유로 설명하실 때, 불 속에서 고통당하는 영혼의 혀를 물 한 방울만 묻혀 시원하게 해 달라고 애원하지만 그것도 소용없는 짓이라고 말씀하셨습니다. 육신의 양식이 없는 것도 소름끼치는 일이지만 영원한 생명의 양식이 없는 것, 아무도 그 공포의 무게를 말할 수 없습니다. 악은 상상할 수 없고 이해할 수 없을 만큼 끔찍한 것입니다. 형제들이여, 매일 멸망으로 달려가고 있는 사람들을 우리가 진심으로 불쌍히 여기지 않는다면 우리가 도대체 사람입니까?

일반적인 정서에 근거할 때도 멸망하는 사람들을 불쌍히 여기는 것은 너무나도 당연합니다. 하갈과 같이 자기의 죽어 가는 아이를 위해 울지 않는 어미는 "어미"라 부르지 말고 "괴물"이라고 부르십시오. 이 도시의 빈민가에서 볼 수 있는 불행한 장면 가운데로 지나가면서 그로 인하여 조금도 괴로워하지 않는 사람은, 감히 말씀드리건대, 사람이라고 말할 수 없는 자입니다. 인류가 공통적으로 겪는 슬픔을 보고도 눈물이 쏟아지는 것이 마땅한데 하물며 영원한 슬픔, 끝없는 불행의 못(lake)을 보면서도 애통하지 않는 자는 비록 인간의 모습을 하고 있지만 마귀라고 생각합니다. 내가 지금 여자에게서 태어난 모든 자들의 일반적인 정서에 근거해 주장한다고 하여 나의 이러한 주장을 과소평가하지 마십시오. 왜냐하면 은혜가 더해질수록 인간이 되어가기 때문입니다.

이 경우에 일반적인 정서를 은혜가 뒷받침합니다. 우리가 마땅히 되어야 할 존재가 되면 될수록 우리는 불쌍히 여기는 마음에 사로잡혀야 할 것입니다. 완전한 인간의 본이요 거울이신 주 예수 그리스도께서 예루살렘의 죄와 재앙에 관하여 뭐라고 말씀하셨나요? 주님은 예루살렘이 반드시 멸망당할 것을 아셨습니다. 이미 하나님께서 작정하셨다는 사실에 근거하여 주님께서 불쌍히 여기는 마음을 장사지내셨나요? 예루살렘이 멸망하여야 하나님의 주권이나 공의가 빛을 보게 될 것이라는 생각 때문에 냉정하셨나요? 아닙니다. 그 눈에서 샘물 같은 눈물을 흘리시면서 주님은 이렇게 외치셨습니다. "예루살렘아, 예루살렘아, 암탉이 그 새끼를 날개 아래에 모음 같이 내가 네 자녀를 모으려 한 일이 몇 번이더냐? 그러나 너희가 원하지 아니하였도다" (마 23:37).

여러분이 예수님을 닮기 원한다면 긍휼히 여기며 불쌍히 여기는 마음을 가져야 할 것입니다. 만일 여러분이 스토아 철학의 엄격한 개념에 안주하여 여러분 안에 있는 인정미를 모두 돌로 바꾼다면 여러분은 어떻게든 주님을 닮지 않으려 할 것입니다. 이것이 일반적으로도 당연하며, 무엇보다도 많은 은혜를 받은 인품에 당연한 것이라면, 긍휼로 충만하며 견딜 수 없는 마음으로 인류의 영적인 죽음을 바라보십시오. 아담의 모든 후손들이 멸망당할 것을 생각할 때마다 고뇌하십시오.

형제들이여, 복음의 전체적인 흐름, 복음의 성격과 정신이 불쌍히 여기도록 우리를 감화합니다. 여러분은 빚진 자들입니다. 여러분이 불쌍히 여김을 받지 않았더라면 여러분은 어찌 되었겠습니까? 분수에 넘치게 거저 주신 하나님의 긍휼로 말미암아 여러분이 헛된 교제로부터 벗어날 수 있었던 것입니다. 분명히 불쌍히 여김을 받은 자는 또한 불쌍히 여겨야 할 것입니다. 자신에게 있는 모든 것이 하나님의 긍휼로 말미암은 것이라고 생각하는 사람은 형제들에게 무정해서는 안 될 것입니다. 결단코 구세주께서는 독선적인 고립을 잠시도 용납하지 않으십니다. 독선적인 고립이 있을 경우 여러분은 탕자를 멸시할 것이며, 탕자가 돌아오는 것을 반대할 것입니다. 더구나 "내가 내 아우를 지키는 자니이까?"라고 소리치는 가인의 정신을 주님은 용납하지 않으십니다. 만일 교리가 그리스도인의 자비로운 긍휼을 얼어붙게 만든다면 여러분은 그 교리를 제대로 이해한 것이 아닙니다. 여러분이 교리의 내용을 알고 있다 해도 죽을 영혼들을 불쌍히 여기는 마음 없이 다가올 진노를 물끄러미 바라본다면 여러분은 진정으로 그 교리를 알고 있는 것이 아닙니다. 복음서 어디를 보아도 복음은 형제 사랑, 자비로운 긍휼, 눈물을 흘리며 불쌍히 여기는 마음을 강조하고 있다는 사실을 발견할 것입니다. 여러분이 참으로 복음의 능력이 나타나는 가운데 복음을 받았다면 여러분은 그리스도의 사랑으로 말미암아 심령이 녹아져서 그리스도를 멸시하고 자신들의 멸망을 재촉하는 자들을 불쌍히 여길 것입니다.

여러분에게 부탁하건대 사람들을 불쌍히 여기는 것은 당연할 뿐만 아니라 반드시 필요하다는 사실을 믿으십시오. 여러분 모두 영혼을 구원하는 자가 됨으로써 그리스도를 영화롭게 하기를 원하십니다. 나도 여러분이 그렇게 되기를 바랍니다. 그러나 여러분이 기억해야 할 한 가지 사실이 있습니다. 다른 일도 마찬가지겠지만, 하나님 편에서 볼 때 영혼을 구원할 수 있는 최고의 적임자는 영혼들을 불쌍히 여기는 사람이라는 사실입니다. 영혼들을 가장 많이 사랑하는 자가 설교를 가장 잘 한다고 저는 믿습니다. 주일학교나 생활 속에서 영혼을 구원하기 위해 애쓰는 사람은 영혼을 불쌍히 여기는 정도에 비례하여 결실을 맺게 될 것입니다.

바울은 영혼들을 구원해 달라고 하나님께 마음의 열망과 기도를 드렸기 때문에 수많은 영혼들의 구원자가 되었습니다. 사람들이 예수님께 복종하지 않으면 가만히 있을 수 없는 거룩한 배고픔, 곧 사람들이 예수님의 복음을 따르기를 바라는 강렬하고도 간절한 열망을 하나님께서 우리에게 주시기 바랍니다. 이런 열망이 있을 때 더듬거리는 혀는 능숙하게 말 하게 될 것입니다. 뜨거운 심령은 혀를 잡아매고 있는 끈을 불태워 버릴 것입니다. 비록 여러분이 힘있는 논리로 화려한 웅변을 하지 못한다 할지라도 여러분은 영혼들을 구원할 지혜를 얻게 될 것입니다. 그때에 사람들은 여러분의 능력을 보고 놀랄 것이며, 그들은 그 비밀, 곧 성령께서 여러분을 덮고 계시며 여러분의 마음속에서 지혜를 가르쳐 준다는 이 사실을 모를 것입니다. 여러분의 입장에서 다른 사람들을 깊이 느끼는 것은 그들로 자신들을 느끼게 만들어 줄 것입니다. 그때에 하나님께서 여러분을 축복하셔서 속히 결실하게 하실 것입니다.

이제 우리는 두려워하는 마음으로 진실을 바라볼 때 진정으로 불쌍히 여길 수 있다는 사실을 살펴보도록 합시다.

하갈처럼 불쌍히 여기는 심령은 본문 말씀대로 "아이가 죽는 것을 차마 보지 못하겠다," 혹은 누군가의 해석처럼 "아이가 죽는 것을 내가 어찌 보리요?"라고 말합니다. 소망 없이 사라져 가는 영혼을 물끄러미 쳐다본다는 것은 너무나도 잔혹한 일입니다! 영리한 사람들이 회개하지 않은 사람들에게 임할 세상의 공포를 완화시켜 보려고 이론들을 창안해 내는 것은 놀랄 일이 아닙니다. 그들이 그렇게 하는 것은 당연한 일입니다. 왜냐하면 하나님의 말씀이 우리에게 가르쳐 주는 실상은 너무도 심상치 않은 것이기 때문입니다. 따라서 편안한 교리, 나태한 신앙인들의 양심을 편안하게 해 줄 수 있는 그런 메시지를 전하려 한다면 우리는 이 무서운 진리를 희석시켜야 합니다.

악한 자의 멸망에 관한 하나님의 계시는 가혹하리만큼 너무나 위압적이고 저주스러우며, 이 때문에 세상을 복음화시키는 사역을 행할 때 이 계시에 무관심하게 됩니다. 마음이 완악해진 이유가 무엇인지 설명해야 할 바로 이때 교리의 이러한 과실을 떠올리는 것은 당연합니다. 끝내 회개하지 않는 자는 소멸되고 말 것이라는 교리만큼 게으른 사람들에게 좋은 베개가 어디 있겠습니까? 왜냐하면 죄인의 논리는 "내일이면 죽으니까 먹고 마시자"고 말하는 것이기 때문입니다. 그리고 신앙인 또한 이런 위안이 되는 견해를 받아들이면 시급한 책임으로부터 풀려나 마음이 홀가분해지는 것을 느낍니다. 부탁하건대 이런 식으로 잠을 자면서 사람들을 인도하려는 방식을 이제 그만 둡시다. 전도하는데는 진리라는 예리한 자극제가 매우 필요합니다. 이처럼 진리에 자극을 받고 분발해서 사명을 감당해야 할 때에 오히려 우리는 너무나 게으름을 피웁니다. 이렇듯 달콤하지만 잠을 재우는 이론들에 휘둘려서는 안 됩니다.

구약의 성도들은 poena damni, 곧 버림받는 형벌(the punishment of loss)

에 대하여 말하였습니다. 즉, 그들은 미래의 버림받는 형벌을 생각하며 크게 애통하였다는 것입니다. 예를 들면, 다윗이 압살롬에 대하여 "내 아들이 하늘나라에서 쫓겨나겠구나!"라며 애통했습니다. 또한 "나의 남편이 복된 자리에 없겠구나! 나의 자매, 나의 형제가 영광 가운데 들지 못하겠구나! 주님께서 택하신 자녀들의 총계를 세실 때, 나의 사랑하는 동료는 진주문 밖에 있겠고, 보석으로 장식된 새 예루살렘 성벽 밖에 있겠구나! 오 나의 하나님, 이런 생각을 하면 가슴이 찢어지게 아픕니다"라며 성도들은 애통하였습니다. 더구나 그때에 버림받은 자에게 형벌이 가해집니다. 구세주께서 뭐라고 말씀하십니까? "거기에서는 구더기도 죽지 않고 불도 꺼지지 아니하느니라"(막 9:48). "이 무익한 종을 바깥 어두운 데로 내쫓으라. 거기서 슬피 울며 이를 갈리라"(마 25:30).

이것은 "비유"라고요? 이 말씀은 무의미한 비유가 아니라 사실입니다. 말씀 하나 하나마다 의미가 있습니다. 틀림없습니다. 사람의 비유는 때때로 과장되지만 하나님의 비유는 결코 과장되지 않습니다. 하나님께서 보여 주시는 상징들은 전부 진실입니다. 영감을 받아 기록된 단어에는 과장이 없습니다. 괴이한 표현! 하나님은 그런 표현을 사용하지 않으십니다. 주님께서 말씀하신 비유들은 실체적인 진실입니다. 형벌에 대한 성경의 상징들이 무시무시한 그대로 확실한 사실을 보여 주는 것입니다. 사람이 이날을 내다본다면 그 광경에 그의 머리는 희어질 것이며, 눈은 멀고 말 것입니다.

이런 일이 우리의 자녀, 우리의 친구에게 일어난다고 생각하면 우리는 얼마나 간절해집니까! 하갈은 죽어 가는 아이를 보았으나 죽어 가는 이스마엘(세상에서 버림 받은 자들)을 보지는 못하였습니다. 여러분의 혈육이 멸망당하는 순간을 생각하면 여러분은 견딜 수 있겠습니까? 여러분의 가족 중 하나가 버림받는다고 생각하면 공포에 휩싸여 움찔하고 뒤로 물러서지 않겠습니까? 하지만 엄연한 사실로서, 가족 중 더러는 지금의 상태로 죽는다면 버림받을 것을 여러분은 알고 있습니다. 그들이 그리스도 예수 안에서 새로운 피조물이 되지 않는 한 하나님 우편에 설 수 없을 것입니다.

더구나 여러분의 잘못된 본을 보고 여러분의 자녀나 다른 사람이 파멸되었다고 생각한다면 슬픔은 더욱 가중될 것입니다. 아버지가 "내 자녀가 나한테서 술 마시는 것을 보고 배웠구나, 내 자녀가 이 아비의 입으로 신성을 모독하는 말을 듣고 배웠구나"라는 느낌이 든다면 이는 틀림없이 두려운 일입니다. 또는 딸이 죽어 가면서 "나는 엄마의 모습을 보고 유혹에 빠졌어"라고 말한다면 그 어머니에게 이 얼마나 가슴 아픈 일이겠습니까! 오, 늦게나마 회개한 부모들이여, 여러분이 이미 지은 죄악을 돌이킬 수는 없습니다. 하나님께서 여러분을 용서하셨지만 여러분이 자녀들의 성품에 끼친 해악은 하나님의 은혜가 임하지 않는 한 지울 수 없습니다. 나는 여러분이 정말로 간절하게 그 은혜를 갈망하기를 바랍니다. 여러분이 자녀를 죄의 종으로 기르는데 기여하였다고 고백한 만큼 이제 여러분의 자녀가 결국 영원한 멸망을 당하기 전에 여러분이 저지른 악행이 풀어진 것을 보기를 간절히 갈망해야 하지 않겠습니까?

우리 자신이 신앙생활을 게을리 함으로써 우리의 친구들이나 친척들이 멸망당하게 되었다는 느낌이 든다면, 우리는 이 때문에 쓰라린 마음의 고통을 느껴야 할 것입니다. 모든 면에서 훌륭하고 칭찬할 만한 모범을 보였더라도 우리가 하나님과 그리스도를 잊어버리고 살았다면 사람들의 영혼은 우리 때문에 해를 입게 될 것입니다. 때때로 이러한 경우들이 최악의 결과를 가져온다고 저는 생각합니다. 부도덕하고 추잡한 사람들이 도덕적이지만 비기독교적인 사람들만큼 많은 해를 끼치지는 않습니다. 왜 그런지 제가 말씀드리겠습니다. 부도덕한 사람들은 도덕적인 사람의 규칙적인 생활을 근거로 기독교와 상관없는 덕이 있을 수 있다고 주장합니다. 이 때문에 사람들은 그리스도 예수와 아무런 상관이 없어도 안심하게 됩니다. 오 도덕주의자여, 여러분이 자녀들에게 악을 행하라고 가르치지는 않았더라도 여러분이 불신앙의 모습을 그들에게 보여 주었다면, 그리고 자녀들이 여러분의 모습을 보고 마음이 완고해져서 대담하게 하나님을 거역하였다면, 이것을 과연 도덕이라고 할 수 있겠습니까?

교인들 중에 누군가 멸망당할 수 있다는 생각이 들면 저는 견딜 수 없습니다. 그런 영혼들을 진심으로 불쌍히 여기는 것은 물론이요 더 많은 생각에 사로잡히게 됩니다. 왜냐하면 저는 여러분의 영혼을 지키는 파수꾼으로 세움을 입었기 때문입니다. 누군가가 죽었을 때 저는 이렇게 자문해 봅니다.

"나는 과연 성실하게 선포하였는가? 진리를 모두 말하였는가? 그리고 설교할 때마다 영혼으로부터 전하였는가?" 유명한 스코틀랜드의 설교자 존 월쉬(John Walsh)는 종종 아주 추운 겨울밤에 침대에서 일어나 몇 시간을 계속해서 기도하였습니다. 그가 무릎을 꿇고 많은 시간을 기도하는 모습을 보고 누군가 놀라자 그는 이렇게 말했다고 합니다. "이 사람아, 나는 심판 날에 회계해야 할 3천 명의 영혼들을 거느리고 있어. 그 중에 누군가 탈이 날까 나는 노심초사하고 있네." 아아, 저에게는 회계해야 할 사람들이 더 많습니다. 여러분이 멸망당하는 것을 보지 않기 위해 저는 하나님께 마땅히 부르짖어야 합니다. 이 교회 좌석에서부터 지옥 밑바닥으로 떨어지는 일이 결단코 없기를 바랍니다.

가까운 곳에 복음이 있는데도 한 영혼이 멸망당한다면 이 얼마나 애석한 일이겠습니까! 이스마엘이 죽었는데 바로 살 한 바탕 거리에 물이 있고 뒤늦게 그것을 발견했다면, 그 어머니는 얼마나 후회막급하겠습니까! 이 어머니는 이중의 슬픔으로 자기 머리카락을 쥐어뜯지 않겠습니까? 그런데 여러분 가운데 많은 이들이 귀로는 복음을 들으면서 멸망해 가고 있습니다. 놋뱀이 여러분의 눈앞에 보이는데도 불뱀에 물려 진영 안에서 죽어 가고 있습니다. 그러므로 우리는 많은 눈물을 흘리며 여러분에게 소리칩니다. "예수 그리스도를 바라보라. 그리하면 살리라." 구원이 바로 가까이 있는데도 여러분이 멸망당한다면, 이는 나에게 화로다. 여러분 가운데 어떤 이들은 하나님의 나라에 가까이 와 있으며 그 나라에 많은 관심이 있지만, 여러분은 아직 예수님을 믿지 않았습니다. 여러분에게는 선한 것이 많습니다. 하지만 단 한 가지가 부족합니다. 단 한 가지 부족한 것 때문에 여러분이 멸망당하시렵니까? 그 영원한 항구의 입구에서 난파하여 하늘 문에서부터 지옥으로 떨어진다면 이는 실로 엄청나게 애석한 일일 것입니다.

세 번째, 사람들의 영혼을 불쌍히 여기는 마음이 거절해야 하는 것이 무엇인지 말씀드리겠습니다.

우리는 하갈의 모습을 지나치게 모사하려는 유혹에 빠져서는 안 됩니다. 하갈은 자기 아이를 관목덤불 아래에 두고 애처로운 장면을 보지 않으려고 눈길을 돌려 버렸습니다. 하갈은 차마 볼 수 없었으며 절망 가운데 앉아서 지켜볼 수밖에 없었습니다. 우리 각자에게도 영혼들이 죽어가고 있다는 사실을 잊어버리려는 유혹이 있습니다. 저는 집에 갈 때 멋진 거리를 따라 갈 수 있으며 그런 길을 택하는 것이 당연할 것입니다. 제가 일부러 도시의 빈민층들이 사는 곳을 구경할 필요는 없으니까요. 하지만 우리 도시에 베드날(Bethnal) 녹지와 켄트(Kent) 거리가 있다는 사실을 내가 잊으려 한다면 이것이 과연 나에게 옳은 일이겠습니까? 좁은 마당들, 지하실들, 다닥다닥 붙어 있는 초라한 작은 방들, 하숙집들, 이런 것들이 엄연히 존재하고 있다는 것을 내가 잊을 수 있겠습니까? 우리의 자비심을 편안히 잠재울 수 있는 유일한 방법은 런던에서 인구의 절반이 어떻게 살아가고 있는가를 잊어버리는 것입니다. 그러나 편안히 사는 것이 과연 우리의 목적일까요? 우리 안에 있는 돼지들처럼 우리가 오직 편안함만을 바라는 그런 이성 없는 짐승들이란 말입니까? 분명 아닙니다. 형제들이여, 대도시의 죄악, 불행, 슬픔을 기억합시다. 그리고 지금도 계속하여 영원한 멸망 속으로 빠져 들어가고 있는 거대한 세상, 수많은 사람들의 죄와 슬픔을 기억합시다. 눈을 감지 맙시다! 무서운 광경이 여러분의 눈을 아프게 합니까? 그렇다면 여러분의 마음이 아플 때까지 바라보십시오. 여러분의 심령이 주님 앞에서 엄청난 괴로움을 토해낼 때까지 바라보십시오.

잠시나마 지옥을 내려다보십시오. 문을 활짝 열고 지옥의 소리를 듣고 또 들어보십시오. 병이 날 정도라 도저히 그리할 수 없다고요. 병이 한 번 나 보십시오. 마음이 병들어 구세주이신 그리스도 팔에 안겨 보십시오. 그리고 다가올 진노로부터 저 영혼들을 속히 구원해 달라고 부르짖어보십시오. 실재하는 사실을 무시하지 마십시오. 사실상 이 회중 가운데서 많은 사람들이 지옥으로 내려가고 있으며, 이 도시 안에 수많은 사람들이 속히 지나가는 시간과 함께 지옥으로 떨어지고 있습니다. 지옥이 있다는 것은 광적인 머리로 꾸며낸 꿈이나 허구가 아닙니다. 만일 여러분이 그렇게 생각한다면 어찌하여 그리스도인이라고 감히 자처하십니까? 여러분 안에 한 점이라도 정직함이 남아 있다면 성경도 부인하고 세례도 부인하고 신앙고백도 부인하십시오. 주님의 가르침을 부인하려면 여러분 자신을 그리스도인이라 말하지 마십시오. 틀림없이 무시무시한 지옥이 있기에 여러분의 눈을 감지 말며, 여러분의 동료들을 관목덤불 가운데 두지 말며, 무기력하게 앉아 있지 마십시오.

저는 이제 진정으로 불쌍히 여기는 마음이 가야 할 길에 대하여 말씀드리고자 합니다.

무엇보다 먼저 진정으로 불쌍히 여기는 마음은 할 수 있는 것이라면 무엇이든 합니다. 하갈이 앉아서 울기 전에 그녀는 아이를 위하여 최대한의 노력을 다하였습니다. 하갈은 마지막 남은 물 한 방울까지 아이에게 먹여 주었습니다. 그리고 비틀거리는 아이의 발걸음을 부축해 주었으며, 아이가 잠시 피할 수 있는 관목덤불을 찾아내었습니다. 또한 하갈은 위로하는 말로 아이를 안심시키고 자리에 부드럽게 뉘었습니다. 그리고 나서야 비로소 자신도 자리를 잡고 앉았습니다. 우리 주변에 있는 불신자들을 위하여 우리도 할 수 있는 모든 것을 다 했습니까?

사람들이 멸망당하는 원인들을 사전에 막을 수 있습니다. 어떤 원인들은 여러분과 제가 손을 댈 수 없지만 어떤 원인들은 우리가 즉시 제거해야만 합니다. 예를 들면, 많은 사람들이 알지 못하므로 멸망당하는 것이 분명합니다. 그리스도인이 사는 지역의 반경 1마일 내에 있는 사람들 중에 한 영혼이라도 알지 못하여 멸망당하는 일은 결코 있어서는 안 됩니다. 저는 심지어 사람들이 그리 많이 살지 않는 넓은 지역이라도 갈 작정입니다. 적어도 우리 그리스도인들 각자에게 다음과 같은 결심이 있어야 할 것입니다. "내가 살고 있는 이 구역 내에서 내 능력이 닿는 한 어떻게 해서든 모든 사람이 복음을 알도록 하리라. 내가 각 사람에게 말하지 못하더라도 성경을 보내어 읽게 하리라. 그리하면 그에게 성경이 없어서 영원히 길을 잃어버렸다는 말은 듣지 않으리라." 성령께서만이 사람들을 진리 가운데로 인도하실 수 있지만, 말씀을 사람들 눈앞에 두어 읽게 하는 것은 우리의 책임입니다.

편견 역시 불신앙의 원인으로서 미리 막을 수 있는 것입니다. 어떤 이들은 복음은 준엄하다거나 혹은 신앙고백자들은 까다로울 것이라는 통념 때문에 복음을 들으려 하지 않을 것입니다. 이러한 편견은 결과적으로 그들의 마음을 막아 버립니다. 이런 편견을 제거하는 것이 여러분의 책임입니다. 불신자들에게 친절하십시오. 그들을 다정하고 부드럽고 상냥하고 관대하게 대하므로 예수님의 복음에 대한 불필요한 반감을 그들로부터 제거하십시오. 그들의 몸을 위하여 할 수 있는 모든 은혜를 베풀어 주십시오. 그리하면 그들은 자기들의 영혼을 향한 여러분의 진실한 삶을 더욱 쉽게 믿게 될 것입니다. “한 영혼이 멸망당한다면 적어도 저는 있는 힘을 다해 그 영혼을 돌이키도록 노력하겠습니다”라고 우리 모두 여기서 다짐합시다.

다음에 불쌍히 여기는 마음은 무엇을 하나요? 할 수 있는 모든 것을 다 한 후 그 불쌍히 여기는 마음은 자신의 연약함 때문에 앉아서 웁니다. 멀리 떨어져 앉아서 하염없이 눈물을 쏟아내며, 구슬픈 목소리로 아이를 위해 심히 우는 어머니의 심정을 저는 솔직히 여러분에게 설명할 만큼 애절한 감정을 갖고 있지 못합니다. 상한 심령에서 나오는 목소리는 말로 표현될 수 없으며 다만 들어야 합니다. 그러나 아, 하나님의 백성의 간절한 부르짖음과 눈물에는 하나님의 놀라운 능력이 함께 합니다. 만일 여러분이 주님 앞에서 우는 법을 알고 있다면, 하나님께서는 다른 것에는 져 주지 않으시지만 여러분의 눈물에는 져 주실 것입니다. 오 여러분 성도들이여, 죄인들을 불쌍히 여기십시오. 그들을 위해 탄식하고 부르짖으십시오. 휫필드가 청중들에게 다음과 같이 말할 수 있었던 것처럼 여러분도 그렇게 말하십시오. “여러분이 멸망당한다면 이는 여러분을 위한 나의 눈물이 부족하기 때문이 아닙니다. 왜냐하면 나는 밤낮으로 여러분을 살려달라고 하나님께 나의 심령을 쏟아내기 때문입니다.” 하갈이 불쌍히 여기는 마음으로 울부짖었을 때 그녀는 하나님을 바라보았으며, 하나님은 그의 기도를 들어주셨습니다.

그 밖에 하갈은 우리에게 무엇을 가르쳐 줍니까? 주님께서 개입하신 후 하갈은 거기서 필요한 무엇이든 할 각오가 되어 있었습니다. 천사가 하갈의 눈을 열어 주기 전까지 하갈은 무능력하였고, 앉아서 울기만 하고 기도만 하고 있었으나, 천사가 우물 있는 곳을 알려 주자 그녀는 잠시라도 주춤거렸나요? 하갈은 물을 뜰 병을 준비하지 않았나요? 아이의 입술에 물을 떠 넣어 주는데 지체하였나요? 이 복된 일을 하는데 그녀는 꾸물거렸나요? 오, 아닙니다! 얼마나 민첩하게 샘으로 달려갔습니까! 얼마나 빠른 속도로 가죽부대에 물을 가득 채웠습니까! 얼마나 깊은 모성애로 아이에게 달려가 구원의 물을 마시게 하였나요!

이처럼 여기 모인 모든 교인들이 어떠한 영혼이라도 그 속에 나타나는 가장 희미한 은혜의 징후에도 주의를 기울일 각오가 되어 있기를 저는 바랍니다. 언제나 그들의 회심의 시초를 지켜보십시오. 바짝 마른 입술에 적은 위로를 가져다 줄 언약의 병을 준비하십시오. 어머니의 간절한 마음으로 지켜보시고, 영혼들에게 은혜를 베풀 기회를 보시고, 그들을 불쌍히 여기십시오. 그리하면 하나님께서 역사하실 때 여러분은 즉시 하나님과 함께 일할 것이며, 여러분의 부주의나 믿음의 부족으로 인해 예수님께서 방해받는 일은 없을 것입니다. 바로 이것이 참된 그리스도인이 추구해야 할 길입니다. 참된 그리스도인은 영혼들을 위해 열심을 품으며, 그러므로 그들을 구원하려고 노력합니다. 영혼들이 어떤 상태에 있다는 것과 그들이 버림받을 처지에 놓여 있다는 것을 우리가 실제로 안다면, 실정을 거의 혹은 전혀 알지 못했던 우리도 그리스도를 위해 즉시 일하기 시작할 것입니다.

전해져 내려오는 고전적인 이야기가 하나 있습니다. 리디아의 어떤 왕에게 아들이 하나 있었는데 그 아들은 나면서부터 말을 하지 못했습니다. 그러나 리디아가 점령당하여 한 병사가 왕을 막 살해하려고 하였을 때, 그 어린 아들은 갑자기 말문이 열려 이렇게 외쳤습니다. "병사여, 네가 감히 왕을 죽이려느냐?" 그는 전에 한마디 말도 못했습니다. 하지만 놀람과 두려움으로 그의 말문이 열렸던 것입니다. 지금까지 여러분의 말문이 닫혀 있었다 하더라도 참으로 여러분의 자녀들과 이웃들이 불못에 내려가는 모습을 본다면, 이렇게 크게 외칠 것입니다. "지금까지 한 번도 내가 말하지 않았지만 이제 내가 말하리라. 가련한 영혼들아, 그리스도를 믿으라. 그리하면 너희가 구원을 얻으리라." 여러분은 그런 말이 비록 단순하지만 얼마나 복된 말인지 잘 모를 것입니다.

80대의 한 노인과 친분이 있었던 어린이가 있었습니다. 마음씨 좋은 노인은 어린이들을 사랑하였으며, 특히 이 어린이를 자기 무릎에 앉혔습니다. 이 어린이는 노인을 바라보면서 이렇게 말했습니다.

"할아버지, 저에게는 할아버지와 같은 할아버지가 계셔요. 그런데 저의 할아버지는요 예수 그리스도를 사랑하세요. 할아버지도 사랑하시죠?"

"내 나이 84세인데 그동안 그리스도인들과 함께 지내왔지만 그럴 만한 가치가 없다고 생각했던지 아무도 내게 그런 말을 해 주지 않더구나."

이 어린이는 이 노인을 돌아오게 하는 도구였습니다.

마지막 대지로서 영혼들을 진심으로 불쌍히 여기는 마음이 언제나 받게 될 위로에 대하여 말씀드리겠습니다.

첫째, 본문의 사례를 생각해 봅시다. 어머니 하갈이 불쌍히 여겼고 하나님께서도 역시 불쌍히 여기셨습니다. 여러분도 불쌍히 여기십시오. 그러면 하나님께서도 불쌍히 여기십니다. 자기 백성의 영혼 속에서 역사하시는 하나님의 성령의 감동은 하나님께서 그의 영원한 계획을 이루시기 위해 행하시는 발자국 소리입니다. 다른 사람이 누군가를 위해 기도한다는 것은 언제나 그 사람에게 소망스러운 징후입니다. 하나님의 자녀가 중보의 기도로써 천국으로 이끌고 있는 사람을 지옥에 떨어뜨린다는 것은 여간 힘든 일이 아닙니다. 사탄의 유혹은 종종 성도들의 중보로 말미암아 실패로 돌아갑니다. 영혼들을 불쌍히 여기는 여러분 자신의 감정이 하나님께서 그런 영혼들을 곧 축복하실 징후라는 기대를 가지십시오.

하갈이 불쌍히 여긴 이스마엘은 큰 언약을 받은 아이였습니다. 그러므로 이 아이는 죽을 수 없었습니다. 하갈은 이 사실을 잊고 있었지만 하나님은 잊지 않으셨습니다. 아무리 목이 말라도 이스마엘은 죽을 수 없었습니다. 왜냐하면 하나님께서 그로 큰 민족을 이루게 하겠다고 말씀하셨기 때문입니다. 저와 여러분이 기도하고 구원하려고 애쓰는 사람들은 하나님의 영원한 계획 가운데 지옥으로부터 안전하게 구원받으리라고 우리 모두 기대합시다. 왜냐하면 그리스도께서 자신의 피 값으로 그들을 사셨기 때문이며, 따라서 그들은 분명히 주님의 소유이기 때문입니다. 우리의 기도는 하나님의 의지를 나타내는 깃발입니다. 성령께서는 효과적으로 부르시는 사람들을 위해 우리로 하여금 기도하게 하십니다.

게다가 우리가 기도하는 사람들, 우리는 모르고 있지만, 그러나 그들의 영혼 속에서 거룩한 생명이 약동하고 있을지도 모릅니다. 하갈은 자기 아들이 기도하고 있었다는 것을 모르고 있었지만 하나님은 아셨습니다. 이 아이는 말은 안 했지만 마음으로 부르짖었고 그 소리를 하나님께서 들으셨습니다. 때때로 아이들은 부모에게 말을 잘 하지 않습니다. 저는 어린 소년들과 그들의 영혼에 대하여 자주 대화를 해 보았습니다. 그들은 말하기를 이런 문제에 대하여 자기 아버지에게 말할 수 없었노라고 하였습니다. 저도 마찬가지였습니다. 저는 영혼에 깊은 관심이 있었지만 제가 신앙에 대하여 맨 마지막으로 말씀드린 사람은 다름 아니라 저의 부모님들이셨습니다. 그분들에 대한 사랑이 부족해서도 아니며, 그분들이 저를 사랑하지 않아서도 아니었지만 그렇게 되었습니다. 이상한 수줍은 감정이 진리를 추구하는 영혼 속에 파고들어 친구들과 거리를 두게 만듭니다.

여러분이 기도하고 있는 사람들도 역시 기도할 수 있습니다. 여러분은 그것을 모르고 있지만 사랑의 때가 오면 여러분의 진지한 노력에 대하여 그들이 은밀하게 동정하는 마음을 보일 것입니다.

결국 아이는 살아났습니다. 샘물이 발견되었고, 아이는 가죽부대의 물을 마셨습니다. 이러한 일은 하나님께서 끈질긴 기도를 들으실 것이라고 믿는 여러분에게 큰 위로가 될 것입니다. 의로운 여인이여, 계속 기도하십시오. 여러분의 자녀는 구원받을 것이며, 여러분의 남편도 언젠가는 돌아올 것입니다. 여러분의 이웃은 진리를 듣고 회개할 것이며, 진리에 대하여 열심을 품게 될 것입니다.

2

하갈(2)

눈이 밝아짐

"하나님이 하갈의 눈을 밝히셨으므로 샘물을 보고"(창 21:19).
"그들의 눈이 밝아져 그인 줄 알아 보더니"(눅 24:31).

인간의 타락은 우리의 존재 전체에 비참한 결과를 초래하였습니다. "네가 먹는 날에는 반드시 죽으리라"는 말씀은 근거 없는 위협이 아니었습니다. 왜냐하면 아담은 그 명령을 어기는 순간 죽었기 때문입니다. 아담은 영적으로 죽었고, 그 영적인 죽음으로 말미암아 그의 영적인 능력이, 하나님께서 회복하실 때까지는, 완전히 죽고 말았습니다. 저는 영적인 능력을 말씀드렸는데, 인체의 감각을 유추하여 그 능력을 분류한다면 저의 의도가 더 분명하게 드러날 것입니다. 타락함으로 말미암아 인간의 영적인 미각이 변질되었습니다. 그리하여 쓴 것을 달다고 하며 단 것을 쓰다고 합니다. 인간은 지옥의 독을 원하며 천국의 양식을 싫어합니다. 인간은 뱀이 기어다니는 흙을 핥으며 천사들의 양식을 거부합니다. 영적인 청각은 심한 상처를 입었습니다. 왜냐하면 인간은 하나님의 말씀을 더 이상 듣지 않으며 조물주의 목소리에 귀를 닫아 버리기 때문입니다. 복음의 사자가 더할 나위 없이 지혜롭게 매료시켜도 회개하지 않는 영혼은 마치 매료자의 목소리를 듣지 않는 살무사와 같습니다.

우리의 타락으로 말미암아 영적인 감각이 심히 둔해졌습니다. 한때 인간에게 놀람과 두려움으로 경각심을 갖게 하였던 영적인 감각이 이제는 더 이상 감동을 일으키지 않습니다. 가장 높으신 분 앞에서 깨끗하고 거룩한 냄새와 고약한 냄새를 분간해야 할 영적인 후각까지도 오염되고 말았습니다. 그리하여 인간의 영적인 콧구멍은, 새로워지지 않는 한, 그리스도 예수 안에 있는 달콤한 향기로 인해 기쁨을 얻지 못하며 도리어 죄로 인해 악취가 나는 쾌락을 따라갑니다. 다른 감각과 마찬가지로 인간의 시각도 훼손되었습니다. 인간은 영적으로 소경이 되어 가장 분명하고 명확한 사실도 볼 수 없으며 또한 보지도 않을 것입니다. 영혼의 눈인 총명이 무지의 비늘들로 덮였으며, 이 비늘들이 교훈의 손가락으로 제거되더라도 안구(眼球)는 여전히 손상이 되어 사람들을 볼 때 마치 나무들이 걸어가는 것처럼 보일 뿐입니다.

이와 같이 우리의 상태는 너무나 심각합니다. 하지만 동시에 이러한 우리의 상태로 말미암아 우리는 하나님의 은혜의 영광을 볼 수 있는 충분한 기회를 갖게 됩니다. 우리는 본질상 완전히 파멸되었으며, 따라서 구원은 전적으로 하나님의 역사이며, 그 모든 영광은 삼위일체 여호와 하나님께 돌려져야 합니다. 따라서 "십자가에 못 박히신 자를 바라보는 자는 생명을 얻는다"는 말의 주체이신 그리스도께서 높임을 받으셔야 하는 것은 물론이요, 실제로 그분을 바라보는 일이 우리에게 있어야만 합니다. 그렇지 않으면 그리스도께서 십자가에 달리신 것이 헛된 일이며, 그의 죽으심이 우리에게 구원이 되지 못할 것입니다.

첫째, 오늘 아침 저는 하갈의 경우를 살펴보면서 불신자들에게 소망이 있다는 말씀을 전할 것입니다. 하갈의 경우를 모형으로 삼고 연구하면 우리는 하갈과 하갈을 닮은 많은 사람들 안에서 은혜를 받을 준비가 되어 있는 것을 볼 수 있습니다. 여러 가지 점에서 하갈은 은혜를 받을 적당한 형편 가운데 있었습니다. 그녀에게 도움이 절박하였습니다. 가죽부대의 물이 다 떨어졌고 하갈은 기진맥진하였으며 그녀의 아이는 거의 죽을 지경이었습니다. 이러한 절박감이 간절한 열망으로 이어졌습니다. 죄인이 예수님을 진실로 열망한다면 이는 틀림없이 하나님의 성령께서 은밀히 그 영혼 가운데 역사하시고 이러한 열망을 생기게 하시고 품게 하셨기 때문입니다. "어이, 목마른 자야"라고 초대 받을 때 여러분은 정직하게 "제가 바로 목마른 자입니다"라고 말할 수 있습니다. "누구든지 원하면 오라"는 이 귀한 복음의 초대는 분명히 여러분을 위한 것입니다. 왜냐하면 여러분은 간절히 그리고 열렬히 원하기 때문입니다. 모든 마음을 살피시는 하나님께서 여러분의 마음속에 구원받는 것 혹은 구원받는 길에 대하여 이의가 없다는 것을 아십니다. 아니 오히려 여러분은 때때로 하늘을 향해 두 손을 높이 들고 이렇게 말합니다. "오 하나님! 저에게 그리스도가 필요합니다."

여러분은 생명수가 귀한 것임을 알고 있습니다. 그 이상으로 여러분은 그 생명수를 마시고 싶은 내적인 열망으로 애타고 있습니다. 지금 여러분의 심령 상태는 예수님을 찾지 못하면 결코 행복하지 못할 것 같습니다. 마치 지나가는 행인이 극지방을 가리키는 나침반의 자석바늘을 손가락으로 돌려놓았을 때 다시금 자기 자리를 찾아가려고 안간힘을 쓰는 것처럼 하나님께서는 여러분을 그러한 상태로 이끄셨습니다. 여러분의 끊임없는 부르짖음은 "내게 그리스도를 주옵소서! 내게 그리스도를 주옵소서! 그렇지 않으면 나는 죽겠나이다"입니다.

이는 소망스러운 상태이지만 그런 상태만으로 구원받을 수 없다는 사실을 저는 상기시켜 드립니다. 배 안에 물이 새는 구멍을 발견하는 일이 펌프를 가동하고 또한 그 새는 구멍을 보수할 수 있는 계기가 될 수는 있습니다. 하지만 그 새는 구멍을 발견했다고 그 범선이 계속해서 물 위에 떠 있으리라고 보장할 수는 없습니다. 여러분이 열병을 앓고 있다는 사실을 안다는 것은 좋은 일입니다. 하지만 그런 열병 속에서 신음한다고 건강이 회복되지는 않을 것입니다. 그리스도를 열망한다는 것은 복된 징조지만 단순한 열망만으로 천국에 들어가지는 못할 것입니다. 여러분은 그리스도를 배고파하고 목말라하지만 그런 배고픔과 목마름이 여러분을 구원하지는 못할 것입니다. 여러분은 그리스도를 모셔야만 합니다. 그렇지 않으면 여러분의 구원이 배고픔과 목마름 안에 존재하지 않을 것이며, 여러분의 겸손 안에도, 여러분의 기도 안에도 구원은 존재하지 않을 것입니다. 다만 구원은 십자가에서 못 박혀 죽으신 그분 안에 있으며, 여러분 안에는 없습니다.

하갈처럼 여러분은 초라하고 절망 가운데 있습니다. 여러분에게 구세주가 필요하다는 사실을 인정하지 않았던 때가 있었습니다. 그때에 여러분은 의식(儀式), 기도, 회개 등과 같은 것에서 만족을 찾았습니다. 그러나 지금은 여러분의 가죽부대 안에 물이 다 떨어졌으며, 따라서 하갈처럼 주먹을 꽉 쥐고 절망 속에서 울고 있습니다. 복된 절망이여! 하나님께서 여러분 모두를 이런 상태로 인도하십니다! 절망은 그리스도에 대한 믿음에 이르는 문입니다. 안심하십시오. 우리가 다 비울 때에 비로소 예수님은 우리를 채워 주실 것입니다. 우리가 벗을 때 비로소 주님은 우리를 입히실 것입니다. 자아가 죽을 때 비로소 그리스도께서 우리 안에서 사실 것입니다.

하갈의 경우, 물을 간절히 열망했다는 것은 틀림없는 사실입니다. 하갈에게 "물이 있다면 물을 마시고 싶소?"라고 물어본다는 것은 참으로 터무니없는 일일 것입니다. "마시고 싶다뇨? 저의 바짝 마른 입술을 보십시오. 저의 괴로운 부르짖음을 들어보십시오. 저의 가련한 헐떡거림을 보십시오. 죽어 가고 있는 아이를 보십시오! 자기 아이가 목말라 죽어 가고 있는데 어찌 그 어미에게 물을 마시고 싶으냐는 질문을 하시는 겁니까?"라고 그녀는 말할 것입니다.

여러분도 마찬가지입니다. 제가 여러분에게 "구원받고 싶습니까?"라고 물어본다면, 여러분은 저의 얼굴을 쳐다보면서 이렇게 말할 것입니다. "오 목사님, 구원받고 싶으냐고요! 저는 그 이상이며, 그리스도를 찾기에 갈망하며, 신음하며, 목말라하며, 심지어 졸도하고 죽을 지경입니다. 오늘 아침 그리스도께서 오신다면 저는 제 마음의 문들을 모두 다 열어 놓을 뿐 아니라 '들어오소서' 라고 말씀드릴 것이며, 그분이 오시기도 전에 저의 마음의 문들을 다 열어 놓을 것이며, 저의 영혼은 '오, 내가 그리스도를 만날 수 있는 곳을 알았도다. 그가 계신 곳으로 나아갈 수 있도다' 라고 말할 것입니다." 이 모든 상태는 소망스러우나 저는 다시금 여러분에게 상기시킵니다. 부자가 되려는 열망이 부자로 만들어 주는 것이 아니며, 구원을 받으려는 열망 자체가 여러분을 구원하는 것은 아닙니다. 건강에 대한 갈망이, 비록 건강의 수단을 동원하도록 해 주며 그래서 건강해질 수는 있지만, 그 자체가 아픈 사람의 건강을 회복시켜 주지 않습니다. 이와 마찬가지로 구원에 대한 열망이 여러분을 구원할 수는 없습니다. 여러분은 그 이상으로 위대하신 의사 그분께로 나아가야만 합니다.

둘째, 은혜는 하갈을 위해 준비되었고, 또한 하갈과 같은 상태에 있는 자들을 위해 준비되어 있습니다. 샘물이 있었습니다. 하갈은 마실 물이 한 방울도 없는 광야인 줄 알았으나 그곳에 샘물이 있었습니다. 괴로워하는 양심은 사함을 얻습니다. 여러분은 온통 심판, 뇌성과 번개, 저주와 진노뿐인 줄 생각하지만 그렇지 않습니다. 은혜가 있습니다. 예수님께서 죽으셨습니다. 그러므로 하나님께서 공의롭게 죄인들을 용서하실 수 있습니다. 하나님은 그리스도 안에서 세상과 화목하셨으며, 세상 사람들에게 그들의 죄를 전가하지 않으셨습니다. 하나님은 기꺼이 용서해 주십니다. 하나님은 세상의 죄를 용서하시므로 세상의 경배를 받으십니다. 세상에 물이 있습니다. 그곳에 은혜가 있습니다.

더욱이 여러분을 위한 은혜가 있습니다. 우리가 모든 피조물에게 전해야 하는 일반은혜가 있을 뿐만 아니라 여러분 가운데 많은 사람들에게 제가 이미 확신을 가지고 설명한 바, 특별은혜도 있습니다. 여러분의 이름이 주님의 책에 있습니다. 여러분은 모르지만 주님은 세상의 기초를 세우기 전에 이미 여러분을 택하셨습니다. 여러분은 마땅히 그의 것입니다. 머지않아 샘물에서 씻고 깨끗하게 된 후 여러분은 구세주의 발 아래서 자신을 벗어 던질 것이며, 사랑의 언약 속에서 영원히 그의 포로가 될 것입니다.

여러분이 예수님을 믿는다면, 지금 여러분을 위한 은혜가 있습니다. 샘물은 하갈의 목마름을 풀어 주기 위하여 새롭게 만들어진 것이 아니라 이미 있었던 것입니다. 하갈이 이 샘물을 발견했더라면 전에도 이 샘물을 마실 수 있었을 것이나 발견하지 못했습니다. 은혜가 있습니다. 여러분을 위한 은혜가 있습니다. 괴로워하는 가련한 양심이여, 오직 그대에게 한 가지 필요한 것은 그 샘물을 발견해야 한다는 것입니다. 만일 여러분이 그것을 발견했다면 그렇게 오랫동안 절망, 의심, 두려움 가운데 있을 필요가 없었을 것입니다.

그 샘물은 하갈 가까이에 있었습니다. 마찬가지로 그리스도께서도 여러분 가까이에 계십니다. 하나님의 은혜는 별들 가운데서 찾아야 하는 것이 아니며, 깊은 바다 속에서 발견되는 것도 아닙니다. 그 은혜는 여러분 가까이에 있습니다. 심지어 여러분의 입 안에 그리고 마음속에 있습니다. 예루살렘 거리를 따라 걸으셨던 구세주께서는 본 교회의 복도 안에 그리고 여러분이 앉아있는 의자에 계십니다. 하나님은 기꺼이 용서하시며 은혜 베푸시기를 기다리십니다. 마치 저의 주님께서 여러분이 미칠 수 없는 곳으로 올라가 버리시고 뒤에 아무런 은혜도 남기지 않으신 양 그렇게 생각하지 마십시오. 엠마오에서 제자들에게 말씀하셨을 때처럼 지금도 예수님은 그렇게 여러분 가까이에 영으로 계십니다. 여러분이 그분을 볼 수 있기를 축원합니다! 그는 "어제나 오늘이나 영원토록 동일하십니다." 그분이 지금 지나가고 계십니다. 그대 소경이여, 그분께 부르짖으십시오. 그리하면 여러분은 보게 될 것입니다. 너희 귀머거리여, 그분을 부르십시오. 말 못하는 입술이 말할 것이며, 그리하면 여러분의 영혼의 열망을 그분께서 귀로 들으실 것입니다.

그분은 가까이에 계십니다. 오직 그분의 존재를 믿기만 하십시오. 그분의 은혜를 신뢰하십시오. 그리하면 여러분은 그분을 볼 것입니다. 신앙의 행위가 매우 신비롭다는 것이 일반적인 통념입니다. 이제 신앙의 행위가 인간의 행위("사람이 마음으로 믿기" 때문에 신앙은 하나님의 선물인 동시에 인간의 행위인 것이 분명함)라고 한다면 이는 인간이 지성으로 할 수 있는 가장 단순한 행위들 중에 하나입니다. 예수님을 신뢰하는 것, 심령으로 그분께 의지하는 것은 지금 제가 이 난간에 의지하고 있는 것과 같습니다. 그분을 전적으로 신뢰하는데는 지식도 필요 없고, 사전 교육도 필요 없으며, 긴장할 필요도 없고, 신경 쓸 필요도 없습니다. 어린 아기와 젖먹이들도 이로써 하나님을 영화롭게 할 수 있습니다. 모든 학식을 갖춘 아이삭 뉴턴 경의 신앙은 오직 그리스도만을 의지한다는 점에서 다섯 살짜리 어린이의 신앙과 조금도 다를 바 없는 단순한 것입니다. 죽어 가던 강도는 십자가에 못 박히신 주님을 바라보는 순간 "주여 나를 기억하소서"라고 말하였으며, 그는 "나는 선한 싸움을 싸우고 나의 달려갈 길을 마치고 믿음을 지켰으니"(딤후 4:7)라고 말할 수 있었던 바울처럼 구원을 받았습니다.

저는 여러분이 저의 말을 이해하기를 간절히 바라기 때문에 매우 단순하게 말씀드릴 것이며, 제가 설득시키기 원하는 분들에게 신앙의 핵심을 말씀드리겠습니다. 제 자신의 체험이 바로 신앙의 핵심이 무엇인가를 보여 줍니다. 저는 어린아이였을 때 수년 동안 은밀하게 예수님을 찾았습니다. 누군가 죄의 쓰라린 고뇌가 무엇이었는지 마음속 깊이 알았다면 그는 바로 저 자신이었습니다. 평범하고 무식한 사람이 전한 단순한 설교로 말미암아 제가 구원의 계획을 깨닫게 되었을 때 저는 구원의 기쁨을 누렸으며 그런 가운데 "전에는 어찌하여 예수 그리스도를 믿지 못하였는가! 참으로 어리석은 자로다!"라는 생각을 하였습니다. 저는 복음을 한 번도 들을 수 없었다고 단정지었으나 지금 생각하여 보면 그것은 잘못된 생각이었습니다. 저는 복음을 수천 번이나 들었으나 그 복음을 이해하지 못했었다고 생각합니다. 저는 하갈과 같이 눈이 닫혀 있었습니다.

우리가 매 주일마다 여러분에게 말하지 않을 수 없는 것은 예수 그리스도를 믿는 것이 구원의 도라는 사실입니다. 하지만 여러분이 5천 번 저의 그런 소리를 듣는다 하더라도 하나님의 성령께서 그 비밀을 밝혀 주시기까지는 그 의미를 진실로 깨닫지 못할 것입니다. 그러나 여러분이 그 구원의 의미를 깨닫고 예수님을 믿기만 한다면, 그저 어린아이가 자기 아버지의 말을 믿듯이 그렇게 예수님을 믿기만 한다면, 여러분은 이렇게 말하게 될 것입니다.

"아니 어떻게 이런 일이? 바로 내 발 밑에서 물이 흐르고 있었는데 내가 목말랐다니. 빵이 식탁 위에 있었는데 굶주려 있었고 배고파 죽을 지경이었다니. 천국 문이 없는 것처럼 내가 안달하였으나 지금 보니 바로 내 앞에 천국 문이 활짝 열려 있었네." "그리스도를 믿으십시오. 그리하면 반드시 구원받을 것입니다." 다시 말하는데 "그리스도를 믿으십시오. 그리하면 여러분은 구원을 받습니다." 여러분이 하나님의 귀하신 아들을 믿는 순간 여러분을 판단하는 하나님의 심판의 책에서 여러분의 모든 죄가 하나도 남김없이 지워질 것입니다.

셋째, 하갈을 위해 준비된 은혜가 있었지만 그 은혜로 나아가는데 장애물이 있었다는 사실을 우리는 주목해야 합니다. 여러분에게도 장애물이 있습니다. 하갈은 밝게 빛나는 두 눈을 가지고 있었지만 물을 발견할 수 없었습니다. 마찬가지로 사람들은 일류의 지성을 가지고 있을지라도 단순한 진리, 곧 주 예수 그리스도를 믿는 믿음을 이해하지 못합니다. 여러분의 눈앞에서 아른거리는 아지랑이 같은 것이 목표한 곳을 바라보는데 그리 큰 방해를 주지 않는 것처럼 신앙을 이해하는 이해력의 부족함이 여러분에게 그리 큰 어려움을 주는 것은 아닙니다. 영원한 생명을 얻기 위해서는 남다른 무언가가 있어야 한다고 여러분은 계속 상상하고 있습니다. 이런 생각은 아주 잘못된 것입니다. 예수님을 단순하게 믿는 것, 그것이 너무 쉽기에 사람들은 거기서 불평을 합니다. 그러므로 인간은 하나님께서 아주 단순한 계획으로 우리를 구원하실 수 있다는 진리를 믿지 않으려 합니다. 이런 무지가 조금이라도 합당한 두려움(legal terrors)에서 비롯된 것인가요? 영적인 체험에 대하여 예리한 통찰력이 있었던 번연(Bunyan) 선생은 말하기를, 그리스도인은 등에 진 무거운 짐 때문에 너무나 시달린 나머지 달려가면서 발 디딜 곳을 잘 보지 못하였다고 했습니다. 그러므로 그의 심령은 심하게 넘어졌으며, 그의 말대로 실망의 수렁(Slough of Despond)에 빠져 버렸습니다.

여러분은 오랫동안 하나님의 율법의 우렛소리를 들어왔기 때문에 인애하신 예수님의 초청과 같이 부드럽고 감미로운 소리를 듣지 못합니다. "오시오, 환영합니다! 오시오, 환영합니다!" 이러한 소리는 여러분의 죄가 시끄럽게 떠드는 바람에 들리지 않습니다. 제 생각에 사람들이 일찍이 평강을 얻지 못하는 그 주된 이유는 기대 이상으로 많은 것을 찾기 때문입니다. 그러므로 그들의 눈은 환상에 현혹됩니다. 그리스도를 모시지 못한 여러분은 아직 성숙한 그리스도인이 아니기 때문에 먼저 어린아이로 만족하십시오. 씨앗의 상태를 거치는 것에 만족하십시오. 그 다음에 잎이 나고 이삭이 패며 그 후에 이삭에 충실한 낟알이 맺히게 될 것입니다.

그리스도, 오직 그리스도와 함께 시작하는 것으로 만족하십시오. 여러분 중에 어떤 이들은 일종의 전기충격이나 혹은 초인의 소름끼치는 광란과 같은 체험을 틀림없이 기대하리라고 저는 믿습니다. 거듭난다는 것은 무언가로 말미암아 온 몸이 소름끼치거나 뼈가 떨리는 것, 곧 인간의 감정의 한계를 크게 벗어나는 형언할 수 없는 감정이라고 여러분은 생각합니다. 이제 저의 말을 믿으십시오. 거듭남은 미신과 감정적인 삶의 종결을 의미합니다. 거듭남은 바보들도 바로 이해할 수 있는 분명하고 단순한 진리의 세계로 여러분을 인도합니다. "그를 믿는 자는 심판을 받지 아니하는 것이요"(요 3:18). 여러분이 이 단순한 진리를 이해하고 이를 자신의 말씀이라고 주장할 수 있다면, 여러분은 거듭났습니다. 그러나 여러분이 인간의 모든 신비들을 이해하여도 거듭나지 못하였다면 모든 가르침 중에 가장 단순한 가르침, 곧 "믿고 세례를 받는 사람은 구원을 얻을 것이라"(막 16:16)는 이 진리를 진실로 이해할 수 없을 것입니다.

또다시 제가 우려하는 것은 성직자들의 잘못된 가르침으로 말미암아 사람들이 자기 앞에 있는 물도 마시지 못한다는 사실입니다. 어떤 성직자가 불신자들에게 "자, 나의 귀한 친구들이여, 집에 가서 기도하시오"라는 권면으로 설교를 몰아간다면 이는 아주 올바른 권면이기는 하지만, 그러나 적당하지 않은 사람들에게 적당하지 않은 장소에서 한 권면입니다. 오늘 아침 저는 여러분에게 마치 복음의 메시지가 "집에 가서 기도하라"는 것인 양 감히 말하지 않습니다. 저는 여러분이 기도하기를 바랍니다. 하지만 기도하기 전에 먼저 선행되어야 할 중요한 문제가 있습니다. 그것은 말하자면 예수님을 믿는 것입니다. 그리스도께서 그의 제자들에게 가서 모든 족속에게 복음을 전파하라고 말씀하셨지 "기도하는 자는 구원을 받으리라"고 말씀하지 않으셨습니다. 물론 여러분이 바르게 기도했다면 그럴 수 있습니다. 하지만 그 전에 먼저 "믿는 자가 구원을 받을 것입니다." 여러분의 현재 의무는 기도하는 것이 아니라 믿는 것입니다. 불뱀에 물린 가련한 이스라엘 백성들이 놋뱀을 보고 살아났던 것처럼 여러분은 십자가에 달리신 예수 그리스도를 바라보아야 합니다. 여러분이 예수 그리스도를 믿기를 거부한다면 여러분의 기도는 여러분에게 아무런 유익도 주지 못할 것입니다.

여러분이 예수 그리스도를 믿으면 기도가 여러분의 호흡처럼 당연한 모습이 될 것이며, 기도 없이는 살 수 없을 것입니다. 그러나 예수님을 어린아이처럼 믿는 그 자리에 기도가 차지한다면 기도가 일종의 적그리스도가 될 것입니다. 구원은 예배의 자리로 나아가는 것이나 성경을 읽는 것으로 이루어지는 것이 아닙니다. 제가 이러한 의무들의 중요성을 깔보려는 것이 아니라 오히려 그것들의 위치를 바르게 찾아 주려는 것입니다. 심령을 깨워 영적인 생명을 가지게 하는 참된 생명의 행위는 오직 주 예수 그리스도만을 의지하는 것입니다. 만일 여러분이 그리스도를 의지하면서 평화와 용서를 체험하지 못한다면 제가 전하는 복음은 거짓된 것이며, 저는 그 복음을 폐기할 것입니다. 하지만 그럴 경우 성경도 거짓될 것입니다. 왜냐하면 저의 메시지가 바로 이 성경책으로부터 나오기 때문입니다. 우리가 받은 것이 이 복음이고,

그리스도께서 "그를 믿는 자는 심판을 받지 아니하리라"고 전하도록 우리에게 맡기신 것도 바로 이 복음입니다.

여기에 계신 몇 분들에게 주님께서 오늘 아침 역사하신다고 저는 확신합니다. 그러므로 저는 넷째, 장애물을 제거하는 거룩한 일에 대하여 말씀드리겠습니다. 하나님께서 하갈의 무지함을 제거해 주셨습니다. 하나님 외에 아무도 무지함을 제거할 수 없습니다. 하나님께서 인간의 눈을 열어 예수 그리스도를 믿는 믿음의 실체를 실지로 이해할 수 있게 하십니다. 예수 그리스도를 믿기만 하면 구원을 받는다는 이 단순한 진리가 지금도 여전히 너무나 어려워 사람들에게 깨달아지지 않고 있습니다. 전능하신 하나님의 능력이 지식인들에게 임하지 않는 한 인간은 그 단순한 진리를 진실로 이해하지 못합니다. 그러나 이러한 무지가 하나님에 의해 직접 제거되는 한편, 간접적으로 제거되기도 하였습니다. 하늘로부터 내려온 천사가 하갈에게 말하였습니다. 그가 천사인지 사람인지는 중요하지 않습니다. 중요한 것은 이런 곤란(무지)을 제거하는 것은 하나님의 말씀이라는 사실입니다.

하나님의 말씀으로 여러분의 불신이 제거되기를 저는 기도합니다. 단순히 예수 그리스도를 믿음으로 말미암아 오늘 여러분이 그의 빛을 보기를 축원합니다! 구원받았을지라도 혹시 버림받지 않을까 여전히 염려하는 분들이 계시리라고 저는 믿습니다. 많은 사람들이 자신의 열망, 그들이 바라보는 바로 그 빛이 충분한 증거가 될 수가 있는데도 자신 안에서 은혜의 증거를 찾으려고 합니다. 여러분 가운데 이런 사실을 알지 못하여 아직 구원받기 바로 직전에 있는 사람들이 많기를 저는 바랍니다. 여러분이 지금 구세주를 갈망하고 있고, 구세주로 말미암아 구원받기를 간절히 바라고 있는 것으로 보아 여러분 안에 사전에 구원을 예비하는 많은 역사가 있어 왔습니다. 구세주가 계십니다. 그분을 잡으세요! 그분을 붙잡으세요! 물을 담은 잔이 여러분 앞에 놓여 있습니다. 그 물을 마시세요. 여러분의 입을 씻을 필요도 없고, 또한 옷을 갈아입을 필요도 없습니다. 즉시 마시세요. 있는 그대로 예수님께로 나오세요.

제가 두 번째 경우 즉, 누가복음 24:31에 나오는 사도들의 경우를 통하여 여러분에게 증거하고자 할 때 하나님의 성령께서 위로부터 저에게 능력을 베풀어 주시기를 소망합니다. 이는 하갈이 아니라 "글로바와 다른 제자"의 경우입니다. 물론 같은 상황은 아니지만 이 두 제자들은 하갈과 똑같은 영적인 무지의 피해자들이었습니다. 이 제자들의 경우를 주의 깊게 살펴보십시오. 저는 그들의 모습이 바로 우리의 모습이라고 믿습니다. 그들은 다음과 같은 이유에서 예수님을 알아보았어야 했습니다. 그들은 예수님과 친했습니다. 그들은 공적으로 그리고 사적으로 수년 동안 예수님과 함께 지냈습니다. 그들은 주님의 음성을 수없이 들어왔기 때문에 예수님의 말투를 기억했어야 했습니다. 그들은 주님의 일그러진 얼굴을 매우 자주 응시해 왔기 때문에 주님의 용모를 알아차렸어야 했습니다. 그들은 예수님의 사생활에 초대받았고 따라서 그들은 예수님의 습관을 알아차렸어야 했습니다. 그들과 함께 길을 걸으신 구세주를 다른 사람들은 몰랐을지라도 그들만큼은 알아차렸어야 했습니다.

우리도 마찬가지입니다. 아마도 여러분은 최근에 예수 그리스도를 발견하지 못했을 것입니다. 여러분은 주님의 식탁에 와 보았지만 거기서 주님을 만나지 못했으며, 그래서 오늘 아침 매우 심란합니다. 주님은 "내니 두려워 말라"고 말씀하시지만 여러분은 거기서 주님을 뵐 수 없습니다. 형제여, 우리는 그리스도를 알아보아야만 하며, 즉시 그분을 발견해야 합니다. 저희는 그의 목소리를 알아들었으며, "나의 사랑, 내 어여쁜 자야 일어나서 함께 가자"(아 2:10) 말씀하시는 소리를 들었습니다. 저희는 그분의 얼굴을 들여다보고 그분의 슬픔의 비밀을 깨닫고 저희의 얼굴을 그분의 품에 기대었습니다. 저희 가운데 더러는 15세 혹은 20세에 체험을 하였습니다. 그런데 여러분은 그리스도께서 가까이 계시는데도 오늘 아침 그분을 알아보지 못하고 있으며, "내가 어찌하면 하나님을 발견할꼬!"(욥 23:3)라고 말하고 있습니다.

주님께서 그들 곁에 가까이 계셨기 때문에 그들은 주님을 알아보았어야 합니다. 주님은 그 제자들과 함께 길을 걸어가신 것이지 거리를 두고 산으로 올라가신 것이 아니었습니다. 설령 그렇더라도 그들은 주님을 알아보았어야 했는데 그들과 꼭 같은 길을 동행하셨으니 마땅히 알아보았어야 하는 것입니다. 이 시간 예수님께서 바로 우리 곁에 계시며 우리의 슬픔을 위로하고 계십니다. 그분은 지금 하늘 영광의 보좌에 오르셨는데도 여전히 우리를 지켜 주시고 참아 주십니다. 그분이 여기에 계시다면 우리는 마땅히 그분을 알아보아야만 합니다. 그분은 매일 자기 백성 곁에 계시고 또한 그들의 모든 고난을 함께 당하신다면, 우리는 마땅히 그분의 존재를 깨달아야 합니다. 오! 그리스도 우리의 사랑하는 구주께서 가까이 계신데도 우리가 그분의 존재를 눈치채지 못하다니 이 얼마나 우둔한 일입니까!

그들이 주님의 모습을 비추어 주는 성경을 가지고 있었기 때문에 그들은 마땅히 주님을 알아보았어야 합니다. 그런데 우리가 이 귀한 성경책을 펼쳐 매 페이지마다 숙고하는데도 그리스도를 발견하지 못하다니 어찌 이런 일이 있을 수 있습니까? 주님은 제자들에게 모세로부터 마지막 선지자에 이르기까지 예언된 그리스도에 관하여 이야기하셨는데도 그들은 예수님을 알아보지 못하였습니다. 사랑하는 하나님의 자녀들이여, 여러분도 그런 상태가 아닌지요? 주님은 백합처럼 순결한 말씀으로 여러분을 먹이시며, 여러분은 그런 백합 같은 말씀 가운데 있으면서도 주님을 알아보지 못합니다. 마치 성부께서 "그날 바람이 불 때"(창 3:8) 아담과 동행하셨던 것처럼 주님은 성경의 숲 속을 거닐면서 자기 백성들과 교제하는데 익숙하십니다. 그런데 여러분은 성경의 동산 가운데 있으면서도 주님을 알아보지 못합니다. 주님은 분명히 그 동산 가운데 계시며 결코 그곳을 떠나지 않으시는데도 말입니다.

한 가지 더 말씀드릴 것은, 예수님께서 이 제자들에게 성경을 풀어 주셨기 때문에 그들은 예수님을 알아보았어야 했습니다. 제자들은 말씀을 들었을 뿐만 아니라 그 말씀을 깨달았습니다. 저는 그들이 말씀을 깨달았다고 확신합니다. 왜냐하면 예수님께서 길에서 그들에게 말씀하셨을 때 그들 속에서 마음이 뜨거워졌기 때문입니다. 저는 그런 상태를 잘 압니다. 우리가 하나님의 귀한 진리에 대하여 묵상하였을 때 우리의 마음이 뜨거워지는 것을 여러분도 체험합니다. 그때에 우리는 "오 내가 그분을 만나 보았으면!"이라고 말했습니다. 여러분은 선택에 대한 말씀을 듣고도 과연 하나님께서 제일 먼저 선택하신 분의 얼굴을 언제나 다시 뵐 수 있을지 의심하였습니다. 여러분은 구속에 대한 말씀을 듣고 십자가의 애처로운 이야기에 미칠 듯이 기뻐하였으며 게다가 성경의 교리 하나 하나마다 받아들이고 그 위력을 느꼈습니다. 그런데도 여러분은 모든 즐거움 중에 최고의 즐거움인 주 예수 그리스도와의 교제를 충분히 누리지 못하였습니다.

이 제자들이 주님을 알아보았어야 했던 또 다른 이유가 있습니다. 말하자면 주님에 대한 다른 사람들의 증거를 그들이 들었기 때문입니다. "우리는 이 사람이 이스라엘을 속량할 자라고 바랐노라. 이뿐 아니라 이 일이 일어난 지가 사흘째요 또한 우리 중에 어떤 여자들이 우리로 놀라게 하였으니 이는 그들이 새벽에 무덤에 갔다가 그의 시체는 보지 못하고 와서 그가 살아나셨다 하는 천사들의 나타남을 보았다 함이라"(눅 24:21-23). 주님은 바로 그들 곁에 계셨습니다. 오! 참으로 이상한 것은 하나님의 집에서 예식(儀式)이 거행될 때 예수님께서 바로 그곳에 계시는데도 우리의 마음은 애석하게도 너무 냉랭하고 속되어서 그분을 뵙지 못한다는 것입니다. 그분을 뵙기를 원하는 마음은 복이 있습니다. 하지만, 오! 그분을 실제로 뵙는 것은 훨씬 더 복이 있습니다. 자신을 찾는 자들에게 주님은 친절하십니다. 그러나 그분을 만난 자들에게는 주님은 말할 수 없을 만큼 소중하십니다. 기도회에서 누군가 "나의 예수여, 내가 당신을 늘 사랑했던 것처럼 지금도 그렇소이다"라고 말하는 소리를 듣고 속에서 마음이 뜨거워졌는데도 여러분은 그와 같은 말을 스스로 할 수 없었습니다. 여러분은 병실에 올라가 그 죽어 가는 성도가 찬양하는 소리를 들었습니다.

> 생명 있는 동안에 당신을 사랑하리, 죽을 때에도 당신을 사랑하리
> 당신께서 내게 호흡을 주시는 동안 나는 당신을 찬양하리
> 그리고 죽음의 이슬방울이 나의 이마에 서늘하게 내릴 때 말하리
> 나의 예수여, 내가 당신을 늘 사랑했던 것처럼 지금도 그렇습니다.

여러분은 바로 그때 그와 같은 확신 있는 사랑을 느낄 수 없었기 때문에 그 죽어 가는 성도를 부러워했습니다. 이곳에 임하신 구세주께서 오랫동안 알고 지내왔고 또 그분을 뵙기를 열망하는 자신의 제자들과 함께 계시는데도 제자들의 눈은 감겨져서 그분을 발견할 수 없다니 이것이 참으로 이상하고 대단히 이상한 일이며 놀라운 일입니다. 어찌하여 우리는 그분을 뵙지 못하는 것일까요? 우리의 경우도 제자들의 경우와 똑같다고 저는 생각합니다.

말하자면 그 원인은 바로 우리의 불신입니다. 분명히 제자들은 주님을 볼 수 있으리라는 기대를 하지 않았고 그렇기 때문에 그들이 주님을 발견하지 못하였던 것입니다. 형제들이여, 영적인 일에서는 대부분 우리가 기대하는 만큼 이루어질 것입니다. 평범한 복음 설교자들은 즉석에서 회개를 기대하지 않습니다. 그렇기 때문에 즉각 회개하는 모습을 볼 수 없는 것입니다. 그러나 제가 아는 형제들은 하나님께서 심령을 회개시킬 것이라는 확신으로 말씀을 전하였으며 그들의 믿음대로 심령들이 회개하였습니다.

어떤 성도들은 주님을 보리라고 기대하지 않습니다. 그 성도들은 마담 귀용(Madame Guyon)의 생애와 영혼을 황홀하게 하는 그녀의 찬미를 듣고는 "아! 복된 여인이여!"라고 감탄합니다. 그들은 새뮤얼 러더퍼드(Samuel Rutherford)의 서신을 적어놓고 그 글들을 찬찬히 읽고서 "매혹적인 편지로구나! 희한하고 믿기 어려울 정도로 의로운 사람이로다!"라고 말합니다. 그러나 그들이 마담 기용처럼 될 수 있다는 생각은 하지 않습니다. 그 훌륭한 사람들처럼 그리스도께 가까이 갈 수 있다고 그들은 생각하지 않습니다. 우리는 높은 곳을 통과하신 성도들을 그저 경외심을 가지고 응시만 하는 사고의 습관에 빠져 있으며, 그들이 올라간 자리에 우리는 결코 이를 수 없다고 터무니없이 생각합니다. 형제들이여, 그분들이 높이 오르신 것은 분명하지만 그들은 자신들을 따르라고 우리에게 손짓하며 저 높은 곳을 가리킵니다. 그분들은 우리가 그분들을 능가하고, 그들보다 더욱 그리스도께 가까이 나아가며, 주님의 사랑을 더 뚜렷하게 깨닫고, 주님의 임재를 그분들보다 더욱 기쁘게 누리기를 요구합니다.

여러분은 그리스도를 보리라고 기대하지 않기 때문에 보지 못합니다. 그리스도께서 계시지 않기 때문에 우리가 보지 못하는 것이 아니라 우리의 불신앙으로 인해 우리의 눈이 감겨 있기 때문에 보지 못하는 것입니다. 오늘 아침 믿는 모든 심령들이 기쁨으로 충만해서는 안 될 이유가 전혀 없다고 저는 생각합니다. 어찌하여 기쁨의 수금들을 버드나무에 걸어 놓으셨나요? 시험을 당하고 있다고 여러분은 말씀하십니다. 예, 예수님도 시험 당하셨습니다. 그러나 주님은 "네가 물 가운데로 지날 때에 내가 너와 함께 할 것이라. 강을 건널 때에 물이 너를 침몰하지 못할 것이며"(사 43:2)라고 말씀하십니다. 귀하신 목자께서 여러분과 함께 하시는데 어찌하여 기뻐하지 않습니까? 먹구름이 덮인 것이 문제가 됩니까? 주님께서 함께 하시면 그 먹구름은 가득히 품고 있는 비를 땅에 비우게 될 것입니다.

저는 확신하건대, 주 예수 그리스도의 사랑을 마음으로 즐거워하며 사는 것이 우리 모든 그리스도인들의 사명이자 특권입니다. 여러분이 그러한 삶을 시작하려는 목적으로 이 자리에 참석하였기를 바랍니다. 이 제자들은 그리스도를 몰라보고 한참 동안 길을 걸었습니다. 그러나 그들이 주님의 식탁에 앉았을 때 주님께서 떡을 떼시자 그 악한 마력(魔力)에서 풀려났으며, 즉시 예수님을 분명하게 알아보았습니다. 떡을 떼는 귀한 예식을 과소평가하지 마십시오. 어떤 이들이 추측하는 것 이상으로 많은 은혜가 그 예식 가운데 들어 있습니다. 때때로 설교가 기쁨을 주지 못할 때 떡을 떼는 예식이 기쁨을 줄 수 있습니다. 말씀을 읽어도 위로를 얻지 못할 때 주님의 성찬에 참여하는 것이 위로의 수단이 될 수 있습니다. 그 예식 자체가 의미가 있는 것은 아니지만 그 예식을 소홀히 하는 것은 큰 죄가 될 것입니다. 예를 들면, 신자들의 세례식 자체가 의미가 있는 것은 아닙니다. 하지만 하나님의 말씀에서 이 예식을 지키라고 명령하셨으므로 여러분이 진심으로 이 예식에 참여하기까지는 주님께서 함께 하신다는 확신을 여러분에게 결코 주시지 않을 것입니다. 하지만 이 모든 관점을 보류하여 두고, 여러분이 간절히 바라는 것은 주님을 뵙는 것입니다.

오직 믿음으로만 여러분이 주님을 뵐 수 있습니다. 이렇게 기도드리십시오. "주여, 나의 눈을 열어 주사 나의 구세주께서 나와 함께 하심을 보게 하여 주옵소서. 주님을 한 번 뵙기만 하면 나는 결단코 주님을 놓지 않을 것입니다. 이날 이후부터 저는 에녹과 같이 하나님과 동행할 것이며, 죽을 때까지 계속하여 하나님과 동행할 것이며, 영원토록 주님과 함께 거할 것입니다." 제 경험으로 보아 하나님과 가까운 관계를 유지하는 것에 비해 하나님께 가까이 가는 것이 훨씬 용이합니다. 에녹은 3백 년 동안 하나님과 동행하였습니다. 이 얼마나 오랜 동행입니까! 이 얼마나 멋진 인생길입니까! 사랑하는 그리스도인 형제들이여, 아직 하나님과의 동행을 시작하지 않았다면 오늘 시작해 보십시오. 남은 여생 동안 하나님과 동행하여 보십시오. 골짜기에 깔려 있는 저 안개 위로 오르십시오! 햇빛 속에서 미소짓는 산꼭대기로 올라가십시오. 세속과 의심, 두려움과 염려, 분노의 침울한 환경으로부터 벗어나십시오.

언제나 세상을 좇아가며, 세상의 광산을 파헤치며, 그 보화만을 캐내는 속인들로부터 날아 올라 하나님께서 거하시는 곳에 이르십시오. 그곳은 가장 깊은 부분으로서 천국의 은둔처입니다. 그곳은 죽은 자들 가운데서 소생한 사람들 외에는 아무도 살 수 없습니다. 그곳은 그리스도와 함께 십자가에 못 박히고 오직 그 안에서 사는 사람들 외에는 아무도 다닐 수 없습니다.

그곳에 이르십시오! 그곳에서는 우리의 안전에 관한 어떠한 의심도 우리를 괴롭힐 수 없습니다. 그곳에서는 모든 염려를 주님께 맡겼기 때문에 괴로운 염려로 혼란에 빠지는 일이 없습니다. 온전한 신뢰와 어린아이 같은 믿음으로 살아갑시다. 그리하면 우리는 주님을 섬기는 일과 우리를 위해 큰 일을 행하신 주님께 감사드리는 일 외에는 아무런 일도 하지 않게 될 것입니다. 그리스도께서 자신과 교제하도록 여러분을 부르셨으며, 지금 그분은 무덤 속에 계시지 않습니다. 그분은 살아나셨습니다! 그리고 여러분을 살리십니다! 그분은 승천하셨습니다. 그분과 함께 승천하십시오. “또 함께 일으키사 그리스도 예수 안에서 함께 하늘에 앉히시니”(엡 2:6), 이 말씀의 참 뜻을 배우십시오.

3

리브가(1)

타협하지 아니함

"종이 이르되, 여자가 나를 따라 이 땅으로 오려고 하지 아니하거든 내가 주인의 아들을 주인이 나오신 땅으로 인도하여 돌아가리이까? 아브라함이 그에게 이르되, 내 아들을 그리로 데리고 돌아가지 아니하도록 하라. 하늘의 하나님 여호와께서 나를 내 아버지의 집과 내 고향 땅에서 떠나게 하시고 내게 말씀하시며 내게 맹세하여 이르시기를, 이 땅을 네 씨에게 주리라 하셨으니 그가 그 사자를 너보다 앞서 보내실지라. 네가 거기서 내 아들을 위하여 아내를 택할지니라. 만일 여자가 너를 따라 오려고 하지 아니하면 나의 이 맹세가 너와 상관이 없나니 오직 내 아들을 데리고 그리로 가지 말지니라"(창 24:5- 8).

창세기는 기원의 책이며 섭리의 책입니다. 바울이 사라와 하갈, 에서와 야곱, 이와 같은 인물들을 어떠한 의미로 활용했는지 여러분은 아십니다. 창세기 전체는 인간을 향한 하나님의 섭리를 독자들에게 가르쳐 주는 책입니다. 바울은 어떤 곳에서 소위 "알레고리"(allegory)를 사용하였습니다. 바울이 이 알레고리로써 문자적인 사실과 다른 무엇을 나타내려고 했던 것은 아니지만 그 문자적인 사실을 알레고리로 해석하여 영적인 교훈을 주려 하였습니다. 저도 본문을 이런 식으로 해석할 것입니다. 본 장은 실제로 있었던 말과 행동을 기록하고 있습니다. 하지만 동시에 본문에는 하늘의 일들과 관계된 영적(allegorical)인 교훈이 담겨 있습니다. 그리스도의 참된 사역자는 주인

아들의 아내 될 여자를 찾아오라고 보냄을 받은 다메섹 엘리에셀과 같습니다. 그리스도의 사역자의 간절한 열망은 그리스도께서 재림하시는 날에 많은 사람들을 그의 신부, 곧 어린양의 아내로서 인도해 드리는 것입니다.

아브라함의 충성된 종은 출발하기 전에 자기 주인과 교제하였습니다. 이러한 사실은 우리 주님의 심부름을 하는 우리에게 영적인 교훈을 줍니다. 우리가 실제로 섬기기 전에 주님의 얼굴을 뵙고 그분과 대화하며, 우리 마음에 일어나는 어려운 일들을 고합시다. 일하기 전에 우리가 어떤 상태에 있는지, 그리고 우리가 어떤 직무를 맡았는지 알아보도록 합시다. 우리가 어떻게 행하기를 원하시며, 이 일을 행할 때 어떻게 도와주실 것인가를 주님에게서 직접 들읍시다. 나의 동료 종들이여, 여러분에게 명하건대, 여러분이 사람들을 위해 먼저 하나님께 기도하기 전에는 결코 하나님을 위해 사람들의 도움을 구하러 가지 마십시오. 무엇보다 먼저 성령으로 말미암아 여러분 자신이 받은 것이 아닌 메시지는 전하지 마십시오. 하나님과의 교제의 방에서 사람들이 있는 사역의 강단으로 나아가십시오. 그리하면 아무도 거부할 수 없는 신선함과 능력을 얻을 것입니다. 아브라함의 종은 주인이 자기에게 분부한 바대로, 그리고 주인이 일러 준 대로 정확하게 실행해야 한다는 각오로 말하고 행동하였습니다. 그러므로 그의 한 가지 열망은 자신이 감당할 임무의 본질과 방법을 아는 것이었습니다.

설교를 시작하면서 저는 첫 번째, 기쁘지만 힘든 종의 사명에 대하여 생각해 보겠습니다. 이는 즐거운 사명이었습니다. 결혼을 예고하는 종(bells)이 그의 주변에서 울리고 있었습니다. 상속자의 결혼은 즐거운 행사일 것입니다. 주인 아들의 신부를 찾는 사명을 맡았다는 것은 종에게는 영광스러운 일이었습니다. 하지만 어느 모로 보아도 이는 아주 책임이 무거운 일이었으며, 결코 쉬운 일이 아니었습니다. 자기도 모르는 사이에 큰 실수들을 쉽게 저지를 수 있었습니다. 너무나 민감한 일이었기 때문에 자신의 모든 지혜를 모아야 했고, 지혜 이상의 무엇인가가 필요했습니다. 그는 자취도 길도 없는 그런 땅들을 지나 멀리 여행해야 했습니다. 그는 자기가 알지도 못하는 가족을 찾아야 했으며, 그 가족 중에서 자기가 알지도 못하는 여인을 찾아야 했습니다. 그리하고도 그 여인이 주인 아들의 신부가 되기에 합당한 여인이라야 할 것입니다. 이 모든 것은 엄청난 일이었습니다.

이 사람이 맡은 일은 그의 주인이 작정한 일이었습니다. 당시 이삭의 나이가 40세였지만 결혼할 기미가 보이지 않았습니다. 그는 조용하고 부드러운 성품의 소유자였으며, 따라서 그를 격려할 수 있는 활발한 성격의 배우자가 필요하였습니다. 그는 사라의 죽음으로 인하여 그동안 어머니에게서 발견하였던 삶의 위안을 상실하였으며, 이 때문에 그는 의심할 여지 없이 다정다감한 교제를 바라게 되었습니다. 아브라함도 늙고 연로하였습니다. 아브라함은 이삭을 통해 그의 씨가 나오리라는 언약이 이제 성취되기 시작하는 모습을 당연히 보고 싶어 했을 것입니다. 그러므로 아브라함은 아들의 결혼을 옳게 주선하겠다는 맹세를 그의 종으로부터 엄숙하게 받아냄으로써 자신의 속내를 내비쳤습니다. 아브라함은 메소포타미아에 있는 자신의 옛 친족에게 가서 거기서 이삭의 신부를 찾아오라고 종에게 지시하였습니다. 물론 그 친족들 모두가 다 훌륭한 사람들은 아니었지만 그래도 당시로서는 그가 알고 있던 사람들 중에 최고로 나은 사람들이었습니다. 아브라함은 아직 그곳에 하늘의 빛이 약간 남아있을 때 그곳에서 아들의 아내를 얻고자 했던 것입니다. 어쨌든 그 일은 아브라함이 그의 종에게 위임한 중대한 일이었습니다.

나의 형제들이여, 그리스도의 진실한 사역자에게 맡겨진 막중한 사명에 비하면 이는 아무것도 아닙니다. 위대하신 아버지 하나님께서는 그리스도에게 영원히 그의 사랑 받을 교회를 신부로 주시기로 작정하셨습니다. 예수님께서 혼자 계셔서는 안 됩니다. 예수님의 교회가 그의 사랑 받는 반려자가 되어야 합니다. 아버지께서는 이 위대한 신랑을 위해 신부를 찾으실 것입니다. 이는 구속을 이루신 예수님에 대한 보상이요 위로입니다. 그러므로 아버지 하나님께서 복음을 전하라고 부르시는 모든 자들에게 이러한 사명을 맡기십니다. 따라서 우리는 예수님을 위하여 영혼들을 찾아야 하며, 심령들이 하나님의 아들과 결혼하기까지 결코 쉬지 말아야 합니다. 이러한 사명을 감당한다는 것은 은혜입니다.

이 사명은 배우자를 찾는 분의 위상 때문에 더욱 책임이 무거운 일이었습니다. 이삭은 비상한 인물이었습니다. 그 종에게 이삭은 특별한(unique) 분이었습니다. 그는 육체를 따라 나지 않고 약속을 따라 난 사람이었으며, 하나님의 능력으로 태어난 사람이었습니다. 그리스도 안에서 그리고 그리스도와 하나된 모든 자 가운데 생명이 인간이 아닌 하나님의 약속과 능력으로 말미암아 임한다는 사실을 여러분은 알고 있습니다. 이삭 자신이 약속의 성취였으며 그 약속의 상속자였습니다. 인자(人子, Son of man)이신 우리 주 예수님은 무한히 영광스러운 분이십니다! 누가 그분의 출생을 선언하겠습니까? 어디에서 그분의 내조자를 찾을 수 있겠습니까? 그분에게 시집 갈 수 있는 합당한 심령이 어디에 있습니까?

이삭은 제물로 바쳐졌습니다. 그는 제단 위에 드려졌습니다. 비록 실제로 그가 죽지는 않았지만, 그의 아버지의 손은 칼을 뽑아 그를 죽이려 하였습니다. 심리적으로 아브라함은 자기 아들을 바친 것입니다. 우리가 전하는 그분이 누구인지 여러분은 알고 있습니다. 바로 예수님이십니다. 그분은 죄인들을 위하여 자신의 목숨을 희생제물로 내어 주셨습니다. 그는 하나님께 온전한 제물로 드려졌습니다. 오! 그와 결혼할 합당한 심령을 우리가 어디에서 찾을 수 있을지 저는 그분의 상처와 핏방울에 의지하여 여러분에게 묻습니다. 십자가에서 죽으신 주님의 놀랍고 거룩한 사랑에 크게 보답할 수 있는 그런 남자 그런 여자들을 우리가 어떻게 찾아야 하겠습니까? 이삭은 또한 비유적으로 죽음에서 다시 살아났습니다. 사도 바울이 말한 대로 이삭은 그의 아버지에게 "죽은 자와 같은"(히 11:12) 존재였으나 아브라함은 그를 죽음으로부터 다시 받았습니다. 그러나 우리의 복되신 주님께서는 실제로 죽으셨고 실제로 다시 살아나셨으며, 오늘날에도 죽음을 정복하신 자로서, 그리고 무덤을 깨뜨리신 자로서 우리 앞에 서 계십니다. 누가 이 정복자와 결합하겠습니까? 이 영광스러운 분과 영광 중에 살 수 있는 자격자가 누구입니까? 모든 심령이 이런 행복을 열망하며, 이처럼 비할 데 없는 영광을 내다보고 가슴이 설렐 것이며, 그 영광을 누리기에는 자신이 정말 부끄러운 존재임을 깨닫는 것 말고는 아무도 뒤로 물러서지 않을 것이라고 사람들은 생각할 것입니다. 아아! 마땅히 그리해야 하지만 실제로는 그렇지 않습니다.

약속의 상속자, 곧 희생 당하셨다가 부활하신 주님과 영원히 거룩한 연합을 하도록 사람들을 찾아내어 인도하는 우리의 일이 얼마나 막중한 사명인지요! 이삭은 아브라함에게 전부였습니다. 아브라함은 이삭에게 "내가 가진 모든 것이 너의 것이니라"고 말했을 것입니다. 우리의 복되신 주님도 마찬가지입니다. 성부께서는 아들을 모든 만물의 상속자로 삼으셨습니다. 성부께서는 아들로 말미암아 온 세상을 만드셨고 "모든 충만으로 예수 안에 거하게 하셨습니다"(골 1:19). 여러분 중에 누구라도 그리스도와 결혼하기만 하면 참으로 놀라운 존귀를 얻게 될 것입니다! 여러분은 예수님과 하나됨으로써 참으로 고귀한 자리에 오르게 될 것입니다! 오 설교자여, 오늘 당신이 해야 할 일은 팔찌를 매어 주고 얼굴에 보석을 달아 줄 사람들을 찾아내는 일입니다. 제가 누구에게 다음과 같은 말을 할까요? "당신의 마음을 나의 주님께 드리시겠습니까? 예수님을 신뢰하시겠습니까? 예수님을 당신의 구원자시요 만유의 주로 여기시겠습니까? 당신이 그의 소유가 되시므로 그분을 소유하시겠습니까?"

주인의 아들과 결혼할 여인의 자격을 여러분이 생각할 때 이 결혼을 주선하는 일은 기쁘지만 무거운 책임을 지는 사명이라고 말씀드리지 않았습니까? 그 여인은 적어도 자원하며 아름다워야 합니다. 하나님의 권능의 날에 심령들이 자원하게 될 것입니다. 사랑하는 마음이 없이 예수님과 결혼할 수 없습니다. 어디에서 이 자원하는 심령을 찾아야 할까요? 오직 하나님의 은혜가 역사하는 곳입니다. 그리고 사람들 가운데서 아름다운 미모를 찾아내는 방법을 저는 알고 있습니다! 우리의 본성은 죄로 말미암아 훼손되었기 때문에 오직 성령께서만 거룩의 미(美)를 주실 수 있으며, 이런 미가 있어야 주 예수님께서 자기의 택하신 신부를 예쁘게 봐 주실 수 있을 것입니다. 아아! 우리 청중들 가운데는 그리스도를 싫어하고 그분을 영접할 마음이 없으며, 아울러 그리스도의 신부가 되기에는 너무나도 어울리지 않고 또 그럴 자격이 없는 분들이 있습니다. 하나님의 성령께서 하늘에 속한 사랑을 베푸시고 그 마음을 위로부터 거듭나게 하여 새롭게 하셔야만 비로소 우리는 예수님과 하나 되려고 할 것입니다. 그렇지 않고는 결코 예수님과 하나 되려고 하지 않을 것입니다.

이삭과 결혼하는 여인은 어떤 존재가 될까 생각해 봅시다. 이 여인은 이삭의 기쁨, 곧 이삭이 사랑하는 벗이요 동료가 될 수 있습니다. 또 이 여인은 이삭의 모든 재산을 공동으로 소유할 수 있습니다. 특히 아브라함과 그의 가족에게 상속된 큰 언약의 공동 소유자가 될 수 있습니다. 죄인이 그리스도께 나오면 그리스도께서 그를 어떠한 존재로 만들어 주실까요? 그리스도께서 그를 기뻐하실 것입니다. 즉, 그리스도께서 그와 교제하시며, 그의 기도를 들으시며, 그의 찬송을 받으시며, 그 안에서 그리고 그와 함께 역사하시며, 그에게 자신의 영광을 보이실 것입니다. 그리스도께서는 믿는 자를 자신의 모든 것을 함께 나눌 공동 상속자로 만들어 주실 것이며, 택하신 자들을 위하여 하나님의 부요(富饒)하심과 영광을 저장해 둔 언약의 보물 창고로 인도해 주실 것입니다.

아, 사람들이 보기에 복음을 전하는 일이 아주 작은 일로 보일 수도 있겠지만 그러나 하나님께서 우리와 함께 하시면 복음을 전하는 우리의 사명은 천사들의 사명보다 더 큰 것입니다. 여러분은 겸손하게 여러분에게 속한 반의 아이들에게 예수님을 전하고 있습니다. 어떤 이들은 "주일학교 교사에 불과하다"고 여러분을 폄하하지만, 그러나 여러분의 일은 영적인 무게가 있으며, 이에 대한 정보는 정치가들의 비밀회의에도 알려지지 않았으며, 황제들의 고문들도 모릅니다. 죽음과 지옥, 미지의 세계들이 여러분이 전하는 말씀에 달려 있습니다. 여러분은 불멸하는 영혼들의 운명을 좌우하고 있으며, 심령들을 파멸로부터 영광으로, 죄로부터 거룩으로 인도하고 있는 것입니다.

이 종은 자신의 사명을 감당할 때 이 일에 진력하지 않으면 안 되었습니다. 이 종은 막연한 짐작만 가지고 길도 모른 채 굉장히 먼 거리를 여행해야 했습니다. 그는 틀림없이 하나님의 인도와 보호를 받았습니다. 그가 목적지에 이르렀을 때, 인간적인 노력을 하는 동시에 하나님의 선하심과 지혜를 전적으로 의지해야 했습니다. 그가 선택받은 여인을 만난다면 이는 기적 중에 기적일 것이며, 이런 일은 오로지 주님께서만 행하실 수 있는 일입니다. 그에게 각별한 주의와 믿음이 있어야만 했습니다. 우리는 본 장에서 그가 어떻게 여행하고 어떻게 기도하고 어떻게 간청하였는지 읽어보았습니다. 우리도 이 종과 같이 "누가 이런 일을 능히 할 수 있겠습니까?"라고 부르짖어야 할 것입니다. 그런데 주 여호와께서 그를 능하게 하셨으며, 그가 사명을 완수한 사실을 본문에서 볼 수 있습니다. 우리는 어떠한 자세로 죄인들에게 접근하여 그들을 예수님께로 인도할 수 있을까요? 우리는 어떻게 적절하게 말할 수 있을까요? 우리의 교훈을 어떻게 죄인들의 마음 상태에 맞출 수 있을까요? 그들의 기분, 그들의 편견, 그들의 슬픔, 그들의 유혹에 따라 어떻게 우리가 융통성 있게 행동할 수 있을까요? 형제들이여, 복음을 전하는 우리는 끊임없이 "주께서 친히 가지 아니하시려거든 우리를 이곳에서 올려 보내지 마옵소서"(출 33:15)라고 부르짖어야 합니다. 이 사악한 런던에서 영혼들을 찾아내는 일에 비하면 바다 밑에서 진주를 찾아내는 일은 어린아이의 장난에 불과합니다. 하나님께서 우리와 함께 하시지 않는다면, 우리의 시선은 엉뚱한 곳을 향할 것이며, 우리의 혀는 쓸데없이 닳기만 할 것입니다.

두 번째, 종의 당연한 우려에 대하여 여러분과 함께 생각해 보겠습니다. 아브라함의 종은 "여자가 나를 따라 이 땅으로 오려고 하지 아니하거든"이라고 우려하였습니다. 이는 매우 심각하고 중대하고 또 당연한 문제였습니다. 그 여인이 원하지 않는다면 아무 일도 되지 않을 것입니다. 강제로 또는 사기를 쳐서 될 일이 아니었습니다. 이 일은 당사자가 진정으로 원해야 되며, 그렇지 않으면 이 혼사는 이루어질 수 없었습니다. 바로 여기에 어려움이 있었습니다. 이것이 해결되어야 할 문제였습니다. 아, 나의 형제들이여! 이는 지금 우리의 문제이기도 합니다. 이러한 어려움이 아브라함의 종에게 어떻게 나타났고 또 우리에게 어떻게 나타나는지 자세히 말씀드리겠습니다.

여인은 내가 전하는 말을 믿지 않을 수도 있고 혹 내 말을 듣고 감동을 받을 수도 있습니다. 제가 여인에게 가서 아브라함이 보내어 왔다고 말하면 여인은 저의 얼굴을 쳐다보고 "요즘에 사기꾼들이 많다던데"라고 말할 것입니다. 만일 제 주인의 아들이 너무 멋있고 부유하며, 여인을 맞이할 준비를 다 해 놓고 기다리고 있다고 말하면, 여인은 제게 이렇게 대답할 것입니다. "오늘날 희한한 이야기, 소설 같은 사건들이 비일비재하죠. 하지만 분별 있는 사람은 자기 고향을 떠나지는 않는답니다." 형제들이여, 우리의 경우에도 바로 이러한 점이 슬프지만 현실입니다. 구약에서 복음적인 위대한 선지자는 "우리가 전한 것을 누가 믿었느냐?"(사 53:1)고 외쳤습니다. 우리도 역시 똑같은 말로 외칩니다. 반역한 인간들에 대한 하나님의 위대한 사랑의 소식에 사람들은 관심조차 없습니다. 무한한 영광의 주님께서 가련하고 하찮은 인간의 사랑을 받으시려고 자신의 목숨을 내어놓으셨다는 이 사실을 사람들은 믿지 않습니다. 풍성한 자비, 비통, 사랑 그리고 공로가 있는 골고다를 그들은 무시합니다. 참으로 우리는 놀라운 이야기를 전하고 있으며, 이 이야기가 너무나 친절하여 믿기 어려울지도 모릅니다. 하지만 대다수의 사람들이 가치 없는 것들을 좇으면서 이 숭고한 사실을 오직 꿈으로만 여긴다는 것은 실로 슬픈 이야기입니다. 사람들을 위하여 죽을 수밖에 없었던 나의 주님의 위대한 사랑에 대하여 들을 가치도 없고 더구나 믿을 가치도 없다고 생각하는 현실에 저는 놀라 자빠집니다. 여기에 천국의 결혼이 있으며, 의로운 왕의 혼례식이 바로 여러분 앞에 있습니다. 하지만 여러분은 비웃음으로 외면하고 오히려 죄의 마력을 좋아합니다.

또 다른 어려움이 있었습니다. 여인은 자기가 한 번도 보지 못한 사람에게 사랑의 감정을 느껴야 했습니다. 여인은 이삭과 같은 사람이 있다는 사실을 난생 처음 들었으며, 그럼에도 불구하고 자기 친족을 떠나 먼 나라로 갈 만큼 그를 사랑해야만 했습니다. 이런 일이 가능하려면 오로지 그녀가 여호와의 뜻을 인정하는 길밖에는 없었습니다. 아, 사랑하는 성도들이여, 우리가 여러분에게 전하는 모든 말씀은 아직 보이지 않는 일들에 관한 것입니다. 여기에 우리의 어려움이 있습니다. 여러분에게 눈이 있고 그 눈으로 모든 것을 보려고 합니다. 여러분에게 손이 있고 그 손으로 모든 것을 만져보려고 합니다. 하지만 아직은 볼 수 없는 분이 계십니다. 곧 우리가 믿음으로써 사랑하는 분입니다. 진실로 우리는 그분에 대하여 다음과 같이 말할 수 있습니다.

"예수를 우리가 보지 못하였으나 사랑하는도다. 이제도 우리가 보지 못하나 믿고 말할 수 없는 영광스러운 즐거움으로 기뻐하노라"(벧전 1:8). 우리의 요구에 대하여 여러분이 "한 번도 보지 못한 그리스도를 우리더러 사랑하라고 하는데 그거 너무 하는 것 아닙니까?"라고 대답할 줄 알고 있습니다. 이에 대하여 저는 "사실 그렇습니다. 기대 이상으로 우리가 여러분에게 많은 것을 요구하고 있죠"라고 대답할 수밖에 없습니다. 성령 하나님께서 여러분의 심령에 기적적인 은혜를 베푸시지 않는 한, 오랜 관계를 끊고 우리의 사랑하는 주님과 연합하라는 우리의 요구를 여러분은 따르지 않을 것입니다. 그럼에도 불구하고 여러분이 주님께 나와 그를 사랑한다면, 그분은 여러분에게 만족 이상의 것을 베푸실 것입니다. 그때에 여러분은 주님 안에서 여러분의 심령에 임한 안식을 체험할 것이며, 모든 생각을 초월하는 평강을 맛볼 것입니다.

아브라함의 종은 이렇게 생각했을 것입니다. 여인은 가나안을 위해 메소포타미아를 포기할 정도로 엄청난 변화를 거절할 것이다. 여인은 한 곳에서 태어나 그곳에서 줄곧 성장하였습니다. 그녀의 모든 친분은 아버지의 집에서 형성되었습니다. 그러므로 이삭과 결혼하기 위해서 그녀는 이 모든 것을 버려야만 합니다. 이와 마찬가지로 여러분 역시 세상을 취하면 예수님을 모실 수 없습니다. 여러분이 예수님과 연합하려면 죄를 버려야만 합니다. 여러분은 방탕한 세상, 유행을 좇는 세상, 과학만능주의의 세상, 그리고 (소위) 종교적인 세상으로부터 벗어나야만 합니다. 여러분이 그리스도인이 되면, 여러분은 이전의 습관, 이전의 충동, 이전의 욕망, 이전의 쾌락, 이전의 자랑, 이전의 사고방식을 버려야만 합니다. 모든 것이 새로워져야 합니다. 여러분이 지금까지 사랑했던 것을 버려야 하며, 지금까지 멸시했던 것을 추구해야 합니다. 마치 여러분이 죽었다가 새롭게 창조된 것처럼 놀라운 변화가 있어야만 하는 것입니다.

게다가 리브가가 적어도 약간의 어려움은 각오했다 하더라도 앞으로 순례의 생활을 해야 한다는 생각을 하였을 때 이는 쉽게 결정할 수 있는 일이 아니었을 것입니다. 리브가는 집과 농장을 버리고 천막 생활 그리고 집시 같은 생활을 해야 할 것입니다. 아브라함과 이삭은 정착할 성을 찾지 못하였으며, 이곳저곳 떠돌아다니며 하나님과 함께 하는 나그네로 살아갔습니다. 이들의 생활양식이 바로 전형적인 신앙생활의 모습입니다. 곧 신앙의 사람들은 세상에서 살지만 세상에 속하여 있지 않습니다. 어느 모로 보아도 아브라함과 이삭은 세상 밖의 사람들이었으며, 다만 세상의 표면 위에서 살았을 뿐 세상과 지속적인 관계를 맺지는 아니했습니다. 그들은 여호와의 사람들이었으며, 또한 여호와께서는 그들의 기업이셨습니다. 여호와는 그들을 위해 구별되셨으며, 그들은 여호와를 위해 구별되었습니다. 리브가가 "절대로 그럴 수 없어요. 나는 사회로부터 스스로 매장당할 수 없어요. 나는 정착지의 안락함을 버리고 양떼를 몰고 들판을 헤매고 다닐 수는 없어요"라고 말하는 것은 당연할 것입니다.

세상에 있고 싶어도 때가 되면 있을 수 없다는 사실을 대부분의 사람들은 생각하지 못합니다. 그들은 세상에서 나그네들로 살아가지 않으며, 세상의 교제 속으로 더욱 깊이 들어가기를 바랍니다. 어떤 사람이 세상을 멀리하고 영적인 것을 그의 한 가지 목표로 삼는다면, 그들은 그를 가리켜 꿈을 꾸는 광신자라고 하며 멸시합니다. 많은 사람들은 신앙의 주제들이 단순히 읽혀지고 설교될 주제들에 불과하다고 생각합니다. 또한 그 신앙의 주제대로 산다는 것은 꿈같고 비현실적인 일이라고 생각합니다. 그러나 영적인 것만이 오직 유일한 현실이 될 것입니다. 사실상 물질적인 세상이야말로 환상이요 공상에 불과한 것입니다. 주님께서 마음을 새롭게 해 주시지 않는 한 사람들은 언제나 앞으로 올 생명의 축복(the bird-in-the-bush of the life to come) 보다 지금 당장 수중에 있는 이생의 이익(the bird-in-the-hand of this life)을 좋아할 것입니다.

또한 여인은 언약에 관심이 없을지도 모릅니다. 여인이 여호와와 그의 뜻에 관심이 없다면 그 종과 함께 가지 않을 것이며 이삭과 결혼하지도 않을 것입니다. 이삭은 약속의 상속자였습니다. 즉, 주께서 맹세로써 약속하신 언약의 특권을 물려받을 자였습니다. 그의 부인으로 선택되는 여인은 장차 선택받은 씨의 어머니가 될 텐데 하나님께서는 그 씨를 통하여 온 세대에 걸쳐 세상을 축복하시기로 작정하셨습니다. 그 씨는 바로 메시아, 곧 뱀의 머리를 부술 여인의 후손을 가리킵니다.

세 번째, 종의 지극히 당연한 제안에 대하여 상세히 설명 드리겠습니다. 이 신중한 집사는 "여자가 나를 따라 이 땅으로 오려고 하지 아니하거든 내가 주인의 아들을 주인이 나오신 땅으로 인도하여 돌아가리이까?"라고 물었습니다. 여인이 이삭에게로 오지 않는다면 이삭을 그녀에게로 데리고 가리이까? 이것이 이 시대의 제안입니다. 세상이 예수님께로 오지 않는다면, 예수님께서 세상에 맞추어 부드럽게 가르쳐야 하겠죠? 다시 말해서, 세상이 교회로 올라오지 아니한다면 교회가 세상으로 내려가야 하지 않을까요? 사람들에게 회개하고 죄인들 가운데서 나와 구별되라고 명령하지 말고 우리가 불경건한 세상과 연합하고 세상과 하나가 됩시다. 세상이 우리에게 영향을 끼치게 함으로써 우리도 우리의 영향력으로 세상을 설득합시다. 그래서 기독교 세상을 만듭시다.

이 때문에 우리의 교리를 재고해야 합니다. 어떤 사역자들은 유행에 뒤떨어져 있고, 엄격하며, 매정하고, 인기가 없습니다. 그런 사람들을 퇴출시킵시다! 정통을 고집하는 신자들을 기쁘게 하기 위하여 옛 교리를 사용하되 철학적 사고를 가지고 방황하는 불신자들을 전도하기 위해서 거기에다 새로운 의미를 부여합시다. 불쾌한 진리의 모서리를 깎아내고 오류가 없는 계시의 교리적인 색채를 완화시킵시다. 아브라함과 모세도 실수하였다고 말합시다. 그리고 오랫동안 존경받아온 성경책들이 오류로 가득 차 있다고 말합시다. 오래된 신앙을 훼손시키고 새로운 의심을 받아들입시다. 왜냐하면 시대가 변하였기 때문입니다. 그리고 시대의 정신이 너무 지나치게 의롭고 너무 하나님만을 고집하는 모든 것을 포기하라고 말하고 있기 때문입니다.

이렇게 거짓으로 혼합된 교리는 거짓된 체험으로 이어집니다. 사람들이 선하게 태어났다는 말이 떠돌고 있고, 따라서 "너희는 거듭나야 하느니라"는 이 위대한 판결은 힘을 잃고 있습니다. 회개는 무시당하고 신앙은 "정직한 의심"에 비교되면서 시장에 있는 약과 같이 취급됩니다. 죄를 애통하고 하나님과 교제하는 것은 사라지고 대신 오락, 사회주의 운동, 허탄한 정치가 그 자리를 차지합니다. 그리스도 예수 안에서 새로운 피조물이 된다는 교리는 고집 불통의 청교도들이 심술궂게 고안해낸 사상으로 간주됩니다. 영적인 신앙이 멸시되고 유행을 따르는 도덕이 그 자리를 차지합니다. 유행을 따르라, 과학적이라고 공언하는 사람들과 같은 의견을 가지라, 이것이 현대학파의 첫 번째 중요한 지침입니다. 두 번째 지침도 그와 비슷합니다. 남다른 체하지 말고 이웃과 똑같이 세속적이 되라는 것입니다.

사람들은 다음과 같이 말하는 것 같습니다. 옛 방식을 고집하여 많은 대중 가운데서 여기서 한 사람 저기서 한 사람 데려온다는 것은 별 효과가 없습니다. 우리는 좀 더 빠른 방식을 원합니다. 사람들이 거듭나고 그리스도의 제자들이 되기까지 기다린다는 것은 지루한 과정입니다. 중생한 자와 중생하지 못한 자를 구분하지 맙시다. 회개한 자든 회개하지 않은 자든 모두 교회 안으로 들어오십시오. 여러분에게는 선한 바람과 선한 결심이 있어요. 그만하면 됐어요. 더 이상 괴로워하지 마십시오. 새로운 계획은 교회와 세상을 동화시키는 것이며, 교회의 범주에 더 큰 영역을 포함시키는 일입니다. 이처럼 그들은 거의 극적인 작업(semi-dramatic performances)을 통해 기도하는 집들을 극장과 비슷하게 만듭니다. 그들은 예배를 음악 발표회, 설교를 정치적인 연설이나 혹은 철학적인 평론으로 바꿉니다. 사실상, 그들은 성전과 극장을 교환하며, 하나님의 종들을 사람들을 기쁘게 하는 배우로 둔갑시킵니다. 이러다가 주의 날은 오락을 즐기거나 놀고 지내는 날이 될 것이며, 주의 집은 우상들로 가득한 절이 되거나 혹은 하나님을 위하기보다 패거리를 위해 열심을 내는 정치 클럽이 되지 않겠습니까?

네 번째로, 종의 제안에 대한 주인의 단호하고 믿음 있는 거절을 주목해 봅시다. 아브라함은 한마디로 잘라 말합니다. "내 아들을 그리로 데리고 돌아가지 않도록 하라." 우리 주 예수 그리스도는 세상에서 빠져나온 거대한 이민자들(emigration party)을 인도하십니다. 주님은 제자들에게 설교하시면서 "내가 세상에 속하지 아니함 같이 저희도 세상에 속하지 아니하였다" 말씀하셨습니다. 우리는 태어나면서부터 세상에 속하지 않았고, 삶도, 목적도, 영혼도, 그리고 모든 면에서 세상에 속하지 아니하였습니다. 예수님, 그리고 그 안에 있는 성도들은 새로운 족속을 이룹니다. 세상으로 되돌아가라는 제안은 우리의 거룩한 본성에 심하게 거슬립니다. 그렇습니다. 이는 우리의 고상한 삶에 치명적입니다. 하늘의 음성이 "내 아들을 그리로 데려가지 말라"고 외칩니다. 주께서 애굽에서 나오게 하신 사람들은 다시금 그 노예의 집으로 돌아가지 맙시다. 오히려 자녀들을 그곳에서 나오게 하고 구별되게 하십시다. 그리하면 주 여호와께서 그들에게 아버지가 되실 것입니다.

아브라함이 종의 질문에 대하여 어떻게 대답하는지 주목합시다. 결과적으로 아브라함은 "이는 하나님의 섭리를 역행하는 것이 될 것이다"라고 주장하였습니다. 아브라함은 "하늘의 하나님 여호와께서 나를 내 아버지의 집과 내 고향 땅에서 떠나게 하셨다"고 하였습니다. 하나님께서 아브라함으로 하여금 떠나게 하셨는데 이삭이 되돌아갈 이유가 무엇입니까? 되돌아가는 일은 있을 수 없습니다. 지금까지 교회에 대하여 하나님께서 행하신 방법은 세상으로부터 자신의 택한 백성을 갈라놓으시는 것이었습니다. 이 백성은 하나님께서 자신을 위해, 그리고 하나님의 찬송을 부르게 하려고 지으셨습니다. 사랑하는 성도들이여, 하나님의 계획은 변경되지 않습니다. 하나님은 예정하신 자들을 계속해서 부르실 것입니다. 이러한 진리를 거스르지 맙시다. 죄악 가운데 죽은 자와 시온에서 산 자의 차이를 무시함으로써 대량으로 사람들을 구원할 수 있다는 터무니없는 생각을 버립시다. 하나님께서 자신의 택하신 백성들을 밧단아람에 거하게 함으로써 그곳에 있는 식구들을 축복하기로 작정하셨다면 어찌하여 하나님께서 그곳에서 아브라함을 불러내셨겠습니까? 이삭이 거기서 사는 것이 좋았다면 어찌하여 아브라함이 그곳을 떠났겠습니까? 이제도 구별된 교회가 필요 없다면 온 세대에 걸쳐 구별된 교회의 모습은 도대체 무엇이란 말입니까? 순교자들이 단지 어리석어서 피를 흘렸단 말입니까? 신앙을 사수한 자들과 종교개혁자들이 미쳐서 그다지 중요하지도 않은 교리를 위하여 싸웠단 말입니까?

아브라함은 이러한 제안이 언약을 포기하는 일이 될 것이라고 생각하였습니다. 그가 뭐라고 말하였는가 보십시오. "하늘의 하나님 여호와께서 나를 내 아버지의 집과 내 고향 땅에서 떠나게 하시고 내게 말씀하시며 내게 맹세하여 이르시기를, 이 땅을 네 씨에게 주리라 하셨으니." 여호와께서 약속하신 그 땅을 어찌 떠날 수 있으며, 여호와께서 떠나라고 말씀하신 그곳으로 어찌 돌아갈 수 있겠습니까? 형제들이여, 우리도 역시 아직 보이지 않는 것을 약속으로 받은 상속자들입니다. 이를 위하여 우리는 믿음으로 걷고, 우리 주변의 것들로부터 구별되어야 하는 것입니다. 아브라함이 가나안 족속들 가운데서 살았던 것처럼 우리도 사람들 가운데서 살아갑니다. 하지만 우리는 특별한 족속입니다. 우리는 거듭난 사람들이며, 지키는 법이 다르며, 행동의 동기가 다릅니다. 우리가 세속의 길로 되돌아가 세상 사람들 가운데 속한다면 우리는 하나님의 언약을 받지 못할 것이며, 그 약속은 더 이상 우리의 것이 되지 못할 것이며, 또한 영원한 기업은 다른 사람의 것이 될 것입니다. 여러분은 이러한 사실을 모르십니까? 교회가 "나는 세상처럼 되리라"고 말하는 순간 세상과 운명을 같이 하게 됩니다. 우리가 세상으로 내려가고 주님과 함께 나그네로 살기를 거부한다면 언약과 기업은 더 이상 우리의 것이 아닙니다.

게다가 세상을 따르는 것은 아무 유익이 없습니다. 종의 방법대로 이삭이 나

홀의 집으로 내려갔다고 가정해 봅시다. 그렇게 해야 할 명분이 무엇입니까? 친구들과 헤어지는 아픔, 먼 곳까지 가야 하는 수고를 면하기 위해서인가요? 그런 이유 때문에 리브가가 남아있었다면, 과연 이 여인이 이삭에게 무슨 필요가 있겠습니까? 헤어지는 시험이 유익하며, 결코 없어서는 안 되는 것입니다. 남편을 만나기 위해 떠나지 않는 여자는 별 볼 일 없는 여자입니다. 교회가 교리를 약화시키고 세속화함으로 만들어 내는 회심자들은 별 볼 일 없는 사람들입니다. 우리에게 그런 사람이 생긴다면 그 다음 순간 우리들은 "저들을 어떻게 내보내지?"라고 고민하게 될 것입니다. 그들은 우리에게 전혀 도움이 되지 않습니다.

이스라엘 백성들이 애굽에서 나왔을 때 애굽의 하층민들 가운데 많은 사람들이 따라 나왔기 때문에 인구가 크게 증가하였습니다. 그러나 이 섞여 버린 애굽 사람들이 광야에서 이스라엘의 골칫거리가 되었습니다. 성경은 "그들 중에 섞여 사는 다른 인종들이 탐욕을 품으매"(민 11:4)라고 말씀하고 있습니다. 이스라엘 백성 자신들도 매우 악하였지만 언제나 불평을 조장하였던 자들은 바로 이 섞여 사는 사람들이었습니다. 어찌하여 오늘날 이처럼 영적으로 죽은 상태가 존재하는 것입니까? 어찌하여 교회 안에 거짓된 교리가 유행하는 것입니까? 그 이유는 교회 안에 그리고 사역하는 사람들 가운데 불경건한 사람들이 있기 때문입니다. 숫자에 대한 열심, 특히 수준 높은 사람들을 끌어들이려는 열심이 많은 교회들의 순수성을 떨어뜨렸으며, 교리와 행실을 약화시켰으며, 어처구니없는 오락을 좋아하게 만들었습니다. 이들은 기도회를 싫어하고 교실 안에 있는 움직이는 밀랍 인형을 보려고 달려갑니다. 수준을 떨어뜨리고 교회의 영적인 영광을 더럽힘으로써 형편없는 회심자들을 만드는 것을 하나님은 허락하지 않으십니다.

더욱이 아브라함은 이삭을 그리로 데려갈 이유가 없다고 생각하였습니다. 왜냐하면 하나님께서 틀림없이 이삭의 아내를 찾아주실 것이라고 믿었기 때문입니다. 아브라함은 이렇게 말했습니다. "그가 그 사자를 너보다 앞서 보내실지라. 네가 거기서 내 아들을 위하여 아내를 택할지니라." 복음을 전파하므로 과연 영혼들을 구원할 수 있을지 염려가 됩니까? 과연 하나님의 방법으로 성공할지 의심이 됩니까? 왜 꼭 음악, 건물, 꽃꽂이, 모자장식이 있어야만 하는 것입니까? 결국 힘과 능으로 되지 아니하고 하나님의 신으로 되는 것이 아닙니까? 이에 대하여 많은 사람들이 공감하고 있습니다. 35년 동안 매 주일마다 오늘 이 자리에 모인 숫자만큼 계속해서 모이는 현상을 여러분이 어디에서 찾아볼 수 있습니까? 그런데 저는 오직, 십자가만을 전하였을 뿐입니다. 화려한 웅변술 없이 오직 십자가만을, 미신이나 흥분을 일으키는 푸른 빛깔 없이 오직 십자가만을, 성직을 나타내는 다이아몬드 없이 오직 십자가만을, 허풍을 떠는 과학의 버팀목 없이 오직 십자가만을 여러분에게 보여 드렸을 뿐입니다.

십자가 하나만으로도 처음에는 사람들을 끌어들이고 나중에는 영생으로 인도하고도 남습니다! 여러 해 동안 이 예배당에서 우리는 이 위대한 진리, 곧 분명한 복음의 선포가 청중을 변화시키고, 죄인들을 회개시키며, 교회를 견고하게 세워 준다는 이 진리를 성공적으로 입증해 보였습니다. 하나님의 백성들에게 부탁하건대, 확실하지 않은 수단과 의심스러운 방법을 동원할 필요가 없다는 사실을 기억하십시오. 하나님은 언제나 복음으로 구원하실 것입니다. 오직 순수한 복음을 간직합시다. 그리스도를 위한다고 마귀를 초청한다면 부끄러운 일입니다. 하나님을 기쁘게 하십시오. 하나님의 교회가 하나님의 방법 외에는 다른 방법을 찾지 않으리라고 결심할 때 번영하게 될 것입니다.

이제 다섯 번째로, 자신의 종에 대한 아브라함의 사면을 주목해 봅시다. "만일 여자가 너를 따라 오려고 하지 아니하면 나의 이 맹세가 너와 상관이 없나니 오직 내 아들을 데리고 그리로 가지 말지니라."

우리가 복음을 성실하게 전하였다면, 오늘 죽는다 하더라도 복음을 숨겨 두었다는 양심의 가책을 받지 않을 것입니다. 우리는 교인 수를 늘리기 위해 바보 같은 짓이나 정치가의 술수를 쓰지 않았다고 슬퍼하지 않을 것입니다. 정말 그렇습니다. 비록 적은 수가 모인다 할지라도 주님께 충성한 이상 주님께서 우리를 완전히 사면해 주실 것입니다. "만일 여자가 너를 따라 오려고 하지 아니하면 나의 이 맹세가 너와 상관이 없나니 오직 내 아들을 데리고 그리로 가지 말지니라." 신앙의 가치를 떨어뜨리는 꾀를 쓰지 마십시오. 단순한 복음을 고수하십시오. 설령 사람들이 그 단순한 복음으로써 회개하지 않는다 할지라도 여러분은 무죄입니다. 사랑하는 청중들이여, 여러분이 구원받는 모습 보기를 얼마나 열망하였는지! 여러분의 영혼이 구원받을 수만 있다면, 저는 여러분의 영혼을 구원하기 위해 주님을 실망시키지 않을 정도로 열심히 힘쓸 것입니다.

하나님의 참된 종은 부지런하고 성실해야 할 책임이 있습니다. 그러나 성공이냐 실패냐, 이에 대한 책임은 없습니다. 결과는 하나님의 손에 달려 있습니다. 여러분의 소중한 반 아이가 회개하지 않을지라도, 여러분이 그 아이 앞에 예수 그리스도의 복음을 사랑으로, 간절한 기도로 전하였다면, 여러분에게 상급이 없지 않을 것입니다. 주 예수 그리스도를 믿는 믿음이 저의 청중들을 구원하리라는 이 큰 진리를 진심으로 전한다면, 그리고 예수님을 믿고 영생을 얻으라고 설득하고 간청한다면, 그들이 믿지 않을지라도 그들의 피가 그들의 머리로 돌아갈 것입니다. 나의 주인 앞에 설 때, 내가 예수님의 거저 주시는 은혜와 죽어 주신 사랑의 메시지를 충성스럽게 전하였다면 나는 깨끗할 것입니다. 조지 폭스(George Fox)가 진실로 "나는 깨끗하다, 나는 깨끗하다"고 말한 것처럼 저도 최후에 그렇게 말할 수 있게 해 달라고 자주 기도드려 왔습니다. 저의 최고의 열망은 모든 사람들의 피로부터 깨끗할 수 있는 것입니다. 내가 알고 있는 한에서는 나는 하나님의 진리를 전하였으며, 그 진리의 독특성을 부끄러워하지 않았습니다.

리브가가 이삭에게 오지 않았다면 그녀는 거룩한 길에서 제외되었을 것입니다. 사랑하는 청중들이여, 여러분은 예수 그리스도를 모시겠습니까? 그분이 세상에 오신 목적은 죄인들을 구원하시되 한 사람도 버리지 않으시기 위함입니다. 그분을 영접하시겠습니까? 그분을 신뢰하시겠습니까? "믿고 세례를 받는 사람은 구원을 얻을 것이요"(막 16:16). 여러분은 그분을 믿으시겠습니까? 여러분은 그분의 이름으로 세례를 받으시겠습니까? 그렇다면 구원은 여러분의 것이 될 것입니다. 그러나 "믿지 않는 사람은 정죄를 받으리라"고 그분께서 친히 말씀하셨습니다.

4

리브가(2)

지체하는 것은 위험하다

"리브가의 오라버니와 그의 어머니가 이르되 이 아이로 하여금 며칠 또는 열흘을 우리와 함께 머물게 하라 그 후에 그가 갈 것이니라"(창 24:55).

여러분도 아시다시피 본문의 말씀은 전체 이야기 중에 일부분입니다. 아브라함은 아들 이삭의 아내를 얻기를 고대하였습니다. 그래서 그는 잘 훈련된 종을 선조의 땅으로 보내며 그곳에서 여자를 데려오겠다는 맹세를 받아냈습니다. 그런데 이 여인은 출생으로나 성품으로나 그녀가 앞으로 순종해야 할 하나님의 섭리에 어울리는 사람이어야 했습니다. 충성스러운 이 종은 민감하고 어려운 사명을 감당하기 위해 길을 떠납니다. 그는 신중에 신중을 기하였으며, 자신과 주인의 하나님의 지혜로운 처분에 자신의 문제를 맡겼습니다. 그의 노력은 그의 믿음과 거룩한 약속과 완벽하게 합하여 성공을 이루어냈습니다. 드디어 다른 모든 여인들보다 훌륭한 최고의 여인이 이삭의 배우자가 되기 위해 그를 만나러 가게 됩니다.

여인은 종의 바람대로 즉시 응하였으며, 자기 일가 친척집으로 그를 인도하였습니다. 당시 이 늙은 종은 지혜로웠습니다. 그는 황금열쇠가 편견과 교만으로 굳게 닫힌 마음을 여는 힘이 있다는 사실을 알았습니다. 즉, 모든 것이 황금열쇠의 세력 앞에 굴복하고 만다는 사실을 그는 알았습니다. 그는 지혜롭게 계산하였습니다. 그리고 그가 간절히 바라고 기도했던 대로 모든 계획이 순조롭게 이루어졌습니다. 아브라함의 종이 가져온 선물들, 곧 보석이 박힌 코걸이와 손목고리를 비롯하여 은장식물, 금장식물들을 꺼내놓자마자 즉시 그는 리브가의 오라비 라반과 그녀의 어머니로부터 허락을 받았습니다. 라반이 그런 귀중품을 얻기 위해 무엇인들 허락하지 않았겠습니까? 이제 이 선한 종은 그날 밤 잠자리에 들어 당연히 푹 잘 수 있었으며, 자신의 어려운 사명을 쉽게 끝내고 다음 날 아침에 리브가를 데리고 자기 주인에게로 되돌아갈 수 있게 된 것과 이 모든 일을 놀라운 속도로 완수하게 된 것을 기뻐하였습니다.

"나를 보내어 내 주인에게로 돌아가게 하소서"라고 이 선한 종이 요구하자 라반이 "오, 안 돼요. 우리는 아직 가게 할 수 없소이다. 이 아이를 며칠, 적어도 열흘 정도는 우리와 함께 머물게 해야 합니다"라고 대답하자 그가 얼마나 놀랐을지 생각해 보십시오. 라반이 무슨 특별한 이유로 그렇게 이야기했는지 저는 모르겠습니다. 하지만 그의 성격을 보면 그런 대답을 하고도 남았으리라고 능히 짐작할 수 있습니다. 여러분이 야곱과 관계된 라반의 일련의 행위를 살펴보면, 그 배경에 뭔가가 있었다는 사실을 확신할 것입니다. 아마도 라반은 황금 손목고리를 더 많이 수중에 넣을 수 있으리라고 생각했을 것입니다. 누이동생을 이대로 넘겨 주면 너무 싼값에 내어주는 꼴이며, 값으로 매길 수 없는 보석(누이동생)을 너무 빨리 넘겨주어서는 안 되며, 따라서 계산을 끝내지 말고 다시 거래를 하리라고 생각했을 것입니다. 혹, 라반이 종에게서 더 많은 것을 받아내지 못할지라도, 누이동생을 최소 열흘 동안 붙들어둠으로써 일을 부려먹었을 것입니다. 왜냐하면 리브가는 분명히 그 집의 양을 치는 자였으며, 동양 지역에서는 가족 중 어린 여자들이 궂은 일을 도맡아 하였기 때문입니다. 그리하여 라반은 누이동생을 열흘 동안 더 붙잡아 두어야겠다고 생각했던 것입니다. 이것이 바로 라반의 성격이었습니다. 그는 가질 만큼 가졌으며, 얻을 만큼 얻어내었습니다. 그것이 그의 정직이었습니다. 그는 모든 사람에게서 짜낼 수 있을 만큼 짜내었습니다. 그것이 그의 관대함이었습니다.

라반에 대하여는 더 이상 말씀드리지 않을 것입니다. 다만 착한 누이동생 리브가를 붙잡아 두려는 그의 욕심을 통해 이 악한 세상이 이제 막 깨어난 죄인을 자기 수중에 잠시라도 붙잡아 두려고 함으로써 복음에 대항하는 그 모습을 설명하고자 합니다. 많은 사람들이 언젠가는 구원받을 것을 기대하고 있다고 저는 믿습니다. 그들은 회개하는 것이 옳다는 데는 동의하지만 아직은 아니라고 판단합니다. 세상은 다음과 같이 말합니다. "그래, 이는 매우 중요한 생각이야. 너는 그분과 동행해야 해. 너는 그리스도를 모셔야 해. 너는 그분을 신뢰해야 해. 하지만 지금은 아니야. 잠시만 보류하자." 사탄이 자기 종들에게 지시하는 최후의 전략은 이런 것 같습니다. "복음을 노골적으로 반대하지 말라. 복음에 굴복하되 지체하라고 권하라. 사람들의 양심으로 하여금 복음 진리에 맞서게 하지 마라. 왜냐하면 복음은 망치와 같기 때문이다. 아마도 복음은 돌 같은 마음들을 산산조각 낼 것이다. 그러므로 그 망치에 굴복하라고 사람들에게 말하라. '그래 그래, 그 모두 사실이야, 틀림없어. 하지만 우리는 잠시 지체해야 돼. 적어도 열흘은. 시간은 충분해. 서두를 필요 없어. 그 여자 아이로 하여금 잠시만, 적어도 열흘은 머물게 해줘.'"

무엇보다 먼저 세상이 지체하는 핑계를 주목하기 바랍니다.

오늘 밤 나는 서서 세상의 문을 두드리며 이렇게 말합니다. "여기에 내가 그리스도께로 인도하고픈 어린 심령이 있도다." 그러자 세상은 대답합니다. "맞소. 당신은 언젠가 그 심령을 가지게 될 것이오. 하지만 시간은 아직 충분하오." 나는 또 다른 사람에게 말합니다. "여기에 내가 구세주께로 인도하고픈 힘있고 활기찬 사람이 있도다." 그러자 세상은 말합니다. "맞소. 그러나 너무 열을 내지는 마시오. 우리 모두 당신과 동감이오. 모두 당신처럼 생각하오. 신앙은 중요한 것이오. 그러나 잠시만 기다리고 지체하시오. 천천히 합시다. 잠시 기다리십시오. 이렇게 서두르고 설칠 이유가 없소." 도대체 무슨 의미로 그런 말을 하느냐고 세상에 묻는다면, 세상은 이렇게 말할 것입니다. "글쎄요, 아시다시피 이 사람들은 너무 어립니다. 너무 어리기 때문에 그들은 그리스도께 마음을 드릴 생각을 할 수 없어요. 당신은 모든 소년 소녀들을 성도로 만드실 작정입니까? 당신은 모든 젊은 남자 여자들로 하여금 그리스도의 길을 걷게 할 작정이며, 십자가에 못 박히신 분의 발자취를 따르게 할 작정입니까?" 저는 대답합니다. "물론이오. 나는 그리할 것입니다."

하지만 저는 이런 질문을 하는 세상의 뻔뻔스러움에 놀랍니다. 왜냐하면 여러분 중에 많은 이들은 젊지 않기 때문입니다. 여러분은 젊은 시절이 지나갔는데도 아직 회개하지 않습니다.

나는 젊은이들과는 상담을 할 수 있어도 여러분과는 할 수가 없군요. 서른 살, 마흔 살, 쉰 살, 예순 살을 잡수신 여러분이 지금도 너무 어리다고 말할 면목은 분명히 없겠지요! 그런데 어이없게도 세상은 돌변하여 너는 너무 늙었어, 네가 은혜 받을 시간은 지났어, 나는 너무 늦었어라고 말합니다. 사탄은 두 가지 조화를 모두 부립니다. 즉, 오늘은 "너무 일러"라고 말하는가 하면 내일은 "너무 늦어"라고 소리칩니다. 너무 어려서 구원받을 수 없다니! 어느 누가 너무 어려서 행복할 수 없답니까? 너무 어려서 그리스도인이 될 수 없다니! 어느 누가 너무 어려서 인간의 마음을 기쁘게 할 수 있는 가장 귀중한 보배를 가질 수 없답니까? 오 젊은이들이여, 여러분이 너무 어리다는 거짓된 세상의 말을 듣지 마십시오. 우리 주님께서 세상에 계셨을 때 "어린 아이들이 내게 오는 것을 용납하고 금하지 말라 하나님의 나라가 이런 자의 것이니라"(눅 18:16) 말씀하셨습니다. 너무 어리기 때문에 그리스도께서 여러분을 받으실 수 없다고 생각하지 마십시오. 여러분은 죄 중에 잉태되었고 죄악 중에 출생하였기 때문에 태어날 때부터 그리스도가 필요합니다. 여러분이 움직이기 시작할 때부터 여러분은 죄를 짓기 시작하였습니다. 여러분의 최초의 버릇이 발로 일어서기 시작할 때부터 형성된 것입니다. 여러분이 너무 어려서 구세주의 강한 팔로 여러분을 안고 안전하게 붙잡아 줄 수 없는 것이 결코 아닙니다.

그때에 세상은 말합니다. "오 잠시만 기다려 주십시오. 이 젊은이들이 생명에 대하여 많은 것을 알아야 하니까요." 자, 저속한 세상이여, 도대체 무슨 의도로 그런 말을 하는 겁니까? 그대가 생명과 무슨 상관이 있습니까? 우리도 역시 젊은이들이 생명에 대하여 많은 것을 알기를 원합니다. 하지만 생명이 도대체 무엇입니까? 그야, 참된 생명은 오직 그리스도의 제자들 안에서 발견되는 것이지요. 그들 안에 생명이 있습니다. 세상은 "자, 우리가 말하는 것이 생명이요"라고 말합니다. 그대가 무엇을 말하는지 나는 알고 있습니다. 그대가 말하는 것은 죽음입니다. 그대는 젊은이들이 생명에 관하여 많은 것을 알기를 원한다고 말합니다. 내가 듣기에 그대의 소리는 꼭 "하나님과 같이 되어 선악을 알 줄 하나님이 아심이니라"고 말한 뱀의 숫숫하고 내는 바로 그 소리입니다. 우리의 어머니 하와는 선과 악을 알려고 하다가 그만 인류를 파멸시키고 말았습니다. 그리고 많은 젊은 남녀들이 선악을 알려고 하다가 그만 머리를 아프게 하고, 심장을 고동치게 하며, 격렬한 고통으로 신경을 욱신거리게 하고, 연약한 몸을 일찍이 무덤으로 보내며, 저주받은 영혼을 가장 끔찍한 지옥으로 보내는 타락을 알게 되었습니다! 우리의 젊은이들을 위해 나는 하나님께 기도합니다. "하나님이여, 위와 같은 생명은 알 수 없게 하시고 대신 참된 의미의 생명을 저들로 알게 하시고, 그런 생명이 있는 곳을 찾게 하여 주옵소서."

> 십자가에 못 박히신 분을 바라보는 데 생명이 있나이다
> 이 순간 당신께 생명이 있나이다

그때에 세상은 더할 나위 없는 미소를 띠며 이렇게 말합니다. "아! 당신이 하신 말씀은 너무나 지당한 말씀이지만, 그래도 우리는 젊은이들이 모든 즐거움을 포기하기를 원치 않습니다." 그대 공허한 이세벨이여, 그대가 즐거움과 무슨 상관이 있습니까? 거짓으로 영혼들을 현혹하는 자여, 그대가 행복과 무슨 상관이 있습니까? 이렇듯 점잖 빼는 말투를 쓰며 위선적인 세상이 감히 "즐거움"이라는 말을 언급하고 또 강조하지만, 실상은 그 의미를 모르고 있으며, 그 즐거움을 맛본 사람들에게 묻고 있습니다. 바이런(Byron)과 같은 세상의 기품 있는 지성인들은 천사처럼 날아다니며 지옥 같은 이 세상의 맛을 보았습니다. 그들이 무엇을 맛보았는지 그들에게 물어보십시오. 그들의 유일한 대답은 신음소리와 몸짓으로 심령의 깊은 탄성을 내지를 뿐입니다. 현대에 속한 그들이 고대의 왕이요 철학자인 솔로몬의 "헛되고 헛되며 헛되고 헛되니 모든 것이 헛되도다"라는 말에 전적으로 동의합니다. 그대 저속한 세상이여, 그대가 과연 참된 즐거움, 참된 행복을 아는가?

젊은이들이 회개하기를 우리가 바라고, 또 그리스도와 연합된 모습을 보기를 열망하는 까닭은 바로 그 젊은이들로 하여금 즐거움을 소유하도록 하

기 위함입니다. 신앙이 사람들을 불행하게 만든다는 주장은 참되신 하나님을 기만하는 거짓입니다. 물론 사이비 종교는 사람들을 불행하게 만들 것입니다. 몰렉을 숭배하는 자들은 비명을 지르고 울부짖으므로 그것을 숭배하겠지만, 여호와를 경배하는 사람들은 기쁨으로 그들의 하나님 앞에 절합니다. 그들은 감사함으로 그 앞에 나아가며 기쁨으로 그의 궁정에 들어갑니다. 우리가 아버지의 보좌 앞에 나아가 그를 진심으로 경배하고 적극적으로 섬길 때 우리는 심령이 누릴 수 있는 최고의 기쁨, 최고의 잔치, 최고의 환희를 맛볼 수 있습니다.

탕자가 먼 나라에서 떨리는 마음으로 아버지의 집에 돌아왔을 때 그의 불행은 아버지께서 말씀하시는 그 순간에 그쳤고 그의 기쁨이 시작되었습니다. 은혜로우신 부모님의 말씀에 감동 받는다는 사실이 얼마나 행복한 일입니까! 최고의 예복! 귀중한 반지! 가장 비싼 신발! 살진 송아지! 이 모든 것이 정녕 나를 위한 것이란 말입니까? 너무나 좋아서 꿈인 줄 아는군요. 그러나 그것이 사실입니다. 탕자의 경우뿐만 아니라 우리 모두에게도 사실입니다. "그(신앙의) 길은 즐거운 길이요 그의 지름길은 다 평강이니라"(잠 3:17). 우리의 잔에는 정수된 기쁨의 진수가 넘쳐흐릅니다. 주님은 "너희 기쁨이 충만하리라"고 말씀하셨습니다. 하나님의 영원한 사랑, 그리스도의 고귀한 은혜만큼이나 우리의 기쁨이 충만합니다. 그리고 성령과의 복된 교제로 말미암아 우리는 이 충만한 기쁨을 누릴 수 있습니다. 천국과 영원한 축복만큼이나 우리의 기쁨은 충만합니다.

세상이 며칠 동안 더 이 사람들을 붙잡아 두기를 바란다는 말 외에 달리 무슨 말을 할지 저는 알고 싶습니다. 오! 맞아요. 세상이 그들에게 원장(元帳)을 내밀면서 그 귀 뒤에다 펜을 숨기고 이렇게 말할 줄 나는 알고 있습니다. "젊은 사람은 좋은 기회를 놓치지 말아야 해. 우선 사업에서 성공을 해야 돼. 어지간한 수입을 올린 후에 그때 조용히 앉아 오는 세상에 대하여 생각해도 돼. 우선은 돈을 벌어야지." 그래요, 나의 착한 제군, 그대가 마음속에 있는 모든 것을 그대로 말한다면, 돈을 버는 것은 마지막 일이 되리라고 할 것입니다. 나는 그대들의 아버지뻘 되는 사람을 잘 압니다. 그는 오늘날 젊은이들처럼 인생을 시작하였고, 허락 받은 수명의 마지막 순간까지 끊임없이 일하였으나 신앙에 대하여는 한 번도 생각할 시간을 갖지 않았습니다. 그는 드물게 똑똑한 노인이었고, 아주 지혜로운 사람이었습니다. 그는 말하기를, "내가 원하는 것은 사실이고 보이는 것이니 아무도 내게 허튼 소리 하지마. 너의 견해를 내게 말하지마. 나는 일요일에 장부책들을 정리하네 — 여러분이 안식일을 지내는 모습과 같음. 나는 다른 할 일이 없을 그때 가서 나의 영혼에 대하여 생각할 시간을 가질 거야"라고 하였습니다.

그는 드물게 "멋진 영국 신사"였으며, 아주 지혜로운 노인이었습니다. 하지만 어느 날 밤 그는 지옥에서 눈을 떴고, 거기서 정확한 부기와 회계 결산으로 총계를 내보았습니다. "이익이 남지 않음. 나는 재물을 얻었으나 내 영혼을 잃었음." 그리고 오! 그가 돌아올 수 있다면, 그는 자기 아들에게 이렇게 말할 것입니다. "내 아들아, 바른 순서로 일을 시작하는 게 좋겠다. 먼저 영혼의 문제를 확실히 푼 다음에 육체를 돌보아라. 네 자신을 영원에다 단단히 묶되 아주 단단히 묶어라. 그런 다음에 최대한으로 이 불안정한 세상의 일을 도모하도록 하여라." 어쨌든 세상 일에 밝은 사람으로 하여금 자기 말하고 싶은 대로 말하도록 내버려 두십시오. 우리보다 우리를 더 잘 아시는 하나님께서는 분명히 말씀하십니다. "그런즉 너희는 먼저 그의 나라와 그의 의를 구하라 그리하면 이 모든 것을 너희에게 더하시리라"(마 6:33).

세상이 이렇듯 지체하게 하려는 의도가 무엇인지 이제 제가 여러분에게 말씀드릴까요? 망상 부인(Madam Bubble)이 이렇게 말합니다. "여기에 감동받은 한 젊은이가 있군. 우리가 그를 비웃으면 그 감동은 더욱 크게 되겠지. 그러니 우리는 그에게 이렇게 말할 것이다. '오라, 오라, 감동은 잠시 물려두자. 지금은 감동 받을 적당한 때가 아니야. 네가 좀 더 좋은 계절을 맞이하면 그때에 다시금 그 감동을 불러올 수 있잖아.'" 옛 유혹자는 계속해서 이러한 장난을 치고 있습니다. 그는 아주 부드럽게 이런 장난을 합니다. 즉, 그는 신앙을 반대하지 않습니다. 다만 그는 "모든 것을 적당한 환경에서 해야 하며, 지금은 그럴 때가 아니므로 잠시 기다려"라고 말합니다. 그는 십 년 전에 여러분에게 이렇게 말했습니다. 그리고 오늘 밤에도 똑같은 말을 하고 있습니다. 여러분이 살아 있다면, 그는 십 년 후에도 똑같이 말할 것입니다. 또한 여러분이 죽어 가는 순간에도 이와 같은 간교한 말로 여러분을 속여 영혼을 빼앗을 것입니다.

다시금 세상은 스스로 이렇게 다짐합니다. "우리가 이 감동을 지연시킬 때마다 그 양심은 다시 그런 감동을 받기 어렵게 되지. 왜냐하면 어떤 인간도 상처 입지 않고 자신의 양심을 마비시킬 수 없기 때문이야." 내가 나의 깨어난 양심에게 "싫소, 나는 당신의 말을 듣지 않을 것이오"라고 말한다 하더라도 나의 귀는 그 소리를 잘 기억하지 못할 것입니다. 그리고 양심 씨(Mr. Conscience) 스스로가 말할 힘을 잃고 말 것입니다. 이전에 문을 두드리는 소리가 들렸는데도 대답을 하지 않아 온 사람은 경보음을 습관적으로 듣는 가운데 그 상태로 잠이 들 수 있으며, 이에 밖에 있는 사람이 밤새도록 문을 두드리게 됩니다.

더욱이 세상은 이렇게 말합니다. "자, 결국에는 그들이 가더라도 우리는 최대한 많이 그들을 부려먹을 것입니다. 그들이 우리 곁을 떠나 그리스도를 섬길 것이라는 사실을 인정합니다. 하지만 그럴지라도 우리는 상당 기간 동안 마귀의 일에 도움이 되도록 그들을 이용할 것입니다. 그들이 그리스도를 섬기는 일에 느릿느릿하면 그들은 늙어서 절뚝거리는 퇴물이 될 것이며, 그러면 그다지 그리스도에게 많은 도움이 되지 못할 것입니다." 마귀는 그리스도께서 젊은이들을 사랑하시는 줄 알고 있으며, 그러므로 젊은이들이 그리스도께 가지 못하도록 방해합니다.

마귀는 이렇게 말합니다. "안 돼, 그(그리스도)가 설령 꽃을 가진다 할지라도 할 수 있는 한 나는 그로 하여금 봉오리가 피어오르는 싱싱한 꽃은 갖지 못하게 할 것이야. 다만 꽃이 만개하여 그 아름다움이 상당히 사라졌을 때 그 꽃을 가지게 할거야. 최대한 오랫동안 나는 그 꽃의 이른 시절을 붙잡아 두어야지. 옳거니, 한 가지 할 일이 더 있군. 그 꽃을 내 수중에 넣고 있는 동안 이생에서 결단코 떨쳐버릴 수 없는 것을 그 꽃에게 각인시켜 주어야지. 곧 나는 그 꽃을 죄 가운데로 끌어들여 그의 기억 속에서 사라지지 않게 할 거야. 나는 그 젊은이에게 저속한 노래들을 가르쳐줄 거야. 그러면 언젠가 그가 기도하기 시작할 때 그 노래들이 그의 머릿속에서 떠오르겠지. 또한 그가 늙으면 그를 비틀거리게 하고, 마치 뼈가 부서진 것처럼 소리지르게 할 장면들을 보여 줄 거야." 이것이 바로 마귀가 하는 말입니다.

그놈은 여러분을 몽땅 소유하기를 원합니다. 혹 그렇게 할 수 없다면 그놈은 잠시라도 여러분을 지체하게 할 것입니다. 오, 하나님의 영원하신 자비로 여러분이 구원받고, 열흘 동안 지체하지 않고 하나님으로 말미암아 구원받으며, 여러분의 마음이 바로 지금 예수님께 드려지기를 축원합니다! 무지하였을 때 이 세상의 신을 섬겼던 잘못을 만회하기 위하여 남은 여생의 대부분을 드려야 할 사람들이 오히려 사탄에게 헌신을 빼앗기고 있다는 생각을 하면 얼마나 슬퍼지는지요! 오늘 고통 속에서 여러분이 원하는 대로 이루어야 할 일을 내일로 연기한다는 것은 얼마나 큰 시간과 재능의 낭비인지 모릅니다!

어떤 이들은 섬김의 길을 걷는 가운데 자신과 싸우며, 자신이 가장 무서운 적임을 경험하면서 젊은 시절에 책을 저술하였거나 혹은 평생 해야 할 업적을 이미 쌓았습니다. 자신의 날개에서 나온 화살로 인해 상처를 입은 모습을 여러분 스스로 발견하는 일, 즉 지난날 굴러 들어온 돌에 맞아 여러분 자신의 머리가 깨져 버렸다는 자각은 늘 반복되는 슬픔의 근원이 될 것 입니다.

세 번째, 세상의 핑계를 폭로하고 세상의 잔인한 음모를 밝힌 우리의 진정한 목적은 청중들로 하여금 바로 지금 구원을 얻게 하기 위함입니다.

저는 한 번도 여러분이 설교를 듣고 몇 달 후에나 여러분이 복 받기를 바라면서 이 강단에 오르지 않았습니다. 저는 영혼들이 즉시 구원받게 해 달라고 헤아릴 수 없이 많이 기도 드렸습니다. 우리가 기대하고 이루기 위해 애쓰는 것은 즉각적인 결과입니다.

아브라함의 종이 리브가를 데리고 즉시 가고자 했던 이유는 세 가지입니다. 이 때문에 저는 여러분이 오늘 밤에 회개하기를 간절히 열망합니다.

첫째, 그는 주인을 위해 즉시 데리고 가고자 했습니다. 그는 이삭이 선택받은 신부와 결혼할 행복한 날을 고대하였다는 사실을 알았습니다. 마찬가지로, 예수님의 마음도 죄인들을 사모하고 계십니다. 그리스도께서 자신에게 오는 영혼을 영접할 때가 바로 그의 결혼식 날입니다. "하나님이여, 나 같은 죄인을 불쌍히 여기소서"라고 영혼이 외치는 소리를 들으실 때 예수님의 마음의 벨소리가 얼마나 기쁘게 울리는지요! 예수님께서 당하신 고난을 여러분이 아십니다! 그 나무에 매달리신 분을 보십시오. 그가 받으신 모든 고난을 여러분이 무엇으로 갚겠습니까? 그것은 오로지 여러분의 사랑하는 마음뿐입니다. 그러한 마음으로 주님 앞에 나와 모든 죄를 고백하고 "예수여, 나를 용서하옵소서!"라고 말하는 것입니다. 그러므로 와서 그를 믿으시기 바랍니다. 그리고 이렇게 고백하기 바랍니다.

나 같은 자를 위해 당신이 피 흘리셨고
나를 오라 명하셨으니
오 하나님의 어린양이여, 한마디 변명도 없이
있는 모습 그대로 내가 나아갑니다.

우리 주님은 "그 앞에 있는 기쁨을 위하여 십자가를 참으사 부끄러움을 개의치 아니하셨습니다"(히 12:2). 그는 우리의 구원 안에서 그의 고난의 열매를 수확할 정도로 기쁜 노래로 우리를 즐거워하신다고 성경에 기록되어 있습니다. 목자가 자기 어깨에 양을 메고 기쁜 마음으로 집으로 돌아옵니다. 잃은 양을 찾았기 때문입니다. 길 잃은 자를 찾은 그 기쁨이 그의 모든 수고를 보상해 주며, 그는 먼 길의 고달픔, 양을 찾기 위해 산을 오른 고생을 다 잊어버립니다. 양을 찾았도다! 양을 찾았도다! 그것으로 충분합니다. 이기쁨의 소리 한마디는 그가 얼마나 만족해 하는지 잘 보여 줍니다. 그리스도는 당신의 영혼의 진통에 대한 보상을 이런 식으로 받으십니다.

또한 아브라함의 종은 신실한 청지기로서 자신의 사명을 완수하기 원하였으므로 자기 자신을 위해 리브가를 데리고 즉시 가고자 하였습니다. 주의 일을 완수할 때 우리는 행복할 것입니다. 지금껏 자신이 사람들을 그리스도께로 인도하는 수단이 되었다는데 대한 뿌듯한 자부심만큼 사역자의 심령에 기쁨을 주는 것은 아무것도 없습니다. 이러므로 우리는 성경 말씀의 실천을 즉시 받아들입니다. "주님의 명령을 지키는데는 지극히 큰 상이 있습니다." "너희는 온 천하에 다니며 만민에게 복음을 전파하라"(막 16:15)는 말씀을 순종할 때 상을 받습니다. 우리의 중요한 상은 하늘에 있지만, 지금이라도 우리가 잃은 양을 찾고 우리를 통해 탕자가 하나님의 주권적인 은혜로써 돌아온다면 우리는 즉시 보상을 받을 것입니다.

주일학교에서 봉사하는 사랑하는 형제 자매들이여, 여러분의 상이 저 높은 하늘에 쌓여 있지만 아울러 바로 이곳에서도 기쁨의 면류관을 얻을 수 있다는 사실을 아십니까? 여러분에 의해 젊은 영혼들이 구세주께로 인도된 사실이 분명하다면 여러분은 바로 지금 보상을 받고 있다고 저는 확신합니다. 즉, 완전히 기진맥진해 버린 여러분의 마음은 이전보다 더욱 큰 힘을 얻고 더욱 뜨거운 열심으로 봉사합니다. 여러분의 열망은 더욱 간절해지고, 영혼들을 더 많이 사랑합니다. "당신들이 힘든 일을 하는 가운데 무엇이 위로가 됩니까?"라고 도시 선교사들인 형제들과 성경 교사들인 자매들에게 물어보십시오. 첫째는 주님의 함께 하심과 마지막 날에 주님의 칭찬을 받을 것이라는 소망이요, 그 다음에는 선한 일을 한다는 자부심이 그들에게 위로가 되었다고 말할 것입니다. 다시 말해서 전에는 외국 사람들처럼 이교도였던 자들이 이제는 예수님의 발 아래 앉아 있고, 그들의 성격이 변화되며, 그들에게서 군대귀신들이 쫓겨나고, 영적인 옷을 입으며, 올바른 정신을 되찾은 모습을 볼 때, 한마디로 잃었던 자를 도로 찾고 죽었던 자가 살아난 모습을 볼 때 큰 위로를 받는다고 그들은 대답할 것입니다.

그런데 이 종이 리브가를 즉시 데려가려고 했던 중요한 이유는 리브가를 위한 것이었습니다. 그는 이삭이 그녀에게 좋은 남편이 될 줄 알았습니다 우리도 역시 예수 그리스도께서 여러분의 영혼에 복된 남편이 될 줄 알고 있습니다. 예수님은 온갖 귀한 은혜로 여러분을 풍요롭게 하실 것입니다. 그분은 자신의 의의 예복으로 여러분을 입히실 것입니다. 그분은 사랑으로 여러분을 위로하실 것입니다. 그분은 이 세상에서 여러분을 위로하실 것입니다. 그분은 위에 있는 많은 저택(mansion)에서 자신과 함께 살도록 여러분을 인도하실 것입니다. 여러분은 그분이 여러분에게 존귀한 그리스도가 되신다는 사실을 깨닫게 될 것이며, 여러분이 그분께 와서 "내가 그분을 만나기 전에는 참된 행복을 결코 알지 못했노라"고 말할 것입니다. 여러분은 구원받은 사실을 생각하고 감사하게 될 것입니다. 이처럼 우리가 오늘 밤 여러분이 죄를 단념하기를 바라는 것은 바로 여러분 자신을 위한 것입니다.

우리는 다만 하나님의 성령께서 그의 은혜로써 여러분을 인도해 주시기 바라며, 이로써 주 예수님께서 완성하신 구원의 공로에 여러분 자신을 맡겨

버리기를 바라며, 그분을 믿음으로 여러분이 구원받기를 바라는 것입니다. 그를 믿기만 하면 주님께서 여러분을 구원하실 것입니다. 부탁하건대, 즉각 구세주를 찾음으로써 얻을 수 있는 것이 얼마나 많은지 잠시 생각해 보시기 바랍니다. 여러분은 즉시 죄책과 유죄판결로부터 자유하게 됩니다. 여러분은 즉시 비할 데 없는 의의 옷을 입게 됩니다. 즉시 “모든 것이 여러분을 위한 것”이 됩니다. 즉, 여러분이 구세주를 찾는 즉시 “모든 것이 합력하여 선을 이룹니다.” 그때에 여러분은 천국을 여러분의 집으로 소유하게 되며, 영광의 나라의 시민권을 갖게 됩니다.

여러분은 선한 생각으로 가득하게 됩니다. 어떤 불행도 여러분에게 일어나지 않으며, 어떠한 재앙도 여러분 근처에 오지 못합니다. 여러분이 즉시 받을 축복을 다 말씀드리려면 시간이 부족할 것입니다. 그리고 그때에 여러분은 영원한 생명을 보장받습니다. 반면 여러분이 지체하고 또 지체하면 여러분은 지금 이곳의 생명과 오는 세상의 생명을 잃게 됩니다. 우리는 여러분 자신을 위해 여러분이 즉시 구원받기를 바라는 것입니다. 왕의 잔칫집에서 왕의 식탁에 앉을 때 우리는 기쁨과 즐거움으로 충만할 것입니다. 그리고 우리를 환영하는 하나님의 깃발에는 사랑이라고 적혀 있습니다. 하지만 우리는 바깥에, 곧 어두움과 가난과 궁핍 가운데 있는 우리 친구들을 기억하고 그들을 우리의 잔치에 기꺼이 초대할 것입니다. 거기에는 들어갈 자리가 충분합니다. 가장자리까지 손님들로 가득한 것을 볼 수 있다면 우리의 마음은 더할 나위 없이 기쁠 것입니다. 오 굶주린 자들이여, 와서 우리와 함께 천사의 양식을 먹고 우리와 함께 구원의 잔을 마십시다! 여기에 왕의 잔치가 있습니다. 황소와 살진 짐승들을 잡았습니다. 모든 것이 준비되어 있습니다. 혼인잔치에 오십시오. 주인께서 즉시 오라고 명하십니다. 어찌하여 바깥 굶주림과 두려움 가운데 머무르려 하십니까? 거저 들어오십시오.

이제 마지막으로, 우리의 이와 같은 열망이 매우 타당한 것이라고 믿습니다. 이를 증거하기 위해 우리는 오래 변론할 필요가 없다고 생각합니다.

이런 생각으로 저는 두세 가지 작은 그림들을 보여드리겠습니다. 알렉산더는 세계를 정복하였습니다. 여러분도 영적인 의미에서 그렇게 하면 좋겠습니다. 우리는 알렉산더에게 그 비결을 물어보겠습니다. 알렉산더 대왕이여, 그대는 다리우스를 정복하였소. 마치 한 마리의 사자가 양떼를 몰아치듯이 그대는 페르시아인들을 몰아쳤소. 그대는 어떻게 그렇게 할 수 있었소? 그의 대답은 이렇습니다. "나는 결코 지체하지 않았노라." 모든 사람이 그의 경력을 인정합니다. 알렉산더는 세상 일에 밝은 사람이었고, 크게 성공한 사람이었는데, 그 비결이 여기에 있었습니다. "나는 결코 지체하지 않았노라." 젊은이들이여, 이 말을 듣고 있습니까? 여러분은 위대한 사람이 되기를 바랍니다. 여러분은 행복하기를 바랍니다. 여러분의 야망이 무엇입니까? 알렉산더에게서 배우십시오. 알렉산더보다 더 위대한 사람도 그의 성공적인 인생의 비결에 대하여 똑같이 말할 것이라고 생각합니다. 제가 의미하는 분은 사도 바울입니다. 하나님께서 축복하신 후반기 인생에서 사도 바울은 어떻게 그렇게 많은 일들을 할 수 있었습니까? 그는 그 비결에 대하여 "나는 결코 지체하지 않았소"라고 말할 것입니다.

많은 사람들이 어느 집 2층에서 카드 게임을 즐기고 있습니다.

"왜 저렇지? 창문이 벌겋네. 길거리에서 나는 저 소리는 뭐야?"

"집에 불이 났다!"

"카드를 다시 섞어. 게임을 마쳐야지. 시간은 충분해"

"불이야! 불이야! 불이야!"

길거리에서 고함소리가 더욱 세게 들리지만 그들은 게임을 계속합니다. 그 중에 한 명이 말합니다.

"괜찮아. 옥상 열쇠가 있으니까 마지막 순간에 나가면 돼. 나는 옥상으로 가는 길을 알고 있어. 그러니 괜찮아."

"분명히 우리가 문을 열고 나갈 수 있는 거야?"

"신경 쓰지 마. 내게 열쇠가 있어."

"너 분명히 열쇠 가지고 있는 거야?"

"그렇다니까. 분명히 열쇠를 가지고 있어. 여기 있잖아. 네가 열어 봐. 이 사람아, 겁먹지 말고 한 번 열어 보라니까."

그 남자는 열쇠로 문을 열어 봅니다.

"안 열리잖아!"

"내가 한 번 해 볼게."

그는 와서 열어봅니다. 열쇠를 자물쇠에 집어넣고, "오 하나님! 다른 열쇠네!"라고 비명을 지릅니다.

여러분도 다시 게임을 하렵니까? 안 됩니다. 그들이 전력을 다하여 문을 열어보려고 힘써 보지만 도망가기에는 너무나 늦어 버린 사실을 깨달을 뿐입니다. 이처럼 여러분 가운데 어떤 이들은 말합니다.

"오, 그래요! 그분이 말씀하시는 건 참 훌륭해요. 하지만 여러분도 아시다시피, 우리가 원하면 언제든지 회개할 수 있잖아요. 마음이 내킬 때 언제든지 하나님의 은혜를 열 수 있는 열쇠를 우리는 가지고 있어요. 우리는 그 길을 알고 있어요. 그는 우리에게 바로 오늘 밤에 회개하라고 말하지는 않았잖아요? 우리가 원하면 언제든지 그리스도를 믿을 수 있어요. 그러면 우리는 빠져나갈 거예요." 아! 그러나 우리가 원하는 때에 믿을 수 없으면 어떡하나요? 여러분이 부르짖는데도 응답이 없는 경우를 생각해 보십시오. 여러분이 손을 내밀어도 아무도 관심이 없을 그때를 생각해 보십시오. 여러분이 "주여, 주여, 우리에게 열어 주소서"라고 부르짖을 때, "내가 너희를 알지 못하노라. 나를 떠나거라. 너희 저주 받은 자들아"라는 대답을 들을 때를 생각해 보십시오. 게다가 열쇠로 문을 열 것이며 지금 회개할 수 있다고 여러분이 생각한다면, 어찌하여 지금 회개하지 않습니까? 여러분이 그렇게 할 수 있는 능력이 충분하다고 믿습니다! 오, 그 능력을 발휘하십시오. 그리고 그 능력을 가지고 장난하지 마십시오. 그렇지 않으면 그 능력이 소진할 때 그 능력이 결코 여러분에게 있지 않다는 사실을 뒤늦게 깨닫게 될 것입니다.

지체하는 어리석음을 보여 주는 또 하나의 그림을 보시겠습니까? 지난 겨울에 지체하다가 큰 사고를 당한 일을 여러분은 들었습니다. 여러분은 눈물을 흘리며 그 소식을 접했을 것이라고 저는 생각합니다. 리젠트 공원 빙판에서 있었던 끔찍한 사고를 말씀드리고 있는 것입니다. 얼음이 부서지는 것을 보았을 때 그들이 왜 빙판에서 빠져나오지 않았을까요? 도로포장용 돌 크기 정도로 얼음이 조각나기 시작했을 때 그들은 어찌하여 그곳을 빠져나오지 않았을까요? 얼음이 단단했을 때 그 위에 있는 것은 괜찮았습니다. 그러나 위험해졌을 때 어찌하여 그들은 즉시 도망치지 않았을까요? 지금 아무도 그 질문에 대하여 답변할 수 없습니다. 다만 이렇게 말할 뿐입니다. "아마도 거기에 있던 모든 사람이 그곳을 속히 떠나려고 했을 것입니다." 아마도 그들 열 명 중에 아홉은 속으로 생각했을 것입니다. '조금 위험해지고 있어. 여기 있는 것이 안 좋겠는데. 한 바퀴만 돌자. 8자 형으로 얼음을 쪼개 보자. 한 번만 더 전속력으로 달려보고 그리고 빠져나가자. 얼음이 이 정도는 버텨줄 거야. 어쨌든 2, 3분 동안만 여기에 있자.' 그들 모두 빠져나갈 생각을 했지만 그렇지 못했습니다.

아! 이 사건의 마지막 이야기가 있습니다. 남편들과 아내들, 자녀들과 부모들이 탄식하고 울부짖으며, 애곡하는 것은 물론이요 다른 사람들까지도 오늘날까지 애석하게 여기고 있습니다. 그들은 치명적인 지체를 지금까지도 후회하지만 아무것도 되돌릴 수 없습니다. 여러분 가운데 어떤 이들은 세상의 쾌락, 자기 확신이라는 부서지는 빙판 위에 있습니다. 이 모든 것은 부서지고 맙니다. 어찌하여 거기서 빠져나오지 않는 것입니까? "오, 나는 빠져나갈 거예요"라고 여러분은 말합니다. 나는 여러분을 보고 있습니다. 여러분은 쾌락에 상당히 빠져 있습니다. 사람은 이웃들이 행복하기를 바랍니다. 여러분이 위험천만한 빙판 위에서 스케이트를 타고 있는 모습을 나는 봅니다. 그런데 어찌하여 빠져나오지 않는 거죠?

여러분 중에 어떤 이들은 생명이 매우 약해지고 있습니다. 아! 그들의 숨소리가 거의 들리지 않습니다. 피를 토하고 있습니다. 머리에 흰 머리카락이 엄청나게 늘어나고 있습니다. 여러분은 통고를 받았습니다. 여러분은 발작을 일으켰습니다. 앞으로 어떤 결과가 있을지 의사가 여러분에게 일러 주었습니다. 이처럼 빙판이 부서지고 있는데 어찌하여 여러분은 빠져나오지 않고 있는 것입니까? 여러분은 빠져나올 수 있습니다. 오늘 밤에라도 그리할 수 있습니다. 여러분이 멸망당한다면, 그 책임은 구조대원으로서 역할을 충실히 해 온 저의 책임이 아닐 것입니다. 저는 여러분에게 말합니다. "자, 곧 최후의 해빙(解氷)이 있을 것입니다. 즉시 피하여 목숨을 구하십시오! 뒤돌아보지 마십시오! 지체하지 말고 구세주께로 나아가 그의 은혜를 받으십시오!"

5

라합

창문에 맨 붉은 줄

"붉은 줄을 창문에 매니라"(수 2:21)

기생 라합이 회심한 것과 같은 놀랄 만한 사건은 작은 부분까지 세세히 살펴볼 가치가 있습니다. 야고보 사도는 믿음에는 언제나 행실이 따라야 한다는 사실을 설명하기 위해 라합을 예로 들었습니다. 그는 "기생 라합이 사자들을 접대하여 다른 길로 나가게 할 때에 행함으로 의롭다 하심을 받은 것이 아니냐?"(약 2:25) 묻습니다. 한편 바울은 믿음으로 말미암는 칭의를 설명하기 위하여 라합을 예로 들었습니다. "믿음으로 기생 라합은 정탐꾼을 평안히 영접하였으므로 순종하지 아니한 자와 함께 멸망하지 아니하였도다"(히 11:31). 이 훌륭한 두 사도들 모두가 라합의 생애 가운데서 중요한 교리를 발견하였다면 분명히 우리도 그리해야 것입니다. 정탐꾼들을 삼대 밑에 숨겨준 일이 큰 의미가 있었다면, 그에 못지 않게 붉은 줄을 매단 것도 큰 의미가 있었을 것입니다.

라합이 숨겨준 두 정탐꾼은 자기들을 창에서 달아 내려준 그 붉은 줄을 전쟁의 날에 창에 매어 두어 그들이 거하는 집을 표시하라고 라합에게 당부하였습니다. 라합은 그들의 요구에 응하여 약속된 상징물을 내걸었습니다. 붉은 줄에 대하여 저는 네 가지 사실을 말씀드리겠습니다.

첫째, 저는 여기서 순종하는 신자의 모습을 봅니다.

라합은 창에 붉은 줄을 매어 두라는 말을 듣고 그대로 행하였습니다. 이는 온전한 순종이었습니다. 그냥 줄이 아니라 붉은 줄을 매어 두었습니다. 라합은 파란 줄, 녹색 줄, 하얀 줄을 매어 두지 않았습니다. 정탐꾼들이 지시한 줄은 다른 줄이 아니라 이 붉은 줄이었으며, 라합은 이 특정한 줄을 매어 두었습니다. 성도들은 작은 일에 하나님께 순종해야 할 것입니다. 사랑은 언제나 작은 것들에 관심을 가지며, 작은 것들을 크게 여깁니다. 한 청교도가 너무 꼼꼼하다는 비난을 받자 "저는 꼼꼼하신 하나님을 섬깁니다"라고 훌륭한 대답을 했다는 말을 들은 적이 있습니다. 주 우리 하나님은 꼼꼼한 하나님이십니다. 그러므로 하나님은 자신의 명령에 대하여도 꼼꼼하십니다. 모세가 말로 하지 않고 반석을 쳤을 때 저지른 작은 잘못으로 말미암아 그는 약속된 안식에 들어갈 수 없었습니다. 작은 행위에는 큰 원리가 포함되어 있습니다. 그러므로 우리는 주인의 뜻이 무엇인지 주의 깊게 살피고, 그 뜻이 무엇인지 아는 대로 이유 여하를 막론하고 조금도 지체 없이 그 뜻을 이행해야 할 것입니다. 그리스도인의 삶은 작은 조각들을 붙여 놓은 모자이크처럼 작은 순종들을 모아 놓은 것이어야 할 것입니다. 그리스도의 군사들은 철저한 수양으로 이름나야 할 것입니다.

저는 여러분 모두에게 철저한 순종을 부탁하되, 특히 최근에 그리스도를 믿는다고 고백한 젊은이들에게 부탁합니다. 여러분의 선조들의 모습을 본받지 마십시오. 왜냐하면 지금 무대에서 퇴장하고 있는 세대는 성경을 읽지도 않고 주님의 뜻에 관심도 없습니다. 만일 사람들이 성경을 자세히 살펴본다면 그들이 하나로 화합하는 모습을 우리는 보게 될 것입니다. 보급된 수에 비해 전 세계에서 가장 적게 읽히는 책은 바로 하나님의 말씀입니다. 성경은 세계 어디에나 보급되어 있습니다. 그러나 그 어느 곳에서도 사람들은 성경을 주의 깊게 읽지 않으며, 기어이 그 교훈을 따르겠다는 진지한 결심으로 성경을 읽는 사람도 거의 없습니다. 여러분은 와서 우리가 전하는 말을 들으며, 우리는 성경 여기저기서 뽑아낸 작은 부분을 전달하고 있지만, 여러분은 성경의 전체적인 뜻을 올바로 깨닫지 못하고 있습니다. 이럴 수가 있습니까?

목회자들은 오류를 범하며, 여러분은 아무런 조사도 없이 그들을 따릅니다. 어떤 이는 이 지도자를 선택하고, 또 다른 이는 저 지도자를 선택하며, 너무나도 다양한 의견들과 분파들이 존재합니다. 이래서는 안 되며, 만일 영감을 받은 진리 위에 모든 사람들이 굳게 서 있었다면 이런 일은 일어나지 않았을 것입니다. 성경을 읽고 그 말씀을 붙잡고 기도한다면 많은 오류들이 신속히 없어질 것이며, 다른 오류들도 심히 무력하게 될 것입니다. 그러므로 부탁하건대 여러분, 하나님의 말씀을 자세히 살펴보십시오. 그리고 그 말씀에서 깨닫는 것은 무엇이든지 그대로 실행하십시오. 어떻게 해서든지 하나님의 말씀을 지키십시오.

다음에 라합이 아주 작은 일에 순종하였다는 사실을 주목하십시오. 라합은 이렇게 말할 수도 있었습니다. "나는 창에다 줄을 매어 두는 것이 꼭 필요한 일이라고 생각하지 않아. 그렇게 안 해도 내가 이스라엘의 하나님을 믿는 이상 보호받을 수 없겠는가? 나에게는 믿음이 있고, 정탐꾼들을 숨겨 준 행위로써 나의 믿음을 보여 주었어. 그런데, 내가 붉은 줄을 매어 두어야 한다는 규칙을 따르지 않았다는 이유만으로 멸망당할 것이라고 생각할 수 없어." 이런 식으로 오늘날 많은 사람들이 구원받는데 꼭 필요한 것이 아니라고 생각되는 그런 의무들을 생략하려고 합니다. 이는 나 자신에게 전혀 묻고 싶지 않은 문제이기 때문에 또한 다른 누구에게도 결코 대답하고 싶지 않은 문제이기도 합니다.

기존의 의무나 성경적인 의식을 소홀히 한다면 신자가 멸망 받을까 혹은 받지 않을까 하는 질문은 순전히 이기심에서 비롯되는 것입니다. 아니, 우리가 우리 볼일만 보면 되며, 혹은 구원만 보장받으면 됩니까? 우리가 그렇게 이기적이란 말입니까? 사랑스런 자식이 "내가 만일 아버지의 뜻을 거역하면 그래도 여전히 아버지의 아들이 될까? 여전히 아버지로부터 밥을 얻어 먹고 옷을 얻어 입을 수 있을까?"라고 말합니까? 오직 악한 자식만 그렇게 말할 것입니다. 참된 아들은 이렇게 말할 것입니다. "아버지께서 내게 무엇을 원하실까? 나는 아버지를 기쁘게 해 드릴 거야. 아버지께서 무엇을 싫어하시지? 아버지께서 싫어하시는 것은 나도 싫어할 거야." 꼭 필요한가 그렇지 않은가 하는 변론들을 초월하여 모든 일에 순종하기를 배우십시오. 창에 붉은 줄을 매어 두는 일이든 혹은 물로 씻는 일이든, 명령을 받는 대로 행하십시오. 그리고 주님의 말씀을 조금이라도 거역하지 마십시오.

또한 기억해야 할 것은, 어떤 사람들의 주장처럼, 작은 일에 순종하는 것이 상징적으로 중요한 의미가 있었다는 사실입니다. 애굽에서 이스라엘 백성들이 문인방과 문설주에 바른 피를 생각하고 정탐꾼들이 붉은 줄을 매어 두라고 했는지 확신할 수 없지만, 아마도 그럴 가능성이 있다고 저는 생각합니다. 이 두 사람은 유월절과 피 뿌림, 그리고 그 결과 이스라엘의 온 집이 구원받은 사실을 잘 알고 있었습니다. 재앙의 날에 하나님의 천사가 하나님께서 자기 백성 이스라엘을 위하여 미리 일러 두신 그 표시를 보고 그들을 지나쳐 버렸던 만큼 바로 그와 같은 표시를 해 두라고 그들이 라합에게 알려 준 것은 당연한 일일 것입니다. 그러므로 줄 색깔이 사소하게 보일지라도 그것은 중요한 의미가 있었습니다. 이처럼 하나님의 작은 명령 하나라도 상징적으로 중요한 교훈을 가지고 있는 것입니다.

아울러 이 여인의 순종은 참된 믿음에서 우러나왔습니다. 라합의 순종은 그 믿음을 보여 주었습니다. 라합이 창에 붉은 줄을 매어 둠으로써 그녀는 앞으로 여리고 성이 몰락하고 말 것이라는 사실에 대한 믿음을 보여 주었고, 또한 그런 결과에 대한 언약을 받아들였기 때문에 자신은 구원받을 것이라는 믿음을 보여 주었던 것입니다. 그녀가 두 정탐꾼들의 하나님을 믿지 않았다면 그들을 숨겨주지 않았을 것입니다. 그리고 그렇게 한 후에 믿음이 부족하였다면, 라합은 창에 붉은 줄을 매어 두라는 지시에 응하지 않았을 것입니다. 사랑하는 성도 여러분, 믿음으로 순종하십시오. 종의 순종은 가치가 별로 없습니다. 자녀의 순종이 귀합니다. 이는 사랑의 열매이기 때문입니다. 종이 두려워서 마지못해 하나님의 명령을 지키는 것은 마음과 중심이 빠져버린 순종입니다. 그러나 오직 예수님만을 신뢰하고 아버지의 언약을 신뢰하는 하나님의 사랑 받는 자녀들은 믿기 때문에 당연히 순종해야 한다고 생각합니다. 지옥이 무섭기 때문에, 혹은 자신의 공로로 천국에 들어갈 수 있기 때문이 아니라 다만 예수님을 믿고 구원받은 심령이 되었기 때문에 순종하는 것입니다. 그러므로 이러한 순종은 주님의 명령을 기쁘게 따릅니다.

이제 두 번째로, 나는 여기서 합당한 언약을 발견합니다.

만일 라합이 비밀을 지키고 창에 붉은 줄을 매어 둔다면 자신과 온 가족이 죽음을 면할 것이라고 정탐꾼들이 약속 하였습니다. 라합이 붉은 줄을 매어 둔 것은 말하자면, "당신들이 나와 맺은 언약을 요구합니다"라고 주장한 것이었습니다. 사랑하는 성도 여러분, 언약된 복을 얻을 수 있기를 더욱더 원하기 때문에 잠시 이에 대하여 말씀드리겠습니다. 우리가 예수님을 어떻게 소유할 수 있습니까? 오직 믿음으로. 믿음은 제물의 머리에 얹고 죄를 전가하는 손이며, 이로써 죄가 더 이상 죄인에게 남아있지 않게 됩니다. 믿음은 예수님을 생명의 떡으로 삼으며, 그 떡을 우리 자신의 것으로 여기는 것입니다. 우리는 그 떡을 먹고 영원히 살 수 있습니다. 이처럼 그리스도를 얻는데 중요한 것은 믿음을 가지는 것이요, 더욱더 믿음을 가지는 것입니다.

무엇보다 먼저 여러분이 여러분의 창에 붉은 줄을 매어 두었을 때 "그리스도는 나의 것입니다"라고 주장한 것임을 기억하십시오. 저는 바로 그 시간, 그 장소를 기억하고 있습니다. 그러나 많은 사람들이 그 순간, 그 사건을 말하지 못합니다. 그들이 그곳에 붉은 줄을 계속 매어 둔다면 그것에 대하여 초조해 할 필요가 없습니다. 지금도 여러분은 "예수님은 나의 것입니다"라고 말할 수 있을 만큼 그때를 생생하게 기억합니다. 그리스도께서 먼저 여러분을 아셨기 때문에 여러분이 그분을 알았습니다. 그런 시간을 한 번도 가져보지 않았다면 지금 그런 시간을 가질 수 있습니다! 예수 그리스도는 여러분을 구원하실 수 있습니다. 그러나 여러분은 그분을 알아야 합니다. 그렇지 않으면 그분이 여러분에게 구세주가 되지 못할 것입니다. 성령 하나님께서 비록 믿음의 주체가 되시지만 그분께서 친히 여러분을 대신하여 믿어 주실 수는 없다는 사실을 기억하십시오. 여러분이 직접 자신을 위하여 믿어야 합니다. 어떤 사람들은 회개가 성령의 은사라고 말합니다. 물론 그들의 증거는 옳습니다. 하지만 이 사실을 과장하여 만일 성령께서 회개하신다는 인상을 사람들이 갖거나 혹은 사람들은 회개와 아무런 관계도 없다고 한다면 이는 옳지 않습니다. 왜냐하면 성령에게는 회개할 죄가 전혀 없는 것이 분명하고, 또한 회개란 죄인의 뉘우치는 마음의 행위이며, 믿음이란 "사람이 마음으로 믿어 의에 이르는" 마음의 행위이기 때문입니다.

믿음은 창에 붉은 줄을 매어 두는 가장 중요한 수단입니다. 그러나 여러분의 믿음이 은혜의 의식(儀式)들과 수단들을 활용하도록 하십시오. 왜냐하면 이런 것들이 믿음으로 예수님을 꼭 붙드는데 도움을 주기 때문입니다. 저는 성찬식에 참여할 때가 가장 복되다는 사실을 자주 체험하였습니다. 떡을 먹고 포도주를 마시는 동안 믿음이 살아나는 느낌을 받습니다. 그러므로 저는 스스로 다짐합니다. "그래, 이 떡이 내 입으로 들어가고 나의 신체 속으로 들어가 나 자신의 한 부분이 된 만큼 아무도 그것을 빼앗을 수 없고, 그만큼 나는 믿음으로 성육신하신 하나님을 의지하고 내 영혼 속에 영접하였으며, 그리하여 하나님께서 나의 하나님이 되셨어. 이제 아무도 나에게서 하나님을, 또는 하나님에게서 나를 떼어놓을 수 없어." 의식 자체가 여러분에게 그리스도를 주지는 않을 것입니다. 그러나 종종 상징은 영혼으로 하여금 예수님을 이해하고 그분과 연합하도록 그분을 바라보게 하는데 큰 도움을 줍니다. 주님의 보혈을 상징하는 포도주를 마실 때마다 우리의 영혼은 이렇게 고백하였습니다. "구세주의 피 흘리신 희생을 온전히 의지합니다. 하나님 앞에서 내가 의지하는 모든 것은 주님의 대속의 고통, 슬픔, 그리고 공로뿐입니다. 나는 오직 이런 것들만 의지하여 죄 사함을 받습니다. 내가 이 잔을 마시는 것처럼 이런 것들을 나의 존재 속에 흡수하며, 이로써 포도나무의 액이 나의 혈관을 흐릅니다."

여러분의 전 생애가 그리스도께서 여러분의 것이라는 믿음에 일치하는 삶이 되십시오. 많은 신자들이 마치 예수 그리스도께서 그들에게 속하지 않은 것처럼 살며, 아직도 언약의 복을 누리지 못하는 것을 저는 유감스럽게 생각합니다. 모든 것이 우리의 것이라고 참으로 믿는다면, 그리고 우리가 창에 붉은 줄을 매어 두고 그리스도 안에서 만물을 우리 것으로 소유했다면, 우리가 사업에 실패할 때 실망해야 한다고 생각하십니까? 믿음으로 그리스도를 견고히 붙잡았다면, 그리고 은혜의 언약을 우리의 것이라고 주장함으로써 붉은 줄을 창에 꽉 매어 두었다면, 시험을 당할 때에 우리가 구원받았는지 아닌지 조마조마하며 의심해야 한다고 생각하십니까? 사랑하는 성도들이여, 여러분은 그리스도의 한 부분만을 소유했을 뿐입니다. 여러분은 죄 사함 받았다는 사실은 믿지만 의롭다하심을 받았다는 사실을 거의 알지 못합니다. 여러분은 의롭다하심을 받았으며 예수님의 의로 덮였지만 예수님께서 여러분에게 주시는 성화의 은혜를 누리지 못했습니다. 여러분은 큰 은혜를 받았지만 그리스도께서 여러분의 영, 혼, 그리고 몸을 온전히 거룩하게 하실 수 있다는 사실을 여태껏 믿지 않았습니다. 우리의 충만하신 주님 안에 저장되어 있는 무한한 보물을 거룩한 확신으로 붙잡지 못하였기 때문에 우리는 성장이 멈추었고 왜소하며 야위고 무기력합니다. 주님은 우리의 것이며, 주님 안에서 모든 것이 우리의 것입니다.

또한 저는 여기서 붉은 줄을 매는 것은 믿음에 일치하는 평안을 보이는 것이라고 말씀드리겠습니다. 라합이 그녀의 창에 붉은 줄을 맨 후 자기 부모와 형제들을 다락으로 인도한 것 외에 다른 일을 했다는 기록을 우리는 볼 수 없습니다. 라합은 성이 포위될 것에 대비하여 자기 집을 지킬 준비를 하지 않았습니다. 즉, 자기가 사는 성벽의 부분을 특별히 경계해 달라고 왕에게 부탁했다는 기록이 없습니다. 나는 그녀가 혼자서 두려워했거나 혹은 순간이라도 무서워 떨었다고 믿지 않습니다. 붉은 줄이 창문에 매어 있었기 때문에 그녀는 안심했습니다. 라합은 언약을 붙잡았고, 그 언약이 깨지지 않으리라고 믿었습니다. 그리스도의 완성된 사역, 그리고 거짓말을 못하시는 하나님의 변하지 않는 언약 안에서 평안히 고요하게 거하는 것은 고귀한 특권입니다. 구원 사역이 저주받은 나무 위에서 완성되었고, 그리스도께서 영광에 들어가셨으며, 아버지께서 보시는 앞에서 사명을 완수하셨거늘 어찌하여 여러분은 안달하며 의심하며 수없이 불안해하며 돌아다닙니까? 주님께서 우리를 함께 일으키사 그리스도 예수 안에서 하늘에 앉혀 주셨거늘 어찌하여 여러분은 슬퍼하며 안전을 의심합니까? 믿는 우리는 안식에 들어갑니다. 하나님의 평안은 우리의 것입니다. 우리의 평안으로써 우리가 우리의 창에 붉은 줄을 매어 두었으며, 그리스도의 완성된 사역의 권리를 누린다는 사실을 보여 줍시다. 그리고 하나님께서 그리스도로 말미암아 다 이루신 만큼 이제부터는 우리 자신의 노력으로 평안을 누립시다.

세 번째, 저는 여기서 노골적인 선언을 봅니다.

라합은 집안 은밀한 곳이 아니라 창에 붉은 줄을 매었습니다. 이는 신앙의 공공연한 선언이었습니다. 물론 모든 사람이 라합의 의도를 알아차렸다는 말씀은 아닙니다. 오직 라합의 비밀을 알고 있던 자들만이 그 의미를 알아차렸습니다. 그녀는 그 신호를 꼭 보아야 할 사람들이 볼 수 있도록 창문에 붉은 신호를 내걸었습니다. 드러내 보이고, 눈길을 끌어보고 싶어서 그랬던 것이 아니었습니다. 그녀는 공개적으로 신호를 보내야 했기 때문에 그리했던 것입니다. 여러분은 나의 주 예수님을 믿지만 아직 주님의 백성들과 결코 하나 되지 못하였습니다. 여러분은 주님을 신뢰하지만 누가 그 사실을 알까봐 심히 염려합니다. 예수님을 부끄러워하지 마십시오! 놀랍게도 주님은 여러분을 부끄러워하지 않으십니다. 주님께서 여러분의 죄성을 맡아 여러분을 대신하여 죽기를 부끄러워하지 않으셨기에 여러분이 그의 이름을 고백한다고 하여 절대로 얼굴을 붉힐 필요가 없습니다. 떨고 있는 자들이여, 앞으로 나와 그대들의 창에 붉은 줄을 매고 "우리는 그의 소유입니다. 우리는 이런 사실을 고백합니다"라고 말하십시오.

그러나 여러분이 창에 매어 둔 붉은 줄은 말하자면, 주님의 보혈에 대한 참된 믿음의 고백, 피로써 구속을 받았다는 믿음의 선언이 되어야 합니다. 왜냐하면 믿음이 있다고는 하지만 그리스도의 대속을 믿지 않는 사람들이 있기 때문입니다. 요즈음에는 구속의 옛 교리를 믿으려 하지 않습니다. 현대 "문화"가 이 교리를 말살하여 버렸거나 혹은 실제 구속은 존재하지 않는다는 식으로 바꾸어 버렸습니다. 너무나 진보하여서 유행에 뒤떨어진 복음을 고백하지 못하는 사람들이 많이 있습니다. 하지만 우리는 우리의 창에 붉은 줄을 매며, 일찍이 성도들에게 전해진 진리를 지킵니다. 우리의 신앙의 선언은 곧 우리가 "의인으로서 불의한 자를 대신하시므로 우리를 하나님 앞으로 인도하신"(벧전 3:18) 그리스도의 대속을 실제적으로 그리고 문자 그대로 믿는다는 것입니다. 수없이 많은 새로운 복음들이 성행하지만 그것들은 말할 가치가 조금도 없으며, 우리는 이사야 선지자의 옛 복음을 고수합니다.

"그가 징계를 받으므로 우리는 평화를 누리고 그가 채찍에 맞으므로 우리는 나음을 받았도다"(사 53:5). 사랑하는 신자들이여, 예수 그리스도의 희생과 대속의 교리가 진정으로 여러분의 소망이라면 그 교리를 고백하십시오. 담대하게 고백하십시오. 그리하여 이 악한 시대에 이에 대한 실수가 없도록 하십시오. 여러분의 창에 붉은 줄을 매어 두십시오. 다른 사람은 그것을 보지 않을지라도 여러분의 형제들은 주목할 것이며, 용기를 얻을 것입니다. 다른 사람들은 그것을 기뻐하지 않을지라도 여러분의 하나님은 여러분을 보고 미소지으실 것이며, 여러분은 하나님께 아름다운 향기를 풍길 것입니다.

모든 그리스도인은 보혈을 믿는 신앙을 여러 가지로 보여 주어야 합니다. 우리의 일상적인 대화 가운데 우리의 신앙이 나타나야 합니다. 우리가 예수님의 보혈을 믿는다면, 잠시만 대화를 나눠도 우리가 진실로 예수님의 제자들이라는 사실을 사람들이 깊이 인식할 것입니다. 대화 내용이 너무나 재미있고 유익한 한 사람에 대한 소문을 저는 들었습니다. 다리 밑에서 소낙비를 피하고 있는 한 5분 동안 사람들은 그로부터 많은 교훈을 받았다고 하였습니다. 모든 그리스도인은 이처럼 고상한 품위를 갖춘 사람들이어야 합니다. 몇 분 동안만 같이 있어도 그가 하나님의 사람이라는 사실을 알아차릴 수 있을 정도의 그런 사람이 되어야 합니다. 물론 교회 안에서 그리스도인은 즉시 문밖에 붉은 줄을 매어 두어야 합니다. 그리하여 교우들로 하여금 그가 주 하나님을 위해 굳게 결심하였다는 사실을 알게 해야 합니다. 아울러 그는 일을 할 때에도 마찬가지여야 합니다. 여러분이 일하는 상점에서는 일반적인 상술을 부리지 않는다는 사실을 고객들이 금방 알아차리도록 해야 할 것입니다. 가정에서는 하인들을 관리하는 여주인, 남편과 아버지와 같은 주인이 다른 주인들보다 훌륭하다는 인상을 주어야 할 것입니다. “특별한 사람들”(the Peculiar people)이라고 불리는 교파가 있습니다만, 우리가 우리 자신의 것이 아니라 피 값으로 사신 바 되었다는 그러한 점에서 우리 모두 특별한 사람들이기를 저는 바랍니다.

이제 마지막 대지입니다. 여기에 봉헌된 집이 있습니다. 곧 창에 붉은 줄을 매어 둔 집입니다. 어느 날 오후 저는 뒷골목으로 걸어서 이곳까지 오면서 재미 삼아 얼마나 많은 집들이 보험에 가입되었는가를 살펴보았습니다. 저는 서로 다른 보험회사의 상표들을 주목해 보았습니다. 한 회사의 상표는 태양이었습니다. 그 태양의 모습은 밝은 얼굴로 우리를 내려다보며 마치 “이 보험은 손해보지 않습니다”라고 말하는 것 같았습니다. 그 밖에 지구, 별, 불사조 등 이런 안전을 보증하는 문장(紋章)들이 있었습니다. 여리고에서 보험에 가입된 집은 오직 하나뿐이었습니다. 창문에 매어 둔 붉은 줄은 바로 보험의 상징이요 상표였던 것입니다. 집들이 하나님의 은혜로 보험에 들고 주님께 봉헌되었을 때 이는 그 집들과 특히 거기에 사는 거주자들에게 얼마나 큰 은혜이겠습니까! 어떻게 여러분은 집을 봉헌할 수 있습니까? 언젠가 책에서 읽은 것인데, 크롬웰 시대에는 아침 정해진 시간에 칩사이드(Cheapside)로 내려갈 수 있었으며, 그 길로 내려가다 보면 도처에서 집집마다 소경들과 그 가족들이 노래 부르는 것을 보고 들을 수 있었다고 합니다. 나이 많은 한 성도는 "그 당시에는 풀려난 소경 하나가 창에 매어 둔 붉은 줄처럼 하나님께 봉헌된 표시였어"라고 말합니다. 사람들은 그 길을 지나갈 때 그 집에 하나님께 봉헌된 제단이 있다는 사실을 알았습니다. 우리의 도시 안에 수없이 많은 거리들이 있고 여러분이 그 거리들을 수시로 지나다니지만 가족 기도를 드린다는 표시를 단 한 번이라도 발견하지 못할까 우려됩니다. 이런 경건 행위가 하나님의 백성이라고 고백하는 많은 사람들 사이에서 사라져 버렸으며, 경건 향상을 위한 노력에는 아무 신경도 쓰지 않으니 부득이 우리가 이를 다시 회복해야 할 것입니다.

가정과 교회가 협력한다면 모든 일이 잘 되리라고 저는 믿습니다. 그러나 신앙이 가정의 일이 아니라 교회의 일이 되고 아버지 대신 제사장이 주목을 받고 사람들이 자기 집에서 제사장이 되지 못할 때, 경건의 능력이 끊기고 말았습니다. 주간에 드리는 모든 예배들을 포기하고 또 매주일 기독교의 모든 예배 장소를 폐쇄하는 한이 있더라도 경건한 가족들이 아침 저녁으로 모여 하나님을 예배하는 것을 포기하느니 차라리 그 편을 택할 것입니다. 스코틀랜드가 가족의 경건에 얼마나 많은 빚을 지고 있는지요! 제가 날품팔이 농부(Cotter, '소옥주농'(小屋住農)이라고도 하며, 보통 20,000 제곱미터 미만의 영세농이다. 12~14세기 봉건사회 농노신분의 최하층을 구성했다: 역주)의 토요일 밤을 여러분에게 상기시켜 드릴 필요는 없겠지요. 그들은 자기 집에서 하나님께 예배드리는 것을 마을의 영광으로 여겼습니다. "예배 순서가 너무 많습니다"라고 누군가 항의합니다. 지금껏 여기저기서 퇴보하지 않은 것이 있었습니까? 하지만 저는 북부에서 아침 저녁으로 기도드리는 진실한 경건을 항상 목격하였습니다.

여러분 가운데서 얼마나 많은 가정들이 매튜 헨리(Matthew Henry)의 세 번째 기준에 이르렀는지 의심스럽습니다. 그는 "기도하는 자들은 잘 됩니다"라고 말하였습니다. 저는 여러분이 그렇게 되기를 소망합니다. 또한 그는 "성경을 읽고 기도하는 자들은 더 잘 됩니다. 성경을 읽고 기도하고 찬송하는 자들은 가장 잘 됩니다"라고 말하였습니다. 매튜 헨리처럼 저도 그렇게 생각합니다. 이는 삼 겹으로 된 붉은 줄을 매어 두는 것입니다. 저는 다음과 같은 의미에서 모든 가정이 이 붉은 줄을 매어 두기를 간절히 축원합니다. "이 집은 왕 예수님의 소유니라. 마귀는 이곳에 오려고 수고할 필요가 없도다. 강한 자가 무장하고 자신의 사람들을 안전하게 지키고 있으니까."

붉은 줄의 아름다움은 라합의 가정에 속한 식솔들 전부가 구원을 받았다는 사실에 있었습니다. "사랑하는 어머니, 들어오십시오"라고 라합은 말했습니다. 어머니가 버림받는다는 생각에 어느 누가 견딜 수 있겠습니까? 그런 생각을 하면 우리의 마음이 찢어질 듯합니다. 오, 안 돼요. 결코 그래서는 안 됩니다! 그리고 여러분의 아버지가 구원받지 못하였다니요! 오, 여러분에게 회개하지 않은 아버지가 계십니까? 간절히 부탁하건대, 잠자지 말고 할 수 있는 모든 노력을 기울여 여러분의 아버지를 평화의 길로 인도하며, 탄식과 눈물로 하나님 앞에서 아버지를 위해 기도하십시오. 그때에 라합은 "사랑하는 형제 자매들이여, 들어오라"고 말하였습니다. 저는 자기 온 집안 식구들을 사랑하는 라합을 좋아합니다. 아직 붉은 줄 아래에 들어오지 않은 형제 자매들이 있다면, 그들이 들어올 수 있도록 하나님께 기도하십시오. 그리하여 여러분의 온 집안이 지존하신 하나님께 바쳐지도록 하시며, 한 사람도 예외 없이 모두가 피처럼 붉은 저 복된 신호 아래 거하도록 하십시오. 이 신호 아래 숨어 있는 모든 자는 반드시 보호를 받습니다.

이제 가족 기도 이외에 가정 안에서 붉은 줄과 같은 의미를 갖는 신앙의 다른 요소들을 살펴보고자 합니다. 예를 들면, 모든 그리스도인 가정에는 벗을 사귀는 붉은 줄이 쳐져야 할 것입니다. 그리스도인은 자기의 친구들과 동료들을 조심스럽게 택해야 할 것입니다. 그리스도인은 마땅히 "나는 거짓말하는 사람과는 사귀지 않을 거야"라고 말해야 할 것입니다. 술고래와 맹세하는 자, 음란한 말을 하는 자들은 그들끼리 사귀도록 내버려 두고, 우리의 문으로 들어오지 못하게 해야 할 것이며, 그들과 교제해서는 안 될 것입니다. 우리가 가정의 가장이라면, 자녀들의 영원한 동반자가 될 만한 그런 친구들을 찾아 우리 자녀들에게 소개해 주어야 할 것입니다. 어떤 부모들은 그들

말로는 "품행이 매우 방정하다"고 하지만 사실상 세속적이고 불경건한 젊은 남녀들에게 자기 자녀들을 소개합니다. 그만큼 그 부모들은 자녀들을 망치는데 진력하고 있는 것입니다. 그래서는 안 될 것입니다. 문 위에 붉은 줄을 매어 두십시오. 그들이 그 붉은 줄을 사랑하지 않는다면, 여러분이 신앙적인 대화를 할 때 그들은 그 집에서 배겨나지 못할 것입니다. 여러분이 예수님에 대하여 많은 이야기를 한다면, 천박한 자는 여러분의 집을 떠나야겠다고 생각할 것입니다.

그리스도인의 가정은 독서에 관해 붉은 줄을 매어 두어야 할 것입니다. 유익하고 재미있는 읽을거리가 많은데, 그리스도인이라 하는 사람들이 유익하지 못한 것을 읽느라 시간을 허비한다는 것은 애석한 일입니다. 어리석은 나귀들이나 엉겅퀴를 먹으라고 하십시오. 저는 결코 그것들을 샘내지 않습니다. 속인들이 그런 책을 읽어서는 안 된다고 저는 말하지 않겠습니다. 그들에게는 그런 책이 어울립니다. 속인들은 그런 책을 읽게 내버려 두십시오. 농부가 온갖 음식찌꺼기를 섞어 만든 꿀꿀이죽을 돼지들에게 주려고 가는 것을 보고 저는 그 농부에게 왜 내게는 대야 가득히 퍼주지 않느냐고 한 번도 불평하지 않았습니다. 저는 돼지가 자기 밥을 먹도록 내버려 두었습니다. 불경건한 사람들은 수많은 소설과 엄청난 문학작품들을 거절하기 힘듭니다. 왜냐하면 그것들이 그들의 본성을 좇아가기 때문입니다. 하지만 우리만큼은 그런 책들을 가까이하지 맙시다.

오락에 대해서도 마찬가지로 붉은 줄을 매어 두어야 할 것입니다. 우리가 말로 설명할 수 없는 어떤 오락들은 아주 안 좋습니다. 그런 오락들은 악으로 유도합니다. 그런 오락들은 낭떠러지 끝으로 데리고 올라갑니다. 그곳까지 가서 떨어져야만 직성이 풀릴 많은 사람들이 있습니다. 게다가 그런 오락들은 그리스도인이 세상 사람들과 다른 게 뭔지 말할 수 없을 정도로 그리스도인을 속인처럼 만들어 버립니다. 자, 붉은 줄을 맵시다. 저는 저의 집에 걸어 둘 그림에 대해서도 그리할 것입니다. 여러분에게 나쁜 그림이 있다면, 그것이 아무리 훌륭한 예술작품이라 하더라도 그것을 불태워 버리십시오. 그리고 나쁜 책이 있다면, 그것이 아무리 값어치가 있더라도 다른 사람에게 팔지 말고 찢어 버리십시오.

그리스도인은 붉은 줄을 매어 두어야 합니다. 그리하여 자기 집에 있는 무엇에든지 마음이나 몸이 더럽혀지지 않도록 분명하게 행동해야 합니다. 제가 지나치게 엄격하게 보일 수도 있습니다. 하지만 주님께서 하늘에서 말씀하신다면 저를 책망하지 않으실 것입니다. 오히려 주님은 악한 것들에 대하여 훨씬 더 정확하고 단호해야 한다고 말씀하실 것입니다.

여러분은 원하는 대로 할 것입니다. 여러분에게는 자유가 있습니다. 하지만 "오직 나와 내 집은 여호와를 섬기겠습니다"(수 24:15). 피로 물든 붉은 줄이 저의 창에 매여 있을 것입니다. 제가 어렸을 때 할아버지께서 아버지와 저를 위해 기도드리는 소리를 듣곤 했는데 어찌 기억하지 못하겠습니까? 할아버지의 기도에 대한 응답으로 아버지께서 회개하신 것을 저는 생생하게 기억하고 있습니다. 아버지께서 은혜의 보좌 앞에서 우리를 위해 씨름하신 모습을 제가 어찌 잊을 수 있겠습니까? 그리고 세월이 지나 저의 아들의 집에 주님을 위한 제단이 없는 일이 발생하지 않기를 간절히 바랍니다!

저를 위해서는 장막이 없더라도 주님을 위한 제단은 반드시 있을 것입니다. 우리가 어디에 있든지 우리는 붉은 줄을 매야 합니다. 그리하지 않으면 우리는 복을 기대할 수 없습니다. 물론 가족의 아버지 혹은 가장이 아닌 자들에게 제가 말하는 것은 아닙니다. 그들이 종들이라면 그들은 그 집에서 일어나는 일에 대하여 어쩔 수 없을 것입니다. 그들이 힘이 없는 부하들이라면, 그들이 하고 싶은 대로 하지 못할 것입니다. 하지만 여호와를 경외하는 자들에게 저는 말씀드립니다. 그들은 할 수 있습니다. 사랑하는 성도들이여, 여러분의 집을 다락방에서 지하실까지 하나님께 봉헌하십시오. 집을 깨끗하게 정돈하십시오. 그리하여 주님께서 오시면 문을 열어드리고, "주인이여, 어서 오시옵소서. 당신의 종이 감추려고 하는 것은 여기에 하나도 없습니다"라고 말씀드릴 수 있도록 하십시오.

오, 예수님을 모르는 분이여, 예수님을 믿으십시오. 그리고 예수님을 아는 분들은 아는 만큼 실천하십시오. 그리하면 하나님께서 복 주실 것입니다!

6

마노아의 아내

훌륭한 증거

"그의 아내에게 이르되 우리가 하나님을 보았으니 반드시 죽으리로다 하니 그의 아내가 그에게 이르되 여호와께서 우리를 죽이려 하셨더라면 우리 손에서 번제와 소제를 받지 아니하셨을 것이요 이 모든 일을 보이지 아니하셨을 것이며 이제 이런 말씀도 우리에게 이르지 아니하셨으리이다 하였더라"(삿 13:22, 23).

마노아와 그의 아내 이야기에서 첫째로 주목해야 할 것은 이것입니다. 복을 달라고 기도하다가 응답을 받을 때 우리가 받을 그 복으로 인해 두려워 떨게 된다는 사실입니다. 마노아는 하나님의 사자를 보게 해 달라고 기도한 대로 정말 그를 보게 되었습니다. 그의 기도에 대한 응답으로 놀라우신 하나님께서 자신을 낮추어 두 번째 자신을 계시하셨습니다. 하지만 그 결과 이 의로운 사람은 놀람과 겁에 질려서 자기 아내를 보고 "우리가 하나님을 보았으니 반드시 죽으리로다" 소리쳤습니다. 형제들이여, 기도할 때 우리가 무엇을 구하고 있는지 항상 아십니까? 우리는 진짜 축복을 간구합니다. 하지만 그런 축복이 필연적으로 어떤 모습으로 임하는지 안다면, 우리는 간절히 간구하기 전에 아마도 머뭇거리게 될 것입니다.

우리는 성결의 진보를 위해 많은 기도를 드려왔습니다. 형제들이여, 거의 모든 경우에 이런 기도는 고난의 증대를 의미한다는 사실을 여러분은 아십니까? 왜냐하면 주님께서 우리를 풀무 속에 집어넣으시고 많은 불로 연단하지 않고는 성결한 삶은 진보할 수 없기 때문입니다. 그런 조건 속에서도 여러분은 그런 은혜를 원하십니까? 하나님께서 그런 은혜를 베푸실 텐데 그래도 그 은혜를 받으시겠습니까? 그리고 주님께 다음과 같이 말씀드리겠습니까? "주여, 영적인 성장을 이루기 위해 연단을 반드시 받아야 할지라도, 또 이를 위해 몸이 만성병에 시달려야 할지라도, 이를 위해 심한 우울증에 시달려야 할지라도, 이를 위해 재산의 손실을 입을지라도, 친한 친구들을 떠나보내는 아픔을 겪어야 할지라도, 저는 피하지 않으렵니다. 좋은 결과를 얻는데 필요한 모든 연단을 저의 기도 가운데 포함시키겠습니다. 기도하오니 저의 영, 혼, 몸을 성결하게 하옵소서. 저는 그 모든 과정을 당신의 주권에 맡기나이다."

이런 기도가 여러분에게 가져다 줄 모든 것을 여러분이 실제로 알았다고 가정해 봅시다. 어쨌든 여러분은 더 엄숙하게 기도하지 않겠습니까? 저는 여러분이 주저하지 않고 오히려 모든 손실을 감안하고라도 여전히 죄로부터의 해방을 열망하고, 어찌 되었든 말 한마디마다 심사숙고하면서 신중하게 기도드리기를 바랍니다. 그리하면 응답을 받았을 때 여러분은 그다지 심하게 놀라지는 않을 것입니다. 우리가 아주 간절하게 간구한 축복은 우리가 몹시 한탄하는 고난일 경우가 많습니다. 우리는 하나님의 방법을 알지 못합니다.

주님은 믿음과 은혜를 위한 우리의 기도에 이런 식으로 응답하십니다. 주님은 징계의 채찍을 가지고 오셔서 우리의 어리석음에 대해서 아프게 징계하십니다. 왜냐하면 그렇게 해야만 우리의 유치한 심령들을 어리석음에서 건질 수 있기 때문입니다. 주님은 예리한 보습을 가지고 오셔서 흙을 퍼내십니다. 왜냐하면 그렇게 해야만 우리가 수확을 주님께 드릴 수 있기 때문입니다. 주님은 뜨거운 철장을 가지고 오셔서 우리의 마음을 태우십니다. 그리고 "왜 이런 일이 생깁니까?"라고 물으면, "이것이 네가 구한 것이니라. 주님은 이런 식으로 너의 기도에 응답하시느니라"고 우리에게 대답하십니다. 아마도 이 순간 여러분이 겪고 있는 어질어질한 느낌, 곧 반드시 죽을 것이라는 두려운 감정은 여러분의 기도에 대한 응답이라고 생각될 수 있습니다. 저는 이러한 견지에서 여러분이 자신의 현재의 슬픔을 바라보고, "결국 나의 하나님께서 제가 찾는 바를 정확하게 제게 주셨음을 깨닫습니다. 제가 하나님의 사자 보기를 간구한 대로 저는 하나님의 사자를 보았고, 이로 인해 심령이 제 안에서 낙담하나이다"라고 말할 수 있기 바랍니다.

두 번째로 주목해야 할 것은 이것입니다. 심령의 쇠약함은 흔히 앞으로 있을 놀라운 축복을 예고합니다. 여호와께서 이스라엘을 구원하기 시작할 아들의 부모가 된다는 것은 마노아와 그의 아내에게는 최고의 기쁨이며 최고의 바람이었습니다. 이것을 생각하면 그들은 이루 말할 수 없이 기뻤습니다. 그러나 이 기쁜 소식을 처음 전해 들었을 때 마노아는 적어도 무거운 마음으로 "우리가 하나님을 보았으니 반드시 죽으리로다"라고 말했습니다. 흐린 날씨는 일반적으로 은혜의 소낙비를 예고한다고 그렇게 해석하십시오. 큰 고난을 당할 때 달콤한 은혜를 기대하십시오. 사도들이 다볼 산의 구름 속으로 들어갔을 때 두려워했던 경험을 여러분은 기억하지 않습니까? 그들은 구름 속에 있을 때 변화하신 주님을 뵈었습니다. 지금까지 여러분과 저는 우리를 덮고 있는 구름을 크게 두려워했지만, 사실은 구름 속에 있기 전보다 구름 속에 있을 때에 그리스도와 그의 영광을 더 많이 목격하였답니다. 여러분이 두려워하는 구름은 주님께서 자신을 계시하시는 골방의 외벽을 이루는 것입니다.

마노아, 당신이 삼손을 팔에 안기 전에 "우리가 반드시 죽으리로다"라고 말해야만 합니다. 목사가 수많은 사람들에게 말씀을 전하기 전에 먼저 자신을 비워야 하며 무능함을 절감하고 떨어야 합니다. 주일학교 교사가 아이들을 그리스도께 인도하기 전에 먼저 자신이 얼마나 연약하고 부족한지 깨달아야 할 것입니다. 제가 믿기로는, 주님께서 당신의 집에서 우리를 사용하려고 하실 때, 먼저 접시처럼 우리를 취하여 속을 깨끗이 닦으시고 선반 위에 우리를 놓으시며, 그 후에 우리를 꺼내어 그 위에 당신 자신의 하늘 양식을 담으시고, 그것으로 다른 사람들의 영혼을 채우십니다. 바로 이러한 큰 축복이 임하기 전에 일반적으로 먼저 비워지고 뒤집어져야 합니다. 마노아는 자기가 반드시 죽으리라고 느꼈으나 그는 죽을 수 없었습니다. 왜냐하면 그는 이스라엘의 구원자요 블레셋의 공포의 대상인 삼손의 아버지가 되어야 했기 때문입니다.

세 번째로 주목해야 할 것은 이것입니다. 많은 경우에 큰 믿음은 깜짝 놀랄 일을 경험하게 됩니다. 마노아가 얼마나 큰 믿음을 가졌습니까! 그의 부인은 임신하지 못하였으나 하나님의 사자가 나타나 그녀가 아이를 임신하여 낳으리라고 말씀하시자 마노아는 그대로 믿었습니다. 어떤 하늘의 사자도 그에게 직접 임하지 않았는데도 말입니다. 그가 하나님의 사자를 다시 보게 해 달라고 한 것은 예언의 말씀을 다시 듣기 위함이 아니었고, 그 아이를 어떻게 키워야 할지 그 비결을 알려달라고 하기 위함이었으니 그의 믿음은 참으로 컸습니다. 연로하신 홀(Hall) 주교는 말하기를, "그에게 강한 믿음이 있었기에 강한 삼손의 아버지가 될 수 있었다" 하였습니다. 마노아는 참으로 강한 믿음의 소유자였으나 본문에서는 겁에 질려 "우리가 하나님을 보았으니 반드시 죽으리로다" 합니다. 사람을 한마디 말이나 행동으로 판단하지 마십시오. 만일 여러분이 그렇게 한다면 틀림없이 그 사람을 잘못 판단하게 될 것입니다.

겁쟁이들도 때로는 용감하며, 아주 용감한 사람들도 때로는 겁쟁이가 됩니다. 본래는 별로 겁쟁이가 아닌데도 실제로는 본래보다 더 심한 겁쟁이가 되는 그런 사람들이 있습니다. 사람은 다분히 자기가 겁이 많다고 고백하는 겁쟁이입니다. 두려움에 떠는 마노아는 솔직하고 정직하며 진실하였기에 자기 감정을 그대로 표출할 수밖에 없었습니다. 아마도 그가 교활한 사람이었더라면 자기 감정을 숨겼을 것입니다. 마노아는 하나님의 말씀을 충분히 믿었지만 동시에 그의 전통적인 신앙에 따라서 하나님을 뵌 자신이 죽지 않을까 하는 의심을 갖게 되었습니다. "우리가 하나님을 보았으니 반드시 죽으리로다."

한 가지 더 여기서 주목해야 할 사실이 있습니다. 곧, 여러분의 심령이 낙심되었을 때 여러분에게 조언과 위로를 줄 수 있는 그리스도인 친구가 있다는 것은 큰 은혜라는 사실입니다. 마노아는 최고의 아내와 결혼하였습니다. 그의 아내는 그보다 더 나은 판단력을 지녔습니다. 그녀는 체질상 더 약한 그릇이었지만 믿음은 남편보다 더 강하였으며, 아마도 이 때문에 천사가 그녀에게 나타났을 것입니다. 왜냐하면 천사들은 믿음 있는 사람들에게 말하는 것을 좋아하기 때문입니다. 천사들이 한 사람을 골라 메시지를 전달하는데 아내가 남편보다 믿음이 좋다면 그들은 남편보다 아내를 찾아갈 것입니다. 왜냐하면 그들은 하나님의 메시지를 믿음으로 받아들일 사람들에게 그 메시지를 전달하고 싶어하기 때문입니다.

마노아의 아내는 분명히 믿음이 충만하였습니다. 그러하기에 그녀의 남편이 떨면서 "우리가 반드시 죽으리로다" 말하였을 때 그런 의심 많은 추측을 믿지 않았습니다. 게다가 여자들은 논리적이지 못하다고 사람들은 말하지만 이 여성의 증거는 분위기를 압도하는 논리적인 증거였습니다. 일반적으로 여성들의 직관은 남자들의 논리보다 훨씬 명석한 것이 분명합니다. 남성들은 볼 만한 것들을 찾고 있는 동안에 여성들은 단번에 진리를 들여다봅니다. 여성들의 직감은 일반적으로 우리의 이성만큼 안전하며, 따라서 여성들이 명석한 논리적 지성을 겸비하게 되면 지혜로운 상담자가 됩니다.

마노아의 아내는 명석한 직관뿐만 아니라 훌륭한 논리력도 갖추었습니다. 본문 말씀에 보면, 그들이 하나님을 보고 그의 말씀을 들었기 때문에 하나님께서 자기들을 죽이신다는 것은 있을 수 없는 일이라고 증거하였습니다. 오, 모든 남자가 마노아의 아내처럼 현명하고 은혜로운 아내를 데리고 산다면 얼마나 좋겠습니까! 한 사람이 낙심할 때마다 그리스도인 형제 자매가 지금까지 베푸신 주님의 은혜를 기억나게 하는 말로써, 혹은 말씀에 기록된 은혜로운 약속으로 그를 위로할 수 있다면 얼마나 좋겠습니까! 남편이 아내를 위로하는 경우도 똑같이 아름다울 것입니다. 제가 아는 그리스도인 자매는 대단히 신경질적이고 자주 우울해 하며 번민하였습니다. 남편이 굳센 믿음으로 영원하신 주님의 신실하심과 선하심을 신뢰하고 미로로써 그녀의 슬픔을 잊어버리도록 위로한다면 그녀에게 얼마나 큰 은혜가 되겠습니까!

성령 하나님의 도우심을 받아 이제 저는 마노아의 아내의 증거를 살펴보고 우리의 마음에 위안이 되는 바를 말씀드리고자 합니다. 위로의 노래를 연주한 마노아의 아내의 활에는 세 가닥의 줄이 있었습니다. 그 중 하나는 하나님께서 자기들의 희생제물을 받으셨기 때문에 자기들을 죽일 의도가 없다는 확신이었습니다. 그리고 또 하나는 하나님께서 자기들을 죽일 의도가 있었다면 이런 사실을 말씀하지 않으셨을 것이라는 추론이었습니다. 이와 같이 그녀의 활에 달린 세 가닥의 줄은 열납된 희생제물, 은혜로우신 계시, 그리고 귀한 약속이었습니다. 이제 이 세 가지를 하나씩 생각해 봅시다.

첫 번째, 열납된 희생제물. 저는 유감스럽게도 시험을 당하여 크게 낙심하고 다음과 같이 애통하기 시작한 형제를 심중에 두고 설교할 것입니다.

> 주님께서 나를 완전히 버리셨어
> 나의 하나님은 더 이상 은혜를 베풀지 않으실 거야

형제여, 과연 그럴까요? 하나님께서 그의 아들 예수 그리스도의 희생을 여러분을 위해 일찍이 받으신 것이 아니었습니까? 귀한 친구여, 여러분은 지금까지 예수님을 믿어왔는데 지금은 그분을 믿지 않는군요. 여러분의 손을 가슴에 대고 자신에게 진지하게 이렇게 물어보십시오. "너는 하나님의 아들을 신뢰하는가?" 그러면 여러분은 "그래요, 주님, 저의 모든 불행에도 불구하고 저는 당신을 믿습니다. 그리고 제 영혼의 관심은 온통 당신의 구원의 능력에 쏠려 있습니다"라고 말할 것입니다. 여러분은 오류가 없는 성경책에 기록된 하나님의 말씀을 가지고 있습니다. 그 말씀은 예수 그리스도께서 바로 여러분을 위해 하나님께 드려졌다는 사실을 여러분에게 분명히 증거하고 있습니다. 그 말씀에 따르면, 예수 그리스도는 믿는 자들이 절대로 멸망하지 않도록 자신의 목숨을 버리셨습니다.

그는 믿는 자들의 보증인이 되셨으며, 대속의 고난을 당하셨습니다. 그런데도 이러한 대속의 사건이 무효이며 결국에는 믿는 자들이 절망할 수밖에 없다니 이것이 과연 말이 됩니까? 마노아의 아내의 증거는 바로 이런 것이었습니다. "우리가 염소새끼를 반석 위에 드렸잖아요. 그리고 그것을 드렸을 때 그것이 불에 타 없어졌잖아요. 염소 새끼가 우리를 대신하여 타 없어진 것이었어요. 희생제물이 타 없어졌기 때문에 우리는 죽지 않을 겁니다. 그 불이 우리를 태우지 않을 거예요. 그 불은 이미 희생제물을 태우는데 사용되었어요. 그 불꽃이 연기 속에서 하늘로 올라갔고 하나님의 사자도 그 불꽃과 함께 올라가는 것을 당신도 보았잖아요. 그 불은 사라졌어요. 그 불이 다시 우리에게 떨어져 우리를 멸할 수 없어요."

이 말을 복음으로 해석하면 이와 같습니다. 주 예수 그리스도께서 십자가에 매달리신 것을 우리가 보았잖아요. 그분의 극심한 고뇌를 우리가 보았잖아요. 하나님의 불이 그분을 태웠잖아요. 그분이 올라가시는 모습, 말하자면, 거룩한 불로 말미암아 부활하시고 승천하시고 영광을 얻으시는 모습을 우리가 보았잖아요. 여호와의 진노의 불이 그분에게 임하였기 때문에 우리는 죽지 않을 것입니다. 그는 우리를 대신하여 죽으셨습니다. 여호와께서 주님으로 하여금 고난받게 하시고 불의한 자를 위해 의로운 자를 죽게 하셨는데 이제 믿는 자를 벌하신다는 것은 말이 되지 않습니다. 그리스도께서 교회를 사랑하시므로 자신을 내어주셨거늘 이제 그 교회가 멸망할 수밖에 없다는 것은 말이 되지 않습니다. 여호와께서 우리의 모든 죄악을 그에게 담당시키셨는데 이제 와서 우리의 죄악을 우리로 담당하게 하신다는 것은 말이 되지 않습니다. 이러한 말은 하나님의 공의에 어긋납니다. 이러한 말은 그리스도의 대속의 희생을 무효화시키는 것이며, 잔혹한 고난을 당하였지만 결과적으로 아무것도 이룬 것이 없는 쓸데없는 행동이었다고 그분의 죽으심을 모욕하는 것입니다. 대속이 아무에게도 효력을 주지 못한다는 그런 추측은 신성을 모독하는 죄입니다.

오, 제발 구세주의 십자가를 보고 또 보십시오. 하나님께서 그리스도를 어떻게 열납하셨는지 그대가 깨닫는 순간 그대는 크게 만족할 것입니다. 하나님께서 그의 아들을 죽은 자 가운데서 일으키시고 그에게 영광을 베푸실 때 "다 이루었다"는 예수님의 마지막 말씀이 하나님의 보좌에서 얼마나 크게 메아리치는지 들어보십시오. 제가 하는 말을 들어보십시오. 다음과 같은 힘있는 증거에 귀 기울여 보십시오. 하나님께서 우리를 죽이고자 하셨다면 그는 우리를 위하여 그의 아들을 열납하지 않으셨을 것입니다. 하나님께서 우리를 죽이기로 작정하셨다면, 그의 아들을 죽게 내버려두셨을까요? 어찌 그럴 수 있습니까? 예수님의 희생은 자신을 대속물로 내어주신 자들의 멸망을 틀림없이 효과적으로 막아 주십니다. 예수께서 죄인들을 위해 죽으셨는데 아직도 죄인들은 그 자비를 부인하고 있습니다! 이는 상상할 수도 있을 수도 없는 일입니다! 그대가 속으로 무슨 생각을 하든지, 그리고 그대의 생각이 아무리 혼란스럽더라도 열납된 희생제물은 하나님께서 그대를 죽일 마음이 없다는 것을 보여 줍니다.

마노아의 경우를 보십시오. 그들은 번제와 소제를 드렸습니다. 사랑하는 형제 자매들이여, 우리가 믿는 그리스도의 크고 위대하신 희생제사와 더불어 우리는 또 다른 제사들을 하나님께 드려왔으며, 이러한 제사를 하나님께서 받으신 결과, 그가 우리를 멸하려 하신다는 것은 도저히 상상할 수 없는 주장입니다.

첫째, 저는 여러분이 드린 기도의 제사를 생각해 보도록 유도하겠습니다. 제 생각을 말씀드리지요. 저는 마음속으로 일기를 대충 훑어보면서 제가 기도로 주님을 찾았을 때 주님께서 제 기도를 너무나 은혜롭게 들어주신 많은 경우들을 지금 기억합니다. 마노아가 바위 위에서 제물이 태워진 것을 확신하였던 것만큼이나 저의 기도가 응답되었다고 저는 확신합니다. 이로 말미암아 주님께서 저를 멸하실 의도가 없다고 추론할 수 없을까요? 사랑하는 형제여, 여러분의 경우도 마찬가지라고 저는 알고 있습니다. 여러분은 오늘도 우울한 기분이며 하나님의 사랑에 대하여 많은 의심이 들기 시작합니다. 하지만 여러분도 아시다시피 여러분이 주님을 구하였을 때 주께서 기도를 들어주셨던 시간들이 있었습니다. 여러분이 "이 불쌍한 자가 부르짖으매 주께서 들으시고 모든 두려움에서 건져내셨도다"고 말할 수 있습니다.

아마도 여러분이 어느 책에다 이 사실을 메모해 두지는 않았을 테지만 여러분의 기억 속에는 지울 수 없는 기록으로 남아있을 겁니다. 궁핍할 때에 자기 백성을 도우시겠다고 약속하신 주님의 신실하심에 관하여 여러분의 심령이 직접 주님을 자랑하였습니다. 왜냐하면 감사하게도 여러분이 직접 체험하였기 때문이지요. 형제여, 만일 주님께서 여러분을 죽이고자 하셨다면 과연 여러분의 기도를 들어주셨겠습니까? 만일 주님께서 결국에는 여러분을 버리고자 하셨다면 그렇게 많이 여러분의 기도에 응답하셨겠습니까? 만일 주님께서 여러분과 싸우고자 하셨다면 주님은 오래 전에 이미 싸울 빌미를 마련하셨을 테고 "네가 많은 기도를 드려도 나는 응답하지 아니하리라" 말씀하셨을 것입니다. 그러나 주님께서 여러분의 부르짖음과 눈물에 귀를 기울이시고 여러분의 간구에 여러 번 응답하신 것을 보아 그분께서 여러분을 죽일 의도가 있을 리 만무합니다.

또한 오래 전 여러분의 기도뿐만 아니라 여러분 자신을 주님께 드렸습니다. 여러분은 그리스도께 몸, 혼, 영, 여러분의 모든 재물, 모든 시간, 모든 재능, 모든 능력, 모든 학식을 주님께 내어드리고 "주여, 저는 저의 것이 아니라 값으로 사신 바 되었습니다"라고 고백하였습니다. 그때에 주님께서 여러분을 열납하지 않으셨나요? 여러분이 그때에 열납되었다는 그 황홀한 느낌을 바로 지금 생생하게 기억하고 있습니다. 여러분이 지금 심한 고통을 당하고 있지만 그때에 드린 헌신을 철회할 생각이 없으며 오히려 반대로 다음과 같이 선언할 것입니다.

> 높은 하늘에서 진지한 맹세를 들으셨도다
> 매일 새로운 맹세를 들으리로다
> 살아 있는 마지막 순간까지 나는 엎드려 맹세하리
> 죽음 가운데서 이 귀한 맹세를 송축하리

주님께서 여러분을 멸망시키기로 하셨다면 그에게 드리는 여러분 자신을 제물로 받으셨을까요? "나는 진실로 주의 종이요 주의 여종의 아들 곧 주의 종이라. 주께서 나의 결박을 푸셨나이다"(시 116:16)라고 여러분이 말하는 것을 주님께서 허락하셨을까요? 주님과 연합된 세례를 받음으로써 그의 깨끗한 몸으로 씻겨지고 영원히 주님의 것이라고 선언되었던 그때를 즐거이 기억하면서 오늘 밤 "내가 내 몸에 예수의 흔적을 지니고 있노라"(갈 6:17)고 담대히 단언할 것처럼 선포하는 것을 주님께서 허락하셨을까요? 주님께서 여러분을 죽이기로 작정하셨다면, 여러분이 헌신 중에는 물론이요 헌신의 흔적을 남기는 가운데서도 기쁨을 느낄 수 있도록 주님께서 허락하셨을까요? 오, 분명히 그렇지 않습니다. 자기 자신을 드리는 사람을 주님은 버리지 않습니다. 그럴 리 없습니다.

우리 중 어떤 이들은 이 최근의 제물로 말미암아 또 다른 헌신이 있었던 것을 기억할 수 있습니다. 주님은 평소에도 우리의 제물을 받으셨습니다. 우리의 일, 믿음, 사랑의 수고들은 주님의 성령의 은혜로 말미암는 것이기 때문입니다. 제가 기억하기로, 여러분 중에 어떤 이들은 구세주께로 어린 자녀들을 인도하는 축복을 받았습니다. 그리고 하나님께서 여러분을 회개의 도구로 삼기를 기뻐하신 까닭에 주의 일에 열심인 자들을 여러분은 큰 기쁨으로 바라봅니다. 제가 알기로, 여러분 중 어떤 이들은 복음을 섬기는 자들이며, 또 어떤 이는 길모퉁이에서 복음을 전합니다. 여러분이 살아가면서 많은 노력을 기울이는 것을 하나님께서 기뻐하셨기 때문에 여러분이 온 마음으로 예수님의 통치를 따를 수 있었던 것입니다. 그런데 여러분은 그러한 노력들을 신뢰하지 않고 여러분의 주인을 섬긴 공로를 주장하지도 않고 있습니다. 하지만 그런 노력과 공로가 여러분에게 큰 위로가 될 수 있으며, 다음과 같이 말할 수 있는 근거가 된다고 저는 생각합니다. 주님께서 나를 멸하려고 작정하셨다면 내가 그의 복음을 전하는 것을 허락하셨을까요? 내가 사람들의 영혼을 위해 울도록 허락하셨을까요? 내가 어린양과 같은 귀한 자녀들을 주님의 품으로 불러모으도록 주님께서 허락하셨을까요? 만일 주님께서 나를 축복하기로 작정하지 않으셨다면, 주님의 포도원에서 열매를 맺고 싶어하는 나의 간절한 열망을 주님께서 허락하셨을까요?

자, 두 번째 주장은 그들이 은혜로운 계시를 받았다는 사실이었습니다. "여호와께서 우리를 죽이려 하셨더라면 우리에게 이 모든 일을 보이지 아니하셨을 것입니다." 사랑하는 형제들이여, 주님께서 여러분에게 보여 주신 것이 무엇입니까? 저는 한두 가지를 말씀드리겠습니다.

첫째, 주님께서 여러분에게 아마도 몇 년 전에 보여 주셨거나 혹은, 바로 이 시간 처음으로 보여 주실 것은 바로 여러분의 죄입니다. 우리가 이 계시를 받았을 때 얼마나 놀라웠는지요. 여러분은 여러분의 죄를 전혀 알지 못하였으나 여러분의 죄는 그대로 존재합니다. 옛 집에는 아무도 들어갈 수 없고 빛도 들어오지 않는 지하실이 있습니다. 여러분은 그런 집에서 그곳에 무엇이 있는지 모르는 채 아주 편안하게 지냅니다. 하지만 어느 날 여러분이 촛불을 들고 계단을 내려가 곰팡내 나는 문을 엽니다. 저런, 그 문이 열리면 얼마나 축축한지, 얼마나 역겨운 냄새가 나는지요! 온갖 종류의 살아 있는 생물들이 발 밑에서 뛰어다닙니다. 벽에서도 생물들이 자라납니다. 구석에는 많은 뿌리가 내리고 거기서 죽음의 손가락처럼 보이는 길고 노란 생물들이 나옵니다. 또 그곳에는 거미가 있으며, 그것처럼 생긴 것들이 백 가지나 되는데 그런 무시무시한 곳이 아니면 그렇게 크게 자라날 수 없을 만큼 있습니다. 여러분은 될 수 있는 한 빨리 빠져나오며, 다시는 그곳을 보려고 하지 않습니다.

촛불이 그곳을 나쁘게 만들지는 않았습니다. 그 촛불이 그곳을 더럽게 만들지 않았습니다. 촛불은 다만 그곳이 어떤 곳인지를 보여 주었을 뿐입니다. 여러분이 수년 동안 열어보지 않았기 때문에 아무리 해도 열 수 없었던 덧문을 목수를 불러 떼어낼 때, 그리고 빛이 들어올 때, 촛불을 비추었을 때보다 더 소름끼칠 것입니다. 그리고 도대체 어떻게 해서 그런 무서운 것들을 주변에 두고 지내왔는지 놀랄 것이며, 지하 계단을 완전하게 씻어내기 전에는 위층에서 안심하고 살 수 없을 것입니다. 이것이 바로 우리 마음의 모습입니다. 우리의 마음은 죄로 가득하지만 우리는 그것을 모르고 있습니다. 우리의 마음은 부정한 새들이 있는 굴이며, 무시무시하고 사납고 맹렬한 모든 것들을 모아놓은 집결지입니다. 곧 마귀들이 들끓는 작은 지옥입니다. 우리의 본성이 이러하며 우리의 마음이 이러합니다. 주님께서 여러분에게 보여 주신 것처럼 몇 년 전에 제 마음의 상태를 저에게 보여 주셨습니다. 사람의 마음을 들여다본 결과는 소름끼칩니다. 영(Young) 박사는 “저 무서운 광경, 곧 벌거벗은 인간의 마음을 당신밖에는 보지 못하도록 모든 눈을 가리우신다”고 잘 묘사하였습니다. 아무도 자신의 마음의 실상을 보지 못하였습니다. 여러분은 한 부분만을 보았을 뿐입니다. 하지만 사람이 자신의 본질적인 악을 보는 순간 정신을 잃을 정도로 인간의 마음은 소름끼칩니다.

자, 이 죽은 사자(타락한 마음을 뜻함)에서 꿀을 얻어봅시다. 형제여, 주님께서 우리를 멸망시키려고 작정하셨다면 주님은 우리의 죄를 보여 주지 않으셨을 것입니다. 우리의 죄를 깨닫기 전에 우리는 그런 대로 행복하였습니다. 그렇지 않습니까? 초라한 모습이었지만 그런 대로 만족하였습니다. 주님께서 우리 죄를 용서하기로 작정하지 않으셨다면 우리의 죄를 보여 주지 않으셨을 것이며, 우리의 죄를 도말하기로 작정하지 않으셨다면 기한 전에 우리를 괴롭히지 않으셨을 것입니다. 우리는 돼지였지만 쥐엄 열매를 먹고 만족하였습니다. 우리가 어찌 그냥 돼지로 남아있지 않을까요? 만일 주님께서 우리의 부정을 도말할 의도가 없었다면 도대체 우리의 부정을 우리에게 보여 주신 까닭이 무엇입니까? 하나님께서 치료할 의도가 아니었다면, 인간의 마음의 악을 알게 하심으로써 고의로 인간을 괴롭히려고 애쓰는 것은 하나님에게 결코 있을 수 없는 일입니다. 물론 죄를 깊이 자각한다고 우리가 구원을 받는 것은 아닙니다. 하지만 이는 구원으로 이끌 수 있는 무언가가 여러분의 영혼 속에서 시작되었다는 조짐입니다. 왜냐하면 죄에 대한 깊은 자각은 다음과 같이 말하는 것이나 마찬가지이기 때문입니다. "주님께서 질병을 알려 주시는 것은 그 질병을 치료해 주시기 위함입니다. 주님께서 여러분의 타락이라는 지하실의 불결함을 보게 하시는 까닭은 여러분을 깨끗이 씻어 주기 위함입니다."

그런데 주님은 이보다 더 많은 것을 우리에게 보여 주셨습니다. 즉, 세상의 공허함과 허무함을 보게 하셨습니다. 한때 세상의 쾌락과 오락을 크게 즐겼던 사람들이 여기에 계십니다. 극장이 그들에게 큰 기쁨이었습니다. 무도실이 그들에게 최고의 만족을 주었습니다. 자기 기분에 따라 옷을 입을 수 있고 자기 내키는 대로 돈을 쓸 수 있다는 것이 최고의 기쁨이었습니다. 그러나 이런 모든 것들이 지나고 때가 이르매 신비로운 말씀을 마음속에 깨닫게 되었습니다. 그 말씀은 "헛되고 헛되며 헛되고 헛되니 모든 것이 헛되도다"라는 말씀이었습니다. 이 사람들이 전에 즐겼던 바로 그 오락을 즐기러 가 보았습니다. 하지만 이제는 너무나 재미가 없고 시시하여 다음과 같이 말하고는 빠져나와 버렸습니다.

"우린 그런 것에 조금도 관심이 없어요. 그런 즐거움은 이제 한물 갔어요. 금처럼 보였던 것이 이제는 죄로 보입니다. 우리가 대리석이라고 생각했던 것이 이제는 하얀 페인트일 뿐입니다. 광택은 벗겨졌고, 반짝거리는 금속조각은 빛깔이 바랬으며, 채색은 눈에 보이지 않습니다. 환희가 얼간이 같이 미소짓고, 쾌락이 광기처럼 이를 드러내고 히죽 웃고 있을 뿐입니다."

우리는 마음속에서 "헛되고 헛되며 헛되고 헛되니 모든 것이 헛되도다"라고 외치는 말씀을 들었습니다. 주님께서 우리를 죽이려고 작정하셨다면 과연 이러한 사실을 우리에게 가르쳐 주셨을까라고 이제 여러분은 생각하시겠지요? 아니라고요. 그렇다면 주님은 이렇게 말씀하셨을 것입니다. "저들을 우상에게 미치도록 내버려 둬. 한 세상을 즐길 뿐인데 그냥 그것을 즐기게 내버려 둬." 주님께서 그 돼지들을 자기 자녀로 만들어 자기 품으로 인도하실 생각이 없었다면 그 돼지들로 하여금 쥐엄 열매를 계속 먹도록 내버려 두셨을 것입니다.

하지만 주님은 이보다 더 귀한 것도 우리에게 가르쳐 주셨습니다. 말하자면 그리스도의 존귀하심입니다. 우리가 엄청나게 속지 않는 한 — 제 말씀은 스스로 속는다는 뜻입니다 — 십자가 밑에 우리의 죄짐을 내려놓는다는 것이 무엇인지 깨닫습니다. 존귀하신 구세주의 적절하고 충분한 공로를 바라본다는 것이 무엇인지 우리는 깨달았습니다. 그리고 말로 할 수 없는 기쁨과 넘치는 영광으로 그분을 즐거워하였습니다. 만일 하나님께서 우리를 멸하려고 하셨다면 그는 우리에게 그리스도를 보여 주지 않으셨을 것입니다.

또한 우리는 때때로 하나님을 간절히 바랍니다! 우리가 하나님과의 교제를 얼마나 간절히 사모하였는지요! 죄로부터 구원받기를 얼마나 간절히 열망하였는지요! 완전해지기를 얼마나 간절히 사모하였는지요! 천국에서 주님과 함께 있기를 얼마나 간절히 열망하였는지요! 여기 있는 동안에도 그분을 닮기를 얼마나 간절히 소원했는지요! 만일 주님께서 우리를 멸하려고 작정하셨다면 이런 사모, 갈망, 열망, 소망을 우리의 마음속에 허락하셨을 것이라고 여러분은 생각합니까? 그렇게 하실 까닭이 도대체 무엇입니까? 만일 그랬다면, 탄탈루스(Tantalus, 제우스의 아들. 신들의 비밀을 누설한 벌로 지옥의 물에 턱까지 잠겨 목이 말라 물을 마시려 하면 물이 빠졌다 함: 역주)가 받은 고통만큼이나 우리는 괴로워하지 않았을까요? 우리가 결코 가질 수 없는 것을 바라게 하며, 결코 얻을 수 없는 것을 사모하게 한다는 것은 너무 잔인한 일이 아닐까요? 사랑하는 성도들이여, 이런 사모하는 열정이 있다는 것에 대하여 위로를 받읍시다. 주님께서 우리를 죽이고자 하셨다면 이와 같은 것들을 우리에게 보여 주시지 않았을 테니까요.

이제 마지막 위로의 원천에 대해 말씀드리고자 하는데 자세히 말씀드릴 시간은 없을 것 같습니다. 이는 주님께서 우리에게 말씀하신 바 많은 귀한 약속들입니다. 만일 주님께서 우리를 죽이려고 하셨다면 이와 같은 약속들을 우리에게 말씀하시지 않았을 것입니다. 하나님의 자녀가 낙심될 때 하나님의 말씀 앞에 나아가 기도하고 위를 바라본다면, 그는 대체로 이런저런 하나님의 약속을 붙잡을 것입니다. 저도 그렇게 하고 있습니다. 사랑하는 형제들이여, 어떤 약속의 말씀이 여러분의 형편에 적합한지 오늘 밤 여러분에게 말씀드릴 수는 없지만, 주님께서는 꼭 필요한 시간에 꼭 필요한 말씀을 적용하는 법을 언제나 알고 계십니다.

약속의 말씀이 큰 능력으로 심령에 적용될 때, 은혜의 보좌 앞에서 그 약속을 허락해 달라고 기도할 때, 여러분은 이렇게 말할 수 있을 것입니다. "만일 주님께서 우리를 죽이고자 하셨다면, 이러한 약속을 하지 않을 것입니다." 저는 매일 아침 일어나면 제 눈앞에 걸려 있는 약속의 말씀을 바라봅니다. 이 말씀은 수년 동안 같은 장소에 그대로 걸려 있었으며, 지금은 제 영혼 속에 남아 있습니다. 이 약속의 말씀은 "내가 너를 떠나지 아니하며 버리지 아니하리니"(수 1:5)입니다. 어려운 일이 생기고, 돈이 떨어지며, 병에 걸려도, 그런 것과 상관없이 제 마음속에 있는 약속의 말씀은 언제나 샘물처럼 흐르고 있습니다. "내가 너를 떠나지 아니하며 버리지 아니하리니." 주께서 우리를 죽이려고 하셨다면 이 약속을 말씀하지 않으셨을 것입니다.

형제들이여, 여러분이 붙잡은 약속의 말씀은 무엇입니까? 여러분은 어떠한 약속의 말씀을 붙잡고 있습니까? 여러분이 아무런 말씀도 붙잡고 있지 않고, 또 어떠한 말씀도 여러분과 상관이 없는 것처럼 느껴진다 하더라도, 다음과 같은 말씀이 여러분에게 약속이 될 것입니다. "미쁘다 모든 사람이 받을 만한 이 말이여, 그리스도 예수께서 죄인을 구원하시려고 세상에 임하셨다 하였도다"(딤전 1:15). 만일 주님께서 여러분을 멸하려고 하셨다면 그는 여러분의 경우도 포함시키는 이처럼 넓은 의미의 약속을 우리에게 말씀하시지 않았을 것입니다. 수많은 약속의 말씀들이 인간이 추락할 수 있는 가장 낮은 곳까지 인간의 마음속으로 내려옵니다. 만일 주님께서 깊이 추락한 심령을 멸하려고 하셨다면, 복음의 약속을 너무나도 비천한 마음에까지 내려보내시지 않았을 것입니다.

저는 이제 아직 회개하지 않고 심령의 고통을 당하고 계신 분들에게 잠시 말씀드리겠습니다. 여러분은 하나님께서 여러분을 멸하려 하신다고 생각합니다. 사랑하는 친구여, 주님께서 여러분을 죽이려고 하셨다면 여러분에게 복음을 보내시지 않았을 것이라고 저는 생각합니다. 여러분을 멸망시킬 의

도와 뜻이 있었다면 주님은 여러분을 이곳으로 인도하시지 않았을 것입니다. 지금 여러분은 앉아서 예수님께서 여러분과 같은 죄인들을 구원하려고 죽으셨다는 말씀을 듣고 있습니다. 여러분은 지금 앉은 자리에서 예수님을 믿고 구원받으라는 말씀을 듣고 있습니다. 만일 주님께서 여러분을 살해하려고 하셨다면, 여러분을 구원할 수도 없는 그리스도라는 사람을 여러분에게 전하는 그런 쓸데없는 심부름을 저에게 시켰을 리가 만무합니다. 여러분은 매우 놀랍게도 지금까지 용서받고 살아왔습니다. 여러분은 육지에서 혹은 바다에서 사고를 당하였으며, 아마도 전쟁을 겪기도 하였고, 배를 타고 난파되었던 적도 있었습니다. 여러분은 병상에서 일어나기도 하였습니다. 만일 주님께서 여러분을 죽이려고 하셨다면 그때에 여러분이 죽도록 내버려 두셨을 것입니다. 그러나 주님께서는 여러분을 용서하셨습니다.

여러분은 지금 나이가 들어가고 있습니다. 분명히 지금은 여러분이 주님의 자비 앞에 무릎 꿇어야 할 시간이며, 은혜의 손에 자신을 부탁해야 할 때입니다. 만일 주님께서 여러분을 멸하려고 하셨다면 여러분을 이곳으로 인도하시지 않았을 것입니다. 어쩌면 이곳에 오신 분들 중에 자신이 왜 여기에 와 있는지 이상하게 여기며 제 설교를 듣고 있는 사람도 있을 것입니다. 그는 여기 앉아 있는 동안 내내 '내가 어떻게 이 자리에 와 있는지 나도 모르겠어. 내가 왜 여기에 있지' 라고 속으로 말했을 것입니다. 하나님께서 여러분을 축복하고자 하십니다. 저는 믿습니다. 여러분이 하늘을 향해 다음과 같이 기도를 드리신다면 하나님께서 여러분을 축복하실 것입니다. "아버지여, 저를 용서하옵소서! 제가 하늘과 아버지 앞에 죄를 범하였지만 그리스도를 위하여 저를 용서하옵소서! 저는 당신의 아들을 믿나이다." 여러분은 영원한 생명을 얻고 하나님께서 열납하신 희생제물을 즐거워할 것입니다. 여러분은 근일에 주님의 사랑의 계시를 즐거워하고, 주께서 여러분에게 주시는 약속들을 즐거워하며, 오늘 밤 제가 전하는 말씀을 다음과 같이 여러분도 말하게 될 것입니다. "여호와께서 우리를 죽이려 하셨더라면 이 모든 일을 보이지 아니하셨을 것이라."

7

들릴라

정복당한 삼손

"들릴라가 이르되 삼손이여 블레셋 사람이 당신에게 들이닥쳤느니라 하니 삼손이 잠을 깨며 이르기를 내가 전과 같이 나가서 몸을 떨치리라 하였으나 여호와께서 이미 자기를 떠나신 줄을 깨닫지 못하였더라. 블레셋 사람들이 그를 붙잡아 그의 눈을 빼고 끌고 가사에 내려가 놋 줄로 매고 그에게 옥에서 맷돌을 돌리게 하였더라"(삿 16:20, 21).

삼손은 여러 가지 면에서 성경에 기록된 사람들 중에 가장 뛰어난 한 사람입니다. 그는 구약에서 다른 한 사람과 유일하게 어울리는 특권을 누렸습니다. 그의 출생은 한 천사에 의해 부모들에게 예고되었습니다. 부지중에 천사들을 대접했던 아브라함과 사라도 천사들로부터 이삭의 출생을 약속 받았습니다. 복음의 세대가 되기 전, 이삭을 제외하고는 삼손이 천사로부터 출생을 예고 받은 유일한 사람이었습니다. 삼손은 나기도 전에 하나님께 드려졌으며, 나실인으로 구별되었습니다. 나실인은 하나님께 온전히 바쳐진 사람이었으며, 헌신의 증표로서 술을 마시지 않았으며, 머리를 길렀고 삭도를 대지 않았습니다. 그러므로 삼손은 하나님께 온전히 바쳐졌다고 이해할 수 있을 것입니다. 누구든 그를 보면 "저 사람은 하나님의 사람, 구별된 나실인이야"라고 말했을 것입니다.

하나님은 삼손에게 초자연적인 힘을 주셨습니다. 그 힘은 단순히 근육과 체력에서 나올 수 없는 것이었습니다. 삼손의 힘은 그의 체격에서 나오는 것이 아니었습니다. 그는 팔이나 주먹으로 블레셋을 친 것이 아니라 그와 늘 함께 하였던 기적의 힘으로 쳤던 것입니다. 즉, 그의 놀라운 힘은 하나님의 전능한 힘으로부터 끊임없이 나오는 것이었으며, 바로 이 힘으로 수천 명이나 되는 그의 대적들을 강하게 물리칠 수 있었던 것입니다.

삼손은 이 큰 힘이 자신에게 있다는 것을 일찍이 깨달았던 것으로 보입니다. 왜냐하면 성경에 "소라와 에스다올 사이 마하네단에서 여호와의 영이 그를 움직이기 시작하셨더라"(삿 13:25)고 말씀하고 있기 때문입니다. 그는 30년 동안 이스라엘을 통치하였고, 훌륭하게 이스라엘을 구원해냈습니다. 그는 그 얼마나 훌륭한 인물이었는지요! 자기 부모와 함께 잠시 포도원에 들어간 삼손을 보십시오. 그곳에서 웅크리고 있던 사자가 그에게 으르렁거리자 삼손은 아무런 무장도 하지 않은 채 힘센 팔로 그 사자를 마치 염소 새끼를 찢는 것같이 찢어 버렸습니다. 그 후에 그의 동족들이 그를 묶어 바위 꼭대기에서 끌어내려 수천 명의 블레셋 사람들에게 넘겨주었을 때 삼손의 모습을 보십시오. 블레셋 사람들 곁에 오자 삼손은 무기 하나 없이 맨발로 그들을 물리치기 시작합니다. 그곳에 나귀 턱뼈가 있는 것을 보고 그 보잘것없는 무기를 취하여 머리에는 투구를 쓰고 놋 갑옷을 입은 군사들을 쓸어 버립니다. 그의 힘은 말년에도 떨어지지 않았으며, 죽을 때 가장 혈기 왕성했습니다. 그의 가장 큰 업적들 중 하나는 바로 죽으면서 이루어졌습니다. 삼손은 가사 성읍에서 포위됩니다. 그는 자정까지 그곳에 있었지만 자신의 힘을 믿고 그곳을 성급히 탈출하지 않습니다. 그리고 감시인들을 공격하여 빗장을 풀도록 하지 않고 놀랍게도 성 문짝들과 두 문설주와 문빗장을 빼어 가지고 헤브론 앞산 꼭대기까지 수 마일을 그 엄청난 짐을 짊어지고 갑니다.

어느모로 보아도 이 사람을 본다는 것은 엄청난 일이었을 것이 틀림없습니다. 특히 그의 친구에게는 더욱 그러했을 것입니다. 그러나 그의 원수였다면 그를 멀리 하면 할수록 좋았을 것입니다. 왜냐하면 멀리 달아난 사람들 외에는 아무도 그의 공격을 피할 수 없었기 때문입니다. 하지만 그의 친구가 되어 전쟁시에 그와 함께 있다면 그는 단 한 사람으로 군대를 거느리고 있으며, 단 한 명으로 수천 명을 칠 수 있는 힘이 있다고 느꼈을 것입니다.

그런데 삼손은 엄청난 육체의 힘을 가졌지만 정신력은 약하였으며, 영적인 능력은 그보다 더 약하였습니다. 그의 온 생애는 기적과 어리석은 행동이 교차하였습니다. 그는 고작 적은 은혜를 받았고, 유혹에 쉽게 넘어갔습니다. 그는 꾀임을 받고 타락하였습니다. 종종 바로잡기는 하였지만 또다시 죄를 범하였습니다. 마침내 그는 들릴라의 손아귀에 빠지게 됩니다. 들릴라는 엄청난 액수의 뇌물을 받고 삼손의 힘의 비밀을 캐내려고 안간힘을 씁니다. 그는 어리석게도 위험한 장난을 하며, 자신의 파멸을 가지고 놉니다. 들릴라가 끈질기게 졸라대자 마침내 그는 자신 외에는 아무에게도 이야기해서는 안 되는 비밀을 누설하고 맙니다. 하지만 그의 힘의 비밀은 감추어져 있습니다. 그의 머리카락이 그를 강하게 하였던 것이 아닙니다. 다만 그의 머리카락은 그의 헌신의 상징이었고 그에게 베풀어진 하나님의 은혜의 표시였습니다. 삼손의 머리카락에 손을 대지 않는 동안에 그는 헌신된 사람이었습니다. 그 머리카락이 잘리자마자 그는 더 이상 온전히 헌신된 사람이 아니었습니다. 그러므로 그의 힘이 그에게서 떠났습니다. 그의 머리카락이 잘립니다. 그의 머리를 덮었던 머리털이 즉시 잘리자 그는 다른 사람들과 다를 바 없는 나약한 애송이가 되어 버립니다. 이제 블레셋 사람들이 그를 핍박하기 시작합니다. 그의 눈은 뜨거운 쇠에 녹아 버립니다. 강한 자가 어찌 쓰러졌는고! 위대한 자가 어찌 그물에 걸렸는고!

이스라엘의 위대한 영웅 삼손은 가사로 질질 끌려갑니다. 저는 끌려갔다고 말했습니다. 왜냐하면 그가 방금 소경이 되었기 때문입니다. 오래된 소경은 최소한 자기의 발을 안전하게 땅에 내려놓는 법을 배웠지만 삼손은 이제 막 시력을 잃은 자로서 걷는 법을 배울 시간이 없었기 때문입니다. 그의 발은 놋줄 — 놋줄은 일반 죄수를 묶는 줄이 아니었습니다. 삼손은 여전히 힘이 있다고 여겨졌고 따라서 다른 줄로는 충분하지 않기 때문에 그를 놋줄로 묶은 것입니다 — 에 묶인 채 약간의 호송을 받으며 가사로 끌려갑니다. 삼손이 전에 성 문짝과 문빗장을 자기 어깨에 메고 자신만만하게 빠져나왔던 바로 그 성읍으로 지금 끌려 들어갑니다. 아이들과 천한 사람들이 나와 삼손을 에워싸고 그를 가리키며 놀립니다. "삼손, 위대한 영웅이 쓰러졌도다! 우리가 그를 놀리자!" 이 어인 광경입니까! 한때 길게 늘어뜨린 머리카락으로 보호를 받았던 그의 민머리 위로 뜨거운 태양이 작열합니다. 그를 호송하는 사람들을 보십시오. 단지 소수의 사람들만이 그를 끌고 갑니다. 삼손이 좋았던 날에 그들이 어떠한 모습으로 삼손 앞에서 피를 흘렸습니까? 하지만 지금은 어린아이도 삼손을 누를 수 있습니다. 그들은 나귀가 맷돌을 돌리고 있는 방앗간으로 삼손을 데리고 갑니다. 삼손은 나귀와 같이 천한 일을 해야 합니다. 이런, 삼손은 지나가는 모든 사람들과 이 엄청난 광경, 블레셋의 파괴자가 일하고 있는 모습을 보려고 오는 모든 바보들에게 웃음거리, 조롱거리가 됩니다. 아, 나의 형제들이여, 이 얼마나 비참한 추락입니까! 우리는 불쌍한 장님 삼손을 위해 진심으로 눈물을 흘립니다. 그가 시력을 잃은 것은 끔찍한 일이었습니다. 그가 힘을 잃은 것은 더욱 심각한 일이었습니다. 하지만 그가 잠시라도 하나님의 은혜를 잃고 하나님의 대적들의 조롱거리가 된 것은 이 모든 것 중에 가장 끔찍한 일이었습니다. 이 때문에 우리는 눈물을 흘립니다.

제가 왜 이 이야기를 말씀드렸겠습니까? 제가 왜 삼손을 주목하게 만들까요? 다음과 같은 이유 때문입니다. 하나님의 모든 자녀는 헌신된 사람입니다. 그의 헌신은 외형적인 상징으로 나타나지 않습니다. 우리는 머리카락을 영원히 기르라거나 혹은 고기나 술을 금하라는 명령을 받지는 않습니다. 그리스도인은 헌신된 사람이지만 그의 헌신은 이웃에게 보이지 않습니다. 다만 그 헌신의 결과로서 외형적인 행실이 나타날 뿐입니다.

이제 저는 헌신된 사람, 나실인인 여러분에게 말씀드리고자 하며, 삼손의 이야기 속에서 여러분을 위한 교훈을 찾을 수 있으리라고 생각합니다.

첫째, 헌신된 사람의 힘입니다. 온 세상에서 가장 힘센 사람이 헌신된 사람이라는 사실을 여러분은 아십니까? 설령 잘못된 대상에 헌신할지라도 그것이 철저한 헌신이라면 그는 힘을 가질 것입니다. 물론 악을 위한 힘이지만 그것도 여전히 힘을 발휘할 것입니다. 고대 로마가 피로스(Pyrrhus, 고대 그리스 에피로스의 왕)와 전쟁을 하였을 때 자신을 희생한 고대의 헌신의 이야기를 여러분은 기억할 것입니다. 지도자가 친히 목숨을 버리는 군대는 승리를 얻을 것이라는 신탁(神託)이 있었습니다. 로마의 집정관인 데키우스(Decius)는 이런 사실을 알고 전투가 가장 치열한 곳으로 뛰어들었고 결과적으로 그의 죽음으로 인해 그의 군대가 승리할 수 있었습니다. 그가 보여 준 비범한 용기는 헌신의 능력을 유감 없이 보여 준 증거였습니다. 당시 로마인들은 누구나 영웅이 된 듯하였습니다. 왜냐하면 모든 사람이 헌신된 사람이었기 때문입니다.

그들은 다음과 같은 각오로 전투에 임하였습니다. "나는 승리하거나 아니면 죽으리라. 로마의 이름이 내 마음에 새겨졌노라. 나라를 위해 살 것이며, 나는 피를 흘릴 각오가 되어 있노라." 어떠한 적들도 그들을 막아낼 수 없었습니다. 쓰러진 로마인을 보면 한결같이 등에 칼을 맞은 것이 아니라 가슴에 칼을 맞았습니다. 로마인의 얼굴은 싸늘한 주검이 되어서도 사자의 얼굴 같았습니다. 그 얼굴을 보고 있노라면 무서운 생각이 들 정도였습니다. 로마인들은 자기 나라에 헌신된 사람들이었습니다. 그들의 야망은 로마라는 이름을 인간의 언어 중에서 가장 훌륭한 단어로 만드는 것이었습니다. 결과적으로 보면 이는 로마인이 위인이 되는 길이었습니다.

오늘날 자신 속에 한 가지 목적을 가지도록 합시다. 그 목적이 무엇이든 저는 개의치 않습니다. 그 한 가지 목적에 온 마음을 쏟으십시오. 그러면 뭔들 이루지 못하겠습니까? 그러나 매사에 뚜렷한 목적 없이 변덕스러우며, 땅만 밟고 다니고 공기만 축내는 영혼 없는 시체 같은 여러분이 도대체 무엇을 해낼 수 있겠습니까? 아무 일도 할 수 없습니다. 하지만 자신의 목적을 알고 있고 뚜렷한 목표가 있는 사람은 "힘센 궁사가 쏜 화살처럼" 그 목표를 향해 달려갑니다. 어떠한 것도 그의 계획을 바꾸어 놓을 수 없습니다. 그리스도인에게만 해당되는 목적, 곧 하나님에 대한 헌신에 국한시킨다면 그 헌신의 힘은 훨씬 더 강할 것입니다. 오! 하나님께 헌신하는 사람이 가지는 놀라운 힘이여! 여기에 그러한 사람이 계시지요? 저는 계신다고 믿습니다.

헌신된 사람들이 행한 놀라운 일들을 여러분에게 말씀드릴 필요가 있을까요? 여러분은 산에서 메추라기를 잡는 것처럼 우리의 신앙이 핍박을 받던 옛 이야기들을 읽어보았을 것입니다. 헌신된 남자들과 여자들이 억울한 고통을 어떻게 참아낼 수 있었는지 여러분은 들어보셨나요? 그들이 어떻게 사자 굴에 던져졌으며, 어떻게 톱질을 당하였으며, 어떻게 옥중에서 고생 하였고, 혹은 어떻게 칼에 죽임을 당할 수 있었는지 여러분은 들어보셨나요? 그들이 어떻게 양과 염소의 가죽을 입고 유리하고 궁핍과 환난과 학대를 받았으며, 이런 사람들이 어떻게 세상이 감당할 수 없는 사람들이 되었는지 들어보셨나요? 그들이 어떻게 폭군에게 맞섰고, 위협을 당했을 때 어떻게 적의 모든 위협을 담대하게 비웃을 수 있었는지, 그들이 기둥에 매달려 화형을 당하면서 어떻게 박수를 칠 수 있었는지, 마귀들보다 더 악랄한 사람들이 그들의 불행을 비웃었을 때 어떻게 승리의 노래를 부를 수 있었는지 들어보셨나요? 어떻게 이런 일이 있을 수 있었나요? 그 무엇이 여자들로 하여금 남자들보다 강하게 만들었고, 남자들로 하여금 천사들보다 더 강하게 만들었습니까? 그 이유는 이것입니다. 그들이 하나님께 헌신한 까닭이었습니다. 그들은 가슴이 찢어지는 고통을 겪을 때마다 하나님께 영광을 돌린다고 생각하였으며, 그들의 몸으로 겪은 모든 고통들이 주 예수님의 고난의 흔적이라고 믿음으로써 주님에 대한 그들의 온전한 헌신이 증명되었습니다. 헌신된 사람들의 힘은 이것만이 아니었습니다.

성화된 사람들이 어떻게 기적을 이루었는지 여러분은 들어보셨나요? 자기들의 생명을 조금도 귀한 것으로 여기지 아니하고 주님의 말씀을 전하고, 외국 땅에서 복음을 증거함으로써 그들의 주님을 영화롭게 한 사람들의 이야기를 읽어 보십시오. 어떻게 사람들이 동족과 친구들, 그리고 소중한 생활을 버리고 폭풍우 치는 바다를 건너 사람 고기를 먹는 이방의 땅으로 갈 수 있었는지 들어보셨나요? 어떻게 그들이 그 나라에 발을 내려놓고 그들을 수송한 배가 멀리 사라지는 것을 바라보면서 두려움 없이 그 숲 속의 야만인들과 함께 살 수 있었는지, 그들 속으로 걸어 들어가서 사람을 사랑하시고 위해서 죽으신 하나님의 이야기를 그들에게 전할 수 있었는지 여러분은 아셨습니까? 이 사람들이 어떻게 야만인들을 굴복시켰는지, 사자들보다 흉포해 보였던 야만인들이 어떻게 이 사람들 앞에서 설설 기면서 그들의 말씀을 경청하였는지, 그리고 그들이 전한 권세 있는 복음으로써 그들이 어떻게 회개하게 되었는지 여러분은 꼭 알아야 합니다.

이 사람들로 하여금 영웅이 되게 만들었던 것이 무엇입니까? 무엇이 그들로 하여금 일가 친척을 떠나 이방인의 땅으로 가게 만들었나요? 이는 그들이 주 예수 그리스도께 철저하게 헌신하였기 때문입니다. 헌신된 사람이 세상에서 할 수 없는 일이 무엇입니까? 그를 시험해 보십시오. 그에게 금과 은을 줘 보십시오. 그를 산꼭대기로 데리고 가서 세상 모든 나라들을 보여 주고 이 세상 신에게 엎드려 경배하면 이 모든 것을 가질 수 있도록 해 주겠다고 말해 보십시오. 이 헌신된 사람이 뭐라고 말할까요? "사탄아 내 뒤로 물러가라. 네까짓 것이 내게 줄 수 있는 그 이상을 나는 가지고 있노라. 이 세상도 내 것이요, 오는 세상도 내 것이로다. 나는 그런 시험을 멸시하노라. 나는 네 앞에 절하지 아니하리라." 사람들로 하여금 헌신된 사람을 위협하게 해 보십시오. 그가 무엇이라고 말할까요? "나는 하나님을 두려워하기에 당신들을 두려워하지 않아요. 당신들이 보기에는 하나님보다 사람의 뜻을 따르는 것이 옳겠지만 나는 오로지 하나님만 섬길래요."

"하지만 우리가 어떻게 그리스도께 헌신할 수 있습니까? 성직자들만 헌신하는 줄 저는 생각했는데요"라고 누군가 말합니다. 오, 나의 형제들이여, 그것이 아닙니다. 하나님의 모든 자녀들이 헌신해야 합니다. 여러분은 무슨 일을 하시나요? 사업을 하십니까? 그렇다면 여러분의 사업이 하나님께 드려져야 합니다. 아마도 여러분은 가족도 없이 무역에만 몰입하여 일 년에 상당한 액수를 벌어들일 것입니다. 제가 하나님께 온전히 헌신하는 한 사람의 예를 말씀드리겠습니다. 브리스톨에 사는 (이름은 모르는) 이 사람은 큰 수입을 올리고 있습니다. 그가 그 수입을 가지고 무엇을 할까요? 그는 계속 사업에 힘써서 많은 수입을 올리고 있습니다. 하지만 매년 생활하는데 꼭 필요한 것만 제하고는 모든 재산을 주님을 위해 사용합니다. 그는 조금이라도 더 많이 드리기 위해 자신의 생활비를 가급적 적게 씁니다. 그는 사업으로 헌신하는 하나님의 사람입니다. 여러분도 똑같이 하라고 말씀드리지는 않겠습니다. 여러분은 다른 자리에 있을 것입니다. 하지만 가정이 있고, 직업이 있는 사람은 다음과 같이 말해야 할 것입니다. "자, 나는 내 일을 통해 많은 돈을 법니다. 그것으로 내 가족을 부양해야 하지요. 하지만 저는 재물을 축적하려고 하지는 않습니다. 저는 하나님을 위해 돈을 벌 것이며, 하나님을 위해서 돈을 쓸 것입니다."

"나는 그리스도의 것입니다"라고 말한다면 저는 주님의 은혜로 그리스도의 것이 될 것입니다. 형제들이여, 성직자가 강단에서 그리스도께 헌신하는 만큼 여러분은 직업을 통해 헌신할 수 있습니다. 여러분은 생활 속에서 일상적인 업무를 통하여 하나님을 진지하게 섬길 수 있습니다. 주님께 헌신하는 사람은 복이 있습니다. 그가 어디에 있든지 그는 헌신된 사람이요, 그는 놀라운 일을 행할 것입니다.

이 시대에 그리스도인들이 적게 보이는 것은 그리스도에 대한 그들의 헌신이 적기 때문입니다. 존 오웬(John Owen)의 시대는 위대한 설교자들이 활동했던 시기였습니다. 우리가 이름을 기억하는 위대한 설교자들은 자신을 아무것도 아닌 존재로 여겼던 사람들입니다. 그들은 영국 국교회를 따르지 않는다는 이유로 성직을 박탈당하였으며, 자신이 가진 모든 것을 주님을 위해 기꺼이 포기하였습니다. 그들은 여기저기서 쫓겨났습니다. 수치스러운 5마일 법안(Five -Mile-Act)은 그들이 장이 서는 읍내 5마일 안으로 들어오는 것을 금지하였습니다. 그들은 여기저기 떠돌아다니며 가련한 적은 양떼에게 복음을 전하였으며, 주님께 온전히 헌신하였습니다. 그때는 지저분한 시기였습니다. 하지만 그들은 깨끗한 길이든 더러운 길이든 걷기로 다짐하였고, 진흙탕 속에 무릎까지 빠져도 걸었습니다. 설령 무릎까지 피투성이가 된다 해도 그들은 걸었을 것입니다. 그들은 위대한 사람들이 되었습니다. 그들처럼 우리가 하나님께 온전히 헌신한다면, 즉, "머리끝부터 발바닥까지 흐르는 모든 피가 하나님을 위한 것이며, 내가 가진 시간, 재능, 모든 것이 온전히 하나님의 것"이라고 우리가 말할 수 있다면, 우리는 삼손처럼 강할 것입니다. 왜냐하면 헌신된 자는 반드시 힘이 있기 때문입니다.

둘째, 그들의 힘의 비밀입니다. 무엇이 헌신된 사람을 힘있게 만듭니까? 아! 사랑하는 자들이여, 인간 자신 안에는 힘이 없습니다. 하나님 없는 삼손은 참으로 불쌍한 바보일 뿐이었습니다. 삼손의 힘의 비밀은 이런 것이었습니다. 그가 헌신하는 한 그는 마땅히 힘이 있을 것입니다. 그가 철저하게 그의 하나님께 헌신하는 한, 그리고 오직 하나님만을 섬기는 한(이러한 헌신이 그의 자라는 머리로써 표현되었음), 하나님께서 그와 함께 하시므로 그를 도우실 것입니다. 여러분이 하나님을 섬길 힘이 조금이라도 있다면 그 힘의 비밀은 마찬가지로 헌신에서 나오는 것입니다. 여러분이 하나님 외에 무슨 힘을 가질 수 있습니까? 아! 마치 자유의지, 인간 본성의 힘이 사람들을 천국으로 충분히 데려다 줄 수 있는 것처럼 말하는 소리를 들었습니다. 자유의지는 많은 영혼들을 지옥으로 데리고 갔지만 아직까지 한 영혼도 천국으로 데려가지 못했습니다. 어떠한 본성의 힘도 주님을 올바르게 섬기게 할 수 없습니다. 어떠한 사람도 성령으로 말미암지 않고는 예수는 그리스도라고 말할 수 없습니다. 그리스도를 보내신 아버지께서 이끌지 않으시면 아무도 그리스도께 나올 수 없습니다. 그리스도인의 가장 기본적인 첫 번째 행위(구원의 고백을 말함)가 모든 인간의 힘을 다 합쳐도 불가능하다면 높은 단계에 있는 행위들은 우리 인간의 힘을 얼마나 많이 능가하겠습니까?

"우리가 무슨 일이든지 우리에게서 난 것 같이 스스로 만족할 것이 아니니 우리의 만족은 오직 하나님으로부터 나느니라"(고후 3:5)는 하나님의 말씀은 분명한 진리가 아니겠습니까? 참으로 영혼이 소생한 사람은 누구나 조만간 이러한 체험을 하게 된다고 저는 생각합니다. 아! 자신의 연약함을 깨닫지 못하는 사람이 과연 회개할 수 있는지 저는 의심스럽습니다. 하나님 아버지께서 팔로 안으시고 갈 길을 가르쳐 주시는 한 아무도 자신을 당할 수 없지만, 아버지께서 손을 떼어 버리시면 스스로의 힘으로 일어설 수 없고 즉시 넘어지고 만다는 사실을 하나님의 자녀는 금세 깨닫게 될 것입니다.

하나님 없이 일천 명의 군사들과 맞서고 있는 삼손을 보십시오. 그들이 삼손을 비웃지 않을까요? 그는 겁에 질려 도망갈 것이며, 그렇지 않으면 그들에게 붙잡혀 찢길 것입니다. 하나님 없는 삼손을 상상해 보십시오. 그는 가사에 갇혀 있고, 그를 가둔 문은 굳게 닫혀 있습니다. 그가 도망치기 위해 거리로 뛰쳐나간다 해도 어떻게 적진을 뚫고 나올 수 있겠습니까? 그는 그물에 걸린 사나운 황소처럼 사로잡혔습니다. 벽 주위를 빙글빙글 돌아보지만 어디로 탈출하겠습니까? 하나님 없는 그는 다른 사람들과 다를 바 없는 존재입니다. 그의 힘의 비밀은 바로 그의 헌신이었으며, 헌신의 결과가 바로 그의 힘으로 나타난 것입니다. 그러므로 여러분의 힘의 비밀을 기억하십시오. 절대로 스스로 힘을 발휘할 수 있다고 생각하지 마십시오. 이스라엘의 하나님을 온전히 의지하십시오. 여러분에게 힘이 임하는 통로가 다름아니라 하나님에 대한 여러분의 전적인 헌신이라는 사실을 기억하십시오.

세 번째, 헌신된 사람의 특별한 위험이 무엇입니까? 그의 위험은 그의 머리카락이 잘릴 수 있다는 것입니다. 말하자면 그의 헌신이 깨어질 수 있다는 것입니다. 헌신된 사람은 헌신하는 한 강합니다. 그러나 헌신이 깨어지면 그는 물처럼 약합니다. 마귀가 헌신된 한 사람의 머리털을 본인도 모르게 밀어버릴 수 있는 수많은 면도날이 있습니다. 그는 깊이 잠들었습니다. 이발사는 영리하게도 손님을 잠들도록 유도하여 그가 잠자고 있는 동안에 손이 머리를 오가며 싹 밀어버립니다. 마귀는 능숙한 이발사보다 훨씬 더 영리합니다. 마귀는 신자도 모르는 사이에 그의 머리를 싹 잘라 버릴 수 있습니다.

마귀가 어떤 면도날로 이러한 일을 할 수 있는지 말씀드려 볼까요? 때때로 마귀는 교만이라는 예리한 면도날을 취하여 신자의 머리를 잘라 버립니다. 그리스도인이 깊이 잠들어 방심하고 있을 때 마귀는 손가락으로 그리스도인의 머리카락을 자르기 시작합니다. 그러면서 이렇게 말합니다. "너는 멋진 녀석이야! 얼마나 놀라운 일을 해냈니! 너는 보기 좋게 사자를 찢어 버리지 않았니? 너는 블레셋 사람들의 정강이와 넓적다리를 크게 쳐서 죽이는(삿 15:8) 큰 공을 세우지 않았니? 네가 가사의 성문들을 뽑아 옮긴 일은 두고두고 사람들 입에 회자될 거야. 너는 어느 누구도 두려워할 필요가 없어." 마귀가 면도날을 대고 머리털을 밀어내도 삼손은 이를 알지 못합니다. 그는 속으로 '나는 진짜 용감해! 난 진짜 위대해!' 라고 생각할 뿐입니다. 교만의 면도날은 이렇게 움직이면서 잘라내고, 잘라내고 또 잘라냅니다.

삼손이 깨어나 자신의 머리털이 다 없어지고, 또한 그의 모든 힘이 사라진 것을 뒤늦게 깨닫습니다. 여러분의 머리에는 한 번도 면도날이 닿지 않았습니까? 저는 면도날이 닿았음을 고백합니다. 고통을 견뎌낸 후에 "너는 잘 참았도다"라고 여러분에게 말하는 목소리를 들어본 적 없었나요? 시험을 물리치고 왜곡되지 않은 완전한 길을 끝까지 고수한 후에, 사탄이 이렇게 말하지 않았나요? "너는 멋진 일을 해냈어. 용감하게 해낸 거야." 악한 자의 간교한 손이 교만이라는 예리한 면도날로 여러분의 머리털을 잘라내고 있다는 사실을 여러분은 그동안 모르고 있었습니다. 주의하십시오. 교만은 우리의 헌신을 깨뜨립니다. 내가 교만해지기 시작하는 순간부터 나는 무슨 일을 하며, 어떤 존재가 됩니까? 교만에는 하나님으로부터 영광을 빼앗는 행위가 있습니다.

저는 하나님께 모든 영광을 돌리기로 다짐하였습니다. 그것이 바로 저의 헌신의 요점이 아니겠어요? 그런데 저는 그 영광을 제게로 돌리고 있습니다. 저는 헌신을 중단한 것입니다. 제 머리카락이 잘려 나가고 저는 힘이 없습니다. 그리스도인이여, 이러한 사실을 주의하십시오. 하나님께서 여러분에게 힘을 주시는 목적은 자신을 영화롭게 하라는 것이 결단코 아닙니다. 하나님께서 여러분에게 면류관을 주실 것인데, 그 면류관을 여러분의 머리에 쓰라고 주시는 것이 아닙니다. 그리스도인이 자신의 이스커천(escutcheon, 가문(家紋)이 들어있는 방패)에 자신의 공로와 승리들을 기록하고 그 영광을 자신에게 돌리기 시작하는 한, 하나님은 그를 바닥에 내치실 것입니다.

마귀가 사용하는 또 다른 면도날은 자만(self sufficiency)입니다. 마귀가 여러분의 머리를 깎으려고 할 때 이렇게 말합니다. "아, 너는 아주 큰 일을 해냈어. 그들이 활줄 일곱으로 너를 묶었을 때 너는 그것을 마치 불탄 삼실을 끊는 것같이 끊어 버렸어. 그들이 새 밧줄로 너를 묶었을 때도 너는 그들을 이겼지. 마치 실을 끊는 것처럼 네가 그 새 밧줄을 끊어 버렸던 거야. 또 다시 그들이 너의 머리를 일곱 가닥으로 꼬았지만 너는 베틀과 날실을 모두 달고 걸어 나갔지. 너는 무엇이든 할 수 있어. 두려워하지 마. 너는 무엇이든 할 수 있는 충분한 힘이 있어. 너는 우리의 바람대로 어떠한 업적도 세울 수 있어." 마귀는 너무나 부드럽게 유혹하여 이런 일을 할 것입니다. 마귀는 머리를 쓰다듬으며 면도날을 부드럽게 움직이면서 머리털을 잘라낼 것입니다. "지금까지 너는 모두 해냈어. 그러므로 앞으로도 해낼 수 있어." 은혜의 이슬방울은 하늘로부터 떨어집니다. 오 나의 형제들이여, 우리는 받지 않으면 아무것도 가질 수 없습니다. 우리 스스로 힘을 창조해낼 수 있다고 착각하지 맙시다. "나의 모든 근원이 네게 있다 하리로다"(시 87:7). 우리의 힘으로 승리를 얻었다고 생각하는 순간 우리는 결딴나고 말 것입니다. 머리털은 잘려 나갈 것이고 영광은 우리에게서 떠날 것입니다. 이렇듯 교만과 더불어 자만이라는 면도날로 원수가 우리의 힘을 잘라 버릴 수 있습니다.

또 하나의 면도날이 있습니다. 이 면도날은 훨씬 더 위험한 것입니다. 헌신된 사람이 자신의 결심을 바꾸어 자신을 위해 살기 시작하면 이 면도날이 정말로 깨끗하게 밀어 버릴 것입니다. 이런 사역자가 있습니다. 그는 사역을 처음 시작하였을 때 이렇게 말하였습니다. “하나님이 증거하시는데 나에게는 오직 한 가지 목표만 있을 뿐입니다. 그것은 저의 설교를 듣는 모든 교인들의 피로부터 제가 책임을 면하는 것이며, 또한 복음을 성실하게 전하고 나의 주님을 영화롭게 하는 것입니다.”

잠시 후 사탄의 시험을 받은 그는 말투를 바꾸어 이렇게 말합니다. “나는 나의 성도들을 지켜야만 해. 내가 이렇게 딱딱한 교리를 설교하면 그들은 오지 않을 거야. 한 신문이 나를 비난하니까 일부 교인들이 그것 때문에 나오지 않잖아. 내 입장도 생각해야 돼. 좀 더 조심해서 불필요한 말을 하지 말아야겠어. 조금 더 부드러운 표현을 하고, 새로 유행하는 교리를 전해야겠어. 왜냐하면 인기를 유지해야 하니까. 내가 추락해 버리면 어찌 되겠어? 사람들은 ‘로켓처럼 올라가다가 막대기처럼 떨어지는군’이라고 말할 것이며, 그러면 나의 모든 대적들은 비웃을 거야.” 사역자가 쥐꼬리만큼이라도 세상을 염려하기 시작하면 그는 결딴나고 맙니다. 그러나 사역자가 강단에 올라가 “여러분에게 전할 말씀이 있습니다. 여러분이 듣든지 아니 듣든지 저는 하나님께서 저의 입에 주신 그대로 전할 것이며, 일점 일획이라도 변경치 않을 것입니다”라고 말한다면 그는 힘있는 사람입니다. 사람들의 평가가 그를 움직이지 못할 것이며 오히려 그가 세상을 움직일 것입니다.

하지만 그가 돌아서서 회중에게 신경을 쓰게 되면 어찌 되겠습니까? 아 삼손! 그대의 머리털이 깎여 버렸도다. 그대가 지금 무엇을 할 수 있으랴? 거짓된 들릴라가 그대를 멸망시켰도다. 그대의 눈이 뽑히고, 그대의 안위가 사라졌으며, 앞으로의 사역은 나귀가 계속해서 맷돌을 가는 것처럼 지루하겠구나. 그대는 앞으로 계속해서 안식과 평안이 없겠구나. 혹 이 사람이 또 다른 길로 돌아서서 다음과 같이 말한다고 상상해 봅시다. “나는 승진도 해야 하고, 돈도 벌어야 하고, 나 자신도 돌아보아야 하고 멋진 미래를 보아야 해. 그것이 내 인생의 목적이야.” 저는 지금 단순히 사역자만이 아니라 모든 헌신자에 대하여 말하고 있는 것입니다. 우리가 우리 존재의 최고의 목적을 자신으로 삼기 시작하면 우리의 머리털은 잘리고 맙니다. 주님은 다음과 같이 말씀하십니다. “나는 이 사람에게 힘을 주었는데 그는 그 힘을 자신을 위해 사용하지 않는구나. 그를 높은 곳으로 인도해야겠다. 그가 거기서 자신의 영광을 취하지 않고 나의 뜻을 목표로 삼기를 나는 원한다. 만일 그가 나의 뜻을 행하지 않으면 그는 거기서 내려와야 할것이다."

여러분이 이 세상에 살다가 하나님께서 여러분을 형통하게 하시면 아마도 여러분은 상당한 지위를 얻은 후 이렇게 말할 것입니다. "지금까지 잘 해냈다. 이제부터 나 자신도 생각할거야. 지금까지 교회를 섬겨왔는데 이제는 나 자신도 조금 돌아볼 거야." 인간의 본성은 "이봐, 너는 너의 가족을 돌보아야 해"(이는 결국 자신을 돌보는 것임)라고 말합니다. 잘 하시는군. 자신을 그대의 첫 번째 목적으로 삼아보슈. 그러면 여러분은 망하고 말 것입니다. "너희는 먼저 그의 나라와 그의 의를 구하라. 그리하면 이 모든 것을 너희에게 더하시리라"(마 6:33). 여러분이 한쪽 눈만 뜨고 있다면 여러분의 온 몸이 밝을 것입니다. 여러분이 한쪽 눈을 감으면 잘 보이지 않을 것 같지만 반대로 여러분의 몸이 빛으로 환해질 것입니다. 하지만 두 주인을 섬겨보십시오. 두 가지 목표를 따라가 보십시오. 여러분은 아무것도 섬기지 못할 것입니다. 여러분은 이 세상에서도 형통하지 못할 것이며, 오는 세상에서도 형통하지 못할 것입니다. 오, 그리스도인이여, 무엇보다도 헌신에 열중하십시오. 온전히 그리고 오직 하나님께만 자신이 드려진다고 항상 생각하십시오.

이제 마지막으로 그리스도인의 불명예에 대하여 생각해 보겠습니다. 그리스도인의 머리털이 잘렸습니다. 저는 제 또래의 사람을 지금까지 지켜보았습니다. 흰머리가 나신 여러분은 저보다 그를 더 많이 보셨을 것입니다. 저는 그가 사역하는 모습을 보았습니다. 그는 하나님의 천사처럼 말하였습니다. 많은 사람들이 그를 존경하였고 그의 입을 주목하였습니다. 그의 교리는 건전하고 태도는 진지한 것같이 보였습니다. 하지만 저는 그가 빗나간 것을 알았습니다. 빗나간 것은 아주 약간이었습니다. 조상들의 옛 정통교리를 약간 벗어났으며, 교회의 법을 약간 벗어났습니다. 그러다가 결국 그는 교리를 포기하고 말았고, 마침내 그는 강단에서 속담과 격언을 전하였습니다. 그는 교리에 철저한 백발의 노인으로부터 문제 있는 사람이라고 지적을 받습니다. 그가 강연을 한다면 사람들은 주의 깊게 듣습니다. 그러나 그가 설교한다면 사람들은 전혀 귀를 기울이지 않습니다. 여러분도 그런 사람을 보시지 않았나요? 이 얼마나 큰 망신입니까! 이 얼마나 부끄러운 몰락입니까! 단 지파 출신이요 여호와의 영에 감동되었던 그 사람이 이제는 오류(誤謬)의 종이 되고 말았습니다. 그는 적진에 들어갔다가 마땅히 그의 힘으로 쳤어야 할 블레셋 사람들을 위해 오히려 그곳에서 맷돌을 갈고 있습니다.

이제 탈선하여 자신들의 헌신의 맹세를 깨뜨린 이 사람들은 자신에게도 부끄러움이요 교회 앞에서도 망신을 당하게 되었습니다. 그리스도 교회의 교인들인 여러분, 십자가의 군병으로서 바로 여러분 곁에 있던 사람들이 "우리에게 속하지 아니했기 때문에" 나간 것을 여러분이 보았습니다. 혹은 비참한 삼손처럼, 위로의 눈이 뽑히고, 유능한 발이 차꼬에 채워지고, 힘이 완전히 소멸된 채 무덤으로 내려가는 그들의 모습을 여러분은 보았습니다. 여러분도 돌아서기를 원하십니까? 여러분의 거룩한 신앙고백을 저버리시겠습니까? 형제들이여, 여러분 가운데 오늘 그리스도께 사랑의 고백을 하고 배교자가 되기를 원하는 사람이 있습니까? 삼손처럼 두 눈이 뽑히고, 맷돌을 갈게 되기를 바라는 사람이 여러분 가운데 있습니까? 여러분은 다윗처럼 큰 죄를 범하고 뼈가 부러진 채 무덤에 내려가시겠습니까? 롯처럼 술에 취해 정욕에 빠지렵니까? 아닙니다. 저는 여러분이 다음과 같이 기도할 줄 알고 있습니다.

"주여, 나의 길이 독수리처럼 날아오르게 하옵소서. 나로 하여금 태양을 향해 날아오르게 하시고, 결단코 머무르거나 돌아서지 말게 하옵소서. 나로 하여금 갈렙처럼 온전한 마음으로, 내 생애에 처음부터 끝까지 당신을 섬길 수 있도록 내게 은혜를 베푸소서. 나의 길이 밝은 빛처럼 환하게 하옵시며, 그 빛이 온종일 점점 더 밝아지게 하옵소서." 옳소, 저는 여러분의 소원이 무엇인지 알고 있습니다. 그렇다면 어떻게 그 소원을 이룰까요? 헌신에 전심하십시오. 그 헌신이 진지한지 살피십시오. 애초에 가졌던 마음을 잃지 않도록 주의하십시오. 그리고 여러분의 헌신을 돌아본 후 성령을 바라보며 여러분에게 매일의 은혜를 베풀어 달라고 간구하십시오. 만나가 매일 내려왔던 것처럼 여러분은 위로부터 내려오는 양식을 매일 받아야 합니다. 이 양식을 얻을 수 있는 은혜는 결코 여러분 안에 있지 않습니다. 오직 그리스도 안에 있는 은혜로 말미암아 이 양식을 얻을 수 있습니다. 이 은혜를 매 시간마다 받아야 합니다. 그래야만 여러분은 바로 설 수 있고, 모두 이룬 후에 마침내 끝까지 인내한 충성된 자로서 면류관을 쓰게 될 것입니다. 주님께 항상 충성된 자가 되게 해 달라고 저를 위해 여러분이 기도해 주시기 바랍니다. 저 또한 여러분이 숨쉬는 동안 주님을 섬길 수 있도록 해 달라고 간절히 기도드릴 것입니다. 여러분의 목소리가 죽음으로 그칠 때, 끝없이 영원한 생명으로 말미암아 한층 크고 감미로운 노래로 여러분이 주님을 찬양할 수 있게 해 달라고 저는 기도할 것입니다.

지금껏 하나님께 헌신하지 않았고 지금도 헌신하지 않고 있는 여러분에게는 블레셋에 대한 말씀밖에는 전할 수 없네요. 여러분에게 경고합니다. 블레셋이 이스라엘에게 보복을 당하게 되는 날이 올 것입니다. 언젠가는 건강과 힘을 과시하는 여러분의 쾌락이 절정에 이르게 될 것입니다. 하지만 그곳에 삼손과 같은 존재가 있습니다. 이른 바 죽음입니다. 죽음은 여러분의 신당의 기둥들을 쓰러뜨릴 것이요, 여러분은 그 밑에 깔려 멸망하게 될 것이며, 이는 엄청난 몰락이 될 것입니다. 하나님께서 은혜를 베푸셔서 여러분이 그리스도께 드려지기를 축원합니다. 또한 살든지 죽든지 여러분이 그리스도를 즐거워하며, 그리스도와 함께 아버지의 영광을 나눌 수 있기를 축원합니다.

8

룻(1)

하나님을 위한 결단

"룻이 이르되, 내게 어머니를 떠나며 어머니를 따르지 말고 돌아가라 강권하지 마옵소서. 어머니께서 가시는 곳에 나도 가고 어머니께서 머무시는 곳에서 나도 머물겠나이다. 어머니의 백성이 나의 백성이 되고 어머니의 하나님이 나의 하나님이 되시리니"(룻 1:16).

이 말씀은 매우 용감하고 솔직한 신앙 고백이었습니다. 이러한 신앙고백을 한 여인, 젊고 가련하며 과부이며 이방인인 한 여인이 하였다는 사실을 주목하시기 바랍니다. 이 모든 것을 생각해 보면, 주 예수 그리스도를 믿는 믿음이 발휘되었을 때 친절한 상황이든, 애매모호한 상황이든, 가난한 상황이든, 슬픈 상황이든, 하나님에 대한 공공연한 충성 고백을 막지 못한다고 저는 생각합니다. 여러분도 이러한 체험을 한다면, 여러분이 어떠한 상황에 있든지, 어디에 있든지, 주님께 속하였다고 선언할 기회를 찾을 것입니다. 우리 교회에 등록할 모든 후보자들이 우리 교회의 모임 시간에 신앙 고백하는 것을 저는 좋아합니다. 남녀노소 할 것 없이 최소한 한 번 정도 "나는 주 예수 그리스도를 믿는 신자입니다. 나는 그것을 부끄러워하지 않습니다"라고 숨김없이 공개하는 것이 상당히 유익합니다.

저는 이러한 우리의 관습을 폐지해야 한다고 생각하지 않습니다. 제가 깨달은 바로는 사람들 앞에서 일단 그리스도를 고백하면 다른 곳에서도 또다시 고백하기가 쉽다는 사실입니다. 이렇게 하므로 그들은 신앙 문제에 대하여 담대하고 솔직하게 되며, 그리스도의 제자들로서 거룩한 용기를 얻게 되어 철저하게 자기를 부정하고 그로 말미암는 두려움을 물리치게 됩니다.

나오미가 룻을 보내려고 한 것은 옳았고, 훌륭한 결정을 한 것이라고 나는 생각합니다. 상황이 이렇게 되자 룻은 즉시 본문과 같이 "내게 어머니를 떠나며 어머니를 따르지 말고 돌아가라 강권하지 마옵소서. 어머니께서 가시는 곳에 나도 가고 어머니께서 머무시는 곳에서 나도 머물겠나이다. 어머니의 백성이 나의 백성이 되고 어머니의 하나님이 나의 하나님이 되시리이다"라고 공개적으로 말하지 않을 수 없었습니다. 우리가 주 예수 그리스도께 속하였다고 시인하는 것이 우리에게 부끄러운 일이겠습니까? 우리가 예수님을 부끄러워해야 할 이유가 무엇이며, 그의 이름 때문에 얼굴을 붉혀야 할 일이 무엇입니까?

> 예수님을 부끄러워하다니!
> 그 귀하신 친구에게 나의 하늘의 소망이 달려 있어!
> 그래, 내가 그를 부끄러워하는 것이 나의 수치이며,
> 그의 이름을 경외하지 않는 것이 나의 수치라네.

우리는 예수님을 부끄러워하는 것을 부끄러워해야 합니다. 우리는 그를 모시기를 두려워하는 것을 두려워해야 합니다. 우리가 그에게 신앙고백하기를 무서워하는 것을 무서워해야 합니다. 우리는 적절한 기회를 보아 첫째는 가족들에게, 그 다음에는 신앙의 교제를 나누는 모든 사람들에게 "우리는 주 그리스도를 섬깁니다"라고 말해야 할 것입니다.

저는 나오미가 룻으로부터 그런 말을 들었을 때 크게 기뻐했으리라고 생각합니다. 나오미가 기뻐하는 것은 아주 당연합니다. 특히 마지막 부분, "어머니의 백성이 나의 백성이 되고 어머니의 하나님이 나의 하나님이 되시리니"라는 말을 들었을 때 가장 크게 기뻐했을 것입니다. 나오미는 세상적으로 많은 것을 잃었습니다. 남편과 두 아들을 잃었으니까요. 하지만 지금 그녀는 며느리의 영혼을 얻었습니다. 저울에 달아 정확히 계산해 보면, 나오미

의 마음은 남편과 두 아들을 잃은 슬픔보다도 룻의 회개로 말미암은 기쁨이 더욱 컸던 것이 분명합니다. 우리 주 예수님은 "이와 같이 죄인 한 사람이 회개하면 하나님의 사자들 앞에 기쁨이 되느니라"(눅 15:10)고 우리에게 말씀하셨습니다. 저는 이 말씀을 모든 죄인이 회개하면 그때마다 하나님의 마음속에 기쁨이 있다는 뜻으로 언제나 이해합니다. 나오미의 남편과 아들들이 참신자들이었다면 — 그들이 주님 앞에서 바르게 살았다면 — 우리가 희망하는 대로 그들이 살았다면, 나오미는 며느리의 구원받음으로 인한 기쁨에 비하여 그들을 잃어버린 슬픔을 크게 느끼지 않았을 것입니다.

아마도 여러분 가운데 가족과 사별하신 분들이 계실 것입니다. 그러나 그 죽음으로 말미암아 또 다른 사람이 영적인 생명을 얻게 된다면, 그것은 분명한 유익입니다. 저는 그런 유익이 있다고 확신합니다. 여러분이 장사지내러 눈물을 흘리며 무덤에 갔을지라도, 그 눈물 중에 다른 가족을 위한 회개의 눈물이 있었다면, 그리고 슬픈 눈으로 무덤을 바라보는 가운데 아울러 죽으셨다가 부활하시고 지금도 살아 계신 구세주를 믿음으로 바라보았다면, 여러분은 분명히 유익을 얻은 사람이며, 나오미처럼 "내가 풍족하게 나갔더니 여호와께서 내게 비어 돌아오게 하셨느니라"(룻 1:21)고 말할 필요가 없을 것입니다. 실제로 나오미가 자기 옆에 있는 회개한 며느리와 함께 미래를 내다보았다면 남편과 아들들과 함께 고향을 떠났을 때보다 더 행복한 여인이 될 수 있었을 것입니다. 왜냐하면 지금 나오미는 그리스도의 조상과 직계가 되는 자, 곧 틀림없는 왕족과 함께 하였기 때문입니다. 그리스도의 조상들은 분명 왕족이며, 그들은 구세주의 탄생과 어떻게든 연관이 있는 자들 가운데서도 가장 존귀한 사람들이라고 저는 생각합니다. 비록 모압 여인이지만 룻은 이 고귀한 특권을 누리도록 선택받은 자들 중 한 사람이었습니다.

여기서 또 다른 생각이 떠오릅니다. 나오미가 결코 떠나서는 안 되었던 그 땅으로 되돌아 왔을 때, 그녀의 친구들, 지인들이었던 우상 숭배자들, 곧 모압 사람들에게서 나왔을 때 — "나의 고향, 나의 백성, 나의 하나님에게로 돌아가리라" — 여호와께서 나오미와 매우 가까운 이 젊은 여인의 심령을 그녀에게 붙여 주셨다는 사실입니다. 여러분은 공공연히 그리스도인이라고 말은 하지만 하나님과 멀리 떨어져 살아왔을 것입니다. 여러분은 구별된 삶을 살지 못하였습니다. 여러분은 그리스도와 동시에 세상과 가까워지려고 하였으며, 여러분의 자녀들은 여러분의 바라는 대로 자라주지 않고 있습니다. 여러분의 아들들은 좋은 모습을 보이지 못하고 있고, 여러분의 딸들은 옷치장을 좋아하고 들떠 있고 세속적이라고 여러분은 말합니다. 이러한 사실이 이상합니까? "오, 나는 그들을 좋게 하려고 많은 노력을 하였고, 이로써 내가 그들을 그리스도께 인도할 수 있을지도 모른다고 생각했는데요"라고 여러분은 말합니다. 아! 여러분이 세상과 타협해서는 결단코 한 영혼이라도 의로 이끌지 못할 것입니다. 그리스도와 그의 진리를 위하여 결단할 때 가정에서 가장 큰 힘을 발휘하며, 세상에서도 가장 큰 힘을 발휘하게 될 것입니다.

제가 첫 번째로 깨닫는 것은 경건한 자를 사랑하는 것이 우리가 경건하게 되는데 큰 도움이 된다는 것입니다.

본문이 바로 그런 경우를 보여 줍니다. 경건한 시어머니를 사랑하므로 경건의 영향을 받은 두 며느리 오르바와 룻은 "우리는 어머니와 함께 어머니의 백성에게로 돌아가겠나이다"라고 말할 수 있었습니다. 두 여인 모두 가나안으로 마음이 끌렸습니다. 그러나 본성적인 애착만으로는 어느 누구도 하나님을 위한 결단을 내릴 수 있는 충분한 힘을 얻지 못합니다. 그것이 도움이 될 수는 있습니다. 그것이 하나님께서 무한한 자비로 죄인들을 자신에게로 이끄시기 위해 종종 사용하시는 "사람의 줄 곧 사랑의 줄"(호 11:4)이 될 수는 있습니다. 그러나 단순한 인간의 애착 이상의 무언가가 있어야만 합니다. 그 무언가로 인하여 결단을 내릴 수 있게 해야 합니다. 가장 두려운 것은 경건한 부모를 둔 사람들이 그런 사실 때문에 경건해지는 것이 아니라 오히려 불경건해지는 것입니다. 또한 하나님께서 경건한 아내를 주셔서 그들에게 예수님을 믿으라고 다정하고 부드럽게 말하게 하시는데 오히려 그런 이유로 믿는 아내를 둔 남편이 더욱 악해지는 일입니다.

경건한 사람에 대한 우리의 사랑이 경건에 도움을 주어야 하는 것이 마땅한 것이기에 이는 소름끼치는 상황입니다. 그러나 룻의 경우에는, 하나님의 은혜로 말미암아 경건한 시어머니에 대한 사랑이 본문의 표현과 같이 결단을 내리게 된 수단이었습니다. "어머니의 백성이 나의 백성이 되고 어머니의 하나님이 나의 하나님이 되시리니."

이러한 결단을 내리는데 여러 가지 요인들이 동원될 수 있습니다. 첫째, 교제의 힘입니다. 악한 친구가 사람을 나쁘게 만들 수 있다는 사실을 누구도 의심하지 않습니다. 마찬가지로 선한 교제가 사람들을 선하게 만들 수 있다는 것 또한 확실합니다. 그 마음이 하나님에 대한 사랑으로 충만한 사람과 함께 한다는 것은 행복한 일입니다. 진실한 성도인 어머니를 두고 있다는 것은 큰 축복이며, 하나님을 경외하는 형제나 자매를 두고 있다는 것도 마찬가지로 큰 축복입니다. 우리와 함께 기도를 드리고 우리와 함께 찬송을 드릴 수 있는 그런 사람들과 친교하며 함께 살아간다는 것은 특별한 은혜입니다. 고의로 해를 끼칠 마음이 없는 한 그리스도인들의 교제에는 서로 올바른 방향으로 말해 주려는 무언가가 있습니다.

이보다 더 중요한 요인은 존경의 힘입니다. 룻이 나오미를 경외하는 마음과 존경하는 마음으로 바라보았다는 사실은 의심의 여지가 없습니다. 룻은 나오미에게서 마음으로부터 존경하고 사랑할 수밖에 없는 성품을 발견하였기 때문입니다. 우리가 룻기에서 이 경건한 여인을 잠시 보기만 해도 그녀가 큰 슬픔 때문에 다른 사람들에게 짐을 지우거나 그들로 자기를 도우라고 강제로 희생을 요구하는 그런 사람이 아니라 사심 없고 이타적인 사람이었다는 사실을 알 수 있습니다. 나오미는 자기 자신보다 다른 사람들의 유익을 배려한 사람이었으며, 이런 사람들은 존경과 존중을 받을 수밖에 없습니다. 그리스도인이 삶 속에서 자기를 생각하지 않는 모습을 다른 사람들에게 보여 주는 것이야말로 그리스도인의 삶에 매력을 느끼게 해 줄 수 있는 유일한 방법입니다. 그리스도인이 아프지만 참고 가난하지만 명랑하며, 그리스도를 믿는 자가 용서하고 관대하며 다정하고 긍휼하며 정직하고 곧을 때, 그때에 이를 지켜보던 사람들은 "뭔가가 있기에 이렇게 하는 걸 텐데, 이 훌륭한 모든 행동들이 도대체 어디에서 비롯되었을까?"하고 말합니다.

교제와 존경심만이 사람들을 구세주께 이끄는 것은 아닙니다. 아울러 교훈의 힘이 사람들을 구세주께 이끕니다. 저는 나오미가 며느리에게 많은 유익한 교훈을 주었다고 믿어 의심치 않습니다. 룻은 나오미의 하나님에 대하여 알기를 원했을 것이며, 이에 나오미는 너무나 기쁜 나머지 자신이 알고 있는 모든 것을 룻에게 말해 주었을 것입니다. 우리도 사람들로 하여금 우리의 신앙에 대하여 궁금증을 갖도록 만들어야 할 것입니다.

모압 땅에서 나오미의 며느리들이 그를 보려고 왔을 때, 그녀는 여호와께서 어떻게 자기 백성을 광야에서 인도하셨는지, 젖과 꿀이 흐르는 그 좋은 땅을 어떻게 여호수아를 통하여 그들에게 주셨는지 그들에게 말해 주었을 것이라고 믿습니다. 그때에 나오미는 성막과 성막 예배에 대하여 말해 주었을 것이며, 어린양, 붉은 암송아지와 수송아지를 잡아드린 일, 죄를 속하는 제사 등을 말해 주었을 것입니다. 룻의 마음이 이스라엘의 하나님 여호와께 드려질 수 있었던 것은 바로 이러한 나오미의 교훈 때문이었을 것입니다. 아마도 이 때문에, 곧 나오미의 교훈 때문에 룻이 다음과 같이 나오미에게 말했을 것입니다. "'어머니의 백성이 나의 백성이 될 것입니다.' 나는 그들에 대하여 많은 것을 알기를 원하여서, 그들의 일원이 되기를 바랍니다. 그리고 '어머니의 하나님이 나의 하나님이 되실 것입니다.' 어머니께서 하나님에 대하여 말씀하시고 그가 행하신 놀라운 일에 대하여 말씀하셨을 때 저는 그의 날개 그늘 아래에 저 자신을 맡기기로 결심하였습니다."

룻이 결단하는데 많은 영향을 끼친 또 다른 한 요인이 있었다고 저는 생각합니다. 그것은 지금까지 많은 사람들에게 영향을 미쳐 왔습니다. 그것은 헤어지는 것에 대한 두려움입니다. 바로 지난 주에 누군가 저에게 이렇게 말하였습니다. "제 아내가 친교한다고 아래층으로 내려가면 저는 너무나 괴로웠습니다. 저는 집으로 가거나 교회당 입구에서 방문객들과 함께 있어야 했습니다. 나는 교회에서조차 아내와 멀어지는 것이 싫었습니다. 그런데 목사님, 그때에 '영원히 아내와 헤어지면 어떡하지?' 하는 생각이 나도 모르게 들더군요." 저는 하나님의 은혜로 이와 같은 생각이 많은 사람들에게 영향을 끼쳐야 한다고 생각합니다.

젊은이들이여, 여러분이 회개하지 않고 살다가 죽으면 다시는 어머니를 뵙지 못할 것이며, 엄청나게 멀리 헤어질 뿐입니다. 여러분과 어머니 사이에는 큰 구렁이 있어서 어머니가 여러분에게 건너올 수도 없고, 그렇다고 여러분이 어머니에게로 건너갈 수도 없을 것입니다. 한 사람은 데려감을 당하고 한 사람은 버려둠을 당할 날이 올 것입니다. 그리고 영원히 헤어지는 날, 곧 그리스도께서 심판의 자리에 앉아 염소와 양을 구분하고, 가라지와 알곡을 구분하시는 날이 오기 전에, 제가 여러분에게 애원하오니 아무쪼록 여러분이 사랑하는 경건한 식구의 영향을 받아 하나님과 그리스도를 위해 결단할 수 있기를 바랍니다.

이는 매우 재미있는 주제이지만 제가 이 점에 대하여 길게 설명하게 되면 시간이 모자랄 것이기에 다음 대지로 넘어가야 하겠습니다. 두 번째 대지는 경건에 대한 결단은 시험을 거쳐야 할 것이라는 사실입니다. "어머니의 백성이 나의 백성이 되고 어머니의 하나님이 나의 하나님이 되시리니." 이는 룻의 결단이었습니다. 그런데 이러한 룻의 결단은 이미 시험을 아주 만족스럽게 통과한 결단이었습니다.

첫째, 룻의 결단은 시어머니의 가난과 슬픔을 함께 하는 시험을 거쳤습니다. 나오미가 "전능자가 나를 심히 괴롭게 하셨음이니라"(1:20) 했을 때, 룻은 "어머니의 하나님이 나의 하나님이 되실 것입니다" 하였습니다. 저는 젊은 모압 여인의 이런 용기 있는 결단을 좋아합니다. 어떤 이들은 "우리가 행복하기를 원하기 때문에 기꺼이 회개해야 한다"고 말합니다. 그러나 회개한 후에 여러분이 행복하지 않다는 것을 알았다고 할지라도 여러분은 여전히 이 하나님이 여러분의 하나님이 되기를 소원해야 합니다. 나오미는 남편을 잃었고, 두 아들을 잃었으며, 모든 것을 잃었습니다. 이제 그녀는 무일푼으로 베들레헴으로 가려고 합니다. 그때에 나오미의 며느리가 그녀에게 "어머니의 하나님이 나의 하나님이 되실 것입니다"라고 말한 것입니다. 여러분이 고통을 당하고 있는 그리스도인들과 그 고통을 나눌 수 있다면, 하나님과 고난을 함께 취할 수 있다면, 그리스도와 십자가를 함께 받아들일 수 있다면, 그리스도의 제자가 되겠다는 여러분의 결단은 참되고 진정한 것입니다. 고난과 시련이 하나님의 사람들에게 있다는 것을 알면서도 그들의 하나님을 여러분의 하나님으로 삼음으로써 그들과 함께 고난 받기를 기뻐한다면 그러한 결단은 이미 검증된 것입니다.

둘째, 룻의 결단은 미래에 될 일을 따져보라고 추궁을 받았음에도 흔들리지 않았기에 이미 검증된 것이었습니다. 나오미는 룻의 남편이 될 수 있는 아들을 자신이 도저히 낳아 줄 수 없으며, 따라서 차라리 그 땅에 남아 룻의 고향에서 남편감을 찾는 것이 더 나을 것이라고 며느리에게 말하였습니다. 나오미는 며느리가 자기를 따라올 경우에 있을 어두운 측면을 그녀 앞에 보여 주었습니다 — 아마도 간절하게. 나오미는 며느리가 정말로 돌아가기를 바라고 그녀를 설득하는 것같이 보였습니다. 물론 며느리가 정말로 돌아가기를 바랐다고 나는 생각하지 않습니다. 그러나 젊은 친구들이여, 여러분이 그리스도인에게 "당신의 백성이 나의 백성이 되고 당신의 하나님이 나의 하나님이 되실 것입니다"라고 말하기 전에 먼저 미래에 될 일을 따져 보십시오. 여러분이 악한 일을 따르는 것이라면 그 일을 포기해야 할 것입니다. 여러분이 나쁜 습관을 몸에 붙이는 것이라면 그 습관을 버려야 할 것입니다. 그리고 여러분이 나쁜 친구들과 사귀었다면 그들을 떠나야 할 것입니다. 여러분에게 즐거움을 주었으나 후에 반드시 고통을 주므로 관계가 끊어지는 많은 것들이 존재합니다. 대로를 지나다가 진창이나 수렁을 지나며, 산을 넘다가 골짜기를 지나는 그리스도의 제자의 길을 여러분은 따를 마음이 있습니까? 여러분은 이후에 받을 면류관을 소망하며 그리스도의 십자가를 지고 갈 각오가 되어 있습니까? 여러분이 이 시험 — 그리스도께서 세상에 계실 때 그의 제자들이 되고자 한 사람들에게 실시한 시험 — 을 세세하게 통과할 수 있다면, 여러분의 결단은 틀림없는 것입니다.

룻은 자신이 의지한 자로부터 아주 냉정한 대우를 받는 시험을 통과했습니다. 나오미는 며느리에게 조금도 용기를 주지 않았습니다. 참으로 나오미는 룻을 단념시키려고 한 듯이 보입니다. 저는 그런 나오미를 나무라야 한다고 생각하지 않습니다. 아시다시피 여러분은 사람들에게 지나치게 많은 용기를 줄 수 있습니다. 제가 아는 어떤 사람은 의심과 두려움 속에서 사람들로부터 늘 용기를 얻다가 결국에는 거기서 빠져나오지 못하고 말았습니다. 동시에 여러분은 구도자들에게 너무 차갑게 대할 수도 있습니다. 나오미가 룻을 사랑하기는 하였지만 며느리로 하여금 여호와를 따라가게 할 마음은 그다지 간절하지 않았던 것 같습니다. 하지만 이 젊은 여인은 시어머니에게 이렇게 말했습니다. "내게 어머니를 떠나며 어머니를 따르지 말고 돌아가라 강권하지 마옵소서. 어머니께서 가시는 곳에 나도 가고 어머니께서 머무시는 곳에서 나도 머물겠나이다. 어머니의 백성이 나의 백성이 되고 어머니의 하나님이 나의 하나님이 되시리니."

룻에게 또 하나의 시험이 있었는데 이는 동서가 돌아간 것이었습니다. 오르바는 나오미에게 입을 맞추고는 떠났습니다. 같은 또래이거나 이와 같이 서로 잘 아는 사람들 중에 한 사람이 다른 사람에게 미치는 영향력이 얼마나 큰지 여러분은 아십니다. 여러분이 한 친구와 함께 부흥회에 갔다고 합시다. 그 친구는 여러분만큼 감동을 받았습니다. 그런데 그 친구가 세상으로 되돌아갔다면, 여러분은 친구와 같이 세상으로 가고 싶은 유혹을 받게 될 것입니다. 여러분은 그런 유혹을 물리칠 수 있습니까? 두 젊은이들이 함께 가서 같은 설교자의 말씀을 들었고, 말씀의 능력을 함께 체험하였습니다. 그런데 여러분의 친구가 전과 같이 돌아가 버렸습니다. 여러분은 끝까지 버티며 이렇게 말할 수 있습니까? "나와 함께 갈 친구가 없더라도 그리스도를 따르겠습니다." 정말 그렇게 되기를 바랍니다.

그러나 룻이 통과하기 힘든 가장 큰 시험 하나가 있었는데 그것은 나오미의 침묵이었습니다. 룻이 여호와를 따르겠다고 진지하게 선언한 이후에 성경은 이렇게 말씀하고 있습니다. "나오미가 룻의 자기와 함께 가기로 굳게 결심함을 보고 그에게 말하기를 그치니라"(1:18). 이는 나오미가 침묵하였다는 뜻입니다. 나오미는 어두운 면을 말하지 않았고 또한 밝은 면도 말하지 않은 듯합니다. "그에게 말하기를 그치니라." 이 착한 여인은 너무나 슬픈 나머지 말을 할 수 없었고, 그녀의 비통함이 너무 큰 나머지 대화를 나눌 수 없었지만, 그러한 침묵이 룻에게는 큰 시험이었던 것이 분명합니다. 하나님의 교회에 이제 막 등록한 젊은 사람이 큰 슬픔에 빠진 그리스도인을 만났는데 그로부터 한마디 권면의 말도 듣지 못한다는 것은 큰 시험거리입니다. 형제 자매들이여, 때때로 우리는 될 수 있는 한 빨리 우리의 쓰디쓴 약(아픔)을 삼켜야 합니다. 그리하여 우리의 찡그린 얼굴로 다른 사람들을 낙심시키지 말아야 합니다. 슬픔을 당한 사람이 다음과 같이 말할 수 있다면 정말 훌륭한 일일 것입니다. "내가 슬퍼해서는 안 되죠. 여기에 젊은 아무개가 들어오고 있잖아요. 나는 지금 즐거워해야 합니다. 왜냐하면 내가 슬퍼할 때 낙심할 사람이 지금 여기에 있기 때문입니다." 시편 저자는 너무나 슬픈 상태에 빠졌을 때 이렇게 말하였습니다. "내가 만일 스스로 이르기를 내가 그들처럼 말하리라 하였더라면, 나는 주의 아들들의 세대에 대하여 악행을 행하였으리이다. 내가 어쩌면 이를 알까 하여 생각한즉 그것이 내게 심한 고통이 되었더니"(시 73:15-16).

구세주 앞에 방금 나온 사람들에게 방해나 걱정을 제공하는 일이 우리에게 심한 고통이 되기를 바라며, 이로 인하여 그런 악을 행하지 않기를 바랍니다. 오히려 최대한 그들을 기쁘게 하고 용기를 북돋워 줍시다. 어쨌든 나오미의 침묵은 룻을 낙심케 하지 못하였습니다. 룻은 부드럽고 젊지만 분명히 마음이 굳센 여인이었습니다. 그리고 룻은 무조건적으로 하나님과 하나님의 백성에게 열중하였습니다. 나이든 신자(나오미)로부터 도움은커녕 오히려 낙심할 뻔하였으며, 게다가 동서 오르바가 떠남으로 인하여 더욱 크게 낙심할 수도 있었겠지만, 룻은 자신이 선택한 길을 재촉하였습니다. 자, 김 집사님, 이 집사님, 박 집사님, 여러분도 룻과 같이 굳건히 앞으로 나아가야 합니다. 여러분은 유순 씨(Mr. Pliable)처럼 파멸의 도시로 돌아가시렵니까? 아니면 성도처럼 여러분의 길로 나아갈 때 실망의 수렁(the Slough of Despond)을 지나 흔들림 없이 전진하겠습니까? 혹은 천성으로 나아가는 중에 다른 곳으로 빠지겠습니까?

이제 세 번째 대지입니다. 참된 경건은 하나님을 택하는 것입니다. 이 말씀이 본문의 요절입니다. "어머니의 하나님이 나의 하나님이 되시리니."

첫째, 하나님은 신자의 최고의 재산입니다. 실로 하나님을 소유한다는 것은 그리스도인만이 누릴 수 있는 특권입니다. 나오미는 그 밖에 다른 것은 거의 없었습니다. 남편도, 아들도, 땅도, 금도, 은도, 심지어 기쁨도 없었습니다. 나의 친구여, 영원히 여호와께서 여러분의 최고의 재산이 되신다고 확신하십니까? 여러분은 "하나님은 나의 하나님이 되시므로 지금 나는 믿음으로 그분을 붙잡으며, 그분만을 붙들고 늘어질 것입니다"라고 말할 수 있습니까?

둘째, 나오미에게 하셨던 것처럼 하나님은 룻에게도 통치자요 말씀을 베푸시는 분이셨습니다. 누구든지 "하나님은 나의 하나님이 되십니다"라고 진실하게 말할 때, 그러한 선언에는 실제적인 의미가 담겨 있습니다. "하나님께서 나를 주관하실 것입니다. 하나님께서 나를 지도하실 것입니다. 하나님께서 나를 인도하실 것입니다. 하나님께서 나를 다스리실 것입니다. 하나님께서 나의 왕이 되실 것입니다. 나는 모든 일에 그분께 복종하고 순종할 것입니다. 나는 그분의 뜻을 따라 모든 일을 행하려고 노력할 것입니다. 하나님은 나의 하나님이 되십니다." 여러분이 하나님을 종으로 생각하고 하나님께서 여러분에게 도움이나 주기를 원해서는 안 됩니다. 하나님은 여러분의 주인이 되셔야 하며, 그런 의식 속에서 하나님의 도움을 바라야 합니다. 존귀한 친구들이여, 성령께서 여러분을 감동하셔서 이 복된 선택을 하고 다음과 같이 선언하도록 역사하십니다. "이 시간부터 이 하나님께서 나의 하나님이 되시며, 내게 말씀을 베푸시는 자요 통치자가 되실 것입니다."

그렇다면 하나님은 아울러 여러분의 교사가 되셔야 합니다. 오늘날 제가 두려운 것은 열 명 중 아홉 명이 성경에 계시된 하나님을 믿지 않는다는 것입니다. "설마"라고 여러분은 말합니다. 하지만 이는 사실이며 말하기조차 가슴이 아픕니다. 저는 신문, 잡지, 정기간행물, 또한 강단의 진상을 지적할 수 있습니다. 그런 곳에 경배의 대상으로 세워진 새로운 우상(god)이 존재합니다. 이는 구약의 하나님이 아닙니다. 현대의 교사들에게는 구약의 하나님이 너무나 엄격하고 매정하며 가혹하다고 말합니다. 그들은 구약의 하나님을 믿지 않습니다. 요즈음 아브라함의 하나님은 많은 사람들에 의하여 폐위되셨습니다. 하나님의 자리에 그들은 연체동물 같은 우상을 모셨으며, 이는 모세가 말한 바, "근래에 들어온 새로운 신들, 너희의 조상들이 두려워하지 아니하던 것들"(신 32:17)과 같은 것입니다. 그들은 청교도들의 하나님을 말하면 몸서리칩니다. 조나단 에드워즈(Jonathan Edwards)가 죽음에서 살아난다 할지라도 그들은 단 일분도 그의 설교를 듣지 않을 것이며, 그 이후 전혀 새로운 우상을 그들이 모셨노라고 말할 것입니다.

그러나 형제들이여, 저는 아브라함과 이삭과 야곱의 하나님을 믿습니다. 이러한 하나님이 나의 하나님이십니다. 곧, 바로와 그 군대를 홍해에 장사지낸 하나님, 이 놀라운 일을 행하시고 백성들을 감동하여 "할렐루야"를 외치게 하신 하나님, 땅을 벌려 고라, 다단, 아비람과 그들의 모든 동료를 삼키게 하신 하나님 — 내가 경배하는 하나님은 무서운 하나님이심 — 바로 이 분이 나의 하나님이십니다. 그는 우리 주요 구세주이신 예수 그리스도의 하나님이자 아버지이시며 자비, 긍휼, 은혜가 충만하시고, 부드럽고 온유하신 분이시지만 그의 거룩하심에 의롭고 두려운 분이시며, 성소 밖에서 무서운 분이십니다. 이분이 바로 우리가 경배하는 하나님이십니다. 그리고 그리스도 안에서 이 하나님께 나와 믿는 자는 이 하나님을 자신의 교사로 모실 것이며, 따라서 그는 알아야 할 모든 것을 바르게 배울 것입니다. 그러나 오늘날의 사람들에게는 화가 있을 것입니다. 이들은 자신들을 위하여 스스로 송아지를 만들었으며, 이는 그들을 축복하거나 구원할 힘이 없습니다! 룻이 나오미에게 고백한 하나님은 "어머니의 하나님"입니다. 다른 신, 혹은 그모스나 몰렉이 아닙니다. 여호와께서 "나의 하나님이 되실 것입니다"라고 룻은 말한 것입니다. 이와 같이 룻은 이 하나님을 자신의 교사로 모셨습니다. 우리도 역시 하나님을 우리의 교사로 모셔야 할 것입니다.

그러므로 하나님을 우리가 온전히 신뢰하고 의지해야 할 대상으로 여기십시다. 나의 사랑하는 친구들이여, 인생에 가장 행복한 것은 하나님을 신뢰하는 것입니다. 첫째는 구주 예수 그리스도로 말미암아 여러분의 영혼을 그분에게 맡기는 것이요, 둘째는 만사를 맡기는 것입니다. 이제 제가 아는 바를 여러분에게 말씀드리고자 합니다. 감각적인 삶은 죽은 것이나 신앙적인 삶은 진정으로 살아 있는 것입니다. 세상 일을 하나님께 맡기십시오 — 사실 저는 세상의 일과 영적인 일을 구분할 수 없습니다. 모든 일, 여러분의 생계, 여러분의 건강, 여러분의 아내, 자녀의 문제를 하나님께 맡기십시오. 하나님을 믿는 삶을 사십시오. 그리하면 여러분은 참으로 살 것이며, 모든 일이 잘 될 것입니다.

우리가 종종 심히 불행한 것은 하나님을 부분적으로 신뢰하고 우리 자신을 부분적으로 맡기기 때문입니다. 그러나 순전한 믿음으로 하나님께 여러분 자신을 맡기면, 세상에서 누릴 수 있는 최고의 기쁨과 축복을 체험하게 될 것이며, 기적이 여러분 앞에 줄줄이 펼쳐지게 될 것입니다. 여러분의 삶은 기적 혹은 연속된 기적들같이 될 것이며, 하나님께서 여러분의 기도를 들으시고 하늘에서 응답하시며, 환난 날에 여러분을 건지실 것이며, 모든 필요를 공급하시고, 인도하실 것이며, 앞길을 인도하시되 여러분이 알지 못하는 비길 데 없는 방법으로 하실 것이며, 이로 인하여 여러분은 하나님의 성품이

드러나는 것을 보고 매 순간 놀라움과 기쁨을 맛보게 될 것입니다. 오, 여러분 모두 다음과 같이 말하게 되기를 간절히 바랍니다. “이 하나님께서 나의 하나님의 되실 것입니다. 나는 그를 신뢰할 것입니다. 그의 은혜로 말미암아 나는 지금 그를 신뢰할 것입니다.”

마지막 대지입니다. 이 결단으로 우리는 하나님뿐만 아니라 하나님의 백성과도 운명을 같이 해야 할 것입니다. 왜냐하면 룻이 “어머니의 백성이 나의 백성이 되고”라고 말하였기 때문입니다.

룻은 이렇게 말할 수도 있었습니다. “당신네 유대인들, 당신네 이스라엘인들은 비난을 받지요. 나는 모압인들 가운데 살아왔고, 당신네들을 증오하였어요.” 그러나 실제로 룻은 이렇게 말하였습니다. “나는 더 이상 모압 여인이 아닙니다. 나는 이스라엘로 귀화할 것이며, 나 역시 반대를 무릅쓸 것입니다. 모압 사람들은 모두 유다 베들레헴에 대하여 악하게 말하는 습관이 있습니다. 그러나 나는 개의치 않을 거예요. 왜냐하면 지금부터 나는 베들레헴의 주민이 될 것이며, 베들레헴 사람들에게 속할 것이기 때문입니다. 나는 더 이상 모압에 속하지도 모압 사람도 아닙니다.”

이제 여러분도 이처럼 하나님의 백성들과 운명을 같이 하시겠습니까? 하나님의 백성들이 비난을 받으면 여러분도 역시 비난을 받으시겠습니까? 베들레헴 사람들은 룻에게 선망의 대상이 전혀 아니었다는 것을 저는 감히 말씀드립니다. 심지어 나오미도 아니었습니다. 나오미는 너무나 슬프고 비탄에 잠겨 있었습니다. 하지만 추측컨대, 룻은 그녀의 시어머니가 본래는 그런 여인이 아니라고 생각했을 것입니다. 저는 사람들이 우리 교회 교인들의 결점을 드러내며, 그들은 아주 형편없는 사람들이기 때문에 자기들과 상종할 수 없는 자들이라고 말한다는 소리를 들었습니다. 저는 다양한 교인들을 아주 많이 알고 있습니다. 그러나 결국 저는 그런 하나님의 백성에 속해 있는 것에 크게 만족할 것입니다. 보이는 교회에서 그들을 볼 때에도 세상의 어느 사람들에게 속하기보다 그들에게 속하여 있는 것을 기뻐할 것입니다. 저는 하나님의 멸시받는 백성들을 내가 지금까지 만나본 최고의 동료라고 생각합니다.

어떤 사람은 이렇게 말합니다. “오, 나는 완전한 교인을 발견할 수 있을 때 교회에 등록할 것입니다." 그렇다면 당신은 절대로 어느 누구하고도 어울리지 못할 것입니다. "아마도 나는 완전한 교회에 등록할 수 있을 거예요"라고 당신은 말합니다. 하지만 당신이 교회에 등록하는 순간 그 교회는 완전한 교회가 되지 못할 것입니다. 왜냐하면 그 교회가 당신을 교인으로 영접하는 순간 완전함은 깨어질 것이기 때문입니다. 그리스도의 사랑을 받는 교회가 되려면 나 또한 교회를 사랑해야 한다고 저는 생각합니다. 그리스도께서 자신의 교회라고 여기실 그런 교회가 되려면 내가 그 교회의 교인임을 먼저 감사해야 할 것입니다. "그리스도께서 교회를 사랑하시고 그 교회를 위하여 자신을 주셨습니다"(엡 5:25). 그러므로 교회를 위하여 나 자신을 기꺼이 드리는 것을 영광으로 생각할 수 없겠습니까?

룻은 많은 것을 얻을 것을 기대하고 한 백성과 연합한 것이 아니었습니다. 무언가를 얻기 위해 교회에 등록할 수 있다고 생각하는 사람들은 무슨 꼴입니까! 물론 떡과 물고기들은 항상 사람을 유인하기 위한 미끼입니다. 하지만 룻이 나오미와 함께 베들레헴으로 갔을 때, 베들레헴 성읍 사람들이 그들을 어떻게 대할지는 다 알 만한 일이었습니다. 사람들은 그들을 빤히 쳐다보며 이렇게 말합니다. "나오미냐? 어머나! 많이 변했어. 왜 이리도 수척해 보이지! 우리를 떠났을 때에 비하면 너무 늙어 버렸군." 이러한 말로 미루어보아 그들은 베들레헴 사람들로부터 그다지 많은 동정을 받지 못하였던 것 같습니다. 하지만 룻은 이렇게 말한 것처럼 보입니다. "그들이 나를 어떻게 대하든 상관없습니다. 그들에게 많은 잘못과 결점이 있을지라도 그들은 하나님의 백성이며, 나는 그들과 하나 될 것입니다."

아무것도 얻지 못하더라도 솔직하게, 분명하게, 명백하게, 확실하게, 주저하지 않고, 하나님의 백성들과 하나되기 위해 "당신들의 하나님이 우리의 하나님이십니다"라고 말할 수 있는 여러분 모두를 저는 초대합니다. 여러분은 정말 아무것도 얻지 못할지도 모릅니다. 그러나 여러분이 그렇게 한다면 이에 반해서 큰 유익을 초래할 것입니다. 왜냐하면 이것이야말로 그리스도의 참된 정신이기 때문입니다. "주는 것이 받는 것보다 복이 있다"(행 20:35). 어떠한 경우에도 하나님의 백성과 운명을 같이 하고, 그들과 같이 나누십시오.

결론적으로 말씀드리면, 비록 베들레헴 사람들의 수준이 낮았을지라도, 그들 가운데 뛰어난 인물이 있었으며, 그 사람과의 연합을 위해 그 나라에 속한 것은 가치 있는 일이었습니다. 그는 차차 그곳 사정을 속속들이 알게 되었습니다. 그 주민들 가운데 가까운 친족이 있었는데 그의 이름은 보아스였습니다. 룻은 보아스의 밭에서 이삭을 주우려고 갔습니다. 그리고 머지않아 룻은 그와 결혼하였습니다. 아! 이것이 바로 하나님의 백성과 운명을 같이한 이유였습니다. 저는 혼자 생각하였습니다. "그들의 허물이 아무리 많을지라도 그들 가운데는 그들의 허물을 다 채우고도 남을 정도로 멋지고 아름다운 분이 계시네. 나의 주 예수 그리스도께서 자기 백성 가운데 계시며 그의 아름다우심으로 그들 모두를 아름답게 하시네. 그리스도 교회 중에 가장 가난하고 가장 무식한 자들과 함께 가난하고, 마을 헛간에서 만나는 일은 말로 할 수 없는 영광이네. 왜냐하면 그리스도께서 그들 가운데 계시니까." 우리 주 예수 그리스도께서는 두세 사람이 그의 이름으로 모이는 곳에 언제나 함께 계십니다. 그리스도의 이름이 명단 가운데 있다면, 수많은 어중이떠중이들, 곧 다른 교파의 교인들, 괴상한 사람들, 아주 늙은 사람들도 그리스도와 함께 그 이름이 기록될 것입니다. 그리스도의 이름이 명단에 있는 한, 나는 다른 사람들을 개의치 않고 나의 이름을 등록할 것입니다.

나의 주 되시며 어린양 되시는 예수님의 이름 아래, 페이지 맨 밑에라도 나의 이름이 기록되는 영원한 영광을 누릴 것입니다! 보아스가 거기에 있는 것으로 룻은 충분하였습니다. 그리스도께서 이곳에 계시는 것으로 내게는 충분합니다. 저의 말씀이 충분히 설득력이 있어서 우리 하나님이 여러분의 하나님이라고 말하고, 와서 우리 교회나 혹은 다른 그리스도의 교회에 등록하며, 그리스도의 백성을 여러분의 백성으로 삼게 되기를 소망합니다. 성경 말씀대로 즉시 실행하십시오. 그리하면 하나님께서 그리스도를 위한 여러분의 행위를 축복하실 것입니다.

9

룻(2)

보상, 혹은 회개한 자에 대한 격려

"여호와께서 네가 행한 일에 보답하시기를 원하며 이스라엘의 하나님 여호와께서 그의 날개 아래에 보호를 받으러 온 네게 온전한 상 주시기를 원하노라 하는지라"(룻 2:12).

본문은 보아스의 말입니다. 그는 베들레헴의 재산가요 주목받는 인물이었습니다. 그런 그가 가난한 이방 여자가 자기 고국과 그 나라의 우상을 버리고 살아 계신 참하나님을 섬기기 위해 왔다는 소리를 들었습니다. 그녀가 나오미와 선택받은 나라와 운명을 같이 한 그때에 그는 여인을 격려하고, 큰 용기를 북돋워 주는 귀한 일을 하였습니다. 보아스가 부드러운 격려의 말로 룻을 환영한 것을 잘 고찰해 봅시다. 바로 이러한 모습이야말로 선배 그리스도인들이 룻과 같은 새신자들에게 보여 주어야 할 모범이기 때문입니다. 여러분은 주 예수님을 오래 믿었고, 체험도 많이 하였으며, 우리 언약의 하나님의 사랑과 실실하심을 알고 있고, 주 안에서 강하며 그의 능력을 힘입었습니다. 그런 여러분이 반드시 어린 신자들을 돌보아주며, 그들에게 유익한 말, 격려의 말을 해 주기를 바라며, 그로 인하여 그들이 위로 받고 힘을 얻게 되기를 바랍니다.

본문은 짧은 말씀으로서 제가 새로 구원받은 분들에게 종종 설교하는 본문입니다. 저는 여러분이 "그를 담대케 하라"(신 1:38)는 이 말씀을 계속적으로 실천하기를 바랍니다. 아주 많은 사람들이 거룩을 열망하는 사람의 기세를 꺾어 놓으려 할 것입니다. 그러므로 여러분은 진심으로 그를 격려하라고 저는 권면하는 것입니다.

시의적절하게 용기를 주는 말을 많이 해 준다면 많은 슬픔을 사전에 막을 수 있고, 이에 죄를 범하는 것을 예방할 수 있으리라고 저는 믿어 의심치 않습니다. 유감스럽게도 많은 가련한 영혼들이 어둠 속에 머물러 왔으며, 자신 속에 갇혀 지내왔습니다. 그때에 이삼 분 동안 형제로서 격려해 준다면 닫혀 있는 문을 부숴 버릴 것이며, 그들을 빛 가운데로 인도할 것입니다. 좀 더 오래 신앙생활을 해 온 우리에게는 별 어려움이 되지 않는 많은 문제들이 어린 신자들에게는 정말로 큰 어려움이 될 수 있습니다. 여러분과 제가 십 분만 대화를 해 주면 훈련받지 못한 우리의 친구들을 몇 달 간 불행하게 만든 의심과 불신을 깨끗이 제거해 버릴 것입니다. 우리보다 연약한 형제들에게 한마디 말로 기쁨을 주어야 할 때 우리는 말을 삼가는 것입니까? 그러므로 하나님의 큰 축복을 받은 여러분에게 간곡히 부탁하건대, 영적으로 어려운 상태에 있는 자들을 돌아보고, 그들에게 격려와 용기를 주도록 하십시오. 여러분이 그들에게 복을 빌면 하나님께서 그 복을 여러분에게 돌리실 것입니다. 그러나 여러분이 친절을 베푸는 이 임무를 소홀히 한다면 여러분은 점점 낙담하게 될 것이며, 여러분 자신에게도 친절한 도움이 필요하게 될지 모릅니다.

우리 중에 새신자들이 가장 고귀한 소원을 가지고 있다고 저는 여기 계신 모든 성도들에게 말씀드릴 수 있습니다. 온갖 좋은 영적인 은사가 그들에게 임하기를 우리는 간절히 바랍니다. 보아스가 모압 출신의 겸손한 여인에게 행한 것을 보면, 얼마나 그 여인이 잘 되기를 바라고, 그녀와 함께 대화를 나누고, 그녀를 위해 하나님께 간절히 기도드렸는지 알 수 있습니다. 저는 본문 말씀, 곧 "여호와께서 네가 행한 일에 보답하시기를 원하며 이스라엘의 하나님 여호와께서 그의 날개 아래에 보호를 받으러 온 네게 온전한 상 주시기를 원하노라"고 한 그의 말이 축복을 비는 말인 동시에 기도였다고 생각합니다. 연약한 자와 어린 심령들을 위하여 더 많이 기도합시다.

새신자들을 잘 돌보아 주면 은혜 안에서 훨씬 더 빨리 성장하는 모습을 틀림없이 보게 될 것입니다. 우리도 역시 어린 시절에 체험이 많은 오래된 성도들로부터 많은 은혜를 입었습니다. 제가 바로 그런 사람이었습니다. 제가 뉴마켓(Newmarket; 잉글랜드 남동부의 도시)에 있는 학교의 조교사로 있었을 때 그곳의 겸손한 직원에 대한 기억을 저는 영원히 잊지 못할 것입니다. 나이가 지긋한 이 여성은 내게 천국에 대하여 많은 말씀을 해 주었고, 주님의 도를 내게 더할 나위 없이 훌륭하게 가르쳐 주었습니다. 이 여성은 많은 신학박사보다 더 많은 은혜의 교리들을 알고 있었습니다. 그녀는 마치 자신의 생명처럼 이 교리들을 견고하게 붙잡았습니다. 그분이 늙으셨을 때 그분을 도와드리는 것이 저의 큰 자랑이었습니다. 그러나 얼마 전 그분은 하늘나라로 떠나셨습니다. 제가 그분에게 배운 많은 교리들을 오늘날 설교를 통해 기쁘게 전하고 있습니다. 이제 우리도 이런 말을 듣도록 합시다. 즉, 우리가 늙으면, 우리의 도움을 받은 후손들이 성년이 되어 우리에게 큰 은혜를 입었다고 말하게 합시다.

첫째, 이 새신자가 무엇을 하였습니까? 우리는 룻의 경우를 통해 이러한 내용을 설명하겠습니다.

새신자들이 격려를 받아 마땅한 이유는 그들이 옛 친구들을 버렸기 때문입니다. 의심할 여지 없이 룻은 고향에 많은 친구들이 있었습니다. 그러나 나오미와 그녀의 하나님을 따르기 위하여 그 많은 친구들을 뿌리치고 떠났던 것입니다. 아마도 룻은 부모님과도 헤어졌을 것입니다. 부모님이 살아 있었다 하더라도 분명히 그들을 떼어놓고 이스라엘 땅으로 왔을 것입니다. 아마도 그녀는 형제 자매들에게도 작별인사를 하였을 것이며, 분명히 옛 친구들과 이웃들과도 헤어졌을 것입니다. 왜냐하면 그녀는 나오미와 함께 가서 그녀의 기업을 나누기로 결심하였기 때문입니다. 룻은 이렇게 말하였습니다. "내게 어머니를 떠나며 어머니를 따르지 말고 돌아가라 강권하지 마옵소서. 어머니께서 가시는 곳에 나도 가고 어머니께서 머무시는 곳에서 나도 머물겠나이다. 어머니의 백성이 나의 백성이 되고 어머니의 하나님이 나의 하나님이 되시리니 어머니께서 죽으시는 곳에서 나도 죽어 거기 묻힐 것이라. 만일 내가 죽는 일 외에 어머니를 떠나면 여호와께서 내게 벌을 내리시고 더 내리시기를 원하나이다"(1:16-17).

새신자는 세상으로부터 이민 온 사람입니다. 그리고 그는 그리스도를 위하여 외국인이 되었습니다. 세상에 있을 때 그에게 많은 동료들, 친구들이 있었습니다. 그들은 자기들 나름대로 그를 즐겁게 해 주었습니다. 멋진 매너를 갖춘 남자들이 그의 웃음을 술술 자아내게 하였으며, 몇 시간씩 춤을 추게 만들어 주었을 것입니다. 그러나 그들 속에서 그리스도의 맛을 볼 수 없었기 때문에 그는 그들을 버렸으며, 그들도 그리스도 때문에 그를 버렸던 것입니다. 옛 동료들 가운데 그는 얼룩덜룩한 새 취급을 받게 되었으며, 그들로부터 핍박을 당합니다. 여러분은 집을 떠나 날아온 카나리아를 보신 적이 있을 것입니다. 집에 있을 때 이 새는 여주인의 사랑을 받았습니다. 그런데 참새들 가운데 있는 이 새를 끝까지 따라가 보면 흥미롭습니다. 참새들은 마치 이 카나리아를 갈가리 찢어 버릴 듯이 쫓아가며, 쉴 틈을 주지 않습니다. 새신자들도 이와 같습니다. 어울릴 수 있는 동료들이 없으며, 오히려 그들로부터 핍박을 받습니다. 그는 잔인한 조롱을 받는 시련을 견뎌내야 하며, 이러한 조롱은 그의 영혼에 고문 같습니다.

이제 그는 동료들에게 위선자요 광신자로 낙인찍혔습니다. 그들은 그에게 터무니없는 이름들을 지어 주며, 그 이름들을 가지고 그를 비웃습니다. 그들은 마음속으로 그의 머리에 바보 모자를 씌우고 얼간이 무뢰한이라고 깎아내립니다. 그 동료들로 하여금 어떻게든 그를 존경하게 하려면 그는 그들 앞에 거룩한 삶을 오랜 세월 동안 보여 주어야 할 것입니다. 이 모든 일은 그가 이스라엘과 연합하기 위해 모압 동료들을 떠났기 때문에 생기는 일들입니다. 왜 그가 동료들을 떠납니까? 그가 동료들보다 더 훌륭하게 되었습니까? 그가 성도이기를 열망합니까? 그가 이제는 전처럼 동료들과 술을 마실 수 없나요? 그가 동료들의 무절제에 항의한다구요. 그런데 사람들은 그러한 항의에는 관심이 없군요. 그는 동료들만큼 즐거운 노래를 부를 수 없나요? 과연 그는 성도가 되었군요. 그가 하는 일은 대단히 정확하고 엄격합니다. 그러므로 그들의 자유로운 교제를 견딜 수 없습니다. 삶의 등급에 따라 이러한 반대는 여러 모습으로 나타나지만, 어떠한 경우에도 모압은 이스라엘의 하나님을 경배하기 위해 그의 우상을 버린 룻을 좋아하지 않습니다.

오랫동안 세상과 구별되었고, 이제는 그런 조롱에 흔들리지 않는 성숙한 그리스도인들이 나서서 새신자들을 지켜 주어야 마땅하지 않습니까? 새신자들에게 이렇게 말해야 하지 않을까요? “우리와 함께 갑시다. 우리는 당신에게 친절을 베풀 거예요. 당신이 버린 친구들보다 우리가 당신에게 더 좋은 친구가 될 것입니다. 당신이 떠나온 그 길보다 더 좋은 길로 우리가 당신과 함께 동행할 것입니다. 그리고 세상 사람들이 알 수 없는 기쁨을 당신은 발견하게 될 것입니다.” 우리의 위대하신 왕께서 그의 배우자에게 “네 백성과 네 아버지의 집을 잊어버릴지어다”(시 45:10)라고 말씀하시고 덧붙여 말씀하시기를, “그리하면 왕이 네 아름다움을 사모하실지라. 그는 네 주인이시니 너는 그를 경배할지어다”(11절)라고 하셨습니다. 이와 같이 주님은 새신자가 버린 그 자리를 새로운 교제로 채워 주십니다. 여기서 교훈을 얻고 세상이 버린 자들과 교제를 나눕시다. 룻이 이전의 관계를 끊어 버렸을 때 보아스가 그녀에게 위로의 말을 해 준 것은 지혜롭고 친절한 행동이었습니다. 다시 한 번 보아스의 위로의 말을 여러분에게 읽어 드립니다. “여호와께서 네가 행한 일에 보답하시기를 원하며 이스라엘의 하나님 여호와께서 그의 날개 아래에 보호를 받으러 온 네게 온전한 상 주시기를 원하노라.”

룻은 옛 동료들을 떠난 후 낯선 사람들 가운데로 왔습니다. 룻은 아직 이스라엘 땅에 집이 없었습니다. 따라서 자신을 “이방 여인”이라고 고백하였습니다. 그녀는 나오미를 알고 있었지만 베들레헴 온 성읍에서 시어머니 말고는 아는 사람이 없었습니다. 룻이 추수 밭에 왔을 때 이웃들이 이삭을 줍고 있었지만, 그들은 그녀가 아는 이웃들이 아니었습니다. 아무도 그를 동정하지 않았습니다. 아마도 그들은 호기심을 가지고 그녀를 바라보았지만 냉정한 표정이었을 것입니다. 그들은 이렇게 생각했을 것입니다. “이 모압 여인이 무슨 일로 여기까지 와서 이스라엘 중 가난한 사람들에게 속한 이삭을 줍는 것인가?” 다른 지역에서 온 낯선 사람이 자기 지역의 밭에 와서 이삭을 주울 때 그 지역 사람들 가운데 이러한 감정이 생깁니다. 룻은 이방인이었고, 그들의 눈에는 당연히 침입자로 보였습니다. 룻은 비록 이스라엘의 하나님의 날개 아래 있었지만 여전히 혼자라고 느꼈습니다. 그때에 이스라엘 땅에서 공손과 친절이 사라져 버렸다고 룻이 생각해서는 안 되겠다고 보아스는 옳게 판단하였습니다. 신분상 그녀보다 훨씬 위에 있었지만 그는 그녀에게 가서 격려의 말을 하였습니다. 여러분도 이와 같은 행실을 본받아야 하지 않겠습니까? 즉시 그렇게 해야 하지 않을까요?

최근에 자신의 죄를 깊이 깨달았거나 혹은 구세주를 새로이 찾고 발견한 사람들이 우리 교회에 곧 등록하실 것입니다. 그들이 오랫동안 우리 가운데서 고통스럽게 낯선 사람으로 남아 있어야 할까요? 그들을 인정하고 그들과 사귀며 그들을 친절하게 대하므로 그들이 우리를 편안하게 느끼게 해야 하지 않을까요? 단 하나의 심령이라도 자신이 버림받았다는 느낌을 갖지 않도록 모든 사람이 온 마음으로 다른 사람들의 일을 돌아보도록 합시다. 구도자들이 "아무도 나의 영혼을 돌보지 않는구나"라고 고통스럽게 울부짖게 해서는 안 될 것입니다. 여러분은 신자입니까? 그렇다면 여러분은 나의 형제입니다. 우리는 더 이상 나그네와 외인들이 아니며, 성도들과 동일한 시민이요, 하나님의 권속입니다. 우리는 마음을 열고 우리의 동료들을 예수님께로 인도할 것이며, 새신자들로 하여금 예수님 발 아래에서 완전한 평안을 체험하도록 도와줄 것입니다. 우리 모두 인격적으로 말할 수 있는 기술을 배웁시다. 다른 사람들을 슬픔 속에 방치해 두지 않도록 수줍음과 내향적인 성격을 버리도록 합시다. 왜냐하면 우리의 용기를 비틀어 짜내야 겨우 주 예수 그리스도의 이름으로 친절하고 부드러운 말 한마디를 하는 그런 신세가 되어서는 안 되기 때문입니다.

새신자는 또 다른 면에서 룻과 같습니다. 새신자는 자신이 보기에 매우 초라합니다. 룻은 보아스에게 "나는 이방 여인이거늘 당신이 어찌하여 내게 은혜를 베푸시며 나를 돌보시나이까?"(2:10)라고 물었습니다. 그리고 다시금 이렇게 말하였습니다. "내 주여 내가 당신께 은혜 입기를 원하나이다. 나는 당신의 하녀 중의 하나와도 같지 못하오나 당신이 이 하녀를 위로하시고 마음을 기쁘게 하는 말씀을 하셨나이다"(2:13). 그녀는 자존심이 거의 없었으며 따라서 다른 사람들의 존경을 받았습니다. 룻은 자신이 매우 하찮은 사람이며, 자신에게 어떠한 친절도 과분한 은혜라고 생각하였습니다. 새신자들이 진지하고 진실하다면 그들도 그렇게 생각할 것입니다. 제가 주님을 안 지 얼마 안 된 어린 그리스도인으로서 하나님의 집에 처음 가 보았던 때를 기억합니다. 그때에 저는 모든 사역자들과 교인들을 존경심을 가지고 바라보았습니다. 그들 모두가 천사들은 아니지만 거의 천사들만큼 착하다고 생각했습니다. 어쨌든 저는 그들을 비난할 생각이 조금도 없었습니다. 왜냐하면 나 자신이 너무 형편없는 존재라고 느꼈기 때문입니다. 그러나 지금은 그때만큼 모든 그리스도인을 그렇게 좋게 바라보고 있지 않은 것 같습니다. 왜냐하면 유감스럽게도 그런 마음을 온전히 유지할 수 없기 때문입니다. 그럼에도 불구하고 많은 사람들이 그리스도인들을 생각하는 것보다 제가 훨씬 더 그들을 좋게 생각하고 있습니다.

제가 생각하기에 그리스도께로 처음 인도 받는 새신자들은 자신의 결점을 깊이 느끼며, 다른 사람들의 허물은 거의 알지 못합니다. 따라서 그들은 교인들을 매우 깊은 존경심으로 우러러보며, 이로 말미암아 교인들, 사역자들, 목사들을 크게 신뢰합니다. 이런 신자들은 자신을 초라하게 여기기 때문에 그들을 격려하는 것은 적절하고도 안전한 일이며, 더욱이 친절하고 꼭 필요한 일입니다. 절대로 그들을 비판하지 말고 엄격하게 대하지 마십시오. 도리어 이제 막 싹트기 시작한 그들의 은혜를 세심하게 대하십시오. 서리가 내리는 말 한마디가 그들을 상하게 할 수 있으며, 정다운 말 한마디가 그들을 발전시킬 수 있습니다. 우리 주님은 어린양들을 먹이라고 여러분에게 명령하십니다. 그러므로 여러분은 목자처럼 그들을 대하십시오. 그리고 그들이 길을 가다가 기진맥진하지 않도록 그들을 절대로 몰아치지 마십시오.

또한 새신자가 룻과 같은 이유는 그가 룻처럼 이스라엘의 하나님 여호와의 날개 아래 보호를 받으러 왔기 때문입니다. 여기에 아름다운 은유가 있습니다. 여러분도 아시다시피 강한 새의 날개는 다른 새에 비하여 특별히 튼튼합니다. 강한 새의 날개는 아치 모양을 이루며, 바깥에서 보면 건축학적인 힘을 느낄 수 있습니다. 암탉처럼 아주 연약한 피조물의 날개 아래라도 어린 병아리들에게는 완전한 피난처가 됩니다. 그리고 날개 안에는 새끼가 위안을 받도록 부드러운 깃털이 나 있습니다. 날개 안쪽은 가지런히 정돈되어 있어서 연약한 어린 새끼는 그날개의 포근함 때문에 어디에도 부딪히지 않습니다. 암탉의 날갯죽지 아래보다 더 아늑한 곳을 저는 알지 못합니다. 여러분은 이런 생각을 한 번도 해 본적이 없습니까? 마치 암탉이 병아리들을 품듯이 고난의 때에 주님께서 우리에게 오셔서 그의 전능하신 사랑의 큰 날개로 덮어 주시지 않습니까? 성경은 말씀하십니다. "그가 너를 그의 깃으로 덮으시리니 네가 그의 날개 아래에 피하리로다 그의 진실함은 방패와 손 방패가 되시나니"(시 91:4).

이 얼마나 따뜻한 보호인지요! 어린 새들이 깃털이 난 어미의 품에서 머리를 들어올린 모습을 보면 그 행복은 완벽해 보였습니다. 그리고 그것들이 짹짹거리며 우는 모습은, 비록 그것들을 품은 날개 주변으로 거센 바람이 계속 불어오고 있었지만, 마치 자기들이 얼마나 따뜻하고 포근한지를 말하는 것 같았습니다. 새끼들이 이보다 더 행복할 수는 없을 것입니다. 새끼들은 잠시 뛰어가다가 곧 그 날개로 되돌아옵니다. 왜냐하면 그 날개 밑이 그것들에게 집이요 가정이기 때문입니다. 어미의 날개는 그것들의 방패요 위급할 때에 구조 받는 곳이며, 방어시설이요 기쁨이 있는 곳입니다. 우리 새신자들도 이와 같습니다. 그들은 자신을 의지하지 않고 예수님을 의지하려고 왔습니다. 그들은 그리스도 안에 있는 의를 찾으러 왔습니다. 그렇습니다. 그리스도 안에서 모든 것을 찾고자 하기에 그들은 하나님의 날개 아래에 피합니다. 성숙한 성도들도 이렇게 하지 않습니까? 여러분의 형편도 이와 같지 않습니까? 저는 그렇다고 알고 있습니다. 그렇다면 어린 신자들로 하여금 여러분이 하고자 하는 것을 하도록 격려해 주십시오. 그들에게 이렇게 말해 주십시오. "이런 곳은 어디에도 없어요. 우리 함께 하나님의 날개 아래에 기쁘게 거합시다." 모든 염려를 하나님께 맡기는 것만큼 편안한 쉼, 평안, 고요, 완전한 안정도 없습니다. 여러분이 가지는 유일한 두려움은 하나님께 죄를 범하는 것에 대한 두려움이므로 다른 모든 두려움은 버리십시오.

이제 저는 본문을 더 깊이 살펴보려고 합니다. 새신자들에게 격려가 필요하다는 사실을 여러분에게 말씀드렸으므로 이제 저는 두 번째로 다음과 같은 질문에 답변을 해야 합니다. 하나님의 날개 아래 보호를 받으러 온 자들이 받을 온전한 상이 무엇입니까?

우리가 혈육이 있는 우리의 몸을 내려놓는 그날에 온전한 상을 받을 것이라고 저는 대답하겠습니다. 그때에 우리의 몸은 예수 안에서 잠들고, 옷을 벗은 우리의 영혼은 몸을 떠나지만 주님과 함께 있을 것입니다. 이처럼 육체를 떠날 때 우리는 영혼의 완전한 행복을 누릴 것입니다. 하지만 온전한 상은 주님께서 두 번째 오실 때, 곧 우리의 몸이 무덤에서 일어나 강림하신 왕의 영광스러운 통치에 참여하게 될 때 받게 될 것입니다. 그때에 우리가 완전한 인격을 갖춘 상태에서 사랑하는 이의 얼굴을 볼 것이며, 우리는 그와 같이 될 것입니다. 우리는 양자가 되고 우리의 몸이 구속을 받게 될 것입니다. 그리고 몸, 혼, 영이 삼위일체로 연합하여 성부, 성자, 성령, 삼위일체 우리 하나님과 함께 영원히 살 것입니다. 이 말로 할 수 없는 축복이 여호와의 날개 아래에 보호를 받으러 온 자들이 받을 온전한 상입니다.

하지만 현재의 상도 있습니다. 이에 대하여 보아스가 언급하였습니다. 의인에게 고난이 많은 것은 사실이지만 경건한 자는 이 세상에서 현실적인 보상을 받습니다. 몇 년 전 한 형제 목회자가 「두 세상에서 모두 복을 받는 법」(*How to Make the best of Both Worlds*)이라는 책을 펴냈습니다. 거기에는 많은 지혜가 담겨 있습니다. 그러나 우리 가운데 많은 사람들이 그 제목에 반대하였습니다. 반대 이유는 그 제목이 신자가 추구하는 바를 이원화시키며, 두 세상을 지나치게 동일하게 취급한다는 것이었습니다. 확실히, 경건한 사람이 이 제목이 제시하는 대로 두 세상에서 모두 복을 받는 것을 인생의 목표로 삼는 것은 잘못일 것입니다. 현 세상이 오는 세상보다 우선되어서는 안되며, 오는 세상을 위해 이 세상을 기꺼이 희생해야 할 것이기 때문입니다. 그러나 우리가 결코 잊지 말아야 할 사실이 있습니다. 누구든지 하나님을 위해 살면, 두 세상 모두에서 복을 받을 것이라는 사실입니다. 왜냐하면 경건에는 오는 세상은 물론이요 현재의 삶에 대한 약속이 담겨 있기 때문입니다. 그리스도를 위하여 우리가 현재의 생명을 잃는다 해도 이는 도리어 우리가 생명을 얻는 것이요, 자기를 부인하고 십자가를 지는 것은 축복의 방편일 뿐입니다. 우리가 먼저 하나님의 나라와 그의 의를 구하면 이 모든 것이 우리에게 더해질 것입니다.

"주님을 신뢰하는 자가 어떻게 상을 받을까"라고 제게 물으십니까? 첫째, 주님은 여러분에게 양심의 평안을 주실 것입니다. 어느 누가 이보다 더 좋은 상을 받을 수 있을까요? 한 사람이 "나는 죄를 저질렀지만 이제는 용서받았습니다"라고 말할 때, 그 용서가 이루 말할 수 없는 은혜 아니겠습니까? 나의 죄를 예수님께 내어놓았을 때 그가 속죄 염소(아사셀; 레 16:10)처럼 나의 죄를 가져가 버리시므로 영원히 도말되었고, 나의 의식은 풀려났습니다. 바로 이것이 구원에 대한 영광스러운 보증이 아닌가요? 두 세상 모두 내게 가치 있지 않습니까? 흘리신 보혈의 능력을 의지하는 마음에 평온이 자리를 잡습니다. 내면의 소리는 하나님의 평안을 선포합니다. 그리고 성령께서 친히 증거하심으로 그 평안을 보증하십니다. 따라서 모든 것이 평안합니다. 만일 이 평안을 사기 위해서 모든 것을 다 드려야 한다면 우리는 살 수 없을 것입니다. 그러나 이 평안을 살 수만 있다면 세상의 모든 것을 바쳐서라도 이를 살 만한 가치가 있을 것입니다.

여러분이 모든 부와 권세와 명예를 다 가졌다 할지라도 평화의 진주(the pearl of peace)를 살 만한 값을 지불하지는 못할 것입니다. 왕국들의 세입을 다 모아도 이 보석을 한번 힐끗 쳐다볼 만큼의 값도 되지 못할 것입니다. 죄책감은 지옥의 죽지 않는 벌레와 같습니다. 양심의 가책이 주는 고통은 결코 꺼지지 않는 불과 같습니다. 마음을 갉아먹는 벌레가 속에 있고 그 품속에 타오르는 불이 있는 사람은 이미 상실된 사람입니다. 반면, 그리스도 예수로 말미암아 하나님을 신뢰하는 사람은 내적인 지옥의 고통으로부터 구원받은 사람입니다. 불안이라는 뜨거운 열병을 치료받았습니다. 그가 영혼의 노래를 부르는 것은 당연합니다. 왜냐하면 그의 안에 천국이 탄생하였고, 그 여물통, 곧 그리스도를 닮은 그 마음속에 천국이 임하였기 때문입니다.

하지만 이것은 신자가 받을 상의 시작에 불과합니다. 하나님을 믿기로 한 자는 악의 공포로부터 자유할 것입니다. 이 얼마나 큰 축복인지요! "그는 흉한 소문을 두려워하지 아니함이여. 여호와를 의뢰하고 그의 마음을 굳게 정하였도다"(시 112:7). 사람이 이 세상의 기쁨을 최고로 누릴 때 자기 속에서 어두운 영이 "그게 오래갈까?"라고 속삭이는 소리를 듣게 됩니다. 그의 가는 길에 무슨 일이 기다리고 있는지 알지 못하기 때문에 그는 내일을 염려합니다. 그러나 사랑하는 아버지의 약속을 믿고 미래를 내다보기 때문에 더 이상 두려워하지 않고 도리어 무슨 일이 일어나든지 내일을 기쁘게 맞이할 준비가 되어 있다면, 그는 행복한 사람입니다.

이보다 더 좋은 상이 있습니다. 하나님을 믿는 사람은 지금 필요한 모든 것, 혹은 앞으로 필요할 모든 것에 대하여 하나님을 의지합니다. 다음의 노래가 시편 23편의 푸른 초장을 기쁘게 하니 이 얼마나 행복한 노래입니까! 저는 여러분도 일어나 이 노래를 부르라고 말하고 싶군요. 왜냐하면 이 노래의 첫 구절만 암송해도 내 마음이 기뻐 뛸 것이기 때문입니다.

여호와는 나의 목자시니
나는 충분히 공급받으리로다
그는 나의 것이며 나는 그의 것이니
내가 그 밖에 무엇을 바라리요?

"내가 그 밖에 무엇을 바라리요?"라고 대담하게 말할 수 있는 사람은 대개 부족함을 채운 사람이며, 틀림없이 풍성한 재물이 있는 땅에 이른 사람입니다. 우리는 절대로 완전히 만족하지 못합니다. 언제나 가장자리까지 조금 더 채워야 합니다. "그러나 내가 그 밖에 무엇을 바라리요?" 이 노래를 생각해 보십시오. 이 달콤한 만족이 주님을 믿는 우리가 주님으로부터 받을 온전한 상이 아니겠습니까? 인간의 욕심이 거머리를 삼켰습니다. 그래서 그것이 밤이고 낮이고 "다오 다오"(잠 30:15)라고 소리칩니다. 주님 외에 누가 이 욕망을 멈추게 할 수 있겠습니까? 불만의 소용돌이가 대양을 삼킬 듯하지만 여전히 채워지지 않습니다. 그러나 주님은 좋은 것들로 그 아구까지 채우심으로써 믿음에 보답하십니다.

신자가 누릴 유익 가운데 또 한 가지는 모든 것이 합력하여 선을 이룬다는 의식입니다. 결국 그 무엇도 우리를 해할 수 없습니다. 몸의 고통도, 마음의 아픔도, 사업의 실패도, 잔인한 죽음의 충격도 우리를 정말로 불행하게 하지는 못합니다. 강도들의 절도, 비방하는 자들의 불평, 직업의 변경, 자연의 분노가 모두 선 앞에서 뒤엎어질 것입니다. 이런 많은 약제들과 독들이 완전하신 약사의 약절구 속에 섞여서 영혼의 건강을 위한 물약이 될 것입니다. "우리가 알거니와 하나님을 사랑하는 자 곧 그의 뜻대로 부르심을 입은 자들에게는 모든 것이 합력하여 선을 이루느니라"(롬 8:28). 이 말씀을 의심할 나위 없는 사실로 받아들이고, 이 말씀이 우리의 삶에서 그대로 재현되는 것을 보기 위해 기대감을 가지고 기다리는 것은 우리에게 큰 기쁨입니다.

하나님을 믿고 따르는 자들은 또 하나의 온전한 상을 받습니다. 그것은 선을 행하는 복입니다. 어떤 행복이 이보다 더 좋을까요? 이 기쁨은 최고급 다이아몬드입니다. 과부와 고아를 돕는 기쁨에 필적할 수 있는 것을 내게 보여 줘 보십시오! 영혼을 사망에서 구원하며 허다한 죄를 덮는 기쁨에 필적할 수 있는 것을 내게 보여 줘 보십시오! 이 땅에 머무는 동안 우리가 가난하고 궁핍한 자들에게 선을 행하고 잘못되어 있고 타락한 사람들을 구하는 일에 매진할 수만 있다면 여기서 영원토록 산다 할지라도 하나님을 믿기에 살 만한 세상이 될 것입니다. 여러분이 천국의 샘에서 흘러나온 가장 깨끗한 기쁨을 맛보기 원한다면, 잃어버린 영혼을 구원하는 남을 위해 사는 복을 마셔 보십시오. 하나님을 믿는 믿음으로 말미암아 자신을 절제하고 하나님의 영광을 위해 온전히 살며 또한 이웃을 유익하게 하는 법을 배울 때, 여러분은 주님의 발자취를 따라감으로써 주님과 함께 통치하게 될 것입니다.

형제 자매들이여, 인격적으로 성장한 사실을 확인할 때 우리는 둘도 없는 미묘한 기쁨을 얻습니다. 자녀들은 자신들이 부모님처럼 성장하고 있다는 것을 발견할 때 기뻐하며 빨리 힘있고 성숙하기를 소망합니다. 우리 중 대부분은 유치한 즐거움을 가졌던 때를 기억할 것입니다. 그때에 우리는 어른처럼 보이기 위해 그런 옷을 입기 시작하였습니다. 저는 처음에 부츠를 신고 큰삼촌과 함께 그루터기만 남은 밭을 걸어갔으며, 그때에 내가 대단한 어른이 된 것처럼 느꼈습니다. 물론 그것은 유치한 거드름이었습니다. 그러나 우리는 여기서 한 가지 좋은 유추를 끌어낼 수 있습니다. 곧 영적인 힘이 생기고 고상한 수고와 깊은 체험을 하면서 그에 맞는 기쁨을 갖게 된다는 것입니다. 여러분이 일년 전에 그랬던 것처럼 분개하여 평정을 잃지 않는 모습을 스스로 발견할 때, 여러분은 겸손히 감사하게 될 것입니다. 악한 욕망이 사라지고, 더 이상 따라다니지 않을 때 여러분은 속으로 기뻐할 것이며, 너무나 기뻐서 전율을 느끼게 될 것입니다. 전에 여러분을 뭉개 버리곤 했던 시험을 이겨냈을 때 그 승리는 엄청나게 달콤할 것입니다. 거룩함이 성장할 때마다 내면의 행복 또한 성장합니다. 천국에 조금 더 합당한 인격이 되는 것은 그 마음속에 천국을 조금 더 소유하는 것이나 마찬가지입니다. 천국 곳간에 들이기 위해 우리가 더욱 익을 때 배어드는 감미로움을 의식하는 그 자체만으로도 꽤 훌륭한 보상입니다.

이 온전한 상의 또 다른 면인 멋진 부분을 말씀드리겠습니다. 즉, 기도로 하나님을 이길 수 있다는 것입니다. 어떤 이들은 인쇄물에서 나를 위선자라 하였습니다. 그 이유는 하나님께서 나의 기도를 들으셨다고 말했기 때문이랍니다. 이는 명백히 악의가 있습니다. 사람이 열광적으로 기도할 수는 있습니다. 그러나 아무리 생각해도 위선적으로 기도한다는 말은 옳지 않습니다. 그가 사용한 위선이라는 말의 의미가 위대하신 하나님께서 기도에 응답하신다는 사실을 확신하는 것이라면 나는 살아 있는 한 얼마든지 위선적이 될 것입니다. 나는 하나님, 곧 나의 기도를 들으시는 하나님의 이름을 자랑할 것입니다. 만일 그 작가가 기도하고 응답 받았다고 주장한다면, 그는 위선하는 죄를 범한 셈이 될 것입니다. 자기 문제에 대하여 자신이 가장 잘 알겠지요. 그러므로 나는 그 문제를 그 자신에게 맡기겠습니다. 하지만 그가 내 곡식을 자신의 용기(容器)로 잴 권리는 없습니다. 분명히 그의 용기를 가지고 나의 곡식을 재서는 안 될 것입니다.

이제 나는 내가 알고 있고 확신하는 바를 말할 것입니다. 나는 주님께서 기도를 들으시며 늘 그렇게 하신다고 증거할 수 있습니다. 많은 하나님의 성도들은 기도하고 응답받고 있습니다. 그러한 사람들은 이스라엘이 얍복 강에서 천사를 붙잡고 축복하지 않으면 가지 못하게 했던 것처럼 기도로 하나님과 씨름하며 언제나 하나님을 이깁니다. 여러분이 이 기도의 능력을 충분히 발휘한다면, 여러분 자신에게 종종 이렇게 말할 것입니다. "내가 은혜의 보좌 앞에 나아가 기도하는 이 능력 외에 다른 아무것도 없을지라도 나는 자기 부인에 대한 보상을 충분히 받고도 남는다." 우리가 바라는 바를 구하고 최대한 받을 수 있는 주님의 은혜에 비해 불경건하고 무지한 세상의 농담과 조롱은 무엇이란 말입니까?

그 밖에도 다른 많은 것들을 온전한 상으로 받을 수 있습니다. 그러나 아마도 그 중에 제일은 하나님과 교제하는 일일 것입니다. 곧 사람이 친구에게 말하는 것처럼 하나님과 말할 수 있습니다. 이를 통하여 우리는 거룩하신 신랑(the divine Bridegroom)의 인도를 받아 잔칫집에 앉게 되는데, 그 집에는 우리를 사랑한다고 써 있는 그분의 깃발이 펄럭입니다. 이 사랑의 궁전 밖에 사는 자들은 우리의 은밀한 무아경과 환희에 대하여 전혀 알지 못합니다. 우리는 우리의 영적인 기쁨에 대하여 그 사람들에게 자세히 설명할 수가 없습니다. 왜냐하면 그들이 돌이켜 우리를 찢으려 할 테니까요. 하늘 교제의 기쁨은 너무나 신성하기에 일반적으로 보여줄 수 없습니다. 심령이 성령의 힘으로 말미암아 귀한 백성의 수레(아 6:12)처럼 될 때 이 땅에서도 기쁨을 누리고 천국을 가장 명확하게 맛볼 수 있습니다.

형제들이여, 우리가 가난하고 슬픔에 젖어 있고 낙담한 때에도 우리의 기업은 구세주를 알지 못하는 가장 높은 제왕의 기업보다 무한히 더 낫다고 저는 믿습니다. 오, 그리스도를 모르는 왕들, 왕족들, 귀족들, 상류층들은 가련하도다! 반대로 그리스도를 아는 가난뱅이들은 행복하도다! 그리스도 안에서 즐거워하며 죽는 자들은 행복하도다! 모든 것의 모든 것이 되시는 하나님을 모신 자들은 완전한 기쁨과 영원한 즐거움을 누립니다. 그러므로 하나님의 날개 아래에 보호를 받으러 오십시오. 그리하면 여러분의 몸과 영혼이 복을 받을 것이며, 집도 가정도 복을 받을 것이며, 여러분의 광주리에도 창고도 복을 받을 것이며, 아플 때에도 건강할 때에도 복을 받을 것이며, 이 시간에도 영원 속에서도 복을 받을 것입니다. 왜냐하면 의인은 그 후손들과 함께 여호와의 복을 받기 때문입니다.

마지막으로 이 온전한 상은 어떤 모습을 보일까요? 룻이 받은 온전한 상이 무엇이었습니까? 보아스가 자신이 말한 바 그 온전한 상의 의미를 충분히 알았다고 나는 생각하지 않습니다. 그는 여호와께서 약속하신 모든 것을 예지할 수 없었습니다. 우리는 고작해야 룻의 역사 속에서 이 선한 사람이 베푼 축복의 의미를 이해할 것입니다. 이스라엘의 하나님께 자신을 맡기기 위해 온 이 가련한 외국인 룻은 모든 것을 버렸지만 동시에 그녀는 모든 것을 얻고 얻었습니다. 베일 뒤에 숨어 있는 미래를 그녀가 볼 수 있었다 할지라도 자신이 행한 그 이상으로 자신에게 유리하게 처신하지는 못했을 것입니다. 룻은 조금이라도 얻는다는 기대를 하지 않았습니다. 그저 나오미를 따라갔고 가난과 어둠을 예상하였습니다. 하지만 의로운 일을 행하는 가운데 그녀는 부유해지는 복을 체험하였습니다. 룻은 모압 족속을 버렸으나 이스라엘에서 존귀한 친족을 알았습니다. 그녀는 조상의 고향을 떠났지만 선택받은 민족 가운데서 기업을 얻었으며, 이 기업은 그녀를 사랑한 존귀한 자가 찾아준 것이었습니다. 여러분이 그리스도께로 나와 그를 신뢰할 때 주 예수 그리스도께서 여러분의 친족이 된다는 사실을 알게 될 것입니다. 그가 여러분의 기업을 찾아줄 것이며 친히 여러분과 연합할 것입니다. 여러분은 그가 남이라고 생각하고 그에게 가까이 가기를 두려워했습니다. 그러나 그가 여러분에게 가까이 오십니다. 그리하여 여러분이 그의 가슴에 기대며, 그분과 하나됨을 체험합니다.

그렇습니다. 이것이 바로 회개한 자가 받을 온전한 상의 멋진 그림입니다. 룻은 기대하지도 않은 것을 체험하였으며, 남편을 얻었습니다. 이는 틀림없이 그녀에게 위로와 기쁨이 되었을 것입니다. 왜냐하면 그녀가 자신의 남편의 집에서 편히 쉬고, 그와 결혼한 덕분에 그의 큰 토지를 소유하게 되었기 때문입니다. 가련한 죄인이 하나님을 신뢰할 때 그는 엄청난 은혜를 기대하지 않지만, 놀랍게도 그의 마음은 남편, 가정, 그리고 상상을 초월할 만한 아주 귀중한 기업을 얻게 됩니다. 이 모든 것을 우리 주 그리스도 예수 안에서 얻게 됩니다. 그러므로 이 영혼은 사랑하는 이, 곧 비할 데 없는 사랑의 주님과 정답고 지속적이며 떨어질 수 없는 연합을 이루게 됩니다. 우리는 예수님과 하나입니다. 이 얼마나 영광스러운 신비인지요!

룻은 여호와의 선택받은 백성 가운데서 기업을 얻었습니다. 이 기업을 그녀에게 찾아준 보아스가 아니었더라면 그녀는 이 기업을 얻지 못하였을 것입니다. 그러나 룻은 이와 같이 확실하게 기업을 얻었습니다. 가련한 영혼이 하나님께 나올 때 그는 오직 피하려고 하나님께 도망한다고 생각합니다. 그러나 실로 그는 훨씬 더 많은 것을 얻게 될 것입니다. 그는 순결하고 쇠하지 아니하는 기업을 얻을 것입니다. 그는 하나님의 후사가 되며 예수 그리스도와 함께 공동 상속인이 될 것입니다.

10

룻(3)

밭에서의 식사시간

"식사할 때에 보아스가 룻에게 이르되 이리로 와서 떡을 먹으며 네 떡 조각을 초에 찍으라 하므로 룻이 곡식 베는 자 곁에 앉으니 그가 볶은 곡식을 주매 룻이 배불리 먹고 남았더라"(룻 2:14).

그다지 많은 이삭을 줍지는 못할지라도 지난해에 했던 것처럼 우리는 밭으로 가서 이삭을 주울 것이며, 추수하는 일꾼들과 이삭 줍는 사람들이 함께 쉴 것입니다. 그때에 넓게 펼쳐진 상수리나무 아래서 그들이 함께 앉아 피로를 풀 것입니다. 우리는 거기서 머뭇거리며 이삭을 줍는 사람을 발견하고, 그가 우리의 초청을 받아들여서 우리와 함께 와서 먹기를 희망합니다.

첫 대지는 이렇습니다. 하나님의 추수하는 일꾼들에게 식사시간이 있습니다.

하나님을 위해 일하는 사람들은 하나님이 좋은 주인이심을 깨닫게 될 것입니다. 하나님은 소들을 생각하시고 이스라엘에게 "곡식 떠는 소에게 망을 씌우지 말지니라"(신 25:4) 명령하셨습니다. 하나님은 당신을 섬기는 종들을 이보다 훨씬 더 많이 생각하십니다. "여호와께서 자기를 경외하는 자들에게 양식을 주시며 그의 언약을 영원히 기억하시리로다"(시 111:5). 예수님의 밭에서 추수하는 일꾼들은 마지막에 복된 상을 받을 뿐만 아니라 그 과정에도 많은 위로를 받을 것입니다.

하나님은 당신의 일꾼들을 위해 식사시간들을 정해 놓으셨습니다. 그리고 그 식사시간들 중에 하나는 그들이 함께 와서 선포된 말씀을 경청할 때가 될 것이라고 약속하셨습니다. 하나님께서 사역자들과 함께 하시면, 제자들이 그리스도께서 늘리신 보리떡과 물고기를 그리스도로부터 받아 사람들에게 전해 주었던 것처럼 우리도 그렇게 할 수 있습니다. 우리 스스로는 수천 명은커녕 한 영혼도 먹일 수 없습니다. 그러나 주님께서 우리와 함께 하시면, 우리는 고운 가루와 살진 소들, 노루와 불그스럼한 사슴 고기를 차려 놓은 솔로몬의 식탁만큼이나 풍성한 식탁을 차릴 수 있습니다. 주님께서 당신의 집에 식량을 채워 주시면 아무리 많은 사람들이 그곳에 있더라도 가난한 모든 사람들이 배불리 먹을 것입니다. 사랑하는 성도들이여, 큰 기쁨으로 말씀의 그늘 아래에 앉아서 거기서 나는 달콤한 과일을 맛보는 것이 무엇을 의미하는지 알기 바랍니다. 은혜의 교리들이 다른 계시된 진리와 함께 담대하고도 분명하게 전해지는 곳, 십자가를 지신 예수 그리스도를 언제나 드러내는 곳, 성령의 역사를 잊지 않는 곳, 아버지의 영광스러운 뜻을 소중히 여기는 곳, 그런 곳에는 틀림없이 하나님의 자녀들이 먹을 양식이 있습니다.

우리는 수사적인 미사여구나 철학적인 논술로 먹는 법을 익히지 못하였습니다. 우리는 어린아이들이나 먹도록 이와 같이 멋진 것들, 축하 과자 장식들을 남겨둡니다. 아이들은 맛은 있지만 건강에는 해로운 이런 음식을 좋아하니까요. 그러나 우리는 진리가 없는 화려한 웅변보다는 비록 표현이 거칠지라도 진리를 듣기를 좋아합니다. 언약의 빵과 물, 약속된 기름과 포도주가 공급되는 한, 우리는 상이 어떻게 차려지든, 혹은 어떤 도자기에 요리가 담겨지든 상관하지 않습니다.

주님의 추수꾼들 가운데 어떤 불평가들은 먹고 싶은 마음이 없기 때문에 설교 말씀을 먹지 않습니다. 그들은 허물을 들추어낼 목적으로 떡집(the House of Bread; 베들레헴이라는 뜻, 여기서는 교회를 가리킴: 역주)에 옵니다. 따라서 그들은 빈손으로 나갈 수밖에 없습니다. 나의 대답은 "꼴 좋다"입니다. 저는 그런 청중들을 즐겁게 해 주는데는 관심이 없습니다. 불평하는 신자들이 원하는 바를 공급하느니 곰과 재칼을 먹이겠습니다. 설교자를 감시함으로 말미암아 얼마나 많은 해를 끼치는지요! 하나님께서 좋다고 인정하시는 부분을 우리는 얼마나 많이 비난하는지요! 교리에 집착하는 거만한 집사의 이야기를 들은 적이 있습니다. 그는 견습으로 설교를 하고 있던 젊은 목사에게 이렇게 말하였습니다. "목사님, 마지막 부분에서 죄인에게 호소한 것만 아니었다면, 당신의 설교는 매우 좋았을 것입니다. 영적으로 죽은 죄인들에게 예수님을 믿으라고 권면할 필요는 없다고 생각합니다." 그 집사가 집에 도착했을 때 그의 딸이 눈물 흘리는 것을 보았습니다. 그의 딸이 하나님께 회개하였던 것입니다. 그리고 그녀는 그 젊은 사람이 결국 담임목사가 된 그 교회에 등록하였습니다. 그녀는 어떻게 회개한 것일까요? 바로 설교 마지막 부분의 권면 때문이었습니다. 즉, 그녀의 아버지가 별로 좋아하지 않았던 바로 그 부분 말입니다.

영혼들을 구원하시는 성령의 역사를 방해하지 마십시오. 여러분이나 저에게 맞지 않는 설교 안에 성령의 역사가 다분히 존재합니다. 그러므로 우리들만이 유일한 고려의 대상이 아닌 것입니다. 다양한 성격의 사람들이 존재합니다. 그리고 우리의 청중들은 "때를 따라 양식을" 먹어야 합니다. 내가 그들 모두를 먹일 수 없다고 하여 성직에 결함이 있는 것처럼 말한다는 것은 그리스도인의 정신에 어울리지 않는 이기주의 아닌가요? 성숙한 신자를 위해서는 강하고 딱딱한 고기가 필요한 만큼 은혜에 갓난아이인 신자를 위해서는 순전한 우유가 필요합니다. 사랑하는 성도들이여, 내가 알기에 투덜거리는 사람들이 우리의 만나를 보고 "박한 식물"(민 21:5)이라고 부를지라도 우리의 은혜로우신 하나님께서 "이 산에서 만민을 위하여 기름진 것과 오래 저장하였던 포도주로 연회를 베푸시리니 곧 골수가 가득한 기름진 것과 오래 저장하였던 맑은 포도주로 하실 것"(사 25:6)입니다.

또한 우리의 은혜로우신 주님께서 우리가 개인적으로 읽고 묵상할 때에 식사시간을 약속해 주셨습니다. "주의 길에는 기름 방울이 떨어지며"(시 65:11)라는 말씀이 바로 이 약속을 보여 줍니다. 말씀을 먹고 그 말씀을 묵상하므로 소화시키는 것이야말로 신자의 영혼에 기름 방울이 떨어지게 하는 최고의 방법입니다. 사람들이 묵상하지 않을 때 성장하지 않는 것은 당연합니다. 가축은 되새김질을 해야 합니다. 이는 이빨로 잘라먹는 것을 의미하는 것이 아니라 씹고 난 후에 반추함으로써 소화시키고 양분을 공급하는 것을 의미합니다. 우리는 진리를 받아들이고, 영혼 내면에서 그것을 계속 반복하여 되새겨야 하며, 이로 말미암아 거룩한 양분을 섭취해야 할 것입니다.

형제들이여, 하나님의 고귀한 언약 가운데서 여러분을 위하여 마련된 베냐민의 식사(창 43:34)를 자주 경험하지 못하십니까? 묵상은 여러분에게 고센 땅이 아닙니까? 일찍이 "저 애굽에 곡식이 있다"(창 42장)고 말했던 사람들이 언제나 은밀한 기도 가운데서 아름다운 밀을 찾을 수 있다고 말할 수 없을까요? 은밀한 기도는 젖과 꿀이 흐르는 땅이요, 온갖 종류의 열매들이 맺히는 천국이요, 좋은 포도주가 있는 잔칫집과 같습니다. 아하수에로 왕은 큰 잔치를 베풀 수 있었지만, 그의 120개 주에서도 골방이 심령에게 줄 수 있는 그런 진미를 공급할 수는 없었습니다. 우리는 말씀을 묵상하므로 푸른 초장에서 먹고 누울 수 있으며, 이런 감미로운 체험을 어디서 할 수 있겠습니까? 묵상은 성경으로부터 정수(精粹, quintessence)를 추출해내며, 벌집에서 뚝뚝 떨어지는 새 꿀을 능가하는 달콤함으로 우리의 입을 즐겁게 합니다. 은둔하여 기도하는 기간은 여러분이 제왕의 즐거움을 누리는 기간이 될 것입니다. 또한 그 기간은 적어도 정오에 추수하는 일꾼들처럼 보아스와 함께 앉아 주인의 푸짐한 양식을 먹는 신나는 시간이 될 것입니다.

잊지 말아야 할 사실은 우리가 자주 가져야 할 특별한 식사시간이 있다는 것입니다. 매달 이 식사시간을 가진다 해도 이는 우리에게 매우 신나는 시간이 될 것입니다. 이는 주의 성찬을 뜻합니다. 그 시간에 여러분은 영적으로뿐만 아니라 문자 그대로 식사를 합니다. 그 식탁은 풍성하게 차려져 있습니다. 그 위에는 살과 음료가 있으며, 떡과 잔이 있습니다. 이런 것들이 상징하는 바를 바라볼 때 우리는 왕들이 공급할 수 있는 것보다 더 풍성한 식탁을 맞이합니다. 거기서 우리는 주 예수 그리스도의 살과 피를 먹습니다. 사람이 이것을 먹으면 다시는 배고프지 않고 목마르지 않습니다. 왜냐하면 그 떡이 그에게 영원한 생명이 되기 때문입니다. 오! 주의 성찬 시간에 체험한 감미로운 시간들이여! 여러분이 이 성찬식에서 그리스도를 먹는 즐거움을 이해한다면, 교회에 등록하지 않은 자신을 꾸짖을 것입니다. 주님의 계명을 지킬 때 "큰 상"을 받으며, 주님의 계명을 계속적으로 소홀히 여길 때 큰 상을 잃게 됩니다. 성찬식에 참여하는 자들이 언제나 그리스도를 발견할 수 있을 만큼 그리스도께서 성찬상에만 매여 계시는 것은 아니지만, 그래도 주님은 성찬식 때 우리를 만나 주실 것이라고 기대할 수 있습니다.

이런 정규 식사시간 외에도 하나님께서 우리에게 베푸시는 다른 식사시간들이 있습니다. 우리는 그 시간을 거의 예상할 수 없습니다. 길을 걸어가고 있을 때 불현듯 심령 속에서 하나님을 향한 거룩한 열망이 흘러나오는 것을 여러분은 체험하였을 것입니다. 또는 겨우내 꽁꽁 얼어붙었던 시냇물이 봄의 촉감을 느끼고 넘쳐흐르는 것처럼 일하던 중에 여러분의 마음이 사랑으로 녹고 기뻐 뛰는 것을 체험하였을 것입니다. 여러분은 병상에서도 식사시간을 가졌습니다. 그때에 여러분은 편안한 침대에서 머리를 살며시 베개에 얹은 상태에서 아픈 것을 언제까지나 감수할 수 있었을 것입니다.

복되신 구세주께서는 아침에 오셔서 저의 심령에 이토록 달콤한 생각들을 베푸시므로 저를 깨우십니다. 저는 그런 생각들이 어떻게 왔는지 알지 못합니다. 마치 이슬이 꽃을 방문할 때처럼, 하늘의 이슬방울은 저에게 소리 없이 내렸습니다. 서늘한 저녁 무렵 잠자리에 들었을 때 역시 구세주에 대한 저의 묵상은 달콤하였습니다. 아니, 제가 이리저리 뒤척이며 잠을 잘 수 없던 밤 시간에 주님은 기꺼이 저의 노래가 되어 주셨습니다.

하나님의 추수하는 일꾼들은 추수하는 일이 어렵다는 것을 압니다. 하지만 그들이 앉아서 주인의 풍성한 양식을 먹을 때 복된 위로를 받습니다. 이에 그들은 새로운 힘을 얻어 예리한 낫을 들고 나가 정오의 열기 속에서 다시금 추수합니다.

정확히 이런 식사시간이 언제인지 우리는 알지 못합니다. 동양의 추수하는 일꾼들은 일반적으로 한창 뜨거운 대낮에 나무 그늘이나 혹은 오두막에 앉아 피로를 풉니다. 저는 확신하건대, 불행, 고통, 핍박, 사별의 괴로움이 극심할 때, 그때가 바로 주님께서 우리에게 가장 달콤한 위로를 베푸시는 때입니다. 뜨거운 태양열로 인하여 얼굴에서 땀이 나올 때까지 우리는 일해야 합니다. 우리가 이런 고귀한 식사에 초대받기를 기대하기 전에 먼저 우리는 무거운 짐과 낮의 열기를 견뎌내야 합니다. 주님은 당신의 일을 성실하게 행하는 종들을 위해 이와 같은 식사를 준비하시기 때문입니다. 고난이 가장 극심할 때 예수님의 사랑이 가장 달콤할 것입니다. 시련의 밤이 가장 깊을 때 주님의 촛불이 당신 주변을 가장 환하게 밝혀줄 것입니다. 머리가 심하게 아플 때 — 당신의 심장이 가장 심하게 고동칠 때 — 마음과 육체가 약해질 때, 주님은 당신에게 생명의 능력이 되실 것이며, 영원히 당신의 분깃이 되실 것입니다.

또한 이런 식사시간은 시련을 앞에 두고 자주 있습니다. 엘리야는 로뎀나무 아래에서 양식을 먹고 힘을 얻어 40일 간의 여행을 할 수 있었습니다. 기쁨이 넘쳐흐를 때 어떤 위험이 다가오고 있는 것이 아닌가 하고 여러분은 의심할 것입니다. 배가 많은 양의 양식을 실으면, 그 배는 아득한 항구로 떠나는 것입니다. 이와 마찬가지로 하나님께서 예수님과의 특별한 교제시간을 여러분에게 주실 때 여러분은 폭풍우 치는 먼바다로 항해할 것을 예감합니다. 달콤한 강심제들은 가혹한 싸움을 대비합니다. 아울러 고생이나 혹은 힘든 일을 한 이후에 신나는 시간들이 옵니다. 그리스도께서 마귀의 시험을 물리치신 후에 천사들이 와서 수종들었습니다. 아브라함은 왕들과의 전쟁에서 승리를 거두고 돌아왔습니다. 바로 그때에 멜기세덱이 그에게 떡과 포도주를 주며 그를 위로하였습니다. 전투 후에 만족이 있습니다. 전쟁 후에 잔치가 있습니다. 여러분이 주님을 섬긴 이후에 여러분은 앉게 될 것이며, 주님께서 일어나 여러분을 섬겨 주실 것입니다. 속인(俗人)들은 신앙은 가혹한 것이라고 마음대로 지껄입니다. 그대로 내버려 두십시오. 우리는 신앙을 그렇게 알지 않습니다. 물론 추수는 어린아이의 장난이 아니며, 그리스도를 위한 수고가 어렵고 고통스럽다는 것을 인정합니다. 하지만 우리가 먹는 떡은 아주 달콤하며, 우리가 마시는 포도주는 천국의 포도송이를 짜낸 것입니다.

세상이 좋다고 말하는 모든 것과
나의 복된 신분을 바꾸지 않으리
믿음으로 나의 복된 신분이 유지되는 한
나는 죄인의 황금을 부러워하지 않으리

이제 두 번째 대지로 넘어갑니다. 이삭을 줍는 자가 은혜롭게도 이 식사에 초대되었습니다. 말하자면, 이 가련하고 떨고 있는 외국 여인은 자비가 아니었다면 추수할 자격도, 밭에 있을 권리도 없었습니다. 이 가련하고 떨고 있는 여인은 자신의 결점을 알고 소망도 기쁨도 없음을 느끼고 있습니다. 그런데 유력하고 자신감이 넘치는 소유주의 식사에 이삭 줍는 여인이 초대된 것입니다. 본문에서 이삭 줍는 이 여인은 "식사할 때에 이리로 오라"는 초대를 받습니다. 어떤 분들은 하나님의 집에 오기를 부끄러워한다는 것을 저는 알고 있습니다. 그러나 여러분의 옷 때문에, 혹은 자신의 성격 때문에, 혹은 가난 때문에, 심지어 육체의 질병 때문에 부끄러워서 잔칫집에 들어오지 못하시는 분은 한 사람도 없을 것입니다. "식사할 때에 이리로 오라."

저는 한 귀머거리 여인에 대한 이야기를 들었습니다. 이 여인은 소리를 전혀 듣지 못하면서도 언제나 하나님의 집에 왔습니다. 듣지도 못하면서 왜 앉아 있느냐고 묻자 그녀의 대답은 이러했습니다. "한 친구가 그녀에게 본문 말씀을 보여 주었습니다. 그러면 그녀는 하나님의 집에 앉아 있는 동안 그 말씀을 묵상하였고 그때에 하나님께서 그녀에게 멋진 생각을 주셨습니다. 게다가 신자로서 하나님의 궁궐에 와서 하나님께 영광을 돌리는 것이 마땅하다고 그녀는 생각했습니다. 더욱이 그녀는 최고의 교제를 나누는 것을 좋아했습니다. 하나님께서 임재하시고 거룩한 천사들과 지존하신 하나님의 성도들이 모였을 때 듣든 못 듣든 그녀는 그곳으로 달려가곤 하였습니다."

저는 우리 교회당에서 한 형제의 얼굴을 거의 언제나 봅니다. 제가 알기에, 그 형제는 태어나서 지금까지 한 번도 소리를 듣지 못하였으며, 또한 한 마디도 말하지 못합니다. 하지만 그는 기쁨이 넘치는 신자이며, 하나님의 영광이 머무는 이곳을 사모합니다. 이런 사람들이 교회에 나오기를 기뻐한다면 들을 수 있는 우리는 하나님의 집에 나오기를 간절히 사모해야 마땅할 것입니다. 물론 우리의 무가치함을 느끼고, 우리가 이곳에 올 자격이 없음을 알지만, 그래도 38년 된 병자가 베데스다 연못물이 동하기를 바라며 그곳에 있었던 것처럼 우리도 들어가 치료받기를 바라면서 하나님의 집에 나와야 할 것입니다. "식사할 때에 이리로 오라."

아울러 룻은 올 뿐만 아니라 먹으라는 말도 들었습니다. 상하고 회개하는 심령을 가진 여러분은 하나님의 말씀 안에 있는 감미롭고 편안한 모든 은혜를 먹으라고 초청 받았습니다. "그리스도 예수께서 죄인 — 곧 여러분과 같은 죄인 — 을 구원하시려고 세상에 임하셨다"(딤전 1:15). "기약대로 그리스도께서 경건하지 않은 자 — 자신이 무가치하다고 느끼는 여러분과 같은 자 — 를 위하여 죽으셨도다"(롬 5:6). 여러분은 오늘 아침에 그리스도의 것이 되기를 사모하고 있습니다. 여러분은 그리스도의 것이 될 수 있습니다. 여러분은 마음속으로 "저로 하여금 자녀들의 떡을 먹을 수 있게 하옵소서"라고 말하고 있습니다. 여러분은 그것을 먹을 수 있습니다. "나에게 그럴 권리가 없는데요"라고 여러분은 말합니다. 하지만 그리스도께서 여러분을 초대하십니다! 오직 그리스도의 초대권만 가지고 나오십시오. 여러분이 얼마나 무가치한지 여러분이 말하려 한다는 것을 나는 알고 있습니다.

양심 때문에 지체하지도 말고
어리석게도 자격을 갖추리라는 꿈도 꾸지 마십시오

오직 주님께서 "오라"고 명령하시므로 와서 그의 말씀을 취하십시오. 약속이 있거든 그 약속을 믿으십시오. 넘치는 위로가 있거든 그것을 마시십시오. 격려의 말씀이 있거든 그것을 받으시고, 그 달콤한 맛을 즐기십시오.

한 가지 더 주목할 사실이 있습니다. 룻은 떡을 먹으라고 초대받았을 뿐만 아니라 떡 조각을 초에 찍으라고 초대받았습니다. 우리는 이것을 시큼한 음식이라고 생각해서는 안 됩니다. 의심할 여지 없이 교회 안에는 심술궂은 심령들이 있습니다. 그들은 언제나 상상할 수 없을 만큼 신 식초에 그들의 떡 조각을 찍습니다. 그리고 냉혹함을 숨긴 관대함으로 다른 사람들을 초대하여 겉으로는 편안한 듯하지만 실상은 고통을 그들에게 분배합니다. 그러나 본문에 나오는 초는 그런 것과는 전혀 다른 것입니다. 이는 과일즙으로 여러 가지 맛을 낸 혼합물이거나 그렇지 않으면 물을 섞은 약한 포도주였습니다. 이는 오늘날에도 이태리의 추수밭, 그리고 따뜻한 지역에서 흔히 볼 수 있는 것입니다. 이 초는 강하지 않은 음료이지만 대단히 시원하며, 수확하는 주인의 음식 맛을 좋게 해 주는 조미료였습니다. 이 말의 의미를 밝혀 줄 유일한 단어가 소스(sauce)입니다. 동양인들은 떡을 소스에 찍어먹곤 하였습니다. 우리가 버터를 발라먹거나 어떤 경우에는 기름을 사용했던 것처럼, 추수밭에서 그들은 시원한 맛을 내기 위해 여기서 초라고 기록된 물질을 사용하였습니다.

사랑하는 성도들이여, 주님의 추수꾼들은 떡을 소스에 찍어 먹습니다. 그들은 달콤한 위로를 먹습니다. 그들은 교리뿐만 아니라 교리의 핵심인 거룩한 기름 부음을 받습니다. 그들은 진리뿐만 아니라 진리에 따르는 신성하고 매혹적인 기쁨을 얻습니다. 예를 들어 선택의 교리를 생각해 봅시다. 이는 떡과 같으며, 이를 찍어 먹을 수 있는 소스가 있습니다. "하나님께서 창세 전에 나를 사랑하셨다"고 말할 때 이는 선택의 교리를 나 자신에게 적용한 말입니다. 그리고 이 진리 안에서 얻은 유익 때문에 기뻐하는 말입니다. 이와 같은 적용과 기쁨이 나의 떡 조각(선택의 교리)을 찍은 소스가 됩니다. 이삭을 줍는 가련한 여러분은 떡 조각을 초에 찍으라고 초대되었습니다. 저는 사람들이 톱레디(Toplady)의 찬송을 부르는 소리를 듣곤 하였습니다. 그 첫 부분은 이렇게 시작됩니다.

오직 자비의 빚을 진
나는 언약의 은총을 찬양합니다
당신의 의의 옷을 입고 두려움 없이
나의 인격과 헌물을 드리나이다

이 노래의 절정 부분은 이렇습니다.

계약금이 분명히 지불된 이상
그래요, 나는 끝까지 인내할 거예요.
천국에서 영광을 입은 영혼들이
행복은 나보다 크겠지만 안전함은 나와 똑같아요.

저는 이런 찬송을 결코 부르지 못할 것이라고 생각했습니다. 그런데 아시다시피 이 찬송이 맛을 내는 소스였습니다. 저는 단조로운 떡을 먹기에 바빠 이 소스에 찍지 못하였습니다. 그러나 저의 떡 조각을 과감하게 소스에 찍은 이후 나는 영의 양식을 먹을 때마다 하나님께 감사드립니다. 그리고 이제 이 소스 없이는 거의 떡(교리, 진리)을 먹을 수 없습니다.

이제 저는 마음속으로 룻을 상상해 봅니다. 그녀는 음식을 먹으러 올 각오가 거의 되어 있습니다. 왜냐하면 그녀는 몹시 배가 고프기 때문입니다. 아침에 나올 때 아무것도 가지고 오지 못했습니다. 그런데 룻은 이렇게 말하기 시작합니다. "저는 올 권리가 없습니다. 저는 추수꾼이 아니기 때문입니다. 저는 그리스도를 위하여 하는 일이 전혀 없습니다. 그리고 심지어 오늘 아침에 이 자리에 나온 것도 그리스도를 영화롭게 하기 위한 것이 아닙니다. 나그네들이 이삭을 주우러 밭에 나오는 것처럼 저 또한 이기적인 동기에서, 즉 나 자신을 위해 이삭을 주우려고 이곳에 온 것입니다. 내가 가진 신앙이란 고작해야 이런 정도입니다. 구원받기를 소원할 뿐입니다. 하나님을 영화롭게 하지도 못하고, 다른 사람들에게 선을 베풀지도 못합니다. 저는 다만 이기적으로 이삭을 줍는 사람일 뿐입니다. 저는 추수하는 일꾼이 아닙니다."

그래도 그대는 오라고 초대를 받았습니다. 이에 대하여 의심하지 마십시오. 보아스가 그대를 초대합니다. 그의 초대를 받아들이고 즉시 들어오십시오. 그런데 여러분은 이렇게 말하는군요. "저는 너무나 가련한 이삭 줍는 여인이에요. 순전히 나 자신만을 위해 이삭을 줍지만 그것도 너무 적은 양만을 주울 뿐입니다. 목사님이 설교하시는 동안 저는 적은 부분만을 깨닫습니다. 그것도 집에 돌아가기 전에 다 잊어버리고 만답니다." 가련하고 연약한 여인이여, 그대가 그러는 줄 나도 압니다. 그런데도 예수님은 당신을 초대합니다. 오시오! 예수님께서 당신에게 보여 주시는 달콤한 언약을 취하십시오. 그리고 부끄러움 때문에 굶주린 채 그냥 집에 돌아가는 일이 없도록 하십시오. 그래도 여러분은 이렇게 말하는군요. "그러나 나는 외인이에요. 당신은 나의 죄, 나의 악함, 나의 고집스러운 마음을 모르십니다." 하지만 예수님께서는 다 아십니다. 그럼에도 불구하고 예수님은 당신을 초대하십니다!

그대가 모압 여인이며, 이스라엘 사회에 속하지 않은 외인이라는 사실을 예수님은 잘 아십니다. 그런데도 예수님은 그대를 초청하십니다. 그것으로 충분하지 않습니까? 당신은 보아스를 거절할 건가요? 예수님께서 그 입술로 초대장을 주시는데 여러분은 나에게 아니라고 말하시렵니까? 오십시오. 지금 오십시오. 룻이 아무리 많이 먹어도 보아스의 재산을 축내지 못하였다는 사실을 기억하십시오. 당신이 얼마를 바라든 그리스도는 여러분에게 은혜로우실 것이며 충만한 은혜를 베푸실 것입니다. 뭐라고요! 여러분에게 필요한 게 너무 많다고요? 그래요. 하지만 그리스도의 공급하심은 더욱 많습니다. 여러분은 큰 자비를 요구하십니까? 그분은 위대한 구세주이십니다. 여러분에게 말하건대, 바닷물이 고갈되기 전에는 그리스도의 자비가 고갈되지 않을 것입니다. 또한 빛을 과다하게 사용하므로 햇빛이 희미해지기 전에는 그리스도의 자비가 고갈되지 않을 것입니다.

더욱이 제가 여러분에게 말씀드릴 비밀이 하나 있습니다. 그것은 예수님께서 여러분을 사랑하신다는 사실입니다. 이 때문에 그리스도께서 그의 상에서 여러분을 먹이실 것입니다. 여러분이 은혜를 간절히 사모하고 두려워 떠는 죄인이 아니라 할지라도 구원받기를 바라나 구원받을 자격이 자신에게 없다는 사실을 깨닫는다면, 예수님은 죄인인 여러분을 사랑하십니다. 그리고 그분은 여러분이 음식을 먹는다는 사실보다도 여러분이 음식을 먹는 모습을 보고 더욱 기뻐하실 것입니다. 여러분을 향한 예수님의 아름다운 사랑에 힘입어 그에게 나오십시오. 이외에 또 어떤 비밀이 있나요? 한 가지 큰 비밀이 있군요. 저는 이 비밀을 여러분의 귀에다 대고 알려 주어야겠군요. 예수님은 여러분과 꼭 결혼하고 싶어하십니다. 여러분이 예수님과 결혼하면, 그 밭이 여러분의 소유가 될 것입니다. 여러분이 그의 배우자가 된다면 물론 여러분은 그와 공동 소유권자가 됩니다. 그렇지 않습니까? 아내가 그 남편과 재산을 공유하지 않나요? "그리스도 안에서 예와 아멘"이 되는 모든 언약들이 여러분의 것이 될 것입니다. 아니, 바로 지금 이 모든 것들이 여러분의 것이 됩니다. 왜냐하면 "그분은 여러분에게 친족"이 되시기 때문입니다. 머지않아 그가 그의 옷자락으로 여러분을 덮을 것이며 영원히 여러분을 취하여 성실하고 진실하며 의로운 남편이 되실 것입니다.

이제 세 번째 대지로서 우리는 본문에서 아름다운 장면을 보게 됩니다. 보아스가 룻에게 볶은 곡식을 주었습니다. "룻이 배불리 먹고 남았더라." 룻은 어디에서 먹었습니까? 성경은 "룻이 곡식 베는 자 곁에 앉으니"라고 기록하였습니다. 룻은 자기가 곡식 베는 자에게 속한 자라고 생각하지 않았습니다.

그녀는 곡식 베는 자들 곁에 앉았습니다. 이는 여러분 가운데 오늘 저녁 이곳에 내려와 주의 성찬에 참여하지 않고 맨 위층에 앉아 있는 자들의 모습과 꼭 같습니다. 여러분은 "곡식 베는 자들 곁에" 앉아 있는 것입니다. 마치 우리에게 속한 사람이 아닌 것처럼, 하나님의 백성 가운데 속하지 않은 것처럼 여러분은 앉아 있는 것입니다. 그래도 여러분은 우리 곁에 앉아 있어야 할 것입니다. 만일 갖고 싶은 좋은 것이 있는데 그것을 가질 수 없다면, 여러분은 될 수 있는 한 그것을 가진 자들 곁에 가까이 있어야 할 것입니다.

은혜로운 잔치를 보기만 해도 많은 위로가 된다고 여러분은 생각합니다. "룻이 곡식 베는 자 곁에 앉으니." 그녀가 거기에 앉아 있었을 때 무슨 일이 일어났습니까? 그녀가 손을 내밀어 그 음식을 받았습니까? 아닙니다. 성경은 이렇게 말씀합니다. "그가 볶은 곡식을 주매." 그렇습니다. 형제들이여, 저는 오늘 여러분을 초대합니다. 저는 이 성찬을 진지하게, 애정을 다하여, 마음으로부터 드리겠습니다. 하지만 제가 성찬을 드린다 하더라도, 우리의 왕께서 친히 오셔서 오늘 그의 성도들에게 잔치를 베풀어 주시지 않는 한, 두려워 떠는 어떤 심령도 진정한 성찬을 받지 못하리라는 사실을 저는 잘 알고 있습니다. 우리의 왕께서 친히 볶은 곡식을 주셔야만 합니다. 왕께서 여러분에게 "향기로운 술 곧 석류즙"(아 8:2)을 주셔서 마시게 하셔야만 합니다. 주님은 이런 은혜를 어떻게 주십니까? 그의 은혜로우신 영으로써 주님은 무엇보다 먼저 여러분의 믿음을 불어넣어 주실 것입니다.

여러분과 같은 죄인이 사랑하는 자(the Beloved)의 영접을 과연 받을 수 있을까 여러분은 염려합니다. 주님은 여러분에게 숨을 불어넣어 주실 것입니다. 그리하면 여러분의 희미한 소망이 기대로 바뀔 것이며, 그 기대는 합당한 믿음의 싹과 꽃으로 피어날 것입니다. 그리고 그 믿음으로 "나의 사랑하는 자는 내게 속하였구나. 그가 나를 사모하는구나"(아 2:16; 7:10)라고 말할 것입니다. 그렇게 하신 후에 구세주께서는 여러분에게 더 큰 은혜를 베푸십니다. 주님은 여러분의 심령 속에 하나님의 사랑을 부어 주십니다. 그리스도의 사랑은 상자 안에 있는 감미로운 향기와 같습니다. 상자 안에 향기를 담아놓으시는 그분만이 그 상자의 뚜껑을 여실 수 있는 유일한 분이십니다. 주님은 능숙한 손으로 그 상자의 뚜껑을 여십니다. 그리고 "쏟은 향기름같이"

사랑의 향기를 "부어 주십니다." 여러분은 하나님의 사랑이 마음속에 있다고 알고 있지만 그러나 있는 것이 아니라 부은 바 된 것입니다(롬 5:5).

예수님은 여기서 그치지 않습니다. 예수님께서 우리와 깊은 교제를 나누실 때, 그때가 바로 친히 당신의 손으로 우리에게 볶은 곡식을 주시는 때입니다. 이것을 꿈이라고 생각하지 마십시오. 오늘날에도 그리스도와 이야기를 할 수 있습니다. 나의 친구와 이야기하듯이, 혹은 사랑하는 아내와 교제하는 가운데 위로를 받듯이, 분명히 나는 예수님과 이야기할 수 있으며, 임마누엘 되신 주님과의 교제 속에서 큰 기쁨을 체험할 수 있습니다. 이는 허구가 아닙니다. 우리는 아득히 멀리 계신 구세주를 경배하는 것이 아닙니다. 그분은 바로 곁에 계신 하나님이십니다. 우리가 경배하는 주님은 천국으로 가 버렸기 때문에 우리가 결코 가까이 할 수 없는 그런 분이 아니십니다. 그는 우리 곁에 계십니다. 우리의 입 안에도, 우리의 마음속에도 계십니다. 그러므로 구약의 성도들이 그랬던 것처럼 우리는 오늘날 주님과 동행하며, 사도들이 세상에서 그랬던 것처럼 오늘날 주님과 교제할 수 있습니다. 정녕, 육을 따라 나지 아니한 영적인 사람들은 육적인 교제보다 영적인 교제를 더 소중히 여깁니다.

한 가지 더 말씀드릴 은혜가 있습니다. 주 예수님께서 진정한 의미에서 볶은 곡식을 주시기를 기뻐하신다는 사실입니다. 그 진정한 의미란 우리가 하나님으로 말미암아 태어난 존재라는 사실을 성령께서 우리 안에서 확실하게 증거하신다는 것입니다.

나바르(Navarre)의 앙리 왕(프랑스) 시대에 살았던 필립 드 모르니(Philip de Morny)는 한 문제가 유클리드 법칙에서 증명되는 것처럼 성령께서 자신의 구원을 분명하게 증명해 주셨다고 말하곤 하였습니다. 아시다시피 유클리드는 수학적인 정확성을 가지고 문제를 풀거나 명제를 증명합니다. 이와 마찬가지로 2의 2 배수는 4라는 절대적인 사실처럼 우리는 "사망에서 생명으로 옮긴" 사실을 알 수 있습니다. 하늘에 떠 있는 태양이 우리의 눈에 분명히 존재하는 것 이상으로 구원은 확신 있는 신자에게 너무나도 확실한 사실입니다. 이러한 신자는 영생의 중요성을 의심하느니 차라리 자신의 실존을 의심할 것입니다.

보아스가 볶은 곡식을 주었을 때 성경은 "룻이 배불리 먹고 남았더라"고 말씀하고 있습니다. 사람들이 룻과 같이 되면 모두 이와 같을 것입니다. 조만간 회개하는 모든 사람들은 신자가 될 것입니다. 깊이 뉘우치기까지 시간적인 공간이 있을 수 있으며, 많이 망설이는 시간이 있을 수 있습니다. 그러나 영혼이 주님을 위해 결심하는 때가 반드시 올 것입니다. 나는 죽으면 죽을 것입니다. 있는 모습 그대로 나는 예수님께 나아갈 것입니다. 나는 더 이상 그러나와 만약이라는 말로 멍청한 짓을 하지 않을 것입니다. 예수님께서 나를 위해 죽으신 것을 믿으라고 내게 명령하시므로 나는 그런 사실을 믿을 것입니다. 구원받기 위해 십자가를 의지할 것입니다.

오! 여러분이 이런 특권을 누릴 때마다 만족할 것입니다. 룻은 먹고 만족하였습니다. 여러분의 머리는 그리스도께서 계시하신 고귀한 진리로 만족할 것입니다. 여러분의 마음은 예수님으로 만족할 것입니다. 예수님은 우리가 사모할 만한 너무나 멋진 분이시기 때문입니다. 여러분의 소망은 이루어질 것입니다. 하늘에서는 여러분에게 그리스도 외에 아무도 없기 때문입니다. 여러분의 열망은 채워질 것입니다. "그리스도를 알고 그 안에서 발견되는 것" 외에 그 무엇이 여러분의 허기진 열망을 채워 줄 수 있단 말입니까? 예수님께서 여러분이 완전한 평안을 누릴 때까지 여러분의 양심을 만족하게 하신다는 것을 알게 될 것입니다. 여러분이 그의 가르침을 확실히 알기까지 예수님께서 여러분의 판단을 도우실 것입니다. 예수님은 당신이 행하신 일들로 여러분의 기억을 가득 채우실 것입니다. 그리고 앞으로 당신이 행하실 일에 대한 전망으로 여러분의 상상을 가득 채우실 것입니다.

여러분은 "만족할 것입니다." 그리고 여러분이 상당한 것을 남기게 될 것이 너무나 자명합니다. "룻은 만족하고도 남았습니다." 우리들은 깊은 은혜에 빠졌습니다. 그때에 우리는 그리스도의 모든 것을 다 수용할 수 있으리라고 생각했습니다. 그러나 최선을 다해 수용해 보았지만 엄청나게 많은 부분을 남겨 두어야 했습니다. 우리는 주님의 사랑의 식탁에 앉아 엄청난 식욕으로 먹고는 이렇게 말했습니다. "무한하신 주님만이 나를 만족시킬 수 있습니다. 나는 너무나 큰 죄인이기 때문에 주님의 무한한 공로를 힘입어야 나의 죄를 씻을 수 있습니다." 우리의 죄는 모두 도말되었습니다. 그래도 여분의 공로가 남아있다는 사실을 우리는 깨달았습니다. 우리는 굶주림을 면하였습니다. 그래도 우리와 비슷한 처지에 있는 다른 사람들을 위해 여분의 음식이 마련되어 있다는 사실을 깨달았습니다. 하나님의 말씀 안에는 여러분과 제가 아직까지 누리지 못한 감미로운 은혜가 남아 있습니다. 우리는 그 은혜를 아직까지도 누리지 못하고 있습니다. 우리는 한동안 그 은혜를 그대로 놔둘 수밖에 없습니다. "내가 아직도 너희에게 이를 것이 많으나 지금은 너희가 감당하지 못하리라"(요 16:12). 우리가 아직 이르지 못한 지식이 있습니다. 그리스도와 더 친밀히 교제해야 할 여지가 많이 있습니다. 우리가 아직까지 오르지 못한 교제의 산들이 있습니다. 사람의 발이 닿지 않은 산 위에는 태고의 눈이 쌓여 있습니다. 아직까지 저 너머에 있고 영원히 그곳에 있을 것입니다.

여기서 우리는 한 가지 재미있는 사실을 볼 수 있습니다. 본문에는 없지만 조금 뒤로 가 보면 룻이 남은 음식을 가지고 행한 일이 기록되어 있습니다. 제가 생각하기에 잔칫집에서 음식을 가지고 집으로 가는 것은 나쁜 습관입니다. 그러나 룻은 남은 것을 가지고 집으로 갔습니다. 룻이 나오미에게 이르자 앞치마에 싸 가지고 온 많은 양의 곡식을 보여드렸습니다. "오늘 어디서 주웠느냐?" 라는 나오미의 물음에 룻은 대답을 한 다음 자신이 배불리 먹고 남긴 것을 시어머니에게 드렸습니다. 떨고 있는 여러분, 여러분은 자신들에게 아무런 권리가 없다고 생각하지만 여러분도 룻과 같이 될 것입니다. 여러분도 먹고 크게 만족할 것이며, 먹고 남긴 것을 비슷한 처지에 있는 다른 사람들에게 전해 주게 될 것입니다. 어린 신자들이 다른 사람들에게 전해 주려고 무언가를 기록해 두는 것을 볼 때 저는 매우 기쁩니다.

여러분이 설교를 들을 때 이렇게 생각합니다. "불쌍하신 어머니 오늘도 밖에 나가지도 못하시고. 어머니에게 재미있는 말씀을 해 드려야지. 오늘 말씀은 어머니에게 꼭 맞는 말씀이야. 내가 다른 것은 잊어버릴지라도 이 말씀은 꼭 간직하여 어머니 병상 곁에서 말씀 드려야지. 그리고 교회에 나오지 않는 내 동생 윌리엄도 있지. 교회에 나오면 얼마나 좋을까. 지금 감동 받은 말씀이 있는데, 동생을 만나면 꼭 그 말씀을 전해 주고, '오늘 저녁에 교회에 나오지 않겠니' 라고 말해 봐야지. 나에게 감동을 준 그 부분을 동생에게 말해 줄 거야. 아마 동생에게도 감동이 될 거야." 여러분에게 주일학교에 다니는 자녀들이 있다면, 여러분은 "저 예화가 우리 아이들에게 유익하겠네"라고 말합니다. 제가 말씀드린 비유를 여러분이 조그마한 종이에 적는 것을 보면서 저는 누군가에게 전하려고 그렇게 하시는구나라고 생각합니다. 이런 비유들이 잘 활용된다면 저는 얼마든지 말씀드리겠습니다. 여러분과 여러분의 친구들에게 유익이 된다면 저는 한 움큼 남은 부분을 떨어뜨려 줄 용의가 있습니다.

이기적인 마음을 갈아엎으십시오. 여러분이 사랑을 받은 대로 사랑하십시오. "주 너의 하나님을 마음을 다해 사랑하고 네 이웃을 네 몸과 같이 사랑하라"는 이것이 바로 "율법과 선지자"의 강령임을 기억하십시오. 여러분이 이웃의 영혼을 사랑하지 않는다면 어떻게 이웃을 네 몸과 같이 사랑할 수 있겠습니까? 여러분은 자신의 영혼을 사랑합니다. 지금까지 은혜로 말미암아 여러분은 예수님을 붙잡을 수 있었습니다. 이웃의 영혼을 사랑하십시오. 여러분의 삶을 매력 있게 해 주고 여러분의 영혼을 기쁘게 해 준 그 은혜로써 그 이웃이 기뻐하는 모습을 보일 때까지 여러분은 절대로 만족하지 마십시오. 이보다 더 편안하게 여러분을 초대할 방법을 저는 모르겠습니다. 하지만 오늘 저녁 우리가 주님의 식탁에 앉아 먹을 때, 떨고 있는 죄인들에게 한 움큼의 볶은 곡식을 베풀어 주셔서 그가 먹고 만족할 수 있게 해 달라고 저는 기도하겠습니다.

11

룻(4)

이삭 줍는 이들을 위한 설교

"룻이 이삭을 주우러 일어날 때에 보아스가 자기 소년들에게 명령하여 이르되 그에게 곡식 단 사이에서 줍게 하고 책망하지 말며 또 그를 위하여 곡식 다발에서 조금씩 뽑아 버려서 그에게 줍게 하고 꾸짖지 말라 하니라"(룻 2:15, 16).

온 세상은 밭에서 일하므로 살아가며, 왕 또한 쟁기와 낫으로 농사짓는 사람들의 공양을 받습니다. 농촌에서 사는 사람들은 식물이 온갖 위기를 극복하고 싹을 내며 잎에서 이삭이 패는 것을 지켜보며, 그 이삭이 무르익으면서 고개를 숙이고 햇빛 속에서 누렇게 익을 때까지 그 모습을 근심스럽게 바라봅니다. 이런 과정들이 흙과 수확물에 끊임없이 영향을 미치기 때문입니다. 그러면서 그들은 자신들은 전적으로 "생명의 양식"(the staff of life)에 의존하여 살아간다는 사실을 잊을 수 없습니다. 농사를 짓는 곳에서는 섭리하시는 하나님을 바라보며 간절히 기도하지 않고는 살기 힘듭니다. 하지만 우리 대부분은 벽돌로 이루어진 거대한 광야(도시를 의미함)에서 살도록 운명 지어졌으며, 이곳에서는 푸른 것을 거의 볼 수 없습니다.

우리가 이곳에서 식물을 재배하려고 한다면 그것은 그다지 아름답지도 않고 향기도 나지 않는 병약한 것일 뿐입니다. 화사한 꽃들이 없는 환경 속에 살고 있기 때문에 우리의 어머니인 땅에 대하여 무지할지라도 이는 별로 이상한 일이 아닙니다. 우리는 너무 쉽게 농촌 일과 관계가 없다고 생각합니다. 우리의 무역, 장사, 우리의 공장주들이 우리에게 필요한 것을 충분히 공급해 준다고 생각합니다. 그러나 그들은 정말 중요한 사실을 잊고 살아가는 사람들입니다. 즉, 땅이 열매를 산출하지 않으면 저 너머 떡갈나무 숲이 있을 수 없다는 사실입니다. 또한 농부가 땅을 갈아엎어 경작하므로 그 땅이 소출을 내지 않으면, 시장도 설 수 없고 매매도 할 수 없으며, 상품을 거래할 수도 없다는 사실입니다.

저는 여러분이 기억을 더듬어 다음과 같은 질문에 답할 수 있기를 바랍니다. 도시에 사는 여러분, 여러분은 매일의 양식을 위해 땅의 주인이신 하나님을 얼마나 많이 의지하십니까? 여러분의 양식은 만나처럼 하늘에서 떨어지나요? 여러분이 양식을 공장에서 만들어 내거나 베틀이나 혹은 물레바퀴로 찍어내나요? 여러분의 양식이 땅에서 나오지 않습니까? 비옥한 땅의 자궁에 생산할 힘을 주시는 이가 주님이 아니십니까? 이슬이 하늘에서 내리고 햇빛이 위에서 내리쬐므로 이로 말미암아 밭에서 일하는 농촌 사람들뿐만 아니라 도시민인 우리에게까지 양식이 공급되는 것이 아닙니까? 추수 때를 잊지 말고, 곡식을 베푸시는 은혜에 감사합시다. 귀한 곡식을 거둬들일 수 있도록 적당한 기후를 달라고 하나님께 잊지 말고 기도합시다. 그리고 추수할 때 부루퉁하게 가만히 있지 말고, 황금물결을 흐뭇하게 바라보는 수고한 시골 사람들과 함께 추수를 마쳤다는 함성을 지르고, 골짜기를 곡식으로 덮어 주시고 매해 은혜로 관을 씌워 주시는 하나님께 감사합시다.

이러한 내용이 안식일에 적절한 주제가 아니라고 말씀하지 마십시오. 모르는 말씀 좀 그만하십시오. 예수님의 제자들이 안식일에 밀밭 사이를 통과할 때, 주님께서 밭을 설교의 주제로 삼지 않으셨나요? 이 거룩한 날에 "눈을 들어 밭을 보십시오. 이미 무르익어 추수할 때가 되었습니다"라고 제가 말씀드리더라도 주님은 저를 책망하지 않으실 것입니다. 여러분은 눈에 보이는 창조(outward creation, 곡물의 소출을 의미함: 역주)를 죄스러운 일이라고 생각하십니까? 안식일에 하나님을 경배하기 위해서는 눈을 감고 얼빠진 얼굴을 한 채 꽃과 밭을 바라보아서는 안 된다고 생각하십니까? 푸른 풀밭, 꽃들, 흘러가는 구름들, 찰랑이는 물결들, 혹은 익어 가는 곡식은 부정하지 않습니다. 믿는 사람들의 귀에는 아낌없이 베푸시는 아버지의 발자국 소리가 어느 곳에서나 들리며, 계절의 흐름은 하나님의 다양한 속성을 나타내 줄 뿐입니다. 우리는 살랑살랑 소리나는 모든 이삭으로부터 아들의 소리를 들을 수 있고, 모든 추수 밭에서 천사들이 몸을 낮추고 듣는 설교를 들을 수 있습니다. 이것은 부정한 주제가 아닙니다. 나와 함께 추수 밭으로 갑시다. 주님께서 우리와 함께 가실 것입니다. 그리고 추수에 비유하여 추수 외에 다른 일들에 대하여도 잠시 이야기해 봅시다.

나는 지금 이와 다른 밭으로 여러분을 초대합니다. 나는 여러분을 복음 진리의 밭으로 인도할 것입니다. 나의 주인(Master)은 보아스(the Boaz)이십니다. 보십시오. 이 귀한 책에는 정직한 약속들, 풍성하고 무르익은 축복들로 가득한 밭이 있습니다. 주인께서 문에 서 계시며 우리를 환영하십니다. 추수하는 일꾼들처럼 믿음으로 충만한 건장한 사람들이 곡식 단을 베어들이며 한 아름 거둬들입니다. 참으로 추수는 풍성하기 때문에 여러분 모두 추수하는 일꾼이면 좋겠습니다. 하지만 추수하는 일꾼이 아니더라도 여러분은 보아스의 시녀들처럼 될 수 있습니다. 제가 보니 어떤 시녀들은 다른 사람들이 수확한 것만큼 많이 수확하지 못합니다.

우리 교회에 속한 많은 성도들은 안식일마다 말씀의 사역을 통해 공급되는 천국의 달콤한 음식과 기름진 것을 먹고 기뻐합니다. 그러나 그 중에 일부는 교회 밖에서 떨고 있으며, 저는 그들에게 본격적으로 말씀을 전할 것입니다. 그들은 추수하는 일꾼들이 아닙니다. 그들은 큰 단을 가져갈 강한 믿음이 없습니다. 그들은 아직까지는 식솔 같지 않습니다. 그들이 앉아서 떡 조각을 초에 찍어 배불리 먹기에는 아직까지 마음이 편치 않습니다. 하지만 그들은 이삭을 줍는 자들입니다. 그들은 문에 서서 이렇게 말할 것입니다. "나의 주께서 제게 은총을 베풀어 주셔서 이 밭에서 이삭을 주울 수 있게 해 주십시오. 제가 여기저기서 복음 은혜의 이삭을 주울 수만 있다면 저는 더 바랄 게 없겠습니다." 주인께서 저를 젊은 일꾼으로 보내시어 여러분에게 이렇게 전하라고 하십니다. "누구든지 원하는 자는 밭에 와서 이삭을 주워라. 이삭을 줍다가 힘이 생기고 추수하는 일꾼이 되거든 추수하라. 그리고 그 곡식단을 집으로 가져가라."

첫째, 보아스처럼 저는 "이 소녀는 누구냐?"(2:5)고 질문할 것입니다. 그리하여 그리스도의 밭으로 초대된 이 이삭 줍는 자들이 누구인지 밝혀낼 것이며, 일부러 그들을 위해 떨어뜨린 이삭을 그들로 하여금 한 움큼 주울 수 있게 할 것입니다.

"이 소녀가 누구냐?" 이 질문에 대한 첫 번째 대답은 이렇습니다. 그녀는 모압 여인이며 이방인입니다. 아! 나는 그대의 가련하고 소심한 마음을 알고 있습니다. 그대는 이렇게 말합니다. "나는 악한 혈통에서 나왔으며, 다른 이들처럼 진노의 자식입니다. 나의 본성은 타락하였고 비열합니다. 나 같은 사람도 주인의 밭에 들어가서 은혜의 이삭을 주울 희망이 있을까요? 오! 길을 잃고 어찌할 수 없어서 느끼는 절망감을 당신께서 아시나요? 저는 오랫동안 하나님을 알지 못하였으며, 이스라엘 사회로부터 외인이었기 때문에 제가 얼마나 천한 존재인지 당신께서는 아시나요? 제 생각에 당신께서는 밭에서 이삭을 주우라고 저를 초대하지 못할 거예요." 진실로 나의 자매여, 나는 바로 당신 같은 사람을 위해 보내심을 받았습니다. 보아스가 마음에 둔 여인은 바로 모압 소녀였으니까요. 그리고 보아스가 그녀에게 "이삭을 주우러 다른 밭으로 가지 말며 여기서 떠나지 말고 나의 소녀들과 함께 있으라"(2:8)는 메시지를 보냈으니까요.

다시금 이 소녀가 누구냐고 물을 때 그녀는 이렇게 대답합니다. "저는 본래 이방인일 뿐만 아니라 지금 비참하고 가련한 상태에 있는 것을 고백합니다. 저는 그리스도의 은혜를 받을 수 없습니다. 저는 그리스도의 사랑을 얻기 위해 아무것도 할 수 없습니다. 전에는 제가 선한 일을 많이 했다고 자부했습니다만 이제는 전혀 그렇게 생각하지 않습니다. 전에는 제가 종교의식들에 의존하였으나 이제는 그런 것들을 단념하였습니다. 왜냐하면 그런 것들 가운데서 위로를 발견할 수 없기 때문입니다. 저는 완전히 불쌍한 사람입니다. 너무 가련하여 지금보다 더 나은 미래를 바랄 수 없을 정도입니다. 저는 어찌할 수 없는 사람입니다. 저는 아무것도 아닙니다. 그래요. 정말 아무것도 아니에요. 아아! 저는 너무나 불쌍한 거지여서 그의 모든 은혜 중에 지극히 적은 것이라도 받을 자격이 없는 사람입니다."

그대는 이렇게 말씀하십니까? 그대가 그런 말을 하는 것을 들으니 너무나 기쁘군요. 왜냐하면 바로 그대와 같은 사람에게 나는 보내심을 받았기 때문입니다. 나는 바로 당신과 같은 사람에게 다음과 같은 은혜로운 초대를 하라고 명령을 받았습니다. "밭에 들어와 곡식 단 사이에서 주워라."

이제 내가 말하는 이삭 줍는 자는 이방인이요 나그네와 같은 체험을 하며, 헐벗고 가련한 형편 속에 살아가지만 이 모든 것에도 불구하고 이스라엘의 하나님 여호와를 위해 결심하는 사람입니다. 저는 마음속으로 이삭 줍는 여인의 말을 듣습니다. "내가 죽더라도 그리스도의 십자가를 바라보다 죽을 것입니다. 내게는 드릴 것이 하나도 없지만 있는 모습 그대로 나아갑니다. 제가 예수 그리스도의 보혈과 완전한 의 이외에는 다른 아무것도 의지하지 않는다는 사실을 주님께서 아십니다. 전에 내가 의지했던 모압의 신들을 저는 맹세코 거절합니다. 지금 세상은 제게 아무런 의미가 없습니다. 헛되고 공허한 세상은 제게 조금도 멋있지 않습니다. 나 자신에 대해서도 먼지와 재를 뒤집어쓴 채 싫어합니다. 저는 그리스도의 것이 될 것입니다. 설령 그리스도께서 저를 받아주지 않으시더라도, 설령 제가 그의 밭에서 이삭을 줍지 못한다 하더라도, 저는 결코 다른 곳으로 가지 않을 것입니다.

소심한 심령들이 끈질기게 그리스도를 붙잡는 것을 보면 참으로 신기합니다. 인간이 물에 빠질 때 그는 무서워하면서 더욱 필사적으로 나무를 붙잡습니다. 이와 마찬가지로 두려워하는 심령들은 죽음도 지옥도 떼어놓을 수 없을 만큼 예수님을 꽉 붙잡습니다. 많은 사람들이 그 심령이 요동하다가도 일단 불시험이 찾아오면 결사적인 각오로 "나의 구주께서 살아 계신다"고 찬송할 것입니다. 반면, 말로만 담대한 사람들은 실제로는 비겁하게 행동하며, 불시험이 닥칠 때 그리스도를 떠나고 맙니다.

하지만 이 심령들이 완전한 상태에 이르려면 아직 갈 길이 멉니다. 이 이삭 줍는 자는 매우 겸손하고 자기를 비운 사람입니다. 보아스가 룻을 주목할 때 룻이 말하는 소리를 들어보십시오. "나는 이방 여인이거늘 당신이 어찌하여 내게 은혜를 베푸시며 나를 돌보시나이까?"(2:10) 제가 말씀드리는 이 여인은 자신을 상당히 낮게 평가합니다. 그래서 낟알 한 알만한 소망을 얻더라도 "아, 이는 내게 과분하구나"라고 생각합니다. 때때로 여러분은 그리스도께서 여러분을 사랑하시고 자신을 내어주셨기를 어느 정도 기대하다가도 자신의 비열함을 깨닫고는 이렇게 말합니다. "아니야, 나와 같이 초라하고 비열한 자를 그리스도 나의 주님께서 그 순결한 눈으로 지켜보실 리가 없어." 여러분이 자신에 대하여 순수하고 흠 없고 멋지다고 생각하지 않는다는 것을 나도 압니다. 그리스도께서 자기 배우자에게 "나의 사랑 너는 어여쁘고 아무 흠이 없구나"(아 4:7)라고 말씀하시는 그런 본문을 읽을 때면, 여러분은 눈물을 흘리며 이렇게 말합니다. "내게 그런 말씀을 하시면 절대로 안 됩니다. 저는 죄로 더럽혀져 있고, 부정하고 불결한 사람입니다. 온 세상을 다 뒤져보아도 나보다 더 하찮은 존재는 찾지 못할 거예요. 쓰레기 더미를 계속 뒤집어보아도 나만큼 당신의 사랑을 받을 자격이 없는 대상을 찾지 못할 거예요. 나는 정말로 가치 없는 존재이니까요."

그런데 바로 그대 같은 사람들을 위해 제가 보내심을 받았습니다! 여러분의 주 예수님께서 그대의 소리를 들으셨으며, 여러분의 있는 그대로의 모습을 사랑하십니다. 왜냐하면 그대의 눈에 그대가 적게 보일 때 주님의 눈에 그대가 크게 보이기 때문입니다. 그대가 자신에 대하여 수줍게 말할 때 주님은 그대의 말 듣기를 좋아하십니다. 왜냐하면 그대의 말은 진실한 말이기 때문입니다. 실로 여러분은 진실을 말한 것입니다. 여러분은 오직 혐오스럽고 부패하고 타락한 존재입니다. 그러나 이 모든 것에도 불구하고 여러분을 사랑하신 그분은 결단코 여러분을 떠나지 않을 것입니다. 여러분의 부패가 제거될 때까지, 혐오스러운 부분이 깨끗이 씻겨질 때까지, 찌그러진 모습 대신 비길 데 없는 아름다운 모습을 갖추고 부정함 대신 그의 완전한 의를 가질 때까지 여러분을 떠나지 않으실 것입니다.

또한 이 이삭 줍는 자들은 참된 그리스도인들의 높은 안목을 가지고 있습니다. "나는 당신의 하녀 중의 하나와도 같지 못하오나"(2:13)라고 말하는 룻의 말을 들어보십시오. 룻과 같이 이삭을 줍는 자는 하나님의 성도들이 복된 백성들이며, 자기는 그들과 같지 못하다고 생각합니다. 자신이 암담한 체험을 하게 되면, "내가 하나님의 백성이라면 결코 이렇지는 않을 텐데"라고 말합니다. 자신의 열등함과 결함을 알고 이렇게 외칩니다. "아! 내가 그리스도의 선택받은 백성이라면 나는 지금보다 훨씬 거룩할 텐데. 나는 그리스도의 성도들을 사랑하지만 내가 그들에게 속한다는 것은 도무지 기대할 수 없어. 나의 덕은 결코 성도들과 가시적으로 교제할 수준이 못돼." 아! 천국에 이른다면 문틈으로 기어들어가, 아무도 보지 못하도록 쥐구멍에 들어가 자신을 숨기리라는 여러분의 생각을 나는 알고 있습니다. 오늘날에도, 여러분은 진실로 아주 훌륭한 성도들이면서도 자신이 너무나 미천한 존재라고 생각합니다. 많은 은혜를 받았으면서도 여전히 자신은 비참할 만큼 가련한 존재라고 생각하는 성도들이 많습니다. 그런가 하면 "나는 부자라 부요하여 부족한 것이 없다"(계 3:17)고 말하는 사람들도 많습니다. 그러나 실제로 그들은 헐벗고 가련하며 불쌍한 사람들입니다. 오랫동안 이방인으로 지내며 죄에 깊이 빠졌으나 지금은 그리스도를 위해 결심한 가련한 모압 여인이여, 그대는 절망 속에서도 혹시 그리스도께서 나를 보아주실까, 오늘도 나에게 말씀하실까 하고 기대하고 있군요. 그대의 귀를 열어 그의 말씀을 들어보십시오. 그대의 친족과 아버지의 집을 잊어버리십시오. 왜냐하면 그리스도께서 그대를 사모하시기 때문입니다. 그리스도께서 바로 지금 그대를 부르셔서 영원히 아내로 삼으실 것입니다.

그리스도께서 이삭 줍는 자에게 오라고 손짓하셨으므로 이제 나는 보아스처럼 추수하는 일꾼들에게 설교합니다. 사역자들은 추수하는 일꾼들입니다. 따라서 추수하는 일꾼들에게 한 보아스의 말은 곧 사역자들에게 한 말입니다. "곡식 단 사이에서 줍게 하고 책망하지 말며 또 그를 위하여 곡식 다발에서 조금씩 뽑아 버려서 그에게 줍게 하고 꾸짖지 말라 하니라."

그리스도께서 그의 사역자들에게 하시는 첫 번째 명령은 "책망하지 말라"입니다. 나의 형제 사역자들이여, 우리가 마땅히 위로했어야 할 때 종종 책망했고, 본의 아니게 지혜롭지 못한 말로 고난당하는 하나님의 백성들에게 심한 타격을 주었던 일을 생각하니 두렵습니다. 제가 알기에 일부 설교자들은 마틴 루터의 신학을 한 번도 배우지 않았습니다. 그들이 기도와 묵상은 할지언정 시험을 통해 한 번도 훈련받지 않았습니다. 우리가 직접 시험을 거치지 않았다면, 우리 자신부터 비우지 못했다면, 룻과 같은 사람들을 대할 때 그들에게 친절을 베푸는데 어려움을 겪게 될 것입니다. 그리고 "너희는 위로하라 내 백성을 위로하라"(사 40:1)는 주님의 말씀을 듣지 못하고 그들을 책망하고 비난하게 될 것입니다.

우리가 사역의 기준을 정하고 연약한 자들이 그 기준에 따르지 않으면 필경 멸망할 수밖에 없다고 말하는 것은 그들의 체면을 심하게 손상시키는 것임을 알아야 합니다. 저는 옛 성직자들에 대한 이야기를 들어보았습니다. 그분들이 자신들의 경험이 하나님의 모든 백성들에게 반드시 필요하다고 장황하게 가르치는 것을 보고는 저는 엘리후처럼 저의 선배들을 꾸짖을 각오를 하였습니다. 연세 높으신 성도의 체험이 결단코 어린 새신자에게 신앙의 기준으로 정해져서는 안 됩니다. 뼈가 튼튼해지면 우리는 산에 올라갈 수 있습니다. 하지만 산을 오르는 일은 어린아이들에게는 무리입니다.

물 속 깊이 다이빙하는 기술을 익혔을 때 비로소 우리는 다이빙을 할 수 있습니다. 하지만 어린 아이들에게는 다이빙이 무리입니다. 그들은 지금 무릎 위에 앉혀서 얼러주어야 하며 가슴에 안고 젖을 먹여 주어야 합니다. 우리의 삶에서 어두운 일을 말하고 새 신자에게 "당신도 이 모든 일을 체험해야 하며 그렇지 않으면 하나님의 자녀가 아니다"라고 말한다는 것은 우리가 마땅히 위로해 주어야 할 자에게 도리어 비난을 퍼붓는 일입니다. 이와 같이 저는 은혜의 기준이 정해지는 것을 보았습니다. 어떤 그리스도인들은 훌륭한 덕을 갖추었습니다. 그들의 믿음은 담대하고, 그들의 용기는 어떠한 위험에도 아랑곳하지 않습니다. 그들의 소망은 밝고 다이아몬드처럼 번쩍입니다. 하지만 만일 우리가 새신자들에게 교부들과 같은 덕을 갖추어야 한다고 설교한다면, 이는 곡식 단에서 조금씩 뽑아 버려서 이삭을 줍게 해야 할 우리가 도리어 룻을 책망하는 일이 될 것입니다.

교리적인 지식에 관해서도 마찬가지입니다. 교리적인 지식을 많이 아는 그리스도인들을 저는 알고 있습니다. 그들은 신학에 조예가 깊습니다. 단지 자신이 죄인이고 그리스도께서 죄인들을 구하러 오셨다는 사실만을 아는 사람을 만나면 그들은 어렵고 복잡한 질문들을 할 것입니다. 그런데 이런 질문들은 그리스도 안에서 갓난아이와 같은 신자보다는 성직자들의 모임에나 어울리는 질문들입니다. 어린아이는 참으로 고르디아스의 매듭(Gordian knot)을 풀 수 없습니다. 아기는 신학이라는 견과의 딱딱한 껍질을 깨뜨릴 수 없습니다. 때문에 교리적인 지식을 많이 아는 저들은 어린 신자를 내쫓으며 이렇게 말합니다. "문제의 핵심을 당신은 모르오. 당신은 죽음에서 생명으로 옮기지 못하였소." 오! 사랑하는 형제 추수꾼들이여, 이렇게 해서는 안 됩니다. 조만간 우리의 낫으로 룻과 같이 연약한 신자들을 자르지 말고 우리 자신을 잘라냅시다. 우리는 좀 더 느긋하고 더욱 친절해야 합니다. 그리스도께서 연약한 자들을 받아 주신 것처럼 우리도 믿음으로 그들을 받아 주어야 합니다. 우리 주님처럼 양들을 혹사하지 말고 그들을 품에 안읍시다. 그들이 우리의 애정과 관심을 원할 때 그들을 온유하게 인도합시다.

초대받고 위로 받아야 할 이삭 줍는 사람들에게 오히려 책망을 하는 또 다른 경우가 있습니다. 그것은 그들이 믿다가 가끔씩 불신할 때 그들의 믿음을 인정해 주지 않는 경우입니다. 너무나 놀랍게도 믿음의 불꽃은 불신의 바다 가운데서도 살아남을 수 있습니다. 때때로 아무것도 믿지 못하며 두려워 떠는 사람들을 여러분은 발견할 것입니다. 그들은 판단력이 어두워지고 흐려져서 길을 잃고 방황하며 자신이 어디에 있는지조차 알지 못합니다. 그러나 그럼에도 불구하고 그들은 여전히 참된 신자들입니다. 우리 가운데 여러 사람들도 본질에 대한 위기를 극복하였습니다. 그때에 이름이 무엇이냐는 질문에 우리는 거의 대답할 수 없을 정도였습니다. 왜냐하면 저항할 수 없는 모독, 혹은 끊임없는 시험을 받음으로 인하여 큰 고통과 상실과 버림을 받았기 때문입니다.

그때에 우리는 앞뒤를 분간할 수 없을 정도였습니다. 그렇다고 우리가 믿음이 없었나요? 그렇지 않습니다. 여전히 작은 믿음이나마 있었습니다. 죽음으로 파멸을 당하였을 때에도 우리 안에는 불멸의 원리가 있었습니다. 그러므로 새 신자들이 또다시 타락하였다고 하여 그들 속에 성령께서 계시지 않는 것처럼 말해서는 안 되며 오히려 그들을 구해야 합니다. 우리가 싸워 물리친 용들, 우리가 죽인 거인들에 대하여 그들에게 말할 수는 있습니다. 그러나 우리는 이렇게 하는 데에 신중을 기해야 합니다. 그들이 실망의 수렁(the Slough of Despond)에 빠졌을 때, 우리는 그들의 목까지 빠지도록 내버려 두어서는 안 되며, 천로역정에 나오는 도움 씨(Help)처럼 가서 우리의 손을 내밀어 그들을 끌어내야 합니다. 비록 수렁에 빠져 있지만 그들이 바른 길을 가고 있으며, 비록 얼굴이 진흙과 무시무시한 늪의 오물로 더럽혀졌지만 그들의 얼굴이 여전히 시온을 향하고 있기 때문에 우리는 그들을 구해야 합니다. 이 소심한 사람들을 절대로 책망하거나 꾸짖지 말고 그들을 돕고 붙들어 줍시다.

보아스는 추수하는 일꾼들에게 또 다른 권고를 하였습니다. "또 그를 위하여 곡식 다발에서 조금씩 뽑아 버려서." 사역할 때 지치고 소심한 성도들을 위한 찬장을 항상 마련해 주어야 할 것입니다. 설교할 때 어린 신자들을 위한 베냐민의 음식(창 43:34)을 반드시 차려 주어야 할 것입니다. 성인들에게는 딱딱한 음식을 차려 주고, 갓난아이들에게는 언제나 우유를 먹여야 할 것입니다. 우리의 목회를 여러 수준의 사람들에게 맞춥시다. 우리가 다른 것은 잊을지라도 절대로 이러한 사실을 잊어서는 안 될 것입니다. 형제여, 그대는 이 이삭 줍는 자들을 섬기겠습니까? 제가 그대에게 일깨워 주고자 하는 것이 있습니다.

첫째, 우리의 설교는 쉬워야 한다는 것입니다. 소심한 심령들은 어려운 말씀을 먹을 수 없습니다. 맨튼(Manton) 박사가 성 바울 성당에서 설교한 적이 있습니다. 그때에 큰 무리가 그의 설교를 들으려고 몰려왔습니다. 이 훌륭한 박사의 설교를 들으려고 50마일을 걸어온 사람은 설교를 다 듣고 난 후에 박사의 소매를 잡아당기며 이렇게 말했습니다. "오늘 아침 나는 아무런 은혜도 못 받았습니다." 그 이유는 박사가 매우 학구적인 설교를 했기 때문입니다. 처음부터 끝까지 헬라어와 라틴어를 인용하였으니 이 가난한 시골사람이 한마디도 알아듣지 못했던 것입니다. 박사는 이 사람을 배려하지 않았습니다. 그러니 이 사람에게는 전혀 은혜가 되지 않았던 것입니다. 우리가 설교할 때 언제나 룻과 같이 불쌍한 사람들을 배려해야 한다고 저는 생각합니다. 아는 체하는 사람들이 코를 씰룩이면서 "너무나 진부해"라고 말할 정도로 아주 쉽고 아주 단순하게 설교해야 합니다. 룻이 이삭을 조금 주울지라도 염려하지 마십시오. 우리 주님께서 마지막 날에 누가 심부름을 잘 했는지, 누가 온전한 마음으로 섬겼는지 아실 것입니다.

우리의 설교는 매우 초보적이어야 한다는 사실을 기억해야 합니다. 우리는 자주 그리고 반복해서 기초석을 놓아야 합니다. 그리스도에 대한 믿음을 반복해서 가르쳐야 합니다. 루터가 말한 대로 매 주일마다 믿음으로 말미암는 칭의를 반복해서 전해야 합니다. 왜냐하면 사람들은 금방 잊어버리기 때문입니다. 당신들 세련된 설교자들은 학식 있는 평론을 고심하여 작성하고 일주일 내내 머리를 썩이지만 정작 주일에는 청중들을 어리둥절하게 합니다. 가련한 청중들은 여러분이 준비한 자료, 우리의 멋진 논쟁, 세련된 마무리를 전혀 원하지 않습니다. 오히려 단순하게 예수 그리스도께서 죄인들을 구하러 이 세상에 오셨다고 말하고, 그들에게 골고다를 가리키며 그것을 바라보고 살라고 말한다면 그들은 훨씬 더 만족할 것입니다. 우리는 연약한 자와 무지한 자를 위해 이삭을 일부러 떨어뜨려 주어야 합니다.

또한 설교는 복음적이어야 합니다. 우리의 설교를 통해 그리스도께서 자신을 바라보는 자들의 눈에서 눈물을 닦아 주셔야 합니다. 우리의 설교를 듣고 연약한 심령들이 예수님의 상처로 말미암아 온전해져야 합니다. 시험을 당하지 않은 사람은 그리스도 없는 설교를 듣고 좋아할 수 있습니다. 하지만 저에게는 일 주일 동안 시험받은 사람이 필요합니다. 제가 알기로 그는 그리스도를 원하기 때문입니다. 저에게는 일 주일 동안 돈을 잃어버렸거나, 혹은 그리스도로 인하여 조롱을 받은 사람이 필요합니다. 십자가에 못 박히신 그리스도 외에 다른 것을 전하느니 차라리 돼지가 먹는 쥐엄열매를 주는 것이 나을 것이기 때문입니다. 오! 우리 모든 설교자들은 복음으로 돌아가야 합니다. 우리가 학교에서 배운 것은 잊어버려야 합니다. 학식있는 책에서 얻은 모든 지식들을 단념해야 합니다. 그리고 룻이 가장 듣고 싶어하는 사실, 곧 보아스가 그녀를 밭으로 오라고 초대한 것과 두 손 가득히 이삭을 주우라고 허락한 사실을 들려주어야 합니다.

다음에 추수하는 일꾼들이 일부러 룻을 위해 이삭을 흘려야 했다는 사실을 여러분은 주목해야 할 것입니다. 하나님의 밭에서 추수하는 여러분은 매우 인격적인 설교를 해야 합니다. 오! 내가 설교라는 활을 당길 때 마구잡이로 하지 않고, 여러분 중에 괴로운 한 심령을 골라내어 마치 이곳에 그 한 사람만 있다는 생각으로 설교하려고 노력합니다. 상처 바로 위에다 기름을 퍼붓는 것이 아니라 찢어진 상처의 가장자리에 기름과 포도주를 바르는 그런 조심스러운 자세로 설교하고자 하는 것입니다. 우리가 룻과 같이 가련한 신자들의 길목에다 정확하게 이삭을 떨어 뜨려주지 않으면 그들은 감히 이삭을 주우려고 하지 않을 것입니다. 그들은 매우 두려워하고 소심하여서 모든 사람들을 위해 뽑아버린 이삭이지만 그것이 자기들 것이 될 수 없다고 생각합니다. 하지만 그들이 그냥 지나치지 못하도록 이삭을 그들의 길목에, 바로 그곳에 버린다면, 그들은 이렇게 말할 것입니다. "이것은 내 몫이로구나. 그래 바로 내가 절실히 바라던 것이야. 바로 내가 원하는 것이야." 그리고 여전히 회의적이기는 하지만, 그들을 위해 일부러 뽑아버린 이삭을 물끄러미 쳐다보고 한 움큼 줍지 않을 수 없습니다. 그러므로 우리의 설교는 언제나 자애로워야 합니다. 찌푸린 얼굴로 이삭을 뽑아 버린다면 룻과 같은 처지에 있는 우리의 신자들은 그 이삭을 줍지 않고 다른 밭으로 가 버리고 말 것입니다.

오! 그리스도 안에 있는 형제들이여, 성령께서 우리 이웃들을 회개케 하는데 사용하시는 큰 수단은 결국 이웃들에 대한 우리의 긍휼입니다. 이는 능력 있는 진리를 주문 외우듯 전하는 것이 아닙니다. 만일 하나님께서 원하셨다면 조각상들을 만들어 진리를 전하게 하셨을 것입니다. 그 조각상들은 우리 못지 않게 훌륭하게 전할 것이며, 주님께서 그것들의 차가운 입술을 통해 말씀을 쏟아 부어 주신다면 우리의 설교보다 훨씬 더 나을 것입니다. 하지만 하나님은 인간 설교자들을 세우셨습니다. 그 목적은 사람들을 긍휼히 여기고 마음으로부터 말씀을 전하게 하시므로 고통 받는 심령들을 뜨겁게 달구기 위함입니다. 그러므로 그리스도의 일꾼인 우리는 룻과 같이 가련한 심령들을 부드럽게 대해야 합니다. 그리고 자신을 소중히 여기는 강한 자와 권세 있는 자는 내버려 두고, 미약한 긍휼이라도 가지고 문으로 나아가 가련한 여성도와 그의 자녀들을 초대하여 앉아서 쉬도록 해야 합니다. 저는 그렇게 할 것입니다. 이러한 맥락에서 세 번째 대지로 넘어갑니다.

저 자신이 그리스도의 추수하는 일꾼으로서 보아스의 추수하는 일꾼들의 본을 따라 이삭 줍는 이들을 위해 일부러 이삭을 뽑아 버리려고 노력합니다.

제가 마음먹은 만큼 이삭을 여러분에게 전해 주지 못할까 두렵습니다. 하지만 이삭은 의로운 밭에서 쏟아져 나옵니다. 소심하고 괴로운 심령이여, 여러분 앞에 저는 귀중한 언약 한 움큼을 떨어뜨립니다. (하나님은) "상한 갈대를 꺾지 아니하며 꺼져가는 등불을 끄지 아니하고"(사 42:3). 이 약속이 바로 여러분에게 해당되지 않습니까? 의지할 데 없고, 하찮으며, 연약한 갈대. 그것도 전혀 노래할 수 없는 상한 갈대. 연약함보다 더 연약한 것. 갈대는 갈대인데 상한 갈대! 하지만 하나님은 그런 여러분을 꺾지 않으십니다. 오른 손으로 라합(애굽을 뜻함)을 꺾으신 하나님께서 여러분을 꺾지 않으실 것입니다. 여러분은 꺼져가는 등불과 같습니다. 여러분에게는 빛도 없고, 온기도 없습니다. 여러분은 더럽고 불쾌한 냄새만 풍기는 꺼져가는 등불과 같습니다. 하지만 하나님은 그런 여러분을 끄지 않으실 것입니다. 오히려 큰 자비의 바람을 불어 타오르는 불이 되게 하실 것입니다. 여러분에게 무엇이 더 필요합니까?

"수고하고 무거운 짐 진 자들아, 다 내게로 오라. 내가 너희를 쉬게 하리라. 나는 마음이 온유하고 겸손하니 나의 멍에를 메고 내게 배우라. 그리하면 너희 마음이 쉼을 얻으리니"(마 11:28-29). 이 얼마나 부드러운 말씀인가요! 여러분의 심령은 연약하며 주님은 이를 잘 아십니다. 그러므로 주님은 부드럽게 말씀하십니다. 그의 말씀을 듣고 순종하지 않겠습니까? 지금 그에게로 오지 않겠습니까? 다시금 그분의 말씀을 들어보십시오. "버러지 같은 너 야곱아, 너희 이스라엘 사람들아 두려워하지 말라. 나 여호와가 말하노니 내가 너를 도울 것이라. 네 구속자는 이스라엘의 거룩한 이이니라"(사 41:14). 또한 예수 그리스도께서 여러분에게 하시는 말씀을 들어보십시오. "너희는 마음에 근심하지 말라. 하나님을 믿으니 또 나를 믿으라"(요 14:1). 다음의 말씀도 들어보십시오. "그러므로 자기를 힘입어 하나님께 나아가는 자들을 온전히 구원하실 수 있으니"(히 7:25).

여러분은 이처럼 은혜로운 성경 구절들을 수도 없이 기억하고 있지 않습니까? "네가 물 가운데로 지날 때에 내가 너와 함께 할 것이라 강을 건널 때에 물이 너를 침몰하지 못할 것이며 네가 불 가운데로 지날 때에 타지도 아니할 것이요 불꽃이 너를 사르지도 못하리니"(사 43:2). "여인이 어찌 그 젖 먹는 자식을 잊겠으며 자기 태에서 난 아들을 긍휼히 여기지 않겠느냐? 그들은 혹시 잊을지라도 나는 너를 잊지 아니할 것이라"(사 49:15). "내가 네 허물을 빽빽한 구름 같이, 네 죄를 안개 같이 없이 하였으니 너는 내게로 돌아오라. 내가 너를 구속하였음이니라"(사 44:22). "여호와께서 말씀하시되 오라 우리가 서로 변론하자. 너희의 죄가 주홍 같을지라도 눈과 같이 희어질 것이요 진홍 같이 붉을지라도 양털 같이 희게 되리라"(사 1:18). "성령과 신부가 말씀하시기를 오라 하시는도다. 듣는 자도 오라 할 것이요 목마른 자도 올 것이요 또 원하는 자는 값없이 생명수를 받으라 하시더라"(계 22:17). "오호라 너희 모든 목마른 자들아 물로 나아오라. 돈 없는 자도 오라. 너희는 와서 사 먹되 돈 없이, 값 없이 와서 포도주와 젖을 사라"(사 55:1). 주님의 밭은 너무나 풍성합니다. 여기저기 널려 있는 이삭을 보십시오. 가련하고 소심한 심령이여, 여러분 앞에 이삭이 떨어져 있습니다! 이삭을 주워 여러분의 것으로 삼으십시오. 예수님께서 가지라고 명령하십니다. 부끄러워하지 말고 이삭을 주우십시오. 그리고 이 양식을 먹고 힘을 얻어 평생 살아가십시오.

저는 이미 한 움큼의 약속을 떨어뜨렸습니다. 이제 저는 또 한 움큼의 교리를 흩어놓을 것입니다. 그러나 룻은 또다시 움찔하는군요. 왜냐하면 교리의 밀밭에서 이삭 줍기를 두려워하기 때문입니다. 그러나 룻이여, 그러지 마십시오. 여기에 선택의 교리가 있습니다. 와서 이 교리를 취하십시오. 가련하고 소심한 심령이여, 두려워 말아요. 이는 달콤하고 복된 진리입니다. 이 말씀을 들어보십시오. (하나님께서) "세상의 약한 것들을 택하사 강한 것들을 부끄럽게 하려 하시며 하나님께서 세상의 천한 것들과 멸시 받는 것들과 없는 것들을 택하사 있는 것들을 폐하려 하시나니"(고전 1:27-28). "천지의 주재이신 아버지여, 이것을 지혜롭고 슬기 있는 자들에게는 숨기시고 어린 아이들에게는 나타내심을 감사하나이다"(눅 10:21). 소심한 심령이여, 그대에게 해당되는 말씀이 아닙니까? 그대가 바로 어린아이이며, 약한 존재이며, 어리석은 존재가 아닙니까? 오, 선택의 교리 안에 그대를 위해 일부러 떨어뜨린 한 움큼의 이삭이 있습니다. 그리고 다른 교리도 들어보십시오. 믿음으로 말미암아 의롭다함을 받는다는 칭의의 교리입니다.

우리는 의를 행함으로써 구원받은 것이 아니라 그리스도 예수로 말미암아 구원받았습니다. 곧, 예수님께서 우리를 위하여 행하신 공로로 말미암아 구원을 받았습니다. "그를 믿는 자마다 멸망하지 않고 영생을 얻게 하려 하심이라"(요 3:16). 여러분에게 해당되는 말씀이 아닙니까? 여러분에게는 선한 행실이 없습니다. 여러분은 그리스도를 믿고 여러분을 위한 그의 공로를 의지하지 않습니까? 이것이 바로 여러분을 위해 일부러 흘린 한 움큼의 이삭이 아니겠습니까? 사람들은 이렇게 말합니다. "맞아요. 그래도 나는 두렵습니다. 구원받았을지라도 언젠가는 배반할 거예요. 나는 너무 연약하기 때문이죠." 여러분을 위한 또 다른 한 움큼의 이삭이 있습니다. "내가 그들에게 영생을 주노니 영원히 멸망하지 아니할 것이요 또 그들을 내 손에서 빼앗을 자가 없느니라"(요 10:28). "내가 확신하노니 사망이나 생명이나 천사들이나 권세자들이나 현재 일이나 장래 일이나 능력이나 높음이나 깊음이나 다른 어떤 피조물이라도 우리를 우리 주 그리스도 예수 안에 있는 하나님의 사랑에서 끊을 수 없으리라"(롬 8:38-39).

이것이 여러분을 위해 일부러 흘려준 한 움큼의 이삭이 아니겠습니까? "내가 지었은즉 내가 업을 것이요 내가 품고 구하여 내리라"(사 46:4). 더 이상 뭘 원하십니까? 룻과 같은 처지에 있는 여러분에게 말씀드립니다. 성경에 나타난 단 하나의 교리도 바로 이해하기만 한다면, 여러분을 위해 일부러 흘린 이삭이 되지 않을 수 없습니다. 실로 주님의 복음은 왕이 탈 수 있는 전차도 되지만, 또한 전쟁터에서 이용되는 구급차와 같습니다. 다리가 부러진 사람이 안심하고 탈 수 있는 구급차 말입니다.

다시 한 번 우리는 또 다른 밭에서 모은 한 움큼의 이삭들을 봅니다. 우리는 약속의 밭, 교리의 밭을 지나 이제는 체험의 밭으로 나아갑니다. 룻과 같은 처지에 있는 여러분의 체험도 예외가 아니라는 사실을 모르십니까? 당신과 같은 사람들은 수 없이 많습니다. 오늘 아침에 여러분에게 설교하는 저 또한 마찬가지입니다. 저에게 있었던 일을 여러분이 아실지 모르겠습니다. 전에 저는 여러분처럼 문 앞에서 떨고 있었으며 마음속으로 이렇게 말했습니다. "하나님의 자비는 완전히 떠났어. 하나님은 더 이상 약속을 기억하지 못하실 거야." 수년 동안 저는 눈물로 자비를 구하였으나 얻지 못하였습니다. 그리고 저주받은 사람들 가운데 저의 이름을 등록하였으며, 나는 틀림없이 망한다고 말하였습니다. 왜냐하면 하나님께서 긍휼의 마음을 닫아 버리셨기 때문입니다. 그러나 하나님은 그에게 속한 죄인의 부르짖음을 멸시하지 않으셨습니다. 제가 하나님을 바라본즉 깨달음의 빛이 임하였습니다. 이제 저는 부끄러움 없이 하나님 외에 어디에도 빛이 없다고 고백합니다. "여러분의 체험도 저의 체험과 상당히 같다"고 여러분은 말합니다. 맞습니다. 바로 이것이 여러분을 위해 일부러 흘린 한 움큼의 이삭입니다.

제가 알기에 마귀는 그리스도의 자비가 결코 통행하지 않는 샛길에서 여러분이 길을 잃었다고 말합니다. 그러나 이것이 착각입니다. 여러분은 왕의 대로 가운데 있습니다. 제가 알기에 주님은 이미 땅 끝에 이른 여러분에게 말씀하십니다. 즉, "땅의 모든 끝이여 내게로 돌이켜 구원을 받으라"(사 45:22)고 말씀하십니다. 그런데 여러분은 나중 된 자라고 생각하고 서운해 하시는군요! 하지만 그리스도는 나중 된 자를 먼저 되게 하시며, 반대로 먼저 된 자를 나중 되게 하십니다. 그렇습니다. 그런데 여러분은 자신에 대한 쓰디쓴 기억을 갖고 계시는군요. 그런 기억에 신경 쓰지 마십시오. 그리스도께서 기억하지 않으시니 이 얼마나 큰 자비입니까! 반대로 그리스도께서 여러분의 아름다운 모습을 기억하시고 "너는 내게로 돌아오라. 내가 너를 구속하였음이니라"(사 44:22) 하셨습니다.

주님께서 오늘 아침 여러분에게 청혼하십니다. 이삭을 줍게 하는 대신 그는 여러분에게 자신을 주십니다. 여러분은 이삭 줍는 자로 왔지만 그는 여러분을 배우자로 삼으실 것입니다. 보십시오. 보아스가 여러분에게 오십니다. 그를 모시겠습니까? 혼인 반지가 그의 손에 있습니다. 와서 적은 믿음의 손가락을 내밀고 그분과 결혼하십시오. 그리고 이렇게 말씀드리십시오. "저는 그럴 자격이 없지만, 주님, 저는 그렇게 되기를 소망합니다. 저는 주님의 것입니다. 저는 다른 아무도 섬기지도, 사랑하지도, 신뢰하지도 않을래요. 예수님, 있는 모습 그대로 저를 받아 주십시오. 그리고 당신께서 원하시는 모습으로 만들어 주십시오." 이로써 결혼이 이루어졌습니다. 결혼이 성사되었습니다. 머지않아 이 결혼은 영원한 보좌 앞에서 주님의 영원한 축복 가운데 완성될 것입니다.

이제 저는 결론적으로 소심하고 고통 받는 사람들에게 머지않아 은혜로 말미암아 그렇게 될 것이라고 말씀드립니다. 양심이 괴로운 여러분에게 제가 이렇게 말씀드리는 이유는 밭이 여러분에게 훤히 열려 있기 때문입니다. 우리가 여러분더러 이삭을 주우라고 하는 이유는 보아스(예수님)가 여러분을 위해 일부러 이삭을 흘려 주라고 우리에게 직접 명령하셨기 때문입니다. 여러분의 의무를 다하고 용기를 내어 믿어 보십시오. 지금까지는 그리스도를 믿기 두려워하였으나 이제는 믿어 보십시오. 과감하게 그분을 신뢰해 보십시오. 이런 말로는 부족하지만 어쨌든 용기를 내어 믿어 보십시오.

성경에 보면, 룻은 자신이 주운 곡식을 탈곡하여 좋은 곡식만 집으로 가져갔습니다. 여러분도 이처럼 하십시오. 우리의 모든 설교에는 너무나 많은 지푸라기가 있습니다. 이는 우리 주님께서 우리에게 전하라고 주신 말씀이 아닙니다. 우리가 부족한 존재들이기 때문에 이런 일들이 있는 것입니다. 여러분처럼 우리는 오류를 범하기 쉽습니다. 그러니 지푸라기는 남겨 놓으시고 좋은 곡식만 집으로 가져가십시오. 그리고 마지막으로, 여러분이 무릎을 꿇고 기도하는 중에 설교를 묵상하면서 여러분의 시선을 주님께로 돌리십시오. 주님께 이렇게 말씀드리십시오.

"주여, 오직 자비의 이삭 한 알만이라도 저는 기꺼이 주울 것입니다. 그런데, 오! 제가 주님을 얻는다면 이 어찌 기쁜 일이 아니겠습니까! 주님, 제게 당신을 주옵소서. 제게는 아름다움이 없나이다. 하지만 주님은 우리의 아름다움을 보고 우리를 사랑하시는 것이 아닙니다. 오히려 주님은 당신의 아름다우심을 우리에게 베푸시나이다. 주여, 저를 돌아보소서. 진심으로 약속드리건대, 주님께서 저를 구원해 주신다면, 저는 땅에서도 주님을 찬양하며, 하늘에서도 당신을 찬양하리이다. 그리고 보좌 앞에서 저보다 더 감사하는 사람은 없을 것입니다. 저만큼 분에 넘치며 풍성하며 거저 주시는 주님의 주권적인 은혜에 빚을 진 사람은 없을 것이기 때문입니다."

12

한나

마음이 슬픈 여자

"한나가 대답하여 이르되, 내 주여, 그렇지 아니하니이다. 나는 마음이 슬픈 여자라"(삼상 1:15).

한나를 슬프게 한 구체적인 원인은 일부다처제였습니다. 비록 일부다처제가 구약에서 묵인되기는 하였지만, 이는 언제나 실제적으로 슬픔과 죄의 온상이 되었습니다. 성경 어디에서도 이 제도가 좋다고 기록되어 있지 않습니다. 대부분의 경우에 이로 말미암아 나쁜 결과들이 초래되었다는 사실이 만천하에 드러났습니다. 기독교의 영향 아래 이런 가증한 제도가 말끔히 사라졌다는 것은 감사해야 할 일입니다. 아브라함, 야곱, 다윗, 솔로몬의 경우를 보더라도 일부다처제는 행복이나 의를 가져다주지 못하였습니다. 이 제도로 말미암아 남편은 엄청난 괴로움과 슬픔을 당하였습니다. 현자가 군주에게 다음과 같이 충고한 그대로였습니다. "먼저 두 마리의 암컷 호랑이들과 함께 사는 법을 배우시오. 그런 다음에 두 아내와 행복하게 살기를 기대하시오." 아내는 언제나 자신의 차지가 되어야 할 남편의 사랑이 나뉘는 것에 대하여 엄청난 비애를 느꼈습니다. 동양의 여성들이 하렘(회교국 여자의 방)에서 겪은 불행은 이루 말할 수도 없고 상상할 수도 없는 것이었습니다.

본문의 경우에도, 엘가나는 이중의 족쇄를 참으로써 큰 고통을 당하였습니다. 더구나 두 부인 중에 그가 더 사랑하는 한나는 극심한 괴로움에 시달렸습니다. 악한 여인은 많은 부인들 가운데서 더 잘 지낼 수 있을 것입니다. 그러나 착한 여인, 진실한 여인은 그런 상황에서 괴로워할 수밖에 없었습니다. 비록 남편의 사랑을 받았지만 그녀의 적수의 질투로 말미암아 한나의 삶은 몹시 비참하였으며, 그녀는 "마음이 슬픈 여자"가 되었습니다.

오늘날 하나님께 감사할 일은 이제 더 이상 젊은 부인들이 다른 부인 때문에 남편의 마음이 멀어지고 갈라지는 일로 인하여 하나님의 제단에서 눈물을 흘리고 슬피 울며 부르짖는 일이 없어진 것입니다. 사람의 마음이 완악하므로 잠시 이 제도가 묵인되었으나, 이로 말미암아 발생하는 너무나 많은 폐해를 고려해 볼 때 정녕 인류의 행복을 바라는 모든 사회는 이러한 제도를 금해야 할 것입니다. 태초에 하나님은 한 남자를 위하여 한 여자를 만드셨습니다. 왜 한 여자만을 만드셨나요? 말라기 선지자는 대답합니다. "그에게는 영이 충만하였으나 오직 하나를 만들지 아니하셨느냐? 어찌하여 하나만 만드셨느냐? 이는 경건한 자손을 얻고자 하심이라"(말 2:15). 분명히 일부다처인 가정에서는 불경건한 자녀들이 나오는 것에 비해, 일부일처인 가정에서는 경건한 자녀들이 나오기 때문에 하나님은 한 남자를 위해 한 여자를 만드셨던 것입니다. 이는 하나님의 증거이므로 진리입니다.

슬픔의 원천은 넘쳐납니다. 충분하고도 남습니다. 어떤 가문에도 불행이 전혀 없을 수는 없겠지요. 세상 사람들은 "문제없는 집은 없다"고 말합니다. 저는 세상 사람들의 일에 대하여는 거의 아는 바가 없습니다. 그러나 제가 알기에 하나님의 자녀들도 이런저런 불행을 겪을 수밖에 없습니다. 진정으로 거듭난 천국의 모든 후사들은 언약의 채찍을 맞으며 시련을 통과해야 합니다. 아버지께서 징계하지 않는 아들이 어디 있겠습니까? 연기 나는 아궁이(시련을 의미함)는 하늘 가족임을 나타내는 표지입니다. 이것이 없이는 그가 과연 하나님과 온전히 언약을 맺은 사람인지 의심할 수밖에 없습니다. 모르긴 해도 아마 지금 제 앞에는 한나같이 시련을 겪는 분들이 계실 것입니다. 그들은 하나님의 징계하심으로 아파하고 있을 것입니다. 또한 이 자리에는 어둠 속을 걸어가는 빛의 자녀들이 있을 것이며, 사탄으로 말미암아 넘어진 아브라함의 딸도 있을 것입니다. 이분들이 그런 어려움을 겪는 첫 번째 사람이 아니라고 그들에게 말해 주는 것도 괜찮을 것입니다. 지난 세월에 하나님의 집에는 한나와 같이 "내 주여, 그렇지 아니하니이다. 나는 마음이 슬픈 여자라"고 고백한 많은 사람들이 있었습니다. 이 말씀을 묵상할 때에 주로 슬픈 자 가운데 역사하시는 귀하신 보혜사께서 이 시간 위로로 충만하게 채워 주시기를 바랍니다.

"마음이 슬픈 여자"라는 이 말에서 우리가 첫 번째로 주목할 수 있는 사실은 이렇습니다. 슬픈 마음과 함께 귀한 것이 따라올 수 있습니다. 슬픈 마음 자체는 바라는 바가 아닙니다. 우리는 밝은 눈, 쾌활한 웃음, 활발한 모습, 정다운 목소리를 원합니다. 환희와 명랑함까지는 바라지 않을지라도 적어도 조용한 평안, 고요한 평정, 평온한 행복을 원합니다. 이런 것이 있어야 가정이 행복할 수 있습니다. 부인들, 어머니들, 딸들은 지금보다 이와 같이 쾌활한 은혜를 나타내 보여야 할 것입니다. 하지만 최선을 다해 기뻐하려고 노력은 하지만 번번이 실패하는 사람들이 있습니다. 왜냐하면 한나처럼 그들의 마음이 슬프기 때문입니다.

그들은 마음을 짓누르는 슬픔을 떨쳐 버릴 수가 없습니다. 밤에게 낮처럼 환해야 한다고 말하거나, 겨울에 여름의 꽃들을 피우라고 말하는 것은 소용없는 짓입니다. 상한 마음을 꾸짖는 것도 무익한 일입니다. 밤의 새는 천국의 문에서 노래할 수 없으며, 짜부라진 벌레가 수사슴처럼 산꼭대기에 오를 수는 없습니다. 강변에서 가지를 축 늘어뜨리고 있는 수양버들에게 종려나무처럼 고개를 들고 혹은 백향목같이 가지를 쭉 뻗으라고 말하는 것은 소용없는 짓입니다. 모든 것은 생긴 대로 행동해야 합니다. 각자 자기 본성에 맞는 자기만의 방법을 취하며, 자기 스타일에 매일 수밖에 없습니다. 아무리 훌륭한 사람이라도 구조, 교육, 주변 환경에 문제가 있으면 쾌활할 수 없습니다. 그들은 어쩔 수 없이 "마음이 슬픈 여자"라는 이름으로 알려집니다.

한나의 슬픈 마음에 내재된 귀한 것들을 주목해 봅시다. 첫 번째 귀한 것은 참된 경건이었습니다. 한나는 경건한 여인이었습니다. 본장을 읽어보면, 한나의 마음이 하나님 앞에서 의로웠다는 것을 우리는 확실히 알 수 있습니다. 그녀의 기도의 신실성 혹은 능력에 대하여 아무런 의문도 제기할 수 없습니다. 우리는 한 순간도 그녀의 헌신의 진실성에 대하여 의심하지 않습니다. 한나는 누구보다도 하나님을 경외하고 매우 은혜로운 사람이었지만 "마음이 슬픈 여인"이었습니다. 한나가 하나님의 사랑을 받지 못하였기 때문에 슬픈 여인이 되었다고 추론하지 마십시오. 오히려 그 반대라고 생각하는 편이 더 타당할 것입니다.

물론 외부적인 조건을 보고 사람의 영적인 상태를 판단할 수는 없기에 꼭 그렇다고 말할 수는 없겠지요. 분명히 자색 옷과 고운 베옷을 입은 부자는 하나님의 사랑을 받지 못한 반면, 개가 헌데를 핥았던 나사로는 천국에서 인기가 높은 사람이었습니다. 그렇다고 모든 부자가 다 버림받고, 혹은 모든 거지가 다 천사들에게 받들려 천국으로 올라가는 것은 아닙니다. 반드시 외부적인 조건에 따라 우리의 운명이 결정되는 것이 아닙니다. 그보다 마음을 보고 판단해야 하며, 행실을 달아보아야 하며, 외모를 보고 판단을 내려서는 안 됩니다. 많은 사람들이 행복하다고 느낀다고 하여 그들이 반드시 하나님의 사랑을 받고 있다고 추론해서는 안 됩니다. 반면, 슬픈 감정에 억눌려 있는 사람들에게 가서 하나님께서 당신들에게 진노하고 계신다고 말하는 것은 아주 잔인한 일일 것입니다. "주께서 그 사랑하시는 자를 부자가 되게 하신다"고 결코 그렇게 말해서는 안 되며, 오히려 "주께서 그 사랑하시는 자를 징계하신다"고 말해야 합니다.

고난과 고통이 우리의 아들 됨을 나타내는 증거는 아닙니다. 왜냐하면 "악인에게는 많은 슬픔"(시 32:10)이 있기 때문입니다. 하지만 큰 고난이 있는 곳에는 종종 하나님의 은혜가 크게 나타납니다. 세상의 슬픔은 죽음을 초래합니다. 자기 본위에서 나오며, 반역에서 길들여지는 이러한 슬픔은 하나님의 뜻에 위배되는 것이기 때문에 악한 것입니다. 이러한 슬픔은 자벌레처럼 갉아먹고 더 큰 슬픔을 낳습니다. 따라서 이런 슬픔을 가진 자들은 슬픔이 최고의 권력을 휘두르며 다시는 희망이 없는 그런 상태로 빠져들게 됩니다. 하지만 슬픈 마음이 하나님의 사랑과 밀접한 연관이 있으며, 또한 참된 경건을 소유하는데 필요하다는 사실을 우리는 결코 의심하지 말아야 합니다. 널리 인정되는 사실은 경건은 마땅히 슬픈 마음들을 쾌활하게 해야 한다는 것입니다. 그런데 그리스도인들이 체험한 많은 일들은 실상 그리스도인으로서 마땅히 가져야 할 체험이 아니며, 오히려 애석하게도 참된 신자들의 당연한 존재와 감정과는 동떨어져 있다는 사실입니다.

그리스도인들이 결코 체험해서는 안 되는 그런 일들을 그리스도인들은 많이 체험하고 있습니다. 인생이 겪는 고난 중에 절반은 자기가 손수 만들어서 겪는 고난이며, 완전히 불필요한 것들입니다. 우리는 아마도 하나님께서 우리를 괴롭히는 것의 열 배나 더 우리 자신을 괴롭힐 것입니다. 우리는 하나님의 채찍에다 많은 가죽끈을 더합니다. 우리에게 필요한 것은 하나인데 우리는 그 하나를 아홉으로 만듭니다. 하나님께서 섭리 가운데 하나의 구름을 보내시면 우리는 불신앙으로 그 숫자를 늘립니다. 우리는 이런 모든 버릇을 떨쳐 버리고, 더 나아가 주 안에서 항상 기뻐하라는 복음의 명령에 의지하여 아예 그런 버릇을 끊어 버리며, 충분한 이유가 없고 그에 대한 증거가 없다면 자신을 괴롭히지 않아야 할 것입니다. 그러나 그럼에도 불구하고 주님을 진실로 깊이 경외하는 사람이라도 슬픈 마음을 가질 수 있습니다.

여러분의 눈에 슬프게 보이는 사람들을 절대로 판단하지 마십시오. 그들이 하나님의 진노를 받고 있다고 깎아 내리지 마십시오. 왜냐하면 여러분이 그렇게 경솔한 판단을 함으로써 너무나 큰 실수를 범할 수 있기 때문입니다. 바보들은 고난당하는 사람을 멸시하지만 지혜로운 사람들은 그들을 존중합니다. 은혜의 정원에 있는 많은 아름다운 꽃들은 그늘에서 자라나며, 물방울이 똑똑 떨어지는 곳에서 활짝 피어납니다. 저는 확신하건대, "백합화 가운데서 먹이는"(아 6:3) 분은 그의 지역에 희귀한 식물들, 곧 아름답고 향긋하며, 잘생긴 최상품의 식물들을 소유하고 계신데, 이런 식물들은 기쁨의 태양을 받는 곳보다는 슬픔의 습지에서 더 잘 자랍니다. 저는 우리 모두에게 살아 있는 교훈을 주시는 그런 분들을 알고 있습니다. 우리는 그분들에게서 상한 마음으로 회개함, 진지함, 세심한 경계, 아름다운 겸손, 그리고 그분들의 친절한 사랑을 보고 배웁니다. 이런 덕목들은 골짜기의 백합화와 같아서 왕이신 주님께도 기쁨을 드릴 만큼 아름다움을 뽐냅니다. 자신감은 약하고 가련할 정도로 소심하지만 그분들은 의기소침한 가운데서도 사랑스러웠으며, 거룩한 염려 속에서도 은혜로웠습니다. 이와 같이 한나는 마음이 슬펐음에도 불구하고 경건을 소유한 여인이었습니다.

한나는 슬픈 마음으로 인해 사랑 받는 여인이었습니다. 그녀의 남편은 그녀를 크게 사랑했습니다. 자녀를 낳지 못하였다고 남편은 그녀를 하찮게 여기지 않았습니다. 그녀의 남편은 "내가 그대에게 열 아들보다 낫지 아니하냐?"(삼상 1:8) 하였습니다. 남편은 무슨 일을 해서라도 있는 힘을 다해 그녀의 마음에서 우울함을 끄집어내려고 했습니다. 우리는 이런 사실에 크게 주목해야 합니다. 왜냐하면 대개 마음이 슬픈 사람들은 사랑을 받지 못하게 마련이기 때문입니다. 너무나 많은 경우에 슬픔은 성미를 까다롭게 만들어 버립니다.

슬퍼하는 자들이 고통을 받을 때 그들의 마음속에서 산(酸)이 발생하며, 그런 강산(强酸)으로 말미암아 그들이 접촉하는 모든 것들을 상하게 만듭니다. 그들의 기질은 형제애보다 황산을 더 많이 가지고 있습니다. 그들은 자신들 외에는 아무도 고통받는 자가 없습니다. 그들이 고통받는 곳에서는 또 다른 경쟁자(고통 당하는)를 결단코 인정하지 않습니다. 오직 자기들만이 고난의 신부들이요 다른 사람들은 단순한 침입자인 양 그들은 고통 받는 다른 동료들을 일종의 질투심으로 핍박합니다. 다른 사람들의 슬픔은 자기의 슬픔에 비하면 공상이요, 가장한 것일 뿐입니다. 그들은 혼자 앉아서 침묵합니다. 혹 그들이 말한다 해도 침묵하는 편이 더 나을 것입니다.

슬픈 마음을 가진 남자와 여자들이 정감이 가지 않고 싫은 사람들과 자주 부딪혀야 하는 것은 애석한 일입니다. 그런 면에서 저는 참된 그리스도인 안에 자신의 성질을 달랠 수 있는 은혜가 있음을 보고 진심으로 감탄해마지 않습니다. 참된 그리스도인들은 자신이 괴로우면 괴로울수록 다른 괴로워하는 자들에게 더욱 온유하고 참아주며, 위로를 베풀 수 있다면 어떠한 고통이라도 기꺼이 감수합니다. 사랑하는 성도 여러분, 여러분이 심히 지치고 힘들지라도, 마음이 심히 우울할지라도, 다른 사람들의 흥을 깨는 사람이 되지 않게 해 달라고 주님께 간구하십시오. 주님께서 가르쳐 주신 규칙을 기억하십시오. "너는 금식할 때에 머리에 기름을 바르고 얼굴을 씻으라. 이는 금식하는 자로 사람에게 보이지 않고"(마 6:17-18).

저는 우리 주님께서 방금 인용한 이 말씀을 꼭 금식에만 국한시켜 말씀하신 것이 아니며 포괄적인 의미로 말씀하셨다고 생각합니다. 여러분의 마음이 슬플지라도 기뻐하십시오. 내가 괴롭기 때문에 모든 사람들의 마음이 꼭 괴로워야 할 필요는 없습니다. 그렇게 하는 것이 저나 다른 어느 누구에게 무슨 도움이 되겠습니까? 우리의 마음이 여전히 슬플지라도 기뻐하도록 힘쓰며, 그리하여 다른 이들로부터 사랑 받는 사람이 되도록 합시다. 자아와 자신의 불행이 우리의 인생 시(life-psalm), 혹은 우리의 매일의 강론이 되어서는 안 됩니다. 다른 사람들을 배려해야 하며, 그들이 기뻐할 때 우리도 함께 기뻐하려고 노력해야 합니다.

마음이 슬픈 여인인 한나는 역시 매우 온유한 여인이었습니다. 브닌나는 거칠고 교만하며 거만한 말로 한나의 아픈 데를 건드리고 속상하게 만들었지만 한나가 브닌나에게 대꾸했다는 말을 우리는 찾아볼 수 없습니다. 매년 절기 때에 브닌나가 한나에게 몹시 약을 올렸을 때, 한나는 성소에 몰래 가서 혼자 울었습니다. 그토록 한나의 성품은 부드럽고 유순하였습니다.

엘리가 "네가 언제까지 취하여 있겠느냐? 포도주를 끊으라"(삼상 1:14)고 하였을 때, 한나는 그에게 퉁명스럽게 대답할 만도 하였지만 그렇게 하지 않았습니다. 늙은 대제사장에게 한 한나의 대답은 좋은 행실의 귀감이 됩니다. 또한 늙은 대제사장에게 한 그녀의 대답은 온유함의 본이 됩니다. 그녀는 아주 효과적으로 자신의 결백을 주장하며, 억울한 비방을 솔직하게 반박하였지만, 한나는 맞받아 응수하지 않았으며, 잘못된 일이라고 투덜거리지 않았습니다. 그가 매우 거칠었지만 한나는 그에게 옹졸하다고 말하지 않았습니다. 한나의 마음은 슬펐지만 분노하지 않았습니다. 그녀는 대제사장의 잘못을 용서하였습니다. 그는 늙은 사람이었습니다. 그리고 예배가 더럽혀지지 않도록 감시할 사명이 그에게 있었습니다. 비록 그가 한나에 대하여 잘못 판단은 하였지만, 그의 입장에서는 그렇게 말할 책임이 있었던 것입니다. 그러므로 한나는 대제사장의 행동을 받아들이고, 그가 자신의 책임을 한 것이라고 마음속으로 생각하였습니다. 어쨌든, 한나는 분노하거나 푸념하지 아니하고 비난을 참아냈습니다.

대개 마음이 슬픈 사람들은 매우 신경질적이며, 날카롭고 민감합니다. 여러분이 그들을 잘못 판단하여 잔인하게 대한다면 그들은 독한 마음을 먹고 여러분에게 독설을 퍼부을 것입니다. 그들이 완전하지 못하다고 그들을 비난한다면 여러분은 정말로 무자비한 사람들입니다. 자신들의 결백이 상처를 입음으로 말미암아 그들은 태도와 어조가 달라지면서 자신들의 결백을 주장할 것입니다. 여러분이 그들의 허물을 들추어내려고 한다면 여러분은 신성모독죄보다 더 악한 죄를 범하고 말 것입니다. 저는 그들을 비난하지 않을 것입니다. 왜냐하면 우리가 성미가 날카롭다는 비난을 받고 민감해진다면 우리도 그들처럼 독해질 수밖에 없기 때문입니다. 그러나 고통 당하는 자가 온전히 부드럽고 밝다면 이는 매우 아름다운 일입니다.

쥐방울나무처럼 무화과는 흠이 생김으로써 무르익습니다. 자신이 피를 흘려봄으로써 상처 난 다른 사람들에게 부드럽게 대할 수 있으며, 자신이 상처를 입어봄으로써 다른 사람들의 실수로 말미암아 입을 수 있는 어떠한 상처도 더욱 잘 참아낼 수 있게 됩니다. 이로써 우리는 "역경도 잘 이용하면 유익하다"는 아름다운 증거를 가질 수 있습니다. 주님을 바라보십시오. 우리 모두 그분을 본받기를 바랍니다. 주님은 욕을 받으셨을 때 욕하지 아니하셨고, 조롱당하셨을 때 조롱하지 아니하셨으며, 한마디도 비난하지 않으셨습니다. 그 대신 기도로써 사람들에게 대답하셨습니다. "아버지, 저들을 사하여 주옵소서. 자기들이 하는 것을 알지 못함이니이다"(눅 23:34). 슬픈 마음에서 귀한 것이 나오는 것을 여러분은 보지 않습니까?

제가 여러분에게 지금까지 보여드린 것보다 더 귀한 것이 한나에게 있었습니다. 한나는 사려 깊은 여인이었습니다. 슬픔이 처음에는 한나의 내면 속에서 그녀를 괴롭혔지만 다음 순간에 하나님과의 깊은 교제로 그녀를 내몰았습니다. 한나가 매우 사려 깊은 여인이었다는 사실은 그녀가 한 모든 말에서 알 수 있습니다. 그녀는 슬픔으로 인해 생기는 첫 감정을 그대로 쏟아내지 않았습니다. 그녀의 마음의 소산물은 마치 경작한 토양만이 낼 수 있는 농작물과 같은 것이었습니다. 저는 지금 그녀의 아들에 대해서는 말하지 않겠습니다. 다만 그녀의 고상한 위엄과 넘치는 시적 감흥은 저 아름다운 이스라엘의 시인인 다윗의 작품에 필적할 만하다고 말씀드리겠습니다. 분명히 동정녀 마리아의 시는 서정적인 정서를 가진 주부, 이 위대한 여류시인의 본을 따른 것이었습니다.

또한 한나는 마음이 슬픈 여인이었지만 복된 여인이었음을 기억하십시오. 그녀에게 "은혜를 받은 자여 평안할지어다. 주께서 너와 함께하시도다. 여자 중에 네가 복이 있도다"(눅 1:28, 42)라고 말하는 것은 당연합니다. 벨리

알의 딸들은 웃고 흥겹게 떠들어대며 그녀를 자기들 발 밑에 먼지처럼 하찮게 여기지만, 마음이 슬픈 한나는 주님 앞에서 은혜를 입었습니다. 전통에 화살이 가득하듯 자녀들이 많았던 브닌나는 자식이 없어 슬픔에 빠진 이 여인 앞에서 의기양양했지만 그녀는 복을 받지 못했습니다. 반면, 한나는 모든 슬픔에도 불구하고 주님의 사랑을 받았습니다.

한나는 다른 시대의 인물인 야베스와 비슷한 점이 있는 것 같습니다. 야베스는 그의 어머니가 수고로이(슬픔 속에서) 낳았기 때문에 그의 형제들보다 귀중한 사람이 될 수 있었습니다. 주께서 슬픔을 성별하시면 슬픔은 풍성한 축복을 가져다 줍니다. 사람이 즐거운 자와 자리를 함께 하거나 혹은 슬퍼하는 자와 자리를 함께 해야 한다면, 솔로몬의 지혜를 구하는 것이 마땅할 것입니다. 솔로몬은 이렇게 말하였습니다. "초상집에 가는 것이 잔칫집에 가는 것보다 나으니"(전 7:2). 세상의 희희낙락 속에서 순간적인 섬광을 볼 수 있지만, 참으로 진실한 빛은 그리스도인들의 슬픔 속에서 발견됩니다. 주께서 고난을 통해 자기 백성을 어떻게 지키시고 어떻게 성별하시는지 깨달을 때 어두움은 사라지고 정오의 빛이 타오를 것입니다.

이제 두 번째 대지로 넘어갑니다. 슬픈 마음에서 귀한 것이 나올 수 있습니다. 귀한 것이 슬픈 마음에서 나올 뿐 아니라 그곳에서 커질 수 있습니다.

첫째, 한나가 슬픈 마음으로 인하여 기도하는 법을 배웠다는 사실을 주목하십시오. 이 큰 슬픔을 당하기 전에 한나가 무슨 기도를 드렸는지 저는 말씀드리지 않겠습니다. 다만 제가 아는 것은 이것입니다. 그녀의 적수가 매우 교만하게 말하는 소리를 듣고, 자신이 완전히 멸시당하는 것을 알았을 때 전보다 더욱 간절하게 기도하였다는 사실입니다. 오! 형제 자매들이여, 여러분이 남 모르는 슬픔을 겪고 있다면 그 슬픔을 어디로 가져가야 할지 배우십시오. 그리고 지체하지 말고 그리로 가져가십시오. 이에 대하여 한나에게서 배우십시오. 한나는 하나님께 애원하였습니다. 그녀는 자신의 마음에 있는 비밀을 인간의 귀에다 대고 쏟아 붓지 아니했습니다. 오직 하나님의 집에 가서 하나님께서 약속하신 방식으로 하나님 앞에 자신의 슬픔을 내어놓았습니다. 마음이 쓰리고 아플 때 한나는 주님께 기도하였습니다. 쓰리고 아픈 마음은 언제나 이렇게 위로 받아야 합니다.

많은 사람들이 쓰리고 아픈 마음을 가지고 있지만 그들은 기도하지 않습니다. 그렇게 때문에 여전히 죽을 맛인 것입니다. 그들이 지혜로워서 그들의 슬픔을 기도하라는 하나님의 부르심으로, 간구의 소낙비를 몰고 오는 구름으로 볼 수 있다면 얼마나 좋겠습니까! 우리의 고통은 우리가 하나님께로 가기 위해 타고 가는 말과 같습니다. 거센 바람은 우리의 배를 온전한 기도의 항구로 급히 몰아 갑니다. 마음이 즐거운 자는 찬송하지만, 고난당하는 자는 "기도하라"고 성경은 말씀합니다(약 5:13). 이처럼 쓰리고 아픈 마음은 기도하라는 표시이며, 거룩한 행실을 취하도록 유도하는 것입니다.

오 슬픔의 딸이여, 그대의 어두운 방에서 사랑하는 주님께 도움을 구하는 법을 배운다면, 뺨 위로 한 번도 눈물을 쏟아보지 못한 순진한 소녀들이 여러분을 부러워하게 될 것입니다. 왜냐하면 기도의 기술과 신비에 능숙하다는 것은 곧 왕자로서 하나님과 함께 한다는 것을 의미하기 때문입니다. 하나님이여, 우리가 슬픔에 잠길 때마다 기도하는 마음이 되게 하옵소서.

한나는 자기를 부인하는 것을 배웠습니다. 이는 분명합니다. 왜냐하면 자신의 큰 슬픔에서 벗어나기를 바라며 드린 바로 그 기도가 자신을 부인하는 것이었기 때문입니다. 그녀는 비난을 면하기 위해 아들을 원했습니다. 하지만 진정 그런 모습을 그녀의 눈으로 볼 수 있다면, 그녀는 그 사랑하는 아들을 평생 주님의 것으로 기꺼이 드릴 것입니다. 어머니들은 자기 아이들을 곁에 두고 싶어합니다. 당연히 자기 아이들을 자주 보고자 할 것입니다. 하지만 한나가 사내아이를 간절히 구한 것은 자기 자신을 위해서가 아니었습니다. 그녀는 하나님을 위하여 특별한 선물인 아들을 달라고 구한 것이었습니다. 아이가 젖을 떼면 곧바로 하나님의 집에 데리고 가서 하나님께 바치고 절기 때만 보러 가기로 마음먹었습니다. 한나의 서원을 읽어보십시오. "만군의 여호와여 만일 주의 여종의 고통을 돌보시고 나를 기억하사 주의 여종을 잊지 아니하시고 주의 여종에게 아들을 주시면 내가 그의 평생에 그를 여호와께 드리고 삭도를 그의 머리에 대지 아니하겠나이다"(삼상 1:11).

한나는 아들을 집에 두고 보려고 하지 않았습니다. 그 아들은 그 아버지의 매일의 자랑거리요, 그녀에게는 매 시간 위안이 되는 아들이었지만 여호와의 집에서 레위인처럼 섬기기를 그녀는 원하였습니다. 이러므로 한나가 자기를 부인하였다는 사실이 명백합니다.

형제 자매들이여, 이는 행하기 힘든 교훈 중에 하나입니다. 우리가 가장 소중히 여기는 것을 하나님의 명령에 따라 포기한다는 것, 그것도 기쁘게 포기한다는 것은 쉬운 일이 아닙니다. 한나처럼 스스로 바치고 아낌없이 희생할 때 이것이 진정으로 자기 부인이라고 할 수 있습니다. 축복을 나누기 위해 축복을 바라는 것, 이것이 바로 자기를 복종시키는 것입니다. 우리는 이 자리에 이르렀나요? 오, 마음이 슬픈 여러분, 여러분이 육체를 십자가에 못 박고, 몸을 제어하는 법을 배우고 여러분의 욕망과 의지를 발 밑으로 던져 버리는 법을 배운다면, 여러분이 겪은 모든 손실과 고난에 비해 천 배나 많은 보상을 얻을 것입니다. 개인적으로 저는 하나님께 감사드리지만, 때때로 조금 더 자신을 복종시키고 싶은 생각이 있습니다. 제가 제 인생을 평가해 볼 때, 고통이라는 엄격한 경작을 통해 갈아엎어지고 거름을 주었을 때 외에는 은혜 안에서 실질적으로 거의 성장하지 못한 것 같습니다. 저의 잎사귀는 소나기 내리는 날에 가장 푸르며, 저의 열매는 겨울밤 서리가 덮였을 때 가장 달콤합니다.

이 여인이 슬퍼하였을 때 또 하나의 귀한 것을 얻었는데, 그것은 곧 그녀가 믿음을 배웠다는 사실입니다. 한나는 약속을 믿는데 익숙해졌습니다. 그녀에게는 쓰리고 아팠던 시절이 있었습니다. 그러나 엘리가 "평안히 가라. 이스라엘의 하나님이 네가 기도하여 구한 것을 허락하시기를 원하노라"고 말하자 곧 한나는 "가서 먹고 얼굴에 다시는 근심 빛이 없었습니다." 한나는 아직 축복을 받지 못하였지만 그 하나님의 약속을 믿고 받아들였습니다. 주님께서 다음과 같이 가르쳐 주신 대로 그녀는 믿었던 것입니다. "무엇이든지 기도하고 구하는 것은 받은 줄로 믿으라. 그리하면 너희에게 그대로 되리라"(막 11:24). 한나는 눈물을 닦았고, 이마의 주름도 폈으며, 자기의 기도가 응답된 줄 알았습니다. 믿음으로써 그녀는 사내아이를 품에 안고 주님께 바쳤습니다. 이는 행하기 쉬운 일이 아닙니다. 한나는 마음의 슬픔을 통해 하나님을 믿고 무거운 짐을 그에게 맡기며 담대하게 하나님에게 원조와 도움을 구하는 법을 배웠습니다. 그때에 한나는 잃어버림으로써 최고의 이익을 얻는 법, 슬픔을 통해 가장 큰 기쁨을 나타내는 법을 배우게 되었던 것입니다. 한나는 믿음으로 말미암아 "약속을 받은" 자들 가운데 하나입니다. 그러므로 마음이 슬픈 여러분도 한나처럼 믿지 못할 이유가 없습니다.

한나는 슬픔으로 인하여 기도의 응답을 받았을 뿐만 아니라 그 응답을 활용하는 은혜를 받았습니다. 한나에게 슬픈 마음이 없었다면 그녀가 사무엘에게 좋은 어머니가 되었으리라고 저는 생각하지 않습니다. 어린 선지자가 양육받도록 아무에게나 맡겨지지 않습니다. 어리석은 많은 여인들이 자기 아이를 바보로 만듭니다. 아이는 다만 그녀의 "집오리"에 불과하며 따라서 멍청이로 성장합니다. 지혜로운 여인은 지혜로운 아들로 양육합니다. 따라서 사무엘의 훌륭한 성품과 성공은 다분히 그의 어머니의 슬픔의 열매이며, 그녀의 슬픔에 대한 보상이라고 저는 생각합니다.

한나는 사려 깊은 어머니였고, 이것이 아이를 양육하는데 중요한 요인이었으며, 그녀의 사상이 아이에게 부지런함을 심어 주었습니다. 한나는 아이를 양육할 시간이 별로 없었습니다. 그녀의 아이가 일찍이 집을 떠나 작은 겉옷(제사장 복)을 입고 여호와 앞에서 섬겼기 때문입니다. 그러나 그런 짧은 시간에 한나는 효과적으로 양육하였습니다. 왜냐하면 그녀가 그를 성소에 데려다준 날부터 아이 사무엘이 여호와를 섬겼기 때문입니다. 많은 집에 기도하는 어린아이의 그림이 걸려 있는 것을 봅니다. 저는 그 그림이 바로 어린 사무엘의 모습을 그린 것이라고 믿습니다. 저는 사무엘이 작은 겉옷 — 세마포 — 을 입고 진지한 모습을 하고 하나님의 어린 종으로서 성소에서 섬기는 모습을 즐겨 떠올립니다.

한나가 받은 또 하나의 축복이 있습니다. 이는 여호와를 찬미하는 능력이었습니다. 그녀의 아름다운 노래들, 특히 우리가 읽은 아름다운 시는 어디에서 나온 것일까요? 제가 여러분에게 말씀드리겠습니다. 여러분이 바닷가에서 조개껍질을 주워 귀에다 대보면 거친 파도 소리가 들리지 않습니까? 이 소리는 어디에서 나는 것입니까? 깊은 곳에서입니다. 조개껍질이 사나운 바다 속에서 이리저리 휩쓸리다가 마침내 신비를 담은 깊고 부드러운 소리를 낼 수 있게 되었고, 이 소리는 오직 소금 바다 동굴만이 알아들을 수 있는 소리입니다. 한나의 시는 그녀의 슬픔으로 말미암아 탄생한 것이었습니다. 슬픈 마음을 가진 사람은 누구나 다 한나가 수금을 연주한 것처럼 자신의 수금을 연주하는 법을 배울 수 있을 것이며, 한나가 참아낸 그런 슬픔을 통과하고 크게 기뻐할 것입니다.

더욱이 한나는 슬픔으로 말미암아 더 많은 축복을 받을 수 있었습니다. 사무엘을 낳은 이후에 한나는 세 아들과 두 딸을 얻었습니다. 말하자면 한나가 하나님께 바친 한 아들 대신에 하나님께서 다섯 자식을 주신 것입니다. 이는 하나님께서 한나의 예금에 대해 많은 이자로 갚으신 것이었습니다. 이율은 자그마치 오백 퍼센트였습니다. 한나가 사무엘을 내어드린 일이 동생들을 얻는 결정적인 계기가 되었습니다. 하나님은 축복하시기 전에 반드시 먼저 우리를 시험하십니다. 우리는 큰 축복을 받기 전에 먼저 불 시험을 통과해야만 합니다. 높은 인기 때문에 파멸한 사람들 중에 절반 정도는 치욕스럽고 수치스러운 예비 과정을 거치지 않았기 때문에 그리 되는 것입니다. 많은 재물 때문에 파멸하는 사람들 중에 절반 정도는 힘들이지 않고 한탕으로 순식간에 많은 재물을 벌었기 때문에 그리 되는 것입니다. 불에 달구어져서 벼린 무기가 후에 전투에서 사용될 수 있습니다. 한나는 큰 슬픔으로 인하여 큰 은혜를 입었습니다. 한나가 깊은 슬픔에 빠졌기 때문에 큰 은혜를 입은 사람들 가운데 당당히 서 있을 수 있는 것입니다.

마지막으로, 한나는 고통을 참아냄으로써 주님의 담대한 증인이 되었고, 다음과 같이 아름답게 노래할 수 있었습니다. "여호와와 같이 거룩하신 이가 없으시니 이는 주 밖에 다른 이가 없고 우리 하나님 같은 반석도 없으심이니이다"(삼상 2:2). 시험을 참아내지 않는 한 증인이 될 수 없습니다. 그러므로 주님께서 시험하시고 하나님의 참되심을 세상에 증거할 수 있는 자격을 주시는 자는 복이 있습니다. 그런 증인에게 저의 인장을 찍어드리겠습니다.

13

스바의 여왕(1)

표적

"심판 때에 남방 여왕이 일어나 이 세대 사람을 정죄하리니 이는 그가 솔로몬의 지혜로운 말을 들으려고 땅 끝에서 왔음이거니와 솔로몬보다 더 큰 이가 여기 있느니라"(마 12:42).

서기관과 바리새인들이 예수님의 신임장을 점검하는 수고만 하였더라도 그들은 예수님께서 약속된 메시아이셨음을 쉽게 확인할 수 있었을 것입니다. 그들은 율법과 계명에 정통하였으며, 또한 선지자들이 쓴 계시에도 능통하였을 것입니다. 그러므로 그들이 나사렛 예수와 오실 메시아 간에 놀랍게도 똑같은 점을 거의 실수하지 않고 알아차릴 수 있었을 것입니다. 그러나 그들은 예수님의 주장에 대하여 전혀 알아보려고 하지 않았고, 당연히 그를 사기꾼이라고 생각하였으며, 이에 그들은 예수님을 배척하고 말았습니다. 예수님께서 말씀하신 진리로 인해 그들이 궁지에 몰리자 그들은 예수님에게 표적을 보여 달라고 요구하였습니다. 이미 예수님께서 많은 표적들을 보여 주셨기 때문에 이러한 그들의 요구는 불성실한 말이었습니다. 그 많은 표적들 중에 상당수는 틀림없이 그들이 알고 있었습니다. 왜냐하면 그런 많은 표적들로 인하여 그들이 화가 나 있었기 때문입니다.

예를 들면, 예수님께서 회당에 들어가셔서 손 마른 사람을 고쳐 주셨습니다. 그때에 그들은 예수께서 이 기적을 행하셨기 때문에 안식일을 범한 자라고 정죄하였습니다. 그만큼 그들은 예수님의 표적에 대하여 익히 알고 있었던 것입니다. 그러나 이외에 많은 기적들이 예수님에 의해 행하여졌다는 보고를 들으면서도 그들은 여전히 계속하여 예수님을 배척하였고, 심지어 예수께서 그들이 보는 앞에서 그리스도이심을 입증해 보이셨음에도 그들은 예수님께서 그리스도시라는 고백을 하지 않았습니다.

그들은 예수님에게 표적을 구하였습니다. 하지만 그들이 이미 가진 표적들 외에는 그들에게 보여 줄 표적이 없다고 구세주께서 말씀하셨습니다. 그들이 이미 가진 표적들 중에 하나가 바로 선지자 요나가 물고기 뱃속에서 삼 일을 지낸 후 다시금 살아 나온 일이었습니다. 그리스도께서 친히 부활하실 것이며, 그의 부활로써 그는 요나의 모형을 성취하실 것입니다. 이것은 그들이 반박할 수 없는 표적이 될 것입니다. 또 다른 표적들도 있었습니다. 니느웨 사람들이 요나의 설교를 듣고 회개한 일이며, 남방 여왕이 솔로몬에게 온 일입니다. 이처럼 이방인들, 아득히 먼 데 있는 이들이 믿지 않는 유대인들에게 표적이 될 것입니다. 예수님께서 자기를 알지도 못한 백성을 부르셨을 때, 그를 사자로 보내신 주 하나님 때문에 그들이 그에게로 달려나왔습니다. 이 때문에라도 서기관과 바리새인들은 예수님께서 그리스도이심을 알아보았어야 할 것입니다. 서기관과 바리새인들이 이와 같이 확실한 표적을 계속하여 거부한다면, 그들에게 보여 줄 다른 표적은 없을 것이며, 그 대신 위대하신 왕께서 예루살렘을 파멸시키고 그 백성을 멀리 흩어지게 하라고 집행영장에 어인을 찍으실 수밖에 없는 것입니다.

제 생각에 스바 여왕이 이 세대에 표적이 된다고 우리는 말할 수 있습니다. 어떤 면에서 각각의 세대가 다른 세대와 다르기도 하지만, 서로 유사한 많은 점들이 있습니다. 다른 사람들이 어떠했는가를 여러분이 이해할 때, 여러분 자신이 어떠한지를 크게 깨달을 수 있습니다. 역사는 반복된다는 것은 주지의 사실입니다. 이는 역사가 똑같은 정욕의 결과, 곧 인간의 악한 마음속에 있는 동일한 죄의 본질의 결과이기 때문에 그렇습니다. 그러므로 현 세대도 여러 가지 면에서 그리스도께서 친히 임하신 세대와 매우 유사하다고 저는 믿습니다. 만일 그리스도께서 지금 이곳에 육체로 임하신다면, 정확히 이렇게 말씀하실 것입니다. "심판 때에 남방 여왕이 일어나 이 세대 사람을 정죄하리니 이는 그가 솔로몬의 지혜로운 말을 들으려고 땅 끝에서 왔음이거니와 솔로몬보다 더 큰 이가 여기 있느니라."

첫 번째, 스바 여왕의 행동이 불신자들을 정죄합니다.

무엇보다 먼저 스바 여왕은 솔로몬의 지혜에 대한 소문에 흥미를 느꼈습니다. 우리는 스바 여왕에 대하여 많이 알지 못합니다. 다만 알 수 있는 것은 그녀가 지식에 대한 열망에 사로잡혀 "솔로몬의 지혜로운 말을 들으려고" 먼 데서 왔다는 사실입니다. 저는 그녀가 지성과 사색을 갖춘 여성이라고 추측합니다. 그러므로 그녀가 자신과 생각이 같은 왕을 찾았던 것입니다. 멋있는 사람은 어느 도시에 살거나 혹은 그곳을 한 번만 방문하면, 그곳의 조각과 그림에 대해 다 알게 됩니다. 그는 그 도시 최고의 예술가들에 관한 자료들을 자연스럽게 얻게 됩니다. 심지어 조그마한 마을에서도 학문과 예술을 사랑하는 사람은 학문과 예술에 관한 자료들을 알려 주는 사람들을 금세 찾아냅니다. 그는 어느 정도 자신과 비슷한 사람들을 자신에게로 유인합니다. 솔로몬은 이런 식으로 이 여성을 유인하였던 것입니다. 왜냐하면 그녀는 분명히 어느 정도 지혜를 가졌고, 더 갖기를 원한 여성이었기 때문입니다.

스바 여왕의 행동에 대하여 세상의 많은 사람들은 강하게 비난할 것입니다. 그들의 생각은 오로지 육체뿐이며, 그들의 관심은 오로지 "무엇을 먹을까? 무엇을 마실까? 무엇을 입을까?" 입니다. 세상에는 일상적인 지혜를 얻기 위해서 반 마일도 가지 아니할 사람들이 태반이며, 그들은 온갖 형태의 배움을 멀리할 것입니다. 그들은 일상적인 일 이외에는 다른 생각이 없으며, 직업을 위해 모든 시간을 바칠 뿐입니다. 하지만 스바 여왕은 지혜를 갈망하였으며, 그 지혜를 얻기 위해 멀리 여행하였습니다. 그녀와 비교하여 런던이라는 큰 도시에 사는 대중들, 그리고 우리 지역이나 다른 지역에 사는 사람들을 보십시오. 어떤 이들은 학문, 예술, 정치, 그런 일들에 관심이 있습니다. "솔로몬보다 더 큰 이"가 가르쳐 줄 고상한 일에 대하여 그들은 관심을 기울이지 않는 것 같습니다.

여러분은 어려운 지역에 사는 이웃들 가까이 예배당이나 선교회관을 지을 수 있습니다. 여러분은 자기를 부인함으로써 이러한 설립을 위한 수단을 제공할 수 있습니다. 여러분은 그런 지역에 사는 사람들에 대하여 크게 염려할 수 있으며, 적법한 모든 유인책을 활용하여 그들을 여러분이 세운 시설 안으로 인도할 수는 있습니다. 그러나 여러분 자신이 그들을 각성시키거나 관심을 갖게 할 수는 없습니다.

세상에서 우리 주 예수 그리스도의 복음을 잠시나마 듣는 것이 힘든 일이 될 때가 많습니다. 많은 사람들이 신문의 머리말에서 시작하여 마지막 광고까지 다 읽지만 은혜로운 논설이나 소책자, 혹은 성경은 거의 보지 않으려 할 것입니다. 많은 사람들은 전쟁에 관한 이야기, 배가 난파한 이야기, 혹은 탄광에서 일어난 사고, 더 나아가 추악한 범죄 이야기, 혹은 이혼재판소에서 흔히 있는 자질구레한 일들을 빼놓지 않고 꼼꼼히 읽습니다. 하지만 우리의 대중들은 영혼, 영원, 천국, 지옥, 하나님께서 보내신 그리스도, 이 모든 일에 대하여 완전히 무관심합니다. 오, 이 스바 여왕은 어떻게 할까요? 그녀는 가장 고상한 일에 대하여 관심을 가지고 알려 하였고, 마치 상인이 고급 진주를 찾듯이 고상한 것을 추구하였습니다. 따라서 그녀는 심판 때에 일어나 세속적인 이 세대의 무관심한 사람들을 정죄할 것입니다.

스바 여왕이 많은 사람들을 정죄할 수 있는 이유는 그녀가 솔로몬의 지혜에 대한 소문을 듣고 믿었기 때문입니다. 그녀는 소문을 듣는데 관심이 있었을 뿐만 아니라 아울러 자신이 들은 바를 믿었습니다. 누가 그녀에게 이 소문을 전하였는지 저는 모르겠습니다. 그러나 솔로몬은 큰 상인이었으며, 상인들이 그와 거래하기 위해 사방에서 몰려들었습니다. 따라서 예루살렘에 머물렀던 이런저런 사람들이 위대한 왕의 놀라운 지혜에 대한 소문을 들었을 것이며, 또한 비길 데 없는 그의 건축학적인 업적, 그의 방대한 지식, 여호와의 집(예루살렘 성전)을 짓고 그곳에 올라간 그의 영광에 대한 소문을 들었을 것입니다. 그리고 이들이 스바 여왕에게 이 모든 이야기를 전해 주자 그녀는 이 모든 사실을 그대로 믿었습니다.

그녀의 믿음이 굉장한 믿음이었다고 말하는 것은 아닙니다. 하지만 그녀의 믿음은 이 세대의 회의주의를 정죄하기에 충분합니다. 더구나 이 세대가 어떤 면에서 남의 말을 경솔하게 잘 믿어 주는 세대이기에 더 더욱 그녀로부터 정죄 받아 마땅합니다. 우리는 여행자들이 우리에게 말하는 바를 쉽게 믿습니다. 엄청난 이야기를 듣고 처음에는 믿지 않다가 나중에 그것이 사실인

줄 알게 되는 경우가 지금까지 많이 있었습니다. 우리는 현장을 보고 돌아온 사람들이 이러이러한 것들을 보았노라고 말할 때 그 증거를 대체로 받아들입니다. 지식 사회에서는 이러한 사람들을 초청하여 그들의 이야기를 듣습니다. 물론 의심하는 사람들도 있겠지요. 하지만 대체적으로 믿게 됩니다. 그런데 우리가 주 예수님에 대한 소식을 알릴 때엔, 주님께 자주 이렇게 묻습니다. "주여, 우리에게서 들은 바를 누가 믿었으며 주의 팔이 누구에게 나타났나이까?"(요 12:38) 우리는 성경에 나타난 하나님의 말씀뿐만 아니라 우리가 직접 맛보고 만지고 체험한 바를 사람들에게 전합니다. 그러나 우리의 메시지에 관심 있는 사람들조차 언제나 믿는 것은 아닙니다.

이 시대 사람들은 거룩한 것에 대하여는 죄다 의심을 던집니다. 그리고 타르를 묻힌 솔을 가지고 성소를 돌아다니며 그곳에 있는 거룩한 기명들을 모조리 더럽히는 자를 가장 영리한 자라고 생각하는 것 같습니다. 구약에서 "도끼를 들어 삼림을 베는 사람"(시 74:5)은 하나님의 성전을 건축하기 위하여 그리하였다고 하지만 오늘날 모든 사람의 손에 있는 도끼들은 성전의 조각 작품들을 파괴하고 여호와의 성전을 받치고 있는 백향목을 파괴하기 위한 것들인 듯합니다. 분명히 스바 여왕은 솔로몬에 대한 놀라운 이야기를 듣고 도저히 있을 수 없어 보이는 그런 사실을 액면 그대로 믿었습니다. 이는 그녀를 속일 의도가 없었던 사람들의 친절하고 공정하고 정직한 증거를 그녀가 그대로 받아들였기 때문입니다. 그러므로 그녀는 심판 때에 일어나서 그리스도도 믿지 않고 하나님도 믿지 않는 이 세대 사람들을 정죄할 것이며, 또한 이 성경책이 하나님의 말씀이라고 말하면서도 그 안에서 아주 분명하게 가르치고 있는 사실들을 부인하고 하나님을 거짓말하는 자로 만드는 그런 사람들을 정죄할 것입니다.

다음에 스바 여왕은 이 세대의 불신앙을 정죄할 것입니다. 왜냐하면 그녀는 자신의 수중에 떨어진 가장 고상한 일들에 대하여 관심이 있었고 그녀에게 전해진 그 정직한 보고를 그대로 믿었을 뿐만 아니라 그 믿음을 실행에 옮겼기 때문입니다. 그녀는 소문으로 들었던 지혜의 진상을 실제로 알아볼 수 있는 곳에 가기로 결심하였습니다. 그녀는 지혜를 사랑했고, 보석을 구하듯 지혜를 구하였습니다. 그녀는 솔로몬을 찾아 그의 지혜를 들어보기 위해 멀고 위험스러운 여행을 하기로 마음을 먹었습니다. 그녀는 그 보고를 확신하였기에 여행을 떠날 수 있었습니다. 당시에 여행한다는 것은 오늘날의 여행것처럼 쉬운 일이 아니었습니다. 약 한 세기 전만 해도 우리의 조상들은 백마일을 가는데도 뜻을 세워야 했습니다. 그렇다면 스바 여왕이 이 위대하고 지혜로운 왕을 알현하려고 예루살렘까지 가는데 얼마나 큰 결심이 있어야 했겠습니까? 그녀는 자신이 겪을 모든 수고에 대하여 충분한 보상을 받으리라 믿었고, 그리하여 떠났던 것입니다.

이것이 매우 중요한 점입니다. 여기에 모인 성도들 가운데 많은 사람들이 그들이 듣는 모든 말씀을 믿는다고 고백합니다. 하지만 마음으로는 실제로 아무것도 믿지 않습니다. 왜냐하면 그들은 믿는 바를 실행하지 않기 때문입니다. 오 선생들이여, 여러분이 죄인이라고 믿는다면 어찌하여 용서받기를 구하지 않습니까? 여러분이 위험에 처해 있다고 믿는다면, 어찌하여 탈출구를 스스로 찾지 아니합니까? 여러분이 하나님이 계시다고 믿는다면, 어찌하여 그분과 화목하는 방법을 묻지 않는 것입니까? 여러분이 예수님의 말씀을 믿는다면, 어찌하여 그분을 신뢰하지 않고 순종하지 않는 것입니까? 성경을 믿고 평생토록 정통교리를 사랑하고, 조금이라도 의심하는 것을 진정으로 정죄한 여러분이라 할지라도 심하게 혼날 것입니다. 왜냐하면 여러분이 믿은 대로 실행하지 않았기 때입니다. 그런 사실이 여러분이 진실로 믿은 것이 아님을 증거합니다. 여러분 가운데 누구라도 이러한 죄를 범하였다면, 지금 즉시 회개의 화살이 여러분의 양심을 관통하기를 축원합니다!

스바 여왕이 심판 때에 일어나 불신자들을 정죄할 수 있는 이유는 그녀가 믿은 대로 실행하였을 뿐만 아니라 엄청난 어려움 속에서도 그 일을 끝까지 해냈기 때문입니다. 이미 말씀드렸듯이 예루살렘까지 오는 일은 쉬운 일이 아니었습니다. 당시에 여행하는데 어떠한 어려움이 있었는지 우리는 잘 모릅니다. 그녀는 여행길에 만날 도적들이나 기타 악행자들을 두려워하지 않았을 것입니다. 왜냐하면 분명히 솔로몬의 큰 권세가 먼 지역까지 그 위세를 떨쳐서 그녀가 먼 곳에서도 평안을 느꼈을 것이기 때문입니다. 하지만 그래도 여전히 그녀는 심각한 위험을 감수하고 여행을 하였습니다. 오늘날 많은 사람들이 그리스도의 지혜를 듣고 싶어하면서도 이를 위해 치러야 할 대가를 두려워하며, 감수해야 할 곤란이 너무나 많지 않을까 우려합니다. 혹 태평한 심령이나 죄 가운데 사는 사람이라도 그리스도를 모실 수만 있다면 그들은 그렇게 그리스도를 모시려 할 것입니다. 그러나 그리스도를 찾기 시작하면 어려움을 당하리라는 생각 — 이는 참으로 그들이 단호한 마음만 가진다면 곧 사라질 것인데 — 바로 그런 생각이 그들을 짓누릅니다. 유순 씨(Pliable)와 같이 그들은 실망의 수렁(Slough of Despond)을 통과할 수 없습니다. 어느 누구라도 천성으로 가려고 하지만 이처럼 더러운 곳을 통과하려고 하지는 않는 것입니다.

우리가 주목해야 할 또 한 가지는 이 남방 여왕이 높은 지위에 있었음에도 불구하고 자신을 낮추었다는 사실입니다. 높은 신분으로 인하여 그녀는 보통 사람들보다 더 큰 어려움을 감수해야 했습니다. 그녀는 보좌를 비워둘 수 있는 형편이었나요? 그녀가 없는 동안에 그녀의 권력은 어떻게 될까요? 아마도 그녀의 권력을 뒤엎을 음모도 있었을 것입니다. 그녀는 실권을 가진 모사들을 신뢰할 수 없었을 것입니다. 지금까지 사치하며 지내오던 그녀가 솔로몬의 법정까지 먼 여행을 하면서 겪게 될 이 모든 위험에 용감히 맞설까요? 그녀는 이 모든 위험을 모두 감수하였습니다. 그러므로 그녀는 자신과 같지 아니한 사람들을 정죄할 수 있는 것입니다. 높은 지위에 있으면서 하나님을 경외하지 않는 사람들에게 할 말이 많습니다. 그들이 그리스도를 소홀히 한 데 대하여 저는 그들을 위해 변호할 말이 없으며, 다만 그들에 대한 주님의 말씀을 기억할 뿐입니다. "재물이 있는 자는 하나님의 나라에 들어가기가 얼마나 어려운지"(눅 18:24).

여러분은 대부분 이와 같은 방해물이 없습니다. 통치해야 할 왕국이 있지도 않으며, 경영해야 할 사업도 없습니다. 물론 여러분에게 근심거리야 있겠지만, 그것이 주님을 찾지 못할 구실이 될 정도는 아닙니다. 이 여인은 그녀에 대한 온 나라의 걱정을 안고 지혜를 구하러 솔로몬을 찾아왔습니다. 그러므로 그녀는 주님을 거의 찾지도 않고 그런 고상한 일에 대하여 생각할 틈도 갖지 않는 그런 사람들을 얼마나 정죄하겠습니까! 여러분은 내려놓을 보좌도 없습니다. 이러한 자리는 주의 백성이라면 누구라도 붙잡고 있기가 매우 괴로울 것입니다. 여러분은 보잘것없는 복음 사역자 밑에서 그가 전하는 말씀을 듣기 위해 궁궐의 풍습, 궁궐에서 행해지는 악습, 궁궐의 허영을 떨쳐버릴 필요가 없습니다. 여러분도 아시다시피 여기에 앉아서 저와 같이 평범한 설교자의 설교를 듣는다고 조금도 품위가 떨어지지 않습니다. 여러분이 캔터베리 대주교를 모셔와 그의 설교를 들을 필요는 없습니다. 그런 점에서 저는 여러분에게 잘 어울리는 설교자이며, 이런 모든 면에서 여러분에게 오히려 유리한 점이 있습니다. "가난한 자에게 복음이 전파된다"(마 11:5)는 말씀은 지금도 여전히 진실입니다. 그런데 "솔로몬보다 더 큰 이"이신 예수님께서 여기 계십니다. 그때에 예수님께서 가난한 자에게 전파하시기를 기뻐하신 이상 여기 모인 우리와 같은 보통 사람들은 그 앞에 나오는데 아무런 장애물이 없다고 느껴야 하지 않을까요?

이 지혜로운 여왕에 대하여 말씀드릴 한 가지 사실이 더 있습니다. 그녀가 솔로몬의 궁궐에 이르렀을 때 솔로몬의 지혜를 크게 활용하였다는 사실입니다. 그녀는 어려운 문제를 솔로몬에게 질문하였고, 할 수 있는 한 최선을 다해 알아보았으며 꼬치꼬치 캐물었습니다. 바로 이러한 점에서 그녀는 믿는 둥 마는 둥 하는 많은 사람들을 정죄하리라고 생각합니다. 여러분은 "솔로몬보다 더 큰 이"이신 주님 앞에 나왔습니다. 곧 우리의 위대하신 주님의 무한한 지혜 앞에 서 있습니다. 그런데도 여러분은 어쩔 줄 모르고 쩔쩔매는 어려운 문제를 주님 앞에 가지고 오지 않습니다. 스바 여왕이 솔로몬에게 했던 것처럼 마음속에 있는 모든 문제들에 대하여 여러분은 주님께 이야기하지 않습니다. 그녀가 솔로몬으로부터 은혜를 받은 것처럼 여러분은 그리스도로부터 풍성한 은혜를 받지 않습니다. 예수님께 나올 때 그분의 지혜를 활용하십시오! 여러분이 그분의 지혜를 활용하지 않는다면 여러분이 구세주를 모신다해도 별 소용이 없습니다. 하나님께서 그 크신 은혜로 구세주를 여러분에게 주신 이상, 그에게서 할 수 있는 모든 것을 얻어가십시오.

주님께서 여러분을 귀찮아하신다는 생각을 하지 마십시오. 주님께서 그 충만함 가운데서 궁핍한 사람들에게 은혜를 나눠 주시는 것을 마음속으로 기뻐하십니다. 주님께서 가장 크게 만족하실 때는 다름 아니라 여러분이 그분으로 인하여 가장 크게 만족할 때입니다. 여러분이 주님으로부터 많은 것을 얻을 때 주님은 여러분으로부터 가장 큰 기쁨을 얻으시는 것입니다. 이 사실을 기억하십시오. 어떤 그리스도인은 그들 앞에 많이 놓여 있는 금화들은 손도 댈 수가 없으며, 오직 한 번에 반 크라운 경화(half crown, 2실링 6펜스에 해당하는 백동화: 역주)만을 취해야 하며, 또 그때에 많은 것을 받은 것처럼 생각합니다. 은혜는 본래 넘치게 써야 복된 것입니다. 은혜는 여러분이 원하는 만큼 쓸 수 있습니다. 그래도 여러분은 낭비하는 자로 여겨지지 않을 것입니다.

두 번째, 스바 여왕이 처한 많은 환경들 때문에 그녀는 이 세대 사람들을 더욱 강하게 정죄할 수 있습니다.

그 첫 번째 환경은 이렇습니다. 그녀에게 들려온 소문은 우리가 들은 소문만큼 확실하지 않았다는 점입니다. 제가 이미 말씀드린 대로, 솔로몬과 무역을 한 상인들은 아마 본 대로 말하였을 것입니다. 그리고 분명히 그 상인의 종들이 스바 여왕의 종들에게 말하였을 것입니다. 아마도 그들은 굉장한 이야기를 쏟아냈을 것이며, 우리처럼 허풍을 쳤을 것입니다. 더욱이 이 경우에는 그들이 있는 대로 허풍을 쳤을 것입니다. 왜냐하면 그들이 아무리 모든 말을 다 했더라도 절반도 말하지 못했을 테니까요. 솔로몬은 그들이 생각했던 것보다 더 지혜로웠지만 그들은 그런 사람은 거의 있을 수 없는 현자라고 생각했을 것입니다. 여왕은 직접 목격한 목격자들로부터 솔로몬의 지혜에 대한 소문을 듣지 못했을 것입니다. 그럼에도 불구하고 여왕은 그 사실을 믿었습니다. 그런데 여러분은 그리스도에 대한 소문을 하나님의 말씀에서, 많은 목격자들로부터 들었습니다. 게다가 많은 복음의 사역자들, 하나님의 종들, 현존하는 남자들과 여자들이 계속하여 이 사실을 여러분에게 증거합니다. 그들은 자신들이 아는 바, 느낀 바, 체험한 바를 여러분에게 전해 주고 있습니다.

아! 여러분 중에 어떤 이들은 그 누구보다도 가장 신뢰할 수 있는 분으로부터 이 사실을 전해 들었습니다. 아주 어렸을 때 여러분의 어머니가 이 사실을 말씀해 주셨을 것입니다. 지금은 어머니가 돌아가셨습니까? 저는 확신하건대, 어머니가 마지막으로 남기신 유언 중에 다시금 이 사실을 언급하시면서 "솔로몬보다 더 크신 이"를 찾으라고 부탁하셨을 것입니다. 아마도 제 설교를 듣고 있는 중에 어떤 이들은 어렸을 때 지금은 하늘에 계신 할아버지로부터 이 사실에 대한 말씀을 들었을 것입니다. 그리고 여러분의 형제, 자매, 친구, 여러분이 알고 있는 사람들이 잇따라 "이것은 사실이야, 내가 시험해 보고 검증해 봤는데 정말 사실이야"라고 말해 주었을 것입니다. 여러분 주변에 회개한 많은 사람들이 있습니다. 그들의 말을 믿지 않는다면 여러분은 사실상 그들을 거짓말쟁이로 만드는 것이며, 더욱이 제가 이미 말씀드린 대로 하나님을 거짓말하는 자로 만드는 것이 됩니다. 스바 여왕에게는 경건한 목격자가 없었으며, 다만 사람들의 증거만이 있었을 뿐입니다. 하지만 여러분은 이 성경이 하나님의 책이며, 하나님의 증거가 사람들의 증거보다 더 확실하다고 믿습니다. 그러므로 여러분에게 경고하시는 하나님의 증거, 세대마다 외친 모든 하나님의 사람들의 증거, 그리고 현재 여러분의 친척과 친구들의 증거를 거절하지 마십시오.

저는 회중이 저의 말만 듣고 가르침을 받아들일 것을 원하지 않습니다. 사랑하는 친구들이여, "그리스도의 말씀이 여러분 속에 풍성히 거하게 하십시오"(골 3:16). 언제나 이런 신학 저런 신학을 따르려는 경향이 존재합니다. 하지만 부탁하건대 그런 것을 따라가지 마십시오. 여러분 스스로 성경으로 나아가고, 그리스도께로 나아가십시오. 그리고 여러분 자신을 위하여 그리스도의 감동된 말씀으로 나아가십시오. 우리는 진리를 아는 만큼만 여러분에게 가르쳐 줄 것입니다. 하지만 우리가 다른 사람들의 신앙의 규범이 되는 책임은 결코 지지 못할 것입니다. 사람들로부터 성경을 빼앗아 가는 일은 소위 "신부들"(priests)에게나 어울리는 일이며, 진실한 복음 전파자들은 오히려 언제나 성경을 사람들에게 건네줄 것입니다. 그러므로 우리는 여러분더러 성경을 자세히 살피라고 권면합니다. 여러분이 성경을 자세히 살필 때 성경은 여러분을 자세히 살펴줄 것이며, 여러분이 그 말씀을 붙잡을 때 그 말씀이 여러분의 마음을 붙잡아 불변하는 유익을 줄 것이며, 구원에 이르는 지혜를 줄 것입니다.

또한 여러분이 들은 소문은 스바 여왕이 들은 소문보다 훨씬 중요한 문제들과 관련된 것입니다. 스바 여왕은 모든 종류의 지혜를 사랑하였기 때문에 솔로몬의 지혜에 관심을 가졌습니다. 하지만 솔로몬의 지혜가 사실 그녀에게 그다지 중요한 것은 아니었습니다. 그녀가 솔로몬에게 가지 않았다 하더라도 그녀의 나라는 계속해서 고급 향신료와 금을 생산해냈을 것입니다. 그러니 그녀가 솔로몬에게 가야 할 이유가 어디 있겠습니까? 하지만 하나님의 말씀, 하나님의 성령, 그리고 하나님의 종들이 불신자인 여러분에게 알려 주는 문제들은 여러분의 영혼, 여러분 자신, 여러분의 죄, 여러분의 불안, 여러분의 소망과 관련된 것들입니다. 이는 주님의 재림과 그의 영광스러운 능력으로 말미암아 여러분이 영원한 파멸을 당하느냐 아니면 그리스도 예수 안에서 영원한 행복을 누리느냐 하는 문제입니다. 저는 여러분을 이해할 수 없습니다. 여러분은 세상일에서는 바보가 아니기 때문입니다. 여러분 옆에 있는 금화를 짤랑짤랑 울려보십시오. 그리하면 여러분은 그 소리를 즉시 듣고 금화라는 사실을 아주 영리하게 알아차립니다. 여러분은 영리한 장사꾼들이며, 장부를 잘 관리하고 계산을 잘 하지만 여러분의 영혼은 소홀히 합니다. 어떤 사람이 지폐로 가득한 가방을 들고 시내를 활보하면서 그 많은 지폐(영혼)에 대해서는 전혀 생각하지 않고 오직 면으로 된 손수건(재물)을 잃지 않을까 크게 걱정한다면 너무나 이상할 것입니다.

또한 스바 여왕이 들은 소문이 우리가 들은 소문만큼 결코 감동적이지 않았기 때문에 그녀는 불신자들을 호되게 정죄할 것입니다. 그 소문 가운데는 솔로몬 왕이 그녀를 위해 죽었다는 그런 내용은 없었습니다. 그 소문 가운데는 사랑의 메시지나, 긍휼한 마음을 나타내는 자기 희생의 사건이 없었습니다. 그저 단순히 솔로몬이 지혜로웠다는 내용뿐이었는데도 그녀는 그를 보러 가기로 결심했던 것입니다. 오 선생들이여, 제가 여러분에게 전하는 이 보고는 얼마나 다른지요! 저는 무관심한 영혼들 앞에 그저 단순히 지혜롭기만 한 구세주를 소개하는 것이 아닙니다. 그와는 반대로 사랑이 많으시고, 겸손하시며, 자기를 희생하시고, 죽어 주신 구세주를 여러분에게 소개하고 있는 것입니다. 만일 사람들이 저의 이 보고를 듣고도 그분을 찾지 않는다면, 솔로몬에 대한 소문만을 듣고 그를 보려고 떠난 이 스바 여왕으로부터 호된 정죄를 당하게 될 것입니다.

그녀의 경우에 이 소문은 하나님의 명령이 동반되지 않았습니다. 그녀는 솔로몬에 대한 소문을 들었을 뿐 솔로몬을 찾아가라는 명령을 사람이나 하나님으로부터 전혀 받지 않았습니다. 그녀가 그렇게 할 수 있었던 것은 오로지 자신이 그렇게 하는 것을 좋아했기 때문입니다. 오 죄인들이여, 여러분이 그리스도에 대한 말씀을 들을 때는 그분에게로 올 것인가 말 것인가를 여러분 스스로 선택할 수 없습니다. "알지 못하던 시대에는 하나님이 간과하셨거니와 이제는 어디든지 사람에게 다 명하사 회개하라 하셨습니다"(행 17:30). 하나님은 우리더러 온 세상에 다니면서 모든 족속에게 복음을 전파하며, 그들에게 "믿고 세례를 받는 사람은 구원을 얻을 것이요 믿지 않는 사람은 정죄를 받으리라"(막 16:16)고 전하라고 명령하셨습니다.

그 밖에, 스바 여왕은 솔로몬의 초청을 받지도 않았습니다. 솔로몬은 그녀에게 사람을 보내어 "와서 나의 지혜를 들으라"고 말하지 않았습니다. 스바 여왕은 초청 받지 않았는데도 갔습니다. 그런데 자녀들이여, 여러분은 늘 초청받고 있습니다! "내게로 오라," 이 말씀은 그리스도께서 여러분에게 끊임없이 외치시는 메시지입니다. 여러분은 그에게 오라는 초청을 받았는데도 그에게 오려고 하지 않습니다.

또한 스바 여왕에게는 환영받으리라는 약속도 없었습니다. 그녀는 솔로몬이 자기를 영접해 주리라고 장담할 수 없었습니다. 그런데도 그녀는 솔로몬 왕이 자기를 환영하리라고 믿고 그에게 왔고, 또 그 믿음대로 솔로몬은 그녀를 환영하였습니다. 그런데 여러분에게는 다음과 같은 구세주의 은혜로우신 확실한 약속이 있습니다. "내게 오는 자는 내가 결코 내쫓지 아니하리라(요 6:37). 여러분은 자진하여 신속하게 이 거룩한 사랑의 초청에 응해야 합니다. 왜냐하면 이는 하나님의 명령이며, 아울러 거룩한 약속이 보증되었기 때문입니다.

사랑하는 친구들이여, 이 여인은 단순히 소문만 듣고 떠났습니다. 그러나 여러분의 경우는 단순히 소문만 들은 것이 아닙니다. 제가 성경에 기록된 그리스도의 행하신 일에 대하여 여러분에게 말씀드릴 때, 이는 소문에 불과할 수 있습니다. 하지만 하나님의 손이 여러분의 친구들에게 임한 것을 볼 때 그것은 더 이상 소문에 그치는 것이 아닙니다. 저는 여러분이 이러한 사실을 인정하기를 바랍니다. 여기에는 아직 회개하지 않았지만 경건한 어머니를 두셨던 분들이 계십니다. 그때에 어머니의 삶은 여러분이 성경을 조금이라도 의심한다면 도저히 설명할 수 없는 그런 삶이 아니었습니까? 그리고 지금도 돌이켜보면 여전히 그분의 삶이 여러분이 보기에 아주 놀랄 만한 것이 아닌가요? 어머니는 고난 가운데서 혹은 가난 가운데서 얼마나 평온하고 기쁨이 넘치셨는지요! 어머니는 얼마나 차분하고 끈기 있게 여러분의 허물을 참아 주셨는지요! 임종하실 때에도 어머니는 끝까지 주님을 바라보고, 웃으며, 마지막 승리의 찬송을 부르실 만큼 거룩한 모습이 아니었나요? 어쩌다가 제가 하나님의 말씀을 의심하다가도 제가 증거한 분들의 임종을 생각하면 곧바로 믿음을 되찾곤 합니다.

게다가 이 여인은 소문의 진상을 알아볼 기회도 갖지 않고 먼 여행을 떠났습니다. 그녀는 먼 길을 무릅쓰고 예루살렘까지 가야 했습니다. 그러나 선생들이여, 여러분은 그리스도를 찾기 위해 1인치도 갈 필요가 없습니다. 사도 바울이 뭐라 말하였습니까? "말씀이 네게 가까워 네 입에 있으며"(롬 10:8). "네 입에"라는 표현을 주목하십시오. 자, 배고픈 사람이여, 제가 여러분에게 "식탁에 빵이 있으니 원하는 만큼 드십시오"라고 말씀드렸는데도 여러분이 먹지 않는다면 이는 여러분의 실수입니다. 그러나 제가 "사람아, 그대의 입 속에 빵이 있도다"라고 말한다면, 여러분은 그것을 뱉어내기 위해 노력해야 할 것입니다. 즉, 그리스도를 먹고 사는 것보다 그리스도를 뱉어내는 것이 여러분에게 더욱 고통스러울 것이라는 말씀입니다.

제가 스바 여왕에 대하여 말하지 않을 수 없는 것은 여러분이 그리스도께 나와야 할 동기가 많은 데 비해 그녀가 솔로몬에게 와야 할 동기는 전혀 없었다는 점입니다. 솔로몬이 그녀에게 자신이 갖고 있던 지혜를 보여 줄 수는 있었겠지만 그녀 자신을 지혜롭게 할 수는 없었습니다. 물론 일반적으로 사람들이 다른 사람들에게서 보고 들음으로써 많은 지혜를 배우게 된다고 생각합니다. 하지만 여러분이 그리스도께 나오면, 단순히 그분이 얼마나 많은 것을 아시는가를 배우는 것이 아니라 여러분 자신이 구원에 이르는 지혜를 얻게 될 것이며, 그는 여러분에게 말로 할 수 없이 귀한 은사들을 베풀어 주실 것입니다. 솔로몬은 스바 여왕에게 많은 선물들을 주었겠지만 그가 그런 선물을 주겠다고 약속한 적은 한 번도 없습니다. 그러나 여러분이 그리스도께 나올 때 그의 충만한데서 받고 은혜 위에 은혜가 더해질 것을 확신할 수 있습니다. 왜냐하면 그리스도께서 자기에게 나오는 모든 자들을 이런 식으로 맞아 주시기 때문입니다.

난생 처음으로 저의 주님께 나오실 분 안 계십니까? 제가 주님께 처음으로 나온 지 여러 해가 지났지만 지금까지 그 발걸음을 후회해 본 적은 한 번도 없었습니다. 제가 주님께 나왔던 그날은 복된 날이었고, 그 시간은 복된 시간이었습니다. 오, 제가 주님께 나오지 않았더라면, 저의 영혼은 주님을 찾기 전까지는 결코 쉼을 얻지 못할 것입니다. 저의 영혼이 처음부터 다시금 주님 앞에 나와야 한다 하더라도, 아무렴, "산 돌이신 예수께" 나오는 일이 끊임없이 계속되어야 한다 하더라도, 저는 또다시 기쁘게 예수님께 나올 것입니다. 그리고 만일 제가 여러분에게 복음 전하는 일을 새롭게 시작해야 한다면 저는 지금까지 여러분에게 전한 바로 그 복음을 여전히 전할 것입니다. 조금 더 잘 전하려고 노력할 것이지만 그 전하는 내용은 지금까지와 똑같이 "오래된, 아주 오래된 예수와 그의 사랑에 대한 이야기"가 될 것입니다. 저는 이 복음이 참이라는 사실을 알기 때문에 이 복음을 너무나 사랑합니다. 저는 직접 행복한 체험을 매일 함으로써 복음의 진실성을 알 수 있습니다. 지혜의 문들 앞에 나와 있는 무관심한 사람들이여, 이 복음을 믿으십시오. 주 예수님 그분을 보러 오십시오. 통치권, 인격, 부, 은혜에서 그분은 "솔로몬보다 더 큰" 분이십니다!

이제 마지막으로 세 번째 대지인데 저는 여기서 간단하게 결론을 내리고자 합니다. 이와 같은 증인의 정죄는 엄숙하고 불가항력적일 것이 틀림없습니다.

저는 처음부터 지금까지 일관되게 이런 사실을 여러분에게 보여드렸습니다. 이것은 제가 계속적으로 의도한 요점입니다. 분명히 여러분 중에 어느 누구라도 이방 여왕의 정죄 받기를 원치 않으실 것입니다. 모범적인 그리스도인에게 정죄 받는 것도 충분히 안 좋은 일입니다. 그런데 가무잡잡한 외모를 가진 이 이방의 여왕이 심판 때에 일어나 여러분을 정죄할 것입니다. 왜냐하면 여러분이 기독교권 안에서 살고 있고 또 자칭 그리스도인이라고 칭하며 기독교 국가의 국민이라고 말하지만 정작 예수님을 믿지 않기 때문입니다. 스바 여왕은 어두운 세대에 살았습니다. 그러나 아시다시피 지금 이 세대는 매우 훌륭한 세대입니다. 어떤 이들은 입에 침이 마르도록 이런 사실을 자랑합니다. 그들에 따르면, 이 세대는 지금까지 지구상에 존재했던 모든 세대 중에 가장 훌륭한 세대라고 합니다. 우리는 훌륭한 사람들입니다. 하지만 믿지 않는다면, 어두운 세대에 속했던 한 이방 여왕이 심판 때에 일어나 우리를 정죄할 것입니다. 왜냐하면 밝은 빛 가운데서 취한 우리의 행동보다 어두운 데서 취한 그녀의 행동이 더 훌륭하기 때문입니다. 하나님께서 당신의 행하신 일에 대하여 우리에게 더 많은 것을 가르쳐 주셨건만 오히려 우리는 조물주에 대하여 생각하지 않습니다. 하나님께서 은밀한 세계를 많이 계시해 주셨건만 오히려 우리는 하나님의 은밀한 은혜에 관심이 없습니다.

진실로 스바 여왕이 이 세대를 정죄할 것입니다. 그리스도께서 그녀를 증인으로 부르실 것입니다. 물론 주님께서 친히 이 세대를 정죄하실 테지만, 그때에 그녀, 곧 이방 여왕 앞에서 불신 세계는 서서 정죄를 받게 될 것입니다. 그녀의 까만 얼굴을 들여다보면서 그들의 얼굴은 사색이 될 것입니다. 왜냐하면 그녀의 믿음, 솔로몬에게 온 그녀의 결단이 모든 불신자들을 정죄할 것입니다. 특히 단지 믿는 체만 하고 말로만 믿고 실제로는 믿음으로 행하지 않은 그런 사람들을 그녀는 정죄할 것입니다.

14

스바의 여왕(2)

예수님께 물으라

"스바의 여왕이 여호와의 이름으로 말미암은 솔로몬의 명성을 듣고 와서 어려운 문제로 그를 시험하고자 하여 … 솔로몬에게 나아와 자기 마음에 있는 것을 다 말하매 솔로몬이 그가 묻는 말에 다 대답하였으니 왕이 알지 못하여 대답하지 못한 것이 하나도 없었더라"(왕상 10:1 -3).

우리 주님께서 하나의 표적으로서 스바 여왕을 거론하셨지만, 우리가 이 표적으로부터 교훈을 얻으려고 하지 않는다면 이는 소용없는 일일 것입니다. 스바 여왕은 "솔로몬의 지혜를 들으려고" 왔습니다. 그런데 그리스도는 모든 면에서 "솔로몬보다 더 큰" 분이십니다. 솔로몬이 지혜로웠지만 그가 지혜 자체는 아니었습니다. 하지만 예수님은 지혜 자체이십니다. 잠언에서 예수님은 지혜라는 이름으로 언급되셨습니다. 바울은 예수님께서 우리에게 하나님의 지혜가 되신다고 하였습니다. 실제로 예수님을 아는 자들은 그가 참으로 지혜로우시며, 진정으로 지혜 자체가 되신다는 사실을 어느 정도 알고 있습니다. 예수님은 아버지와 함께 계시며, 아버지를 아십니다. 그렇기 때문에 아무도 가질 수 없는 그런 지혜를 갖고 계십니다.

"아버지 외에는 아들을 아는 자가 없고 아들과 또 아들의 소원대로 계시를 받는 자 외에는 아버지를 아는 자가 없느니라"(마 11:27). 예수님은 하나님의 깊은 것을 아십니다. 왜냐하면 예수님은 아버지의 마음속에 있는 가장 큰 비밀을 하늘로부터 가지고 내려오셨기 때문입니다. 그러므로 사람들이 지혜롭기를 원한다면 예수님께 나아와야 합니다. 우리는 지혜 얻기를 원해야 하지 않겠습니까? "그 안에 지혜와 지식의 모든 보화가 감추어져 있는"(골 2:3) 예수님께 우리가 나아가지 않는다면 과연 누구에게 나아갈 수 있단 말입니까?

첫 번째, 그런 의미에서 저는 이 여왕이 솔로몬을 찾았을 때의 접근 방식을 따르라고 여러분에게 부탁합니다. 본문에 보면, "(그녀가) 어려운 문제로 그(솔로몬)를 시험하고자 하였다"고 말씀하고 있습니다. 그녀가 믿을 수밖에 없을 만큼 솔로몬이 지혜로운지 시험하고자 하였습니다. 그녀의 이런 접근 방식은 솔로몬에게서 진정으로 배우려는 노력의 일환이었습니다. 말하자면 그녀가 솔로몬의 지혜에서 교훈을 얻기 위해 그에게 어려운 질문을 던졌던 것입니다. 그리스도의 지혜가 어떤 것인지 여러분이 확인하고 싶다면, 그 방식은 그리스도께 와서 그의 발 아래 앉아서 그에 대하여 배우는 것입니다. 저는 다른 방식에 대해서는 아는 바 없습니다. 이 방식은 매우 확실한 방식입니다. 여러분이 이 방식을 채택한다면 매우 유익하고 복된 방식이 될 것입니다. 예수님께서 친히 말씀하시기를, "나는 마음이 온유하고 겸손하니 나의 멍에를 메고 내게 배우라 그리하면 너희 마음이 쉼을 얻으리니"(마 11:29)라고 하셨습니다.

예수님은 진리에 대한 "충성된 증인"이 되라고 하나님으로부터 보내심을 받은 분입니다. 그러므로 우리는 그가 말씀하시는 바를 믿어야만 합니다. 분명한 것은 우리가 그의 증거를 받고자 하지 않는다면 결단코 그의 지혜를 온전히 깨달을 수 없다는 사실입니다. 시편 저자는 말하기를, "너희는 여호와의 선하심을 맛보아 알지어다"(시 34:8)라고 하였습니다. 이 말씀은 주님께서 과연 지혜로우신지 우리가 시험하고 점검해 보라는 뜻입니다. 그리스도의 지혜를 멸시하는 사람들이 있습니다. 여러분이 그들을 엄밀히 조사해 보면, 그들이 예수님에 대하여 배울 마음이 조금도 없었다는 사실을 알게 될 것입니다. 주님은 이르시되 "진실로 너희에게 이르노니 너희가 돌이켜 어린아이들과 같이 되지 아니하면 결단코 천국에 들어가지 못하리라"(마 18:3) 하셨습니다. 그리스도의 제자가 되기를 거절하는 사람들은 그리스도의 지혜를 깨달을 수 없습니다.

그리스도께서 과연 지혜로우신지 아닌지 충분히 판단하기 전에 우리는 먼저 그분에 대하여 배워야만 합니다. 한 제자는 단 한 번도 그리스도의 발 아래 겸손하게 앉아 어린아이와 같은 심령으로 배우지 않았습니다. 그러나 우리는 마리아처럼 위대하신 선생님의 발 아래 앉아서 입을 다물고 그의 입에서 나오는 은혜로운 말씀에 귀를 기울여야 하는 것입니다. "내가 그 말들을 믿지 아니하였더니 이제 와서 친히 본즉 내게 말한 것은 절반도 못되니 당신의 지혜와 복이 내가 들은 소문보다 더하도다"(왕상 10:7).

또한 스바 여왕이 솔로몬에게서 배우기를 바라며 그에게 많은 질문을 한 것은 칭찬 받아 마땅합니다. 단순히 한두 가지 질문이 아니라 많은 질문을 하였습니다. 어떤 이들은 그때에 스바 여왕에게 호기심이 크게 발동했다고 말하는데 그것이 사실인지는 모르겠습니다. 제 생각에 어떤 사람에게는 호기심이 큰 비중을 차지합니다. 하지만 이 경우, 호기심은 지혜로운 것이었습니다. 왜냐하면 스바 여왕은 지혜의 사람 앞에서 할 수 있는 한 모든 지혜를 배워야 하는 입장이었기 때문입니다. 이 때문에 그녀는 솔로몬에게 온갖 종류의 질문을 하였던 것입니다. 그녀는 솔로몬에게 그녀의 통치 문제, 통상 계획, 전쟁 수행방법이나 평화에 대한 전술과 같은 난제들을 물어보았을 가능성이 높습니다. 아마도 그녀는 들짐승, 바다 어종, 공중의 새에 관해 솔로몬과 담화하였을 것입니다. 하지만 저는 확신하건대, 그녀는 고상한 일, 곧 하나님에 관한 일에 대하여 이야기했을 것입니다.

제가 이러한 결론을 내리게 되는 것은 본문 1절에 기록된 말씀 때문입니다. "스바의 여왕이 여호와의 이름으로 말미암은 솔로몬의 명성을 듣고 와서 어려운 문제로 그를 시험하고자 하여." 그녀가 들었던 소문은 솔로몬뿐만 아니라 이스라엘의 하나님 여호와와 관계된 소문이었습니다. 따라서 그녀는 자신의 심령 상태, 자신의 인격, 하나님 앞에서 자신의 위치, 그리고 미래에 이스라엘의 하나님과 자신의 관계에 대하여 많은 어려운 문제들을 솔로몬에게 질문하였을 것입니다. 이러한 문제들은 대답하기가 쉽지 않습니다. 하지만 그녀는 이러한 문제들을 꼼꼼히 질문하였으며, 그리하여 그녀는 집에 돌아갔을 때, "내가 솔로몬에게 이 문제를 질문했어야 하는 건대, 그래야 내

의혹이 다 풀릴 텐데"라고 말하지 않을 수 있었습니다.

사랑하는 성도 여러분, 여러분이 그리스도의 지혜를 알고 싶으면 그분에게 많은 질문을 해야 합니다. 그분에게 와서 무엇이든지 원하는 대로 물어보십시오. 땅과 하늘과 지옥에 관해 주님은 모르시는 것은 하나도 없습니다. 주님은 과거, 현재, 미래를 다 아십니다. 모든 날에 관한 일들과 최후의 날에 관한 일들도 다 아십니다. 아무도 모르는 하나님의 일들을 주님은 아십니다. 왜냐하면 주님은 아버지와 성령과 하나이시기 때문입니다. 그러므로 주님은 우리가 꼭 알아야 하는 모든 것을 가르쳐 주실 수 있습니다. 그러므로 지금까지 여러분을 쩔쩔매게 하였던 모든 문제, 지금까지 여러분을 비틀거리게 하였던 모든 의심을 가지고 주님께 나오십시오. 여러분 자신의 생각이나 혹은 여러분의 동료들의 자문이나 주장을 너무 의지하지 말고 주님께 물어보십시오. 주님은 사람이 결코 흉내낼 수 없는 말씀을 해 주시며, 그분의 지혜는 알렉산더의 칼과 같이 모든 고르디우스의 매듭(Gordian knot)을 끊을 수 있으며, 심령을 괴롭히는 곤경을 한 순간에 끝낼 수 있습니다.

제가 스바 여왕에게 감탄하는 중요한 점은 그녀가 "어려운 문제로" 솔로몬을 시험하였다는 사실입니다. 그녀가 지혜롭지 않습니까? 만일 학생이 대답할 수 있을 정도의 질문을 솔로몬에게 하였다면, 이는 솔로몬을 거의 모욕하는 일이 되었을 것입니다. 솔로몬의 지혜를 시험해 보려면, 그에게 "어려운 문제"를 내십시오. 지혜로운 사람은 보통 사람들이 대답할 수 없는 그런 문제를 자기에게 내 주기를 바랄 것입니다. 만일 여왕의 질문이 자기 스스로 풀 수 있는 그런 문제였다면, 어찌하여 솔로몬의 대답을 듣기 위해 그토록 먼길을 달려갔겠습니까? 아무도 그녀에게 도움이 되지 못하였기 때문에 넘치는 지혜로 어려운 문제들을 풀어 줄 수 있는 사람에게 그녀는 질문을 했던 것입니다. 솔로몬의 지혜로운 답변을 들은 스바 여왕은 마음의 무거운 짐을 덜고 전에 자기를 괴롭혔던 많은 문제들을 깨끗이 해결 받고 집으로 돌아올 수 있었습니다.

하지만 제가 알고 있는 어떤 사람들 — 지금도 그런 사람들 있다고 생각하는데 — 은 그리스도께 어려운 문제를 가져오면 안 되는 것처럼 생각합니다. 예를 들면, 그들은 자신들이 큰 죄인들이라고 느낍니다. 그리고 그들이 만일 많은 죄를 저지르지 않았더라면 주님께서 더 수월하게 그들의 죄를 용서할 수 있으리라고 생각합니다. 따라서 그들은 왕 되신 예수님께 어려운 문제들을 가져오기를 꺼립니다. 또 다른 사람들은 격한 감정이나 혹은 군림하려는 욕망을 억누르기 위해 심하게 발버둥칩니다. 그들은 자기 스스로 그런 악을 극복해야만 한다고 생각합니다. 그렇다면 제가 믿는 주님께서 그렇게 초라한 구세주일 뿐이라고 여러분은 생각하십니까? 그분은 위대하신 의사입니다. 고작 손가락 베인 것이나 치통을 치료받으려고 구세주 앞에 나오시렵니까? 오, 그분은 전능하신 구세주이시므로 여러분은 가장 나쁘고, 가장 비열하고 타락한 사람들을 그분께로 인도해야 할 것입니다. 그런 사람들이라야 구세주의 구원의 능력을 시험해 볼 수 있기 때문입니다!

여러분 자신이 가장 타락한 사람이라고 느낀다면 어서 주님께 나오십시오. 여러분이 최악 상태에 빠져 있고 거의 지옥에 떨어질 형편에 있다면 어서 주님께 나오십시오. 여러분이 어려운 형편이라면 그 어려운 형편을 전능하신 구세주께 가지고 나오십시오. 주님께서 오직 예절 바르고 선한 사람들만을 구원하시려고 세상에 오신 줄 생각하십니까? 여러분도 아시다시피 주님은 이렇게 말씀하셨습니다. "건강한 자에게는 의사가 쓸 데 없고 병든 자에게라야 쓸 데 있느니라. 나는 의인을 부르러 온 것이 아니요 죄인을 부르러 왔노라 하시니라"(막 2:17).

사랑하는 여러분, 다시 잘 들어보십시오. 여러분은 지금 고통스러운 시험을 당하고 있나요? 심령이 심히 눌려 있나요? 그것 때문에 그리스도로부터 멀어졌나요? 일상적인 짐은 주님께 가져올 수 있지만 특별하게 큰 짐은 가져올 수 없다고 생각하나요? 어려운 문제를 가져와 주님의 능력을 시험해 보십시오. 문제가 어려울수록 더 좋습니다. 한 인디언 간호사가 있었습니다. 한 여성 환자가 그녀의 무거운 몸을 이 간호사에게 완전히 기대려 하지 않자 그녀는 이렇게 말했습니다. "저를 도와주시려면 제게 완전히 기대십시오." 이 말은 주님께서 여러분에게 하시는 말씀이기도 합니다. 여러분의 무거운 짐을 주님께 맡기면 맡길수록 주님은 더욱 기뻐하실 것입니다. 주님을 신뢰하면 할수록 여러분은 주님에 대한 믿음의 효력을 검증할 수 있을 것이며, 여러분 가운데 하나됨이 더욱 이루어질 것입니다. 그리스도는 세상 죄를 지시는 분(the Bearer)입니다. 따라서 주님은 여러분의 가장 큰 슬픔도 아주 쉽게 져 주실 수 있습니다. 주님은 검증 받는 것을 원하시기 때문에 어느 모로나 주 예수님의 능력을 시험해 보십시오. 부랑자가 궁핍하면 궁핍할수록 복음의 나팔은 더욱 큰 소리로 멸망이 임박한 자들이여 와서 구원을 받으라고 외칩니다.

이제 두 번째로 "솔로몬보다 더 큰 이"이신 그리스도와 관련하여 스바 여왕의 모범을 본받읍시다. 어려운 문제로 그리스도를 시험해 봅시다. 단단한 견과를 깨뜨려 달라고, 다이아몬드를 잘라 달라, 어려운 문제를 풀어 달라고 주님께 가져옵시다. 여러분에게 어떤 어려운 문제가 있는지 저는 잘 모릅니다. 그러나 예수님께서 해결해 주시는 열 가지 어려운 문제에 대하여 저는 간략하게 설명드리겠습니다. 물론 이 열 가지는 빙산의 일각에 불과합니다. 왜냐하면 예수님께서 해결하지 못할 문제는 하나도 없기 때문입니다.

첫째, 어려운 문제는 이것입니다. 사람이 어떻게 하나님 앞에서 의로울 수 있을까? 욥기에는 "인생이 어찌 하나님 앞에 의로우랴?"(욥 9:2)고 기록되어 있고, 이는 풀리지 않는 문제인 듯이 보입니다. 우리 주 예수 그리스도로 말미암지 않는다면 지면에서 이 문제를 풀 사람은 아무도 없습니다. 곧 주님으로 말미암지 않으면 도저히 하나님 앞에서 의로울 수 없는 것입니다. 우리가 주님께 나아오면, 주님은 우리가 분명히 죄의 자리에 서 있다는 것을 말씀해 주실 것이며, 이에 우리는 우리의 죄 때문에 하나님의 진노를 받아 마땅하다고 고백하게 될 것입니다. 우리의 공로로 주님의 은혜를 받을 수 없다는 사실을 항상 인정해야만 합니다. 사실, 우리에게는 공로가 없습니다. 다만 우리는 은혜를 받을 만한 자격이 전혀 없으며, 지옥에 떨어져 마땅한 존재들입니다. 그리고 우리가 하나님의 풍성한 은혜와 자비의 자리로 나올 때, 하나님은 그리스도 예수로 말미암아 우리를 의롭다고 여겨 주실 것입니다.

또한 사람이 하나님 앞에서 의로울 수 있는 길을 우리 주 예수님께서 가르쳐 주셨는데 이는 주님께서 친히 믿는 자들의 언약의 대표자(the covenant head)가 되신다는 사실을 일깨워 주시는 것입니다. 첫 번째 대표자 아담 안에서 모든 사람이 넘어진 것처럼, 두 번째 아담, 곧 하늘로부터 내려오신 주님 안에서 그를 믿는 모든 자들이 다시금 일어납니다. "한 사람이 순종하지 아니함으로 많은 사람이 죄인 된 것 같이 한 사람이 순종하심으로 많은 사람이 의인이 되리라"(롬 5:19).

이처럼 하나님 앞에서 의로움은 대표자 그리스도로 말미암아 그 안에 있는 모든 자들에게 임합니다. 그리스도는 하나님의 율법을 다 지키셨으며, 율법의 일점 일획도 다 순종하셨습니다. 그리고 그리스도의 순종은 그 안에 있는 모든 자들의 순종으로 여겨집니다. 그러므로 "인생이 어찌 하나님 앞에 의로우랴?" 하는 문제가 이렇게 풀리게 됩니다. 예수님께서 다음과 같이 말씀하십니다. "나는 죄의 자리에서 하나님의 율법을 온전히 순종하였다. 이 순종이 나를 믿는 모든 자에게 전가되며, 따라서 하나님께서 나의 의로 말미암아 그들을 의롭다고 칭하시느니라." 오, 영광스러운 전가(imputation)의 교리여! 이를 믿고 즐거워하는 자들은 복이 있습니다.

또 하나의 어려운 문제가 있습니다. 불경건한 자를 의롭다고 하신 하나님께서 어떻게 의로우실 수 있습니까? 하나님께서 의롭다면 분명히 불경건한 자를 정죄하여야 할 것입니다. 그러나 우리가 아는 바, 분명히 하나님께서 불경건한 많은 사람들을 기꺼이 만나 주셨으며, 그들을 온전히 의롭다고 칭하셨습니다. 그리하여 그들은 다음과 같은 말씀을 듣게 되었습니다. "누가 능히 하나님께서 택하신 자들을 고발하리요 의롭다 하신 이는 하나님이시니"(롬 8:33). 어떻게 이런 일이 있을 수 있습니까? 예수님만이 이 질문에 대답하실 수 있습니다. 주님은 이렇게 대답하십니다. "내가 죄의 형벌을 받았노라. 내가 죄인을 위하여 하나님의 공의의 요구대로 모든 고난을 받았노라. 내가 죄인의 빚을 갚았고, 따라서 율법이 그를 자유롭게 놓아주는 것이 마땅하니라." "그가 찔림은 우리의 허물 때문이요 그가 상함은 우리의 죄악 때문이라 그가 징계를 받으므로 우리는 평화를 누리고 그가 채찍에 맞으므로 우리는 나음을 받았도다"(사 53:5). 이 위대한 죄의 대속자께서 죄인을 대신하여 고난을 당하셨습니다. 하나님의 공의의 칼이 그를 치신 것은 그가 죄인을 대신하신 것이며, 죄인의 형벌을 자진하여 짊어지신 것입니다. 그러므로 죄인의 형벌을 예수님께서 다 받으신 이상 하나님은 의로우시고 또한 그의 아들을 믿는 모든 자들을 의롭다하실 수 있습니다.

그 다음 문제는 많은 사람들을 쩔쩔매게 한 문제입니다. 어떻게 사람이 행함 없이 믿음으로만 구원받을 수 있으며, 또 그에 반해 행함이 없는 믿음으로는 구원을 받을 수 없게 되나요? 이 문제로 인해 쩔쩔매는 여러분에게 우리 주 예수 그리스도께서는 이렇게 말씀하십니다. 구원을 받기 위해서 우리는 그 분을 믿어야 하며, 우리의 어떠한 행위도 믿음의 근거가 될 수 없습니다. 우리의 믿음조차도 우리의 공로는 아닙니다. 왜냐하면 사람은 은혜로만 구원받기 때문입니다. 즉, 구원은 사람의 의로운 행위로 말미암지 않고 하나님의 거저 주시는 은혜로 말미암는 것입니다. "너희는 그 은혜에 의하여 믿음으로 말미암아 구원을 받았으니 이것은 너희에게서 난 것이 아니요 하나님의 선물이라. 행위에서 난 것이 아니니 이는 누구든지 자랑하지 못하게 함이라"(엡 2:8-9).

이 진리에 대한 성경의 가르침은 이처럼 확고합니다. 그러나 동시에 누군가 믿음이 있다고 고백하지만 그 믿음이 살아 있는 생생한 믿음이 아니라면 그가 구원받았다고 아무도 장담할 수 없습니다. 구원받는 믿음은 하나님을 사랑하고, 결과적으로 하나님 보시기에 기뻐하시는 일을 해야 합니다. 제가 하나님을 믿는다고 말하면서 여전히 제 마음대로 그리고 고의적으로 죄 가운데 살아간다면 제 믿음은 귀신들이 가진 믿음만큼도 되지 못하는 것입니다. 왜냐하면 귀신들은 "믿고 떨기"(약 2:19) 때문입니다. 어떤 사람들은 하나님을 믿는다고 고백하지만 하나님 앞에서 떨지 않으며, 건방지고 주제넘습니다. 이러한 믿음은 영혼을 구원하는 믿음이 아닙니다. 구원받는 믿음은 선한 행실을 초래하며, 회개를 이끌어 내거나 혹 회개와 함께 동반하며, 또한 이로 인하여 하나님을 사랑하고 거룩하게 되며, 구세주를 닮고자 하는 열망을 갖게 됩니다.

착한 행실이 믿음의 뿌리는 아니지만 믿음의 열매입니다. 집이 지붕의 슬레이트 위에 기초하지는 않지만 집에 지붕이 없다면 사람이 그 안에서 살 수 없을 것입니다. 이와 마찬가지로 우리의 믿음이 우리의 착한 행실에 기초하는 것은 아니지만, 그 믿음이 성령의 열매를 맺지 못한다면 이는 형편없고 쓸모 없는 믿음이 되고 말 것입니다. 이런 성령의 열매들이 있어야 그 믿음이 하나님으로부터 온 것임을 확실히 알 수 있는 것입니다. 예수 그리스도께서 우리더러 하나님처럼 거룩해지도록 힘쓰라고는 말씀하시지만, 하나님과 똑같은 거룩은 도저히 이룰 수 없고, 혹은 그러한 거룩은 꿈도 꿀 수 없는 것입니다. 우리는 마치 행위로 말미암아 구원받을 수 있을 것처럼 살아야 합니다. 그러나 우리는 결코 우리의 행위에 의존하지 말아야 합니다. 우리가 그리스도를 얻고 그 안에서 발견되기 위해서는 행위를 배설물로 여겨야 합니다. 이로 인하여 우리는 율법으로 말미암는 우리 자신의 의가 아니라 그리스도를 믿음으로 말미암는 의, 곧 믿음으로 말미암는 하나님의 의를 가질 수 있습니다.

여기에 또 하나의 어려운 문제가 있습니다. 이 문제로 인하여 한때 유대인의 권세자가 크게 당황했습니다. 그는 여러분이 잘 아는 니고데모입니다. "그가 밤에 예수께 와서"(요 3:2). 그에게 어려운 문제는 이런 것이었습니다. "사람이 늙으면 어떻게 날 수 있사옵나이까?"(요 3:4) 일견 이 문제는 도저히 해답이 없을 것처럼 보입니다. 그러나 예수 그리스도께서는 "보라 내가 만물을 새롭게 하노라"(계 21:5)고 말씀하십니다. 심지어 옛 세대에도 하나님께서는 자기 백성에게 이렇게 약속하셨습니다. "또 새 영을 너희 속에 두고 새 마음을 너희에게 주되 너희 육신에서 굳은 마음을 제거하고 부드러운 마음 을 줄 것이며"(겔 36:26).

이 모든 일이 사람에게는 불가능하지만 하나님에게는 가능합니다. 성령께서 사람을 중생케 하시며, 거듭나게 하십니다. 그리하여 비록 체질은 변함이 없지만 그의 속 심령은 어린아이의 심령 같이 되며, 갓난아이처럼 말씀의 순전한 젖을 사모하며 이를 먹고 성장합니다. 그렇습니다. 사람들이 예수 그리스도를 믿으면 그들 속에 총체적인 변화가 나타납니다. 예수님은 니고데모에게 "사람이 거듭나지 아니하면 하나님의 나라를 볼 수 없느니라"(요 3:3) 하셨습니다. 그런데 나이 든 사람들이라도 "살아 있고 항상 있는 하나님의 말씀으로"(벧전 1:23) 거듭날 수 있습니다. 노쇠하여 지팡이에 의지하고 나이가 칠십 세가 넘었어도 여러분은 거듭날 수 있습니다. 백 세가 넘었어도, 여러분이 예수님을 믿으면 영원하신 성령의 능력으로 즉시 그리스도 예수 안에서 새로운 피조물이 될 것입니다.

여기에 또 다른 어려운 문제가 있습니다. 모든 것을 다 아시는 하나님께서 어떻게 신자들의 죄를 더 이상 모를 수 있을까요? 이는 많은 사람들이 이해하지 못하는 수수께끼입니다. 하나님은 어디에나 계시며, 그의 전지하신 눈앞에 만물이 드러나고 맙니다. 그러나 하나님은 예레미야 선지자를 통해 "그날 그때에는 이스라엘의 죄악을 찾을지라도 없겠고 유다의 죄를 찾을지라도 찾아내지 못하리니"(렘 50:20)라고 말씀하셨습니다. 감히 말씀드리건대, 아무리 하나님이라도 더 이상 존재하지 않는 것을 보실 수는 없습니다. 하나님의 눈이라도 존재하지 않는 것에 시선을 두실 수는 없습니다.

예수님을 믿는 사람들의 죄도 이러합니다. 이미 그들의 죄는 없어졌습니다. 하나님께서 친히 "다시는 그 죄를 기억하지 아니하리라"(렘 31:34)고 선언하셨습니다. 그러나 하나님께서 잊으실 수 있나요? 물론 하나님께서 뜻하시면 말씀대로 그렇게 하실 수 있습니다. 다니엘서에서는 메시아께서 하실 일이 "허물이 그치며 죄가 끝나며 죄악이 용서되며 영원한 의가 드러나며"(단 9:24)라는 놀라운 말씀으로 묘사되었습니다. 죄가 끝난다고요? 그렇습니다. 죄가 끝난다는 사실이 다른 은혜롭고 거룩한 하나님의 말씀에도 이렇게 기록되었습니다. "내가 네 허물을 빽빽한 구름 같이, 네 죄를 안개 같이 없이하였으니 너는 내게로 돌아오라"(개역개정판, 사 44:22). 이 얼마나 복된 말씀인가요! 그러므로 죄는 사라졌고 이미 없어졌습니다. 그리스도께서 그것들을 도말하셨습니다. 그러므로 하나님께서 우리의 죄를 보지 않으십니다. 하나님께서 모든 믿는 자들의 죄를 영원히 깨끗하게 지워 버리셨으니 이것이 바로 하나님께서 그들에게 베푸신 용서의 진면목입니다!

또 다른 어려운 문제가 있습니다. 어떻게 사람이 눈에 보이지 않는 하나님을 볼 수 있나요? 그리스도께서 이렇게 말씀하셨습니다. "마음이 청결한 자는 복이 있나니 그들이 하나님을 볼 것임이요"(마 5:8). 그리고 천사가 요한에게 이렇게 말하였습니다. "그의 종들이 그를 섬기며 그의 얼굴을 볼 터이요"(계 22:3,4). 빌립이 예수님에게 "주여, 아버지를 우리에게 보여 주옵소서. 그리하면 족하겠나이다"(요 14:8)라고 질문하였을 때 바로 이 어려운 문제가 다시 제시되었던 것입니다. 그때에 예수님은 빌립에게 이렇게 대답하셨습니다. "빌립아, 내가 이렇게 오래 너희와 함께 있으되 네가 나를 알지 못하느냐? 나를 본 자는 아버지를 보았거늘 어찌하여 아버지를 보이라 하느냐?"(요 14:9) 아버지 하나님께서 소중한 아들의 인격 안에서 사람들 앞에 자신을 계시하셨습니다. 이에 대하여 요한은 "말씀이 육신이 되어 우리 가운데 거하시매 우리가 그의 영광을 보니 아버지의 독생자의 영광이요 은혜와 진리가 충만하더라"(요 1:14) 하였습니다. 예수님은 친히 "나와 아버지는 하나이니라"(요 10:30) 하셨습니다. 이와 같이 우리는 하나님의 아들 예수 그리스도의 인격 안에서 보이지 않는 아버지를 뵐 수 있습니다.

그리스도인의 체험 상 또 다른 어려운 문제가 존재합니다. 사람이 새 사람이 되고 난 이후에 어떻게 자신 속에 옛 사람이 크게 자리잡고 있음을 보고 늘 탄식할 수 있습니까? 성령께서 이 문제에 대하여 우리에게 가르쳐 주기 위해 사도 바울에게 계시하셨습니다. 우리 안에서 사람이 존재하며, 이 사람은 하늘에 속한 생명이므로 크게 기뻐합니다. 하지만 아아, 우리 안에는 옛 사람도 존재합니다. 바울은 이것을 "이 사망의 몸"(롬 7:24)이라고 불렀습니다. 이 옛 사람이 우리 안에 존재합니다. 아시다시피 두 사람 중에 옛 사람이 더 오래되었습니다. 새 사람이 옛 사람을 억제할 수는 있을지라도 옛 사람이 사라지지 않을 것입니다.

옛 성품이 새 성품에게 말합니다. "너는 무슨 권리로 여기에 있니?" 그러자 새 성품이 말합니다. "나는 은혜의 특권을 받았어. 하나님께서 나를 여기에 두셨어. 그래서 나는 여기 있을 작정이야." 옛 성품은 이렇게 소리칩니다. "만일 내가 막을 수 없다 하더라도 어떻게 해서든지 나는 너를 짓밟을 것이고, 혹은 의심으로 너를 덮어 버릴 것이며, 혹은 교만으로 너를 우쭐대게 만들 것이며, 혹은 불신앙의 독으로 너를 죽이고 말 테야. 어쨌든 너는 나가고 말 거야." 그러자 새 성품이 대답합니다. "아니야, 나는 결코 나가지 않을 거야. 나는 여기 살려고 왔거든. 나는 예수님의 이름과 권세로 이곳에 들어왔어. 예수님께서 가시는 곳마다 권세를 행하시지. 그러므로 나는 너를 이길 작정이야." 예수님은 옛 성품에 강타를 날리셨으며, 먼지가 날리도록 두들기셨습니다. 그런데도 그를 제어하기가 쉽지 않습니다. 옛 성품은 새 성품에게 너무나 소름끼치는 대적이기 때문에 종종 새 성품은 이렇게 부르짖게 됩니다. "오호라, 나는 곤고한 사람이로다. 이 사망의 몸에서 누가 나를 건져내랴?"(롬 7:24) 그러나 새 사람이 이렇게 울부짖는 동안에도 그는 최종적인 결과를 염려하지 않습니다. 그는 승리를 확신하기 때문입니다.

새 성품은 가만히 앉아서 노래합니다. 말하자면 죽음의 고개를 넘을 때에도, 그 코에서 썩는 냄새가 날 때에도, 새 성품은 가만히 앉아서 이렇게 노래합니다. "우리 주 예수 그리스도로 말미암아 하나님께 감사하리로다. 나는 주님 안에서 늘 승리하노라." 사랑하는 성도들이여, 우리는 패배하지 않을 것입니다. "죄가 너희를 주장하지 못하리니 이는 너희가 법 아래에 있지 아니하고 은혜 아래에 있음이라"(롬 6:14). 하지만 형제들이여, 이것은 대단한 싸움입니다. 우리 주님께서 그의 종 바울에게 그 자신의 체험을 위와 같이 우리에게 말하라고 지시하지 않으셨다면 우리는 "이 같으면 내가 어찌할꼬?"라고 울부짖지 않을 수 없을 것입니다. 그리스도께서는 자기 백성의 속사람에 대한 모든 것을 알고 계십니다. 그리고 그의 말씀에서 여러분이 이해할 수 없을 것 같은 일을 설명해 주십니다. 그리하여 심령 속에서 이 싸움이 맹렬히 벌어지고 있는 것을 느낄 때, 여러분은 이러한 영적인 싸움이 벌어지고 있다는 것을 이해하고 이렇게 말할 것입니다. "이 싸움은 내가 죄 가운데 죽었기 때문에 벌어지는 것이 아니야. 내가 죽었다면 나는 이러한 싸움을 하지도 않을 거야. 내가 소생하였기 때문에 이 싸움이 계속되고 있는 거야."

여기에 어려운 문제가 더 있습니다. "사람이 슬픈데도 어떻게 항상 기뻐할 수 있습니까?" 이 문제는 사도 바울이 제시한 수수께끼 같은 일들 중에 하나입니다. 바울은 다음과 같이 수수께끼 같은 많은 일들을 우리 앞에 나열합니다. 사람이 가난한데도 어떻게 많은 사람을 부요하게 합니까?(고후 6:10) 사람이 거꾸러뜨림을 당하는데도 어떻게 망하지 않습니까?(고후 4:9) 사람이 박해를 받는데도 어떻게 버린 바 되지 않습니까?(고후 4:9) 아무것도 없는 자인데도 어떻게 모든 것을 가진 자가 될 수 있습니까?(고후 6:10)

이에 대한 설명은 이렇습니다. 우리가 이 육체에 있는 동안에는 고난을 당하고 아파하며 고통 중에 지내야 합니다. 하지만 하나님께 감사하십시오. 하나님은 환난 중에도 기뻐하라고 가르쳐 주셨으며, 장차 우리가 받을 큰 상을 기대하라고 말씀하셨습니다. 그리하여 우리가 슬픔으로 가득하다면 기쁘게 그 슬픔을 당할 것입니다. 우리가 아픔을 겪어야 한다면 우리는 채찍을 맞으려고 엎드릴 것이며, 이후에 그로 말미암는 복된 결과를 기대할 것입니다. 이처럼 우리는 탄식할 수 있으나 동시에 노래할 수 있습니다.

저에게 한 가지 어려운 문제가 더 있습니다. 사람이 땅에서 살면서 어떻게 하늘의 삶을 누릴 수 있습니까? 바울의 다음과 같은 말씀의 의미를 깨달음으로 여러분 모두가 이 수수께끼를 이해하기 바랍니다. 바울은 이렇게 말하였습니다. "이는 너희가 죽었고 너희 생명이 그리스도와 함께 하나님 안에 감추어졌음이라"(골 3:3). "또 함께 일으키사 그리스도 예수 안에서 함께 하늘에 앉히시니"(엡 2:6). 비록 우리가 여전히 땅에서 살고 있지만 지금도 우리는 하늘의 삶을 누릴 수 있습니다.

때때로 우리는 사도 바울처럼 "몸 안에 있었는지 몸 밖에 있었는지 나는 모르거니와 하나님은 아시느니라"(고후 12:3)고 말하기 쉽습니다. 하지만 이내 우리는 몸 안에 있는 것을 발견하게 됩니다. 왜냐하면 육체적인 곤궁, 유혹과 시련을 겪기 때문입니다. 그 다음에 우리는 이렇게 울부짖습니다. "메섹에 머물며 게달의 장막 중에 머무는 것이 내게 화로다"(시 120:5). 그러나 아마도 우리는 다음 순간에 이렇게 말할 것입니다. "나의 보화를 담은 꾸러미가 내 앞에 가까이 와 있어 나는 발끝으로 서서 부르심을 기다리네. 왜냐하면 나의 보화가 있는 곳에 나의 마음도 있기 때문이지. 나의 보화는 나의 사랑하는 구주와 함께 저 하늘에 있네."

이제 결론으로서 실제적인 문제들을 풀어봅시다. 첫째, 우리는 어떻게 그리스도께 나올 수 있을까요? 그리스도께서 하늘에 계시기 때문에 우리는 주님 계신 곳으로 올라갈 수 없습니다. 그렇습니다. 그러나 주님은 은혜롭게도 "내가 세상 끝날까지 너희와 항상 함께 있으리라"(마 28:20)고 말씀하셨습니다. 우리가 주님을 뵙지 못하고 그 음성을 듣지 못하지만 이 순간에도 주님은 영으로 우리 가운데 계십니다. 우리가 주님께 이르기 위하여 한 발자국도 움직일 필요가 없습니다. 예수님께서 또다시 세상에 계신다면 그분은 육체를 입고 한 번에 모든 곳에 임하실 수 없을 것입니다. 예수님께서 런던에 계신다고 생각해 보십시오. 호주에 사는 사람들이 어떻게 주님께 올 수 있겠습니까? 그들은 항해 중에 죽을 수도 있을 것입니다. 혹 예루살렘에 계신다면, 불쌍한 많은 사람들이 팔레스타인에 가고 싶어도 결코 가지 못할 것입니다. 예수님께서 이 땅에 안 계시는 것이 훨씬 낫습니다. 왜냐하면 예수님의 영이 어디에나 계시기 때문에 이 땅에 안 계시는 것이 우리에게 더 편리합니다.

우리가 주님을 사모하고, 그를 알기를 바라며, 그를 찾으며, 무엇보다도 그를 의지하므로 우리는 주님께 나올 수 있는 것입니다.

우리가 그리스도께 어려운 문제를 질문한다면 "어떻게 할 수 있을까요?" 여러분은 마치 주님을 보는 것처럼 무엇이든지 질문할 수 있습니다. 사실 말로 여쭈어볼 필요도 없습니다. 여러분이 생각만 하더라도 주님은 여러분의 질문을 들으십니다. 죄인의 기도하는 입술이 있는 곳에는 반드시 구세주의 들으시는 귀가 있습니다.

"그러나 내가 그리스도께 질문을 한다 하더라도 어떻게 그가 내게 응답하시나요?"라고 여러분은 말합니다. 주님께서 꿈으로나 혹은 음성으로 응답하시리라고 기대하지 마십시오. 그리스도는 이 성경책에서 여러분이 알고 싶어하는 모든 것을 다 말씀하셨습니다. 성경을 읽고 연구하십시오. 그래서 그리스도께서 계시하신 것을 배우도록 하십시오. 우리와 같은 설교자들의 설교가 성경에 기초한 것이 아니라면 그 설교는 들을 가치가 없는 것입니다. 때때로 성경 말씀이 딱딱할지라도 우리가 성경 말씀을 전한다면 그 말씀에 귀를 기울이십시오. 우리가 성경 말씀을 시화(視話; 벙어리가 입술의 운동으로 행하는 말)로 전하더라도 그 말씀은 여러분의 마음을 감동시킬 것입니다. 여러분을 사랑하며, 여러분과 같이 혈과 육을 가진 사람이 이 말씀을 전하면 여러분은 그 말씀을 더욱더 잘 이해하고 더 큰 감동을 받을 것입니다.

사람들은 이렇게 말합니다. "나는 의심과 곤경을 가지고 그리스도께 기꺼이 나아갈 마음이 있습니다. 그런데 한 가지 문제는 지금 당장 응답을 받으라는 것입니다. 하나님의 말씀에 하나님께서 한 날을 정하셨다고 기록되었는데 어떻게 목사님은 지금 당장 하나님께 나오라고 말씀하실 수 있단 말입니까?" 그래요. 저는 여러분에게 지금 당장 그리스도께 나오라고 명령합니다. 더욱이 주님께서 친히 하신 말씀을 여러분에게 전합니다. "내게 오는 자는 내가 결코 내쫓지 아니하리라"(요 6:37). 그러면 여러분은 이렇게 말합니다. "하지만 주님께서 한 날을 정하신 것이 사실이 아닙니까?" 그렇습니다. 주님은 한 날을 정하셨습니다. 주님께서 그날을 정하셨다는 의미가 무엇인지 여러분에게 말씀드릴까요? "오랜 후에 다윗의 글에 다시 어느 날을 정하여 오늘이라고 미리 이같이 일렀으되 오늘 너희가 그의 음성을 듣거든 너희 마음을 완고하게 하지 말라 하였나니"(히 4:7).

주님의 거룩한 이름을 찬송합시다. 주께서 여러분에게 축복의 날을 정하셨다면 그날이 바로 오늘입니다. 제가 살아서 내일 여러분의 얼굴을 볼 수 있다면 저는 여전히 여러분에게 똑같은 말을 할 것입니다. 그 정해진 날은 은혜의 날이요, 바로 "오늘"입니다. 한 영혼이라도 그리스도께 나온다면 그가 나오는 날이 바로 오늘이 되는 것입니다. 여러분이 오늘 그리스도께 나온다면 그 정한 날 가운데 있게 될 것입니다. 왜냐하면 주님께서 "오늘 너희가 그의 음성을 듣거든 너희 마음을 완고하게 하지 말라"고 말씀하셨기 때문입니다. 지금 그리스도를 영접하십시오. 지금 그리스도를 믿으십시오. 지금 어려운 문제들을 주님께 가지고 나오십시오. 심한 의심을 가지고 그리스도께 나오십시오. 여러분의 심한 불신을 가지고 그리스도께 나오십시오. 여러분의 지독한 고집을 가지고 그리스도께 나오십시오. 있는 모습 그대로 나와 그리스도의 구멍난 발 앞에 자신을 내어놓으십시오. 왜냐하면 그리스도께서 풀지 못할 문제가 없으며, 해결하지 못할 어려움이 없으며, 용서하지 못할 죄는 없으며, 주님께서 여러분을 기쁨으로 돌려보내실 것입니다.

나는 누군가 이렇게 말하는 소리를 들었습니다. "도대체 뭐야? 과연 이런 식으로 하나님을 바라는 사람이 세상에 한 사람이라도 있을까?" 그렇습니다. 그런 사람들이 있습니다. 우리는 여러분이 그런 사람이 되지 못한다면 몹시 슬퍼할 것입니다. 친구여, 내 말을 믿으십시오. 하나님이 안 계신 것처럼 살아가는 사람들은 참으로 생명에 관한 모든 것을 잃고 말 것입니다. 저는 한 젊은이가 "나는 짧은 생애를 원해"라고 말하는 소리를 들었습니다. 저는 여러분이 짧은 생애뿐 아니라 많은 생애를 누리기를 바랍니다. 하지만 죄악이 있는 곳에는 생명이 없습니다. 힌놈의 골짜기와 불타는 지옥과 같이 그곳은 죽음, 썩음, 악취, 부패가 있는 곳입니다. 그곳으로부터 도망치십시오. 생명은 하나님께 나올 때 얻을 수 있는 것입니다.

예수님을 믿음으로 하나님께 나오십시오. 그리하면 영원한 생명을 소유한 자가 될 것입니다. 게다가 하나님을 알아가면서 여러분은 세상을 활기차게 만들어갈 것입니다. 만물이 이전의 것이 아니며, 어느덧 시간과 계절이 여러분에게 달라져 보일 것입니다. 광야와 은밀한 곳이 즐거워하며, 사막이 장미처럼 활짝 피어날 것입니다. 나의 하나님 없이 세상에서 만년을 살고, 또 끊임없이 육적인 쾌락의 바다에서 헤엄칠 수 있다 해도 나는 그러한 운명을 사느니 차라리 멸망당하기를 구할 것입니다. 만일 하나님이 나의 것이며 내가 하나님의 것임을 알도록 하기 위해 내게 세상적인 것을 제한하신다면 나는 하나님께서 내게 허락하신 것만을 구할 것입니다. 이것이 바로 제가 말하고자 하는 요지입니다. 한 번 하나님의 얼굴 빛을 충분히 맛본 하나님의 자녀들은 언제나 나와 같이 말할 것입니다.

15

스바의 여왕(3)

마음의 교제

"그가 솔로몬에게 나아와 자기 마음에 있는 것을 다 말하매"(왕상 10:2).

스바 여왕이 위대하고 지혜로운 이스라엘의 왕과 회견을 하였을 때 단순히 여러 가지 어려운 문제만을 질문하는 것으로 만족한 것 같지 않습니다. 왜냐하면 그녀는 자신의 속마음을 그에게 털어놓았고, 자기 마음속에 숨겨 둔 모든 것을 다 말하였기 때문입니다. 그리고 솔로몬은 그녀의 말을 경청하였으며, 의심할 여지 없이 지혜롭게 대답하므로 그녀를 흡족하게 하여 집으로 돌려보냈습니다.

일반적으로 여러분의 마음에 있는 것을 다 말한다는 것은 지혜로운 일이 아닙니다. 솔로몬도 말하기를, "어리석은 자는 자기의 노를 다 드러내어도 지혜로운 자는 그것을 억제하느니라"(잠 29:11) 하였습니다. 많은 경우에 다른 사람에게 말하지 않는 것이 더 낫습니다. 아무에게도 비밀을 완전히 털어놓지 마십시오. 그렇게 하면 여러분은 아히도벨이나 가룟 유다 같은 사람을 스스로 만드는 큰 위험을 무릅쓰게 될 것입니다. 다윗은 놀라서 말하기를 모든 사람이 거짓말쟁이라고 하였습니다(시 116:11). 다윗의 말이 꼭 맞는 것은 아닙니다. 아마도 다윗의 말은 모든 사람을 믿게 되면 우리가 곧 사기를 당하게 되고 말 것이라는 그런 뜻일 것입니다. 하지만 우리가 솔로몬과 같은 분 — 하나님의 지혜를 가지신 분 — 을 만난다면, 그분에게 우리의 모든 문제를 내어놓고 모든 고통을 말해도 괜찮을 것입니다. 하여튼 우리는 "솔로몬보다 더 지혜로우신 이"를 알고 있습니다. 따라서 그분에게 마음에 있는 모든 것을 다 털어놓는 것은 매우 안전하고 복된 일입니다. 그분은 기꺼이 우리의 말을 경청하시고, 사귀어 주십니다. 우리가 그분을 솔직하게 대하면 대할수록 그는 더 기뻐하실 것이며, 우리에게도 더 유익할 것입니다. 이번 설교의 주제는 마음으로 나누는 예수님과의 교제입니다. 이는 곧 "솔로몬에게 나아와 자기 마음에 있는 것을 다 말한" 스바 여왕의 행동을 영적으로 해석하는 일이 될 것입니다.

첫 번째 대지는 우리는 마음에 있는 것을 모두 다 예수님께 말씀드려야 한다는 것입니다. 이는 여기에 계신 여러분 모두에게 드리는 말씀은 아닙니다. 제가 말씀드리는 대상은 예수님의 보혈로 구속 받은 모든 사람들, 곧 예수님을 믿고 그를 구세주, 선생님, 주님이라고 부르는 사람들입니다. 그러한 사람들이라면 마음속에 있는 것을 모두 다 예수님께 말씀드려야 합니다. 여러분의 영혼 속에 주님이 모르시는 비밀이 있어서는 안 됩니다.

여러분의 마음에 있는 것을 다 예수님께 말씀드리십시오. 그 이유는 그리스도와의 깊은 교통을 게을리한다는 것은 곧 주님을 소홀히 하는 것이기 때문입니다. 말로는 그리스도인이라고 하면서 한 달 간이나 그리스도와 깊이 교제하지 않고 지낸 분들이 여기 계시나요? 더 심하게 "말로는 그리스도인이라고 하면서 석달 간이나 그리스도와 깊이 교제하지 않고 지낸 분들은 여기 안 계십니까?"라고 제가 묻는다면, 염려컨대, 정직하고 진실한 분들이라면 "우리가 바로 그렇습니다"라고 대답할 분들이 이 중에 계실 것입니다. 그렇다면 그것이 무엇을 의미하는지 생각해 봅시다. 여러분은 예수님께 속하였고 그의 제자라고 고백합니다. 그러면서도 여러분의 선생님이며 주님이신 분과 깊이 교제하지 않고 오랫동안 지내왔다고 여러분은 자인합니다. 더욱이 여러분은 주님의 제자일 뿐만 아니라 주님의 친구가 된다고 고백합니다.

"이것이 여러분이 친구를 후대하는 것입니까?"(삼하 16:17) 저는 더 심하게 말할 수도 있습니다. 왜냐하면 여러분은 그리스도와 결혼했다고 믿고 있기 때문입니다. 그렇습니다. 그리스도와 그의 백성은 이처럼 연합되어 있습니다. 그런데 부인이 남편에게 일주일, 한 달, 석 달, 여섯 달씩 한마디도 안하다니 이런 이상한 결혼관계가 어디 있습니까! 서로 친분이 없고, 애정의 표현이 없으며, 대화가 없다는 것은 분명 잘못된 것이며, 비난받아 마땅할 것입니다. 그런데 다른 사람도 아닌 우리가 때때로 하늘에 계신 신랑에게 바로 이처럼 대하고 있지 않습니까? 너무나 자주 우리는 주님을 알지도 못하는 세상 사람들처럼 되지 않습니까? 마치 우리가 주님을 알지 못하는 것처럼, 혹은 더 이상 주님께서 우리와 함께 하지 않는 것처럼 그렇게 지내지 않습니까? 그렇게 해서는 안 됩니다. 우리의 고상한 성품을 따라 온전히 행하려면, 우리 주 예수 그리스도와의 깊은 교제를 지속적으로 유지해야만 합니다.

마음에 있는 것을 다 주님께 말씀드려야 합니다. 이는 참된 친구에게 무엇인가를 감춘다는 것은 감추고 싶은 잘못된 무언가가 숨어 있다는 슬픈 사실을 드러내는 것이기 때문입니다. 예수님에게 도저히 말씀드리지 못할 그런 행동이 여러분에게 있습니까? 여러분이 예수님에게 축복해 달라고 도저히 요구할 수 없는 그런 애착하는 일이 있습니까? 여러분이 예수님에게 인정해 달라고 도저히 요구할 수 없는 그런 계획이 있습니까? 예수님으로부터 숨기고 싶은 어떤 것이 여러분의 마음속에 있습니까? 그렇다면 이는 잘못된 것입니다. 이를 분명히 아십시오. 그것은 분명히 악입니다. 그렇지 않다면 제가 믿건대, 여러분이 진실로 사랑하는 예수님으로부터 그것을 숨기려하지 않을 것입니다. 오 나의 주님, 제가 왜 당신으로부터 무엇인가를 숨기려 하나요? 제가 그것을 숨기고 싶다면, 그렇다면 분명히, 그것이 저를 부끄럽게 만드는 것이기 때문입니다. 그러므로 그것을 떨쳐버리도록 저를 도와주소서. 오 믿는 형제 자매들이여, 그리스도 예수께서 여러분의 방에, 여러분의 침실에, 여러분의 가게에 계시며, 혹은 여러분과 함께 길을 가고 계시는 것처럼 그렇게 살기를 부탁합니다. 왜냐하면 예수님은 영적으로 언제나 여러분과 함께 하시기 때문입니다! 절대로 여러분이 예수님께 아무것도 감추지 않게 되기를 축원합니다.

만일 우리가 마음속에 있는 것을 다 예수님께 말씀드릴 수 없다면, 이는 예수님의 사랑, 긍휼, 지혜, 혹은 그의 능력에 대한 믿음이 부족하기 때문입니다. 부인이 남편에게 말할 수 없는 무언가가 있다면, 혹은 둘 중에 한 사람이 어떤 비밀이 있어서 상대방에게 도저히 보여 줄 수 없다면, 이들의 사랑, 이들의 평안과 기쁨은 조만간 끝이 날 것입니다. 사랑하는 성도들이여, 여러분이 그리스도를 너무나 사랑한 나머지 그로부터 아무것도 감추지 못하기를 바랍니다. 종종 여러분의 속을 태우고 초조하게 만드는 하찮은 일까지도 맡길 수 있을 만큼 주님을 뜨겁게 사랑하십시오. 여러분의 마음속에 있는 것을 다 말씀드리고, 잠시라도 그로부터 아무것도 숨기지 않을 만큼 주님을 열렬히 사랑하십시오.

우리가 예수님께 모든 것을 다 말씀드리지 않는다면, 마치 예수님의 사랑을 신뢰하지 않는 것처럼 보일 것입니다. 즉, 예수님께서 우리를 용납하지 않을 것이라고 우리가 생각하였거나, 혹 그렇지 않다면 우리가 예수님의 긍휼을 신뢰하지 않았거나, 혹은 예수님께서 우리에게 아무런 관심도 갖지 않으신다고 혼자 공상하였을 것입니다. 그렇지 않다면 우리가 예수님의 지혜를 믿지 못하고 우리의 근심거리는 너무나 복잡해서 예수님께 가져올 수 없다고 생각하였거나, 혹은 예수님의 능력을 신뢰하지 못하였거나, 그와 같은 긴급상황에서는 예수님께서 우리를 도울 수 없을 것이라고 상상했을 것입니다. 여러분 가운데 누구라도 절대로 이러한 상태가 되지 않도록 하십시오. 오히려 날마다 그리스도께 여러분의 마음의 짐을 내려놓으십시오. 조금이라도 그리스도를 불신하므로 그를 근심하게 하지 마십시오. 이처럼 그리스도와 여러분의 영혼 사이에 솔직하고 진솔하며 복된 친교를 유지해야 할 것입니다.

확신하건대, 제가 권하는 바를 여러분이 실행한다면 마음의 평안을 크게 누리게 될 것입니다. 반대로 실행하지 않는다면, 여러분은 계속하여 크게 불안해 할 것입니다. 예수님께 고하지 않은 무엇 — 예수님과 나눌 수 없는 그 무엇 — 이 있습니까? 그렇다면 잘못된 그 무엇이 존재하는 것입니다. 여러분은 고민거리를 혼자서만 알고 있고 예수님께 묻지 않고 자신이 해결하려고 발버둥치고 있습니까? 그렇다면 뭔가 잘못될 경우 그 책임을 여러분이 져야 할 것입니다. 그러나 여러분이 모든 문제를 예수님께 가지고 와서 그에게 내려놓는다면 무슨 일이 일어나든 잘못되는 일은 없을 것입니다. 설령 잘못된다손 치더라도 여러분은 그에 대한 책임을 지지 않을 것입니다.

우리의 시련은 대개 우리가 주님께 맡기지 않는데서 비롯된다고 저는 믿습니다. 더욱이 어려운 문제들은 주님께 맡겨야 하나 간단한 문제는 주님께 맡길 필요가 없다는 생각이 우리의 더 큰 실수라고 저는 확신합니다. 기브온 사람들이 낡아 기운 신을 신고 그 전대에 곰팡이 난 떡을 예비하였기에 이스라엘 사람들은 그들에게 속았습니다. 이스라엘은 사람들은 이렇게 말하였습니다. "이 사람들이 먼 곳에서 온 것이 분명해. 그들이 신은 낡은 신과 해어진 옷 좀 봐." 그리하여 이스라엘 사람들은 기브온 사람들과 언약을 맺었습니다. 물론 여호와의 뜻을 묻지도 않고 말입니다.

만일 그 문제가 그렇게 분명하게 보이지 않았더라면 그들은 여호와의 뜻을 물어보았을 것이며, 그렇다면 그들은 바르게 행하였을 것입니다. 여러분이 여러분의 길을 분명히 알고 있다고 생각할 때, 그때가 바로 잘못되는 때입니다. 여러분이 여러분의 길을 볼 수 없으나 여러분이 알 수 없는 길로 인도해 달라고 하나님께 매달릴 때, 그때 여러분은 온전히 바른 길로 나아가게 될 것입니다. 가장 간단하고 명확한 문제라도 그리스도께 맡기지 않으면 결국 미궁에 빠지고 말 것이지만, 가장 복잡한 미궁이라도 그리스도의 인도를 받으면 오류가 없으신 주님의 지혜를 믿는 자들의 발 앞에 결국 평탄한 길이 펼쳐지게 될 것입니다.

한편, 여러분이 예수님께 나와 마음속에 있는 것을 다 그에게 고하지 않는다면, 여러분은 예수님의 지도와 도움, 그로 말미암는 위로를 얻지 못할 것입니다. 여기에 계신 어느 분이라도 자신이 이렇게 귀한 것을 얻지 못했다는 사실을 알고 있다고 저는 생각하지 않습니다. 여러분이 누릴 수 있었지만 상실해 버린 영적인 복을 어찌 계산할 수 있을지 저는 거의 짐작할 수 없을 정도입니다. 많은 하나님의 자녀들은 복을 베풀고자 하신 하나님의 모든 뜻 가운데 부유해질 수 있건만 언제나 거지 나사로처럼 초라합니다. 그들은 조그마한 위로의 작은 조각도 거의 먹지 못하며, 이미 오래 전에 완전한 보증을 받을 수 있었는데도 의심과 두려움으로 가득 차 있습니다. 모세가 말한 풍성한 음식을 먹을 수 있는데도 복음의 껍질만을 먹고 사는 하늘의 상속자들이 많습니다. "소의 엉긴 젖과 양의 젖과 어린 양의 기름과 바산에서 난 숫양과 염소와 지극히 아름다운 밀"(신 32:14). 사랑하는 성도들이여, 여러분이 얻지 못하는 것은 구하지 않기 때문이요, 혹은 믿지 않기 때문이요, 혹은 예수님께 고충을 털어놓지 않기 때문이요, 혹은 모든 것을 다 고하지 않기 때문입니다. 약골이라도 예수님께 자주 나온다면 얼마나 강해질 수 있는데요! 그리스도의 무진장한 보고에서 끊임없이 공급받는다면 초라한 심령도 얼마나 부유해질 수 있는데요! 오, 우리가 우리의 특권에 맞게 행동한다면 안 될 일이 어디 있겠습니까! 우리가 예수님께 가서 모든 것을 말씀드리고 우리 마음속에 있는 것을 다 고하기만 한다면 천국 근교에서는 살지 못하겠고, 진주문 가까이에서는 살지 못하겠습니까?

간혹 예수님께 고하지 않는 우리의 못된 버릇이 심해지는 이유는 우리의 고충을 다른 사람들에게 열심히 알리기 때문입니다. 시험을 당할 때 우리는 종종 아사 왕의 행위를 본받습니다. 그는 병들었을 때 "여호와께 구하지 아니하고 의원들에게 구하였습니다"(대하 16:12). 의사들에게 찾아가는 것이 잘못된 것은 아닙니다. 하지만 그는 먼저 주님을 찾았어야 합니다. 여러분 가운데 많은 사람들도 아사와 같이 행합니다. 울타리 너머에 있는 이웃에게 가거나, 친구를 불러 응접실에서 이야기합니다. 그렇지 않으면 중요한 사람을 찾아가 여러분의 모든 문제를 다 말합니다. 하지만 그렇게 하여 여러분이 얻은 것이 얼마나 됩니까? 여러분이 "네 환난 날에 형제의 집에 들어가지 말지어다"(잠 27:10)라는 솔로몬의 충고를 따랐다면 지혜롭게 행하였을 텐데라고 자주 후회하지 않았나요? 여러분의 슬픔을 친구에게 토로하고 난 뒤에도 여전히 슬픔이 존재한다는 사실을 여러분은 자주 체험하지 않았나요?

여러분은 친구를 원한다고 말합니다. 하지만 형제보다 더 가까이 계시는 참된 친구께서 여러분에게 무시당하고 있습니다. 그리스도께서 여러분을 만나 주시고 여러분이 주님께 이야기한다고 생각해 봅시다. "선하신 선생님이여, 우리가 고통 중에 있나이다." 그러면 주님은 여러분에게 이렇게 말씀하실 것입니다. "너희는 그 고통을 가지고 어디로 갔었니? 너희는 왜 내게 오지 않은 거야." 그러면 여러분은 이렇게 대답합니다. "아니에요 주님, 우리는 혈과 육에게 의논하고 있는 중이었어요. 우리는 친구들에게 도움을 청하고 있는 중이었어요." 그러면 주님은 여러분에게 이렇게 말씀하십니다. "그런데 그들이 너희를 실망시켰니?" 그러자 여러분은 대답합니다. "예, 주님,

그들이 우리를 실망시켰어요." 주님은 여러분을 엄하게 쳐다보시며 말씀하십니다. "너희가 맨 처음 갔던 곳에 도로 가는 것이 좋겠다. 너희는 친구들에게 먼저 갔어. 그리고 마지막으로 내게 오는 거지? 내가 너희 하인 노릇을 해야 하겠니? 다른 사람들에게 먼저 시도해 본 후에야 비로소 나에게 찾아오는 것이냐?" 주님이 이렇게 말씀하신다면 여러분은 무슨 대답을 할 수 있겠습니까? 제 생각에는 한 가지 대답 밖에 없습니다. 제 생각에 지금 여러분의 대답은 이럴 것입니다. "예수님, 선생님, 제가 당신을 너무나 많이 잊고 있었습니다. 저는 당신을 참된 친구로 생각하지 못했어요. 제 눈에 보이기에 이웃들에게 가서 말을 한 것이며, 그들이 제게 말을 하기에 제가 들은 것입니다. 하지만 저는 당신께서 신화적인 존재인 줄로 착각했습니다. 아마도 제가 당신을 전혀 생각하지 못한 것 같습니다. 주여, 저를 용서해 주십시오. 저는 당신의 존재를 믿으며, 당신의 말씀, 곧 당신의 백성과 영원히 함께 하시겠다고 선포하신 말씀을 믿나이다. 그러므로 당신의 은혜로 언제나 당신 앞에 나아갈 수 있도록 저를 도와주십시오."

두 번째, 우리는 주제가 부족하여 그리스도와 대화를 중단할 염려가 없습니다.

스바 여왕과 솔로몬은 마침내 대화를 끝내야 했습니다. 그들은 영원토록 서로 대화만 하고 있을 수는 없었습니다. 하지만 우리와 우리 주님의 대화는 결코 끝낼 필요가 없습니다. 왜냐하면 우리가 주님과 대화할 수 있는 주제는 거의 무궁무진하기 때문입니다. 그 중에 몇 가지만을 여러분에게 말씀드리겠습니다.

첫째, 여러분의 슬픔입니다. 많이 슬픕니까? 여러분은 하나님께 맞아 아픕니까? 그렇다면 형제 자매여, 여러분의 슬픔을 가지고 마땅히 예수님께 나와야 합니다. 왜냐하면 예수님은 슬픔을 많이 겪고 질고를 아는 분이기 때문입니다. 그는 여러분에 대한 모든 것을 아시며, 아울러 여러분의 슬픔에 대한 모든 것을 아십니다. 여러분이 지금껏 겪은 아픔 중에 주님께서 체휼하지 않으신 아픔은 하나도 없습니다. 여러분이 예수님과 이야기하기만 한다면, 여러분은 예수님의 열린 귀, 긍휼을 베푸시는 마음, 준비된 손, 이 모든 것이 여러분을 위해 존재한다는 사실을 알게 될 것입니다. "제군들이여, 무슨 말입니까? 내가 내 방에 앉아서 예수님께 나의 괴로움에 대한 모든 것을 말씀드려야 한다고 생각합니까?"

그렇습니다. 그것을 말하고자 하는 것입니다. 예수님께서 화톳불 맞은 편 의자에 앉아 계신다고 생각하고 자리에 앉아서 그에게 모든 것을 이야기하십시오. 만일 조용한 골방이 있다면 큰 소리로 말하십시오. 도움이 된다면 말이죠. 어쨌든, 예수님께 죄다 말씀드리십시오. 여러분이 다른 누구에게도 털어놓을 수 없는 그런 사정을 예수님의 귀와 마음에다 대고 고백하십시오.

"하지만 내가 실제로 예수님께 말할 수 있다는 생각은 공상인 것 같은데요."

사랑하는 자들이여, 한 번 해 보십시오. 여러분이 하나님을 믿는다면 그것이 공상이 아니라 세상에서 가장 복된 실체라는 사실을 알게 될 것입니다. 눈에 보이는 것만을 본다면 여러분은 내가 말하는 대로 하기 어려울 것입니다. 그래요 여러분은 그렇게 못할 것입니다. 그러나 성령께서 여러분의 내면의 눈을 뜨게 해 주신다면, 그리고 십자가에서 죽으셨다가 지금은 영광을 얻으신 구세주의 보이지 않는 실존을 여러분의 마음으로 깨닫는다면, 슬픈 사정을 전부 그에게 말씀드리십시오. 종종 그렇게 한 후에 슬픔이 사라지는 것을 여러분이 체험하게 될 것입니다.

또한 여러분의 기쁨도 예수님께 고하십시오. 주님은 슬픈 자와도 교제하지만 아울러 기쁜 자와도 교제하시기 때문입니다. 어린 신자들이여, 예수님을 만난 여러분의 첫 기쁨을 즐거워하는 가운데 예수님께 그 모든 기쁨을 고하십시오. 예수님께서 세상에 계셨을 때 그의 심령은 기뻐하셨습니다. 그리고 예수님께서 그 앞에 있던 기쁨을 바라보시며 십자가를 참고 부끄러움을 개의치 않으셨는데, 지금 그 기쁨을 누리고 계십니다. 예수님께 여러분의 기쁨을 말씀드리면 예수님은 그 기쁨을 차분하게 정리해 주실 것이며, 결코 망쳐놓지 않으실 것입니다. 예수님은 그 기쁨으로부터 세속적인 흥분을 가져가시고 대신 영적인 맛과 지속적인 감미로움을 가미해 주실 것입니다. 이로써 일상적인 일 가운데서도 여러분의 기쁨이 우상이 되거나 죄가 되지 않을 것입니다. 여러분이 세상의 위로를 빼앗겼다면 만물이 하나님 안에 있다는 사실을 알게 해 달라고 기도해야 할 것입니다. 그러나 여러분이 세상의 위로를 받고 기쁨으로 가득하다면 만물 안에 하나님이 계시다는 사실을 알게 해 달라고 기도해야 할 것입니다. 이 두 기도 모두 좋은 기도입니다. 기쁨이 있는 심령들은 마땅히 후자의 기도를 예수님께 드려야 할 것입니다. 그리하면 예수님께서 그 기도에 응답하실 것입니다. 곧, 혼인잔치 자리가 예수님께서 물로 포도주를 만드시는데 더 유리하다는 사실을 여러분은 체험하게 될 것입니다. 아울러 세상의 모든 기쁨 위에다 세상이 줄 수 없는 복을 예수님께서 더해 주시는 사실을 여러분은 체험하게 될 것입니다.

어떤 이들은 말하기를, 우리 그리스도인들이 무아경이나 황홀경에 빠져 앞 뒤 분간을 못하고 너무 흥분한 나머지 사실을 제대로 증거하지 못한다고 주장합니다. 저는 교회가 너무 지나치게 흥분하였다고 생각하지 않으며, 일반적으로 그와 반대로 나아간 것이 문제였다고 생각합니다. 하지만 저의 신념은 우리가 흥분하거나 황홀경에 빠지면 냉정하고 차분하고 사려 깊을 때보다 절반밖에는 그리스도의 영광을 제대로 보지 못한다는 것입니다. 저는 그리스도인들 대다수가 결코 바보가 아니라는 것을 압니다. 여러분이 그들과 같이 일을 해 보면, 그들이 어느 누구 못지 않게 영리하고 빈틈이 없다는 것을 알게 될 것입니다. 저는 이 문제에 대하여 그들에게 호소하고자 합니다. 저는 어느 정도 상식을 가지고 있다고 믿습니다.

감히 말하건대, 그리스도께서 내게 가장 영광스럽게 보이는 때는 내가 완전히 차분하고 침착할 때입니다. 그때에 나는 마치 앉아서 통계표를 작성하는 것 같았고, 혹은 수학 문제를 푸는 것 같았으며, 혹은 계산을 하고 결산을 하는 것 같았습니다. 가장 차분하고 조용한 모습으로 내가 주님을 생각할 때마다 주님은 가장 영광스러운 모습으로 내 마음에 떠오르십니다. 우리의 신앙은 어떤 사람들처럼 흥분이나 자극이 필요하지 않습니다. 그 대신 우리의 생각과 마음이 최고로 차분할 때, 우리는 그리스도의 영광을 가장 잘 볼 수 있습니다. 오 제군들이여, 나의 주님께서 여러분을 가만히 앉히시고 그의 종이 되기 위해 치러야 하는 대가가 무엇인지 헤아리게 하실 것입니다! 주님은 여러분을 산수 전문가로 만드실 것입니다. 그리고 여러분이 그 대가를 헤아리게 한 다음 주님께서 여러분을 위해 지금까지 치르신 대가보다 만 배나 더 귀하신 분이라는 사실을 깨닫게 하실 것입니다.

주님은 여러분으로 하여금 자신을 알아보게 하실 것이며, 모든 관심에서 주님을 바라볼 수 있게 하실 것입니다. 그의 인격, 그의 사역, 그의 직무, 그의 언약, 그의 공로, 이 모든 것 가운데서 여러분은 주님께서 얼마나 영광스러운 분인가를 깨닫게 될 것입니다. 주님께서 어떠한 분이시며, 그의 영광이 어떤 것인가를 차분히 살펴보라고 저는 여러분에게 부탁합니다. 여러분이 그렇게 한다면, 즉, 여러분의 마음이 실제로 그의 은혜로 말미암아 변화를 받는다면, 여러분은 이렇게 말할 것입니다. "오, 그래요! 세상에 널리 이 사실을 말하겠어요. 그리스도를 믿는 것이 쉬운 상식이며, 그를 거절하는 것이 비이성적이며, 그의 발 앞에 이성을 내려놓는 것이 여러분의 이성을 최대한 활용하는 것이며, 참된 지혜는 그리스도에 비해 여러분 자신을 바보라고 여기는 것이며, 마리아와 함께 그의 놀라운 말씀을 경청하는 것이에요."

여러분은 또한 예수님께 가서 여러분의 섬김에 대한 모든 것을 다 고할 수 있습니다. 여러분은 이제 막 주님을 위해 일하기 시작했습니다. 여러분은 주님을 위해 무언가 할 수 있는 기회를 얻고 크게 기뻐합니다. 그러나 주님을 섬기는 일이 항상 즐거운 일만은 아님을 여러분은 깨닫습니다. 아마도 여러분은 그리스도를 섬기느라 "마음이 분주한" 마르다 같을 것입니다. 마르다가 주님을 위해 저녁 식사를 준비하고 있을 때 그것 때문에 마음이 분주하였습니다. 하인들은 고기를 태웠을 것입니다. 혹은 특별한 요리를 완전히 망쳐버리지 않을까 그녀가 걱정했을 것입니다. 그 밖에도 누군가 가장 좋은 접시를 깨뜨렸을 것입니다. 그리고 마르다가 바라는 만큼 식탁보가 깨끗하게 보이지 않았을 것입니다. 또한 마리아가 자기를 돕지 않기 때문에 마르다는 괴로웠습니다. 그래서 그녀는 그 문제를 주님께 가지고 가서 이야기하였습니다. 이것이 그녀가 할 수 있는 가장 현명한 방법이었습니다.

저는 이런 문제에 공감합니다. 왜냐하면 저도 때로는 그런 일로 걱정하게 되기 때문입니다. 저는 제 자신은 물론이요 주님의 모든 백성들이 최선을 다해 그리스도를 섬기는 모습을 보고 싶습니다. 만일 일이 약간 뒤틀려 잘 되지 못한다면 저는 금세 안절부절못할 것입니다. 하지만 이런다고 저나 여러분에게 도움이 되지는 않을 것입니다. 우리는 주님께 가서 모든 사정을 고해야 합니다. 주님은 그 사정을 바로잡아 주실 것이며, 우리로 하여금 일이 순조롭게 되는 것을 보게 하실 것입니다. 여러분 가운데 누군가 좋은 일을 하려고 하는데 동료들에게 푸대접을 받고 있다고 가정해 봅시다. 또 여러분 반에 속한 여자아이들이 여러분의 속을 태운다고 가정해 봅시다. 그리고 여러분이 정말로 주님을 섬기기로 작정하였는데 꾸지람을 들었다고 가정해 봅시다. 그러면 여러분은 어떻게 해야 하나요? 저는 다시 말합니다. "즐겁든지 괴롭든지 예수님께 모든 사정을 고하십시오." 저한테 와서 말하지 마십시오. 제가 여러분을 도울 수 있다면, 물론 도울 것입니다. 하지만 세상에 있는 어떤 목회자보다 훨씬 훌륭하신 분이 계십니다. 그분은 위대한 목자이시며 영혼의 감독, 우리 주 예수 그리스도이십니다.

다음에 여러분의 모든 계획을 예수님께 와서 아뢰십시오. 여러분은 예수님을 위해 무언가를 하고자 합니다. 그렇지요? 여러분이 하기로 작정한 모든 것을 예수님께 아뢰기 전까지는 시작하지 마십시오. 예수님은 자기 백성을 구속하려는 위대한 계획을 갖고 계셨으나 그 모든 계획을 먼저 아버지께 아뢰셨습니다. 아니, 그보다 예수님께서 아버지의 영원한 작정으로부터 그 모든 계획을 알아내셨다고 말해야 하겠습니다. 하나님의 영광과 사람들의 유익을 위해 여러분이 계획하고 있는 바를 예수님께 가서 고하십시오. 아마도 여러분은 그 계획들 중에 일부가 잘못된 것임을 깨달을 수도 있을 것입니다.

여러분이 성공을 거둘 때 그것을 예수님께 가서 아뢰십시오. 칠십 인의 제자들이 기뻐하며 예수님께 와서 "주여, 주의 이름이면 귀신들도 우리에게 항복하더이다"(눅 10:17)라고 말하였습니다. 여러분이 영혼을 구원하는 명예를 얻거든 예수님께 고하시고, 그 모든 영광을 하나님께 돌리십시오. 그리고 "우리가 아니라 주님이 하신 일입니다"(Non nobis Domine)라고 찬송하십시오. "오 주님, 우리가 한 일이 아닙니다. 당신의 자비, 당신의 진리를 위하여 당신의 이름에 영광을 돌리나이다."

여러분이 실패할 때, 여러분의 소망이 좌절될 때, 예수님께 가서 모든 것을 고하십시오. 나의 말을 여러분이 분명하게 이해하였는지 잘 모르겠습니다. 하지만 제가 느끼기로, 사람이 그리스도와 협력하여 일을 해야만 그는 중단 없이 계속 그 일을 할 수 있을 것입니다. 여러분이 주님으로부터 혼자 멀리 떨어져 있다면, 슬픈 일이든 기쁜 일이든 여러분 자신만 알고 예수님께 아뢰지 않는다면, 여러분은 슬픈 상태에 빠지고 말 것입니다. 그러나 "주님께서 내 곁에 계신다, 주님께서 나와 함께 하신다"고 느끼고, 그러한 믿음으로 느끼는 바, 믿는 바, 행하는 바를 계속적으로 주님께 아뢴다면, 여러분은 거룩하고 복되며 유익하고 행복한 삶을 영위하게 될 것입니다.

예수님께 터놓고 이야기할 수 있는 많은 주제 가운데 하나를 더 말씀드리고 마치려고 합니다. 간단하게 여러분의 열망을 예수님께 고하라고 저는 부탁합니다. 여러분이 꼭 하고 싶은 무언가가 있다면 예수님께 그것을 아뢰십시오. 또한 여러분의 두려움을 모두 고하십시오. 때때로 죽는 것이 두렵다고 예수님께 고하십시오. 여러분을 괴롭히는 모든 두려움을 예수님께 아뢰십시오. 유모가 자기 자식에게 하듯이 그리스도께서 자기 백성들을 부드럽게 대해 주십니다.

여러분의 사랑을 모두 예수님께 고하십시오. 여러분이 사랑하는 모든 것을 예수님 앞에 내어놓으십시오. 특히 예수님에 대한 여러분의 사랑을 그에게 고하십시오. 그리고 여러분의 온 생애에 걸쳐 그 사랑이 더욱 견고하고 더욱 강하고 더욱 지속적이며 더욱 힘이 있게 해 달라고 예수님께 부탁하십시오. 여러분이 가장 사랑하는 예수님을 자주 찬송하십시오. "나는 내가 사랑하는 자를 위하여 노래하되"(사 5:1). 주님께 자주 찬송하고 자주 말씀드리십시오. 그리고 여러분이 다른 사람에게는 도무지 설명하거나 말할 수 없는 신비한 일을 당할 때 예수님께 가서 여러분의 마음속에 새겨져 있는 그 신비한 글을 읽어달라고 부탁하며, 아무도 읽을 수 없는 이상한 상형문자들을 해독해 달라고 부탁하십시오.

이제 세 번째 대지를 간단하게 말씀드리고 마무리하겠습니다. 우리는 어떠한 이유로든 그리스도께 말씀드리는 것을 절대로 중단하지 말아야 할 것입니다.

저는 지금 주님에게 한 번도 말씀드려본 적이 없는 사람들에게 말하는 것이 아닙니다. 저는 지금까지 주님께 자주 말씀드려왔으며, 또 지금도 말씀드리고 있습니다. 그리고 여러분 가운데 많은 분들도 그리하십니다. 저는 말합니다. 우리는 어떠한 이유로도 예수님께 말씀드리는 것을 절대로 중단하지 말아야 할 것입니다.

왜냐하면 첫째, 하나님의 아들과 교제하는 일은 가장 고상한 일이기 때문입니다. “우리의 사귐은 아버지와 그의 아들 예수 그리스도와 더불어 누림이라”(요일 1:3). 저는 여러 사람들을 알아두는 것이 자유로운 교육이라는 소리를 들었습니다. 여러분이 사람들을 조금만 알아도 그들로부터 많은 것을 배울 수 있습니다. 그런데 그리스도를 아는 것은 가치 있는 모든 지식을 배우는 것입니다. 그는 우리의 모든 것 중에 모든 것이 되시는 분(All- in- all)이십니다.

또한 그리스도께 말씀드리는 것은 고상한 유익이 있습니다. 제가 아는 바 불경건한 세상의 악한 영향력을 초월할 수 있게 해 주는 것은 그리스도와 깊은 교제를 끊임없이 나누는 것이며, 여러분의 마음속 깊은 곳에 있는 모든 생각을 그리스도께 아뢰는 것입니다.

여러분이 그리스도께 여러분의 사정을 말씀드릴 때 얼마나 큰 위로를 받는지요! 여러분이 예수님께 사정을 아뢰는 동안에 슬픔을 잊어버리게 됩니다. 그리스도께 여러분의 사정을 말씀드릴 때 얼마나 거룩하게 되는지요! 사람이 그리스도와 동행하는 동안에는 죄를 기뻐할 수 없습니다. 사람이 주님과 교제할 때 죄를 떠나게 되며, 반대로 죄를 범할 때 주님과의 교제를 떠나게 됩니다. 여러분이 이 세상에 있는 동안에는 완전하지 못할 것이지만 예수님께서 가신 길을 따라가면 완전히 가장 가까운 길로 가게 될 것입니다. 그리스도께 여러분의 사정을 말씀드릴 때 또한 얼마나 기뻐하게 되는지요! 이에 비교될 수 있는 다른 기쁨은 없습니다. 주님께 말씀드릴 때 우리는 하늘의 기쁨을 누리게 됩니다. 세상에서 그리스도와 동행하던 사람들이 천국에서 그와 함께 살 때 분명히 여러 가지 면에서 변화를 입게 되겠지만, 그 변화는 그들에게 전혀 낯설지 않을 것입니다.

주님의 성도들이 이 땅에서 눈물을 흘릴 때 주님께서 그들을 사랑하지 않으셨습니까? 그들과 교제하지 않으셨습니까? 그러므로 그때에 성도들은 하늘에서 주님과의 교제를 계속 나눌 것입니다. 이 세상에서 성도들이 하나님과 동행하지 않았습니까? 저세상에서도 그들은 예수님과 함께 거닐 것입니다.

그리스도께 아뢰지 않는 제자들이 어디 있습니까? 사랑하는 성도들이여, 여러분이 그리스도께 아뢰지 않는다면 제가 여러분을 꾸짖어야 하지 않겠습니까? 주님께서 이 순간 여러분을 내려다보고 계십니다. 주님께서 친히 여러분에게 말씀하셔야 되겠습니까? 자신만만하던 베드로가 주님을 부인하였을 때 그에게 말씀하지 않으셨습니다. 그저 돌아서서 베드로를 보셨을 뿐입니다. 그리고 지금도 주님은 여러분을 물끄러미 바라보시리라고 저는 믿습니다. 여러분을 위해 눈물을 흘리신 그 소중한 눈이 여러분을 바라보실 것입니다. 여러분을 위해 피를 흘리신 그 복되신 마음으로 여러분을 쳐다보실 것입니다. 주님은 이렇게 말씀하시는 듯합니다. "네가 나와 교제하기를 조금도 바라지 않으면서 네가 참으로 나를 사랑한다고 하느냐? 그러고도 나를 사랑할 수 있느냐?"

주님과 한 번도 교제해 보지 못한 사람들을 주님께서 이곳에서 보고 계신다는 생각이 듭니다. 주님은 이렇게 말씀하십니다. "내가 인류를 사랑한 것이 네게는 아무것도 아니란 말이냐? 내가 세상에 와서 죄인들을 구원하려고 죽은 것이 네게는 아무것도 아니란 말이냐? 나를 믿으라는 나의 명령과 그렇게 하면 구원을 받으리라는 나의 약속이 너희에게 아무것도 아니란 말이냐? 너는 지금도 나를 믿기를 거절하느냐? 너는 나에게서 발길을 돌리려느냐? 오, 어찌하여 너는 죽으려 하느냐? 어찌하여 너는 죽으려 하느냐?"

16

에스더

섭리의 손길

"유다인의 대적들이 그들을 제거하기를 바랐더니 유다인이 도리어 자기들을 미워하는 자들을 제거하게 된 그날에"(에 9:1)

에스더서에 하나님의 이름이 한 번도 나오지 않는다는 이유로 이 책의 영감(靈感)을 부인하는 사람들이 있다는 사실을 여러분은 아마도 아실 것입니다. 그렇다면 이들은 성경에 나오는 수많은 장들, 수많은 절들의 영감도 부인할 것입니다. 비록 하나님의 이름이 에스더서에 나오지는 않지만 에스더서에 기록된 모든 사건마다 하나님께서 직접 관여하신 것이 분명합니다. 저는 초상화에 그 얼굴 주인의 이름이 적혀 있는 것을 보았습니다. 그 그림에는 이름이 꼭 필요하지요. 하지만 우리 모두는 이름을 적어놓을 이유가 없는 그림을 보았을 것입니다. 이 그림을 보는 순간 누구라는 것을 알아차릴 정도로 너무나 그림과 실제 인물의 모습이 똑같기 때문에 이름을 적어놓을 필요가 없었던 것입니다. 에스더서는 다른 하나님의 말씀과 마찬가지로 영감된 성경 말씀이며, 힘주어 말하건대 다른 성경책보다도 섭리의 손길이 두드러지게 나타나 보입니다.

에스더서의 전체 이야기를 하나의 설교에 담는다는 것은 불가능할 것입니다. 그러므로 저는 에스더서에 대한 여러분의 사전지식에 의존해야 합니다. 저의 일반 설교보다 역사를 많이 다루어야 하는 만큼 여러분의 인내도 요구됩니다. 모든 성경은 성령의 영감으로 기록되었으며, 역사서든 교리서든 유익합니다. 하나님은 결코 에스더서가 묵혀 있도록 계획하지 않으셨습니다. 그러므로 우리는 에스더서를 통해 하나님께서 우리에게 가르치고자 하신 모든 교훈을 열심히 배워야 합니다.

여호와께서 에스더서 이야기를 통해 우리 앞에 드러내 보여 주고자 하신 것은 여호와의 놀라운 섭리입니다. 우리가 이 점을 흥미롭게 고찰하였다면 여호와의 이름을 찬양할 것이며, 계속하여 다른 역사 속에서, 특히 우리의 삶 속에서 여호와의 손길을 관찰하는 습관을 가지게 될 것입니다. 플라벨(Flavel)은 옳게 말하기를, 섭리를 관찰하는 사람은 결단코 관찰할 섭리가 없어서 지루해 하지 않을 것이라고 하였습니다. 세상에 살면서 하나님을 보지 못하는 사람은 영감된 말씀의 권위에 기초해 보면 결국 바보라고 말할 수 있습니다. 하지만 지혜로운 눈을 가진 사람은 내적인 시력을 가지고 보며, 하나님께서 어디에서나 일하신다는 사실을 발견합니다. 여호와께서 하늘과 땅과 깊은 모든 곳에서 그의 뜻대로 행하신다는 사실을 깨닫고 그는 기뻐합니다.

하나님은 다양한 역사의 시간 속에서 이방세계를 깜짝 놀라게 하시므로 그의 존재를 믿도록 하셨습니다. 하나님께서 택하신 백성들에게 빛을 비추어 주셨으며, 그들에게 끊임없이 자신을 계시하셨으나 나머지 세상은 암흑 속에 있었습니다. 하지만 마치 번개가 어두운 폭풍우 속을 가르듯이 가끔씩 하나님의 영광의 불꽃이 어두운 시대 가운데서 타올랐습니다. 갑작스런 빛으로 말미암아 어떤 이들은 하나님을 찾아 만나게 되었습니다. 그런가하면 다른 이들은 맹목적으로 우상숭배를 계속해 보지만 불안을 떨쳐버릴 수 없었으며, 핑계할 수 없는 죄를 범하게 되었습니다.

바로와 그의 군대가 홍해에서 몰사한 것이 바로 이 갑작스런 빛이었으며, 이것이 인류에게 여호와께서 살아 계시다는 놀라운 증거가 됨으로써 어두운 세상을 깜짝 놀라게 만들었습니다. 또한 이것은 여호와께서 자연의 법칙을 일시 중단시키고 기적을 행하심으로 그의 목적을 달성하신다는 증거가 되기도 하였습니다. 페르시아(Persia)의 수도인 수산 성에서 상연된 이 놀라운 드라마는 이전의 작품과 같이 기적을 통하지 않고 하나님의 섭리라는 일상적인 방법으로 하나님의 존재와 영광을 드러낸 또 다른 작품이었습니다. 에스더서는 단 한 번의 기적도 없이 사람을 놀라게 하는 책이라고 누군가 잘 지적하였습니다. 그러므로 다른 책과 마찬가지로 여호와의 영광을 나타내지만, 놀라운 능력으로 바로를 엎어버린 사건과는 또 다른 형태를 띱니다.

이제 에스더서의 역사로 들어가 봅시다. 과거에 두 민족이 있었습니다. 하나는 하나님께서 지켜 주시겠다고 약속하신 축복 받은 민족이며, 또 하나는 하나님께서 반드시 천하에서 기억함이 없게 하리라고 말씀하신 민족입니다. 이스라엘은 축복을 받았고 또 복을 베푸는 민족인 반면, 아말렉은 여호와께서 "아말렉과 더불어 대대로 싸우리라"(출 17:16)고 맹세하신 민족이었습니다. 그러므로 두 민족은 지독한 원수지간이었습니다. 마치 여자의 자손과 뱀의 자손과 같은 사이였습니다. 이 둘 사이를 하나님께서 친히 원수가 되게 하셨습니다. 그로부터 여러 해가 흘렀습니다. 택한 백성은 큰 고통을 받고 있었습니다. 그리고 오랜 세월이 지난 그때에 아말렉 족속의 잔재가 지면에 남아 있었습니다. 그들 중에 아각 왕족의 후손이 있었는데 그의 이름은 하만이었습니다. 그는 페르시아의 군주, 아하수에로의 왕실에서 막강한 권력을 휘둘렀습니다. 이제 이스라엘과 아말렉 사이에 최후의 전투가 벌어질 텐데 이는 하나님께서 계획하신 일이었습니다. 광야에서 여호수아에 의해 시작된 전투가 이제 대궐에서 모르드개에 의하여 끝날 것입니다.

이 최후의 전투의 시작은 하나님의 백성들이 불리하였습니다. 하만은 페르시아 전 제국을 다스리는 총리였으며, 전제군주의 총애를 받았으며, 무엇이든지 그의 뜻대로 다 되었습니다. 그런가하면 모르드개는 왕에게 고용된 사람으로 왕의 문을 지켰습니다. 교만한 하만이 이리저리 돌아다닐 때 다른 사람들은 아첨하여 굽실거렸지만 모르드개는 그에게 경의를 표하지 않았습니다. 머리를 조아리거나 무릎을 굽히지 않았으며, 이런 그의 행동이 하만으로 하여금 몹시 화나게 만들었습니다. 특히 하만은 모르드개가 유다 자손이라는 사실을 마음속에 두었으며, 드디어 자기 종족의 패배를 복수할 큰 야망을 가지게 되었습니다. 하만은 모르드개 한 사람만 해하는 것은 하찮은 일이라고 생각하여 여러 세대에 걸쳐 쌓여온 모든 원한을 갚으리라 결심하고, 지긋지긋한 유다인들을 단번에 지면에서 쓸어버리려고 하였습니다. 하만은 자기 말을 잘 따라준 왕 앞에 나아갔습니다. 그리고 페르시아 제국 곳곳에 흩어져 있는 별난 민족이 있는데 그들이 왕의 법을 따르지 아니하므로 그들을 그대로 두는 것이 왕에게 유익이 없다고 말하였습니다. 따라서 하만은 그들 모두를 진멸하게 해 달라고 왕에게 요구하고, 그들을 멸망시킴으로써 입게 될 손실을 메우기 위해 엄청난 액수의 돈을 왕의 금고에 넣어드리겠다고 하였습니다.

그는 유다인들에게서 빼앗을 전리품을 미끼로 그들의 이웃들로 하여금 유다인들을 죽이게 할 속셈이었으며, 또한 자기에게 돌아올 몫으로 왕의 금고를 채울 심산이었습니다. 그는 왕의 허락이 떨어지자마자 이 무시무시한 조서를 요구하였습니다. 왕은 자기 손가락에서 인장반지를 빼어주면서 하만이 원하는 대로 유다인들에게 행하라고 지시하였습니다. 그리하여 선택받은 자손들이 그들을 멸절시키려고 혈안이 되어 있는 아각 자손의 수중에 있게 된 것입니다. 여기서 하만의 음모를 가로막을 수 있는 오직 유일한 한 가지 사실이 있는데 이는 여호와께서 다음과 같이 하신 말씀입니다. "너를 치려고 제조된 모든 연장이 쓸모가 없을 것이라. 일어나 너를 대적하여 송사하는 모든 혀는 네게 정죄를 당하리니 이는 여호와의 종들의 기업이요 이는 그들이 내게서 얻은 공의니라. 여호와의 말씀이니라"(사 54:17).

첫째, 우리는 이 이야기로부터 교훈을 얻어야 하는데, 이는 하나님께서 그의 일을 이루시기 위해 적당한 장소에 그의 대리인들을 배치해 두신다는 사실입니다. 여호와는 하만의 이 같은 음모에 놀라지 않았습니다. 여호와는 이 같은 사실을 미리 아시고 먼저 선수를 치셨습니다. 이 교활하고 악한 하만의 계획에 맞서기 위해서는 왕에게 큰 영향을 끼칠 유다인이 필요했습니다. 어떻게 이런 일이 이루어졌나요? 유다의 여성이 페르시아의 왕비가 된다면 그녀의 권세가 대적의 음모를 물리치는데 큰 도움이 될 것입니다. 하만이 유다인들을 살해하려는 음모를 그의 악한 마음으로 꾸미기 전에 이미 이런 준비가 다 되어 있었습니다. 에스더, 그녀의 아름다운 이름은 은매화를 의미합니다. 그녀는 별난 사건을 통해 페르시아의 왕후의 자리에 오르게 되었습니다.

어느 날 아하수에로 왕은 주연(酒宴) 자리에서 동양의 모든 예절을 잊어버릴 정도로 술에 취해 있었습니다. 그때에 왕은 왕후 와스디에게 사람을 보내어 백성들과 방백들 앞에 그녀의 아름다운 자태를 보이라고 명령하였습니다. 그 당시에 전제군주의 말에 불순종한다는 것은 꿈에도 상상할 수 없었습니다. 분명히 곧고 당당한 기품을 지닌 왕후 와스디는 방백들이 술에 취해 흥청거리는 상스러운 자리에 모습을 드러내 자신의 품위를 떨어뜨리기가 싫었고, 따라서 그 자리에 나오지 않자 모든 사람은 아연실색하였습니다.

그녀의 용기 때문에 와스디는 폐위되었고 새 왕후가 간택되었습니다. 여기서 모르드개가 군주의 간택을 받는 경쟁 장소에 자신의 양녀를 내 보낸 것은 권할 만한 일이 아닙니다. 이는 하나님의 율법에도 위배되며, 그녀의 영혼에도 크게 해로운 일이었습니다. 페르시아의 전제군주의 소굴에 들어가느니 차라리 이스라엘 집에서 가장 가난한 자의 아내가 되는 편이 나을 것입니다. 성경은 에스더와 모르드개의 이러한 행동을 용납하지도 않고 더군다나 권하지도 않습니다. 하지만 여기서 성경은 어떻게 하나님께서 그 지혜로 악에서 선을 이끌어내시는지 말씀해 줍니다. 이는 마치 화학자가 독이 있는 식물에서 치료약을 뽑아내는 것과 같습니다. 비록 가장 지혜로운 율법을 위반하고 얻기는 하였지만, 에스더의 높은 지위는 그녀의 백성들을 크게 유익하게 하는데 쓰여졌습니다. 대궐의 에스더가 악한 대적을 물리치는 도구가 되었던 것입니다.

하지만 에스더 혼자만으로는 충분하지 않았습니다. 에스더는 하렘(여자의 방)에 갇혀 있었고, 시종들과 상궁들에게 둘러싸여 있었으며, 바깥 세상으로부터 완전히 격리되어 있었습니다. 그래서 궁궐 밖에서 여호와의 백성을 지켜보다가 에스더에게 도움을 요청할 수 있는 파수꾼이 필요했습니다. 에스더의 사촌 오라버니이자 양아버지인 모르드개는 궁궐 문을 지키는 직책을 얻었습니다. 그에게 이보다 더 좋은 직책이 어디 있겠습니까? 그는 그곳에서 왕실의 사정을 훤히 꿰뚫어볼 수 있었습니다. 그는 민첩하고 용기 있고 강직한 사람이었기에 베냐민 지파 기스의 아들 모르드개보다 더 나은 파수꾼은 없었습니다. 그는 이전에 아말렉 족속을 살려준 또 다른 기스의 아들(사울 왕)과는 아주 달랐습니다. 그는 왕후와 특별한 관계였기 때문에 왕후의 시종 하닥을 통해 왕후에게 중요한 사실을 알릴 수 있었습니다.

그리하여 하만의 악한 계획이 조서로 꾸며졌을 때 그 사실이 곧바로 왕후의 귀에 들어갔고, 이에 왕후는 모르드개와 자기 백성이 위기에 처하게 된 사실을 감지할 수 있었습니다. 여호와는 특별한 섭리로써 아주 유능한 이 두 도구들을 적절한 곳에 배치하셨던 것입니다. 에스더가 아니었다면 모르드개는 쓸모가 없었을 것이며, 또한 모르드개를 위하지 않았다면 에스더는 도움이 되지 못하였을 것입니다. 그 사이에 왕을 살해하려는 음모가 있었는데 모르드개가 이를 알아내어 높은 사람에게 알렸으며, 이에 왕은 모르드개의 신세를 지게 되었습니다. 이는 하나님의 섭리 가운데 꼭 필요한 일이었습니다.

형제들이여, 하나님의 뜻과 진리를 거슬려 어떠한 악을 꾸미더라도 여호와께서는 이 모든 것을 다 알고 계십니다. 장담하건대 지금 이 순간에도 이러한 악을 도모하는 무리들이 있습니다. 마귀나 예수회(Jesuits)나 무신론자들이 그리 오래 잠잠하지는 않을 테니까요. 그러나 우리는 확신하건대 하나님은 다 알고 계십니다. 하나님은 그의 도구 에스더와 모르드개를 적절한 곳에 배치하여 악한 자들의 계획을 수포로 돌아가도록 만드신 것입니다. 이처럼 여호와는 자기의 사람들을 적절한 곳에 배치하시며, 은밀한 곳에 자기의 복병들을 숨겨두셨다가 대적들을 놀라게 하십니다. 여호와께서 그의 대적들보다 선수를 치며, 그들의 악행을 사전에 막아 버리시기에 우리는 절대로 두려워할 필요가 없습니다.

하나님은 그의 모든 자녀들을 어떤 목적을 이루기 위해 자리에 배치하십니다. 그러므로 여러분은 하나님께서 여러분 각자를 지금 그 자리에 어떠한 목적으로 배치하셨는가 하고 물어봐야 합니다. 여러분은 지금까지 다른 장소에서 그리스도를 위해 일하기를 바라왔습니다. 다른 곳을 바라지 마십시오. 지금 있는 자리에서 그리스도를 섬기십시오.. 여러분이 궁궐 문을 지키고 있다면, 그곳에서 무언가 할 일이 있을 것입니다. 문지기나 왕후가 되게 해 달라고 요구하지 마십시오. 여러분이 어떤 일을 하든지 그곳에서 하나님을 섬기십시오. 형제들이여, 여러분이 부유합니까? 하나님께서 여러분을 청지기로 부르셨습니다. 선한 청지기가 되도록 힘쓰십시오. 형제여, 여러분이 가난합니까? 가난한 성도들을 잘 위로할 수 있도록 하나님께서 여러분을 가난한 자리에 이르게 하신 것입니다. 지정된 일을 하고 있습니까? 경건한 가정에 속하여 있습니까? 하나님께서 그렇게 행복한 자리에 있게 하신 이유가 있을 것입니다. 여러분의 집이 불경건합니까? 여러분은 어두운 곳을 밝히라고 걸려 있는 등불입니다. 그곳에서 여러분의 빛을 비추십시오.

에스더는 자신의 역할을 잘 감당하였으며, 모르드개 또한 그의 역할을 잘 수행하였습니다. 저는 여러분 모두를 바라볼 때 이런 생각이 듭니다. 마치 훌륭한 지휘관이 자기 군대를 다양한 곳에 적절하게 배치하듯이 하나님께서 여러분 각자를 각자에 맞는 자리에 효과적으로 배치하셨다는 것입니다. 비록 우리가 하나님의 전략을 알지 못하지만 전투를 하는 과정에서 하나님께서 각각의 군사들을 꼭 있어야 할 곳에 있게 하셨다는 사실을 우리는 깨닫게 될 것입니다. 다른 곳을 원하거나 다른 곳에 있는 사람들을 비난하는 것은 지혜롭지 못합니다. 예수님의 보혈로 구속함을 받은 사람은 각각 주님께 온전히 헌신하며 이렇게 말해야 합니다. "주여, 제가 무엇을 하기를 원하시나이까? 제가 여기 있나이다. 당신의 은혜로 나를 사용하여 주옵소서." 그러므로 하나님께서 섭리 가운데 자신의 종들을 쓸모 있는 곳에 두신다는 사실을 잊지 마십시오.

둘째, 여호와께서 자기의 종들을 배치하실 뿐만 아니라 아울러 그의 대적들의 음모를 막으십니다. 여러분은 특히 하만의 일을 주목하시기 바랍니다. 하만은 어느 날 모든 유다인들을 몰살하려는 음모를 꾸민 후, 그의 잔인한 일을 완벽하게 행하고자 하였습니다. 그리하여 그는 미신을 따르고 점성술을 믿으면서 점쟁이들에게 점을 치게 하여 그의 큰 음모를 행할 길일(吉日)을 찾게 하였습니다. 점쟁이들이 여러 달에 대하여 점을 쳤지만 길일은 그해 말로 정해지게 되었습니다. 그날은 12월 13일이었습니다(3:13).

그때에 점쟁이들은 자기들의 말에 잘도 속아넘어가는 하만에게 그날이 천기가 맑고 하만의 운성(運星)이 떠오를 것이라고 했습니다. 정말 점괘가 떨어진 것이었습니다. 하지만 이는 여호와께서 주관하시는 일이었습니다. 여기서 여러분은 유다인들이 죽임을 당하기 전까지 십일 개월이 남았다고 생각하지 마십시오. 그 기간은 모르드개와 에스더가 상황을 뒤바꾸어놓을 수 있는 시간이었습니다. 그들이 가진 여유 시간이 오히려 그 잔인한 조서를 되돌려 놓을 수 있는 계기가 되었던 것입니다. 2월이나 3월에 점괘가 떨어졌다고 가정해 보십시오. 아무리 빠른 낙타와 사자들이라도 그 조서를 시행하지 말라는 바뀐 두 번째 조서를 페르시아 전역에 전하지 못하였을 것이며, 그렇게 되었다면, 인간적으로 말해서 유다인들이 모두 몰사했을 것이 틀림없습니다. 그런데 점쟁이들이 앉아 있고 또 마귀의 권세에 도움을 구하는 사람(하만)이 앉아 있는 비밀회의실에 여호와께서 친히 계셨으며, 그 거짓말하는 자들의 징조가 이루어지지 못하도록 역사하셨으며, 점쟁이들을 미치게 만드셨습니다. 점성술사들, 별의 운세를 보는 자들, 예언가들 모두가 함께 바보가 되었으며, 미신을 따르던 하만을 죽음으로 몰고 갔습니다. "야곱을 해할 점술이 없고 이스라엘을 해할 복술이 없도다"(민 23:23). 여러분, 여호와를 의지하십시오. 의로우며 인내하는 여러분은 생명을 얻을 것입니다. 여러분의 대적을 하나님의 손에 맡기십시오. 그리하면 그들이 여러분을 잡으려고 몰래 쳐놓은 올무에 그들 자신이 걸리게 될 것입니다.

하만이 유다인들을 몰살하려고 택한 방법이 오히려 그들을 지켜 주는 일이 되었음을 깊이 주목하십시오. 유다인들이 사는 지역에서 뽑힌 이웃들이 그들을 죽이도록 되어 있었습니다. 유다인들을 죽이는 대가로 그들은 유다인들의 재산을 탈취할 수 있었습니다. 이는 매우 교활한 방법이었습니다. 비열한 인간들의 탐욕을 자극하여 유복한 유다인들을 살해하도록 한 것이었습니다. 의심할 여지 없이, 채무자들은 유다의 채권자들이 처분되는 것을 반겼을 것입니다. 하지만 이러한 꾀가 도리어 유다인들의 탈출구가 되었습니다! 만일 이 조서가 페르시아 제국의 군대에 의해 살육 당하도록 그렇게 제정되었다면 틀림없이 그렇게 되고 말았을 것입니다. 유다인들이 피할 방법을 찾기가 쉽지 않았을 것입니다. 하지만 유다인들을 살육하는 일이 개인들에게 맡겨졌기 때문에 유다인들을 보호하라는 두 번째 조서가 첫 번째 칙령이 시행되지 못하도록 충분히 막을 수 있었던 것입니다. 이와 같이 여호와는 하만의 꾀가 결국에는 어리석음이 되도록 섭리하셨던 것입니다.

또 다른 관점에서 우리는 하나님의 막으시는 손길을 주목합니다. 이를테면, 모르드개가 하만을 크게 화나게 하였지만 즉시 처형당하지 않았습니다. 하만은 꾹 참았습니다. 어째서 그랬을까요? 대개 교만한 사람들은 자신이 모욕을 당했다고 생각되면 크게 화를 내고 즉시 보복을 하려고 합니다. 하지만 하만은 참았습니다. 그의 분노가 이글이글 타올라 나무 형틀을 설치할 때까지도 참았습니다. 저는 여기서 놀라지 않을 수 없습니다. 모르드개는 하만의 손에 극한 죽음을 당할 수 없었던 것입니다. 하나님의 교회와 그의 백성들을 핍박하는 대적들은 주님께서 허락하지 않는 한 결단코 아무것도 할 수 없습니다. 하나님의 허락 없이 그들은 머리카락 하나라도 자라게 할 수 없습니다. 또한 그들이 악행을 하도록 내버려 둔다 해도 그들의 모든 행위에는 언제나 허점이 있으며, 극도의 어리석음으로 인해 그들의 분노는 허사가 되고 맙니다.

악한 자들은 자기를 파멸시킬 무기들을 지니고 다닙니다. 그들이 지존하신 하나님을 거역하여 날뛸 때 모든 것을 주관하시는 여호와께서는 그들의 분노가 오히려 하나님의 백성에게 유익이 되게 하시며 또한 하나님께 영광이 되게 하십니다. 하나님의 섭리를 부분적으로 쪼개어 판단하지 마십시오. 하나님의 섭리는 하나의 거대한 모자이크(mosaic)이므로 전체적으로 봐야 합니다. 어느 한 시간만을 보고 "이것이 어둡다"고 말하지 마십시오. 물론 그럴 수 있습니다. 그러나 그 어두움은 빛을 드러내는데 이바지할 것입니다. 마치 자정의 칠흑 같은 어둠이 별들을 더욱 밝게 빛나 보이게 만드는 것과 같습니다. 여호와를 영원히 의지하십시오. 주 여호와 안에 영원한 능력이 있기 때문입니다. 여호와의 지혜는 지략의 광산을 캐며, 그의 명철은 모략의 산을 오릅니다. "지혜로운 자가 자기의 계략에 빠지게 하시며 간교한 자의 계략을 무너뜨리시므로"(욥 5:13).

다음 세 번째로 하나님께서 자기 백성을 연단하신다는 사실을 주목해 봅시다. 하나님의 종들은 시련을 겪지 않으리라고 추측해서는 안 됩니다. 하나님의 섭리에는 시련이 포함됩니다. 사도는 "징계는 다 받는 것이거늘 너희에게 없으면 사생자요 친아들이 아니니라"(히 12:8)고 말합니다. 하나님의 뜻은 고통을 통해 자기 백성을 훈련하시는 것입니다. 그러므로 슬픈 일은 하나님의 섭리가 아니라고 상상해서는 안 됩니다. 슬픈 일일수록 오히려 더 하나님의 섭리라고 생각할 수 있습니다. 왜냐하면 "여호와는 의인을 감찰하시기"(시 11:5; "The LORD trieth the righteous" : KJV) 때문입니다. 하나님께서 모르드개를 연단하신 것을 주목하십시오. 그는 늙고 조용한 사람이었습니다. 확신하건대, 그가 똑바로 서기까지 날마다 연단을 받은 것이 분명합니다. 그는 이런 연단을 받은 후 교만한 귀족이 보아란 듯이 과시하며 다닐 때 그 자리에 있게 되었던 것입니다. 그의 동료들은 왕이 모든 사람들에게 하만에게 경의를 표하라고 명령했다고 모르드개에게 말해 주었습니다. 하지만 그는 굴하지 않았습니다. 그가 자존심을 지키므로 어떠한 대가를 치러야 하는지 모르는 바가 아니었습니다.

하만은 아말렉 사람이었고, 따라서 유다인들은 그 앞에 절할 수 없었습니다. 하지만 온 유다인들이 모두 죽임을 당하리라는 조서를 그가 보았을 때 얼마나 큰 괴로움이 그의 마음속에 밀려들었겠습니까! 이 착한 사람이 아무 죄도 없이 나라가 파멸을 당해야 하는 이 불행한 숙명 앞에 크게 애통해 했을 것이 틀림없습니다. 그는 속으로 이렇게 생각했을 것입니다. '내가 너무 고집을 부렸어. 오 슬프도다. 나의 온 집, 나의 온 백성이 나의 행동 때문에 다 죽게 생겼도다.' 그는 베옷을 입고 재를 머리에 뿌리며 크게 슬퍼하였습니다. 그의 슬픔은 우리가 상상도 할 수 없을 정도였습니다. 여러분이 옳게 행동했는데도 자신 때문에 다른 사람들에게 고통이 임한다면, 더구나 멸망을 당해야 한다면, 여러분은 속살까지 베이는 아픔을 겪을 것입니다. 여러분이 혼자서 순교할 수는 있습니다. 하지만 여러분의 강직함으로 말미암아 다른 사람들이 고통을 당하는 모습을 본다는 것은 참으로 슬픈 일입니다.

에스더 또한 연단을 받아야 했습니다. 페르시아의 화려한 궁궐에서 그녀는 하나님을 잊어버릴 수도 있었습니다. 하지만 "당신의 사촌과 당신의 나라가 멸망당할 지경에 있습니다"라는 슬픈 소식이 그녀에게 날아들었습니다. 슬픔과 두려움이 그녀의 마음을 가득 채웠습니다. 그녀가 왕에게 나아가지 않는 한 자기 백성에게 소망은 없었습니다. 전제군주의 분노한 모습은 곧 죽음을 의미했습니다. 하지만 에스더는 위험을 감수하고 왕의 초청을 받지도 않은 채 왕 앞에 나아갑니다. 그리고 그녀의 나라를 위해 간청합니다. 그녀가 두려워하는 모습이 이상합니까? 그녀가 믿음 있는 자들의 기도를 부탁한 것이 이상합니까? 그녀 자신과 그녀의 존귀한 시녀들이 하나님 앞에서 금식하고 애통하는 것이 놀랍습니까? 성공한 나의 친구들이여, 하나님의 모든 백성들에게 임한 시련을 피하라고 하나님께서 여러분을 높은 지위에 앉히신 것이 아닙니다. 여러분의 지위는 편안히 있는 자리가 아닙니다. 오히려 치열한 전투를 벌여야 하는 자리입니다. 낮고 한적한 자리나 혹은 공적이며 노출되는 자리나 모두 "많은 환난"을 피하지 못할 것입니다. 전투적인 교회는 영광에 이르기 위해 "많은 환난"과 싸워야 합니다. 어째서 우리는 많은 환난과 싸워야 하나요? 금은 도가니에서 단련되지 않습니까? 강한 기둥이라야 많은 무게를 지탱할 수 있지 않나요? 메나이 다리(Menai bridge; 길이 24km, 너비 0.2-3.2km. 본토 그레이트브리튼 섬과 앵글시 섬 사이에 남과 북으로 놓인 다리: 역주)가 최초로 해협을 가로질러 놓였을 때, 그 다리 기술자는 다리를 잇는 관(tube)이 그 큰 무게를 지탱할 수 있는가를 시험하지 않는 조건으로 계약하지 않았습니다. 반대로 저는 그 기술자가 이렇게 말했으리라고 생각합니다. "가장 무거운 기차를 가져와 보십시오. 여러분이 원하는 만큼 이 다리에 짐을 실어보십시오. 이 다리는 어떠한 무게도 견뎌낼 것입니다." 주님은 시험을 견딜 만한 바탕으로 의인들을 조성하셨기 때문에 그들을 연단하십니다. 그리고 주님은 성령의 도우시는 능력으로 그들이 잘 견뎌내고 정복자들 이상으로 만들어질 것을 알고 계십니다. 그러므로 성도들을 연단하는 것은 하나님의 섭리의 한 부분입니다. 이 시간 고난 받는 분들이 계시다면 이 진리로 위로 받으시기 바랍니다.

우리는 네 번째로 큰 결과를 얻어내기 위해 작은 사건들을 주관하시는 하나님의 지혜를 살펴보겠습니다. 우리는 흔히 사람들이 좋은 일이거나 큰 사건을 대할 때 "하나님의 위대한 섭리로다!"라고 말하는 소리를 듣습니다. 반면에 그들은 별로 중요한 것 같아 보이지 않는 일이나 혹은 재미없는 일에 대하여는 침묵합니다. 엄청나게 장대한 일과 아울러 아주 미세한 일까지도 사실은 하늘에 좌정하신 여호와께서 주관하시며, 그의 나라가 모든 것을 관할합니다. 우리가 지금 보고 있는 이 역사가 이를 증거합니다.

지금 우리는 에스더가 왕 앞에 나아가 자기 백성을 위해 탄원하는 장면에 이르렀습니다. 기도로 힘을 얻었지만 여전히 떨고 있던 에스더는 내실로 들어갔습니다. 이를 본 왕은 왕후에 대한 애정에 이끌려 즉시 금홀을 내밀었습니다. 왕이 소원을 말하라고 하자 그녀는 왕에게 자신이 마련해 놓은 잔치 자리에 하만과 함께 오라고 청하였습니다. 왕은 잔치에 참석하였고, 나라의 절반이라도 줄 터이니 그녀의 소원을 말해 보라고 두 번째로 권하였습니다.

그런데, 왕이 이렇게 기분이 좋을 때 어찌하여 에스더가 말하지 않았을까요? 왕은 그녀의 미모에 반하였습니다. 왕의 말이면 이루지 못할 일이 없을 터인데 어찌하여 말하지 않았을까요? 그녀는 다음날 또 한 번 주연을 베풀 터이니 하만과 함께 와 달라고만 요청합니다. 오, 아브라함의 딸이여, 절호의 기회를 놓쳐 버리다니! 어찌하여 그대의 백성을 위해 간청하지 않았던고? 그들의 생존이 그대의 간청에 달려 있거늘. 왕이 "그대의 소원이 무엇이냐?"고 묻지 않았던가? 그런데도 뒤로 물러서다니. 이는 그녀의 소심함 때문이었을까요? 그럴 수도 있겠죠. 그녀가 왕을 설득하기에는 하만이 왕의 총애를 너무 많이 받고 있다고 생각했을까요? 말하기 어렵습니다.

이 여인의 까닭 모를 침묵에 대하여 우리가 처음 생각했을 때보다 훨씬 더 알 수가 없습니다. 의심할 여지 없이 이 여인은 비밀을 폭로할 마음은 굴뚝 같았겠지만 말이 나오지 않았습니다. 그 이유는 하나님께서 그 상황 속에 개입하셨기 때문입니다. 하나님 보시기에 아직 말할 시간이 되지 않았던 것입니다. 그러므로 그녀는 폭로를 연기한 것입니다. 아마 왕은 아쉬워했을 것이며, 왕후가 속시원하게 말할 시점이 언제인지 궁금해 했을 것이지만, 주님은 그 시점을 가장 잘 알고 계셨습니다. 잔치가 끝나고 하만이 대궐 문을 유쾌하게 나가다가 모르드개의 뻣뻣한 태도에 굉장히 분노하였습니다. 그리하여 하만은 자기 아내와 친구들을 불러다가 모르드개가 대궐 문을 지키고 있는 한 자신의 부와 명예가 그에게 아무런 소용이 없다고 말하였습니다.

그들은 하만에게 이렇게 말할 수도 있었을 것입니다. "몇 달 안에 당신은 모르드개와 그의 백성을 몰살할 것이며, 그놈은 이미 조서에 대하여 심히 마음을 졸이고 있을 것입니다. 그러니 지금은 그대로 내버려 두십시오. 그놈의 비참함을 실컷 보게 될 것이며 절망하는 모습을 재미있게 구경하게 될 것입니다." 그런데 그들은 그렇게 말하지 않았습니다. 그들은 신속한 보복을 자문하였습니다. 집 위에 처형대를 세우고 거기에서 모르드개를 처형하라고 그들은 주장하였습니다. 그리고 즉시 처형대를 설치하고 아침에 일찍 대궐에 들어가 그 유다 놈의 목숨을 왕에게 요구하고 그놈의 무례함을 처벌하라고 하만에게 자문하였습니다. 그리하여 당장 일꾼을 불러 그날 밤에 처형대를 높이 달게 됩니다. 그 시간에 하만이 격노하게 된 것은 별로 대수롭지 않은 일처럼 보입니다. 하지만 하나님의 전체적인 섭리 면에서 이는 매우 중요한 부분이었습니다. 왜냐하면 하만이 서둘지 않았더라면 그날 아침 일찍 대궐에 오지 않았을 것이며, 그렇다면 왕이 "누가 뜰에 있느냐?"고 물을 때 그는 그곳에 없었을 것이기 때문입니다.

그런데 무슨 일이 있었나요? 하만이 모르드개를 처형하려고 음모를 꾸미고 있던 그날 밤, 왕은 잠이 오지 않았습니다. 이 군주가 무엇 때문에 잠 못 이루었을까요? 왜 하필 다른 날이 아니라 바로 그날에 잠이 오지 않았을까요? 아하수에로 왕은 127도를 다스리고 있었지만 단 십 분의 잠도 다스릴 수 없었습니다. 그때에 그가 무엇을 하면 좋을까요? 악기로 마음을 달래 볼까요 재미있는 이야기나 음유시인의 시로 시간을 보낼까요? 그런데 왕은 그렇게 하지 않았습니다. 그는 한 권의 책을 가져오라고 명하였습니다. 이 향락을 좋아하는 왕이 한밤중에 책을 읽을 줄 누가 생각이나 했겠습니까?

"책을 가져오너라!"

"무슨 책이옵니까? 장미향이 나는 책, 혹은 꾀꼬리 같은 목소리가 들리는 노래 책이옵니까?"

"아니라, 제국의 역사를 담은 역대일기를 가져오너라!"

이는 매우 지루한 읽기입니다! 127도가 있는데, 도대체 서고에서 어느 도와 관련된 역대일기를 가져와야 한단 말입니까? 왕은 수산성에 대한 역대일기를 택하였습니다. 수산성은 제국의 수도이기 때문에 이에 대한 기록이 방대하였을 텐데 읽는 자가 어디서부터 시작해야 하겠습니까? 그는 자기가 읽고 싶은 데서 시작하였을 것입니다. 그런데 책을 덮기 전에 왕은 모르드개에 의해 반역의 음모가 드러나게 된 이야기를 듣게 되었습니다. 이것이 희한한 우연이 아니냐고요? 아무리 여러분이 희한한 것을 좋아해도 이것은 우연이 아니었습니다. 읽는 자가 헤아릴 수 없이 많은 기록들 가운데서 하나를 골랐습니다. 그가 다른 페이지를 폈으나 이내 책은 덮여졌고 결국 모르드개에 대한 기록을 펼치게 되었습니다. 어떻든 분명한 것은 주님께서 그 기록이 어디에 있는지 아셨으며, 읽는 자가 바로 그 페이지를 펴서 읽도록 인도하셨다는 사실입니다. 인간적으로 말하자면, 페르시아 왕이 한밤중에 자기 왕국의 역대기를 읽으면서 이 특별한 곳을 우연히 본다는 것은 있을 수 없는 일입니다. 그런데 이것이 전부가 아니었습니다. 왕은 이 사실에 흥미를 느껴 잠들고 싶은 생각이 싹 사라지고 황급히 행동에 나섰습니다.

왕이 "이 일에 대하여 무슨 존귀와 관작을 모르드개에게 베풀었느냐?"(6:3) 물어보자 신하는 "아무것도 베풀지 아니하였나이다"라고 대답하였습니다. 그러자 고무된 왕은 "즉시 그에게 상을 베풀리라. 누가 뜰에 있느냐?"고 소리칩니다. 향락을 좋아하는 아하수에로 같은 사람이 황급히 정의를 실천한다는 것은 세상에서 참으로 있을 것 같지 않은 일이었습니다. 왜냐하면 그는 양심의 가책도 없이 수천 번이나 불의를 행하였으며, 특히 모르드개와 그 백성을 죽이라는 억울한 사형증서에 터무니없이 날인하는 잘못을 행하였던 사람이기 때문입니다. 이번만은 왕이 정의를 시행하는데 열심이었으며, 바로 그때에 하만이 문 밖에 서 있었습니다. 여러분은 그 뒤의 이야기를 아실 것입니다. 그는 모르드개에게 왕실 옷을 입히고 말을 태워 성중 거리를 다니게 하였습니다. 여러분이나 제가 오늘 밤 잠을 자든지 혹은 잠 못 이루고 침대에서 뒤척이든지 그런 일이 대수롭지 않을 것이지만, 하나님은 우리가 푹 쉬든 잠을 못 이루든 모든 상황 속에 함께 하실 것입니다. 우리는 하나님의 목적이 무엇인지 알지 못합니다. 그러나 사람이 오직 하나님의 작정하신 바에 따라 자든지 혹은 깨어 있든지, 하나님의 손이 그 목적을 이루실 것입니다.

이 사건이 왕후의 다음 잔치에 어떤 도움을 주었는지 자세히 살펴봅시다. 왕후가 자신의 슬픈 사정을 털어놓고 유다인들의 멸망당할 위기를 고하며 사악한 하만을 지목하였을 때, 왕은 자기의 목숨을 구해 준 사람이 유다인이었다는 사실, 그리고 그의 형편없는 신하를 대신하고도 남을 만한 모든 면에서 자격을 갖춘 사람에게 이미 최고의 존귀를 베풀었다는 사실로 말미암아 그 일에 더욱 관심을 가지게 되었으며 그녀의 요청에 기꺼이 응하게 되었습니다. 아주 잘 되었습니다. 음모자의 정체가 밝혀졌고, 처형대가 준비되었습니다. 결국 처형대를 세우라고 명령한 자가 자신이 매달릴 기구를 준비하게 된 셈이었습니다.

다음에 우리가 주목할 사실은 섭리의 주님께서 자신의 종들에게 적극적이기를 요구하신다는 점입니다. 하나님의 섭리에 의하여 일이 잘 끝났습니다.

하지만 여기에 관련된 자들은 이를 위해 기도해야만 했습니다. 모르드개와 수산성 밖에 있던 모든 유다인들이 금식하며 여호와께 부르짖었습니다. 불신자들은 "기도한다고 뭐가 달라지느냐?"고 묻습니다. 형제들이여, 기도는 하나님의 섭리를 이루는 필수적인 요소입니다. 하나님께서 자기 백성을 구원하실 때 구원을 간청하는 백성의 기도는 언제나 필수입니다. 불신자들은 기도가 지존자에게 영향을 끼치지 못하며 그의 목적을 변경시키지 못한다고 말합니다. 우리는 한 번도 그렇게 생각하지 않았습니다.

기도는 하나님의 목적과 계획을 이루는 요소이며, 섭리라는 기계를 움직이는 아주 효과적인 바퀴입니다. 하나님은 백성으로 하여금 기도하게 하시고, 그 후에 그들에게 복을 주십니다. 게다가 모르드개는 여호와께서 자기 백성을 구원하실 줄 확신하였으며, 그런 자신감을 피력하였지만 그렇다고 가만히 앉아만 있지 않았습니다. 그는 에스더에게 권고하였으며, 그녀가 약간 꾸물거리자 다음과 같이 강하게 책망하였습니다. "이때에 네가 만일 잠잠하여 말이 없으면 유다인은 다른 데로 말미암아 놓임과 구원을 얻으려니와 너와 네 아버지 집은 멸망하리라"(에 4:14). 이 메시지에 자극을 받은 에스더는 마음을 다잡고 노력하였습니다. 그녀는 가만히 앉아서 "이 일은 여호와께서 해결하실 문제이지 내가 할 수 있는 것은 아무것도 없소"라고 말하지 않았습니다. 그녀는 함께 하나님께 간구하였으며, 자기 백성을 위하여 목숨을 걸었으며, 왕과의 면담에서 아주 지혜롭고 분별 있게 처신하였습니다.

형제들이여, 이와 같이 우리는 하나님의 섭리를 신뢰하면서도 게을러서는 안 됩니다. 하나님은 택하신 백성을 붙잡고 계십니다. 따라서 우리는 하나님의 성령께 붙들린 도구가 되어 이 택하신 백성을 그리스도께로 인도하리라는 소망을 가지고 설교하는 것입니다. 하나님께서 현세와 내세에서 모두 자기 백성을 거룩하게 하시기로 작정하셨다고 우리는 믿습니다. 하나님의 섭리에 대한 믿음은 우리의 능력을 억압하지 않으며 도리어 우리로 하여금 부지런하도록 일깨워 줍니다. 우리는 마치 모든 것이 우리에게 달려 있는 것처럼 수고하고, 그 후에 모든 것이 주님께 달려 있음을 인정하는 차분한 믿음으로 결과를 주님께 맡깁니다.

이제 끝으로 하나님께서 자기의 대적을 완전하게 물리치시고 자기 백성을 안전하게 보호하신다는 사실을 말함으로써 우리의 역사적인 고찰을 마무리 짓고자 합니다. 하만은 자기 의지대로 행동하였으며, 아하수에로는 자기 좋은 대로 행동하였으나 모르드개는 그 마음이 감동되는 대로 행동하였으며 에스더 또한 그리하였습니다. 그들에게 간섭이나 강압이나 강요가 없음을 볼 수 있습니다. 그러므로 모든 죄와 그에 대한 책임은 각자에게 있습니다. 그러나 그들이 완전히 자유롭게 행동하였지만 그 모든 행동 중에 어느 하나라도 하나님의 섭리가 예지한 것과 다르게 이루어진 것은 전혀 없습니다. "나는 그것을 이해할 수 없소"라고 사람들은 말합니다. 사랑하는 친구여, 저도 그대처럼 같은 말을 할 수밖에 없습니다. 저 또한 그것을 이해하지 못합니다. 모든 것을 다 안다고 생각하는 많은 사람들이 있지만 저는 그들이 사실보다 자기 자신을 훨씬 더 과대 평가한 것이라고 믿습니다.

제 형제들 중에 더러는 자유의지를 부인하므로 곤란함을 빠져나갑니다. 또 다른 이들은 예정이란 없다고 주장하므로 매듭을 풀려고 합니다. 저는 곤란함을 면하기를 바라지 않고, 진리의 어느 부분에라도 눈을 감으려 하지 않는 만큼, 자유의지와 예정 둘 다 사실이라고 믿습니다. 제가 알지도 못하는 사실에 어떻게 동의할 수 있냐고요? 저는 하나님께서 제게 계시해 주기로 하신 분량 만큼만 아는 것으로 만족합니다. 그리고 하나님께서 계시하지 않으신 것을 몰라도 만족합니다. 사실이 그렇습니다. 사람은 자유의지를 가지고 행동하며, 따라서 자기의 행동에 대하여 책임을 져야 합니다. 사람이 악을 행하면 죄인이 되며, 형벌을 받는 것은 당연한 일입니다. 사람이 타락하면 그 책임은 그 자신이 홀로 져야 합니다. 그러나 이 모든 것을 주관하시는 하나님이 계십니다. 하나님은 사람들의 죄에 연루되지 않으면서도 악한 자들의 행동을 통해 그의 거룩하고 의로우신 목적을 이루게 하십니다. 이 두 가지 진리를 믿으십시오. 그리하면 여러분은 일상생활 속에서 이 둘이 실제로 조화를 이루는 것을 알게 될 것입니다. 하지만 이 두 진리의 조화를 여러분이 이론으로 정리할 수는 없을 것입니다.

다음에 우리는 기적이 일어나지 않고도 놀라운 일들이 행해질 수 있다는 사실을 배울 수 있습니다. 하나님께서 자연의 법칙을 중단시킴으로써 놀라운 일을 행하실 때 사람들은 크게 놀라며 "이는 하나님의 손가락이니이다"(출 8:19)라고 말합니다. 그러나 오늘날 그들은 "너의 하나님이 어디 계시냐? 그는 지금 그의 법칙을 한 번도 중단시키지 않고 있지 않느냐!"고 우리에게 말합니다. 나는 바로의 역사 속에서도 하나님을 발견하지만 또한 하만의 역사 속에서도 아주 분명하게 하나님을 발견하며 심지어 큰 빛 가운데서 발견한다고 고백하지 않을 수 없습니다. 하나님의 거룩한 이름을 높이기 위해 말하건대, 자연의 수레바퀴를 멈추게 하고 지혜롭고 훌륭한 법칙을 되돌리는 것은 목적을 달성하기는 하지만 다소 거친 방법입니다.

분명히 이 방법은 하나님의 능력을 나타내 보여 주기는 하지만, 그의 불변성을 그렇게 뚜렷하게 보여 주는 것은 아닙니다. 하지만 주님께서 만물이 평소대로 돌아가도록 하시고, 또한 사람들로 하여금 자유롭게 그들의 마음과 생각, 야망과 열정대로 행하게 하면서도 그의 목적을 달성하시는 것은 두 곱이나 놀라운 방법입니다. 우리는 바로에게 행하신 기적들 가운데서 하나님의 손가락을 보지만 아울러 기적이 없이도 하나님의 놀라운 섭리 가운데서 그의 손길을 발견합니다. 오늘날 어떤 사건이 있을 때마다 사람들의 눈은 휘둥그레지며 마치 기적을 행하는 능력으로 말미암아 산들이 솟아오르거나 혹은 큰 물이 쌓인 것처럼 그렇게 주님을 바라볼 것입니다. 저는 하나님께서 세상 가운데 계신다고 확신합니다. 그렇고 말고요. 하나님은 저의 집 난롯가에도 계시며, 방에도 계시며, 저의 일을 주관하시며, 저를 위해 그리고 그의 자녀 한 사람 한 사람을 위해 만물을 명하십니다. 우리는 하나님의 역사를 확신하기 위한 기적이 필요하지 않습니다. 하나님의 놀라운 섭리가 기적만큼이나 크게 경이로운 일들이기 때문입니다.

우리는 하나님의 교회가 얼마나 안전한지 배울 수 있습니다. 한때는 하나님의 백성이 완전히 하만의 수중에 있는 듯하였습니다. 전에 네로 황제가 일거에 그의 대적들을 모조리 몰살해 버렸으면 좋겠다고 말한 적이 있었습니다. 하만은 바로 그런 권세를 휘두를 수 있을 것만 같았습니다. 하지만 택함 받은 나라는 구원을 받았습니다. 유다인들은 메시아께서 오실 때까지 생존하였으며, 지금도 존재하고 있으며, 앞으로 그들에게 작정된 밝은 미래를 볼 때까지 존재할 것입니다. 오늘날 하나님의 교회가 이와 같습니다. 진리를 방해하는 원수들이 결단코 하나님께서 밝히신 촛불을 끄지 못할 것이며, 주 예수께서 피로 값 주고 사신 백성 안에 심으신 살아 있는 씨(말씀)를 없애지 못할 것입니다. 형제들이여, 두려워하지 말고 하나님께 여러분의 마음을 확정하십시오.

또한 우리는 여기서 악한 자는 반드시 비참한 말로를 보게 될 것이라는 사실을 깨닫습니다. 그들이 대단한 힘을 가질 수는 있지만 하나님께서 그들을 멸망시킬 것입니다. 그들은 대단히 간교한 음모와 술수를 꾸밉니다. 그리고 자기들이 바라는 대로 다 되기 때문에 심지어 하나님도 자기 편이라고 생각합니다. 하지만 마침내 그들의 죄가 그들을 찾아내고야 말 것입니다. 그들이 지옥까지 깊이 팔 수도 있겠지만 결국 하나님께서 그들의 근거를 파헤치실 것입니다. 그들이 별들의 높이까지 올라갈 수도 있겠지만 결국 하나님께서 위에서 그들을 세게 내던지실 것입니다. 악한 자여, 그대가 지혜로운 자라면 내가 명하건대, 지존하신 하나님을 대적하는 일에서 돌이키시오. 그대가 하나님을 당해낼 수도 없으며, 또한 하나님을 속일 수도 없습니다. 부탁하건대 어리석은 대적을 그치시오. 그리고 하나님의 복음의 소리를 들으시오. 그 복음의 소리는 이러합니다. "너의 죄를 자백하고 버려라. 위대한 속죄의 희생을 당하신 하나님의 아들 예수님을 믿으라. 그리하면 네가 구원을 받으리라." 여러분이 이렇게 하지 않으면 여러분의 머리 위에 여러분의 죄악이 떨어질 것입니다.

마지막으로, 하나님의 자녀는 왕 측근에 우리의 보호자가 계심을 알고 기뻐합시다. 수산성에 사는 모든 유다 사람들은 왕후가 유다인이었다는 사실을 기억하고 소망을 가졌을 것입니다. 오늘날에도 예수님께서 높임을 받으신 사실로 말미암아 우리 모두 기뻐합시다.

> 십자가에 못 박히신 사랑의 주님,
> 그분이 지금 아버지 곁에 계시네

하나님의 백성이 얼마나 안전한지, 성경은 "만일 누가 죄를 범하여도 아버지 앞에서 우리에게 대언자가 있으니 곧 의로우신 예수 그리스도시라"(요일 2:1) 말씀하고 있습니다. 예수님은 하나님의 품속에 계시며 그를 믿는 모든 자를 위해 간구하십니다. 그러므로 실망하지 말고 여러분의 심령을 하나님께 맡기십시오. 그리고 끈기 있게 주님의 은혜를 기대하십시오.

천지는 사라지는 한이 있어도 주를 의지하는 자는 망하지 않을 것입니다. "너희가 영원히 부끄러움을 당하거나 욕을 받지 아니하리로다"(사 45:17).

17

신랑과 신부(1)

선한 양치기 소녀

"내 마음으로 사랑하는 자야 네가 양 치는 곳과 정오에 쉬게 하는 곳을 내게 말하라. 내가 네 친구의 양 떼 곁에서 어찌 얼굴을 가린 자 같이 되랴. 여인 중에 어여쁜 자야 네가 알지 못하겠거든 양 떼의 발자취를 따라 목자들의 장막 곁에서 너의 염소 새끼를 먹일지니라"(아 1:7,8).

본문에서 신부는 매우 마음 아파하며 부끄러워하고 있습니다. 왜냐하면 그녀의 미모가 햇볕에 심히 손상되었기 때문입니다. 여인들 중에 가장 아름다운 자가 햇볕에 그을린 노예처럼 거무스름해졌습니다. 영적으로 보면 선택받은 자녀들의 영혼이 가끔씩 꼭 이와 같습니다. 주님의 은혜는 신부(성도)의 믿음을 백합화처럼 순수하게 해 주었습니다. 하지만 신부는 세속이라는 햇볕에 그을려 그녀의 아름다움을 잃을 만큼 세상일에 분주하였습니다. "내가 햇볕에 그을려 거무스름하니 나를 흘겨보지 말라"고 신부는 말합니다. 그녀는 고통 중에 사랑하는 자에게로 향합니다. 이는 은혜 받은 심령의 표현입니다. 불경건한 자는 급하게 왔다 갔다 하나 어디에서 위로를 찾을지 알지 못하지만 믿는 심령은 자연스럽게 사랑하는 자에게로 날아갑니다. 오직 그 안에만 쉼이 있다는 것을 알기 때문입니다.

앞 절에서 보면, 신부는 또한 자신에게 주어지고 맡겨진 어떤 책임 때문에 괴로워하고 있습니다. 그녀가 감당해야 할 사명을 등한히 하였던 것입니다.

"그들이 나를 포도원지기로 삼았도다" 그녀는 말합니다. 그리고 그녀는 포도원들을 잘 지키기를 원하였지만 그렇게 하지 못하였다고 자책하고 있습니다. 게다가 자기 자신의 일도 감당하지 못하였습니다. "나의 포도원을 내가 지키지 못하였구나." 이렇듯 부끄러움과 게으름이라는 이중의 고통을 느끼는 가운데 자신의 게으름과 사명이 자신을 억누르고 있다는 것을 절감하면서 그녀는 사랑하는 자에게로 돌이켜 그의 교훈을 구하였습니다. 이는 잘한 일이었습니다. 그녀는 지혜롭게도 주님의 도움을 호소하였습니다.

사랑하는 성도 여러분, 죄를 지었다고 예수님으로부터 멀어지지 마십시오. 죄의식 때문에 예수님으로부터 달아나지 마십시오. 죄가 여러분을 시내산(율법을 의미함)에서 쫓아낼 수 있습니다. 그러나 죄는 여러분을 골고다산으로 인도해야 할 것입니다. 우리가 부정하다고 느낄 때 최대한 신속하게 골고다 산의 샘으로 달려가야 합니다. 그리고 우리의 심령이 아픔을 느낄 때 우리의 생명과 치료가 흘러나오는 예수님의 고귀한 상처에 의지해야 할 것입니다. 심지어 죽을 정도로 심하게 아프더라도 우리는 그리해야 할 것입니다. 본문에서 신부는 자신의 두 가지 괴로움, 곧 자신에 대한 부끄러움과 자신의 사명에 게으른 문제를 가지고 예수님께 나아갑니다. 그녀는 자신의 포도원을 지키는 일과 다른 사람들의 포도원을 지키는 일, 이 두 가지 임무를 소홀히 한 죄를 예수님 앞에 가져옵니다.

주님을 섬기는데 바쁜 많은 사람들에게 저는 말해야 할 것 같습니다. 저도 그런 사람을 알고 있습니다. 그런 사람들은 자신들의 마음을 예수님께 가까이 붙들어두지 못하는 것 때문에 몹시 근심합니다. 그들은 자신들이 하나님을 뜨겁고 활발하게 섬긴다고 느끼지 못합니다. 그들은 꾸준히 일은 하지만 그들의 상태는 "비록 피곤하나 추격하며"(삿 8:4)라고 표현된 말씀과 일치합니다. 그들은 예수님을 위해 일하는 것을 포기할 수 없습니다. 그들은 예수님을 너무 사랑합니다. 하지만 예수님을 위해 일하는 동안에 예수님과의 교제를 사모합니다. 그들은 예수님의 일에 적극적으로 참여하면서 그와의 달콤한 교제를 즐길 수 있기를 바랍니다. 사랑하는 성도 여러분, 참으로 예수님과의 교제는 우리 모두에게 가장 중요합니다. 제가 알기에, 그리스도의 사역자들이 일과 자아(自我)를 주님의 손에 늘 맡기는 것보다 더 유념해야 할 일은 없을 것입니다.

여기서 도움에 대한 요청이 요구됩니다. 우리가 살펴볼 본문의 단어 하나하나를 꼼꼼하게 묵상할 필요가 있습니다. 첫째, 여기서 도움에 대한 요청은 사랑 안에서 이루어집니다. 신부는 "내 마음으로 사랑하는 자"라는 애정이 담긴 호칭으로 신랑을 부릅니다. 신부는 자신의 상태가 어떻든 간에 항상 신랑을 사랑합니다. 그녀는 거무스름하며 얼굴을 보이기가 부끄럽지만 여전히 신랑을 사랑합니다. 신부는 자신이 지켜야 할 자신의 포도원을 지키지 못하였지만 여전히 신랑을 사랑합니다. 그 사랑이 분명하기에 그녀는 대담하게 그 사랑을 선포합니다. 온 세상 어느 누구보다도 그녀는 신랑을 사랑합니다. 오직 신랑에게만 "내 마음으로 사랑하는 자"라고 부릅니다. 그녀는 어느 누구도 신랑에 비길 수 없고, 아무도 그에게 견줄 수 없다는 것을 압니다. 그 신랑은 신부의 가슴속에 있으며, 신부가 간절히 사모하는 유일한 왕이요 군주입니다. 그녀는 또한 신랑을 뜨겁게, 곧 마음으로부터 사랑하고 있다고 느낍니다. 그녀의 생존은 신랑과 밀접한 관계가 있습니다. 그녀 안에 조금이라도 기력과 힘과 생기가 있다면 이는 신랑만을 위해 그녀가 불태울 사랑의 연료가 될 것입니다.

신부가 신랑을 "내 마음으로 믿는 자야"라고 부른 것이 아님을 유의하십시오. 물론 그녀가 신랑을 믿는 것은 사실입니다. 하지만 신부는 그 이상으로 신랑을 불렀습니다. "내 마음으로 존경하는 자야"도 아닙니다. 물론 신부는 신랑을 존경합니다. 하지만 신부는 그런 단계를 뛰어넘었습니다. 또한 단순히 "내 마음으로 신뢰하고 순종하는 자야"도 아닙니다. 신부는 신뢰하고 순종하지만 그보다 더 따뜻하고 부드러우며, 뜨겁고 열정적인 상태에 이르렀습니다. 신부가 부르는 호칭은 "내 마음으로 사랑하는 자야"입니다. 자, 사랑하는 여러분, 우리 가운데 많은 이들이 예수님을 이렇게 부르는 줄 저는 믿습니다. 예수님은 우리에게 사랑하는 자이며, 모든 것 중에 최고이십니다. "입은 심히 달콤하니 그 전체가 사랑스럽구나"(아 5:16).

우리의 심령은 그에게 매여 있으며, 우리의 마음은 철저하게 그에게 사로잡혀 있습니다. 그런 상태에 있지 않는 한 우리는 결코 예수님을 바르게 섬기지 못할 것입니다. 우리 주님께서 베드로에게 "내 어린 양을 먹이라, 내

양을 먹이라"고 말씀하시기 전에 "요한의 아들 시몬아 네가 나를 사랑하느냐"고 물어보셨습니다. 더구나 이 질문을 세 번씩이나 하셨습니다. 이 질문에 대답하여야 비로소 우리는 예수님을 섬길 자격을 얻게 됩니다. 이와 같이 본문에서 신부는 자신과 자신이 돌보아야 할 적은 양떼를 돌보기에 앞서 그녀가 신랑을 사랑한다고 고백하고 있는 것입니다. 그 모습을 보니 마치 그녀가 신랑을 사랑하지 않는다면 한 무리의 양도 감히 돌아볼 자격이 없다고 느낀 것 같았습니다. 즉, 그녀가 양치기가 되는 권리가 완전히 위대하신 목자(the Great Shepherd)에 대한 그녀의 사랑에 달려 있는 것처럼 그녀가 생각했던 것 같습니다.

그분의 인격에 합당한 본질적인 사랑이 첫째로 그녀 안에 있지 않는 한 그녀는 사역 중에 그의 도우심을 기대할 수 없으며, 더구나 그와의 교제는 더더욱 기대할 수 없습니다. 예수님을 이러한 호칭으로 불러야 하기에 호칭에 대한 연구는 우리에게 교훈이 됩니다. 저는 여기에 계신 모든 일꾼들에게 항상 사랑의 정신으로 사역을 감당해야 한다는 사실을 유념하기를 부탁합니다. 그리고 주 예수님을 일이나 감독하고 하기 싫은 일을 우리에게 맡기는 그런 분으로 여기지 마십시오. 반대로 항상 우리의 소중한 주님으로 여기십시오. 그분을 섬기는 것이 복이요, 그분을 위해 죽는 것도 유익이라고 여기십시오. "내 마음으로 사랑하는 자여", 바로 이 호칭이 예수님의 일꾼이 주님을 부르는 올바른 이름입니다.

지금까지 사랑 안에서 요청하였다면 이제는 신랑에게 도움을 요청해야 합니다. "내 마음으로 사랑하는 자야 네가 양 치는 곳 … 을 내게 말하라." 마치 그 외에는 아무도 자기에게 올바른 대답을 해 주지 못할 것이라고 걱정한 듯이 신부는 신랑에게 알려달라고 요구하였습니다. 다른 사람들은 틀릴 수 있지만 신랑은 틀릴 수 없습니다. 신부는 신랑이 친절하게 대답해 줄 것을 확신하였기 때문에 신랑에게 알아보았습니다. 다른 사람들은 관심이 없고 공을 들여 대답해 주지 않을 것입니다. 하지만 예수님께서 그 입술로 말씀해 주신다면 그분은 말씀 한 마디 한 마디에 사랑을 담아 해 주실 것이며, 그녀에게 가르쳐 주는 것은 물론이요 그녀를 위로해 주실 것입니다. 아마도 그녀는 다른 어느 누구도 그이만큼 친절하게 말해 줄 수는 없을 것이라고 느꼈을 것입니다. 왜냐하면 다른 사람들은 귀에다 대고 말하지만 그이는 마음에다 대고 말해 주시기 때문입니다. 다른 사람들이 말하는 것은 별로 감동이 없습니다. 우리는 그들의 연설을 듣지만 감동을 받지 못합니다. 하지만 예수님께서 말씀하시면 그 하시는 모든 말씀에 성령께서 감동하십니다. 그러므로 우리는 예수님께서 가르치시는 말씀을 듣고 유익을 얻습니다.

형제들이여, 여러분이 그리스도의 말씀으로 말미암아 얼마나 유익을 얻는지 저는 모르겠습니다. 저의 경우에, 그리스도로부터 한마디 말씀이라도 들을 수 있다면 저는 그 말씀으로 말미암아 여러 날 만족할 수 있습니다. 저는 복음의 말씀을 듣고 읽고, 전하는 것을 매우 좋아합니다. 아울러 저는 성령의 능력으로 말미암아 예수님으로부터 그 말씀을 새롭게 듣기를 더욱 좋아합니다. 이는 상쾌한 체험이었습니다! 이는 힘과 능력을 체험하는 일이었습니다! 그러므로 구세주여, 일꾼들이 당신께서 먹이시는 곳을 알고 싶어하거든 친히 말씀해 주옵소서. 그들의 마음에다 당신의 영으로 말씀해 주옵소서. 그리하여 마치 그 말씀이 그들의 내면 속에 새로운 계시가 임한 듯이 느끼게 하옵소서. "내 마음으로 사랑하는 자야 네가 양 치는 곳 … 을 내게 말하라." 이는 사랑 안에서 요구해야 하며, 또한 신랑에게 요구해야 합니다.

이제 그 탐구의 실상이 무엇인지 살펴봅시다. 그녀는 예수님께서 어떻게 일을 하시는지, 그리고 어디에서 일하는지 알고 싶어합니다. 8절에 보면, 그녀에게는 먹여야 할 염소 새끼들이 있습니다. 그녀는 양치기이기에 자신의 가축 떼를 먹이고 싶어했습니다. 그러기에 그녀는 "네가 양 치는 곳을 내게 말하라"고 하였습니다. 그녀는 자신의 새끼들이 양식은 물론 쉴 곳을 얻기를 바라며, 이런 것들 때문에 걱정하였습니다. 그러므로 그녀는 "네가 양을 … 쉬게 하는 곳을 내게 말하라"고 하였습니다. 예수님께서 어떻게 일을 하시는지, 어디에서 하시는지, 그리고 어떤 방식으로 하시는지 그녀가 볼 수 있다면, 그리고 예수님과의 교제를 지속한다면, 그녀는 자신의 일을 올바른 방식으로 해낼 것을 확신하게 될 것이기 때문입니다.

그녀가 알고자 하는 것은 바로 이런 것인 듯합니다. "주여, 당신의 백성들의 영혼에 먹이시는 그 진리가 무엇인지 내게 알려 주소서. 약한 자를 강하게 하고 슬픈 자를 기쁘게 하는 교리가 무엇인지 제게 알려 주소서. 굶주리고 허약한 심령들에게 늘 주시므로 그들을 소생시키며 생기 있게 하는 그 귀한 음식이 무엇인지 제게 알려 주소서. 당신께서 제게 알려 주신다면 저는 그와 똑같은 양식을 나의 양떼들에게 먹이겠나이다. 당신께서 양떼를 먹이시는 초장이 어디인지 제게 알려 주소서. 저는 동일한 초원으로 나의 양떼를 인도할 것입니다. 그리고 당신의 백성들을 어떻게 쉬게 하시는지 제게 알려 주소서. 그들의 염려와 의심과 두려움과 동요 이 모든 것들이 가라앉도록 그들의 심령을 위로할 수 있는 그 약속들이 무엇인가요? 당신의 사랑 받는 양떼가 편안히 누워 잠드는 달콤한 풀밭을 당신은 알고 계십니다. 저에게 맡겨주신 양떼를 그리로 데려갈 수 있도록 그 풀밭이 어디인지 제게 알려 주십시오. 저는 슬픔에 빠진 사람들을 위로해야 하며, 곤궁한 자들을 구제해야 하며, 낙심한 자들을 격려해야 합니다. 주여, 당신께서 양떼를 누이시는 곳을 제게 알려 주십시오. 그러면 당신의 도우심으로 저는 양떼를 데리고 가서 편히 눕게 할 것입니다. 저 자신은 물론이요 더욱더 다른 사람들을 위해 부탁드리는데, 당신께서 양떼를 먹이시고 정오에 쉬게 하는 곳을 제게 말씀해 주십시오."

하지만 이것이 이 구절의 모든 의미라고 저는 생각하지 않습니다. 신부가 "당신의 양을 먹이는 곳을 내게 말해 달라"고 한 것은 마치 자신이 양떼와 함께 먹고 싶어서 그런 것 같아 보이며, "당신의 양떼를 쉬게 하는 곳을 내게 말해 달라"고 한 것은 마치 그곳에서 자기가 쉬고 싶어서 그런 것 같이 보입니다. 그러나 제 생각에 이 말의 골자는 이런 것입니다. 그녀는 그리스도의 양떼가 먹는 곳에 자기 양떼를 데리고 가 먹이고, 그리스도의 어린양들이 쉬고 있는 곳에 자기의 염소 새끼들을 데리고 가 누이기를 원하고 있는 것입니다. 사실 그녀가 바라는 것은 그리스도와의 교제 속에서 자신의 일을 하는 것입니다. 그녀는 자신의 양떼와 주님의 양떼, 자신의 일과 주님의 일을 섞어놓기를 원하였습니다. 그리고 자신의 일이 주님을 위하고, 참으로 주님과 함께, 주님을 통하여 하는 일임을 느끼고자 하였던 것입니다.

그녀는 일을 잘 해보려고 노력하였지만 분명히 그 가운데서 많은 어려움을 겪었습니다. 그녀는 자신의 염소 새끼들을 잘 먹이기를 원하였으나 그들을 먹일 초장을 발견할 수 없었습니다. 그녀가 양치기 소녀로서 자신의 임무를 처음 시작하였을 때 아마도 그 일이 자신에게 꼭 맞는 일이라고 생각했을 것입니다. 그러나 그녀의 얼굴이 햇볕에 거무스름하게 타 버린 지금 그 햇볕이 초장을 바싹 말라 버리게 만들었습니다. 그래서 그녀는 "모든 초장을 훤히 다 알고 계신 당신이여, 당신이 양떼를 먹이시는 곳을 내게 말해 주소서. 나는 내 양떼를 위해 꼴을 찾지 못하겠나이다"라고 말하는 것입니다.

정오의 열기로 자신도 괴롭지만 자신의 어린 양떼들 또한 괴로워하고 있음을 그녀는 깨닫습니다. 그래서 그녀는 요청합니다. "당신께서 정오에 양떼를 쉬게 하는 곳이 어디입니까? 해의 뜨거움이 극도에 달하고 열기를 억수같이 퍼붓는 때에 타는 듯이 뜨거운 햇볕을 가리는 큰 바위 밑 서늘한 그늘이 어디에 있습니까? 저는 가련한 나의 양떼를 가리워 줄 수 없습니다. 저는 시련과 고통 속에 있는 자들에게 위로를 줄 수 없습니다. 저는 그렇게 하고 싶습니다. 오 주님, 위로의 비결을 내게 알려 주옵소서. 그리하면 저는 당신과 같은 방법으로 내가 맡은 것들을 위로해 줄 것입니다." 우리가 먼저 언약의 과수원을 알고 평안의 서늘한 시냇가를 알아야 다른 사람들을 안식으로 인도할 수 있을 것입니다. 우리가 예수님을 따른다면 다른 사람들을 인도할 수 있을 것이며, 그리하여 우리는 물론 다른 사람들도 위로와 평안을 얻게 될 것입니다. 바로 이것이 우리가 함께 살펴본 본문의 의미입니다.

그녀가 특별하게 "내게 말하라"고 한 사실을 주목해 봅시다. "오 주여, 당신이 먹이시는 곳을 당신의 양들에게 말씀하지 마십시오. 물론 그들이 알기를 원하겠지만, 당신이 먹이시는 곳을 내게 말씀해 주십시오. 왜냐하면 내가 다른 사람들을 가르치기를 원하기 때문입니다." 그녀는 많은 것을 알고 싶어했을 테지만 주로 "당신께서 먹이시는 곳을 내게 말해 주십시오"라고 말합니다. 왜냐하면 그녀는 다른 사람들을 먹이기를 원하였기 때문입니다. 우리는 실제적인 지식을 원합니다. 왜냐하면 우리의 바람은 다른 사람들을 쉼으로 인도하는 것이기 때문입니다. 주님께서 우리의 양심에 평안을 주셨듯이 우리도 다른 사람들의 양심에 평안을 전하는 도구가 되기를 바라는 것입니다. 그러므로 "내게 말해 주십시오"라고 기도합니다.

"오 위대하신 목자여, 당신은 저의 모범이십니다. 당신은 저의 지혜입니다. 제가 당신의 양을 먹이는 목자(shepherd)라 할지라도 저 또한 목자

(Shepherd)의 인도를 받는 한 마리 양일 뿐입니다. 그러므로 제가 다른 사람들을 가르칠 수 있도록 저를 가르쳐 주옵소서."

제가 여러분에게 얼마나 솔직한지 모르겠지만 저는 매우 꾸밈없이 표현하고자 합니다. 아마도 저는 여러분에게보다 저 자신에게 더 많이 설교하고 있을 것입니다. 저는 제 마음에 대고 설교하고 있습니다. 저는 매주일, 매주간 와서 그리스도에 대한 고귀한 많은 이야기들을 여러분에게 전해 주어야 한다고 생각합니다. 때때로 저는 그런 이야기를 하는 것이 즐겁습니다. 아무도 그 이야기에 은혜를 받지 못한다 할지라도 저는 은혜를 받을 것이며, 집으로 가는 중에 그 은혜에 대하여 주님을 찬송할 것입니다. 그러나 저의 매일의 두려움은 제가 여러분을 위해 말씀을 다루는 자가 되고 다른 사람들에게 복음을 전하는 자가 되면서도 정작 저 자신의 마음에는 아무런 유익이 없지 않을까 하는 것입니다.

저의 기도는 주 예수께서 자기 백성들을 먹이시는 곳을 제게 보여 주시므로 그들과 함께 먹게 하시고 그 후에 주님께서 계시는 초장으로 여러분을 안내할 수 있게 해 달라는 것이며, 동시에 제가 먼저 주님과 함께 하므로 여러분을 주님께로 인도할 수 있게 해 달라는 것입니다. 주일학교 교사들과 복음 전도자들, 그리고 그 외에 다른 분야에서 사역을 감당하시는 여러분, 나의 사랑하는 열심 있는 동료들이여, 제가 여러분을 기억할 때마다 하나님께 감사드립니다. 저는 여러분이 경계해야 할 중요한 점이 있다고 생각합니다. 그것은 다른 이들을 영적인 사람으로 만들어 가면서 여러분 자신의 영성을 상실해 버리는 사실입니다. 중요한 점은 하나님께 가까이 나아가는 것입니다. 다른 사람들의 심령을 돌보느라 바쁘면서 여러분 자신의 심령을 소홀히 하는 것은 두려운 일일 것입니다.

사랑하는 자(the Well- Beloved), 곧 주님께 호소하십시오. 그리고 그가 자기 백성을 먹이시는 곳에서 여러분의 양떼를 먹이게 해 달라고 기도하십시오. 그리하면 주님께서 여러분으로 하여금 마르다처럼 주님의 집에서 일하면서도 마리아처럼 주님의 발 아래 앉게 해 주실 것입니다. 일을 줄이지 말고 더 많이 하십시오. 다만 주님과 교제하면서 여러분의 일이 주님의 일이 되게 해 달라고 기도하십시오. 그리고 주님께서 여러분의 영혼에 부어 주신 것을 여러분이 다른 사람들에게 즐거이 부어 줄 수 있게 해 달라고 기도하십시오.

두 번째, 여기서 논증이 사용되었습니다. 신부는 "내가 네 친구의 양 떼 곁에서 어찌 얼굴을 가린 자 같이 되랴?"고 말합니다. 신부가 예수님께서 자기 양떼를 먹이시는 곳에서 멀리 떨어져 있는 초장으로 자기 양떼를 인도해야 한다면, 다른 양떼와 합류해야 할 것이며, 그렇게 될 때 양치기 소녀로서 당연히 다른 양치기들에게 의존하게 될 것이며, 다른 양치기들의 양도 자신이 함께 돌보아야만 될 것입니다. 신부가 다른 양치기들 곁에 있고 신랑을 떠나 있다고 생각해 보십시오. 그것이 과연 옳은 일이겠습니까? 그녀는 그런 상황이야말로 생각하기도 싫은 끔찍한 일이라고 말합니다. 그것은 당연합니다. 왜냐하면 첫째, 신부가 신랑 아닌 다른 남자들하고 어울린다는 것은 아주 꼴사나운 일이 아닙니까?

신랑과 신부는 각자 양떼를 거느리고 있습니다. 신랑은 큰 양떼를 거느리고 있고, 신부는 작은 양떼를 거느리고 있습니다. 이들이 서로 멀리 떨어져서 초원을 찾아야 되겠습니까? 이에 대해 말이 없을까요? 구경꾼들이 보고 "이는 말도 안 돼. 틀림없이 사랑이 식어진 거야. 그렇지 않고서야 서로 헤어지겠어?"라고 말하지 않을까요? 여러분이 원한다면, "내가"를 강조할 수 있습니다. 피로 값 주고 사신 바 된 내가, 세상이 존재할 때부터 당신과 약혼하고 당신이 사랑한 내가 어찌 다른 사람들을 쫓아가고 당신을 잊어야 합니까?

사랑하는 여러분, 여러분의 성경책에다 바로 이 단어를 강조해 두는 것이 좋을 것입니다. 주님께서 용서하시고, 주님께서 사랑하시고, 주님께서 많은 은혜를 베푸신 내가, 여러 해 동안 주님과의 교제를 즐겨왔던 내가, 그의 사랑이 포도주보다 더하다는 사실을 알고 있는 내가, 이전에 그의 매력에 취해 보았던 내가 어찌 주님으로부터 떨어져 있어야 한단 말입니까? 다른 사람들이 원한다면 그렇게 하도록 하십시오. 하지만 그것이 제게는 어울리지 않고 꼴사납습니다.

형제 자매여, 바라건대 다음과 같은 사실을 한 번 느껴보십시오. 여러분이 그리스도를 멀리하고 일을 한다는 것은 보기에 좋지 않을 것입니다. 예수님과 교제하지 않고 행하는 여러분의 일은 아주 추악한 모습이 될 것입니다. 이는 정직하고 좋은 평판을 받는 일이 되지 못할 것입니다. 신부가 다른 남자들과 어울려 그녀의 양떼를 먹인다는 것은 그녀의 남편에게 불충되게 보일 것입니다. 설마 그리스도의 신부가 그녀의 사랑하는 주님을 버릴까요? 그리스도의 신부가 주님께 부정할까요? 하지만 그녀가 다른 사람들과 교제하며 그녀의 사랑하는 주님을 잊어버린다면 그렇게 보일 것입니다. 우리의 마음은 심지어 그리스도인의 임무를 열심히 감당하는 동안에도 그리스도께 부정하게 될 수도 있습니다. 다분히 차갑고 기계적인 마음으로 그리스도의 일을 하는 성향을 저는 두려워합니다. 하지만 그보다도 내가 그리스도의 일에 열심을 낼 수 있음에도 불구하고 주님 자신에 대하여 차갑지 않을까 염려됩니다.

우리가 거리에서 큰 횃불을 켜서 대중에게 선포할 정도로 그런 마음의 상태가 되는 것을 저는 주저합니다. 그리고 예수님의 손을 따뜻하게 하기 위해 우리의 벽난로에다 숯을 피워 놓지도 않습니다. 우리가 다른 사람들과 함께 주님의 일을 할 때 그들을 보고 자극을 받아 우리의 힘과 에너지를 쏟아 붓습니다. 우리가 큰 집회로 모일 때 선한 교제로 인해 우리의 마음이 뜨거워지며, 그때에 우리는 "분명히 내 마음이 하나님을 향해 건강한 상태로구나" 라고 생각합니다. 하지만 사랑하는 여러분, 그런 흥분이 우리의 진정한 영적 상태를 그대로 보여 주는 것은 아닙니다.

저는 혼자 있을 때 골방에서 빛을 내고 침실에서 타오르는 그런 조용하고 거룩한 불길을 사랑합니다. 저 자신과 여러분 모두를 위해 다른 무엇보다도 제가 염려하는 것은 그리스도 없이 그리스도의 일을 하지 않을까 하는 점입니다. 즉, 일은 많이 하지만 그리스도를 깊이 생각하지 않는 것입니다. 많은 일 때문에 그리스도를 잊어버리는 것입니다. 이렇게 되면 얼마 가지 않아 우리는 우리의 사역을 그리스도로 생각하게 되며, 우리의 수고가 오히려 그리스도를 방해하는 결과를 낳게 될 것입니다. 이것을 조심하십시오! 여러분의 일을 사랑하나 여러분의 주님을 더욱 사랑하십시오. 여러분의 양떼를 사랑하나 위대하신 목자를 더욱더 사랑하시고 그분을 가까이하십시오. 그렇게 하지 않는다면 이는 여러분이 성실하지 않다는 증거가 될 것입니다.

"내가 네 친구의 양 떼 곁에서 어찌 얼굴을 가린 자 같이 되랴?" 이 말씀을 다시 주목하십시오. 우리는 이 말씀을 "어찌하여 불행하게도 저는 당신을 위해 일하면서도 당신과 교제할 수 없나요?"라는 의미로 해석할 수 있습니다. 예수님과의 교제를 상실한 채 종교적인 행사만 계속한다는 것은 너무 불행한 일입니다. 바퀴가 여러분의 마차에서 벗겨져도 아무도 그 마차에 타고 싶어하지 않는다면 별 상관이 없을 것입니다. 하지만 여러분이 마차를 몰고 가야 할 임무를 띠고 있다면 여러분은 어떻겠습니까? 과연 몰고 갈 수 있을까요? 사람이 다리를 절더라도 계속 앉아있을 수만 있다면 그다지 안타까워할 필요는 없을 것입니다. 하지만 그가 뛰어가야 할 형편이라면 그는 정말로 안타까워할 것입니다. 자신의 양떼를 먹이고 또 자신도 먹어야 할 신부가 다른 양치기들의 양떼 곁에 있어야 하고 주님을 따를 수 없다는 생각에 이를 때 그녀는 두 배나 착잡해할 것입니다.

사실, 이 물음은 이런 식으로 표현될 수 있을 것 같습니다. "무슨 이유로 제가 저의 주님을 떠나야 하나요? 그런 행동에 대해 제가 무슨 핑계를 댈 수 있으며, 무슨 변명을 할 수 있겠습니까? 제가 주님과 계속적인 교제를 나누지 못할 어떤 명분이라도 있나요? 어찌하여 내가 버림받은 자처럼 있어야 하나요? 혹 다른 사람들이 버림받을지언정 어찌하여 제가 그런 사람이 되어야 하나요? 다른 사람들이야 그렇게 행동할 수 있는 구실이 있다지만 저에게는 그런 구실이 있을 리 없습니다. 저에 대한 당신의 풍성한 사랑, 당신의 거저 주시는 사랑, 당신의 무조건적인 사랑, 당신의 특별한 사랑이 저의 손과 발을 묶어 버렸습니다. 그러니 제가 어떻게 당신을 떠날 수 있겠습니까? 당신의 은혜를 조금 받았다고 말하는 사람들에 비해 죄인 중에 괴수였던 저는 큰 은혜를 입었으니 어떻게 당신을 멀리할 수 있겠습니까?

당신께서 아무렇게나 대하신 자들은 당신을 멀리할 수 있겠지만, 제게는 언제나 부드럽고 친절하게 대해 주셨는데 제가 어떻게 당신을 잊을 수 있겠습니까? 어떤 이들은 당신에 대해 잘 알지 못하며, 당신에 대한 체험이 너무 빈약하여 그들이 당신을 멀리한다 해도 그다지 이상한 일이 아닐 것입니다. 하지만 제게는 당신께서 사랑을 보이셨고 당신의 마음을 계시해 주셨는데 어떻게 제가 당신을 멀리할 수 있겠습니까? 오, 잔칫집에서 제가 당신과 함께 즐거워했으며, 헤르몬과 미살 산에서 당신께서 제게 사랑을 보여 주셨으며, 깊은 바다가 서로 부르는 곳에서 자비가 서로 부르게 하셨으며, 큰 폭풍우와 휩쓸어 가는 허리케인 속에서 당신께서 저의 머리를 숨겨 주셨으며, 지난 날 수많은 자비로 제게 복을 주셨는데 제가 어찌하여 당신의 친구의 양떼 곁에서 얼굴을 가린 자같이 되겠습니까?"

본 교회 교인들에게 저는 말씀드립니다. 전체 기독교국가의 모든 교회들이 복음을 떠난다 할지라도 여러분이 어찌 복음을 떠나야 합니까? 다른 모든 곳에서 복음이 무시를 당하고, 모호한 소리가 들린다 할지라도, 교회 절반은 의식주의(Ritualism)에 넘어가고 나머지 절반은 합리주의(Rationalism)에 넘어간다 할지라도, 어찌 여러분이 곁길로 나아가야 합니까? 여러분은 지금까지 특별히 기도의 사람들이었습니다. 또한 여러분은 주님의 교리와 성찬을 온전히 따랐습니다. 그 결과 여러분은 하나님께서 함께 하시는 복을 누렸으며 굉장한 부흥을 하였습니다.

우리는 성령의 능력을 의지하였고 인간의 수사법이나 음악, 혹은 아름다운 색깔이나 건축물을 의지하지 않았습니다. 우리의 유일한 무기는 단순하고 평범하고 완전한 복음이었으니 우리가 어찌 곁길로 나아가겠습니까? 우리는 여러 해 동안 유례 없는 성공을 거두지 않았습니까? 더 이상 수용할 수 없을 만큼 주님께서 우리에게 많은 교인들을 넘치도록 보내 주시지 않았습니까? 주님께서 신자들을 배가시켜 주시고 부흥의 기쁨을 더해 주시지 않았습니까? 우리의 첫사랑을 꼭 붙잡고 우리의 면류관을 빼앗기지 맙시다. 하나님께 감사할 일은 복음의 교리를 견고히 붙잡고 있으며 또 앞으로도 지킬 교회들이 잉글랜드에 있으며, 스코틀랜드에는 더 많이 있다는 것입니다. 저는 그들에게 말합니다. 우리가 어찌 곁길로 가겠습니까? 여러분의 교회의 역사는 힘들었던 때나 즐거웠던 때나 모두 올바른 말씀을 붙잡으라고 우리에게 교훈하고 있지 않습니까?

아울러 우리는 무엇보다도 교회적으로나 개인적으로 예수님과 교제하며 살려고 노력해야 하지 않겠습니까? 우리가 예수님에게서 멀어진다면 우리는 진리의 향기를 잃고 말 것이며 본질적인 방향(芳香)을 상실하고 말 것입니다. 우리가 잠시 예수님과의 교제를 잊어버린다면 우리는 다시금 이 규범을 회복해야 할 것입니다. 하지만 이 규범을 지키는 자가 어디에 있습니까? 우리가 예수님과 교제하지 않는다면 우리의 힘, 우리의 기쁨, 우리의 위로, 우리의 모든 것을 빼앗기고 말 것입니다. 그러므로 하나님이여, 우리가 절대로 주님을 멀리하지 않게 하여 주옵소서.

세 번째, 우리는 본문에서 신랑이 그의 사랑하는 신부에게 주는 대답을 볼 수 있습니다. 신부는 신랑에게 그가 어디에서 먹이며, 그의 양떼를 어디에서 쉬게 하느냐고 물어보았으며, 이에 그는 대답하였습니다. 신랑이 신부의 연약함을 부드럽게 어루만지며 대답하는 모습을 주의 깊게 관찰하십시오. 신랑은 신부의 무지를 무시하지 않고 아주 친절하게 대답합니다. "네가 알지 못하겠거든." 이 말은 신부가 마땅히 알았어야 했다는 것을 암시합니다. 하지만 이 말은 친절한 연인들이 꾸짖지 않고 부드럽게 표현하는 말입니다. 우리 주님은 우리의 무지에 대하여 대단히 관대하십니다. 우리가 마땅히 알아야 하는데 모르는 많은 사실들이 있습니다. 우리가 마땅히 어른스러워야 할 때 아이처럼 행동합니다. 우리가 영적으로 아버지들이 되어야 마땅한데 주님은 육신에 속한 자, 곧 그리스도 안에서 어린아이들을 대함과 같이 우리를 대하십니다.

"내가 알기로 내게는 흠이 없다"고 말할 수 있는 사람이 과연 우리 가운데 단 한 사람이라도 있을까요? 우리가 주님의 뜻을 잘 행하였다면 그의 교리를 알았을 텐데, 우리가 조금 더 주님을 가까이 하였다면 그를 더 잘 알았을 텐데라고 우리 중 대부분이 후회하는데 이에 대해 저는 유감으로 생각합니다. 우리가 그렇게 하지 못하였을지라도 주님의 책망은 얼마나 부드러운지요. 주님은 우리의 무지를 용서하시며, 우리에게 눈높이를 맞추어 가르쳐 주십니다.

다음에 주님께서 큰 사랑으로 대답하시는 모습을 주목하십시오. 주님은 "여인 중에 어여쁜 자야"라고 말씀하십니다. 이는 그녀의 고뇌를 위로하는, 기운을 돋구는 말씀입니다. 신부는 "나는 검습니다"라고 말하였지만 그는 "여인 중에 어여쁜 자야"라고 말씀하십니다. 저는 제 시력보다 그리스도의 시력을 더 신뢰합니다. 제 눈이 저 자신을 보고 검다고 한다면 저는 울고 말 것입니다. 하지만 그리스도께서 제가 아름답다고 확실히 말씀하신다면 저는 그분의 말씀을 믿고 기뻐할 것입니다. 어떤 성도들은 그리스도 안에 있는 그들의 의를 믿고 이를 기뻐하기보다는 자신의 죄를 기억하고 이를 가슴 아파합니다.

사랑하는 성도들이여, 햇볕에 쬐어서 여러분이 거무스름한 만큼 오늘날 여러분 모두가 어여쁘고 흠이 없다는 것 또한 분명한 사실임을 기억하십시오. 예수님께서 그렇게 말씀하시기 때문에 이는 틀림없는 사실입니다. 신랑이 신부에게 하신 말씀들 중에 하나를 여러분에게 소개합니다. "나의 사랑, 너는 어여쁘고 아무 흠이 없구나"(아 4:7). "그것은 수사적인 표현인데요"라고 여러분은 말합니다. 자, 그것이 수사적인 표현이 아니라는 것을 여러분에게 보여 드리겠습니다. 주 예수님께서 제자들의 발을 씻어 주신 다음에 말씀하시기를, "이미 목욕한 자는 발밖에 씻을 필요가 없느니라. 온 몸이 깨끗하니라"(요 13:10) 하셨습니다. 덧붙여, "너희가 깨끗하니라"고 말씀하셨습니다. 주님의 말씀과 같은 결과를 초래하는 사도의 말씀을 여러분이 원한다면 저는 이 말씀을 소개합니다. "누가 능히 하나님께서 택하신 자들을 고발하리요?"(롬 8:33, Who shall lay anything to the charge of God's elect?) 작은 일이든 큰 일이든 그 어떠한 것 때문에 우리는 고발당하지 않습니다. "티나 주름 잡힌 것이나 이런 것들이 없이"(엡 5:27) 우리가 하나님 앞에서 의롭다 함을 받을 만큼 예수님께서 깨끗하게 씻어 주셨습니다.

이 얼마나 영광스럽습니까! 예수님께서 이렇게 자신의 교회에 명령하실 때 과장해서 말씀하지 않으십니다. 예수님은 분명하게 있는 그대로 말씀하십니다. 주님은 "여인 중에 어여쁜 자야"라고 말씀하십니다. 아니, 그리스도께서 당신을 어여삐 여기신다는 생각을 할 때 당신은 그에 대한 사랑을 느끼지 못합니까? 제 안에서 사랑 받을 만한 아무것도 찾을 수 없지만 주님은 찾아내시고 "너는 어여쁘다"고 말씀하십니다. 틀림없이 주님은 친히 우리의 눈을 자세히 살피시고 우리의 생각을 아신다고 저는 생각합니다. 그렇지 않다면, 이런 것이겠지요. 즉, 주님은 우리가 앞으로 어떻게 될지 아시며, 바로 그런 차원에서 우리를 판단하시는 것입니다.

신랑의 대답에는 거룩한 지혜가 들어있습니다. 신부는 사랑하는 자를 찾아 그에게로 자신의 양떼를 데리고 갈 곳으로 안내를 받습니다. "양 떼의 발자취를 따라 (가라).” 여러분이 예수님을 찾는다면 거룩한 선지자들이 걸어갔던 그 길, 족장들과 사도들이 걸어갔던 그 길에서 그를 찾게 될 것입니다. 그 다음 여러분의 소원이 양떼를 먹이고 눕게 하는 것이라면, 가서 다른 양치기들이 행한 대로 여러분의 양떼를 먹이십시오. 곧 이전 시대에 그리스도께서 보내신 목자들이 그리스도의 택하신 백성을 먹인 그 방식대로 하십시오.

제가 본문 말씀을 전하면서 기쁘게 생각하는 것은, 주님께서 신부의 질문에 대답하실 때 상당히 까다롭고 특이한 지도를 하지 않으셨다는 것입니다. 즉, 주님은 특이하고 이상하고 색다른 처방을 내리지 않으셨습니다. 복음 자체가 단순하고 소박하므로 친교의 회복을 위한 이러한 권면과 지도 또한 단순하고 소박해야 합니다.

실제로 친교의 회복은 단순하고 간단하게 이루어집니다. 여러분은 예수님께로 나오기를 원하며, 여러분이 맡고 있는 자들을 그에게 맡기기를 원합니다. 좋습니다, 새로운 길을 찾지 말고 다만 다른 모든 성도들이 갔던 그 길로 가기만 하십시오. 여러분이 예수님과 동행하기를 원한다면 다른 성도들이 이미 걸어간 곳으로 걸어가십시오. 그리고 여러분이 다른 사람들을 예수님과의 교제 가운데로 이끌기 원하신다면 다른 사람들이 보여 준 본을 따라 그들을 인도하십시오. 그 본이 무엇이냐고요? 여러분이 예수님과 함께 하기를 원한다면, 아브라함이 모든 것을 버리고 떠났던 그 길로 나아가십시오. 그가 순례자와 나그네로서 어떻게 자기 하나님과 함께 살았는지 살펴보십시오. 여러분이 예수님을 뵙고자 한다면, “그러므로 너희는 그들 중에서 나와서 따로 있고 부정한 것을 만지지 말라”(고후 6:17)는 말씀을 따르십시오. 여러분이 세상을 버릴 때 비로소 예수님을 발견할 것입니다.

여러분이 예수님과 동행하고자 한다면 순종의 길을 따르십시오. 지금까지 불순종한 성도들은 결단코 예수님과 교제하지 못하였습니다. 그의 규례를 지키고 그의 증거를 준수하며, 여러분의 행동과 성격을 제어하십시오. 왜냐하면 순종이야말로 예수님과 교제하는 지름길이 되기 때문입니다. 기독교의 의식에 대하여는 기존의 방식을 확실히 따르도록 하십시오. 기존의 방식을 변경하지 말고 선조들이 행하였던 은혜로운 전통을 지켜 나가십시오. 멈춰

서서 사도들이 어떻게 행하였는가를 알아보고 그대로 행하십시오. 무엇보다도 여러분이 예수님과 동행하고자 한다면 거룩의 길에서 벗어나지 마십시오. 은혜의 길에서 벗어나지 마십시오. 주 예수님을 본받으십시오. 양 떼(선조들)의 발자취를 따라감으로써 여러분 자신이 구원받는 것은 물론이요 여러분의 말씀을 듣는 자들도 구원하게 될 것입니다. 여러분이 먼저 예수님을 찾으십시오. 그리하면 그들도 역시 예수님을 찾게 될 것입니다.

다음에 신랑은 "목자들의 장막 곁에서 너의 염소 새끼를 먹일지니라"고 덧붙여 말하였습니다. 자, 이 목자들이 누구입니까? 오늘날에도 목자들이라고 자처하는 많은 사람들이 있지만 그들은 독이 든 풀을 자기 양 떼에게 먹입니다. 그들을 멀리하십시오. 그러나 따라도 될 다른 목자들이 있습니다. 저는 모든 사람들의 위대하신 목자장 뒤를 따랐던 열두 분의 중요한 목자들에게로 여러분을 안내합니다. 여러분은 자녀들을 축복하고 그들의 영혼을 구원하며, 이로써 자녀들이 그리스도와 교제 갖기를 원합니다. 그렇다면 사도들이 가르친 진리를 자녀들에게 가르치십시오. 사도들이 무엇을 가르쳤나요?

사도 바울의 예를 들어봅시다. "내가 너희 중에서 예수 그리스도와 그가 십자가에 못 박히신 것 외에는 아무것도 알지 아니하기로 작정하였음이라"(고전 2:2). 목자들의 장막 곁에서 염소 새끼를 먹이는 것이란 여러분이 자녀들에게 그리스도를 가르쳐 주는 것, 곧 그리스도의 모든 것을 가르쳐 주고 그리스도 외에는 아무것도 전하지 않는 것입니다. 이 복된 주제를 힘써 가르치십시오. 여러분이 자녀들에게 그리스도를 가르칠 때 그의 삶, 죽으심, 부활에 대한 모든 것을 가르치십시오. 그리고 그의 신성과 인성을 가르치십시오. 여러분이 그리스도의 신성을 의심한다면 결단코 그리스도와 교제하는 기쁨을 누리지 못할 것입니다.

여러분의 양 떼에게 구속의 교리를 먹이는 것을 빠뜨리지 마십시오. 그리스도의 일꾼이 그리스도를 바로 전하지 않는다면 그리스도는 그와 교제하지 않으실 것입니다. 여러분이 백합화같이 순결한 그리스도의 생애와 아울러 붉은 빛깔의 그의 구속의 피를 깨닫지 못하는 한 여러분은 그리스도를 사실대로 나타내지 못할 것입니다. "목자들의 장막 곁에서 염소 새끼를 먹이십시오." 그러면 여러분은 양떼들에게 대속의 죽으심, 믿음으로 말미암는 칭의, 의의 전가, 그리고 부활하신 머리(교회의 머리되신 예수님을 지칭: 역주)와의 연합, 양자 될 것 곧 우리 몸의 속량을 받게 될 때 위대하신 주님의 재림을 가르치게 될 것입니다. 우리가 모인 성도들을 축복하기 위해 가르치는 동시에 우리 자신이 그리스도와의 교제를 지속하고자 한다면 우리는 철저하게 오직 진리만을, 그것도 진리의 한 부분이 아니라 진리 전체를 가르쳐야 합니다.

저의 이러한 말은 참말이요 거짓이 아닙니다. 은혜로운 선택의 교리를 전하십시오. 오, 하나님의 깊은 사랑은 복된 진리 안에서만 계속됩니다! 진리를 멀리하지 말고 진리를 숨기지 마십시오. 진리를 멀리하고 진리를 숨긴다면 여러분은 그리스도를 대하지 못할 것입니다. 인간 타락의 교리를 가르치십시오. 죄인으로 하여금 겸손하게 하십시오. 하나님은 인간들을 칭송하는 사역에 복을 내리지 않으실 것입니다. 성령의 효과적인 부르심의 교리를 전하십시오. 우리가 하나님의 성령을 찬미하지 않는다면, 성령께서 우리의 사역을 도와주실 것을 기대할 수 없기 때문입니다. 중생의 교리를 전하십시오. 구원받은 자의 변화가 얼마나 철저한지 나타내 보이므로 하나님께서 행하신 일을 찬미합시다. 성도의 견인(궁극적 구원)의 교리를 전하십시오. 주님은 불변하시는 분임을 가르치십시오. 주님은 자기 백성을 거부하거나, 오늘은 그들을 사랑하고 내일은 그들을 미워하시는 분이 아닙니다. 여러분이 성경 속에서 발견하는 은혜의 교리들을 실제로 전하십시오.

목자들의 장막 곁에서 성도들을 먹이십시오. 아무렴, 거기서 염소 새끼, 곧 어린 자녀들을 먹여야 합니다. 저는 어린 신자들을 기존 신자들로부터 구분하는 것이 잘못이라고 점점 더 절감합니다. 저는 어린 신자들을 위한 특별한 섬김이 필요하다고 믿고 있지만, 아울러 그들로 하여금 우리와 함께 예배를 드리도록 해야 할 것입니다. 우리의 설교가 어린 신자들을 가르치는 것이 아니라면, 그 설교에는 반드시 있어야 할 중요한 요소가 빠져 있는 것입니다. 성숙한 사람들을 위한 최고의 설교는 어린 신자들 또한 듣고 기쁨을 얻을 것입니다. 제가 바라는 교회는 어린 신자들로만 구성된 교회도 아니요 기존 신자들로만 구성된 교회도 아닙니다. 성숙한 신자들로만 구성된 교회도 아니요 체험이 없는 신자들로만 구성된 교회도 아닙니다. 바람직한 교회는 모든 부류의 신자들이 함께 모여 있는 교회입니다. 성숙한 신자들에게 전하는 똑같은 복음으로 어린 신자들을 먹이십시오. 물론 용어가 똑같아야 한다는 말은 아닙니다.

여러분이 사용하는 언어는 신자들의 수준에 맞추십시오. 하지만 전하는 진리는 같아야 합니다. 진리는 모든 사람에게 동일합니다. 그리스도께서 우리를 먹이시는 곳에서 여러분이 어린 양떼를 먹이지 않는다면, 그리스도께서 여러분과 함께 해 주시리라 기대할 수 없습니다. 진리가 흥왕 하는 곳 외에 어디에서 주님께서 우리를 먹이신단 말입니까? 제게 은혜의 교리를 주십시오. 그리하면 저는 클로버(clover, 클로버는 가축에게 맛좋고 영양분 있는 먹이임: 역주) 속에 있을 것입니다. 여러분이 다른 사람들을 먹여야 한다면 그들을 은혜의 교리로 안내하십시오. 그들을 소위 현대사상과 문명이라는 말라비틀어진 들판으로 이끌어가지 마십시오. 오늘날 설교자들이 하나님의 백성들을 굶겨 죽이고 있습니다. 천국의 은혜로운 기존 양식, 우리는 이것을 원합니다. 교회가 이 기존의 양식으로 다시금 돌아가고 목자들의 장막 곁에서 양 떼를 먹이기 시작할 때, 그리고 그리스도인들이 삶 속에서 기존의 청교도의 생활방식을 회복하고 양 떼의 발자취를 다시 한 번 따라가며 양들이 그리스도의 발자취를 따라갈 때, 비로소 우리 교회는 예수님과의 교제를 누리며 예수님께서 우리 가운데서 놀라운 일들을 행하실 것입니다.

18

신랑과 신부(2)

천국 상사병

"예루살렘 딸들아, 너희에게 내가 부탁한다. 너희가 내 사랑하는 자를 만나거든 내가 사랑하므로 병이 났다고 하려무나"(아 5:8).

아픈 것은 슬픈 일입니다. 아픔은 동정심을 불러일으킵니다. 사랑으로 인한 아픔, 상사병! 이는 우리가 이제 설명하려고 하는 또 다른 감정들을 불러일으킵니다. 의심할 여지 없이 어떤 병은 성도들에게만 생깁니다. 이런 질병은 불경건한 사람에게는 생기지 않습니다. 이상한 이야기지만, 이 병은 특히 하나님의 자녀들의 단련된 감성 때문에 생기며, 아주 건강하다는 증거입니다. 주님의 사랑을 받는 자 외에 누가 죄를 증오하는 병(sin-sickness)을 경험하겠습니까? 이 병을 앓는 영혼은 죄라는 이름을 지긋지긋하도록 싫어하며, 사탄의 유혹에 흔들리지 않고 끊임없이 붙어 다니는 죄에서 달콤함을 느끼지 못하며, 오히려 부정하다는 생각 때문에 죄를 증오하고 혐오하게 됩니다. 자아를 증오하는 병(self- sickness)도 이에 못지 않게 자아가 부정하다는 생각을 갖습니다. 이 병을 앓는 심령은 자아, 자아추구, 자화자찬, 자기의존, 그리고 온갖 종류의 자아에 넌더리가 난 이후 피조물인 자아에 대한 의존과 자신의 힘을 거절합니다.

주님은 우리로 하여금 자아를 증오하는 병(self-sickness)을 더욱 심하게 앓게 하시는데, 우리가 자아에 대하여 죽을 때까지 곧, 자아의 아주 작은 자만심, 자아의 거만한 목적, 자아의 성별 되지 못한 욕망이 완전히 제거될 때까지 그리하십니다.

다음에 두 종류의 상사병(相思病, love-sickness)이 있습니다. 하나는 그리스도인이 예수님으로 인한 온전한 기쁨으로 어쩔 줄 모르게 될 때 걸리는 상사병입니다. 이때에 그리스도인은 마치 신랑의 사랑으로 의기양양해지고 그의 애정에 녹아 버린 신부가 아가서 2:5에서 "너희는 건포도로 내 힘을 돕고 사과로 나를 시원하게 하라. 내가 사랑하므로 병이 생겼음이라"고 말하는 상태에 빠집니다. 그때에 그리스도인의 영혼은 그리스도로 말미암은 행복하고 기쁨이 넘치는 거룩한 교제로 미칠 듯이 기뻤으며, 그의 몸은 영혼이 소유한 최고의 기쁨을 거의 감당하지 못하였으며, 주님의 품 안에 있는 것을 크게 즐거워하므로 그 엄청난 무게의 기쁨을 유지할 수밖에 없었습니다. 또 다른 종류의 상사병은 첫 번째 상사병과 크게 다릅니다. 이 경우에 영혼이 아픈 이유는 그리스도의 사랑을 너무 많이 받고 있기 때문이 아니라 오히려 현재 그리스도의 사랑을 충분히 의식하지 못하고 있기 때문입니다. 너무나 사랑해서 생긴 병이 아니라 그 사랑을 갈망하기 때문에 생긴 병입니다. 곧, 과도한 기쁨 때문에 생긴 병이 아니라 지금 사랑하는 자가 보이지 않기 때문에 슬퍼서 생긴 병입니다. 저는 이러한 상사병을 여러분에게 소개하고자 합니다.

첫 번째, 본문을 은혜로우신 예수 그리스도를 뵙기를 갈망하는 영혼의 언어라고 생각해 봅시다.

여러분은 이 병에 관해 알고 싶습니까? 이 병은 어떤 병이죠? 이는 그리스도와의 교제를 갈망하여 생긴 영혼의 병입니다. 이 환자는 신자입니다. 그는 회개하고 있는 죄인처럼 구원을 갈망하는 것이 아닙니다. 그는 이미 구원을 받았기 때문입니다. 더욱이 그는 그리스도에 대한 사랑을 가지고 있고 이러한 사실을 자신도 알고 있습니다. 그는 정말로 주님을 사모하고 있다는 사실에 대하여 조금도 의심하지 않습니다. 그가 사용한 "내 사랑하는 자"(My beloved)라는 호칭이 이를 뒷받침해 줍니다. 만일 말하고 있는 사람 자신이 자기의 애정에 대하여 조금이라도 의심을 가졌다면 이러한 표현은 적절하지 못할 것입니다. 또한 신부가 신랑을 "내 사랑하는 자"라고 부르고 있는 것으로 보아 그녀는 자신의 사랑을 조금도 의심하지 않은 것이 분명합니다. 그러므로 이 병은 구원에 대한 갈망이나 구원의 확신에 대한 갈망에서 비롯된 병이 아니라 주님과 교제하는 행복을 갈망한 데서 비롯된 병입니다. 이 신자에게 주님은 자신의 영혼의 생명이며 전부입니다. 그 마음은 다시 한 번 사과나무 그늘 아래로 인도되기를 갈망하고 있습니다(아 2:3).

다시 한 번 "주님의 왼팔로는 그의 머리를 고이고 오른손으로는 그를 안아 주는"(아 8:3) 행복을 맛보기 위함입니다. 신부는 과거에 신랑이 그의 잔칫집에 데리고 가 손을 흔들어 자기를 부르는 그런 품위 있는 사랑을 받는 기분을 알고 있습니다. 그러므로 그녀는 새롭게 사랑의 방문을 하기 위해 소리치고 있습니다. 이 병은 교제를 갈망하기 때문에 생긴 병입니다. 은혜로운 심령은 그리스도께 가까이 하지 않고는 절대로 편안하지 못합니다. 여러분도 그러한가 점검해 보십시오. 은혜로운 심령은 그리스도를 가까이하지 않을 때 평안을 상실합니다. 예수님을 가까이 하면 할수록 천국의 완전한 평안이 더욱 가까워집니다. 예수님에게서 멀어지면 멀어질수록 성난 바다로 더욱 빠져들게 됩니다. 여기서 성난 바다는 악인의 지속적인 불안을 상징하는 것입니다. 언제나 십자가 그늘 아래 거하지 않는 사람에게는 평안이 없습니다. 왜냐하면 예수님이 우리의 평안이기 때문입니다. 예수님이 계시지 않으면 우리의 평안도 없습니다.

제가 알기로 의롭다함을 얻은 우리는 하나님과 화평을 이루었지만 이는 "우리 주 예수 그리스도로 말미암아"(롬 5:1) 된 것입니다. 그리스도 예수 안에 거하지 않고는 인간은 스스로 의의 열매를 거둘 수 없습니다. 그리스도 예수는 평안의 주님이며 수여자이십니다. 그리스도와 교제하지 않는 그리스도인은 그의 모든 생명과 힘을 잃고 맙니다. 그는 죽은 것 같습니다. 그래요, 그에겐 생기가 없으며, 예수님께서 임하시기 전까지는 활기가 없습니다. 하지만 주님께서 우리의 심령 속에 사랑을 풍성하게 베풀어 주실 때 비로소 우리의 심령은 그의 사랑으로 타오르게 됩니다. 그때에 우리의 피는 마치 엘리사벳의 태내에서 세례 요한이 그랬던 것처럼 우리의 혈관 속에서 기뻐 날뜁니다. 예수님을 가까이하는 심령은 맥박이 강합니다. 왜냐하면 예수님께서 그 심령 속에 계시므로 생명, 활기, 힘이 넘쳐나기 때문입니다. 평안, 원기,

활기 이 모든 것은 그리스도 예수님과의 지속적인 교제로 말미암아 옵니다.

사랑하는 성도들이여, 인생의 모든 즐거움이 우리에게는 아무것도 아닙니다. 우리는 혹독한 연단 속에서 그런 즐거움을 녹여 버렸으며, 그런 것들이 찌끼라는 사실을 깨달았습니다. 여러분과 저는 세상의 헛된 것들을 추구하여 보았지만 그런 것들이 우리를 만족시켜 주지 못합니다. 아니, 그런 것들은 우리의 허기를 채워 줄 한 조각의 양식도 주지 못합니다. 세상의 모든 것으로 만족하지 못한 우리는 하나님의 은혜로 말미암아 예수님 외에는 아무것도 우리의 영혼을 기쁘게 할 수 없다는 사실을 깨달았습니다. 고대의 철인은 말하기를, "철학자들은 음악이 없이도 행복하다"고 하였습니다. 이와 같이 그리스도인들은 세상의 재물이 없이도 행복합니다. 그리스도인들은 아무리 많은 세상의 재물을 가지고 있다 하더라도 구세주께서 그들과 함께 하지 않는 한 그들 자신은 헐벗고 가련하고 비참한 존재임을 알고 분명히 탄식할 것입니다.

여러분이 그리스도와 교제하는 즐거움을 맛보았다면 왜 심령이 그토록 그리스도를 갈망하는지 그 이유를 곧 알게 될 것입니다. 태양이 낮에게, 달이 밤에게, 이슬이 꽃에게 없어서는 안 되는 존재이듯이 예수 그리스도는 우리에게 없어서는 안 될 분이십니다. 빵이 배고픈 자에게, 옷이 헐벗은 자에게, 큰 바위 그늘이 오랜 여행으로 지친 나그네에게 반드시 필요한 것처럼 예수 그리스도는 우리에게 꼭 필요한 분이십니다. 암놈 거북이 수놈 거북에게서, 남편이 그의 배우자에게서, 머리가 몸에게서 떨어질 수 없듯이 예수 그리스도는 우리와 떨어질 수 없습니다. 그러므로 우리가 예수 그리스도를 모시지 못하였다면, 아니 우리가 그를 모시고 있다는 의식을 갖지 못한다면, 우리가 그분과 하나가 아니라면, 아니 우리가 그분과 하나됨을 의식하지 못한다면, 우리의 심령이 본문의 표현대로 다음과 같이 크게 외칠지라도 그리 이상한 일은 아닐 것입니다. "예루살렘 딸들아, 너희에게 내가 부탁한다. 너희가 내 사랑하는 자를 만나거든 내가 사랑하므로 병이 났다고 하려무나." 이 상사병의 증상은 이러합니다.

그런데 어떤 아픔에는 축복이 따라온다고 우리는 말할 수 있습니다. "의에 주리고 목마른 자는 복이 있나니 그들이 배부를 것임이요"(마 5:6). 그렇다면 의로우신 주님을 갈망하는 자들은 큰 복이 있을 것입니다. 주님은 순결하고 점도 티도 없는 의를 너무도 완전하게 실현하신 분입니다. 이러한 주님을 향해 굶주림을 느끼는 것은 복된 일입니다. 이는 하나님으로부터 온 것이기 때문입니다. 이러한 굶주림 안에는 복이 들어 있습니다. 내가 지금 만발한 꽃처럼 배가 잔뜩 부른 절정의 복을 누리지는 못한다 하더라도 이제 싹이 트는 봉오리처럼 내가 그리스도로 배부를 때까지 허기져 있는 것도 비록 최선은 아니지만 동일한 복이라고 할 수 있습니다. 내가 지금 예수님을 먹고 있지 않더라도 예수님에 대하여 주리고 목말라 한다면 천국이 내게 가까이 와 있는 것입니다. 이러한 굶주림은 거룩한 것입니다. 왜냐하면 우리 주님이 말씀하신 팔복 가운데 이 복이 빛을 발하고 있기 때문입니다.

사랑하는 친구들이여, 이 굶주림이 복이기는 하지만 많은 고통을 유발하는 일종의 병입니다. 예수님을 아프도록 사모하는 사람은 다른 모든 것으로는 만족하지 못할 것입니다. 그가 주님을 발견하고 주님 안에서 기뻐할 때까지는 맛있는 요리도 맛이 없으며, 음악도 선율을 잃어버렸으며, 빛도 밝지 않으며, 살아 있는 것 자체도 죽음의 그늘로 음울할 것입니다. 사랑하는 성도들이여, 이러한 목마름, 이러한 병이 언젠가 여러분에게 생긴다면 아주 격렬하게 이 병을 앓게 될 것입니다. 그 열망은 로뎀나무 숯불처럼 격렬합니다.

배고픔은 돌담이라도 뚫는다는 말이 있습니다. 그리스도를 열망하는 심령에게 돌담은 장애물이 되지 못합니다. 돌담 아니라 그 어떤 강력한 천연 장애물이라도 상사병을 앓는 심령을 예수님으로부터 떼어놓지 못합니다. 감히 말하건대, 천국이 그리스도인을 매혹한다 할지라도 만일 그곳에 그리스도가 계시지 않는다면 그에게 천국은 완전히 아무것도 아닙니다. 만일 지옥의 고통이라도 그리스도를 찾을 수만 있다면 상사병을 앓고 있는 심령은 최대한 그 고통을 기꺼이 감수할 것입니다. 연인들은 사랑하는 자를 위해 불가능한 일이라도 하겠다고 말하는 것처럼, 그리스도께 사로잡힌 심령은 분명히 불가능을 비웃고 "이루어지리라"고 말할 것입니다. 그 심령은 사랑하는 자를 찾고 그의 존재로 말미암아 자신의 아픈 사랑이 만족될 수만 있다면 아무리 힘든 일이라도 감행할 것이며 감옥에라도 즐거이 들어갈 것이며 죽음이라도 기쁘게 맞이할 것입니다.

상사병의 원인에 대하여 살펴봅시다. 무엇이 인간의 영혼으로 하여금 그리스도를 아프도록 사모하게 만드는 것일까요? 그리스도께서 함께 하시는 그 소중한 의미를 진정으로 깨달은 사람이 그리스도에게서 멀어질 때 이와 같은 병을 앓게 된다고 할 수 있습니다. 이 배우자는 과거에 아주 말을 안 들었고 고집스러웠습니다. 사랑하는 자가 문을 두드리는데도 그녀는 자신의 옷을 벗어 던지고 잠을 잤으며, 나태하고 게으른 잠에 빠졌습니다. 사랑하는 자가 "나의 사랑, 나의 비둘기, 나의 완전한 자야 문을 열어 다오. 내 머리에는 이슬이, 내 머리털에는 밤이슬이 가득하였다"(아 5:2)고 말하였습니다. 그런데도 그녀는 너무 게으른 나머지 일어나서 그를 맞이하지 못하였습니다. 이 배우자는 다음과 같이 변명하였습니다. "내가 옷을 벗었으니 어찌 다시 입겠으며 내가 발을 씻었으니 어찌 다시 더럽히랴?"(아 5:3).

사랑하는 자는 서서 기다렸습니다. 그래도 그녀가 문을 열어 주지 않으니까 그는 문틈으로 손을 들이밀었으며 그제야 그녀의 마음이 움직였습니다. 그녀는 일어나 문을 열어 주었습니다. 놀랍게도 그녀의 손에서 몰약이 떨어졌으며, 손잡이에 묻은 향기로운 몰약즙이 그의 손가락에서 떨어졌습니다. 이는 신랑이 문밖에 있었다는 증거였지만 이미 그는 가 버리고 없었습니다. 그제야 비로소 그녀는 분발하여 신랑을 찾기 시작하였습니다. 그녀는 온 성을 돌아다니며 찾아보았지만 찾을 수 없었습니다. 그녀는 실망하였습니다. 신부는 신랑을 불러보았지만 신랑은 대답하지 않았습니다. 그녀를 도와주어야 마땅한 순찰하는 자가 오히려 그녀를 때리고 그녀의 겉옷을 빼앗아갔습니다. 그녀가 찾아다니는 것은 그녀의 사랑하는 자를 놓쳐 버렸기 때문입니다. 그녀는 사랑하는 자를 힘껏 붙잡았어야 했는데 그만 그를 가게 하고 말았습니다. 그는 이제 가고 없습니다. 그리하여 그를 찾을 때까지 앓을 수밖에 없습니다.

상실감과 함께 잘못하였다는 후회가 교차하였습니다. 속에서 무언가가 이렇게 말하는 듯하였습니다. "너는 어떻게 신랑을 그냥 보낼 수 있니? 천국의 신랑이 문을 두드리며 열어달라고 간곡히 부탁하였는데 너는 어떻게 차가운 밤이슬을 맞도록 그를 내버려 둘 수 있었니? 오 매정한 마음이로다! 설령 네가 일어나서 네 발에 피가 난다고 해도 그게 무슨 대수였겠니? 설령 네가 마루를 걸어가면서 온 몸이 찬바람을 맞고 오싹한다고 하여도 그게 무슨 대수였겠니? 네게 그의 사랑과 견줄 만한 것이 또 어디 있겠니?" 이렇게 그녀는 사랑하는 자를 사모하여 병이 났습니다. 그리하여 그녀의 사랑을 신랑에게 울면서 고백하며 자신이 그를 느슨하게 붙잡아서 쉽게 떠나보냈다는 사실 때문에 자신이 얼마나 괴로워하고 있는지 그에게 말하고 싶어합니다.

이와 더불어 사랑하는 자가 떠나버렸기 때문에 너무나 초라해졌습니다. 신부는 신랑이 없는 사이 잠시 동안만 편안하였습니다. 폭신폭신한 침대, 따스한 침대보가 그녀에게 편안함을 주었으나 그 편안함은 거짓되고 무정하고 악한 것이었습니다. 하지만 이제 그녀는 일어났습니다. 그리고 순찰하는 자가 그녀를 때리고 그녀의 겉옷을 빼앗아갔습니다. 그리고 한 명의 친구도 없이 예루살렘 거리 한가운데 버려진 이 공주는 영혼이 눌려 녹아 버렸고(참고. 시 119:28), 신랑을 사모하는 자신의 마음을 이렇게 토로합니다. "나의 사랑 같은 사랑이 없고, 나의 신랑 같은 신랑이 없도다." 그녀의 입술은 흐느끼며, 그녀의 눈에는 눈물이 흐릅니다. 신랑 외에 어느 누구도 그녀의 마음을 기쁘게 할 수 없고 그녀의 갈망을 풀어 줄 수 없기 때문입니다.

사랑하는 성도들이여, 여러분의 신앙이 축 늘어지고 마음과 영혼이 소멸되어 버린 그런 상태에 빠져본 적이 한 번도 없었나요? 여러분의 심령은 주님을 사모하기에 병이 났던 것입니다. 안위 씨(Mr. Carnal-security)가 그 집(마음)에서 여러분을 기쁘게 하였을 때에는 주님 없이도 잘 지낼 수 있었지만, 안위 씨와 그 집이 모두 불타 버리자 옛 상사병이 재발하였습니다. 이에 여러분은 그리스도를 사모하였고, 다시금 그리스도를 찾기 전까지는 만족할 수 없었습니다. 이 모든 병은 참사랑에 대한 갈망 때문에 생긴 것이었습니다. 모든 상사병의 원인은 바로 사랑입니다. 신부가 사랑하지 않았다면, 신랑이 보이지 않는다고 아파하지 않았을 것이며, 회개하는 마음으로 슬퍼하지도 않았을 것입니다. 신부가 사랑하지 않았다면, 신랑이 없다고 아파하지 않았을 것이며, 심령이 침체되지도 않았을 것입니다. 하지만 신부는 사랑했고, 그렇기 때문에 병이 생겼던 것입니다.

우리가 언젠가 그리스도와의 교제를 상실했을 때 우리가 그를 사랑한다는 사실을 알 수 있는 것은 기쁜 일입니다. "주님, 모든 것을 아시오매 내가 주님을 사랑하는 줄을 주께서 아시나이다. 주께서 슬픔을 당하실 때 나는 주님을 부인했습니다. '나는 그 사람을 몰라요' 라고 말했어요. 내가 주님의 제자가 아니라고 사람들 앞에서 저주하며 맹세했죠. 그러나 그럴지라도 주님은 모든 것을 아시나이다. 내가 주님을 사랑한다는 사실을 주께서 아십니다." 사랑하는 친구들이여, 여러분이 이러한 사실을 깨달을 때 주님을 사랑한다는 의식이 여러분 안에서 질투로 작용하며, 이로써 여러분의 심령은 주님 앞에서 그 사랑을 고백하며, 주님께서 여러분에게 용서의 증표로서 "내 양을 먹이라"고 말씀하시기까지는 만족하지 못할 것입니다.

나는 이 상사병에 상당한 두려움이 존재한다고 믿어 의심치 않습니다. 슬픈 여인이여! 그녀는 다시는 신랑을 찾지 못할까 상당히 두려워하였습니다. 그녀는 성 안을 돌아다녔습니다. 그가 어디에 계실까? 그녀는 성벽 위에서 신랑을 찾았지만 그는 그곳에 없었습니다. 모든 의식들 속에서, 모든 은혜의 수단들 가운데서, 은밀한 기도와 공적인 기도 가운데서, 성만찬 가운데서, 말씀을 읽는 가운데서 그녀는 신랑을 찾았으나 그는 거기에 없었습니다. 이제 그녀는 신랑이 다른 사람들에게는 모습을 나타내면서도 자신에게는 모습을 나타내지 않을까 두려워하였습니다. 그녀의 말을 살펴보면, 상당한 두려움이 깔려 있다는 것을 알 수 있습니다. 그녀는 자신이 직접 신랑을 만나리라는 확실한 기대를 조금이라도 가졌더라면 신랑에게 자기 사정 좀 전해달라고 다른 사람들에게 부탁하지 않았을 것입니다.

"너희 회개한 자들, 곧 참으로 은혜로 거듭난 너희 예루살렘 딸들아, 너희에게 내가 부탁한다. 내 사랑하는 자가 내게 다시는 모습을 보이지 않더라도 너희가 그를 만나거든 내가 사랑하므로 병이 났다고 하려무나." 이러한 말 속에는 상당한 두려움이 존재합니다. 하지만 이 말 속에는 또한 상당한 소망이 포함되어 있습니다. 신랑이 틀림없이 자기를 여전히 사랑하고 있다고 그녀는 느낍니다. 그렇지 않다면 왜 자신의 소식을 전하겠습니까? 신랑이 피도 눈물도 없는 목석 같은 마음의 소유자라고 생각하였다면 그녀는 "내가 사랑하므로 병이 났다고 하려무나"라는 이 달콤한 메시지를 절대로 보내지 않을 것입니다. 하지만 그녀는 자신의 번뜩이는 눈빛으로 신랑을 황홀하게 만들었던 때를 기억하였습니다. 자신의 손짓으로 신랑의 마음을 녹이던 때,

그녀의 눈물 한 방울로 신랑의 마음을 몹시 아프게 하였던 때를 기억하였습니다. 그녀는 이렇게 생각하였습니다. "그때 그가 나를 사랑했던 것처럼 지금도 나를 사랑하고 있을 거야. 나의 울부짖는 소리를 그는 듣고 있을 거야. 나의 신음소리를 듣고 나를 도우러 오지 않을 수 없을 거야." 그래서 그녀는 "내가 사랑하므로 병이 났다고 하려무나"라고 신랑에게 메시지를 보내는 것입니다.

이러한 상사병의 원인을 한마디로 요약해서 말한다면, 그 모든 문제가 관계에서 비롯된 것 아닙니까? 신부는 신랑의 배우자입니다. 배우자가 사랑하는 남편 없이 행복할 수 있습니까? 넘치는 생기(the life-floods)가 가슴과 머리에서 흘러나오지 않는다면 손이 행복하고 건강하겠습니까? 귀엽게도 그녀는 자신의 의존성을 깨닫고 자신이 신랑에게 전적으로 속해 있으며, 자신의 모든 것을 그로부터 받는다는 사실을 인식합니다. 그런데 그녀의 샘이 끊겼고, 그 시내가 말라 버렸으며, 모든 좋은 것의 큰 공급원이 없어졌다면, 어찌 그녀가 병들지 않을 수 있겠습니까? 이밖에도 그녀 안에 있는 생명과 본성(a life and a nature)이 그녀를 아프게 합니다.

그녀에게는 그리스도의 생명이 있습니다. 아니, 그녀의 생명은 그리스도 안에 있으며, 또한 하나님 안에서 그리스도와 함께 감추어져 있습니다. 그녀의 본성은 거룩한 본성이며, 그녀는 신성한 성품에 참여한 자입니다. 게다가 그녀는 예수님과 연합되어 있습니다. 말하자면 몸에서 떨어져나간 지체가 잘려진 벌레와 같이 꿈틀거리듯이 그녀는 본래의 자리로 되돌아가기를 열망합니다. 이러한 것들이 바로 상사병의 원인들입니다. 여러분이 영적인 사람이 아니라면 오늘 아침 나의 설교를 이해하지 못하고 내가 헛소리를 하고 있다고 생각할 것입니다. "신령한 자는 모든 것을 판단하나 자기는 아무에게도 판단을 받지 아니하느니라"(고전 2:15).

이렇듯 상사병을 앓고 있는 심령들은 어떤 노력을 기울입니까? 첫째, 그리스도로 인하여 상사병을 앓는 사람들은 자신의 열망을 그에게 전할 것입니다. 사람들은 메시지를 전하기 위해 비둘기를 사용합니다. 그런데, 어떤 비둘기를 사용합니까? 아무데로나 날아가는 비둘기는 소용이 없습니다. 그 본래 있던 자리로 되돌아가는 비둘기라야 쓸모가 있습니다. 그리스도를 향한 나의 열망은 그리스도 그분에게서 비롯되었습니다. 그러므로 나의 열망은 그 본래의 자리로 언제나 돌아갈 것입니다. 나의 열망은 본래 있던 곳으로 돌아가는 길을 압니다. 그러므로 나는 나의 탄식과 신음, 눈물과 한숨을 그리스도에게 보낼 것입니다. 아름다운 비둘기들(열망)이여, 재빠른 날갯짓으로 날아가라. 그리고 그에게 내가 사랑하므로 병이 났다고 하려무나. 그리고 나서 그녀는 기도를 드렸습니다. 아! 내 생각에 그녀는 자신의 열망에 대하여 이렇게 말하였을 것입니다. "그것들(열망)은 결코 그에게 이르지 못할 것입니다. 그것들이 가는 길은 알지만 그것들의 날개가 꺾여 있습니다. 그러니 그것들이 도중에 땅에 떨어져 그에게 결코 이르지 못할 것입니다." 그녀의 기도는 화살과 같습니다.

사람들은 화살에다 메시지를 묶어 포위된 성으로 날려보냅니다. 이처럼 그녀는 자신의 열망을 기도의 화살에 묶어 믿음의 활로 쏘아보냅니다. 그것들(열망)이 신랑에게 이르지 못할까 그녀는 염려합니다. 그녀의 활이 늘어져 있으며, 늘어진 그녀의 허약한 손으로 활을 쏘는 법을 모르기 때문입니다.

그리하여 그녀는 어떻게 합니까? 그녀는 거리를 가로질러 다녔습니다. 모든 수단을 다 동원하였습니다. 한숨지으며 마음을 토로하기도 하며, 기도로 자신의 심령을 비우기도 하였습니다. 신랑이 그녀를 치료해 주기까지 그녀는 온통 상처뿐이며, 신랑이 그녀를 채워 주기까지 그녀는 배고파 죽을 지경입니다. 신랑이 다시금 그녀에게 공급하기까지 그녀의 시내는 완전히 말라 있습니다. 따라서 그녀는 이제 동료들에게 가서 부탁합니다. "너희가 내 사랑하는 자를 만나거든 내가 사랑하므로 병이 났다고 하려무나." 이는 성도들의 중보를 이용하는 것입니다. 불신앙 때문에 그녀가 다른 사람들의 중보를 이용하기는 하지만 그러한 불신앙 속에도 일말의 믿음이 섞여 있습니다. 이는 불신앙에서 비롯된 것이었지만 나쁜 것은 아니었습니다.

성도들의 중보는 효력이 있습니다. 물론 죽은 성도들은 중보할 수 없습니다. 그들은 우리를 위해 기도하지 않으며 다만 천국에서 하나님을 찬송할 뿐입니다. 하지만 땅에 있는 성도들은 우리의 병을 치료하는데 도움을 줄 수 있습니다. 왕에게는 총애하는 신하들이 있습니다. 왕은 술을 따르는 자들을 따로 세웁니다. 왕은 그와 스스럼없이 지낼 수 있는 자들을 자기 곁에 둡니다. 나를 위해 중보의 기도를 해 주십시오. 주께서 내게 허락하신 성공의 공을 나는 하나님께 돌리며 아울러 나를 위해 도처에서 기도하는 수많은 영혼들에게 돌립니다. 여러분들만 저를 위해 기도하는 것이 아닙니다. 기도할 때 저를 잊지 않고 기도하는 사람들이 도처에 있습니다. 오! 성도들이 나를 위해 기도해 줄 때 나는 너무나 부유합니다. 괜찮다면 만군의 대장이신 주님께 나를 위해 기도해 주십시오. 그리고 주님께서 "그의 바라는 바가 무엇이냐?"고 여러분에게 물으시거든 나의 사정을 전해 주십시오. 내게는 다른 전갈은 없고 다만 배우자로서 "내가 사랑하므로 병이 났다"고만 전해 주십시오. 예수님과 스스럼없이 지내는 여러분이 배달부가 되어 주십시오. 상사병이 난 심령들의 사정을 거룩한 주님께 전하는 천국의 소식통이 되어 주십시오. 우리가 상사병이 났다고 주님께 전해 주십시오. 그리고 이처럼 주님께 직접 나아갈 수 없는 여러분은 다른 사람들의 도움을 받으십시오.

아무튼, 내가 이미 말했듯이 다른 사람들에게 소식을 전해 달라고 부탁하는 것은 잘못된 것은 아니지만 불신앙에서 비롯된 것입니다. 신부가 신랑에게 직접 말하는 것이 훨씬 유리할 것입니다. "그러나 그녀는 신랑을 찾을 수가 없었어요"라고 여러분은 말했습니다. 그렇기는 하지만 신부가 믿음이 있었다면, 기도로 신랑을 찾을 수 있다는 사실을 깨달았을 것입니다. 우리는 그리스도께서 어디 계시는지 모르지만 기도를 통해 알 수 있기 때문입니다. 더 정확하게 말하면, 그리스도께서 우리의 기도하는 바를 아십니다. 우리가 그리스도를 볼 수 없을지라도 기도는 그에게 도달합니다. 직접 그리스도께 나아가도록 하십시오. 여러분의 형제들이 그리스도께 가는 것도 좋지만, 내 생각에는 여러분의 부탁에 대한 그들의 적절한 대답은 6:1에 나오는 여자들의 말이 될 것입니다. "여자들 가운데에서 어여쁜 자야, 네 사랑하는 자가 어디로 갔는가? 네 사랑하는 자가 어디로 돌아갔는가? 우리가 너와 함께 찾으리라." 그들은 우리를 위해 신랑을 찾을 것이라고 말하지 않고, 우리와 함께 그를 찾으리라고 말합니다. 여섯 사람의 눈으로 찾는 것이 한 사람의 눈으로 찾는 것보다 유리할 것입니다. 대여섯 명의 그리스도인들이 기도회에서, 혹은 성찬식에서 함께 주님을 찾는다면 한층 쉽게 주님을 찾을 수 있습니다. "우리가 너와 함께 찾으리라."

상사병은 복된 것입니다! 우리는 상사병의 특징과 그 원인, 그리고 상사병에 걸린 심령의 노력을 지금까지 살펴보았습니다. 이제 이러한 상태에 적합한 위로를 알아봅시다. 간단히 말하면 이와 같습니다. 여러분의 열망은 채워질 것입니다. 그리스도께서 자신을 여러분에게 베푸실 의도 없이 여러분으로 하여금 그를 열망하게 하신다는 것은 있을 수 없습니다. 대인(大人)이 잔치를 베푸는 것과 같습니다. 대인은 먼저 식탁 위에 접시를 놓습니다. 그리고 나서 음식이 나옵니다. 여기서 음식을 담을 빈 접시들이 바로 여러분의 열망이요 갈망입니다. 대인이 여러분을 조롱하려고 빈 접시들을 가져다 놓을까요? 그 빈 접시들에다 소고기와 살진 고기들을 가져다 놓을 마음이 없었다면 그가 식탁에다 접시를 놓았을까요? 여러분으로 하여금 열망하게 하신 주님은 반드시 여러분의 열망을 채워 주실 것입니다.

여러분의 열망이 쓰라린 고통이 될 때 곧 바로 주님께서 여러분에게 자신을 보이실 것이라는 사실을 기억하십시오. 주님께서 보이지 않아서 여러분의 마음이 아프면 아플수록 주님께서 보이지 않는 시간은 짧아질 것입니다. 여러분이 그리스도 외에 조금이라도 다른 만족을 취한다면 주님을 만나는 시간은 그만큼 늦어지게 될 것입니다. 하지만 여러분의 마음이 찢어지고, 어찌하여 그가 지체하시는가? 어찌하여 그의 마차가 이렇게도 더디 오는가? 울부짖을 정도로 여러분의 심령이 심히 아파할 때, 사랑하는 자의 말을 듣기 전에는 여러분의 심령이 졸도할 것만 같은 그때에, 머지않아 주님은 그의 귀하신 얼굴에서 베일을 거두실 것이며, 해가 떠올라 그 날개 아래에 여러분을 품고 치료하실 것입니다. 이러한 사실에 위로를 받으십시오.

주님의 재림 때처럼 주님의 모습을 대할 때, 그 모습이 얼마나 감미로울까요! 지금 나는 그 맛을 보고 있다고 생각합니다. 지금 그 온전한 잔치가 다가오고 있습니다. 그분의 모습을 뵐 것이라는 생각만 하여도 기쁨이 넘쳐나는데, 그러한 생각은 행복한 환영의 서곡이며, 시식에 불과합니다. 이런! 그가 다시 한 번 내게 기분 좋게 말씀하실까요? 다시금 향기로운 풀 언덕을 그와 함께 거닐까요? 꽃들이 달콤한 향기를 품어내는 동안 그 숲 속을 그와 함께 거닐까요? 반드시 나는 그럴 것입니다! 반드시 나는 그럴 것입니다! 그리고 지금도 나의 심령은 그때를 내다봄으로써 그의 모습을 느낍니다. "부지중에 내 마음이 나를 내 귀한 백성의 수레 가운데에 이르게 하였구나"(6:12). 주님의 임재가 지난 날 얼마나 달콤했는지 여러분은 아십니다.

사랑하는 성도들이여, 우리는 몇 번이나 주님의 모습을 뵈었습니다. 우리가 몸 안에 있었는지 몸 밖에 있었는지 모르지만 하나님은 아십니다. 이 얼마나 놀라운 상승입니까! 독수리의 날개는 버리십시오. 그것들은 세상에 속한 날개의 끝자락에 불과하며, 우리를 세상에서 끌어올린 날개에 비교될 수 없습니다. 나는 구름과 별들 저 너머까지 올라가는 상승에 관해서 말하고 있는 것입니다. 우리가 거룩한 날개를 타고 상승했을 때 구름과 별들도 저 밑에 있었습니다. 우리는 보이지 않는 세계로 들어갔고, 눈으로 볼 수 없는 것을 보았으며, 불멸의 세계에서 살았고, 신령한 세계에 정신이 팔렸습니다. 그리고 그리스도 예수 안에서 함께 하늘에 앉아 하나님의 충만을 누렸습니다. 자, 이제 다시금 이 모든 일이 이루어질 것입니다. "내가 다시 너희를 보리니 너희 마음이 기쁠 것이요"(요 16:22). "조금 있으면 너희가 나를 보지 못하겠고 또 조금 있으면 나를 보리라"(요 16:16). "내가 넘치는 진노로 내 얼굴을 네게서 잠시 가렸으나 영원한 자비로 너를 긍휼히 여기리라. 네 구속자 여호와께서 말씀하셨느니라"(사 54:8). 이런 사실을 생각하십시오. 야, 우리는 이런 상사병을 앓는 중에도 위로를 받는군요. 우리가 주 예수님을 열망하고 사모하는 동안 비록 우리의 마음은 아플지라도 여전히 온전합니다.

이제 두 번째 대지는 될 수 있는 한 간략하게 말씀드리겠습니다. 이 상사병은 영광 중에 계신 예수님을 보려는 영혼의 열망의 표현입니다.

우리는 여기서 잠시 동안 병 자체를 고찰해 볼 것입니다. 우리가 복된 땅, 하나님의 보좌 앞에서 우리의 포도나무와 우리의 무화과나무 아래 앉고 싶어하는 것은 에스골 골짜기의 첫열매들을 맛보았기 때문입니다.

사랑하는 성도들이여, 이 병의 특징은 두드러진 증상(症狀)들이 있다는 것입니다. 나는 그 증상들을 말씀드리겠습니다. 그 증상들은 사랑과 열망, 혐오와 사모입니다. 복된 영혼은 이런 증상들을 체험합니다. 심령이 예수님께 집착하는 것은 사랑 때문입니다. 그 심령은 예수님의 아름다움을 느끼고 그의 매력에 감탄을 금하지 못합니다! 그리고 예수님의 무한한 완전을 인식합니다! 위대하심, 선하심, 사랑스러우심, 예수님의 이런 성품들이 어울려 하나의 찬란한 빛을 비추어 심령을 매혹시키며, 결국 예수님을 미칠 듯이 좋아하여 이렇게 외치게 됩니다. "그 전체가 사랑스럽구나. 예루살렘 딸들아, 이는 내 사랑하는 자요 나의 친구로다"(아 5:16). 이처럼 감미로운 사랑이 비단보다 더 부드러우며 돌보다 단단한 줄로 마음을 사로잡아 버리는 것입니다.

다음 증상은 열망입니다. 그녀는 사랑하는 자가 보이지 않으면 견디지 못할 정도로 그를 사랑합니다. 그를 열망하고 사모합니다. 여러분도 아시다시피 예나 지금이나 성도들은 언제나 예수님을 사모합니다. 성도들이 그리스도를 사랑하면 언제나 그리스도를 사모하게 됩니다. 가장 사랑스러운 심령을 가진 요한은 이런 말을 자주 하였습니다. "어서 오시옵소서, 어서 오시옵소서." "어서 오시옵소서"라는 말은 열렬한 사랑의 결실입니다.

다음 증상은 혐오입니다. 사람이 처음으로 상사병을 앓을 때에는 혐오하는 증상이 나타나지 않습니다. 즉, "너희는 건포도로 내 힘을 돕고 사과로 나를 시원하게 하라"(아 2:5)고 말합니다. 사람이 그리스도를 영접하더라도 다른 재미들을 즐길 수 있습니다. 하지만 사람이 그리스도를 열망하고 그리스도를 찾으면 그 밖에 다른 모든 것들을 싫어하게 됩니다. 그는 그리스도 외에 다른 어떤 것도 용납할 수 없게 됩니다. 바로 이것이 제가 예수님께 전할 메시지입니다. "그에게 전하려무나." 무엇을 전할까요? 내가 면류관과 왕관을 바란다구요? 면류관과 왕관은 내게 무가치합니다. 내가 재물과 건강, 힘을 바란다구요? 그것들 모두 나름대로 아주 좋은 것들입니다. 하지만 내게는 아닙니다. "내 영혼이 사랑하는 자에게 전해 주려거든 내가 그를 몹시 사모하여 마음이 아프다고 전해 주십시오. 그의 선물도 좋지요. 분명히 그의 선물이 제게는 분에 넘치는 것입니다. 하지만 그의 얼굴을 보게 해 주십시오. 그의 목소리를 듣게 해 주십시오. 나는 너무나 사랑하여 병이 났습니다. 오직 그의 얼굴만이 나를 기쁘게 할 수 있습니다. 그 밖에 다른 것은 모두 싫습니다."

다음의 증상은 사모입니다. 그녀는 그리스도와 교제할 수 없고, 아직까지는 보좌에 앉으신 그를 바라보지도, 얼굴을 뵙고 예배드리지도 못하기 때문에 병들어 있습니다. 그리스도께 마음을 고정시킨 사람은 대로와 샛길을 왔다갔다하지만 그리스도를 발견하기까지는 아무데서도 쉼을 얻지 못합니다.

사모하는 대상, 그것이 무엇입니까? "내가 사랑하므로 병이 났다고 하려무나." 그런데 무엇 때문에 병이 난 것입니까? 형제들이여, 여러분과 제가 천국에 가기를 원할 때 그것이 참된 상사병이기를 소망합니다. 때때로 안식을 얻기 위해 저는 죽어서 천국에 들어가기를 원하다가도 멈칫거립니다. 이는 게으른 열망이 아니겠는지요? 안식을 열망하지만 나태한 열망이 있습니다. 아마도 우리는 천국의 행복을 사모할 것입니다. 천국의 음악소리와 면류관을 사모할 것입니다. 그런데 그런 사모함 가운데는 약간의 이기주의적인 요소가 들어 있습니다. 그렇지 않습니까? 이를 무방하다고 인정합시다. 그렇더라도 거기엔 약간의 이기주의적인 요소가 있지 않습니까? 아마도 우리는 앞서 간 사랑스러운 자녀들, 사랑하는 친구들 보기를 바랄 것입니다. 그런데 그러한 사모함 가운데 세속적인 요소가 약간 들어있습니다. 그러나 순전히 예수님과 함께 있기를 사모하여 병이 났다면, 그 심령은 장차 나무랄데 없게 될 것입니다.

여러분은 이러한 상사병에 빠질 수 있고, 죄나 어리석음 없는 최상의 상사병을 간직할 수 있습니다. 내가 무엇 때문에 상사병이 났나요? 진주문 때문인가요? 아닙니다. 주님의 상처에 있는 진주들 때문입니다. 내가 무엇 때문에 병이 났나요? 황금길 때문인가요? 아닙니다. 예수님 자신 때문입니다. 성도들의 양식과 음료이신 예수님 자신 때문입니다. 나의 심령은 주님을 뵙기를 열망합니다. 오, 저 찬란한 하늘을 바라보도다! 내가 나를 위해 십자가에 못 박히신 인간이자 하나님이신 주님과 이야기를 할 때 어떤 복을 이야기할까요?

먼저 주님 앞에서 나의 마음을 울면서 쏟아내겠습니다. 내가 얼마나 주님을 사랑하는지 이야기하겠습니다. 왜냐하면 주께서 나를 사랑하셨고 또 나를 위해 자신을 내어주셨기 때문입니다. 또한 주님의 손과 허리에 기록된 나의 이름을 읽겠습니다. 게다가 지울 수 없는 선으로 내 마음에 기록된 주님의 이름을 그에게 보여드리겠습니다. 그리고 주님을 안겠습니다. 오! 피조물이 하나님을 안다니 이 어찌된 포옹입니까! 이로써 나는 영원히 하나님을 가까이 할 것이며, 그리하여 나의 영혼과 주님 사이에 일말의 의심이나 두려움이나 방황하는 생각이 끼어 들지 못할 것입니다.

이 병이 생기게 하는 요인이 무엇인지 여러분은 또다시 물으십니까? 그리스도인은 무엇 때문에 예수님과 함께 집에 있기를 사모합니까? 거기엔 많은 요인들이 있습니다. 그리스도인이 집에 있기를 사모하는 이유는 때때로 아주 작은 것들 때문입니다. "예루살렘 딸들아, 너희에게 내가 부탁한다. 너희가 내 사랑하는 자를 만나거든 내가 사랑하므로 병이 났다고 하려무나." 이 말은 향수병을 불러일으키는 고향의 노래입니다. 주님께서 우리와 함께 했던 사실, 우리가 맞이했던 주님의 방문들을 기억할 때, 우리는 언제나 주님과 함께 있고 싶어서 안달 하게 됩니다. 그리고 무엇보다 좋은 것은 우리가 주님 앞에 있을 때, 우리의 심령이 주님의 기쁨으로 넘쳐날 때, 주님의 사랑의 깊은 바다가 우리의 고상한 사상의 돛대를 넘어뜨리며 우리 영혼의 배가 여지없이 가라앉아 기쁨의 대양에 침몰할 때입니다. 그때에 우리의 영혼은 다음과 같이 가장 고상하고 가장 심오한 생각을 갖게 됩니다. "오 내가 언제나 주님과 함께, 주님 안에, 주님이 계시는 곳에 있으면 좋으련만. 그러면 나는 주님의 영광을 볼 수 있을 테니까. 이 영광은 아버지께서 주께 주셨고, 또한 주님께서 내게 주신 것인데, 이는 내가 끝이 없는 세상에서 주님과 하나 되는 것일세."

자, 친구들이여, 이 상사병의 치유책이 무엇인가요? 특별한 치유책이라도 있을까요? 내가 아는 바로는 치유책은 오직 주님을 만나는 한 가지 사실뿐이지만 이 병을 완화시키는 방법은 몇 가지 됩니다. 그리스도를 사모하여 병이 든 사람은 그와 함께 있기를 열망하며, 더 복된 땅을 갈망하며, 이처럼 노래 부릅니다.

> 아버지, 나 사모합니다.
> 나 당신 계시는 곳을 갈망하여 쇠약하나이다

이 사람이 열병으로 인한 목마름을 해갈하기도 전에 이미 그 열망의 실현을 실감하고 있는 것이 분명합니다. 이 병을 누그러뜨리는 완화제들이 있습니다. 저는 여러분에게 이 완화제들을 소개하고자 합니다. 예를 들어 모세가 비스가 산 꼭대기에 서서 약속의 땅과 멋진 기업을 바라보았던 것처럼 주님의 날과 그리스도의 임재를 실감한다는 것은 강한 믿음이 없으면 불가능한 것입니다. 여러분이 천국을 간절히 원할 때 비록 천국에 들어가지는 못한다 할지라도 천국 근처에는 이르게 될 것이며, 이 열망이 잠시나마 여러분을 꿋꿋이 세워줄 것입니다. 여러분이 그리스도의 얼굴을 직접 대면하지는 못할지라도 성경에서 그리스도를 뵙고, 말씀의 확대경을 통해 그리스도를 바라보는 것은 일시적 방편이기는 하지만 복된 일입니다. 이런 일들이 상사병을 누그러뜨리는 완화제 역할을 하지만 저는 오히려 이 완화제의 위험을 경고해 마지않습니다.

그렇다고 제가 이런 일들을 하지 말라고 하는 말은 아닙니다. 할 수 있는 한 이런 방편을 활용하십시오. 하지만 이런 일들이 상사병을 치료할 것이라는 기대는 하지 마십시오. 이런 일들로 인하여 여러분의 마음은 편안해질 것입니다. 하지만 이는 여러분의 병을 더욱 악화시킬 것입니다. 왜냐하면 그리스도를 먹고 사는 사람은 그리스도에 대하여 더욱 배고파하기 때문입니다. 그리스도를 얻는 것 외에는 다른 아무것도 만족하지 않고 원하지 않는 사람, 진실로 그는 오직 그리스도만을 원합니다. 그런 의미에서 그는 결코 목마르지 않을 것입니다. 그는 갈수록 그리스도를 더욱 많이 갈망하게 됩니다. 이는 이상한 일이지만 사실입니다. 우리가 상사병을 없애 주리라 생각하고 우리 영혼을 최선을 다해 맡겼는데 도리어 이로 인해 병이 더욱 심해질 뿐입니다. 그런데 치료약이 있기는 있습니다. 여러분은 곧 그 약을 먹게 될 것입니다. 이는 검은 약입니다. 그 속에 진주가 들어 있습니다. 이는 소위 죽음이라고 불리는 검은 약입니다. 여러분은 그 약을 마시게 될 것인데 그 약이 쓰다고 느끼지 못할 것입니다. 왜냐하면 여러분이 승리 가운데 그 약을 삼키게 될 것이기 때문입니다. 그 안에 진주가 녹아 있습니다. 여러분과 마찬가지로 예수님도 죽으셨습니다. 여러분이 그 약을 들이켤 때 그 속에 있는 진주가 이 무시무시한 약으로 말미암는 나쁜 결과들을 전부 제거할 것입니다. 그리하여 여러분은 이렇게 말하게 될 것입니다. "사망아, 너의 승리가 어디 있느냐? 사망아, 네가 쏘는 것이 어디 있느냐?"(고전 15:55)

일단 이 검은 약을 마시기만 하면 영원히 이 상사병으로부터 벗어나게 됩니다. 그때에 여러분은 어디에 있을까요? 더 이상 순례하지 않습니다. 더 이상 추위를 무릅쓰고 올라가지 않아도 됩니다. 여러분은 천국에서 주님과 함께 있을 테니까요. 영혼이여, 이 메시지가 들립니까? 여러분은 천국에서 주님과 함께 살 것입니다. 그곳에서 결코 헤어지지 않으며, 잠시가 아니라 영원히 함께 살 것입니다. 결코 여러분의 생각이 방황하지 않을 것이며, 사랑을 찾기 위해 지치거나 추위에 떠는 일이 없을 것입니다. 여러분에 대한 주님의 사랑을 조금이라도 의심하는 일이 없을 것입니다. 또한 여러분이 보지 못하는 대상을 사모하므로 괴로움을 당하거나 시험을 당하는 일이 다시는 없을 것입니다.

성도들이여, 그때까지 십자가 근처에서 살도록 노력합시다. 골고다 산과 시온 산, 이 두 산이 서로 마주보고 서 있습니다. 때때로 믿음의 눈으로 바라보면 이 두 사이가 이어집니다. 사모하는 심령은 말로 설명할 수 없는 너무나도 오묘한 신비로 말미암아 종종 자신의 큰 슬픔 가운데서 너무나도 즐거운 기쁨을 맛보게 될 것입니다. 이처럼 나는 십자가에 못박힌 예수님의 상처 가운데서 만족을 얻었으며, 이 만족은 영광을 얻으신 동일하신 예수님의 빛나는 눈 가운데서 내가 앞으로 얻게 될 만족을 능가하는 것입니다. 그렇습니다. 동일하신 예수님입니다! 감람산에서 천사들이 이렇게 말하였습니다. "너희 가운데서 하늘로 올려지신 이 예수(This same Jesus)는 하늘로 가심을 본 그대로 오시리라"(행 1:11). 이 (동일하신) 예수님! 나의 심령은 이 단어에 매료됩니다. 나의 입술로 이 단어를 계속해서 외치고 싶습니다. (동일하신) 예수님!

19

신랑과 신부(3)

전체가 사랑스러움

"그 전체가 사랑스럽구나"(아 5:16).

이전에 청교도 목사가 설교를 할 때 첫 번째 대지, 두 번째 대지, 세 번째 대지, 그리고 아마도 스물 다섯 번째 대지까지 길게 전하고 난 후 자리에 앉기 전 자신이 전한 말씀을 전체적으로 요약해 주었습니다. 그 요약을 주의 깊게 듣고서야 사람들은 설교의 핵심을 이해할 수 있었습니다. 청교도 성도들은 언제나 목사의 이러한 요약이 설교 내용을 기억하고, 그 설교의 가장 중요한 부분을 계속해서 기억하는데 크게 도움이 된다고 생각하였습니다. 본문에서 신부는 자신의 전한 내용을 여러분에게 아주 짧게 요약해 주고 있습니다. 그녀는 자기 주인에 관한 사실을 열 번이나 길게 전하였습니다. 그녀는 그의 갖가지 아름다움을 상세히 묘사하였습니다. 그리고 머리부터 발끝까지 그를 뜯어본 후 그녀의 모든 칭찬을 본문의 말씀으로 요약하였습니다. "그 전체가 사랑스럽구나." 이 말씀을 기억하십시오. 그리고 그 의미를 알아보십시오. 그러면 여러분은 아가서 중에서 신부의 노래의 진수를 깨닫게 될 것입니다.

풍유적인 이 노래에서 신부가 이 구절로 자신의 전하는 바를 요약한 바와 같이, 모든 족장들, 모든 선지자들, 모든 사도들, 모든 신앙 고백자들, 뿐만 아니라 교회 전체가 이 구절 외에 달리 전할 말이 없다고 말할 수 있을 것입니다. 그들 모두 그리스도를 전하고 칭송하였습니다. 어떤 형태 어떤 상징을 띠든, 혹은 그것이 어떤 이해하기 힘든 계시이거나 혹은 공공연하게 전한 확실한 증거라도 이 모든 것들은 한마디로 이렇게 요약됩니다. "그 전체가 사랑스럽구나." 맞습니다. 그리고 덧붙여 말씀드릴 것은, 영감된 정경이 완성된 이후 땅과 하늘에 있는 모든 성도들의 증거는 이전에 선포된 이 말씀을 계속해서 확인하는 정도라는 사실입니다. 성도 개개인의 판단과 한 몸으로 선택받은 전체 교회의 판단도 마찬가지로 "그 전체가 사랑스럽구나"라는 말씀으로 귀결됩니다. 성도들이 임종할 때 섞여 나오는 탄식과 노래 가운데서 다른 어떤 말보다도 먼저 이 최고의 소리를 듣습니다. "그 전체가 사랑스럽구나." 그리고 탄식이 섞이지 않은 노래, 곧 지존하신 하나님 앞에서 죽지 않는 입술로 영원히 외치는 노래에서 나는 이 한 가지 뛰어난 소리를 듣습니다. "그 전체가 사랑스럽구나." 온 교회가 사도 바울과 같이 "지금 우리가 하는 말의 요점은"(히 8:1)이라고 말하고 싶다면 더 이상 간단하면서도 포괄적인 요약을 기대하지 않아도 됩니다. 왜냐하면 이미 이 황금 구절이 그런 기대를 충족시켜 주기 때문입니다. "그 전체가 사랑스럽구나."

이러한 맥락에서 본문을 고찰하면서 나는 다분히 겸손해지는 느낌을 받았고 본문을 설교하는 것을 망설였습니다. 왜냐하면 나는 마음속으로 "본문은 너무 숭고해, 나는 그 높은 뜻에 도달할 수 없어"라고 말하였기 때문입니다. 이 오묘한 구절은 우리의 다림줄의 한계를 보여 줍니다. 이 대양과 같은 구절은 너무나 광활하여 우리의 작은 배들이 육지에서 보이지 않는 먼바다로 휩쓸려가기 쉬울 정도이며, 이 먼 바다에서는 우리의 소심한 심령으로 돛을 펼치기가 떨립니다. 그러므로 내가 비록 본문을 얼마간 이해하지 못하고, 그 산의 무게를 재지 못하며, 그 언덕을 저울에 달아보지 못한다 할지라도 하나님의 거룩한 은사로 말미암아 본문이 전부 내게 주어졌으며, 본문 묵상을 두려워할 필요가 없다는 생각으로 자신을 위로하였습니다. 내가 내 손으로 이 은혜의 바다를 움켜잡을 수 없다 할지라도 나는 아주 만족스럽게 그 안에서 목욕할 수는 있습니다. 내가 이 은혜의 왕의 멋을 다 표현할 수는 없다 할지라도 그를 뚫어지게 바라볼 수는 있습니다. 왜냐하면 옛 속담에 "거지라도 왕을 바라볼 수는 있다"고 하였기 때문입니다.

내가 주제넘게 우리가 함께 본 이 천상의 말씀을 가지고 설교하므로 여러분 앞에 이 말씀의 진수와 풍성함을 펼쳐 보일 수는 없지만 나는 그 상에서 떨어지는 약간의 부스러기라도 긁어모을 수 있습니다. 가난한 사람들은 부스러기라도 좋아합니다. 그런데 이런 은혜의 잔치에서 떨어지는 부스러기는 세상의 상에서 얻을 수 있는 빵 덩어리보다 더 낫습니다. 예수님을 한 번 쳐다보는 것이 우리가 살면서 평생 동안 세상의 온갖 영광을 다 보는 것보다 낫습니다. 우리가 이러한 은혜의 과제를 풀어내지 못한다 할지라도 우리의 실패는 다른 세상 일에 성공한 것보다 더 나을 것입니다. 이처럼 우리는 용기를 내어 하나님의 도우심을 구할 것입니다. 그리고 마치 모세가 하나님께서 임하신 불타는 떨기나무 앞에서 신발을 벗은 것처럼 우리의 발에서 신을 벗고 이 놀라운 말씀에 다가갈 것입니다.

본절은 다르게 번역되기도 하였습니다. "그 전체가 소망스럽구나." 참으로 예수님은 우리의 소망이십니다. 예수님은 고대인들의 소망이었으며, 또한 열방의 소망입니다. 그의 백성들에게 예수님은 전부가 되십니다. 그들은 예수님 안에서 완전합니다. 그들은 그의 충만으로 충만합니다.

우리가 최대한으로 바라는 모든 것이
그분 안에서 풍성히 이루어지도다

예수님은 그의 종들의 즐거움이 되시며, 그들의 기대를 온전히 채워 주십니다. 하지만 우리는 여기서 번역본에 대하여 논쟁하지는 않을 것입니다. 왜냐하면 결국 이 본문 말씀에 관하여 모든 사람은 각자 자신이 택한 역본을 가지고 말로 표현할 수 없는 영적인 달콤함을 온전히 맛볼 것이고, 성령의 감동으로 말미암아 그 원본 메시지의 능력이 그의 영혼 속에 그대로 전달될 것이 틀림없기 때문입니다. 이러한 원본의 말씀은 광야에 떨어졌던 만나와 꼭 같다고 할 수 있습니다. 랍비들은 백성들 각자의 취향에 따라 맛을 내었다고 말합니다. 이스라엘 사람이 입으로 맛보아 달콤함을 느꼈다 하더라도 그들의 진 주위에 떨어진 이 천사의 양식은 각 사람이 마음속으로 어떤 요리로 상상했느냐에 따라 그 맛이 결정되었을 것입니다. 그가 어떤 상태이든지

만나는 그 사람의 상태에 따라 맛을 내었던 것입니다. 본문도 마찬가지입니다. 여러분이 그리스도를 하찮게 여긴다면 그의 말씀은 여러분의 귀를 스쳐 지나갈 뿐 아무런 의미도 없을 것입니다. 하지만 여러분의 심령이 예수님의 고귀한 사랑을 깨닫고 미칠 듯이 기뻐한다면 심령 속에서 천사들의 노래가 들릴 것이며, 그 이상으로 하나님의 성령께서 여러분의 영혼에 다음과 같이 간략하게 말씀하시는 그 음성을 듣게 될 것입니다. "그 전체가 사랑스럽구나."

나는 일종의 조각가입니다. 그래서 이 천상의 구절을 어디에다 새길까 찾고 있습니다. 상아나 은을 구할까요? 크리스탈이나 금을 가져올까요? 이런 것들은 너무나 평범하여서 이 유일무이한 비문을 감당할 수 없습니다. 나는 이 모든 것을 치워 버릴 것입니다. 보석에다 이 말씀을 새길까요? 한 글자마다 에메랄드, 사파이어, 루비, 다이아몬드, 혹은 진주로 장식할까요? 아닙니다. 이런 것들은 초라하고 없어져 버릴 것들입니다. 우리는 이 모든 것을 치워 버릴 것입니다. 이 말씀을 기록할 서판으로서 불멸하는 영혼이 필요합니다. 아니, 나는 조각 공구를 치워 버리고 유일한 도구로서 하나님의 성령을 간구합니다. 나는 성령께서 준비해 놓으신 심령을 원합니다. 그러한 서판 위에 오늘 아침 새겨질 말씀이 바로 본문의 말씀입니다. 이 말씀이 왕의 기품을 꾸며 줄 모토로 충분할 것입니다. "그 전체가 사랑스럽구나." 하나님의 성령이시여, 준비된 마음을 찾아내시어 당신의 거룩한 손길로 그리스도의 사랑, 그의 흉내낼 수 없는 완전함을 영원한 문자로 기록하여 주소서.

이제 이 말씀 가운데서 크게 주목해 볼 만한 세 가지 특징을 고찰해 보겠습니다. 본문이 제시하는 첫 번째 특징은 이러합니다. 본문은 분명히 주체할 수 없는 감동에 사로잡힌 사람의 말입니다. 이 말씀이 그 감동을 유리처럼 내보이기보다 차라리 그 감동된 마음을 베일처럼 가리고 있다고 할 수 있습니다. 본문은 말로 다 할 수 없는 무언가를 표현하려고 애쓰고 있으며, 말할 수 없는 무언가를 말하려고 헐떡거리고 있습니다. 이 말을 한 사람은 말로 우리에게 전할 수 있는 그 이상의 무언가를 크게 느끼고 있음이 분명합니다.

신부는 다소 차분하게 자신의 느낌을 표현하기 시작합니다. "내 사랑하는 자는 희고도 붉어 많은 사람 가운데에 뛰어나구나"(아 5:10). 그녀는 순서대로 자신의 느낌을 표현합니다. 사랑하는 자의 머리부터 시작하여 그의 인격의 여러 부분으로 발전시킵니다. 그러다가 그녀는 흥분하고 달아오르고 불이 타오르며, 급기야 한동안 억눌렸던 감정이 뼛속까지 불처럼 달아오르며, 그 뜨거운 감정을 폭발하고야 맙니다. 이 말씀은 그녀의 마음의 제단에서 끄집어낸 핀 숯과 같습니다. "그 전체가 사랑스럽구나." 이 말씀은 완전히 감탄에 사로잡힌 심령의 탄성소리입니다. 그러므로 사랑하는 자의 그 사랑스러운 모습을 표현하려고 노력은 하지만 언어에는 표현의 한계가 있다고 그녀는 느끼고 있는 것입니다. 그 놀라운 모습을 흠모하여 정신을 잃은 저 은혜로운 심령은 자세히 기술하려던 것을 단념하고 큰 기쁨으로 외치게 됩니다. "그 전체가 사랑스럽구나."

참성도들도 이러한 체험을 하였습니다. 참성도들은 예수님의 사랑에 자기들이 압도당하고 취해 있는 것을 느꼈습니다. 주님을 향한 신자의 생각이 언제나 냉정하고 차분한 것은 아닙니다. 때때로 신자들은 환희의 상태가 되며, 그들의 마음이 속에서 불타오르기도 하며, 환상 가운데 빠지며, 독수리처럼 날개를 치며 올라가며, 그들의 영혼은 귀한 백성의 수레(아 6:2)같이 되기도 하며, 말로 설명할 수 없는 상태를 느끼며, 사람들과 천사들이 그 혀를 아무리 완전하게 구사할지라도 다 표현할 수 없는 그 무언가를 체험합니다. 은혜받은 신자들은 너무나 아름다우신 주님의 모습을 바라보고 기뻐서 어쩔 줄 몰라합니다. 이러한 기쁨이 모든 그리스도인들에게 자주 일어나지 않는다는 것이 두려운 일입니다. 물론 거룩한 기쁨을 조금이라도 맛보지 못한 사람이 있다면 과연 그에게 성도의 자격이 있는지 진지하게 물어볼 것입니다.

하지만 주님을 사모하는 마음을 주체할 수 없는 상태에 빠지는 일이 일부 성도들에게는 너무나도 일상적인 일이 되어 버렸습니다. 그들은 예수님과 교제함으로 말미암아 이따금씩 무아지경에 이를 뿐만 아니라 그들의 온 생애에서 거룩의 향기를 풍깁니다. 이로 인해 문자 그대로 모세의 얼굴처럼 그들의 얼굴에서 광채가 나지는 않았을지라도 그들의 표정에서는 영적인 영광의 빛이 발하게 되었으며, 동료 그리스도인들 가운데 높여져서 하나님의 백성을 인도하는 지도자들이 되었으며, 그런 그들의 지위에 대하여 다른 사람들이 흠모하고 감탄해 마지않았습니다.

아마도 내 말을 듣고 있는 하나님의 백성들은 우리 주님의 모습을 대면함으로써 주체할 수 없는 감동이 생긴다는 말이 과연 무슨 뜻인지 거의 모를 것입니다. 사랑하는 주님(the Beloved)께서 그들에게 말씀하시는 동안 그들의 영혼이 속에서 녹아 버릴 정도로 그들은 주님을 온전히 바라보지 못하였습니다. 그런 사람들에게 나는 연민의 정을 가지고 말할 것입니다. 아아! 너무나 슬픈 일입니다. 하지만 말하는 동안 내내 나는 이렇게 주님께 기도를 올릴 것입니다. "주여, 우리에게 당신의 모습을 계시해 주옵소서. 우리가 '그 전체가 사랑스럽구나' 라고 말하지 않을 수 없는 그런 당신의 멋진 모습을 보여 주옵소서. 우리에게 당신의 손과 당신의 옆구리를 보여 주옵소서. 그리하여 우리로 하여금 도마와 같이 '나의 주, 나의 하나님이여' 라고 외치게 하여 주옵소서."

나의 형제들이여, 여러분 가운데 많은 사람들이 어찌하여 예수님을 뵙는 이 굉장한 복을 좀처럼 누리지 못하는지 그 원인을 말씀해 드릴까요? 슬프게도 그 원인은 그리스도인들 가운데 너무나 일반화되어 있습니다. 그것은 곧 주 예수님의 인격에 대한 무지입니다. 믿음으로 예수님을 보는 영혼마다 그 믿음으로 말미암아 구원을 얻습니다. 내가 잘 보이지 않는 눈으로 그리스도를 대한다면 이는 너무나 불충분할 것이며, 또한 눈물로 가려지게 될 것입니다. 내가 구름과 안개 사이로 주님을 흘끗 보기만 하더라도 나는 그로 인해 구원 받을 것입니다. 하지만 누가 예수님의 영광의 빛을 그처럼 어렴풋하게 보는 것으로 만족하겠습니까? "거울로 보는 것같이 희미하게" 보기를 누가 원하겠습니까? 나의 눈이 "시냇가의 비둘기 같이"(아 5:12) 될 때까지 씻어 주옵소서. 그리하면 내가 천국의 빛이요 면류관인 그런 주님의 아름다움을 찬미할 수 있습니다.

예수님의 옷자락을 만질 수만 있다 하더라도 여러분은 온전하게 될 것입니다. 하지만 여러분이 옷자락을 만지는 것만으로 만족할까요? 옷자락 이상을 만지고 싶어하며, 옷만이 아닌 예수님 자신을, 그의 마음까지도 만지고 싶어하지 않겠습니까? 그리고 주님의 마음을 여러분의 영원한 주소로 삼으려 하지 않겠습니까? 누가 은혜에 영원히 어린이로 남아 있고 싶어하며, 잠에서 깨어나지 못한 채 어렴풋이 희미하게 구세주를 아는 상태로 머물려 하겠습니까? 형제들이여, 십자가의 학교에 다니며 부지런히 공부하십시오. 그 안에 영원한 지혜가 있습니다. 여러분의 구세주를 많이 배우십시오. 십자가에 못 박히신 그리스도를 배우는 학문은 가장 뛰어난 학문입니다. 그를 알고 그의 부활의 권능을 아는 것은 최고의 지식을 아는 것입니다. 많은 성도들이 예수님에 대한 무지로 말미암아 거룩한 기쁨을 빼앗깁니다. 그러므로 우리 모두 주님을 배우는 시온의 자녀들과 함께 합시다.

그 다음에 묵상하지 않는 것이 거듭난 심령의 행복을 도둑질하는 진정한 도둑임을 여러분은 깨달아야 할 것입니다. 어떤 점에서 무엇을 믿는다는 것은 컵 안에서 번쩍이는 수정같이 맑고 시원한 물을 보는 것 같지만 무엇을 묵상한다는 것은 그 속에 있는 물을 마시는 것 같습니다. 읽는다는 것은 포도송이를 모으는 것과 같으며, 묵상한다는 것은 그 포도송이들을 가지고 풍성한 주스를 짜내는 것과 같습니다. 묵상이 기도를 겸할 때 무엇보다도 영혼을 가장 살찌웁니다.

신부는 본장에서 많은 묵상을 하였습니다. 그렇지 않다면 그녀는 자기 주인에 대하여 자세히 말할 수 없었을 것입니다. 오 거룩한 심령들이여, 그녀를 본받으십시오! 나의 형제들이여, 우리 주 예수님을 깊이 생각하십시오. 그는 하나님이시고, 영원하신 분이시고, 무한하신 분이시며, 한결같이 복되신 분이십니다. 그런 분이 우리를 위해 인간이 되셨습니다. 우리처럼 그 어머니의 체질을 물려받은 인간 말입니다. 그분의 흠 없는 성품을 묵상하십시오. 그가 골고다에서 참으신 고난을 자세히 살펴보십시오. 그분을 따라서 무덤으로, 무덤에서 부활로, 부활에서 별이 빛나는 우주를 지나 승리의 보좌로 나아가 보십시오. 선지자, 제사장, 왕으로서 그의 각각의 직분을 마음속으로 묵상해 보십시오. 그의 속성 하나하나를 묵상하시고, 성경에 나오는 그의 모든 이름을 묵상해 보십시오. 여유를 가지고 그분의 모든 위상을 고찰해 보십시오. 이 모든 묵상을 마치고 난 후에 다시금 반복해서 이런 사실들을 묵상하십시오.

묵상으로 반추(反芻)하는 것은 좋은 일입니다. 그때에 여러분의 심령은 거룩한 진리의 달콤하고 기름진 맛을 음미하게 될 것이며, 여러분은 본문과 같이 열광적인 표현을 터뜨리게 될 것입니다. "그 전체가 사랑스럽구나." 여러분은 대부분 너무 바쁘며, 세상에서 할 일이 너무 많습니다. 하지만 사실은 무엇입니까? 사실 여러분은 먼지를 긁어모으고, 두툼한 진흙을 쌓아 올리고 있는 것입니다. 오 여러분이 참된 부유함을 따라 바쁘면 좋으련만! 잠시 옆으로 비켜나서 고독 속에서 부유해질 수 있으면 좋으련만! 한결같이 복되신 주님의 인격과 사역을 묵상함으로써 여러분의 마음이 활기를 얻으면 좋으련만! 너무 지나치게 세상을 따라가면 여러분은 천국을 상실하고 말 것입니다. 묵상을 방구석으로 몰아버린다면 천국의 기쁨을 맛볼 수 없을 것입니다.

주님의 아름다움을 분간하지 못하는 또 다른 이유는 많은 그리스도인들의 영적인 삶이 낮은 수준이기 때문입니다. 많은 그리스도인들은 단지 살아 있을 뿐 성장하지 못합니다. 여러분은 이처럼 야윈 심령들을 알지 못합니까? 여러분 자신이 그런 사람은 아닌지요! 그런 사람의 눈은 그리스도의 아름다움을 보고 즐거워하지 못합니다. 그는 시력이 약하여 멀리 볼 수 없습니다. 그는 석류 동산에서 예수님과 함께 거닐지 못하며, 너무나 허약하여 가냘픔의 침상에서 일어나지 못합니다. 그는 그리스도를 먹지 않으며, 식욕은 떨어졌습니다. 이는 무시무시한 타락의 확실한 징후입니다. 그는 아마나의 꼭대기(아 4:8)에 오르지 않으며, 성전 안에서 기뻐 뛰지 않으며, 다윗과 같이 언약궤 앞에서 춤추지도 않습니다. 아니, 네 사람이 메고 온 병자처럼 그가 구급차에 실려와서 예수님 발 앞에 놓여지는 그것으로 끝이라면 그는 더 이상 나아질 것이 없을 것입니다.

주 안에서와 그 힘의 능력으로 강건하여지는 것, 독수리 날개를 치며 세상 구름 저 너머로 올라가는 것에 많은 사람들이 무관심합니다. 하지만 사랑하는 성도들이여, 고상한 심령들, 잘 배운 사람들이 있습니다. 그들은 이 땅에서 살아가는 동안에도 천국의 생명에 관한 많은 것을 알고 있습니다. 주님은 우리의 속사람을 은혜로 강건케 하시며, 그때에 비로소 우리는 잘 정제된 포도주를 마음껏 마실 것입니다. 그때에 우리의 눈이 열려서 예수님을 더욱 또렷하게 볼 것이며, 주님은 "사람들보다 아름답다"(시 45:2)고 충실하게 증거할 것입니다.

내가 유감스럽게 생각하는 것은 그리스도께서 그동안 우리의 심령을 찾아오셨어도 이를 경시했다는 사실, 그리고 주님께서 더 이상 방문하지 않으셔도 우리가 슬퍼하지 않는다는 것입니다. 신랑이 우리에게 찾아오셨을 때 우리는 그분의 아름다움을 충분히 기뻐하지 않았습니다. 우리의 마음이 그의 사랑을 받고 다소 흥분되었다가도 금세 식어지고 시들해졌습니다. 그러므로 주님은 뒤로 물러가 계셨습니다. 그런데도 우리는 가슴 아파하지 않았으며, 오히려 심술궂게 주님 없이 살 생각을 하였습니다. 신자가 구세주 없이 살려고 한다는 것은 아주 형편없는 짓입니다. 여러분은 정말 구세주 없이 살 생각이었으며 거의 그렇게 될 뻔하였습니다. 전에 여러분은 아침에 주님의 말씀을 듣지 못하면 슬퍼하곤 하였으며, 잠자리에 들기 전에 사랑의 표시가 없으면 침대 위에서 불안하여 뒤척거리곤 하였습니다. 하지만 지금은 어떻습니까?

지금 여러분은 육체적이고 세속적이고 태평하며, 아주 안심합니다. 예수님께서 얼굴을 가리시고 해가 져도 여러분은 아직 밤이라고 느끼지 않습니다. 오 제발 하나님께서 이 무감각으로부터 깨워 주셔서 여러분의 비참한 상태를 슬퍼할 수 있게 해 주시기를 간절히 바랍니다! 여러분을 타락에서 건져내기 위해 고통이 필요하다 할지라도 이는 도리어 싼값이 될 것입니다. 오 북풍이여, 당신의 차가운 호흡으로 저 무감각한 심령을 각성시킬 수만 있다면 살을 에는 듯한 찬 기운으로 깨어나시오! 주님께서 우리에게 은혜를 베푸셔서 그리스도를 사랑하되, 우리가 그를 마음껏 취하지 않으면 배고프고 갈증이 나서 죽을 지경이 될 정도로 사랑하게 되기를 축원합니다. 우리의 날개로 생명나무에서 멀리 날아가 버린 동안에 우리는 둥지를 지을 장소를 결코 찾지 못할 것입니다. 노아의 비둘기처럼 방주에서 우리의 발 붙일 곳을 찾지 못하면 우리는 물에 빠져 익사하고 말 것입니다. 이 방주는 우리에게 그리스도 예수, 곧 우리의 구세주를 의미합니다.

사랑하는 여러분, 이러한 제의들이 과녁을 맞추지 못하고, 그리스도에 대한 열광적인 사랑을 거의 알아보지 못하는 원인을 밝히지 못한다면 저는 또 다른 제의를 제시하겠습니다. 자주 신앙인들의 마음이 공허하고 천박해집니다. 일주일 동안 그들은 일에 파묻혀 삽니다. 이것이 그들의 변명이 될 수도 있습니다. 하지만 여유와 틈을 거의 갖지 못할 때 그들의 마음은 공허함으로 가득 차게 될 것입니다. 심령이 이 세상의 하찮은 것을 아주 중요한 것으로 여기게 될 때, 그 심령이 그리스도 예수의 엄청난 가치를 깨닫지 못하는 것이 조금이라도 이상한 일이겠습니까? 겨에 홀딱 빠져 있는 사람이 알곡에 관심을 가지겠습니까? 이와 더불어 신앙인의 마음은 공허한 만큼 교만하게 되어 있습니다.

그는 자신이 본래 부족하고 하찮은 존재임을 기억하지 못하고, 따라서 그리스도 예수의 풍성함을 소중히 여기지 않습니다. 그는 자신을 믿음이 견고하고 체험이 많은 그리스도인이라고 생각합니다. 그는 매우 불안정하고 아주 쉽게 타락해 버리는 어리석은 초신자들과 다르다고 착각합니다. 자신이 오랜 세월에 걸쳐 경륜을 쌓았고 많은 체험으로 견고해졌다고 착각합니다. 오 심령이여, 당신이 커 보이면 그리스도께서 작아 보일 것입니다. 쓰레기더미 위에 있는 자신의 모습을 보아야 비로소 보좌에 앉으신 그리스도를 발견할 수 있을 것입니다. 당신이 다 되었다고 생각하면 그리스도는 아무것도 아닐 것입니다. 당신이 전부라면 다른 무엇이 그대 안에 들어갈 틈이 없을 것입니다. 당신이 괜찮은 사람이라고 생각한다면 당신은 주 예수님의 영광을 그만큼 강탈한 셈입니다. 재 가운데 엎드러지십시오. 그곳이 여러분이 처할 곳입니다. 내가 스스로 겸비하면 할수록 나는 그리스도의 매혹적인 아름다움을 더 많이 볼 수 있을 것입니다.

두세 마디만 더 말씀드리겠습니다. 그리스도의 위대하시고 선하시고 존귀하신 모습에 크게 감동하는 사람들이야말로 가장 행복한 성도들이라고 나는 믿습니다. 또한 그리스도의 교회를 견고한 망대로 믿고 그 안에 거하는 자들은 매우 쓸모 있는 성도들이라고 나는 믿습니다. 바라건대, 저와 여러분이 믿음으로 하나님과 동행하면서 자주 축제일, 기념할 만한 시간들을 가집시다. 그때에 하나님은 특별히 사랑의 입맞춤으로 우리에게 키스해 주실 것이며, 우리는 포도주보다 나은 그의 사랑의 음료수를 마음껏 마실 것입니다. 오, 무엇보다도 하나님의 임재에 푹 빠져서 우리의 심령이 큰 기쁨 중에 "그 전체가 사랑스럽구나"라고 외칠 수 있게 되기를 축원합니다. 이것이 본문의 의미 중 한 가지입니다. 이 의미가 우리에게 그대로 이전되기를 바랍니다.

두 번째 의미는 이렇습니다. 우리가 이 구절을 한 번만 훑어보아도 분명히 알 수 있는 의미가 있는데, 곧 한눈 팔지 않는 애정입니다. "그 전체가 사랑스럽구나." 이 단어들 하나마다 아주 소중한 의미를 가지고 있다는 사실을 유념하십시오. 하지만 이 단어들이 우리에게 주로 말하고자 하는 것은 진실한 성도에게 세상에서 유일하게 사랑스러운 분은 오직 예수님 한 분뿐이라는 사실입니다. 본문을 보면, 그리스도께서 온 우주에 있는 모든 아름다움과 모든 사랑스러움을 독점하신 것처럼 신부가 느낀 것 같습니다. 우리 가운데 어느 누가 그녀가 틀렸다고 말하겠습니까? 예수님은 이성을 가진 모든 존재들의 감탄과 사랑을 받으시기에 합당하지 않습니까? 하지만 우리가 친구들과 친족들을 사랑할 수도 있지 않으냐고요? 그렇고 말고요. 그러나 예수님 안에서, 예수님께 복종하는 가운데 그렇게 할 수 있습니다. 그렇게 해야만 그들을 안전하게 사랑할 수 있습니다. 우리 주님께서 친히 "아버지나 어머니를 나보다 더 사랑하는 자는 내게 합당하지 아니하다"(마 10:37)고 말씀하지 않으셨습니까? 우리가 이 사람들을 예수님보다 앞세운다면 우리는 예수님의 제자가 될 수 없습니다.

그리스도는 우리의 가슴속에서 왕이 되셔야 합니다. 우리의 소중한 사람들이 그리스도의 발 앞에 앉아 있고, 우리가 그리스도 때문에 그들을 사랑하더라도 오직 그리스도만은 우리 마음의 보좌를 차지하셔야만 합니다. 나는 믿음의 형제들 속에서 훌륭한 점을 봅니다. 하지만 그들이 그리스도로 말미암지 않았다면 그들 속에 훌륭한 아무것도 없다는 사실을 나는 결코 잊지 않습니다. 그들의 사랑스러움은 그리스도의 사랑스러움의 한 부분일 뿐입니다. 왜냐하면 그리스도께서 그의 성령으로 말미암아 그들 속에 그 사랑스러움을 베풀어 주셨기 때문입니다. 나는 예수께서 모든 사랑스러움을 독점하신 분, 온 우주 안에 감탄할 만한 모든 것을 독점하신 분이라고 인정합니다. 그러므로 나는 모든 사랑을 그에게 드릴 것입니다. 왜냐하면 "그 전체가 사랑스럽기" 때문입니다.

또한 본문은 예수님 안에 온갖 종류의 사랑스러움이 발견된다는 사실을 뜻합니다. 불멸하는 영혼이 사랑할 만한 무언가가 있다면 이는 주 예수님 안에서 풍성히 발견될 것입니다. 예수님은 무엇에든지 진실하며, 무엇에든지 정직하며, 무엇에든지 의로우며, 무엇에든지 순수하며, 무엇에든지 사랑할 만하며, 무엇에든지 평판이 좋습니다. 어떤 덕이든지 어떤 칭찬이든지 모든 것이 그리스도 예수 안에서 무한정 발견됩니다. 모든 강물이 바다에서 만나

듯이 모든 아름다움이 구세주 안에서 일체가 됩니다. 은혜로운 사람의 성품을 취해 보십시오. 그러면 여러분은 얼마간 사랑스러움을 발견할 것입니다. 하지만 거기엔 한계와 혼합이 존재합니다. 베드로는 많은 덕을 갖추었지만 적지 않은 실수를 저질렀습니다. 요한의 성품 또한 훌륭하였지만 어떤 점에서는 부족하였습니다. 하지만 우리 주님께서는 모든 성도들의 덕을 초월하십니다. 왜냐하면 인간의 모든 덕과 신성이 주님 안에서 아름답게 조화를 이루기 때문입니다. 주님은 이 꽃이나 저 꽃이 아니라 완전한 낙원이십니다. 주님은 여기에 있는 별이나 저기에 있는 성운이 아니라 모든 별들을 품고 있는 하늘 전체, 아니 하늘들의 하늘이십니다. 주님 한 분 안에 아름답고 사랑스러운 모든 것이 농축되어 있습니다.

예수님께서 "그 전체가 사랑스럽다"고 한 본문의 말씀은 예수님께서 모든 관점에서 사랑스럽다고 선포합니다. 아무리 훌륭한 건물이라도 어떤 각도에서는 불리한 구조를 가지고 있는 것이 일반적인 현상입니다. 아무리 뛰어난 세공품이라도 모든 방향에서 똑같이 완전할 수는 없습니다. 아무리 훌륭한 성품을 가진 사람이라도 많은 흠은 아니라도 한 가지 흠은 있게 마련입니다. 하지만 우리 주님의 경우 전체가 사랑스럽습니다. 여러분이 원하는 관점에서 예수님을 바라보십시오. 여러분은 모든 면에서 예수님을 살펴보셔야 할 것입니다. 그리하면 "그 전체가 사랑스럽구나"라는 말씀을 새롭게 확인하게 될 것입니다.

세상이 만들어지기 전 영원하신 하나님이셨을 때 천사들이 주님을 사랑하고 찬송하였습니다. 그리고 베들레헴에서 아기로 태어나셨을 때나 베다니에서 성인이었을 때, 바다 위를 걸어가셨을 때나 십자가에 못 박혔을 때, 죽어 무덤에 장사되었을 때나 승리하신 후 보좌에 앉으셨을 때, 첫열매로 부활하셨을 때나 공의로 세상을 심판하기 위해 재림하실 때, 수치스럽게 멸시를 당하고 침 뱉음을 당하셨을 때나 영광을 얻으시고 찬송과 사랑을 받으셨을 때, 이마에 가시면류관을 쓰시고 손에 못이 박혔을 때나 사망과 지옥의 열쇠를 그의 허리띠에 차셨을 때, 그 어느 때든 여러분이 원하는 대로, 여러분이 원하는 자리에서, 여러분 원하는 때에 예수님을 바라보십시오. "그 전체가 사랑스럽구나." 모든 관점에서, 모든 직책과 관계에서, 모든 시간과 모든 계절에, 모든 상황과 조건 하에, 어디든지 아무데서나 "그 전체가 사랑스럽습니다."

예수님께는 조금이라도 사랑스럽지 않은 것이 없습니다. 본문의 칭송의 말씀은 이러한 부정적인 생각을 금합니다. 주님의 전체가 사랑스럽다면 여러분이 어디에서 결함을 발견할 수 있겠습니다. 아펠레스(Apelles)는 알렉산더 대왕의 초상화를 그릴 때 왕의 얼굴에 있는 흉터를 보이지 않게 하려고 왕의 손으로 그곳을 가리고 있는 모습을 그렸습니다. 하지만 여러분이 임마누엘 주님의 얼굴을 그릴 때 감추어야 할 흉터는 없습니다. 우리가 우리나라를 평하고 나서 "결함은 많지만 그래도 우리는 우리나라를 사랑한다"고 말하지 않겠습니까? 하지만 우리가 예수님을 사랑하는데에 우리의 마음에 아무런 부담이 없습니다. 왜냐하면 예수님에게는 약간의 흠도 전혀 없기 때문입니다. 예수님은 사과할 필요가 없고, 변명할 필요도 없습니다. 그런데 주님의 어깨 위에서 내가 보는 것이 무엇입니까? 그것은 험하고 울퉁불퉁한 십자가입니다. 내가 주님을 따른다면 주님을 위해 그 십자가를 지고 가야 합니다. 그 십자가가 보기 흉하지 않으냐고요? 오, 아니에요! 예수님은 전체가 사랑스럽습니다. 십자가와 그 모든 것이 그렇습니다. 그리스도인이 되기 위해 어떠한 고통을 받을지라도 우리는 그리스도를 위하여 받는 수모를 애굽의 모든 보화보다 더 큰 재물로 여길 것입니다.

세상은 그리스도를 반쪽만 존경하지만 그리스도를 온전히 인정하지는 않을 것입니다. 영적으로 눈이 멀었던 소치니주의자(Socinian)는 "나는 인간 그리스도는 존경하지만 예수를 하나님으로 경배하지는 않을 것이다"라고 말하였습니다. 영원하신 말씀은 전체가 사랑스러울지라도 그에게는 절반만 사랑스러웠습니다. 어떤 이들은 그리스도를 모범적인 인물로 여기나 그분을 속죄제물, 곧 죄인들을 대신하여 죽으신 구주로 영접하지는 않습니다. 많은 사람들이 은으로 된 슬리퍼 — 대주교의 종교 — 속에서는 그리스도를 모시지만 가난하지만 은혜로운 감리교인이 전하는 복음에는 귀를 기울이지 않으며, 혹은 글자도 모르는 군중들과 어울려 전원마을에서 경건한 노래를 부를 가치가 있다고 생각하지 않을 것입니다. 아아! 우리는 황금과 상아로 만들어진 십자가는 그리도 많이 바라보면서도 예수님의 초라한 십자가는 어째서 사랑하지 않는지! 형제들이여, 예수님이 비록 가난하였어도, 혹 십자가에 벌거벗긴 채 매달렸어도, 버림받고 저주를 받았어도 그분은 "전체가 사랑스럽다"고 우리는 생각합니다.

우리는 무덤 속에 계신 예수님에게서 말로 할 수 없는 아름다움을 보며, 그의 창백한 죽음에서 진정한 멋을 봅니다. 옛 뱀에 발꿈치가 상하였을지라도 예수님은 여전히 잘생겼습니다. 우리에 대한 그분의 사랑 때문에 그분의 모습은 우리의 눈에 항상 "희고도 붉게"(아 5:10) 보입니다. 우리는 어디서나 예수님을 경배합니다. 왜냐하면 발꿈치를 상하신 바로 이 그리스도께서 또한 사탄의 머리를 상하게 하셨으며, 우리 때문에 발가벗겨진 그분이 영광의 옷을 차려입지 않으신다는 사실을 우리가 알기 때문입니다. 멸시와 거절을 당하신 그분이 만왕의 왕이요 만주의 주가 되시며, "기묘자, 모사, 전능하신 하나님, 영존하시는 아버지, 평강의 왕"이 되심을 우리는 압니다. "그 전체가 사랑스럽구나." 주님은 흠이 없습니다.

본문에서 우리가 알 수 있는 것은 예수님께서 최상으로 사랑스럽다는 사실입니다. 즉, 예수님께서 실제적으로 사랑스럽기는 하지만 비교해 보면 어딘가 부족한 분이 아니라 비길 데 없이 최상의 의미에서 사랑스러운 분이라는 말씀입니다. 나는 이 사실을 염두에 두고 본문의 의미를 자세히 설명하겠습니다. 그리고 하나님의 자녀라면 누구나 그리스도 예수님 전부가 온전히 사랑스럽다는 사실을 인정할 수밖에 없다는 말로써 결론을 내릴 것입니다. 예수님은 나의 판단이라는 면에서 사랑스럽습니다. 그런데 많은 면에서 예수님은 사랑스럽지만 나의 사모함이라는 면에서는 사랑스럽지 못합니다. 왜냐하면 내가 예수님을 너무 사모한 나머지 병이 났으니까요. 예수님은 나의 머리만큼이나 나의 마음에도 사랑스러우며, 그의 선하신 만큼 소중하십니다. 예수님은 나의 소망에도 사랑스럽습니다. 나의 모든 소망이 그에게 있지 않나요? 예수님의 실제 모습을 보는 것, 이것이 내 기대가 아닌가요? 예수님은 나의 기억에도 역시 사랑스럽습니다. 내가 기억하기로 예수님께서 나를 그물에서 끌어내 주었으니까요. 나의 모든 능력과 나의 열정, 나의 재능과 감정에도 사랑스럽습니다.

다윗처럼 "내 마음과 육체가 살아 계시는 하나님께 부르짖습니다"(시

84:2). 즉, 전인격적으로 나는 구세주의 전부를 갈망합니다. 구세주의 전부가 인간의 존재 전체(存在全體, the man's entire being)에 아름답고 말로 형용할 수 없이 존귀하기 때문입니다. 여러분과 내가 그렇게 구세주를 갈망하기 바랍니다. 그런데 과연 그런가요? 여러분 마음속에 우상을 두지 않았나요? 하나님의 사람들이여, 여러분이 노끈으로 만든 채찍을 가지고 오늘 아침 여러분의 심령의 성전을 깨끗하게 해야 하지 않겠습니까? 오직 그리스도만이 계셔야 할 성전에 장사하는 자들이 있지 않습니까? 오, 예수님을 온전히 사랑하고 오직 그분만을 사랑하므로 다른 아름다움에 눈을 돌리지 말고 다른 사랑스러움에 마음을 빼기지 마십시오. 왜냐하면 예수님께서 우리의 심령을 채우시며, 그분 "전체가 사랑스럽기" 때문입니다.

본문의 세 번째 의미는 내가 가장 강조하고 싶은 내용인데, 그것은 뜨거운 헌신입니다. 나는 본문의 말씀을 제단에서 가져온 핀 숯이라고 불렀는데 분명히 그렇습니다. 이 말씀이 우리의 마음속에 임하여 마음을 활활 타오르게 한다면 이는 이루 말할 수 없는 은총일 것입니다. 뜨거운 헌신이 이 구절에서 타오릅니다. 이 말씀은 예수님께서 마음을 감동하시면 세상의 어떤 감동도 이보다 더 진할 수 없다는 성도의 느낌을 표현한 것입니다. 어느 누가 여러분을 꾸짖으면서 여러분이 신앙에 대하여 너무 지나치게 많이 생각한다고 말하겠습니까? 정녕코 그럴 수 없습니다. 오직 주님의 영광만을 위해 존재하기까지 하나님의 집에 대한 열심이 우리를 삼킨다 할지라도 우리의 열심에는 지나침이 없을 것입니다. 열심의 균형을 잡아주는 조화로운 지식이 있을지라도 하나님을 위한 열심에는 지나침이 있을 수 없습니다. 이 말씀은 용광로와 같은 마음을 가졌고 불과 같은 사랑을 소유한 사람이 한 말입니다. "그 전체가 사랑스럽구나." 이는 세상의 어떠한 언어도 주님을 추천하기에는 너무나 약하다고 느낀 사람의 절규입니다.

신부는 강한 표현을 찾기 위해 히브리어를 샅샅이 뒤졌고, 영어성경의 번역자들은 강력한 단어를 찾기 위해 영어를 샅샅이 뒤졌습니다. 그 결과 그들은 가장 무게 있게 표현하였습니다. "그 전체가 사랑스럽구나"(He is altogether lovely). 여러분이 그리스도를 전할 때 과장을 두려워할 필요가 없습니다. 우리가 그리스도의 덕을 묘사할 때 과장법은 소박한 진실에 불과합니다. 나는 어느 초상화가에 대한 이야기를 들어보았습니다. 그는 자신의 인기의 원인이 자신이 결코 사실대로 그리지 않았던 사실에 있다고 생각했습니다. 그는 언제나 실물보다 좋게 보이도록 붓을 덧대었습니다. 그러나 여기에 그런 기술이 통하지 않는 초상화가 있습니다. 예수님을 더 잘 보이도록 그리는 일은 불가능하기 때문입니다. 웅변가들이여, 그 웅변으로 예수님을 덧칠해 보십시오. 색깔을 아끼지 마십시오. 그러나 여러분은 결단코 예수님을 더 잘 보이게 그리지는 못할 것입니다. 스랍들이여, 그대들의 수금을 가져올지어다. 그대 피로 씻음을 받은 자들이여, 크게 노래를 부를지어다. 그리할지라도 그대들의 모든 찬송이 주님께서 받으시기에 합당한 영광에 미치지 못할 것이로다.

본문은 아무리 주님을 섬겨도 그 섬김이 주님께 부족하다는 사실을 깨달은 성도의 말입니다. 우리가 주님에 대하여 사도들과 순교자들과 옛 성도들과 같이 생각하기 바랍니다. 그들은 예수 그리스도께서 최상의 섬김을 받아야 한다고 생각했습니다. 그에 비해 우리의 섬김은 부족해도 너무 부족합니다. 우리가 오늘날 존귀하신 주님을 위해 한 일이 거의 없다고 말한들 무슨 하자가 있겠습니까? 그리스도의 사랑이 마땅히 우리를 강권해야 함에도 불구하고 그렇지 못합니다. 하지만 옛 성도들은 궁핍을 견뎠고, 비난을 무릅썼으며, 피곤한 길을 걸어갔고, 성난 바다를 지났으며, 강도의 위험과 잔인한 사람들의 위험을 감수했는데, 이 모든 일이 예수님이 알려지지 않은 땅에 십자가를 심기 위함이었습니다. 오늘날의 사람들에게는 기대할 수 없는 수고들을 옛 그리스도인들은 날마다 다반사로 행하였던 것입니다.

그리스도가 사랑스럽지 않습니까? 교회가 그리스도께 충성하지 않습니까? 하나님의 은혜로 교회가 그리스도를 바로 평가할 수 있기를 바랍니다. 그때에 비로소 교회는 이전과 같은 섬김의 모습으로 회복될 것입니다. 형제들이여, 본문 말씀이 우리의 마음에 깊이 새겨졌거든 어떠한 선물도 그리스도께는 부족한 것임을 깨닫기 원하며, 또 깨달아야만 할 것입니다. 비록 우리가 가진 모든 것을 그리스도께 다 드리고, 우리의 시간과 재능을 다 바쳐 그리스도께 헌신하며, 우리의 생명까지 드린다 할지라도 이 모든 것이 주님께는 여전히 부족한 것이라는 말씀입니다. 십자가에 못 박히신 주님을 위해서라면 어떠한 수난도 오히려 부족할 것이며, 그리스도를 위해 욕을 받는 것은 큰 기쁨이 될 것입니다. "그 전체가 사랑스럽구나." 그러므로 내가 여러분에게 부탁하건대, 그리스도께서 여러분에게 맡기신 일을 조금이라도 힘들다고 생각하지 말며, 여러분에게 인내하라고 명하신 일을 고통스럽다고 생각하지 마십시오. 과거에 기사가 십자군에 지원하여 자기 팔에 붉은 십자가를 두르고 자신이 주님의 군사라는 생각에 이교도의 손에 죽는 것을 두려워하지 않았던 것처럼, 우리도 역시 예수님을 위해 모든 대적들과 맞서 싸워야 할 것입니다. 우리가 원하는 한 가지는 오직 단련되고 정화되며 세속의 조잡함으로부터 구원받는 것이며, 또한 하나님의 교회 안에 다시 한 번 기사도 정신이 회복되는 것입니다.

나는 새로운 십자군 운동을 기꺼이 선전할 것입니다. 내게 옛 은둔자의 혀가 있어서 전 기독교계를 감동시킬 수 있다면 나는 이런 말을 하겠습니다. "오늘날 그 전체가 사랑스러우신 그리스도께서 수치를 당하고 계십니다. 이러한 상황을 참을 수 있겠습니까? 오늘날 그리스도께서 계셔야 할 자리에 우상들이 서 있고 사람들이 그것들을 숭배하고 있습니다. 예수님을 사랑하는 자들이여, 여러분이 이를 참을 수 있겠습니까? 오늘날 거대한 신상(神像)이 피 흘린 모습을 하고 거리를 지나고 있습니다. 오늘날 하나님께서 보내신 그리스도를 여전히 수많은 사람들이 모르고 있으며, 그의 보혈로 죄 씻음을 받지 못한 나라들이 많습니다. 그런데 여러분은 언제까지 이 같은 상황을 보고만 있겠습니까?" 잉글랜드에 있는 우리들, 곧 수많은 우리 그리스도인들, 웅변의 재능이 있는 사람들, 금으로 무거운 지갑을 가진 우리가 은사를 발휘하지 않고 증거하지 않으므로 결과적으로 주께서 수치를 당하시도록 내버려 두어야 하겠습니까?

교회는 지금 위대하신 주님을 위해 하는 일이 거의 없으며, 자신의 사명을 감당하지도 못하며, 죽어 가는 세상에 꼭 필요한 존재가 되지 못하고 있습니다. 오 천국의 불이 타오르면 얼마나 좋을까요! 오, 언제쯤 성령의 권능이 다시금 우리에게 임할까요? 언제쯤 사람들이 이기주의를 버리고 오직 그리스도만을 찾을까요? 언제쯤 사람들이 하찮은 다툼을 멈추고 십자가 주변으로 몰려들까요? 언제쯤 우리가 자신의 영광을 구하기를 그치고 세상 끝날까지 주님을 영화롭게 할까요? 이에 관하여 하나님께서 우리를 도우십니다. 곧, 우리의 마음속에 옛 것을 소멸하고 우리의 심령을 뜨겁게 달구는 불을 붙여 주시며, 이로써 예수께서 우리에게 전부가 되심을 알게 하실 것입니다.

지금까지 나는 여러분에게 본문의 의미를 설명드렸습니다. 이제 나는 본문을 이용하여 실생활에 세 가지를 적용하고자 합니다.

그 첫 번째 적용은 바로 여러분, 그리스도인들에 대한 것입니다. 본문은 매우 달콤한 교훈입니다. 주 예수님은 "그 전체가 사랑스럽습니다." 그러므로 사랑스러운 사람이 되기를 원한다면 예수님을 닮아야 합니다. 그리스도인으로서 나의 본은 그리스도이십니다. 습자 교본의 마지막 페이지에 학생들이 얼마나 서투르게 복사하는지 여러분은 살펴보셨나요? 맨 위에는 원본이 있습니다. 처음에 학생은 원본을 베낍니다. 두 번째 페이지에서 학생들은 사본을 복사합니다. 그리고 세 번째 페이지에서는 사본의 사본을 복사합니다. 그리하여 페이지를 넘길수록 필적이 나빠지게 됩니다. 사도들이 최초로 그리스도를 따랐습니다. 그 다음에 첫 번째 교부들이 사도들을 본받았습니다. 두 번째 교부들이 첫 번째 교부들을 본받았습니다. 그리하여 거룩의 수준이 상당히 떨어졌습니다.

이제 우리는 너무도 쉽게 기독교의 찌끼와 잔재를 따릅니다. 우리의 부족하고 결점이 있는 성직자들 혹은 교회 지도자들 정도만 되면 우리는 칭찬 받아 마땅하다고 생각합니다. 하지만, 나의 형제들이여, 단순한 사본을 덮어 버리고 원본대로 삽시다. 예수님을 복사합시다. "그 전체가 사랑스럽구나." 원본을 복사할 수 있다면 여러분은 세상에서 가장 진실하고 가장 훌륭한 모범을 베끼게 될 것입니다. 그리스도의 열심을 갖기 바라합니다. 그러나 그와 함께 그리스도의 신중함과 분별력도 갖추어 균형을 이루어야만 할 것입니다. 또한 우리는 하나님에 대한 그리스도의 사랑을 갖기 위해 노력해야 합니다. 아울러 사람들에 대한 그리스도의 사랑을 깨달아야 합니다. 즉, 모욕을 당하면서도 베푸신 용서, 친절한 말씨, 변하지 않는 진실성, 그의 온유와 겸손, 그의 완전한 이타주의, 아버지의 일에 대한 그의 완전한 헌신을 깨달아야 합니다. 우리가 예수님의 모든 성품을 본받을 수 있기를 축원합니다. 우리가 지금까지 실수한 이유는 다른 모형을 택하였기 때문입니다.

우리는 그리스도인 화가로서 참으로 최고의 모델을 따르고 있지 않습니다. 우리의 원본은 "그 전체가 사랑스러운 분"입니다. 우리의 모범과 구세주라는 두 가지 관점에서 우리 주님을 생각한다는 것이 얼마나 기분 좋은지! 성전 안에 세워져 있던 물두멍은 놋으로 만들어졌습니다. 제사장들은 제사를 드릴 때마다 이 물두멍에서 그들의 발을 씻었습니다. 이와 같이 그리스도는 우리의 죄를 씻어 주십니다. 그런데 이 물두멍은 전통적으로 놋으로 만들어진 것이었습니다. 이 놋 물두멍은 거울 역할을 하여서 제사장이 그 앞으로 갈 때마다 자신의 허물을 발견할 수 있었습니다. 오, 내가 주 예수님 앞으로 나아갈 때, 나는 내가 지은 죄에서 벗어날 뿐만 아니라 예수님의 완전한 인격의 빛 앞에서 나의 허물을 발견하게 됩니다. 그 결과 나는 겸손하게 되며 거룩을 따르는 법을 배우게 됩니다.

본문의 두 번째 적용은 이러합니다. 이 말씀에서 우리는 여러분에 대한 부드러운 책망을 발견합니다. 비록 부드러운 책망이지만 이 말씀을 마음속 깊이 받아들이시기 바랍니다. 여러분은 그리스도의 낮아짐을 보지 못하지만 그리스도는 "그 전체가 사랑스럽습니다." 이제 나는 곤란한 말을 하지 않겠습니다. 하지만 애석하게도 여러분이 얼마나 불쌍한 존재인지 여러분에게 말씀드리지 않을 수 없습니다. 나는 이 말씀에서 매혹적인 노래를 들을 수 있습니다. 이 노래는 땅이 아니라 하늘에서 흘러나오는 노래인 듯합니다. 이 노래는 헨델의 감동적인 오라토리오 중 한 곡 같습니다. 그런데 한 사람이 저만치 앉아서 이렇게 말합니다. "내게는 감동적인 아무 소리도 들리지 않는데요." 달콤하고 감미로운 화음을 감지할 능력이 그에게는 없는 것입니다. 여러분은 그 사람을 비난하겠습니까? 아닙니다. 하지만 음악을 들을 수 있는 귀를 가진 여러분은 이렇게 말할 것입니다. "저 사람이 얼마나 불쌍한가! 삶의 기쁨을 절반이나 놓치다니!"

다시금 본문으로 돌아와 여기에 영광스러운 풍경이 있습니다. 언덕과 골짜기들, 흐르는 강물, 넓은 호수와 물결치는 초원. 나는 한 친구를 기쁘게 할 작정으로 그를 전망 좋은 곳으로 데려가 그에게 말합니다. "저 장면이 참 매력적이지 않니?" 그는 얼굴을 내게로 향하며 "내게는 아무것도 보이지 않는데"라고 말합니다. 그때 내가 깨닫는 것은 내게 기쁨이 되는 일을 그는 누릴 수 없다는 사실입니다. 그에게 약간의 시력이 있지만 가까이 있는 것만 볼 뿐, 멀리 있는 것은 전혀 보지 못합니다. 내가 그 사람을 비난해야 할까요? 설령 그 사람이 나와 논쟁을 벌이며 "당신이 존재하지도 않는 풍경에 대하여 그토록 열광하는 것은 당신이 매우 어리석기 때문이며, 그것은 단지 흥분에 불과한 것이야"라고 말한다 할지라도 그 사람과 논쟁을 벌일까요? 그 사람에게 화를 낼까요? 아닙니다. 대신 나는 눈물을 흘리며 혼자서 말합니다. "저 눈먼 사람이 큰 것을 잃어버리는군."

자, 예수님의 이름 안에서 음악소리를 한 번도 듣지 못한 여러분은 정말로 불쌍한 사람들입니다. 왜냐하면 여러분의 손실이 너무 크기 때문입니다. 예수님 안에서 아름다움을 한 번도 발견하지 못하였고, 또 앞으로도 영원히 발견하지 못할 여러분은 눈물을 펑펑 쏟을 수밖에 없을 것입니다. 그리스도를 사랑하지 않는 상태가 바로 지옥입니다! 하나님께서 보내신 그리스도에게 홀딱 반하지 못하는 상태는 지옥 중에서도 가장 밑바닥, 곧 가장 맹렬할 불구덩이 속에 있는 것입니다. 그리스도를 사랑하고 그를 닮은 상태가 다름 아닌 천국이며, 그리스도를 닮지 못하고 그를 닮고자 하는 열망이 없는 상태, 심지어 "그 전체가 사랑스러운" 주님의 무한한 완전하심을 싫어한다는 것은 다름 아닌 지옥입니다. 주님께서 여러분의 보지 못하는 눈을 열어 주시고 듣지 못하는 귀를 뚫어 주시면 비로소 여러분은 우리와 함께 "그 전체가 사랑스럽구나"라고 말하게 될 것입니다.

본문의 마지막 적용은 친절한 매력에 대한 것입니다. "그 전체가 사랑스럽구나." 오늘 아침 자신의 죄를 깨닫고 구세주를 바라는 여러분은 어디에 있습니까? 어디로 숨으셨나요? 내가 보지 못하는 곳으로 숨으셨나요? 좌우간에 이 감미로운 사상을 물리치지 마십시오. 여러분이 예수님께 나오실 때 두려워할 필요가 없습니다. 왜냐하면 그는 "그 전체가 사랑스럽기" 때문입니다. 본문은 그 전체가 소름끼친다고 말하지 않습니다. 그것은 주님에 대한 여러분의 오해입니다. 본문은 주님께서 약간만 사랑스러우며, 그래서 때로는 일부 죄인들만 영접한다고 말하지도 않습니다. 주님은 "그 전체가 사랑스럽습니다." 그러므로 주님은 아무리 악한 죄인이라도 언제나 기쁘게 맞아 주십니다. 주님의 이름을 생각해 보십시오. 그 이름은 예수, 곧 구세주입니다. 그 이름이 사랑스럽지 않습니까? 그의 하신 일을 생각해 보십시오. 주님은 잃어버린 자를 찾아 구원하려고 오셨습니다. 이것이 그의 직무입니다. 그의 행하시는 일이 사랑스럽지 않습니까? 주님께서 이루신 일을 생각해 보십시오.

주님은 피를 흘림으로써 우리의 영혼을 구속하셨습니다. 그 이루신 일이 사랑스럽지 않습니까? 지금도 행하시는 일을 생각해 보십시오. 주님은 하나님의 보좌 앞에서 죄인들을 위해 간구하고 계십니다. 주님께서 이 순간에도 베푸시는 은혜를 생각해 보십시오. 주님께서 높아지신 목적은 회개를 베푸시고 죄를 사하기 위함입니다. 그 목적이 사랑스럽지 않습니까? 모든 면에서 그리스도 예수님은 그를 필요로 하는 죄인들에게 매력적인 분이십니다. 그러므로 주님 앞에 나와 영접하십시오. 여러분이 주님을 가까이하지 못할 아무런 이유가 없으며, 도리어 주님께서 여러분을 오라고 명령하십니다. 내가 그리스도를 전하고 높인 이 안식일에 여러분이 주님 앞으로 인도되어 다시는 그를 떠나지 않고 영원 무궁토록 그분과 함께 하기를 축원합니다.

독자 여러분들께 알립니다!

'CH북스'는 기존 **'크리스천다이제스트'**의 영문명 앞 2글자와
도서를 의미하는 **'북스'**를 결합한 출판사의 새로운 이름입니다.

스펄전
구약 인물 설교

1판 1쇄 발행 2004년 9월 25일
2판 1쇄 발행 2020년 6월 5일
2판 2쇄 발행 2023년 8월 11일

발행인 박명곤 **CEO** 박지성 **CFO** 김영은
기획편집 채대광, 김준원, 박일귀, 이승미, 이은빈, 강민형, 이지은
디자인 구경표, 구혜민, 임지선
마케팅 임우열, 김은지, 이호, 최고은
펴낸곳 CH북스
출판등록 제406-1999-000038호
전화 070-4917-2074 **팩스** 0303-3444-2136
주소 서울시 강서구 마곡중앙6로 40, 장흥빌딩 10층
홈페이지 www.hdjisung.com **이메일** support@hdjisung.com
제작처 영신사

"크리스천의 영적 성장을 돕는 고전"
세계기독교고전 목록

1 **데이비드 브레이너드 생애와 일기**
조나단 에드워즈 편집
2 **그리스도를 본받아** | 토마스 아 켐피스
3 **존 웨슬리의 일기** | 존 웨슬리
4 **존 뉴턴 서한집 - 영적 도움을 위하여** | 존 뉴턴
5 **성 프란체스코의 작은 꽃들**
6 **경건한 삶을 위한 부르심** | 윌리엄 로
7 **기도의 삶** | 성 테레사
8 **고백록** | 성 아우구스티누스
9 **하나님의 사랑** | 성 버나드
10 **회개하지 않은 자에게 보내는 경고**
조셉 얼라인
11 **하이델베르크 요리문답 해설** | 우르시누스
12 **죄인의 괴수에게 넘치는 은혜** | 존 번연
13 **하나님께 가까이** | 아브라함 카이퍼
14 **기독교 강요(초판)** | 존 칼빈
15 **천로역정** | 존 번연
16 **거룩한 전쟁** | 존 번연
17 **하나님의 임재 연습** | 로렌스 형제
18 **악인 씨의 삶과 죽음** | 존 번연
19 **참된 목자(참 목자상)** | 리처드 백스터
20 **예수님이라면 어떻게 하실까** | 찰스 쉘던
21 **거룩한 죽음** | 제레미 테일러
22 **웨스트민스터 소교리문답 강해**
알렉산더 화이트
23 **그리스도인의 완전** | 프랑소아 페넬롱
24 **경건한 열망** | 필립 슈페너
25 **그리스도인의 행복한 삶의 비결** | 한나 스미스
26 **하나님의 도성(신국론)** | 성 아우구스티누스
27 **겸손** | 앤드류 머레이
28 **예수님처럼** | 앤드류 머레이
29 **예수의 보혈의 능력** | 앤드류 머레이
30 **그리스도의 영** | 앤드류 머레이
31 **신학의 정수** | 윌리엄 에임스
32 **실낙원** | 존 밀턴
33 **기독교 교양** | 성 아우구스티누스
34 **삼위일체론** | 성 아우구스티누스
35 **루터 선집** | 마르틴 루터
36 **성령, 위로부터 오는 능력** | 앨버트 심프슨
37 **성도의 영원한 안식** | 리처드 백스터
38 **웨스트민스터 소요리문답 해설** | 토머스 왓슨
39 **신학총론(최종판)** | 필립 멜란히톤
40 **믿음의 확신** | 헤르만 바빙크
41 **루터의 로마서 주석** | 마르틴 루터
42 **놀라운 회심의 이야기** | 조나단 에드워즈
43 **새뮤얼 러더퍼드의 편지** | 새뮤얼 러더퍼드
44-46 **기독교 강요(최종판) 상·중·하** | 존 칼빈
47 **인간의 영혼 안에 있는 하나님의 생명**
헨리 스쿠걸
48 **완전의 계단** | 월터 힐턴
49 **루터의 탁상담화** | 마르틴 루터
50-51 **그리스도인의 전신갑주 I, II** | 윌리엄 거널
52 **섭리의 신비** | 존 플라벨
53 **회심으로의 초대** | 리처드 백스터
54 **무릎으로 사는 그리스도인** | 무명의 그리스도인
55 **할레스비의 기도** | 오 할레스비
56 **스펄전의 전도** | 찰스 H. 스펄전
57 **개혁교의학 개요(하나님의 큰 일)**
헤르만 바빙크
58 **순종의 학교** | 앤드류 머레이
59 **완전한 순종** | 앤드류 머레이
60 **그리스도의 기도학교** | 앤드류 머레이
61 **기도의 능력** | E. M. 바운즈
62 **스펄전 구약설교노트** | 찰스 스펄전
63 **스펄전 신약설교노트** | 찰스 스펄전
64 **죄 죽이기** | 존 오웬